U0931296

上海咬文嚼字文化传播有限公司
上海文艺出版社

图书在版编目（CIP）数据

2018年《咬文嚼字》合订本 / 《咬文嚼字》编辑部编. -- 上海 : 上海文艺出版社, 2018.12（2022.11重印）

ISBN 978-7-5321-6974-0

Ⅰ. ①2… Ⅱ. ①咬… Ⅲ. ①汉语－语法分析 Ⅳ. ①H14

中国版本图书馆CIP数据核字(2018)第284889号

责任编辑 朱恺迪

封面设计 王怡君

2018 Nián《Yǎowén－jiáozì》Hédìngběn

书　　名 2018年《咬文嚼字》合订本

编　　者 《咬文嚼字》编辑部

出　　版 上海文艺出版社

地　　址 上海市闵行区号景路159弄A座2-3楼

邮政编码 201101

发　　行 上海市闵行区号景路159弄A座206室

印　　刷 山东龙岳文化传媒有限公司

开　　本 787×1092 1/32

印　　张 24.875

版　　次 2019年1月第1版 2022年11月第3次印刷

国际书号 ISBN 978-7-5321-6974-0/H.057

定　　价 60.00元（平装）

告 读 者 如发现本书有印刷质量问题请与印刷厂质量科联系

电　　话 18562389988

文字无国界　咬嚼处处在

（序）

汪惠迪

1995年1月,《咬文嚼字》创刊。那时,我在新加坡《联合早报》从事文字工作;所谓文字工作,其实就是咬文嚼字。我每天的主要工作就是“咬嚼”《联合早报》,查看有无语用失误,若有,就加以评改,通过公司内部设定的机制提请编辑部同事注意。我的另一职责是帮同事解决新闻写作或处理中遇到的语言应用上的问题。身在异国,单兵作战,我是多么希望《咬文嚼字》陪伴我“咬嚼”啊!

信是有缘。1996年10月中旬,我到桂林参加会议,在会上见到了神交已久的上海师大中文系教授何伟渔先生,交谈中得知何教授是《咬文嚼字》的编委(现为顾问),便向他倾诉我的心愿,何教授热情地表示乐意协助。我回新加坡后不久,就收到何教授从上海寄来的几册《咬文嚼字》,真是如获至宝,全部通读一遍。11月,主编郝铭鉴先生因参加华东书展到新加坡，一日到我所服务的公司参观，见面时，我又向郝总表明心愿。郝先生回国后，来信聘请我担任特约编委，并按月寄赠刊物。从此，我跟《咬文嚼字》结下不解之缘。弹指间，已经22个春秋了。

1996年12月3日，我以《中国刊物致力纠正语文偏差》为题，在《联合早报》言论版发表了一篇评论，当月11日，《参考消息》予以转载。拙文详细地介绍了《咬文嚼字》，新加坡书商获悉后，就把它引进新加坡。翌年12月28日《联合早报》报道，《咬文嚼字》1996年合订本同时成为新加坡三家华文书局的十大畅销书之一，排名第6。随后《联合早报》的副刊也获得授权，可以转载《咬文嚼字》上的文章。《咬文嚼字》落户新加坡后，就跨过柔佛海峡，销行马来西亚。本刊特约编委田小琳教授身在香港，她到上海探亲，特地买了单行本和合订本带回香港，送给学生和同事，向他们并通过他们推荐《咬文嚼字》。她告诉笔者，凡是读过这份刊物的香港朋友无不有相见恨晚之感。

我回忆与《咬文嚼字》结缘的往事是想说明，这只语林啄木鸟早已飞到境外和海外的华人社区了，那里天地广阔，大有作为。

2016年9月，《咬文嚼字》新辟了一个专栏《华语圈》，为内地读者提供了一个新的视窗，为域外作者提供了一个“咬嚼”的平台。《华语圈》发表的第一篇文章是郭熙教授写的《关注全球华语大有可为》。他说：“《咬文嚼字》一直关注国内语言应用的方方面面，在国内人民的语文生活中产生了不小的影响。现在，特设《华语圈》专栏，把分布在世界各地的华语'咬一咬''嚼一嚼'，应该也是非常有意义甚至很有趣的事儿。"截至 2018 年 12 月，《华语圈》共刊发 134 篇文章，拓宽了读者的视野。在"互联网 +"这个新时代，《咬文嚼字》与时俱进，正在引导读者关注全球华人的语文生活，"咬嚼"境外网络和纸质媒体的华文。

在 2018 年《咬文嚼字》第 7 期上，有篇短文叫《吃包子，饱肚子》，该文指出中国香港及新加坡、马来西亚、澳大利亚有的语言用户将"包子"的"包"写成"饱"，而且这种错误出现在卖包子商店的招牌上。这个错误在内地绝无仅有，为什么在境外常见呢？原因之一是少了像《咬文嚼字》这样的啄木鸟。比如香港，中文出版事业十分发达，主流报纸就有十余种之多，有的每天出版五六十版，甚至更多，而发行量高达数十万份。有的专栏作者在自己的一小块"自留地"上咬文嚼字，可是有的"咬嚼专家"唯我独尊，胡咬乱嚼，其咬嚼短文，方家斥之为"野谈呓语"。

2018 年第 8 期上《大马大选海报用语小议》一文既有点赞，亦有批评，读来令人莞尔。第 11 期上《"主理"与"主礼"不能混用》一文咬嚼了马来西亚一家全国闻名的主流报纸的标题和内文，将"主礼"误作"主理"。诸如此类，无不说明"文字无国界，咬嚼处处在"；而《咬文嚼字》就是一个"咬嚼"的最佳平台。

郭熙教授说:“我们期待着面向全球华语的‘咬文嚼字’。初步研究已经显示,各地华语无论是语音、词汇、语法还是文字,都有很多题目好做;如果上升到篇章层面,更会有很多好话题。通过‘咬’可以发现许多语言事实,引发我们去思考,去咀嚼,促进全球华语和谐发展。”笔者相信,《咬文嚼字》开始“咬嚼”全球华语,全球华人就会聚焦《咬文嚼字》。

《咬文嚼字》2018年第1—12期(总第277—288期)

总 目 录

(斜线后的数字,前为期数,后为页数)

特　稿

年度盘点

气 象 站

语林漫步

借题发挥

碰 碰 车

追踪荧屏

时尚词苑

探名小札

一针见血

有此一说

朝花夕拾

锁定名人

微型讲坛

热线电话

辨字析词

文章病院

语言哲思

词语春秋

学　林

网言网语

东语西渐

华 语 圈

谈联说谜

重读经典

微 语 录

火眼金睛

广 角 镜

其　他

YAOWEN-JIAOZI

咬文嚼字

01
2018

丹顶鹤

体羽主要为白色，翅膀大，末端黑色，覆在短尾上面，能高飞，头顶朱红色，颈和腿很长，常涉于近水浅滩。鸟纲鹤科中的一种。鹤善鸣，且声音很大。《诗经·小雅·鹤鸣》：“鹤鸣于九皋，声闻于天。”在古代，鹤也作鹄。而鹄古通浩。浩，义即大。鹤因其叫声大而得名。

上海世纪出版集团

欢迎至邮局订阅本刊 邮发代号 4-641
国内统一连续出版物号 CN 31-1801/G
定价：5.00 元

新年寄语

不忘初心，砥砺前行

编　者

双丸如飞，光阴似箭。转眼之间，新的一年又迈着矫健的步伐向我们走来。在这辞旧迎新之际，我们祝新老朋友安乐康泰，吉祥如意！

在各界朋友和广大读者的支持下，本刊通过20多年的发展，已成为全国知名的语文刊物，它正在以自己的方式影响着社会语文生活的走向。我们将不忘初心，砥砺前行，以新的努力走进新的时代。首先，我们会牢记办刊宗旨，坚持办刊原则，保持刊物的既有特色，发挥刊物的既有优势，让刊物沿着健康的发展轨迹，稳步前行。其次，我们会把握时代的新特点，跟上时代脚步，踏准时代节拍，适应媒体发展新生态，捕捉语用新信息，不断开拓创新，探索刊物的数字化转型之路。

撸起袖子加油干！亲爱的读者朋友，我们一起努力吧，让刊物迈上新台阶、步入新阶段，是我们共同的目标！

2017年12月

雾里看花

“教训”谁

黄礼贵

在公路上偶然看到一块禁令标志，白底、红圈、红杠、黑色图案，其下方有三个醒目的大字——教训车。什么是“教训车”？难道是要给谁一个“教训”？猜猜看，答案见本期。

数学考“鸭蛋”也被大学录取

唐慈富 / 文　臧田心 / 画

臧克家当年报考国立青岛大学时，国文考试要求写一则“杂感”。臧克家只写了三句话：“人生永远追逐着幻光，但谁把幻光看作幻光，谁便沉入了无边的苦海！”闻一多极为欣赏，判了98分的高分。数学考试吃了“鸭蛋”的臧克家，因此而被破格录取。

2018 年 1 月 1 日出版

1
总第 277 期

主管：上海世纪出版集团
主办：上海咬文嚼字文化传播有限公司
编辑、出版：《咬文嚼字》杂志社
集团网站：http://www.shwenyi.com
E-mail：yaowenjiaozi2 @ 163.com
官方微博：
http://weibo.com/yaowenjiaozish
电话传真：021-64330669
发行电话：021-64674759
邮购电话：021-64372608-243
地址：上海市绍兴路 7 号
邮政编码：200020
发行：上海市报刊发行局
发行范围：国内外公开
订阅处：全国各地邮局
邮发代号：4-641
ISSN 1009-2390
CN 31-1801 / G
印刷：上海中华印刷有限公司
印厂电话：021-60829062
021-60299079
广告经营许可证：沪工商广字
3100320050020 号
定价：5.00 元

2017年十大流行语

《咬文嚼字》编辑部

（2017年12月）

一、不忘初心 不忘初心，即不忘本意、不忘初衷。2016年7月1日，在庆祝中国共产党成立95周年大会上，习近平总书记指出：面向未来，面对挑战，全党同志一定要不忘初心、继续前进。2017年10月18日，中国共产党第十九次全国代表大会胜利召开，“不忘初心，牢记使命”成为大会主题的关键词。习近平在报告中指出：中国共产党人的初心和使命，就是为中国人民谋幸福，为中华民族谋复兴。这个初心和使命是激励中国共产党人不断前进的根本动力。“不忘初心”由此迅速流行开来，广泛用于各行各业中。

二、砥砺奋进 砥砺，本义为磨刀石，引申指磨炼。砥砺奋进，即在磨炼中奋勇前进。自2017年6月起，各地响应中央号召，开展了以“砥砺奋进的五年”为主题的宣传活动，用各种形式展现十八大以来的五年中我国在经济发展、民生保障、生态文明、科技进步、文化教育、区域发展等方面取得的成就，激励广大干部群众坚定中国特色社会主义道路自信、理论自信、制度自信、文化自信，扎实推进各项工作，以优异成绩迎接党的十九大胜利召开。“砥砺奋进”准确地概括了以往五年的成就，生动地描绘了中华民族的形象，迅速流行于各类媒体上。

三、共享 共享，义为共同享有、共同享用。共享单车的出现，解决了人们从住宅到公交站台、地铁等“最后一公里”的问题，得到了人们的认可。“共享”

是互联网技术、移动支付技术日益成熟条件下的新的经济模式。“共享充电宝”“共享雨伞”“共享篮球”等等纷纷进入了人们的生活。有报告显示,至2020年中国“共享经济”市场交易规模将占GDP的10%以上。“共享”一词的流行,体现了社会的想象力和创造力,展示了社会管理和人际关系的巨大变化。

四、有温度 2017年5月8日,中国共产党上海市第十一次代表大会隆重开幕。大会报告中指出,上海未来五年要成为人文之城:建筑是可以阅读的,街区是适合漫步的,公园是最宜休憩的,城市始终是有温度的。“有温度”这个有着细腻感觉的词语,此后逐渐流行开来。它的意思是让人感受到热度、暖意,含义由物理层面扩展到了人文层面,和我们党的为人民服务的宗旨高度契合。“有温度”的流行反映了人们对城市化建设中的人性化要求。

五、流量 “流量”本义是单位时间内通过河、渠或管道某一横截面的流体的量,或是通过道路的车辆、人员等的数量。在互联网时代,“流量”也指在一定时间内网站的访问量,以及手机等移动终端上网所耗费的字节数。明星大腕显然能让网站访问流量以及手机等移动终端上网流量暴增。从2016年年底、2017年年初开始,娱乐圈频频用“流量”来形容那些粉丝多、人气高、影响广、商业价值大的明星。这里面既有市场层面的客观描述,又隐含着公众的文化评价,是一个耐人寻味的词语。

六、可能 ××× 假 ××× 2017年1月,网络上出现一组调侃期末考试成绩不理想的表情包。此表情包由“我可能复习了假书”“我可能拿到了假试卷”“老师可能画了假重点”等句子配上各种苦恼表情符号组成,迅速在大学生群体中传播开来。“可能 ××× 假 ×××”的句式便在此基础上形成,并快速传遍朋友圈和微博。“假”本指不真实的、伪造的等义,是一种客观存在;但在这个句式中,“假”却不是这个意思，而是指使用效果不佳、违反常理、不合预期，是一种主观感受。人们用对“假”的埋怨、指责来调节自己的情绪。

七、油腻 “油腻”本指“含油过多”。2017年10月24日，有网友发了一条微博谈“中年男性去油腻步骤”，“油腻”因此引爆网络。随后，冯唐、高晓松等在各自的微博上发布博文，谈如何避免成为一个油腻的中年猥琐男。“油腻”的走红，反射出人们在物质生活条件提高后，对如何追求健康生活方式的反思。现在“油腻”的含义进一步扩大，油腔滑调、世故圆滑、邋遢不堪等等，都可称“油腻”。

八、尬 “尬”常用在双声联绵词“尴尬”中，一般不单用。“尴尬”指处境困难，不易处理，或行为、态度不正常、不自然。台湾有“尬舞”等词，“尬”作“比、斗”解，“尬舞”的意思是斗舞、比舞。“尬舞”等传入大陆后，人们接受了这种词语形式，却仍把“尬”理解成“尴尬”，“尬舞”便成为“尴尬地舞蹈”的意思。由此“尬”独立使用，成为新的流行用法，如“尬聊”“尬唱”“尬煮”“尬谈”等等，其中的“尬”均是“尴尬”的意思。

九、怼 怼，读作duì，义为怨恨，引申指凶狠。在河南方言中，“怼”音duǐ，表示收拾、冲撞。作为网络流行词的“怼”源自综艺节目《真正男子汉》。在该节目的第二季中，某嘉宾被“收拾”了一顿，满怀委屈地问教官：“这就叫被怼吗？”教官便探讨了一番“小怼小进步，大怼大进步，不怼不进步”的“理论”。“怼”因此渐渐流行起来，人们用它来表示故意找茬、反抗、反对等意思。后来其义扩大，进一步衍生出“比拼”“竞争”等含义。

十、打call “打call”一词源自外语，call在英文中是“喊、叫”的意思。“打call”最开始的意思是演唱会现场观众疯狂喊叫，后指跟随音乐的节奏，用挥动荧光棒等方式与台上的表演者互动。进入我国后，其适用范围逐步扩大开来，也用来表达对某人、某事、某物的支持和赞成。

“参商”的“参”如何读

◎姚敦云

电视连续剧《那年花开月正圆》第71集中，一个角色引用杜甫的《赠卫八处士》来抒发久别重逢的感慨。在念到“人生不相见，动如参与商”两句时，演员将其中的“参”读成了“cān”。其实这首诗中的“参”应读为“shēn”。

参，多音多义字，读为cān时，有参加、参考、进见、弹劾、探究领会等义；读为cēn时，义为不一致，如参差、参错；读为shēn时，是人参、党参的统称，也指二十八宿之一的参星。

“动如参与商”中的“参”指参星，“商”指商星，都属于二十八宿。因为参星在西，商星在东，此出彼没，永不相见，所以可用以比喻彼此对立、不和睦，如兄弟参商等；也用以比喻亲友隔绝，不能相见，如三国魏曹植《与吴季重书》有“别有参商之阔”一语，意思是分开后像参星和商星一样，难以相见。剧中所引的“人生不相见，动如参与商”两句，就是说人生别离不能常相见，像西方的参星和东方的商星一样此出彼没，彼此隔绝，可见其中的“参”应读为“shēn”。

不是“山卯”是“山峁”

◎国 轩

央视三套2017年10月5日播出的《中国民歌大会》中，一位嘉宾在谈及民歌的风格与地域之间的关系时说道：“信天游是非常粗犷的，和黄土高坡那种山卯、比较干燥的天气都是有关的。”（字幕同步显示）这里的“山卯”是“山峁”之误。

峁，音mǎo，我国西北地区称呈圆穹状的黄土丘陵为峁，这种黄土小丘顶部浑圆、斜坡较陡，多见于陕北、晋西一带。“峁”也泛指小山顶，山峁就是圆顶的小山头。柳青《铜墙铁壁》第十四章：“巩家沟通泥沟子的那道沟里也拥满了敌人，先头已经上了吴家沟的山峁。”

卯，也读mǎo，是地支的第四位，“卯时”即早上五至七点；也指器物上安榫头的孔眼，即“卯眼”。“山卯”一词难解其义，误“峁”为“卯”应是音同形近所致。

秋收谷香在何处

◎梁德祥

2017年10月1日央视综合频道播出《中国梦·祖国颂》，其中一位歌手演唱《洪湖水浪打浪》："清早船儿去呀去撒网，晚上回来鱼满舱。四处野鸭和菱藕啊，秋收满帆稻谷香。"（字幕同步显示）"秋收满帆稻谷香"一句令人生疑。

帆，即挂在桅杆上的布篷，利用风力使船前进，如一帆风顺、扬帆远航等。稻谷生在田里，和"帆"没有直接关联。虽然偶有人用船运送，但这并非普遍现象。歌词把"帆"和"稻谷"扯在一起，比较别扭、生硬。笔者猜测，这里的"帆"可能是"畈"字之误。

畈，音fàn，义为成片的田。《红旗歌谣·千把镰刀沙沙响》："满畈麦，金黄黄，宽广无边像海洋。"也用作量词，用于大片的田地，如一畈田。"秋收满畈稻谷香"就是说秋天洪湖的收成很好，田地上都是稻谷。查阅相关资料，《洪湖水浪打浪》本是歌剧《洪湖赤卫队》中一个场次的主题曲。1960年该歌剧改编成同名电影时，《洪湖水浪打浪》成为了电影主题曲。当时的电影字幕上所写的是"畈"而非"帆"。

缘何"辣眼睛"

◎赵丽华

2017年7月18日，教育部、国家语委发布了《中国语言生活状况报告(2017)》，"辣眼睛"入选2016年度十大网络用语。网络流行语"辣眼睛"，多见于微博、豆瓣、贴吧等平台，并且在传统纸媒中也频繁出现。那么，"辣眼睛"有哪些义项和用法呢？从字面意义上分析，"辣"通常是指姜、蒜等所具有的刺激性味道，"辣眼睛"的本义就是指眼睛受到了外部环境的刺激而造成的眼部不适。例如：

(1)窗户全部被塑料布封死，院内3口铝锅，工业明胶、亚硝酸盐、工业大粒盐装在白色塑料袋内，堆在一侧。"满屋子绿豆蝇，臭味呛得我辣眼睛，连吐好几口酸水。"营口市公安局老边分局食品药品犯罪侦查大队教导员钱瑞青告诉记者。(《京华时报》2016年7月26日)

如今，"辣眼睛"有了新的语义。在流行语"辣眼睛"中，"辣"的语义明显弱化，它不再局限于由外部刺激性的气味所引起的不适，而是可以指因某种社会现象、图片、个人形象等产生的视觉感受。"辣眼睛"可以理解为不忍直视、惨不忍睹等语义，带有浓浓的贬义色彩。例如：

(2)有记者在卧底4个月后，曝出其触目惊心的卫生状况：老鼠横行的后厨，和簸箕一起清洗的餐具，捅完下水道又摆上餐桌的漏勺……种种"辣眼睛"的画面引起轩然大波……(《广州日报》2017年8月28日)

（3）一个外教曾跟我抱怨，一些人习惯在街上随意蹲着休息，或者用各种奇怪的姿势在公共场所睡觉，让他感觉有点"辣眼睛"。（《广州日报》2017年8月7日）

此后，另一种"辣眼睛"也出现了。它针对有争议性的或低俗的言论，这样的"辣眼睛"具有出人意料、让人无法接受等语义。例如：

（4）同样是付费内容，同样是打着名人的招牌，某知名社交平台推出的付费问答则显得有些"辣眼睛"，一些媒体曝光，该问答中汇集了很多低俗提问。（《北京日报》2017年3月17日）

（5）正当人们以为"剧情"朝着正常轨道发展的时候，一些"辣眼睛"的言论出现了！如有网友认为，曝光猥亵一事是"去伤害这种两情相悦的纯真美好的爱情"，称曝光者是"道德婊"，其行为"毁了一个家庭"！（《中国青年报》2017年8月18日）

缘何"辣眼睛"？究其原因，可以分为三种：一是由于口鼻受刺激进而引发的眼部不适；二是由视觉而引起的心理感受；三是由听觉所产生的主观感受。"辣眼睛"的使用者将不同感官的感受沟通起来，基于人们共有的生理、心理现象，以感觉表达感觉，修辞学上称之为"通感"。"通感"的修辞手法，在文学作品中常见，比如朱自清的《荷塘月色》，文中有一处这样描写荷花："微风过处，送来缕缕清香，仿佛远处高楼上渺茫的歌声似的。"这一句把本是由嗅觉得到的"清香"比喻成"歌声"，而"歌声"是人们从听觉获得的，将嗅觉和听觉融为一体，便使迷人的境界增添了无限的韵致，迷离精妙，令人情动神摇。流行语"辣眼睛"，也正是用"通感"的表现手法，突破了语言表达的局限，生动有效地表达出了说话人的内心感受，且不乏幽默、搞笑之味，因此，"辣眼睛"在网络和传统纸媒中迅速流行开来。

时代催热『久久为功』

◎何俊萍

犹如沧海之一粟，“久久为功”只是普通一词。但近年来使用频率骤增，这与当前的政治环境和社会生活有密切关系，“久久为功”贴切地反映了人们的普遍心态和励志愿望。

巧合的是，习近平同志近30年来在不同场合反复强调“久久为功”的重要。

早在1989年1月，时任福建宁德地委书记的习近平在《干部的基本功——密切联系人民群众》一文中就指出：“为群众办实事，要扎扎实实，坚持不懈，久久为功。”

2011年，习近平在《关键在于落实》一文中，强调要学习“右玉精神”，因为这种精神不贪图眼前利益而谋划长远，久久为功。

2015年，习近平在中央党校县委书记研修班学员座谈会上的讲话中又强调了“右玉精神”，并表示：“抓任何工作，都要有这种久久为功、利在长远的耐心和耐力。”

2016年2月19日，习近平在人民网视频直播间，同两千公里之外的福建宁德赤溪村视频连线时说：“‘中国扶贫第一村’的发展变化，凝聚着大家的心血和汗水。滴水穿石，久久为功，弱鸟先飞，你们的实践印证了现在的扶贫方针，就是要精准扶贫。”

由于习近平总书记的一再使用，由于中央八项规定和扶贫攻坚等工作的持续推进，“久久为功”迅速成为热词。

要论“久久为功”，先谈“久久”。“久久”是个叠音词，指相当长的一段时间。“久久”早在东汉时就出现了。如东汉文学家崔瑗的《座右铭》中，就有“行之苟有恒，久久自芬芳”的警句;《玉台新咏·古诗为焦仲卿妻作》中,也有“时时为安慰,久久莫相忘”的深情期待。

“久久为功”,顾名思义,是指经过很长一段时间,事情才能做成功。其出处说法不一,通常认为见诸戏曲谚语中,如上海文艺出版社《戏谚一千条》第6页中,就有“久久为功,搿下稀松;久久为功,方能成功”的谚语。“久久为功”凝聚的是中华民族几千年来的坚守、执着品格,是一种持之以恒、锲而不舍、驰而不息的精神。

诚然,在现实生活中,成功都要经历一个过程,不是一朝一夕能一蹴而就,需要长期坚持不懈的努力;加上“久久为功”言简意赅,通俗易懂;再加上习近平同志喜欢用,于是“久久为功”就在各个领域广泛地用开了。例如:

(1)作风建设贵在久久为功(《中国组织人事报》2014年1月17日)

(2)振兴民族歌剧要有久久为功的耐力(《光明日报》2017年5月15日)

还可以在“久久为功”前加上一些词语,进一步突出一种精神、一种态度。例如:

(3)北大校长“八字”送新生 要“守正笃实,久久为功”(《北京晨报》2014年9月13日)

“久久为功”前加上“守正笃实”,强调新时代的大学生要有刚毅守正的主心骨,要有脚踏实地的态度、埋头苦干的精神。

此外,“久久为功”还可以加上持之以恒、一抓到底、驰而不息、滴水穿石、日积月累、锲而不舍等,同义复用,进一步强调坚定不移、义无反顾的重要性。

尽管“久久为功”使用的范围较广,运用也很灵活,但是《辞海》《汉语大词典》和《现代汉语词典》,以及一众成语词典均未收入“久久为功”一词。可以预见的是,随着“久久为功”的用途越来越广,在将来修订的各类词典中,一定可以觅得“久久为功”的身影。

“袄怪”还是“祅怪”?

◎姚海涛

上海古籍出版社2012年8月出版的《荀子译注》一书中有这样一段话:“故水旱不能使之饥,寒暑不能使之疾,袄怪不能使之凶。……故水旱未至而饥,寒暑未薄而疾,袄怪未至而凶。”(第231页)这段话中的“袄怪”让人费解,应是“祅怪”之误。

祅,音yāo,同“妖”,古人称反常怪异的事物为“祅”,如“祅异”即反常怪异的现象,“祅讹”即怪诞虚妄。上述文章中的“祅怪”就指反常、怪异的事物与现象。

袄,音ǎo,指短于袍而长于襦的有衬里上衣,如:棉袄、皮袄。叶圣陶《多收了三五斗》:“米行里有的是洋钱,而破布袄的空口袋里止需要洋钱。”“祅”“袄”字形相近,误“祅怪”为“袄怪”应是手民误植。

“晚崧”是大白菜吗

◎杨昌俊

2017年10月4日《读者报》的第2版刊有《揭秘“中山宴”》一文,其中写道:“为做一份咸蛋炒白菜心,他事先要取晚上收割的大白菜(晚崧)三担,去边取嫩心来烧,因为晚上的白菜是非常鲜嫩的。”此处给大白菜加注了个别名,可惜错把“晚菘”写作了“晚崧”,而且对词义的理解有误。

“菘”读作sōng,古时蔬菜名,通常称白菜。明李时珍《本草纲目·菜一·菘》:“菘,即今人呼为白菜者。有二种,一种茎圆厚微青,一种茎扁薄而白,其叶皆淡青白色。”所谓“晚菘”,指的是秋末冬初的大白菜。《南史·周颙传》:“文惠太子问颙菜食何味最胜,颙曰:‘春初早韭,秋末晚菘。’”可见“早韭”和“晚菘”都是古人推崇的时鲜美味。上述引文将“晚菘”理解成“晚上的白菜”是个谬误。

崧，同“嵩”，也读sōng，形容山大而高。也作地名，如浙江省有个崧厦镇。“晚崧”的说法让人不知所云，误“菘”为“崧”应是音同形近所致。

“初愔世事”？“初谙世事”！

◎江城子

《细说秦始皇》（上海人民出版社2014年8月出版）一书在第41页上描述了秦始皇嬴政的童年际遇，其中有这样一句话：“这个孩子初愔世事，就面对着周围深刻的敌意。”此处的“初愔世事”应作“初谙世事”。

谙，读ān，从言，音声。义为熟悉、知晓，如谙晓、谙达。《红楼梦》第十八回：“此时贾兰尚幼，未谙诸事。”上述文章中的“初谙世事”，意思就是刚开始知晓世事人情。

“愔”读作yīn，指安详和悦貌。常用“愔愔”形容安静无声的样子。“初愔世事”难以理解。

何来“骈三四六”

◎许龙桃

九州出版社2011年出版有《五百年来谁著史》一书，书中写道：“这些所谓的国家栋梁，只不过是些擅长以骈三四六的文体说假话、大话和空话的鹦鹉罢了。”（第125页）“骈三四六的文体”所指的应是骈文，但骈文称“骈四俪六”而非“骈三四六”。

骈文是一种文体，也叫骈体文，起源于汉、魏，形成于南北朝。骈，本义为两马共驾一车，引申为并列、对偶之义。骈文以偶句为主，讲究对仗、声律和辞藻。骈文名篇有庾信的《哀江南赋》、吴均的《与朱元思书》等。

骈四俪六，就是指骈文。俪，本义是成双成对，引申指对偶。“四”与“六”来源于四六文，四六文是一种以四字六字相间定句的骈文，形成于南朝，盛行于唐、宋，唐代以后格式完全定型。因为四六文盛行，故有“骈四俪六”之称。鲁迅《南腔北调集·经验》：“例如近来有些看报的人，对于什么宣言，通电，讲演，谈话之类，无论它怎样骈四俪六，崇论宏议，也不去注意了。”上述图书中的“骈三四六”无疑是“骈四俪六”之误。

非“默默不得语”也

◎阎德喜

《随笔》2016年第2期刊有一篇《假如生活重新开头：邵燕祥先生侧记》，文中写道：“也许每个人都会处于‘盈盈一水间，默默不得语’的状态……”其中的“默默不得语”应是“脉脉不得语”之误。

脉，读为mài时，义为血管，如脉搏、把脉等；读为mò时，用作脉脉，义为默默地用眼神或行动表达情意的样子，如含情脉脉。“盈盈一水间，脉脉不得语”出自《古诗十九首·迢迢牵牛星》，说的是牛郎织女隔着银河，不能说话，只能默默相望以表达感情。

默默，即不说话、不出声，如默默无言、默默无闻等。默默不得语，即不能说话，无法表达以眼神或行动来传递情意的语意，故应将上述引文中的“默默”改为“脉脉”。

“休书”岂能荐高俅

◎居容人

2017年第10期的《知识窗》上刊有《用人是个技术活儿》一文，其中写道：“京城待不下去了，高俅就去淮西投奔了一个开赌坊的闲汉柳世权，柳世权不想长期收留这个无赖，于是就写休书一封，把他推荐到亲戚董将仕那儿……”此处的“写休书”当是“修书”之误。

“休”在旧时可指丈夫把妻子赶回娘家，断绝夫妻关系。“休书”便是离弃妻子的文书。柳世权和高俅根本不是夫妻关系，自也不可能给他一封“休书”。

修，有编纂、书写之义。《世说新语·雅量》：“饷米千斛，修书累纸，意寄殷勤。”“书”指书信，“修书”便是写信的意思。上述文章中柳世权要把高俅推荐给亲戚，需要写一封信说明情由，这显然就是“修书一封”。

黄门是哪里

◎李　莹

《文史知识》2010年第6期刊登的《说宋代笔记（上）》一文引用了吴曾的《能改斋漫录》中的一段话，是说一个名叫黄震的县长把太监打了一顿，之后太监到宋真宗前告状，结果真宗问清缘由后，“即敕中官赴黄门，杖二十”。文中将这句话解释为“当即令这个太监到黄震那里去接受处罚：打二十大板”。此说有误，“黄门”并非“黄震那里”，而应该是宋代的内侍官名。

黄门即宫门，汉代有黄门令、小黄门、中黄门等官，都是以宦官充任，所以后世也称宦官为黄门。引文中的故事背景为宋代，宋代有入内内侍省和内侍省两省，都是宦官机构，管理宫廷内部事务。入内内侍省和内侍省这两省都设有内侍黄门这一官职。

太监是在宫廷内侍奉皇帝及其家族的，即使有错，也应由宫内处置，不会交由黄震处罚。所以，宋真宗应该是让太监到内侍黄门官那里去受罚，而不是黄震那里。

“落英缤纷”不可指落叶

◎李景祥

《沈阳日报》2017年10月13日T4版刊有《不可辜负美好的秋景》一文，其中这样写道：“满地落英缤纷……微风吹来，银杏叶落纷纷，一处处铺满了银杏叶的美景，都好似闹中取静的田园都市。”“落英缤纷”不能用来形容“银杏叶落”。

落英缤纷，语出陶渊明的《桃花源记》："缘溪行，忘路之远近。忽逢桃花林，夹岸数百步，中无杂树，芳草鲜美，落英缤纷。"英即花，落英即落花，缤纷形容繁多杂乱。落英缤纷就是落花繁多杂乱地散落在地上，形容花纷纷飘落的美丽情景。

文中所写的是银杏叶叶落的景象，而不是落花之景，使用"落英缤纷"来形容并不恰当。

荒唐的"欲火重生"

◎得　喜

2017年10月20日《讽刺与幽默》的第4版上刊登了一篇题为《兵哥"漫"说》的报道，其中一段写道："人民军队全面重塑、欲火重生，正在朝着建设世界一流军队砥砺前进。"这里的"欲火重生"应改为"浴火重生"。

浴，从水，谷声，指洗澡。西方神话中有一种不死鸟，通常称作菲尼克斯（Phoenix），传说它在死去时会自焚，然后在灰烬中重生。"浴火"就是在火中洗浴的意思。"浴火重生"一词生动描述了不死鸟的特性，现在多用来比喻历经劫难后重获新生或发现了新的生命契机。

"欲火"是佛教语，指尘世间如火般炽热的欲望，多指情欲。"欲火重生"从字面来看即重新燃起欲火的意思。上述文章说人民军队经过"全面重塑"后力图建设世界一流军队，这一过程用"浴火重生"来形容是恰当的，写成"欲火重生"显得十分荒唐。

女王戴的不是"桂冠"

◎沈阳仁

2017年10月22日《北京晚报》第21版刊登的《画案上的石榴》一文写道："我的视线从石榴的中间往上游动，到了石榴顶部，形体急促地缩小，只见五个隆起的尖角，酷似西洋女王头上的桂冠……"女王头上戴的不是桂冠，这里误将桂冠当作王冠了。

桂冠，即用月桂树叶编的帽子，古代希腊人将桂冠授予杰出的诗人或竞技的优胜者，后来欧洲有以桂冠为光荣称号的习俗。现在也用“桂冠”指竞赛中的冠军，如：我国选手夺得锦标赛桂冠。

女王戴的应该是王冠，王冠即君主所戴之冠。西方王室的王冠上常设计有十字架、百合花等形状，王冠上这些突出的部分与上述引文中所说的“隆起的尖角”相似。所以，引文中的“桂冠”应改为“王冠”。

嵩山是五岳之首吗

◎高连宝

《文史天地》2010 年第 12 期刊有《盘点：中国历史上著名的 20 位大忽悠》一文，写有人上书武则天，自称听见嵩山大呼万岁，文中说道：“武则天闻言喜不自胜，嵩山乃五岳之首，如此良兆实为难得……”但嵩山是五岳之首吗？

五岳，是中国五大名山的总称，即东岳泰山、南岳衡山、西岳华山、北岳恒山、中岳嵩山。传说五岳是群神所居，历代帝王多前往祭祀。

五岳之首是泰山。泰山，也叫岱山，在山东省中部，主峰玉皇顶在泰安市北。因泰山居五岳之首，为诸山所宗，所以也称岱宗，古代帝王常在泰山举行封禅大典。《书·舜典》：“岁二月，东巡守，至于岱宗。”孔传：“岱宗，泰山，为四岳所宗。”可见，五岳之首是泰山，而非嵩山。

水色可以是“天籁”吗

◎晋　相

《老同志之友》2017 年第 19 期上有一篇题为《秋韵伏尔加河》的文章，其中写道：“再回头，那一河艳丽的水色光影盈满心脾，那光影斑驳蜿蜒的秋韵水色犹如天籁，让人流连忘返。”这里将水色喻为“天籁”不妥当。

籁，本指古代一种三孔的管乐器，引申作孔穴中发出的声音，也泛指一般的声响。所谓“天籁”，指的是自然界的声响，如风声、水声、鸟声等。瞿秋白《荒漠里》：“且沉心静气的听，听荒漠里的天籁。”后也用“天籁”指诗歌不经雕琢，浑然天成而得自然之趣。

既然“天籁”是声响，自然需要用耳朵听，所以我们常用“如闻天籁”来形容美妙悦耳的声音。上述文章用“天籁”形容水色是值得商榷的。

味道可“咂”不可“咋”

◎刘文波

《当代文萃》2017 年第 10 期刊登了《依依地瓜情》一文，其中写道：“幼小的孩童初尝新鲜，老人们则品咋着饭香回忆着新旧味道的不同……”这里的“品咋”应改为“品咂”。

咂，读作 zā，本义是吮、吸，如咂指头。也有品辨、体味的意思。《水浒传》第二十九回：“武松提起来咂一咂，叫道：‘这酒不好！’”所谓“品咂”，应是品味辨别的意思，代入上述语境正合适。

“咋”是个多音字，可以读 zǎ，方言，作为疑问代词，如咋样、咋办；可以读 zé，表示咬住，如咋舌；也可以读 zhā，即“咋呼”，大声嚷嚷。“品咋”和“饭香”搭配难以理解，不合文意。

太守岂能“驻跸”

◎肖遥生

2017 年 10 月 14 日《西安晚报》的第 6 版刊有《行善造福》一文，其中这样写道：“苏东坡有好生之德，但他是戴罪之身，不能直接干预地方事务，于是他与黄州太守徐君猷当面沟通，又写信给驻跸于武汉的鄂州太守朱寿昌……”此处的“驻跸”一词用错了。

驻，指车马停止，泛指停留、居留某地。跸，读作 bì，指古代帝王出行时开路清道，禁止路人通行，引申指帝王的车驾和行幸之处。《醒世恒言·独孤生归途闹梦》："唐明皇为避安禄山之乱，曾驻跸于此。""驻跸"指的是帝王出行时途中停留暂住。可见，官员驻留、管辖地方时，是不可以说"驻跸"的，不妨选用其他词语。如，"驻节"一词，旧时指身居要职的官员因执行使命在外地住下，其中的"节"指符节；又如，"驻牙"一词，指将帅或方面大员驻扎、统辖某地，其中的"牙"指牙旗。

误说"灰光"

◎王中原

《现代汉语词典》第 7 版（商务印书馆 2016 年 9 月出版）中将"灰光"一词释义为："农历每月月初，月球被地球阴影遮住的部分现出的微光。灰光是地球反射的太阳光照亮了月球，再反射回地球而形成的。发灰光的部分和蛾眉月形成一个整圆。"这里的说法并不准确。

灰光，亦称"灰月"。农历月初，月球被太阳光照亮部分呈狭窄的蛾眉形，其余部分并非完全黑暗，而有淡灰色的微光，这就是灰光。灰光是地球反射的太阳光照到月面而产生的。

月球被地球阴影遮住的情况是月食。发生月食时，地球运行到月球和太阳的中间，太阳光正好被地球挡住，无法射到月球上，月球上就出现黑影。太阳光全部被地球挡住时叫月全食，部分被挡住时叫月偏食。月食都发生在农历十五日或十五日以后一两天。

所以，《现代汉语词典》中对灰光的释义存在问题，应将其中的"月球被地球阴影遮住的部分现出的微光"改为"月球未被太阳光照亮的部分现出的微光"，这样的释义才符合事实。

咬嚼日记摘钞(17)

◎郝铭鉴

话说“磁砖”

瓷器的“瓷”是一个常用字,一般人都会写、会用。有位朋友一天突然问我:“马可波罗磁砖”用的不是“瓷”而是“磁”,算一个别字吗?这可得慢慢道来。

“瓷”和“磁”本是两个互不相干的字。

瓷,从瓦,次声。《说文解字》的解释是:“瓷,瓦器。”所谓瓦器,就是陶器。瓷原指陶器中质地坚、色泽美者,所以从瓦;后专指用高岭土烧制成的器具。上面的“次”既是声符,也有表义作用。“次”有第二的意思。陶坯第一次入窑,烧制成的是粗瓦器;涂釉绘彩以后第二次入窑,烧制成的是细瓦器,这就是瓷。

磁,从石,兹声。《广韵》:“磁,磁石,可引针也。”所谓磁石,就是大家熟悉的吸铁石,对铁、镍、钴等金属有吸附性能,故其字从石。声符“兹”是“慈”的省写,同样有表义作用。“慈”是母性的展示,具有情感的吸附力量。

可见,“瓷”和“磁”读音虽然相同,字义却迥然有别。

然而,这两个迥然有别的字,却在汉字运用中走到了一起,“瓷”也可以写作“磁”。不仅《红楼梦》《徐霞客游记》这些文学著作中不乏用例,就连《宋史》《明史》这些一本正经的史书中,同样是“瓷”“磁”不分。

这种混乱一直延续到了今天。举一个大家熟悉的例子，北京有个热闹地段叫“磁器口”，它是因瓷器店扎堆而得名的，但路牌上写的是“磁器口”。“马可波罗磁砖”，显然是沿着这个思路来的。

“瓷”“磁”为何会走到一起呢？追根溯源发现，原来和磁州窑有关。磁州窑是历史上著名的民窑，主窑在今河北磁县，宋代属磁州，故名。磁州窑产品釉色丰富，尤以白釉最为出名；装饰常采用黑白对比的方法，图案清新而醒目。磁州窑的产品，在社会上十分流行，时人称之为“磁器”。这个名称本是特指，所谓“磁器”，就是磁州窑出产的瓷器，但因为“瓷、磁”读音相同，瓷器、磁器逐渐混为一谈。于是，人们以为“磁”同“瓷”。

现在回到主题，“磁器”算一个别字吗？从尊重文字事实的角度来说，恐怕不能算；但从文字规范的角度来说，肯定不提倡。而且，磁州之所以称为磁州，不是因窑得名，而是因山得名。《元和郡县志》卷十五磁州：“以县西九十里有磁山，出磁石，因取为名。”磁州窑的制品称“磁器”，可以说是市场效应，“磁”成了一个品牌；但用“磁器”泛指一切瓷器，则是文字失察。《现代汉语词典》等工具书，显然已意识到这一点，在“磁”字释义时作出了新的处理：“旧同瓷”。一个“旧”字表明，“瓷器”写作“磁器”，“瓷砖”写作“磁砖”，已成为历史现象。

“臊子面”探名

你一定吃过臊子面吧？这可是陕西的一道名点。直到今天，陕西人逢年过节，还是要吃上一碗臊子面。这是风俗，更是文化。

我现在想问的是，“臊子面”

的名字该怎么写？

有人说应该写成“嫂子面”。当年参加编写《中国食经》，有专家说过“嫂子面”的来历。“嫂子面”源自陕西岐山县。当地有一大户人家，大媳妇做得一手好面，有诗为证：“薄如纸，细如线，下到锅里莲花转，捞在碗里更好看……”一天，小叔子的几位朋友来访，嫂子做面待客，客人吃得赞不绝口，都问是什么面。小叔子想，这面一直是嫂子做的，便随口答道“嫂子面”。从此这名字不胫而走。这个故事很有趣，但恐怕当不得真。中国有很多菜肴和点心的名称，都有类似的故事流传，其实大多属于民间文学。

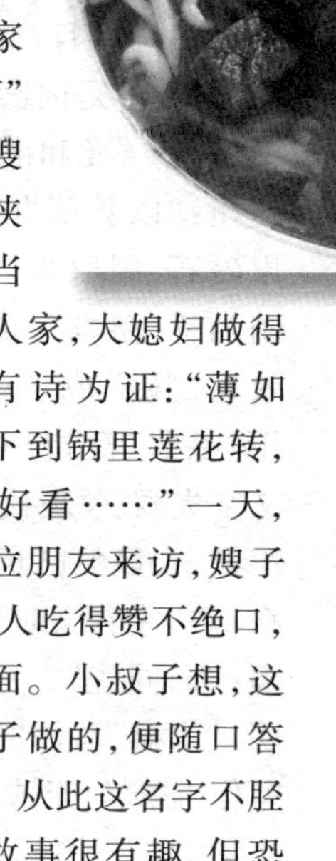

有人说应该写成“哨子面”。这话似乎不无道理，你看全国各地都有“哨子面馆”，招牌上的“哨子面”三字十分醒目。“哨子面”名从何来？据说因为面条爽口，面汤鲜美，吃的人口里会情不自禁地吹出哨子的声音，所以索性称之为“哨子面”。但是深究一下便会发现，“哨子面”未见于饮食专书，更不用说古籍记载，民间虽有此种写法，饮食界并不承认，不过是一个别字而已。吃面吹哨的说法可谓曲为之辩。

有人说应该写成“燥子面”。这是台湾同胞的用字习惯。不信，和台湾有点关系的商店，比如“永和豆浆”“一茶一座”，都可以看到“燥子”的身影。市面上卖的“香菇肉燥面”，用的就是“燥”字。宋代吴自牧的《梦粱录》中，早有这种用法。《康熙字典》告诉我们，“燥”是个多音字，当读音为 sào 时，“燥子”就是“臊子”。但今天“燥”和“臊”的用法已有明确分工：台湾出的词典中，以“臊子”为正条；大陆出的《两岸词典》，也以“臊子”为规范。

结论是什么呢？“嫂子面”是传说，“哨子面”是别字，“燥子面”是异形词，只有“臊子面”才是正确的写法。“臊子面”者，用臊子做配料的面也。所谓“臊子”，就是肉丁，《水浒传》中，鲁提辖拳打镇关西，鲁提辖让郑屠户切的便是臊子。

我国面食历史悠久，但古代不称面而称饼。饼者，并也。凡是面粉经水调和并在一起做成的食品皆称饼。馒头是蒸饼，后来为了避讳，改称炊饼，武大郎便是卖炊饼的。面条是汤饼，热汤里煮成的饼，民间的“汤饼会”其实是一场吃面条的聚会。烧饼是炉子里烘出来的，上面撒有胡麻即芝麻，故称炉饼或胡饼。“臊子面”不称“饼”而径直称“面”，可以推想是中国面食进入细化阶段的产物。传统的汤饼里配上鲜美的臊子，吃起来自然更加可口，难怪臊子面声名远播。

微语录·职场

马云曾说：过去我曾跟与我共同创业的18位同仁说，你们只能做小组经理，而所有的副总裁都得从外面聘请。现在十多年过去了，我从外面聘请的人才大都走了，而之前我曾怀疑过其能力的人，都成了副总或董事。可见，态度有时比能力重要。

（黄文志／辑）

此“葵”是菜不是花

◎王洪斌

“葵藿倾太阳，物性固莫夺。”这两句诗出自杜甫所作《自京赴奉先县咏怀五百字》。关于句中的“葵”，《唐诗选注》（北京出版社1978年9月出版）中的注释为“向日葵”，《唐诗鉴赏辞典》（上海辞书出版社1983年12月出版）中俞平伯先生的赏析文章也持同样的说法。笔者对此未敢苟同，这里的“葵”当指葵菜才对。

葵，本义为葵菜，也称“冬葵”“冬寒菜”。《说文·艸部》：“葵，菜也。”锦葵科，一二年生草本。叶圆扇形，稍皱缩。茎及叶均密生茸毛。夏初自叶腋生出总状花序，开淡红色或紫白色小花。原产亚洲东部，是我国古代的主要蔬菜之一。《农书》卷八有“葵为百菜之主，备四时之馔”的记载。《古乐府·长歌行》：“青青园中葵，朝露待日晞。”歌中唱的也是葵菜。“葵藿”本指“葵”和“藿”这两种蔬菜，也单指“葵”。因古人认为葵性向日，所以多用“葵藿”比喻下对上的赤心。《三国志·魏志·陈思王植传》：“若葵藿之倾叶，太阳虽不为之回光，然向之者诚也。窃自比于葵藿，若降天地之施，垂三光之明者，实在陛下。”

除了葵菜以外，“葵”也指滑菜、蒲葵，还可作向日葵的简称。向日葵是菊科一年生草本，也称“朝阳花”“葵花”。茎直立，叶互生。头状花序，单生于茎顶端成盘状。花盘边缘生中性的黄色舌状花，不结实；花盘中部的两性管状花，

无关“迁陟”的搬家

◎陈关春

叶辛的作品集《我的生命环》(上海人民出版社1995年12月出版)刊有《家居何方》一文,其中写道:“搬家似和谈家庭的题目关系不大。……我们能在故乡上海的土地上安这个家不容易。正因为不容易,正因为体验过生活的艰难和迁陟,故而我们对自己的家庭十分珍惜……”(第143页)这里有个用词错误,“迁陟”和搬家不相关。

迁,向上移动,引申为晋升或调动。陟,读作zhì,由低往上走,也可指晋升。两字组词为“迁陟”,犹迁升。《旧唐书·懿宗纪》:“苟致安宁,自当迁陟;不遵诏令,必举典刑。”上述文章中并未提及作者的职位调动。其中的“迁陟”改为“迁徙”庶几可通。徙,读作xǐ,指迁移。迁徙,即搬家、移换所居地。鲁迅《书信集·致李秉中》:“家母等仍居北京,盖年事已老,习于安居,迁徙殊非所喜。”

能结实。叶片和花盘随太阳转动。原产于中南美洲,我国对它的记载最早见于明王象晋的《二如亭群芳谱》,称其为“西番葵”。至于“向日葵”的称呼则始于清代。

理清了葵菜和向日葵的区别,杜诗中的“葵”所指就明确了。这里的“葵”只可能指葵菜。杜甫生活的年代,想来在我国是没有什么“向日葵”的。

世间从无“九泉郡”

◎汤生根

东方出版社2017年3月出版有《诗说中国文化：小学生古诗词曲篇（下）》一书，在介绍典故时书中说：“班超老而思乡求返，上书说：‘臣不敢望到九泉郡，但愿生入玉门关。’”（第116页）此处的“九泉郡”应是“酒泉郡”。

酒泉郡始设于西汉，原是匈奴昆邪王地，治禄福（晋改为福禄，隋改酒泉，今甘肃酒泉市）。汉代时东西方贸易日益繁荣，为确保西域道路的畅通和安全，元狩二年（前121）设置酒泉郡和武威郡。不久后又分置张掖、敦煌两郡，合称河西四郡。“酒泉”的得名来自城下有金泉，泉味如酒的传说。十六国时西凉李暠曾迁都于此。隋开皇初郡废。唐天宝、至德时又曾改肃州为酒泉郡。唐李白《月下独酌·其二》：“天若不爱酒，酒星不在天。地若不爱酒，地应无酒泉。”诗中所指便是酒泉郡。

班超（32—102），字仲升，东汉名将。年轻时为抗击匈奴而投笔从戎，为汉朝在西域的统治立下过汗马功劳，永元三年（91）任西域都护。他在西域活动长达三十一年，晚年思归故里，上书称不敢奢望到达酒泉郡，但愿能进入玉门关（玉门关在酒泉郡以西）。永元十四年（102）回洛阳后病死。

九泉，犹黄泉，指人死后的葬处。巴金《家》三二：“大少爷，像你这样好心肠，梅芳在九泉也会感激你。”我国境内从来不曾有过“九泉郡”的地名。班超想回的显然是“酒泉”，而非“九泉”。

李合肥成了徽州人？

◎钱　辉

大连出版社2008年出版有《流光碎影》一书，书中写道："李鸿章自幼在家塾里用功……考上了进士。李氏一门就此成了徽州望族，成了诗书官宦之家。"（第104页）李鸿章确实是安徽合肥人，但他的家族不可能是"徽州望族"。

徽州，简称"徽"，古称歙（shè）州、新安。隋开皇九年（589）置歙州，治休宁(今安徽省黄山市休宁县万安镇)，后移治歙县(今属安徽省黄山市)。唐代辖境相当于今安徽休宁、歙县、绩溪、黟县、祁门及江西婺源等地。宋宣和三年(1121)改名为徽州。徽商、徽菜等就来自徽州。

清末洋务派代表李鸿章是安徽合肥人。合肥在安徽省中部，汉代置合肥县，东晋改为汝阴县。隋代复改为合肥县，为庐州治。元以后为庐州路、府治。现在合肥是安徽省省会。因李鸿章是合肥人，古人常以籍贯作称谓，"合肥"就被用来借指李鸿章，如严复《原强》："合肥谓'以北洋一隅之力御倭人全国之师'，非过语也。"合肥与徽州是不同的两个地方，"李氏一门"绝不是"徽州望族"。

安徽省省名确实与徽州有关。安徽省所辖地区在清初属于江南省。康熙六年(1667)，分江南省为江苏、安徽二省时，安徽取安庆(相当于今安徽长江以北，枞阳、桐城、岳西等市县以南地区)和徽州两地的首字而得名。合肥虽然属安徽，但它和徽州无关。

“公帑”与“公币”

◎龙启群

《光明日报》2017年8月15日第13版上刊登有《大学如何“不差钱”》一文，文中说道：“我国大学要做到‘不差钱’，最保险也是唯一的出路，就是突破现有的过于依赖政府财政投入的‘公币模式’，寻求大范围的支持者……”这里的“公币模式”让人费解，“公币”应该是“公帑”之误。

公币，指国家铸造的货币。《管子·山国轨》：“然后调立环乘之币。田轨之有余于其人食者，谨置公币焉。”马非百新诠：“公币，《山至数篇》作‘公钱’，指封建国家自行铸造之货币，即贾谊所谓之法钱(《汉书·食货志》)。”引文中的“公币模式”显然是说不通的。

帑，是个多音字。读为nú时，古同“孥”，指儿女，也可指妻子和儿女；读为tǎng时，指收藏钱财的府库、国库，也指国库中的钱财。公帑就是指公款、国库。邹韬奋《事业管理与职业修养》：“从好意揣测起来，某些同事肉痛旅费之大，未尝不可以说是为着爱护公帑而说的，原亦未可厚非。”上述文章所说的是希望大学不要过于依赖政府财政投入，也就是说要少用公款，所以应该是用“公帑”，而不应该是“公币”。将“公帑”误成“公币”，很可能是“币”的繁体写法“幣”与“帑”形似所致。

《火眼金睛》提示

图1，“侯位”应为“候位”。

图2，“板粟”应为“板栗”。

图3，“失口否认”应为“矢口否认”。

图4，“竹著”应为“竹箸”。

唐三彩是用红、绿、白三色的釉烧成的吗

◎言逆蝶

《微型小说选刊》2017年第16期《唐三彩》一文中写道："(唐三彩)同时使用红、绿、白三种釉色……三种釉色相互交融，三彩就变成了很多的色彩……"唐三彩真的是用红色、绿色、白色这三色的釉烧制而成的吗？

唐三彩，是指唐代陶器和陶俑上的釉色，也指有这种釉色的陶制物。多仿金属器，有些用作冥器。盛行于初唐后，辽代仍流行，以后逐渐衰落。所谓"三彩"，并不只限于三种色彩。除白色外，唐三彩陶器上还出现有浅黄、土黄、浅绿、深绿、蓝色、茄紫色等。唐三彩釉质的主要成分是硅酸铝，呈色剂是各种不同的金属氧化物，如浅黄为铁或锑，土黄为铁，绿为铜，蓝为铜或钴，紫为锰。所以唐三彩并不是使用红、绿、白三种釉色烧制而成的，还有如浅黄、土黄、蓝色、紫色等其他颜色的釉。"唐三彩"的"三"表示的是"多"，而非实数"三"。

唐三彩马

何谓『株事会社』

◎常隽

2017年第33期《书刊报》头版刊登了《上世纪初的国宝争夺战》一文，其中写道：“山田得到消息，亲自来到洋行，出示了一张500万元的转账支票，说山田株事会社愿意出最高的价钱来购买这批抵押宫藏珍品……”此处的“株事会社”应改为“株式会社”。

“会社”指的是旧时的政治、宗教、学术等团体。另外还有一个源于日语的义项，指的是公司，为英语company、corporation的意译。株，义为树木的根。日语中称股份为“株式”，汇聚众多股份建立的公司就叫作“株式会社”，也就是股份有限公司。上述文章中的“山田株式会社”指的便是一家公司。

事，指事情、事故。“株事”组词不知所指，“株事会社”为何物则是让人难以知晓。

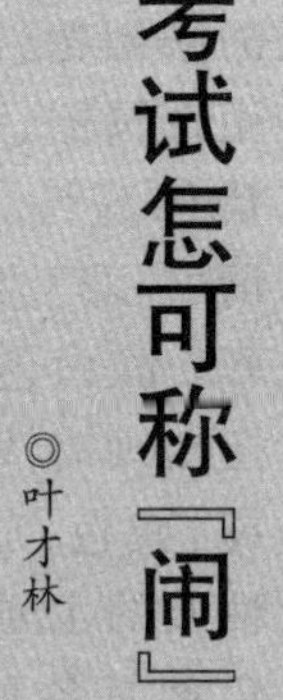

考试怎可称『闹』

◎叶才林

《中国科举》（东方出版社2016年2月出版）一书在第81页上写道：“清代全国级的会试考期定在三月，正当暮春，故会试亦称春闹。”这里的“春闹”应改为“春闱”。

闱，从门，韦声，读作wéi，本义是宫中的小门，在科举时代也指考场。唐宋的礼部试士和明清的京城会试都在春季举行，所以称“春闱”。另外还有秋季举行的秋闱。

闹，指嘈杂、不静、争吵等。科举考试的考场是不能“闹”的。

“女”“母”“毋”“每”的演化

◎苏培成

汉字研究不但要了解单个汉字的演变，而且要研究汉字字际间的孳乳与分化。“女”“母”“毋”“每”的演化是一个容易说明的例子。

一、“女”字的构形。人的性别分男女，这种差别在“男”“女”这两个字上很难表现，于是就在男女工作的差异上想办法。甲骨文女作，象跽跪而两手有所操作的样子。《说文》：“女，妇人也。象形。”而男字作，是从田从耒的会意字。小篆把耒讹变为力。《说文》：“男，丈夫也。从田从力，言男用力于田也。”古人就这样造出了“男”“女”两个字来。

二、“女”字分化出“母”字。从用法说，甲骨文“女”字既表示妇女又表示母亲，因为母亲也是妇女。具体句子里的“女”表示的是女还是母，要靠语境来区分，表达语言不够精密。随着语言文字的发展，“女”字的字形开始分化。甲骨文女字有个异体作，是在女的胸部加两点表示女乳。这个加两点的“女”逐渐专门用来表示“母”这个意义。卜辞中“女甲”“女乙”“女丙”的“女”专用加两点的“女”字，读作“母”。同时“女”字表示“母”的用例在减少，最后由“女”字孳乳出来的专门表示母亲的“母”。《说文》（小徐本）：“母，牧也。从女，象怀子形。一曰象乳。”郭沫若说：“人称育己者为母，母字即生育崇拜之象征。母中有二点。《广韵》引《仓颉篇》云：‘象人乳形。’许书亦云‘一曰象乳子也’，骨文及金文字大抵作，象人乳形之意明白如画。”（《甲骨文研究·释祖妣》）

三、“母”字分化出“毋”字。“母”假借为否定词“毋”，相当于“勿”“弗”。这在肯定否定对贞的卜辞中，表示得很明白。如“贞：百牛至？贞：百牛母（毋）其至？贞：王目龙？王目母（毋）其龙？”这个句子里的两个“母”读为“毋”。到了战国时代，读为“毋”的“母”开始把两点连在一起成为“毋”。“毋”见于诅楚文、江陵望山楚简等，但战国时代一般仍借“母”为“毋”，到了秦汉时才普遍用“毋”。

四、“女”字“母”字分化出“每”字。甲骨文中“女”“母”常假借用为“每”，表示“晦”“悔”。于省吾说：“《说文》每作，并谓：‘每，草盛上出也，从中母声。’按许说不足为据，而自来文字学家并无异议。甲骨文母与女互用无别。甲骨文每字多用作或。后来又变作。甲骨文每字既不从艸也不作艸盛用，艸盛乃后起之义。甲骨文每字多用作悔吝之悔或晦冥之晦。每字的造字本义，系于母字的上部附加一个v划，作为指事字的标志，以别于母，而仍因母字以为声。”（《释古文字中附划因声指事字的一例》）甲骨文每与女、母则区分甚严。甲骨文中有的“每”用作“悔”。《说文》：“悔，悔恨也。”卜辞累见“其每”“弗每”“弗狩，其每（悔）”（甲骨文合集33394），其中的“每”均用作“悔”，意思是悔恨。有的“每”用作“晦”，意思是昏暗。例如：“王弜（意思为“弗”）田，其每（晦），其遘大雨。”（甲骨文合集28680）后世由“每”字分化出“悔”和“晦”。“每”又假借为虚词。《论语·八佾》：“子入太庙，每事问。”这个“每”指逐个、各个，沿用至今。

总之，从文字演变看，“女”“母”“毋”“每”是由一字逐渐分化而成。

延昭何以称“六郎”

◎陈璧耀

延昭就是杨延昭，杨家将故事中的重要人物。自南宋话本以来，凡说杨家将故事的，都称延昭为六郎，都以为他是杨业的第六子。最典型的就是明代两部长篇

连环画《杨延昭救驾》，福建人民出版社出版

《杨家府世代忠勇通俗演义》（简称《杨家府演义》）和《玉茗堂批点按鉴参补北宋杨家将传》（简称《杨家将传》）。前者说杨业“生七子：渊平、延广、延庆、延朗、延德、延昭、延嗣”，延昭排序第六，因称六郎，后者则明确说延昭为杨业第六子。

上世纪50年代，我国出了不少有关杨家将的书，几乎都沿袭了这个说法，如史果《女将穆桂英》，开篇即说北辽兴兵犯界时挂帅印的，“就是抗辽名将杨继业的第六子延昭”。大型辞书《汉语大词典》也延续了这个说法，其“六郎”条义项②就是：“宋杨继业之六子杨延昭英勇善战，在边防二十余年，屡挫契

丹兵将,人称杨六郎。详见《宋史》本传。”

《宋史》本传说,杨业生有七子,除一个叫延玉的在战争中牺牲之外,其余六子史书于杨业死后的排序却是:“朝廷录其子供奉官延朗为崇仪副使,次子殿直延浦、延训并为供奉官,延环、延贵、延彬并为殿直。”杨业七子的名字,除延朗之外,与明小说全然不同,而通常所说的六郎延昭,则全无踪影。难道杨业所生七子中没有叫延昭的?

原来,史书所说的长子延朗,就是延昭。本传说是“延昭本名延朗,后改焉”(明小说却把延朗和延昭演义成了兄弟俩之四郎和六郎)。只是延朗为何要改名延昭呢?《东都事略》卷三四说是因为“延朗下一字犯圣祖名”的缘故。

据《续资治通鉴长编》所说,宋皇室圣祖是一个名叫玄朗的神仙,“玄”“朗”二字在宋朝就成了国讳,“公私文字不得斥犯”,延朗就是犯了此国讳才改称延昭的。然就史书所载杨业六子的排序看,延朗却非六子,而是居于首位的长子。本传于其后五兄弟皆称“次子”,延朗无疑就是老大,该称一郎或大郎才是,何以称六郎呢?

清人翟灏《通俗编》卷三十七说:“延昭当为长子,而目为‘六郎’,‘六’似非行次矣。”不是兄弟排行又是什么呢?翟灏没有说。而据《宋史》本传,延昭之被“目为杨六郎”,是因为他在边防二十多年智勇善战屡使“契丹惮之”的缘故。《续资治通鉴长编》和《东都事略》也持类似说法。前者说是“敌惮之,目曰六郎”,后者说是“虏畏之,呼为六郎”。今人沈起炜《杨家将》说,“所谓‘六郎’”,是“辽兵对于杨延昭的称呼,好像他们称呼杨业为‘杨无敌’一样”。则“六郎”这个称呼,犹言“无敌”,似乎是含有某种使人畏惧害怕的特定含义的。

上世纪50年代,有一些研究性著作对此多有探究。如郝树侯《杨业传》说是:“古代往往以天上的星宿比拟世间正面人物。如狄仁杰在当时,被誉为'北斗以南,一人而已';宋人也称郭京为'北斗神兵'。契丹称宋为'南朝''南国',因而他们赞美杨延昭为'南斗'。"他进而推测说:"'南斗六星'在宋初已成习惯语(《太平御览》卷六),这样久而久之,'六郎'变成'南斗'的歇后语,以后就直呼为'杨六郎'了。这和杨业被称为'无敌',是同一意义。"

常征《杨家将史事考》进一步说:"辽人畏惮杨延昭,因而称他为天上星宿下凡。这星宿,可能是郝君所说的南斗六星,更可能是北斗六星,宋初所修的百科全书《太平御览》卷六《大象列星图》云:'南斗六星去牵牛二十六度四分之一,主兵机。''北斗六星中第六星主燕。'"

这是说契丹人把镇守三关的杨延朗,"喻以为镇慑本国的大星",即北斗六星或南斗六星。南斗六星"主兵机",为大将之象;北斗六星"主燕",燕地正是当时契丹的国土。而原来用以喻称的"北斗六星杨延朗"或"杨六星",由于长时间"辗转相传"的缘故,"朗"逐渐演化成了"郎"。常征先生因此认为,"杨六郎"是杨延朗和杨六星复合而成的一个称呼。

这或许是比较合理的一种推衍。"六"指的不是兄弟排行,而是天上"南斗六星"或"北斗六星"之"六"。

《"教训"谁》解疑

这里的"教训车"指的是"教练车",即进行机动车驾驶员培训所使用的车辆。教练车是驾驶员培训机构专门置办的车种,为了确保教学功能和安全性,在内部构造上和一般的机动车有所区别。也许有关人等认为,教练车是师傅教学、学员训练所用,故而称之为"教训车"了。

有事请叫“小姐姐”

◎徐泓梁睿

近来，一个叫作“小姐姐”的词在年轻人中流行开来。下至校园里的大中学生，上至已进入中年行列的职业女性，都被唤作“小姐姐”，“小姐姐”成功跃进“热门社会称谓”的榜单中。

“小姐姐”起源于小众的动漫文化圈，是该圈粉丝对日本某偶像组合成员的称呼，更准确地来说她们是动漫角色的配音演员，多是二十来岁的成年女性，相对粉丝来说稍微年长几岁，但是她们配音的角色又是天真可爱的，所以粉丝们在“姐姐”前加上“小”字，以示亲切。仔细想想那些带有“小”字的词语——小鱼儿、小鸟儿、小宝贝、小天使，以及近来很流行的小仙女、小可爱等，一个“小”字增加了多少萌萌的意味。

随着“小姐姐”一词在动漫圈的逐渐流行，它的语义也随之扩大，用来泛指动漫中所有可爱类型的女性。渐渐地，“小姐姐”打破了文化隔阂，走出相对狭窄的动漫圈来到了网络社交平台，成为各类粉丝对于自己喜爱的女性偶像的爱称。后来，“小姐姐”的使用范围被彻底放大，和多年前流行的“美眉”“美女”一样，可以使用在各种女性人物上，变成了一个普通的社会称谓。

追究“小姐姐”走红的原因，主要还是二十岁上下的年轻女性称谓缺失造成的。这些女性不仅苦于被小孩子喊作“阿姨”，就连她们之间的相互称呼也是个问题：“大姐”“小妹”这些从亲属称谓泛化来的称呼都带有辈分的概念，而这种长幼尊卑之分与年轻人群体的社交氛围格格不入。对那些还不太熟悉的同龄人要怎么开口称呼呢？由于相应称谓的缺失，她们在人际交往中往往会刻意忽视称呼，或是和年纪相仿的陌生人陷入无语的尴尬。可自从有了“小姐姐”，原本拘谨羞涩的少女仿佛一夜之间成了社交达人：“小姐姐，请问下学期××老师的课怎么样呀？”“哇，小姐姐你这支口红好好看啊，哪里买的？”“小姐姐”的使用打破了陌生的气氛，拉近了双方的距离。

其实，“小姐姐”一词的女性使用者往往具有幼态持续的心态。“幼态持续”是社会生物学中的一个概念，大意是生物成长后依然保留幼年的状态特征。在文化心理上，“幼年状态”意味着不具备攻击性、惹人喜爱，需要被人照顾或保护。女性在用“小姐姐”与同为女性的人物进行交际时，利用“幼态持续”进行示弱，能够缓解陌生环境中女性对同性潜在的攻击性与排斥感，让对方对自己放下防备、产生好感，也可以在短时间内打破生疏、拉近距离。

除了对话双方的彼此称呼，“小姐姐”还常常用于对话双方对于第三人的指称：“昨天在街上看到一个小姐姐长得好漂亮。”在这里，“小姐姐”的年龄界限被模糊，用来指称年轻的女孩子。与之相比，“美女”也是在前几年颇为流行的社会称谓，但是过于强调容貌，有些轻浮，而“小姐姐”化用自亲属称谓，亲切礼貌得多。再如粉丝称呼自己的偶像：“我们家小姐姐真是太可爱啦！”这既和年轻群体偶像低龄化有关，也同样利用了亲属称谓泛化而保留的亲切感，显示了偶像的亲民性。

“小姐姐”一词的出现弥补了交际中的多种空白，进而还诱发了“小哥哥”的崛起，不管是自己的男性偶像、刚刚认识的异性还是路上偶遇的帅哥，都可以是“小哥哥”了。这些“小哥哥、小姐姐”们不仅在自己的社交圈中相互使用，还致力于推广——他们再也不愿意在地铁让座时被人叫作“叔叔、阿姨”了。

今天，你“打卡”了吗

◎程　榕

“文艺青年又多一处打卡圣地，网红书店言几又杭州首开。”

“重庆大渡口不能错过的美食，多远也要跑去打卡！”

“独立寒秋，湘江北去，邀您打卡橘子洲！”

“打卡今日份大英百物展，好开心！”

不明就里的人看到这些新闻标题，往往会一头雾水：打卡？打的是什么卡？难道橘子洲头上也有打卡机了吗？

“打卡”本义是指工作人员上下班的时候把考勤卡放在专门的磁卡机上记录到达和离开单位的时间，目的是为了监督员工准时上下班，不要迟到早退，其行为带有一定的强制性。随着社会经济的不断发展，“卡”的种类愈来愈多，比如信用卡、购物卡、交通卡、校园卡等等，“打卡”也就不断地扩大使用范围，可以用来指结账、登记等活动。但总之，一定要有“卡”这种实体作为“打”的对象。

但是当“打卡”一词被年轻人大规模用于网络交际时，其含义就被大大延伸和虚化了。此时“打卡”一词的本义渐渐模糊，保留下来的只是它“到场”“参与”的引申义；“打卡”的使用范围也不仅仅局限在考勤、消费方面，还扩展到各种各样的活动，而且一般不需要实体的“卡”。概括起来说，“打卡”的网络用法主要有两种。

首先，“打卡”指到场并参与了某种活动，且这种活动往往没有强制性，反而是参与者主动愿意的。在这种语境中，“打卡”就相当于“参加”“来到”。比如凤凰网 2017 年 10 月 20 日一则新闻标题《红遍 Instagram 的网红打卡地，随便一拍就是大片的感觉》，用日常话语翻译过来就是 Instagram 上的网络红人经常去的地方。又如重庆时报网在 2017 年 10 月 21 日的一则新闻标题《一部电影让长江索道一炮而红，不少明星专门来“打卡”》，其中的“打卡”就是明星们都去长江索道游览的意思。在这种用法中，“打卡”的是热门景点或者热门活动，而且一般都是第一次去，带有较强的跟风意味，所以一般为年轻人所用。

其次，“打卡”还用于各种网上在线活动的签到。这种活动也分两类，一类是各种学习性手机应用，比如各类英语学习软件会有《每日单词打卡》的栏目，就是提醒学习者记得每天背单词。另一类是以消息群为依托，比如“早睡早起打卡群”就是在这个群中的每一个人都要在规定的时间发消息，以表示自己正在坚持养成良好的作息；再如“夜跑群”打卡的方式就是每天上传运动轨迹图来证明自己在坚持运动。在这种语境中，“打卡”一词的含义已经不再是单纯的“参加”“完成”，更有一种努力坚持的意味。它更强调一种主动性，代表了动作发出者的一种承诺和态度。所以，一个人如果用了“打卡”，就意味着他正在努力养成一种好的习惯，正在坚持做某一件事。如今，“打卡”在年轻人中愈来愈流行，我们经常会看到微信朋友圈或者 QQ 空间里许多人发的各种应用软件的打卡链接。这种流行，一方面依托于设计越来越人性化的手机应用软件，另一方面也体现了人们对于更高质量生活的追求和自律意识的提高。

从强制到自愿，从有卡到无卡，“打卡”一词的积极意味不断增加，它体现了人们对美好生活的向往，它记录下普通人努力对抗平庸的模样，它反映的是我们一直渴望前进、不断向上的姿态。让我们每天都树立一个“打卡”的目标，一起加入“打卡”大军吧！

『饭』之新解

◎李心怡

“饭”这个司空见惯的词，最近又出了新意。例如，“饭圈”“新饭”这些词看起来感觉应该跟吃饭有关，然而它们却跟米饭毫无关系。举几个例子，如“唯王源的到底是老饭还是新饭？”解释为“只喜欢王源的粉丝到底是老粉丝还是新粉丝？”又如“我是年级所有老师的团饭，你们这些班主任的唯饭怎么会懂？”解释为“我是年级里所有老师的粉丝，你们这些只喜欢班主任的人怎么会懂？”以此类推，音饭、颜饭就是只喜欢偶像声音、容貌的粉丝，屏幕饭就是指只能在电脑、手机屏幕上见到偶像的粉丝。

看到这里读者不禁会问，“饭”看来就是粉丝的意思嘛，那为什么有了粉丝还要用饭呢？首先要解释的是，饭和粉丝实则都来源于英语的“fans”，主要用来指某个人或者某种事物的崇拜者。但英文的普及让越来越多的人知道“s”是复数名词的词尾，“fans”（粉丝）指的是喜欢这个明星的整个群体。而在个人主义化的社会趋势推动下，喜欢明星的人都逐渐想要一个自己的称谓，于是，“fan”这个单数名词就此进入大众视野。

为什么“fan”音译成“饭”而不是“范”“犯”或者是“泛”呢？这可能要从饭本身的意思讲起。米饭是“每天要吃的东西”，而偶像正是追星者每天需要关注的事：每天要定点刷偶像的个人微博、官方贴吧等以便能及时看到更新通告，定时购买偶像的专辑或者海报。这些事情就像日常吃饭一样，对于追星者来说是每天必做之事。甚至，偶像也可以说是粉丝的精神食粮，选择了一个好的偶像，他的粉丝便可以在任何沮丧的时候都振作起来。

那“饭”又跟原来的“迷”有什么区别呢？现如今提倡理智追星，显现出追星族自身的素质涵养在不断提升，因此用“迷”这个非理智的词不能体现出这种理性转变。并且，大家也渐渐有了这样的身份认知——偶像是靠许许多多的追星族养活的，唯有粉丝支持、专辑大卖或者电影上座率高，偶像的收入才会提高。因此网上已经有了“你我本无缘，全靠我花钱”的戏谑言论，相当于认为粉丝才是给偶像管饭的人，这也更促成了网络上用“饭”来称呼追星族的用法。其实，现在也不仅是花钱才能养活偶像，随着网络的飞速发展，许多粉丝的专业技艺在追星一途上也有了用武之地，懂网络技术的为偶像制作官方网站，擅长绘画的为偶像制作卡通插画吸引人气，文笔好的则在网上写文大唱赞歌，就算什么都不会的也可以通过网络跟帖或现场加油呐喊来贡献自己的力量。这与传统意义上的粉丝已经有了很大的转变，偶像不再是仅仅被瞻仰欣赏的高高在上的存在，也是需要大家帮助支持才能生活得更好的“活人”。正因如此，粉丝自称为“饭”更能体现出自己自豪的心情。

“饭”的用法起源于影视文化圈，是一种社区“行话”，若不是有人解释，大多数人并不能理解其意，然而这些“行话”随着使用人数的增长和使用范围的扩大而被用于日常生活中，例如“像我们这种透明饭哪里敢在开班会的时候跟帖呀？”“咱班主任是在给五年高考三年模拟圈饭吗？”“这里是刘总的饭圈，其他老总的散饭请自行退散”……同时，其用法的能产性也非常高，如：僵尸饭、身体饭、中饭、韩饭、技术饭、散饭、脱饭……越来越多的人开始了解这些词语的意义以及使用方法，“饭”已经成为社会流行语。

“饭”，它不是一个简单的音译词，而是一个音译与意译结合的词，是随着网民心理以及娱乐圈发展形势而出现的词，体现了大众和偶像之间互相需要的积极意义。

从英译视角解读“不忘初心”

◎陆建非

习近平同志的十九大报告一开始就谈到大会主题，那就是“不忘初心，牢记使命，高举中国特色社会主义伟大旗帜，决胜全面建成小康社会，夺取新时代中国特色社会主义伟大胜利，为实现中华民族伟大复兴的中国梦不懈奋斗。”紧接着，下一段又提到“不忘初心，方得始终。中国共产党人的初心和使命，就是为中国人民谋幸福，为中华民族谋复兴。这个初心和使命是激励中国共产党人不断前进的根本动力”。

其实，“不忘初心”这个词第一次出现在官方正式讲话是2016年7月1日，习近平总书记在纪念中国共产党成立95周年大会讲话中曾10次强调“不忘初心”，以深沉的历史使命感，聚焦党的远大理想和崇高追求。“不忘初心，继续前进”成了一条贯穿于整篇讲话的红线。之后，此词分别出现在2017年元旦讲话，政府工作报告以及八一建军节阅兵仪式讲话之中。

对于如何准确翻译“不忘初心”或“不忘初心，方得始终”，译者跃跃欲试，其中不乏可圈可点的版本，例如：Stay true to yourself（不违己愿）；Don't forget initial self（不忘本真之我）；My heart will go on（我心依旧）；Follow your original aspiration and you will succeed（追随原本志向，必胜无疑）；

Remember where you started and you'll make your journey complete(不忘出发之地,征程圆满);等等。

还有人建议借用"Stay gold"翻译"不忘初心"。它出自罗伯特·弗罗斯特(Robert Frost)的一首诗"Nothing gold can stay(岁月留金)"。在时光的冲刷之下,什么都留不住,唯有金子,不畏时间,不怕火炼,总能保持最初的那份纯度。Stay gold告诉人们要像金子一样,无论环境怎么变化,都要保持本真。

甚至有人借用美国女歌手克里斯蒂娜·阿奎莱拉(Christina Aguilera)的专辑名"Back to Basics"来译"不忘初心",其意思是"返璞归真"。

那么官方对于"不忘初心"又是如何翻译的呢?十九大报告的翻译团队第一次吸纳了众多外国专家中的"中国通"参与。"不忘初心,方得始终"的英语译文为"Never forget why you started, and your mission can be accomplished"。这里将"不忘初心"译成never forget why you started(决不忘记自己是为什么而出发),将"方得始终"译成your mission can be accomplished(完成自己肩负的历史使命)。这一译法通俗简约,达意得体,基本沿用了习总书记建党95周年讲话中的阐述,即"中国产生了共产党,这是开天辟地的大事变","走得再远、走到再光辉的未来,也不能忘记走过的过去,不能忘记为什么出发"。

十九大报告主题中的"不忘初心,牢记使命"则被译为"Remain true to our original aspiration and keep our mission firmly in mind"。用original aspiration(原本的抱负)来翻译"初心",这一处理突出了共产党人始终信守当初的理想抱负,彰显一种"赤子之心"。可见官方针对"不忘初心"也并非只有一种译法,会根据语境和试图强调的重点做出适度调整。

“初心”一词在十九大报告中共先后出现六次，除了上述两种翻译，根据上下文内容还有其他译法。例如“这个初心和使命是激励中国共产党人不断前进的根本动力”中的“初心”被译成 founding aspiration（成立的志向），强调建党之初时的志向。又如“九十六年来，为了实现中华民族伟大复兴的历史使命，无论是弱小还是强大，无论是顺境还是逆境，我们党都初心不改、矢志不渝”中的“初心”被译成 founding mission（成立的使命），强调不忘本。

当然，在探究“初心”如何翻译时，也绝不能忽略与它搭配的动词“不忘”的译法，唯此才能更地道、更通顺地传递完整的原意。在十九大报告译文中，分别用了 never forget，remain true to。

翻译是两种语言切换的再创作艺术，见仁见智，就如莎士比亚所言：There are a thousand Hamlets in a thousand people's eyes.（一千个读者眼里有一千个哈姆雷特。）自古以来，众多学者不断对一些经典名言进行有新意的解读，不断提出新的翻译方案。“不忘初心”成为海内外公众和媒体喜爱的热词，它的英文翻译又为翻译艺术提供了新的案例。

《最切实际的选择》参考答案

1. 搏人眼球——博人眼球
2. “一分钟点钞”——《一分钟点钞》
3. 也全都归其所有——就全都归其所有
4. 一幅——一副
5. 如邻大敌——如临大敌
6. 陈竹在胸——成竹在胸
7. 安奈不住——按捺不住
8. 别出机抒——别出机杼
9. 鸦鹊无声——鸦雀无声
10. 正确律——正确率

茶、茗和茗茶

[中国香港]汪惠迪

有个字谜的谜面是“草木之中一个人”,谜底是“茶”。云气氤氲,人在草木之中,该是妙龄采茶靓女吧?

但是,辞书告诉我们,“茶”字本作“荼”,唐代人减省一笔,成为“茶”,下面竖笔带钩,不是木。

茗,形声字,从艸,名声。《说文·艸部》:“茗,荼芽也。”谓茶之嫩芽。但《尔雅·释木》说:“槚,苦荼。”晋代郭璞《尔雅注》说:“今呼早采者为荼,晚收者为茗。”如此说来,“茗”是晚采之茶。

唐代陆羽《茶经·源》说:“一曰茶,二曰槚,三曰蔎,四曰茗,五曰荈。”茶、槚(jiǎ)、蔎(shè)、茗、荈(chuǎn)因采收的早晚而不同名,是一组同义词。

现代汉字不用槚、蔎、荈,只用茗、茶二字,意思并无不同,故可互用,如:茶具/茗具,品茶/品茗。茗、茶二字亦常见叠用成双音节的“茗茶”。

“茗茶”是什么茶?

有人说“茗茶”与“粗茶”相对,指品质上乘的优质茶叶。可是《中国茶文化大辞典》说:“茶则有胜金、嫩桑、仙芝、来泉、先春、运合、华英之品,又有不及号者,是为片茶八种,其散茶号茗茶。”由此可见,“茗茶”并非质量上乘之品。“茗茶”到底是“粗茶”还是“靓茶”?为求答案,便查词典。

《现代汉语词典》“茗”字头下未出条目,仅在“茗”字释义中有两个词例:香~、品~。《现代汉语规范词典》《现代汉语学习词典》《两岸常用词典》也都没有收“茗茶”。

我仿佛记得“茗茶”是改革开放之初随着台湾茶商到大陆

投资而出现的，常用在销售茶叶的商号名称中，如“××茗茶”。后来就单独使用了，在大陆人眼中似乎成了新词语。查台湾出版的《重编国语辞典》(修订本)，见收录“茗茶”，释义是“茶叶或以茶叶泡成的饮料”，可见说“茗茶”指品质上乘的优质茶叶，于台湾海峡两岸的辞书中都没有根据。当然，词语也是会在使用中衍生新义的，“茗茶”是否产生新义了呢？尚待观察。

眼下我们也许只能说：茶＝茗＝茗茶＝茶叶或以茶叶泡成的饮料。

(作者是本刊特约编委)

台湾国语的补语标记“说”

[中国台湾]高婉瑜

台湾人说话时，经常使用“说＋补语句”这样的结构，这种用法的“说”是一种补语标记(complementizer)，引出后面的小句，与英语的 that 相当。例如：

(1)洪万庭笑说：“教练就是很喜欢刷存在感。我想说我动作应该没问题，不知道发生什么事。”

这句话中的“我想说”有与预期相反的功能，后面的小句与说话人的认知或预期相反。从这个角度看，“说”是个言谈标记(discourse marker)。

第二种情形是“心理动词＋说”。例如：

(2)我们为了这个土地为了这个森林也哭过好几次，人家认为说无聊，实际上不是，真的没有了就是没有了。

(3)过去对任何问题总能侃侃而谈的柯文哲一度语塞，最后勉强挤出“大家也不希望说太麻烦”这句话。

(4)我一直觉得说，我之前已经有讲过，彼此之间要在一起，先别急，人是要经过相处之后才会明白的。

第三种情形是“一般动词＋说”。例如：

（5）所以今天我们才发现说，原来这里面竟然可以有大笔的资金在部属和长官之间汇来汇去，而且是引起了海外的注意……

第二、三两类的“说”有报道的意味，将事情陈述给别人听，也是言谈标记。

第四种情形是“说”接在否定词或连词之后。例如：

（6）山寨版没办法说做得很精细。（“说”接在表否定的动词短语“没办法”之后）

（7）但不认同比特币价值的网友说，货币背后都有黄金与外汇作为发行的担保，先不管说足不足，至少比无中生有的虚拟货币要好上无限倍。（“说”接在连词“不管”之后）

这样用的“说”与普通话的差别更大，扩展了搭配对象，也是个补语标记。

对北方方言而言，补语标记“说”是冗赘，删除后似不影响表意。据学界的研究，补语标记“说”为语言接触的产物，是词汇重整（relexification）的表现。词汇重整是指两种语言接触，在目标语原有的词汇中选取词项，并对该词项进行重整，赋予它来源语对当词项的语义句法属性。

台湾闽南语 kong 有补语标记的用法，如“我想 kong 伊 boe 来啊。”（意即：我想他不会来了）“行过 kong 欲给我咬 la。”（意即：走过去时它竟然要咬我）补语标记“说”的形成过程是：选取普通话的“说”（目标语），赋予台湾闽南语 kong 的语意、句法功能（来源语），形成台湾国语中的“说”。（编者按：收看央视中文国际频道的《海峡两岸》，常听到主持人、应邀上节目的大陆和台湾的评论员说“认为说”“觉得说”“发现说”“主张说”“强调说”“衡量说”“意味着说”“所以说”等，本文尝试解析“说”这种用法的作用。）

（作者是高雄师范大学国文学系副教授）

方言式的华语

［马来西亚］杨欣儒

马来西亚的华裔所使用的方言以闽南话和广州话为主，因而华语就夹杂了许多方言词语，语法也是方言式的。除了方言，英语和马来语对本地华语也有所影响。这就是本地华语的特色。限于篇幅，本文先谈词语。

广州话的“千”就有“出千”（作弊）、“老千”（骗子）。作弊和欺骗的词语还有“出术”“千术”等。大家在交谈时很少用到“万”，除了百万，到处都是“几十千”（几万）和“几百千”（几十万）。曾经看过报纸的标题：老千千了三百千（骗子诈骗了三十万）。“成绩标青”也常出现在本地报纸的标题中，“标青”就是“出众、杰出、卓越”的意思。

“瞧你那副猫样，有空头也不会介绍给你。”“猫样”就是德性，“空头”就是门路。一些宴会台上的“大粒人”（大人物）经常发表精彩的演说：“我一路来都支持华文教育，到处筹钱建校却常常撞板，的确令人火滚。”“一路来”是“向来”，“撞板”是“碰钉子”，“火滚”指生气。听了这种方言式的华语，你不“火滚”才怪！晚上不够亮，有人要“开火”，你可别吓坏，不是要开战，而是开灯。

社团竞选职位，主席、副主席“不劳而获”，把贬义的词语当褒义，原来是没有对手竞争的“不战而胜”。亲朋好友会给丧家“白金”（赙仪），婚礼少不了“送客娘”，原来是“喜娘”。去银行开“户口”，“户头”成了“户口”。火车站叫“火车头”，码头是“船头”。你要点几样菜，必须找有“煮炒”(烹饪)的小贩,吃“蜜饯”就得找卖“咸酸甜”的摊子。

这位老师很有“料”,很有学问变成了“有料”。今天的晚宴有什么“好料”,原来“好料”就是“美味佳肴”。你的水龙头出了问题,这里找不到“水暖工”或“水管工”,只好找“水喉匠”。公司里的“铁甲万”被窃贼爆破,你猜啥是“铁甲万”?原来是保险箱。

(作者为马来西亚华语规范理事会副主席)

花园

[马来西亚]杜忠全

在马来西亚,有些“花园”不是让人休闲观赏的,而是住宅或高层林立的住宅小区。

按《全球华语大词典》的解释,“花园”首先是“种植花木供游玩休息的园地”,但也“用于某些住宅区的名称,也用来指住宅区。……用于马来西亚等地。”(《全球华语大词典》第 647 页)事实的确如此。

在马来西亚,如看到“某某花园”的招牌或路牌,那就有很大的可能不是开放参观或让人进去消闲的地方,而是一个住宅小区。这样的住宅小区,一般不是传统的乡下住宅,而是城市周边或近郊经过一番整地与规划之后,集中发展而成的住宅小区。花园住宅区里巷道纵横,家家户户鸡犬相闻,前门对前门,后院对后院。并且,小区里往往少不了规划一小片绿地,供居民日常锻炼与消遣。有供小朋友玩乐的游戏设施,也有让青少年挥洒汗水的篮球场,还可能安装了一些体能锻炼的小设备，让上班族、银发族晨昏时分前来舒活筋骨、散步出出汗什么的。住得舒服，活得健康，除了大宗的生活用品外，一般的生活必需品都能在小区里买到。这是现代化的生活小区在空间规划方面的特点。

这样的生活小区之所以叫"花园"，与英国殖民时期的生活品味与规划概念有关。英国人讲求生活健康与便利，更讲究生活环境的清幽与宁静。虽在城市居住，但也希望享有田园式的悠闲，尤其是回到自己生活的小区、回到家里之后，除了居住空间，也希望结合住宅的外在环境而获得充分的舒适感。因此，各种住宅区式的 Garden 便出现了。

马来西亚独立之后，这样的英式作风也长期延续下来，对应于英文的 Garden，新规划的住宅小区，便以马来文称作 Taman。这样，各种"花园"也就在城里城外四处林立，如 Taman Harmoni 便叫作康宁花园，Century Garden 是世纪花园等等。不管是按英文、马来文还是中文命名，都是住人的，不是什么公共休闲园区！

因此，来到马来西亚，如看到一个路牌接连指向几个不同的"花园"，不要怀疑，你不是身在住宅区，就是住宅区离你不远了！

（作者是马来西亚拉曼大学金宝校区中文系主任）

微语录·职场

马云曾说：如果一个方案有 90% 的人说好，我一定把它扔到垃圾桶里去，因为这么多人说好的方案，必然有很多人在做了，机会早已不是我们的了。可见，前瞻才是成功的真正原因。

（蔡　玫／辑）

因“异”生趣的灯谜

◎江更生

我们谈到灯谜独有的“别解”特点时，常常会强调它利用汉字一字多义的特点，即故意掩去一些文字的本义，存心运用它的歧义，使题面与谜底的意思得以互相吻合，从而产生出奇妙的谐趣。其实在灯谜中，制谜者还会着眼于一些汉字有一字多音或多形等特点，匠心独运地结合文义别解手法，制作出妙趣横生的灯谜来。

汉字是由意符、音符和记号所组成的，意符选取的角度因人而异，音符也不同于拼音文字中的字母。所以，一字多形的现象在汉字的历史上比比皆是。将异体字引入谜中，这也就好比给制谜者增添了一条制谜途径，同时也犹如为猜谜者多配置了一把打开谜底之门的钥匙。下面我们就谈谈利用“异体字”制成的各种趣谜。

先来看一条扬州老谜家陈楠制作的成语谜，谜面为一个“直”字，要求打一句四个字的成语。这条谜出现在某次谜会上，着实难倒了不少射谜高手，直到揭晓了谜底为“同心同德”时，尚有许多人大惑不解。原来是作者在这里巧妙地利用“异体字”字形的不同，使了障眼法，蒙住了大家。在破这条谜时，必须得知道有这么个字：“悳”，它乃是“德”的异体字。在此，谜底应作如是解：谜面“直”字与“心”字一同的话，则为与“德”相同的异体字“悳”。因为谜面孤零零的一个字（谜界称为“独字谜”），还得转弯抹角地凑成“异体字”，因而让猜者犯了难。如果谜面上的文字里有“异体字”可琢磨，那就容易一些了。例如有这么一条谜，谜面为“筷子一放”，要求打一个12笔的字。我们仔细审视谜面，可以发现“筷子”似乎是个突破口，筷子古代叫“箸”，马上让人联想到它有个异体字为“篘”，再根据谜面之意，将“篘”中的“一”放掉，正好成了12笔的“筋”字，这就是谜底。

不过，也有人为了让猜者少走弯路，于是在谜面上暗示，写上个“异”字，借以透露此谜需往“异体字”上去寻思的信息。例如以“怪异”一词为谜面，要求打四字成语一句。我们不妨遵循谜面所示，往“怪”字的异体字上加以思索，便可得出一个“恠”字，依此字形从中则可推敲出谜底为“心不在焉”，别解为“如果竖心旁不留的话，那么就是‘在’字了”。又如以“同中有异”为谜面，打四字科技名词一。显而易见，我们得从“同”的异体字“仝”上去叩开谜底之门：“仝”字是由“人”“工”二字合成的，这么一想，谜底便昭然若揭了，它就是“人工合成”。还有一条就更为显眼了，谜面为“此乃异体字”，要求打中国地名二。依面句所示，应从“乃”的异体字上动脑筋：“乃”的异体字为“迺”，我们若留神端详“迺”字的话，一定会发觉它由“西”和“辶”组成，而“辶”则可视作是“通”字的南部笔画（按地图上北下南方位），从中便可悟出谜底为“西藏、南通”（注：别解为“西”字藏于“通”之南面）。

由此可见，我们如果多了解一些字的异体字形，对于猜玩灯谜还是有所帮助的。

每月二谜

1. 老聃有传人（打成语一）
2. 陈德霖传（打清代小说一）

上期答案

1. 美髯公大名（打科技名词一）
   谜底：人工合成
2. 旧版玉堂春（打饮料一）
   谜底：老白酒

“冬”灯谜

◎刘茂业

灯谜，又名“春灯谜”，而本文所说的“冬”灯谜，并非与“春灯谜”相对，乃是指关于冬天的灯谜。

比如：“寒潮突袭”打三字口语“冷不防”，谜底以“对寒冷没有防备”之意切合谜面；“防寒保暖专柜”打学校活动名“冬令营”，谜底作“冬令经营的商品”解；“天气越来越冷”打医学名词“渐冻人”，谜底解释为“渐渐感到寒冷”；“取暖费”打中药名“款冬花”，谜底解释为“钱款是冬天花费的”；“冷风拂面”打食品名“凉皮”，“冷风”扣“凉”，“面”扣“皮”；“冷得发抖”打电影名“寒战”，“战”别解成“战抖、颤抖”的意思。

再如以诗词句为谜面的：“千里冰封，万里雪飘”打五字成语“大白于天下”，谜面为毛泽东著名的《沁园春·雪》词中句，谜底别解成“天下是白茫茫一片”；“青松挺且直”打鲁迅笔名二“雪之、尤刚”，谜面出自陈毅元帅的《青松》诗“大雪压青松，青松挺且直”，谜底意谓“(青松)在大雪中尤为刚劲”；“遥知不是雪”打饮料名“芬达”，谜面采撷于宋王安石的五绝《梅》“遥知不是雪，为有暗香来”，谜底承上启下，以“芬芳传来”诠释谜面。

数九隆冬，天寒地冻，邀三五个喜欢灯谜的素心人，围炉夜猜，也别有一番情趣。

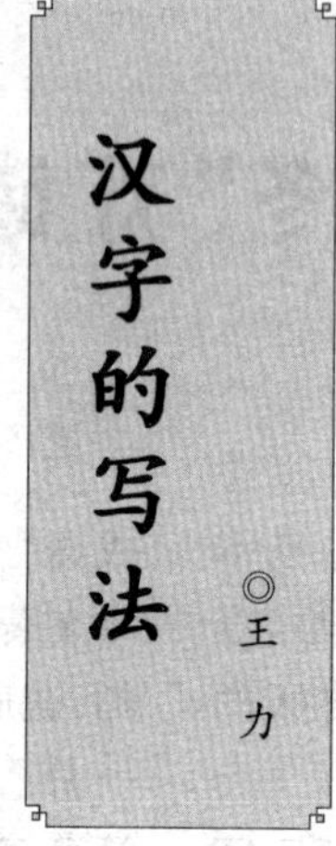

汉字的基本笔形，大致可以分为八种：

1. 横。如“天”“下”等字的首笔。

2. 竖，又叫直。如“中”“华”等字的末笔。

3. 撇。如“人”“手”等字的首笔。

4. 捺(nà 纳)。如“水”“木”“敢”“取”等字的末笔。又“道”“越”“走”“足”“之”等字的捺叫做长捺。

5. 点。如“主”“唐”等字的首笔，“小”“太”等字的末笔。又“奇”的第三笔，“聚”的第八笔等叫做长点。

6. 挑，又叫趯(tì 替)。如“海”“持”等字的第三笔。

7. 折。向下折，如“口”“田”；向左下斜折，如“水”“多”“社”“次”；向右上斜折，如“以”“衣”“越”；锐角折，如“台”“去”；向右折，如“山”“匡”。注意汉字没有「」这样的折笔。

8. 钩。向左钩，如“丁”“子”“月”“力”“乃”“而”“安”“队”“郊”；向右钩，如“戎”“心”“元”“化”“九”“气”。

学写汉字，首先要学会笔顺。笔顺就是汉字笔画的书写次序。有一个二十字口诀：先上后下，先左后右，先外后内，先横后竖，最后封底。

先上后下，如“云”的笔顺是1)一，2)二，3)亖，4)云。先左后右，如“州”的笔顺是1)丿，2)刂，3)㣺，4)州，5)州，6)州。先外后内，如“同”的笔顺是1)丨，2)冂，3)冂，4)同，5)同，6)同。先横后竖，如“支”的笔顺是1)一，2)十，3)支，4)支。最后封底，这句口诀是补充先外后内、先横后竖的。如“因”的笔顺不是先写方框再写“大”字，而是写完了“冂”就写“大”，最后封底写成“因”。又如“土”字不是先写“二”再写“丨”，而是先写“十”再封底写成“土”(“王”“主”“生”等字都是这样)。因此,“由”和“甲”的笔顺是不一样的。“甲”依照先横后竖的笔顺,最后一笔是竖(丨);“由”依照最后封底的笔顺,最后一笔是横(一)。

依照上面的口诀,例如我们写一个“其”字,就不能只根据“先横后竖”一句话,把“其”字的四个横都写完,再写两竖和“八”;它的笔顺应该是1)一,2)卄,3)甘,4)甘,5)其。为什么?因为根据“先外后内”的口诀,应该在写完两个长竖之后再写两个短横,又根据“最后封底”的口诀,要等到写完“甘”之后再加一个长横,这个长横算是底,下面的“八”算是另外一部分了。

为什么要讲究笔顺呢?因为依照这种笔顺才容易把字写得齐整。先上后下,先左后右,先外后内的道理用不着解释了,没有人颠倒写字,也没有人先写右边,再写左边,或先写里边,再写外边。至于先横后竖,是因为便于安排竖笔。例如“末”字,把两个横画都写了,才好安排竖笔在横画的正当中。再说最后封底,也是为了便于安排。例如“圆”字,在写了“冂”之后,把里边的“员”写完再封口,就不至于方框里写不下它。又如“由”字,如果先写“曰”,后写“丨”就很容易穿底,变成了“申”;现在先写“由”,再封底,就没有穿底的危险了。

有一些特殊情况,是口诀所概括不了的。例如“刀”“力”“万”“方”等字,最后一笔该是丿呢,还是𠃌呢?我们一般都先写𠃌,后写丿,这样更好安排笔画。相反,对于“及”字,我们又先写丿,再写㇋,后写㇏了。

从戈的字,也是一种特殊情况。“成”的笔顺是1)丿,2)厂,3)𠂆,4)戊,5)成,6)成。要使右边的长钩和左边取齐。根据先上后下的口诀,“戈”的最后一笔应该是一撇,但是,按照传统的笔顺,最后一笔却是一点。现在两种笔顺都通行。

“半”“卷”“米”等字,要先写

“丷”,然后再按先横后竖来写。

“道”“通”“遏”“逾”等字,不是根据先左后右的笔顺来写,而是根据先上后下的笔顺来写,即把走之儿写在最后。这是因为把声符写完了,才便于安排走之儿的高度和长度。

字形的布局(叫做“间架”),是书法上最重要的一件事。汉字被称为方块字,因为大多数的汉字都被写成正方形或近似正方形。写汉字的人常常用印有方格的纸来写。初学写字或临帖时,还有人在方格内再分九个小方格(叫“九宫格”)。这样做的目的,是要把汉字写得端正、匀称、美观。

单体字的布局是很重要的。笔画长短和距离都有一定的规矩。例如“大”,横画应在方格的中间(九宫格横排第二行),高了低了都不好看。又如“心”字,三个点采取不同的形式,互相照应,一个横钩又和中点照应,这四笔相互间的距离是一样的。又如“弗”“弟”等字,其中像“弓”字的部分,第一笔和第二笔之间、第二笔和第三笔之间,距离必须相等。这些地方都特别值得注意。

合体字,一般由两个字合成。左右合成的,如“鲤”“鸽”“雕”“醋”等,上下合成的,如“监”“浆”“柴”“辈”等,都是意符和声符各占一半位置。但是,更多的情况是意符占三分之一或五分之二的位置,而以较多的空间让给声符。意符在左的,如“佩”“授”“征”“海”“榆”“怀”“诗”“神”“裕”等,意符在右的,如“副”“削”“勒”“欣”等,意符在上的,如“英”“筐”“崇”等,意符在下的,如“垄”“恩”“熟”等。这些都是意符占较小位置的。

三拼的合体字,原则上是各占三分之一的位置,如“锹”。有些字,依文字学说是双拼(两个字形成的),但在字形布局上,应该当作三拼看待,如“慧”字由“彗”和“心”构成,在字形布局上,应是“丰丰”“彐”“心”各占三分之一。有时候还要斟酌情况,不能机械地三分。例如“湖”

"谢""傲""懈""蓄""寨"等,都要求意符让出更多的空间。

有些偏旁或成分采用敛笔或变形,也是为了布局的需要。如"木""火""禾""米"用作左边偏旁时,应变捺为点,"土""玉""金"作左边偏旁时,变横为挑,玉、金还省笔为王、钅,就是因为点和挑少占点地方。又如"奇"中的"大"、"聚"中的"取",都变捺为长点,诸如此类,都是由于这些成分在那些地方宜缩不宜伸(比较"奇"和"夺")。

并不是所有汉字都要写成一样的大小,也不是都要写成方块。例如"口"字,它的形体本来就小,如果写成和其他的字一般大,反而不好看,又如"算""囊""鞭""蜘""麟"等字,由于笔画繁多,本来就该多占地方,如果写得比其他的字稍大一点,并不难看,压缩得和其他字一般大小,反而不相称。又如"心""曰"等本来是扁体字,不能硬把它拉长;"多""意"等本来是长体字,不能硬把它缩短。即以合体字而论,也不能处处构成正方形。下列的四种情况值得注意:

1. 左齐上。左边的偏旁只要求上部和右边取齐,或大致取齐,不要求下部也取齐。例如:鸣、城、决、研。

2. 左居中。左边的偏旁既不齐上,也不齐下,只是居于左边的中间。例如:明、略、峰、蝗。

3. 右齐下。右边的偏旁只要求下部和左边取齐,不要求上部也取齐。例如:即、郭、初、勤。

4. 右居中。右边的偏旁既不齐上,也不齐下,只是居于右边的中间。例如:和、知、如、加。

合体字一般既是两个字组成,那么其中的偏旁不可能是正方形,而只能是长形。有些偏旁不宜于写长,写长了不好看,所以采取上述四种变通办法。这些布局,都是要在临帖时好好体会的。

(选自《王力论学新著》,广西人民出版社 1983 年出版。文章有删节,原文题目为《正字法浅说》)

最切实际的选择

（文中有十处差错，你能找出来吗？答案在本期找）

◎伯淮 设计

为了搏人眼球，一家娱乐电视台准备了丰厚的奖金，开播了一档有奖竞赛节目。其中的“一分钟点钞”特别吸引人：在桌子上摆满各色纸币，让参与者清点，时限一分钟。无论点完了多少，只要报出的金额和实际相同，这些钱也全都归其所有。

新一期节目迎来了四位嘉宾，桌子上照例杂乱无章地摆着各种面值的钞票。主持人一宣布开始，四人就各自忙碌起来。有人面孔紧绷，一幅如邻大敌的模样；有人额头冒汗，恨不得手脚并用；有人故作镇定，似乎陈竹在胸，胜利在望。而相对这些安奈不住拿钱便数的人，最右边的矮个男人别出机抒，做法另类。只见他先挑出面额较大的钞票，然后分类放置，等到时间过半了才开始清点，数完一遍后再数一遍。待他点完第二遍时，时间刚好到了。

进入结算环节，主持人让四人分别报出自己数出的金额。第一位报出的数字是5 035元，第二位报出的是3 586元，第三位报出的是4 375元。轮到矮个男人了，他报出的金额是860元。顿时，现场哄堂大笑。这个数额比其他人差了一位数，其手脚如此不利索，真是白白浪费了发财的机会。

几分钟后，完成清点的主持人公布了正确的金额：第一位5 045元，第二位3 581元，第三位4 370元，第四位则正好860元。全场鸦鹊无声，无人再笑，这显然是个出乎意料的结果！

实际上，普通人能在一分钟内准确清点的钞票金额是有限的，超出千元正确律便开始下滑，矮个男人只是做出了最切实际的选择。

“敬请期待”怪怪的

狮子坡

本店近期重装开业 购物有好礼

敬请期待

一位朋友跟我说，他家门口一家商场内部装修，不久将重新营业，大门外挂出条幅，上书：“本店近期重装开业，购物有好礼，敬请期待。”这位朋友觉得这句话“怪怪的”。

“敬请期待”使用广泛，常出现在各类商业宣传语中，如“开业在即，敬请期待”“重装升级，敬请期待”“网站建设中，敬请期待”等等。用得都不得体，最好改成“等待”或“等候”等。

期待，即心里想着或希望出现某种情况。既可用于说话人自己，如“我期待考试得高分”“我期待您早日康复”；也可用于他人，如“这俩年轻人期待元旦举办婚礼”“他期待父母来城里过春节”。如果用于他人，则不能是出现在说话人身上的行为，如通常不说“我马上就到，请他期待”“我过几天就来帮你，请期待”。原因何在？

中国人有谦卑的文化传统，自己的行为或所做的事不管能给他人带来多大的帮助或恩惠，都要往“小”处说，把它说成微不足道、不值一提，这是对他人的充分尊重。如果把自己的行为或所做的事，说成是他人心里想着或希望的，有突显自己、抬高自己的意思，对他人也不够尊重，不合传统的说话习惯。

同理，商家把开业、送好礼等说成是顾客心里想着或希望的事情，有突显自己、抬高自己的嫌疑，对顾客也不够尊重，不合我国传统的说话习惯。这就是“敬请期待”让人觉得“怪怪的”的原因。

火眼金睛

图中差错知多少？

臧思越 祝文军 高鸿儒 白金声 提供

（答案在本期找）

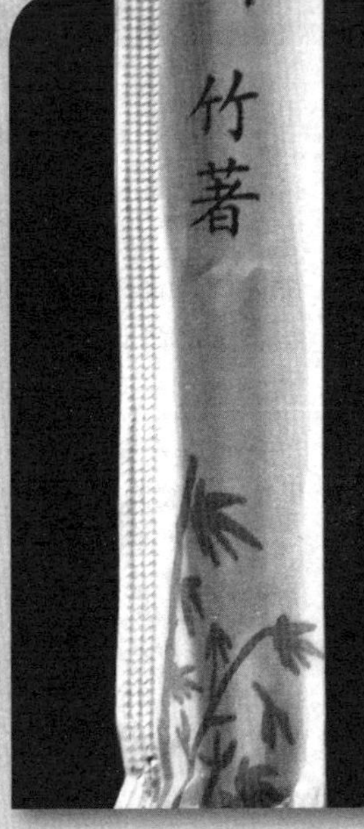

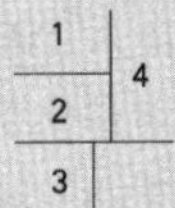

ISSN 1009-2390

YAOWEN-JIAOZI

咬文嚼字®

02
2018

孔雀

鸟纲，雉科，头上有羽冠，雄性尾巴上的羽毛很长，颜色绚丽，展开时像扇子。孔雀体形大，《本草纲目》：“大如雁，高三四尺，不减于鹤。”“孔”是“大”的意思，孔雀因体形大而得名。

上海世纪出版集团

欢迎至邮局订阅本刊 邮发代号 4-641
国内统一连续出版物号 CN 31-1801/G
定价：5.00 元

全新的相遇 不变的陪伴

——《咬文嚼字》2017 年合订本出版

精装：48 元
平装：40 元

历年合订本均在热销中

邮购电话：021-64370935
邮购地址：上海市绍兴路 7 号 2 楼《咬文嚼字》编辑部
邮政编码：200020
更多优惠请登录：http://yaowenjiaozi.taobao.com

雾里看花

“物业陪”陪谁

林万树

照片拍摄于一个住宅小区，上面大大的“物业陪”三个字让人摸不着头脑，这是一个新型服务机构吗？那陪的又是什么人？答案本期找。

胡适也怕真老虎

崔国胜 / 文　臧田心 / 画

谭鑫培的演出在北京引起轰动。某天，北京大学课间休息时，众教师闲聊起谭鑫培演出的《秦琼卖马》。胡适道："京剧太落伍，甩一根鞭子就算是马，用两把旗子就算是车，应该用真车真马才对！"在场者恭听高论，一时无人应声。黄侃慢慢站起身来，说道："适之，唱《武松打虎》怎么办？"胡适一时语塞，众人哈哈大笑。

咬文嚼字®

2018年2月1日出版

2

总第278期

主管：上海世纪出版集团
主办：上海咬文嚼字文化传播有限公司
编辑、出版：《咬文嚼字》杂志社
集团网站：http://www.shwenyi.com
E-mail：yaowenjiaozi2 @ 163.com
官方微博：
http://weibo.com/yaowenjiaozish
电话传真：021-64330669
发行电话：021-64674759
邮购电话：021-64372608-243
地址：上海市绍兴路7号
邮政编码：200020
发行：上海市报刊发行局
发行范围：国内外公开
订阅处：全国各地邮局
邮发代号：4-641
ISSN 1009-2390
CN 31-1801 / G
印刷：上海中华印刷有限公司
印厂电话：021-60829062
021-60299079
广告经营许可证：沪工商广字
3100320050020号
定价：5.00元

2017年十大语文差错

《咬文嚼字》编辑部

（2017年12月）

一、电视节目中的人名误读：老舍的“舍”误读为shè。央视2017年2月开播的《朗读者》节目中，濮存昕和董卿强调老舍的“舍”应该读作shè，在观众中产生很大的影响。其实这是缺乏依据的，正确的读法是shě。“舍”有shě和shè两个读音。读shě，义为舍弃；读shè，义为房屋。老舍原名舒庆春，字舍予，笔名老舍。舍予是舍我、无我的意思，“舍”即舍弃，应读第三声。老舍的“舍”和舍予的“舍”同音。根据亲友回忆，老舍生前自己也读shě。如果读shè，“老舍”便成了老房子，显然不是这个笔名的寓意。

二、“双十一”宣传中的用字错误：“蘋”误作“萍”。今年“双十一”马云倾力打造了一部宣传影片，其主题曲《风清扬》将“青蘋之末”的“蘋”误成了“萍”。“青蘋之末”出自宋玉《风赋》：“夫风生于地，起于青蘋之末。”青蘋，是一种草本植物，其茎横卧在浅水的泥中，叶柄伸出水面，只要水面有风，青蘋就像风标一样轻轻摇动。“青蘋之末”即青蘋的叶尖。后世以“青蘋之末”比喻事物处于萌芽状态。“萍”指水生植物浮萍，其叶片贴在水面上，不会随风而起。“风起于青萍之末”是不合常理的。

三、热播电视剧中的读音错误：“参商”的“参”误读为cān。2017年热播电视剧《那年花开月正圆》中有句台词“人生不相见，动如参与商”，剧中人将“参”读成了cān，正确的读法是shēn。“人生不相见，动如参与商”出自杜甫诗《赠卫八处士》,“参”“商”指的是参星和商星。参星在西,商星在东,二星此出彼没,不会同时在天空中出现。人们常用“参商”比喻亲友分离后不得再见。“参”读 cān 时有加入、参加、参考等义,与上述台词无关。

四、“虐童”事件报道中的用词错误:“非营利”误为“非盈利”。2017 年 11 月,上海“携程亲子园虐童”事件让社会为之震惊。有媒体在报道中提到有关涉事单位时称之为“非盈利组织”,正确表述应是“非营利组织”。“营利”即谋求利润。“营利组织”是指以获取利润为目的的组织机构;而“非营利组织”指不以获取利润为目的的组织机构,通常指学校、医院、科研机构以及社会福利机构等等。“营利组织”和“非营利组织”的区别在于其经营目的是不是获取利润。“盈利”指扣除成本后的利润,“非盈利”即不产生利润,显然不符合“非营利组织”的属性。

五、灾害报道中的概念混淆:“飓风”误为“台风”。2017 年 8 月哈维飓风登陆美国,给当地带来了巨大自然灾害。不少媒体在报道此事时把“哈维”误称为“台风”。何为“飓风”何为“台风”,气象学上是按地理位置区别的:发生在大西洋、墨西哥湾、加勒比海和北太平洋东部的称“飓风”;发生在北太平洋西部和南海的称“台风”。被命名为“哈维”的热带气旋产生于大西洋,显然是飓风而不是台风。

六、社会新闻报道中的法律词语误用:“起诉状”误为“起诉书”。曾闹得沸沸扬扬的王宝强离婚事件,因法院公布了新的相关调查结果,2017 年再次引起热议。有媒体在报道相关新闻时,把王宝强当时递交法院起诉离婚的“起诉状”误成了“起诉书”。“起诉状”是公民、法人或其他组织为了向人民法院起诉而递交的法律文书。“起诉书”则是人民检察院依照法定程序,代表国家向人民法院对被告人提起公诉的法律文书,又称“公诉书”。“起诉状”和“起诉书”的起诉人有别,属两种不同的法律文书。

七、影视演职员表中的词语误用："领衔主演"。影视剧演职员表中，多有"领衔主演"一项，一般都是多人并列。这是不合"领衔"一词的本义的。所谓"领衔"，是指在共同署名的文件中，排名在第一位的人。后来也指在艺术表演者的名单中，排名在第一位的演员。不管用于什么场合，"领衔"只能是一个人，不能是一群人。

八、不得体的礼貌用语："敬请期待"。社会礼貌用语中，"敬请期待"呈流行趋势。商店即将开张，商家总会挂出横幅："开业在即，敬请期待。"谦恭的"敬请"和自负的"期待"，形成了一种奇怪的组合。所谓"期待"，是充满期望的等待，这是一种主观感情的显示；强行要别人"期待"，至少是有背于传统礼仪的。正确的用法是"敬请赐候"。

九、社会管理报道中的用词错误："城乡接合部"误为"城乡结合部"。"接合"是连接在一起的意思；"结合"则是人或事物间发生了密切联系，凝结为一个整体。"城乡接合部"是指城市与农村之间的过渡地带，这些区域在区划管理上往往比较复杂，通常兼具了城市和农村的土地利用性质。鉴于"城"和"乡"只是地理上的邻接关系，不是组织上的结合关系，是不宜写成"城乡结合部"的。

十、商业广告中的用词错误："一诺千金"误为"一言九鼎"。装潢公司在电视上承诺十九天完成家装工程，拖一天罚一千元；又在报纸上连续刊登巨幅广告，主题词是"一言九鼎十九天"。类似差错也见于其他商业宣传。这些"一言九鼎"都应改作"一诺千金"。"一诺千金"典出《史记》："得黄金百斤，不如得季布一诺。"后来用"一诺千金"比喻说话算数。"九鼎"相传为夏禹铸造的九个鼎，后成为夏商周三代的传国宝物；"一言九鼎"的意思是一句话的分量像九鼎那样重，形容所说的话分量重、威力大。商家用"一诺千金"意在表示信守承诺，用"一言九鼎"则成了自我吹嘘。

牛郎织女，谁住河西

◎许龙桃

李敖的小说《北京法源寺》中有一段写道：“北京的人说：‘牛郎在河东，织女在河西，今年七月见一面，再等来年七月七。’”此处把牛郎和织女所处的位置说反了。

“牛郎织女”指的是牵牛星(俗称牛郎星)和织女星，这两颗星隔着银河相对。中国古代人民为这两星编织了一段神话：织女是天帝的孙女，长年编织云锦，与河西的牛郎结合后便不再织云锦了。天帝用天河将他们隔开，只允许他们每年七月七日于天河上一会。届时喜鹊会在天河上搭桥，俗称“鹊桥”，让牛郎和织女见面。这段传说见诸不少文献，如《月令广义·七月令》引南朝梁殷芸《小说》：“天河之东有织女，天帝之子也。……帝怜其独处，许嫁河西牵牛郎……”从中可以看出，牛郎居于河西，织女居于河东。

不是『抚廊』是『廊庑』

◎居容人

茅盾文学奖得主王旭烽在其长篇小说《斜阳温柔——雷峰塔的故事》(作家出版社 2002 年 10 月出版)第八章中，这样写道：“水丘执雷不愿意再把韩让之引到他那塔屋中去，转念一想，就侧入一旁的抚廊，往五百罗汉堂走去，这让韩让之非常兴奋。”(第 140 页)引文中的“抚廊”应写为“廊庑”。

廊，指正屋两旁屋檐下的过道或独立有顶的通道。庑，读为 wú，是草木茂盛之义；读为 wǔ，指堂下周围的走廊、廊屋，也泛指房屋。廊庑，义为堂前的廊屋。梁思成《我国伟大的建筑传统与遗产》：“厢耳、廊庑、院门、围墙等周绕联络而成一院。”抚，即抚摸，没有“抚廊”这种建筑。

“瘸子里”如何选将军

◎阎德喜

作家刘震云的小说集《温故一九四二》(人民文学出版社2009年出版)中《新兵连》一文有这样一句话:“在新兵连当过‘骨干’,于是瘸子里拔将军,还没去菜地,就给他安排了一个班副。”句中的“瘸子里拔将军”应该是“矬子里拔将军”。

“矬子”指身材短小的人,“拔”即选取、提拔,俗语“矬子里拔将军”也作“矮子里头选将军”,比喻从现有的并不出色的人中选出最佳者。清代小说《九尾龟》:“就是矮子里头选将军,也选不出来,这有什么法儿?”上文《新兵连》中那句话,是说在一群“差兵”中挑选了一个最好的当“班副”,应该用“矬子里拔将军”。

汉语中没有“瘸子里拔将军”这句俗语,因为它不合常情。瘸子,即瘸腿的人,这样的人走路都困难,更不要说行军打仗了。在北方方言中,“矬子”的读音与“瘸子”相近,引文许是因此误“矬子”为“瘸子”的吧。

微语录·修养

每个人都会有烦恼的时候,大多数人都会不自觉地把烦恼的根源归结于其他相关的人。其实,烦恼的根源在自己而非他人。如果你不让自己烦恼,别人永远不可能让你烦恼。人之所以烦恼,是因为自己追求了错误的东西,对某些东西放不下。 (乔 桥/辑)

“操弧”与写作无关

◎阎南岗

《书屋》2017年第9期的文章《1917年：钱玄同日记中的藏书和交往》中写道：“钱玄同日记，是主要为写给自己看的。或为备忘，或为个人道德修养，或为情之所发，不能自已。这种日记率性操弧，一任本真。”文中的“操弧”错得离谱，实乃“操觚”之误。

觚，音gū，本义是古代的一种酒器，多为青铜制，盛行于商代和西周初期。引申指多棱角的器物，后也指古代书写用的一种多棱形木简，可多面书字。操觚即执简，引申为写作之义。从上述文章的叙述可看出钱玄同在日记中的表情达意皆发自内心真情实感，即“一任本真”，用“率性操觚”是十分贴切的。

而“弧”本义指木弓，《说文·弓部》：“弧，木弓也。”“操弧”指持弓发箭，多与战争、打猎有关，与写日记没有关系。

“二竖”误为“二坚”

◎王宗祥

《金农集》（浙江人民美术出版社2016年出版）中写道：“（沈房仲）乃云冬心先生虽撄二坚，至今无恙也，板桥始破涕改容，千里致书慰问。”（第291页）这里的“二坚”令人不解，应是“二竖”。

二竖，语出《左传·成公十年》。晋景公生病，去秦国请医生，秦派医缓给晋景公诊病。医缓还没有到达，晋景公梦见疾病变成“二竖子”（两个小童），一个说：“他是个好医生，恐怕会伤害我们，往哪儿逃好？”另一个说：“我们待在肓的上边，膏的下边，能拿我们怎么办？”医缓来了，果然认为病在肓的上边，膏的下边。后因以“二竖”称病魔。

撄，义为触犯，缠绕。撄二竖，意思是惹上病魔，疾病缠身。汉语中没有“二坚”一词，“撄二坚”难以说通。误“竖”为“坚”，应是两字形近所致。

“汞、锌、钋、镧”是朱元璋后人所造的吗

◎国 轩

《百家讲坛》（红版）2017年第7期《朱元璋家谱有奇用》一文中说道：“朱家后代子孙愈来愈多，诗中的字不够用，古书上的生僻字都被他们扒拉了出来，他们还自己造出了大量诸如汞、锌、钋、镧等偏僻字……”且不论“汞、锌”是否“偏僻字”，就说朱元璋的后代子孙造出了“汞、锌、钋、镧”等字，这一说法有误。

这四字中的“汞”字至少在南朝梁以前就已经出现了，南朝梁顾野王《玉篇》：“汞，户空切，水银滓。”北宋《集韵》和《广韵》等也收录了这个字。而“锌、钋、镧”三字均是在实行《汉字简化方案》后通过类推简化出现的新字形，它们对应的繁体字形在《玉篇》中也均有收录。可见，“汞、锌、钋、镧”并不是朱元璋后人造出来的。

“哈尔滨与俄罗斯接壤”？

◎晋 相

2017年10月13日《北京晚报》第36版《怀念高莽先生》一文中这样写道：“因为他出生的哈尔滨与俄罗斯（当时是苏联）接壤，不管是当时的社会环境还是学校的教育内容，都受到浓重的俄罗斯文化影响。”哈尔滨与俄罗斯接壤？此说有误。

哈尔滨在黑龙江省南部、松花江沿岸，是黑龙江省省会。“哈尔滨”满语中的意思是“晒网场”，原来为一渔村，铁路通车后逐渐兴起，滨洲、滨绥、京

哈、拉滨、哈佳等铁路交会于此。

接壤是两地边境相接。黑龙江省的北面、东面，如大兴安岭地区、伊春市、佳木斯市、牡丹江市等与俄罗斯接壤，而哈尔滨离中俄边境甚远，它不与俄罗斯接壤。

屈原是“遭馋去职”的吗

◎雷 冰 雷智勇

《中国人应知道的民俗知识》（中国纺织出版社 2016 年 4 月出版）中这样说道：“据《史记 · 屈原贾生列传》记载……屈原遭馋去职，被赶出都城，流放到沅、湘流域。”这里的“馋”应是“谗”字之误。

谗，指在别人面前说某人的坏话。馋，指贪吃、想吃。引申指贪羡。屈原是战国时期楚国人，主张推行“美政”，改革政治，遭到了楚国贵族的排挤毁谤，被迫去官。楚顷襄王时，被放逐沅湘流域，最终因理想无法实现，投汨罗江自杀。屈原去职显然与“谗”有关，而与“馋”风马牛不相及，误“谗”为“馋”应是手民误植所致。

“一犬吠行”？“一犬吠形”！

◎李光羽

《新民晚报》2017 年 8 月 22 日第21版刊有《一扇防盗门》一文，其中写道：“小邹住在三楼，家里的几条狗听到陌生人的脚步就叫了起来。真是‘一犬吠行，百犬吠声’。”这里的“一犬吠行”应是“一犬吠形”。

“一犬吠形，百犬吠声”是说一只狗看见形影便吠叫起来，其他的狗听其叫声也跟着大声吠叫，喻不辨事情真相，随声附和。李英儒《还我河山》第二七章：“一犬吠形，百犬吠声。草随风偃，人随大流。”这句谚语也作“一犬吠形，群犬吠声”“一犬吠影，百犬吠声”等，其中的“形”“影”即人形、人影。

上述引文中将“形”写成“行”，是不足为训的。

是“孕尔曲”还是“尕尔曲”？

◎新 德

《益寿文摘》2017年11月8日13版刊登的《可可西里十大高原动物“明星”》一文中，有这样一段话：“……沱沱河、孕尔曲和楚玛尔河等较大的河流和各色各样的湖泊，组成湿地生态系统，从而为我国特有黑颈鹤提供了理想的繁殖和栖息地。”其中的“孕尔曲”应是“尕尔曲”。

尕，音gǎ。曲，藏语江河之义。尕尔曲，又作“尕日曲”，是藏语的音译，义为“白色的河”。因其流向与通天河较为一致，历史上曾把尕尔曲、其河口以东的当曲河段以及当曲口以东至楚玛尔河口的通天河上段，都当成通天河干流，并统称为“木鲁乌苏河”，义为“长长的河”。1976年长江流域规划办公室江源考察后，重新划分了江源水系，不再使用“木鲁乌苏河”的名称。

孕，音yùn，即怀胎、身孕，如孕育、有孕等。可可西里没有“孕尔曲”，只有“尕尔曲”，误“尕”为“孕”应是形近所致。

应是“顽瘴痼疾”

◎周平果

《报刊文摘》2017年9月15日头版刊登的《雄安“三原则”具有普适性》一文第二段尾句：“‘三原则’瞄准当前城市发展的一些玩瘴痼疾开刀，汇聚了自上而下关于城市发展的最大共识。”其中的“玩瘴痼疾”应为“顽瘴痼疾”。

顽，本义是未劈开的木头，引申为不容易制服、改变之义。瘴，即瘴气或由瘴气引起的病。痼，义为经久难以治愈的。顽瘴痼疾，指经久难以治愈的病，或旷日持久的坏习气。如：作风问题只有一抓到底，才能扫除顽瘴痼疾。汉语中并无“玩瘴痼疾”之说。

汤显祖不曾“解甲归田”

◎周 振

《报刊文摘》2017 年 9 月 15 日第 8 版的《汤显祖其人其事》一文，在讲述汤显祖担任浙江遂昌知县期间辞官一事时这样说：“万历二十六年，汤显祖主动解甲归田。”此处的“解甲归田”用得不妥。

甲指古代将士打仗时穿的护身衣，多为金属、皮革所制。解甲归田，本义为脱下战服，回家种田，后指将士退伍复员，不再从军打仗。这个词语适用于军人、武将。而从《汤显祖其人其事》可得知，汤显祖辞官前担任的职务是浙江遂昌知县，属于文官，不是军人，显然与“解甲归田”挨不上边。这里可以用“解组归田”。组，可以指古代系印、官佩的绶带。解组归田即解下印绶，辞去官职，回归田园。清代夏敬渠《野叟曝言》第一百十八回：“只消婆婆亲写一书，说爹爹富贵已极，欲解组归田，而意不能决，必得舅舅一劝，同为五湖之游。”“解组归田”没有明确的文武之分，文官武将皆适用。

不是“榖旦”是“穀旦”

◎高良槐

《大众日报》2017 年 10 月 25 日第 10 版刊有《郝懿行：此生恬淡唯著书》一文，文中有一句是：“千里良缘丝线牵，三冬榖旦结团圆。”此处的“榖旦”有误，应为“穀旦”。

穀，读音为 gǔ，一义为善、好。穀旦就是良辰、晴朗美好的日子，旧时常用“穀旦”作为吉日的代称。《诗 · 陈风 · 东门之枌》：“穀旦于差，南方之原。”孔颖达疏：“见朝日善明，无阴云风雨，则曰可以相择而行乐矣。”

毂，指车轮的中心部位，周围与车辐的一端相接，中有圆孔，用以插轴。汉语中没有“毂旦”一词，上述文章中的“毂旦”应改为“穀旦”。

“板油”可以铺路吗

◎木 子

2017年10月20日《沈阳日报》第11版刊登有《秀美仙子湖》一文，文章写道：“汽车从102国道下路，往南走十公里的板油路就到了西湖。”通往景区的路怎么会是板油路呢？这“板油路”当是“柏油路”之误。

柏油，是煤焦油沥青的俗称，是煤焦油经分馏后得到的残留物。柏油色黑而有光泽，呈黏稠的液态或固态，常用于铺筑路面，也用作防水、防腐材料和制造炭素材料的原料。柏油路就是由柏油所铺成的路。

板油，是猪体腔内壁上呈板状的脂肪。通往西湖的路是不能用“板油”铺的。

扬州不称“六朝古都”

◎浦东轩

《南方人物周刊》2016年33期上刊有一篇《为什么国宴首选淮扬菜》，文中说道：“从文化角度来看，六朝古都扬州文化底蕴浓厚，淮扬菜更是‘文人菜’‘士大夫菜’。”扬州不称“六朝古都”，我们所称的“六朝古都”一般是南京。

三国的吴，东晋，南朝的宋、齐、梁、陈，都以建康（吴名建业，今江苏南京）为首都。唐钱起《江行无题》诗之六九：“只疑云雾窟，犹有六朝僧。”《宋史·张守传》：“建康自六朝为帝王都。”可见，六朝古都指的是南京。

扬州，在江苏省中部、长江北岸，京杭运河流经此处。有瘦西湖、大明寺、个园、何园、天宁寺、史可法祠墓等名胜古迹，为中国历史文化名城，但是，扬州在历史上未曾被称作为“六朝古都”。上述引文中应该删去“六朝古都”四字。

海水不可“鬥”量

◎田小琳

2017年9月26日中国国家京剧院为庆祝香港回归祖国二十周年,在香港文化中心大剧院进行了京剧专场表演,演出时配有繁体字幕。在表演《范进中举》时字幕上有一处写道:“海水不可鬥量。”这里的“鬥”是“斗”之误。

在用繁体字书写的时代,既有“鬥”字也有“斗”字。鬥,读音为dòu,表示对打、相争等义。而“斗”读音为dǒu,本义是古代的酒器,也可作量词用,相当于十升。后来“鬥”简化成了“斗”。

谚语“海水不可斗量”意思是大海的水是不能用斗来计量的,比喻不可以小看别人。《喻世明言》:“有人算我八字,到五十岁上,必然发迹。常言‘海水不可斗量’,你休料我!”其中的“斗”是量词,是不可写作“鬥”的。

“炕琴”不是琴

◎李景祥

《北京晚报》2017年11月16日第43版中有一篇名为《姚洪学　棺材匠的绝活儿》的文章,文中写道:“当时姚家木匠铺不但能做立柜、炕柜、寿木等木工活,还能做‘大鼓腔’……‘炕琴’等传统乐器绝活。”这里将“炕琴”归为乐器,其实,“炕琴”不是琴,而是柜子。

炕琴是一个方言词,即放在炕上盛衣物、被褥的柜子,因柜卧放在炕上,形状如琴,故名“炕琴”。周立波《暴风骤雨》第一部二:“吊灯的晃眼的光亮……照着炕梢上的红漆炕琴。”原注:“炕上的长卧柜,上边可以搁被子。”所以,“炕琴”不是一种“传统乐器”,应将上述引文中的“炕琴”删去。

追踪荧屏

"七月流火"关乎哪颗星

◎吴玉汝

河北卫视2017年11月4日播出的《中华好诗词》中,一位嘉宾在讲解"七月流火"时说道:"火星叫荧惑,中国称星宿二叫大火星。"(字幕同步显示)"七月流火"与古称为"荧惑"的火星无关,其中的"火"指大火星,而大火星应是"心宿二",不是"星宿二"。

古人将黄道赤道附近的星空分为二十八区域,称之为二十八宿。东方七宿是角、亢、氐、房、心、尾、箕,构成苍龙。北方七宿是斗、牛、女、虚、危、室、壁,构成玄武。西方七宿是奎、娄、胃、昴、毕、觜、参,构成白虎。南方七宿是井、鬼、柳、星、张、翼、轸,构成朱雀。

心宿是苍龙七宿的第五宿,有星三颗。大火,即"心宿二",亦称商星、大辰。所谓"七月流火",即夏历六月的黄昏,大火星在中天,七月的黄昏,大火星由中天逐渐西降,借指夏历七月暑热渐退,秋凉将至。

星宿是通称也是专称,作为专称的星宿,也是二十八宿之一,朱雀七宿的第四宿,共七星。"大火"并非"星宿二",误"心宿二"为"星宿二",与音近有关。

做官的戒规叫“官箴”

◎禾　宝

央视中文国际频道《海峡两岸》栏目2017年11月17日播出的《热点透视》节目的主题是“难脱干系　台军采购弊案烧向蔡英文”。嘉宾述及，岛内有党派指摘：“你民进党整个没有治好，你们的这个官贞有问题。”（字幕同步显示）此处“官贞”应该是“官箴”。

“箴”有规谏、告诫之义。“官箴”一词始见于《左传·襄公四年》：“昔周辛甲之为大史也，命百官，官箴王阙。”杜预注：“阙，过也。使百官各为箴辞，戒王过。”本谓百官对帝王所进的规谏劝诫之言，后指做官的戒规。梁启超《新民说·论公德》：“近世官箴，最脍炙人口者三字，曰清、慎、勤。”1993年9月，朱镕基总理在全国金融系统的一次反腐败工作会议上讲话时，曾引用宋代吕本中所撰写的“三十六字官箴”告诫与会同志：“吏不畏吾严而畏吾廉，民不服吾能而服吾公。公则民不敢慢，廉则吏不敢欺。公生明，廉生威。”

上述节目用“官箴”一词是符合语境的。“官贞”古今未见用例，也讲不通。

胃部不适有“嗳”气

◎厉国轩

北京卫视2016年9月3日播出的《养生堂》节目向观众普及胃癌的相关知识，谈到胃酸过少会产生胃部不适的情况时，主持人说会出现“早饱，嗳气，还有恶心”（字幕同步显示），而屏幕上同时打出红色的大字“早饱，喛气，恶心等”。到底应该用“喛气”还是“嗳气”呢？

“嗳”是一个多音字，读作ǎi时，有打嗝、吐的意思。“嗳气”指胃里的气体从嘴里排出，并发出声音，通称打嗝儿，常见于胃炎、吞气症、胃肠功能紊乱等疾病，我国古代的医籍中多有著述。“喛”也是一个多音字，有huàn、yuán等读音，有恐惧、哀等义。现代汉语中基本不再使用，《现代汉语词典》也未收此字。“喛气”难以索解，“嗳气”才正确。

《火眼金睛》提示

图1，“力仪”应为“礼仪”。
图2，“陷饼”应为“馅饼”。
图3，“淡薄”应为“淡泊”。
图4，“勤工检学”应为“勤工俭学”。

“不做家翁”怎么读

◎王树凡

CCTV戏曲频道2017年8月9日播出的《中国戏曲大会》中，一位嘉宾在解释“不痴不聋，不做家翁”时，将“家”字读作“jiā”，不妥。

“不痴不聋，不做家翁”出自《资治通鉴》，唐代宗将公主嫁给大臣郭子仪的儿子郭暧，公主与郭暧吵架时，郭暧说：“你是仗你父亲是天子吗？我父亲不屑做天子。”郭子仪听说后将郭暧囚禁起来，自己入朝等待代宗的惩处。唐代宗说：“鄙谚有之：‘不痴不聋，不作家翁。’儿女子闺房之言何足听也。”其中“家翁”的“家”，同“姑”，读为gū。家翁，即姑翁，指婆婆公公。“不痴不聋，不做家翁”指作为婆婆公公，对下辈的过失要能装糊涂。在《释名·释首饰》中有“不喑不聋，不成姑公”。在《南史·庾仲文传》中有“不痴不聋，不成姑公”。其中“姑公”即“姑翁”。所以“家翁”的“家”不应读为“jiā”，应读作“gū”。

“外人”辨

◎申明生

偶翻现行人教版八年级上册语文课本，翻到陶潜名篇《桃花源记》，其中对“男女衣着，悉如外人”这句话中的“外人”做了注释：桃花源以外的世人，下同。“外人”在《桃花源记》中有三处。一处是渔人初入桃花源时目之所及：“男女衣着，悉如外人”；另两处为桃花源人对渔人的自述及叮咛之辞：“遂与外人间隔”“不足为外人道也”。我以为，“悉如外人”之“外人”当指“世外之人”，而非“世人”，后面的两处“外人”方是“世人”。

桃花源人自云先世避秦时乱而来此绝境。秦亡汉立于公元前206年，与文中所处的晋太元年间相差了近六个世纪之久，历经西汉、王莽新朝、东汉、三国（魏蜀吴）、西晋、东晋的朝代变换。综观历史，改朝换代，往往牵涉礼法制度变革，从而影响社会经济文化发展，无疑也引起服饰习俗的变化。据有关资料，汉承秦制，然秦尚是封建礼制草创时期，汉时逐步完善，至西汉中、后期和东汉时期服饰礼仪有了很大的发展和变化。魏晋南北朝时期虽基本上承袭秦汉旧制，但由于战乱不断，王朝更迭频繁，经济遭到破坏，社会生活的各个方面都受到了严重影响，人们的礼法观念变得淡薄，衣冠服饰也发生了显著变化，是我国古代服饰的大变动时期。因此，此时世人的服饰较之于秦，定当有异。而相比于外面的世事变幻，与世隔绝的桃花源不受时局影响，人们怡然自乐于鸡犬相闻、往来种作的生活，当一直延留秦风，就算有变化，也不可能同步于相“间隔”的世间。所以，不论桃花源的服饰习俗有无变化，都定当与风云变幻了几百年的世间有异，说其“男女衣着”都和“桃花源以外的世人”一样，也就说不过去了。

后文还说：桃花源人“见渔人，乃大惊”。既“大惊”，当有异于常，一个“大”，更见其“异”。其异，固有可能因面生，但更多当为形异，也即衣着装扮之异。想桃花源，断不可只三五十户之大，否则五百多年来如何繁衍生息，人们之间偶有面生，也当难免。因此，面生不足以“大惊”，“大惊”当惊乎渔人衣着装扮，一看即是外人。桃花源人自先世来此后便与世隔绝，前后近六个世纪二十几代不问世事，如今陡然见到衣着装扮不同的“外人”闯入，自然是不由“大惊”了。

一般情况下，人们习惯称己身之外为“外”。就像文中后两处“外人”，均指桃花源以外的世人，这是很好理解的，因为这两处“外人”，都是从桃花源人的角度说的。而“男女衣着，悉如外人”，这是作为世人的渔人所见所感，从渔人角度而言。不同的视角却采用了相同的解释，让人难以信服。

综上，我深以为，《桃花源记》中“男女衣着，悉如外人”中的“外人”的意思是“世外之人”，这句话的意思是说，“男男女女的衣着打扮，都像世外之人，即与世人不同”。

《瓶子里的囚徒》参考答案

1. 脊锥——脊椎
2. 变型——变形
3. 及其——极其
4. 伪妆——伪装
5. 不以为然——不以为意
6. 不可思异——不可思议
7. 并非不是——并非
8. 深喑——深谙
9. 僻好——癖好
10. 胡筒——胡同

学林

汉字的分化与合并（上）

◎苏培成

汉字在发展中不断地进行分化与合并。先说汉字的分化。一个字在刚产生的时候是单义的，在使用过程中由于字义的引申和假借，许多字变成了多义。这种发展使字义变得丰富多姿，适应了交际的需要。一个多义字进入句子后受结构和语境的筛选呈现为单义。例如“走”这个字，基本义是离去，引申义是去世。在“他有急事刚走”里的“走”是离去，在“昨天晚上他不幸走了，大家十分悲痛”里的“走”是去世。如果结构和语境不能把多义变为单义，就会产生歧义。例如“我借他一百块钱”，这个句子里的“借”既可以指借出，也可以指借入，造成了歧义。歧义妨碍信息的交流，造成语病。一个多义字如果很容易产生歧义，就要设法加以分化，把它所负担的职务分散给两个或几个字，尽量实现专字专用。有的多义字造成歧义的机会不多，但是为了使某一意义表现得更为清晰明确，有时也要给它分化。汉字里既需要有单义字，也需要有多义字。那种希望把所有多义字都分化为单义字的想法不切实际，也无法做到。汉字多义字分化的例子很多，分化的方法也是多样，分化出来的字与它从出的母字在字形上多数有一定的联系。例如：

羞分化出馐。羞本指进献食品，是从羊从丑的会意字。其中的丑指手，羊代表美味的食品。羞又假借为羞愧。为了分化本义与假借义，于是加意符食分化出从饣羞声的形声字馐，专门表示美味，如：珍馐。

荼分化出茶。荼本指苦菜，

是从艸余声的形声字，读为 tú。因为荼的味道也是苦的，荼由苦菜引申出茶树的茶。为了分化荼与茶，于是把荼减去一横画成为茶。六朝以后，茶读音也改变为 chá。

颠分化出巅。颠指头顶，引申泛指最高最上的部分，如：树颠、塔颠。山顶义原也用颠，但由于常用，为了使它突出，就在颠字上增加意符山分化出巅字。例如："我站在高山之巅，望黄河滚滚奔向东南。"

熏分化出窨。熏本指气味或烟气接触物品，如：熏鱼、熏肉。熏的对象也可以是茶叶。因为熏过的茶叶味道不同一般，受到欢迎。为了突出熏制这道工序，由熏分化出从穴音声的窨字，特指窨茶叶。

等分化出戥。等本指整齐，引申为等级。《管子·五辅》："上下有义，贵贱有分，长幼有等，贫富有度。"再引申为分别金银和珍贵物品质量等级的器皿。《通俗编·器用》："等，以别金银等次立名。宋代张世南《宦游纪闻》云：'宁和殿有玉等子，以诸色玉次第排定。凡玉至比之，高下自见。'此其制别义同。"（制别义同：办法不一样可道理相同）转指为称金银的小秤。《醒世恒言·卖油郎独占花魁》："卖油的多少银子，要架天平？只把个五两头的等子与他，还怕用不着头纽哩。"后来由等字分化出戥字作为专字。《红楼梦》第四十八回："虽说做买卖，究竟戥子、算盘，从没拿过。"

句分化出勾。句本义为弯曲，是从口丩声的形声字，读 gōu。引申为钩状物，又引申为钩形笔画，用作书面语里句子的标志，就是章句的句。后来这两项引申义的用字发生了分化，把句中的口改为厶，就由句分化出勾。句字专用来表示句子，改读为 jù；勾字则专用来表示钩状物，读 gōu，后加金旁成为钩。

交分化出跤。交的本义是前后交叉着的小腿，又假借为跟头。《水浒传》第三回："鲁达焦躁，把那看的人，一推一交。"后来给表示跟头的交字加意符足分化出跤字。《红楼梦》第二十五回："(小红)被门槛绊了一跤。"

夫(fú)容本指荷花。为了与丈夫的夫和容貌的容相区别，指荷花的夫容分别加意符艸成为芙蓉。钮树玉《说文新附考》："汉书司马相如及扬雄传中，夫容并不加艸，《博雅》《玉篇》已作芙蓉。"

汉字分化就是要做到专字专用，可以使意思表达得更为明确，也避免产生歧义。分化有利也有弊，弊主要是增加了书写笔画，增加了字数，给应用增加了不便，因此对分化字要适当控制，不要泛滥。有的分化字产生以后并不通行。例如：燃烧的燃本作然，是从火肰声的形声字，假借为然诺的然。为了分化本义与假借义，产生了从火然声的燃字表示本义，沿用至今。同时然诺的然也有个分化字嘫。《说文·口部》："嘫，语声也。从口然声。"这个字并未通行。也有的分化字后来又并入母字。例如：果分化出菓，表示果实。《广韵·果韵》："菓"同"果"。《汉书·叔孙通传》："古者有尝春菓。"菓后来又并入果。念分化出唸。《说文·心部》："念，常思也。从心，今声。"指思念、怀念。假借表示诵读，把文字读出声音。《东京梦华录·河东》："有瞽者(盲人)在桥上念经求化。"有人为诵读这个假借义的念造分化字唸。《原野》第一幕："常五伯，我在唸经呢，等等，我就唸完喽。"唸字不通行，后又并入念。

《"物业陪"陪谁》解疑

据了解，这里的"物业陪"其实是"物业部"之误。现在大多数的住宅小区都设有物业管理部门，对小区业主共有的建筑物、设施、设备、场所、场地进行管理和维护。这个小区的物业部门在安装门面时，估计是安装文字的工作人员粗心大意，将"部"字的右耳安到了"音"的左边，变成了让人一头雾水的"物业陪"。

辇·连·联

◎陈运舟

用人力拉车，在我国至少可以追溯到2000多年前的周朝，这种车就是辇。我们见到周代青铜器上的“辇”字，就是两人拉一辆车的形象。

周朝时的辇供王后、贵族及宫廷中人乘坐。杜牧《阿房宫赋》叙秦灭六国后，将其王室成员尽迁入秦：“妃嫔媵嫱，王子皇孙，辞楼下殿，辇来入秦。”他们坐的就是辇。秦汉时候，辇只供帝王乘坐。唐杜佑《通典》：“（辇）秦为人君之乘，汉因之。”《汉书·苏武传》中就记有苏武之兄苏嘉因为“扶辇下除，触柱折辕”，即扶着皇帝的乘驾下殿阶，碰到了柱子折断了辇驾的车辕，而惹怒皇帝负罪自刎之事。古书中常见“辇毂”“辇下”“辇上”等，“辇毂”就是皇帝的车舆，“辇下”是“辇毂下”的省略，指皇帝的车舆之下，“辇毂”“辇下”都可代指京城，而“辇上”则代指朝廷。

唐代阎立本《步辇图》（局部）

秦朝时，还把车的轮子去掉而使人扛，于是出现了所谓的“步辇”。步辇一般只在宫中使用，多为皇后、妃嫔所乘。步辇是轿子的前身。平民百姓乘坐辇，大约始于南北朝，据《隋书·礼仪志》记载，辇"梁贵贱通得乘之"。

现代汉语中一个常用的字——连，就是来源于辇。连字从车从辵，说明它与车辆有关，清人段玉裁说："连，即古文辇字……人与车相属不绝，故引申为连属字。"《周礼·巾车》专门记述了周朝从国王至宫中人乘车情形，其中王后坐的是连车："连车组挽，有扇，羽盖。"是说连车有供挽引的编制的丝带，有扇挡风，有盖遮日。唐陆德明《经典释文》："连车，音辇，本作辇。"《管子·海王篇》房玄龄注："连，辇也，所以载器人挽也。"

"联"字与"连"字有关。《说文》："联，连也。"段玉裁注："周人用联字，汉人用连字，古今字也。"段氏之说未免武断，周人已用"连"字，如《孟子·离娄上》："故善战者服上刑，连诸侯者次之。""连诸侯"就是联合诸侯，这句话的句义是，好战的人应受到最重的刑罚，策划合纵连横的人应受次一等的刑罚。"联"字篆文作"𦕓"，从耳从丝。从丝的字多有连接、连续义，《广韵·锡韵》："糸，连也。"至于从耳，林义光《文源》的说法是："凡器物如鼎爵盘壶之属多有耳，欲连缀之，则以绳贯其耳。（故）从丝从耳。""联""连"两字同源，意义基本相同。"连接""连贯"中的"连"又可以写作"联"。"连"侧重于相接相续，"联"偏重于结合成一个整体，"联合""联盟""联防"中的"联"不可写作"连"。

微语录·修养

痛苦有时是因为不懂得包容。对那些跟你意见不同的人，如果你不能说服他，你就要考虑是否能接受他。如果你既不能说服他又不能接受他，你还可考虑是否能远离他。如果都不能，你就要包容他，甚至忍受他。如果你一心想着改变他，你会很痛苦。（蔡　玫/辑）

转来转去的“路、粉、黑”

◎宗守云

某主体针对某客体的态度大致有三种：喜欢，讨厌，无所谓。喜欢，就是粉丝，简称“粉”；讨厌，就是黑粉，简称“黑”；无所谓，就是路人，简称“路”。粉丝、黑粉、路人，不是固定不变的，是可以转变的：路人转变为粉丝，是“路转粉”；路人转变为黑粉，是“路转黑”；粉丝转变为路人，是“粉转路”；粉丝转变为黑粉，是“粉转黑”；黑粉转变为粉丝，是“黑转粉”；黑粉转变为路人，是“黑转路”。例如：

（1）这场胜利之后，更多的球迷和业内人士对中国篮协主席姚明主导的男篮“双国家队”建制“路转粉”。（《北京日报》2017年11月28日）

（2）《花儿与少年2》中许晴黑脸、崩溃大哭等表现，令观众对其由路转黑。（《沈阳晚报》2015年7月28日）

（3）玩味粉丝经济的人也该变变思路，“粉转路”分分钟都可能发生。（《中国新闻出版报》2016年10月12日）

（4）靳东在剧中饰演咨询圈高管贺涵，有才有钱有貌，堪称完美男人，而这样的男主角竟然也是从开播的一片好评，到后期让不少观众粉转黑。（《信息时报》2017年7月28日）

（5）从这个层面上说，靳东版《鬼吹灯》特效也过得去，很多来吐槽的观众看了之后立马黑转粉了。（《京华时报》2016年12月23日）

（6）虽然我现在比以前好看一点，但外界不少人没注意到，很心碎。怎样扭转？我觉得欠一个机会，如果未来有演出要多参加一点，自己要多多提高水平，通过真水平的体现让更多的人“黑转路”（从黑粉转成路人）吧。（《信息时报》2016年3月22日）

从形式看，“路转粉”类都是主动宾结构的三音节词，这种三音节词在汉语中不多见，但也不罕见，主要有以下三类。

一是“转”类，有“农转非”（农业户口转为非农业户口）、“民转公”（民办教师转为公办教师）、“军转民”（军工生产转为民用生产）、“刑转民”（刑事案件转为民事案件）等。有些已经成为历史，如“议转平”（议价转为平价）；有些产生不久，如“专转本”（专科转为本科，一般用于学生学历改变）。

二是“改”类，有“煤改电”（燃煤供暖改为空气源热泵供暖）、“油改气”（燃油改为燃气）、“拨改贷”（拨款改为贷款）、“费改税”（用税收取代一些具有税收特征的收费）等。

三是“升”类，有“小升初”（小学升初中）、“初升高”（初中升高中）、“硕升博”（硕士研究生升博士研究生）、“专升本”（专科升本科，一般用于学校升格）等。

汉语的三音节词有“1+2”结构，如“多角度、微写作、铁饭碗、男保姆”等；有“2+1”结构，如“先进性、月光族、出租车、传染病”等；有“1+1+1”结构，如“短平快、白富美、高大上、断舍离”等。主动宾结构的三音节词比较特殊，尽管在层次上属于“1+2”结构，但又和一般的“1+2”结构有本质的不同，即它在形式上呈现出以动词性语素为中心的对称性格局。

从意义看，主动宾结构的三音节词都有“转变”的意义，表示人或事物从一种情形转变为另一种情形。一般的主动宾三音节词似乎都有“优变”的意义，即从劣势转为优势，比如“农转非”“煤改电”“小升初”，

家喻户晓的新成语“不忘初心”

◎何俊萍

2016年7月1日，在庆祝中国共产党成立95周年大会上，中共中央总书记习近平发表了重要讲话，指出：“面向未来，面对挑战，全党同志一定要不忘初心，继续前进。”

2017年10月18日，中国共产党第十九次全国代表大会胜利召开，习近平总书记指出，大会的主题是：不忘初心，牢记使命，高举中国特色社会主义伟大旗帜，决胜全面建成小康社会，夺取新时代中国特色社会主义伟大胜利，为实现中华民族伟大复兴的中国梦不懈奋斗。

两次会议的核心要义，均离不开“不忘初心”。从语言应用、语言传播的角度看，“不忘

或者是地位变优，或者是方式变优，或者是文化水平变优，都是“优变”。但“路转粉”类三音节词比较特殊，“路、粉、黑”之间全部可以互变，又不存在优势和劣势之分，“路转粉”类是“平变”而不是“优变”，这在主动宾结构的三音节词中是特殊情形。

从上述分析可见，主动宾结构的三音节词在汉语中是比较特殊的，而“路转粉”类在这类三音节词中又是比较特殊的。因此，“路转粉”类三音节词的出现，不仅给汉语主动宾结构的三音节词增加了新的成员，从而丰富了汉语的表达，而且也使汉语主动宾结构的三音节词在意义上更加复杂多样，从而增强了汉语的魅力。

初心”和其他“习氏语言”一样，迅速传遍大江南北，成为社会各界高度关注的“刷屏”热词。

“初心”，最早见于佛教典籍中。《大方广佛华严经》卷第十七：“三世一切诸如来，靡不护念初发心。”《大方广佛华严经》卷第十九：“如菩萨初心，不与后心俱。”《华严经疏》解释说：“初心为始，正觉为终。”从最初的发心到最终的成佛，此心是不变的，《华严经》主张初发心即成正觉。“不忘初心，方得始终”一说即从此演化而来。因而“不忘初心”出自《华严经》的说法得到大家认可。

据查，“不忘初心”最早完整地使用，是在白居易的《画弥勒上生帧记》中：“所以表不忘初心，而必果本愿也。”

“初心”的本义是什么？当初作为佛教用语，指初发心愿学习佛法者。如《景德传灯录·弘教大师》：“初心后学，近入丛林；方便门中，乞师指示。”后又引申为初生时人的本心，即孟子所说的“四心”：恻隐之心，羞恶之心，辞让之心，是非之心。

“初心”还可引申为当初的心意、本意，指事情一开始时所抱持的信念。如晋朝干宝《搜神记》卷十五：“既不契于初心，生死永诀。”

回到习近平总书记讲的“不忘初心”。“初心”就是指中国共产党自建党之初就树立的奋斗精神和对人民的赤子之心。“不忘初心”就是不要忘记中国共产党的理想、信念、宗旨，为中国人民谋幸福，为中华民族谋复兴。后来又引申泛化为做任何事情，都不要忘记本源、本性、本真和本来的信念，持之以恒地坚持当初的理想和目标。

在纷繁复杂的当今社会，“不忘初心”才能坚定目标，战胜困难，最终实现本来的愿望；倘若忘了初心，则可能中途易辙，裹足不前，前功尽弃。个人如此，单位如此，整个社会亦如此。因此，“不忘初心”一语可谓戳到了大众的心灵，说到了大众的心坎，于是个人、单位、国家纷纷自觉地引用传播，成为新时代热词。例如：

个人——

（1）匡后明：三十年不忘初心，只要还能干得动就要继续为村民们谋福利（《重庆时报》2017年10月10日）

单位——

（2）北京银行：不忘初心服务实体经济　创新发展打造特色品牌（《证券市场周刊》2017年10月9日）

国家——

（3）不忘初心、牢记使命、永远奋斗——习近平总书记带领中共中央政治局常委瞻仰中共一大会址引起热烈反响（《人民日报》2017年11月2日）

“不忘初心”，展现的是一种昂扬的姿态、一种坚定的决心。但光有这样的姿态、决心还不够，更要有实际行动，所以后面往往和一些表示行动的词语，如砥砺奋进、继往开来、继续前进、无私奉献、攻坚克难、扬帆起航、逐梦前行等搭配使用，使思想和行动更完美地统一起来，从而走向成功。

作为一个动宾结构的短语，“不忘初心”的语法功能非常丰富，可充当句子的主语、谓语、宾语、定语等。例如：

（4）不忘初心是共产党人铸就辉煌的根本保证（《人民日报》2016年8月11日）

（5）丽水时刻不忘初心，担起崇高使命（《浙江日报》2017年11月2日）

（6）八一精神贵在不忘初心（《江西日报》2017年6月4日）

（7）不忘初心的“痴”教授，请再多些（《中国教育报》2016年9月17日）

家喻户晓的新成语“不忘初心”已经成了2017年度高频流行语，相信将会得到各大成语词典的青睐，成为其中一个新成员。

不做『油腻』人

◎余双人

《咬文嚼字》公布了2017年十大流行语，其中，“油腻”位列第七。我身边的几位朋友感到惊讶：《咬文嚼字》不是向来倡导正能量、接地气的吗？“油腻”这个流行语，贬义色彩浓烈，怎么会将它公之于众呢！其实，语言是反映社会生态、记录时代风云的工具，词汇中有褒有贬十分正常，完全必要。各种汉语词典总是褒贬兼收，好字眼坏字眼统吃的，否则人们就无法写历史、写小说了。流行语往往是最敏感的，关键在于公布者的态度：是赞还是弹？鉴于此，本文的标题就采用“不做‘油腻’人”。

“油腻”与“油”不同。“油”是好东西，生产与生活都离不开它。比如机械和工具用久了，加点油润滑润滑，就灵活了，运转或使用便顺畅了。比如人，天天要吃油。记得上世纪60年代，食用油很紧张、很珍贵，必须凭票供应，像上海这样的大城市，市区居民每人每月只有五两，郊区更少。还有，体育运动的拥趸，都要为运动员高喊“加油”，加了油可以增强体力，加快速度，争取好成绩、好名次。而“油腻”可不是好东西，它有两个常用义，一是含油过多的、过量的，二是指油污、油垢。人若常吃、多吃“油腻”食品，会影响健康。流行语“油腻”也是常用在人身上的，是新引申出来的一种比喻义，即像“油腻”一样的（人）。

“油腻”的比喻义源自网络。2017年10月，作家冯唐通过微博发了一篇文章《如何避免成为一个油腻的中年猥琐男》，从而掀起了一场网络狂欢，热闹非凡。转发的，点赞的，点评的，都数以万计。那么，如何避免呢？该文章列举了好几点，比如：不要成为胖子；不要停止学习；不要待着不动；不要当众谈性；不要追忆从前；不要给别人添麻烦；不要脏兮兮……

有网友描述了“油腻”中年男的几个外部特征：头顶微秃，鼻毛外露，手腕戴串，在家穿秋裤，手托泡枸杞的保温杯……

又有网友罗列了“油腻”中年女的若干特点：生怕吃亏，到哪儿都抢，如抢上电梯，抢上飞机；穿睡衣上街；天天发自拍；网上净买些劣质商品；戾气重，一句话不顺就骂人；不关心社会问题；喜欢炫耀老公……

还有网友用八字概括了中年人的油腻：世故、圆滑、猥琐、邋遢。

随后，报纸上也有许多文章讨论“油腻”，使得讨论的深度和广度又有进展，对“油腻”的诠释和认知也前进了一步。以下摘录一些重要看法：

（1）透过纷杂的表象看油腻，其本质是一种过量：趣味过量、自尊过量、欲望过量。（《人民日报》2017年11月2日）

（2）殊不知，居然有一天全社会都开始怕“油腻”：先是生理的，少吃减肥；后为心理的，见到某一个或某一种人，心里就油腻得不行，感觉非常不适。（《广州日报》2017年11月29日）

（3）“不学习”“戴手串”“泡枸杞的保温杯”……细细想来，这些其实和油腻并没必然的关联。（《文汇报》2017年11月24日）

（4）市场经济的发展让越来越多作家像商人一样卖他们的作品，写出来的东西只图销量，无视了文本质量……追求速度，追求流行，成了文学写作的重要依据，这不也是一种“油腻”吗？（《齐鲁晚报》2017年11月13日）

因而有人说，“油腻的中年”完全可能是个伪命题（参见《新民晚报》2017年11月15日）。确实如此，硬把“油腻”的帽子扣在中年人头上是不公平的，不准确的。“油腻”者，不以年龄划界限，也不受性别限制，老中青的男男女女都可能出现“油腻”现象。比方说，年轻人中，也有“死宅、啃老、网游成瘾”的，这不算“油腻”吗？重要的是，我们都要摆脱“油腻”，去除“油腻”，决不做“油腻”人，这才是人间“正道”。

“伸手党”面面观

◎苏怡宁

何谓“伸手党”？该词的构成来源于我国古代八字成语“衣来伸手，饭来张口”，释义为“形容懒惰成性，坐享别人劳动成果的人”。然而在纷繁斑斓的社会生活中，却涌现出活跃在不同领域的花式“伸手党”。让我们跟随镜头的转换，一窥“伸手党”们的群像吧！

镜头一：传统“伸手党”

“在济大学生月均花费千余元做‘伸手党’透支消费越来越普遍”（凤凰网2017年8月31日）

“这些高薪兼职，让美国留学僧摆脱伸手党”（搜狐教育2016年11月21日）

“大学生贷款平台‘名校贷’助力毕业季不做伸手党”（凤凰安徽站2016年5月11日）

这里的“伸手党”多指向词语本义，指向父母“伸手”索取生活费的孩子。根据在校大学生较难完全实现经济独立的群体特征，父母定期供给生活费本无可厚非。然而青年群体中“超前消费”现象盛行，以致父母给予的定额生活费很快“入不敷出”，一些大学生便只好再次向父母“伸手”。

镜头二：地铁里的“伸手党”

“地铁‘伸手党’治你们有招”（《北京娱乐信报》2016年12月9日）

地铁里的“伸手党”主要有两类人：一是乞讨卖艺人员，二是近年才涌现出的拿着手机四处“求关注”的创业者们。

“乘客您好，欢迎乘坐轨道交通××号线，地铁车厢内严禁乞讨、卖艺、散发小广告等行为……”温厚清晰的广播人声正萦绕于耳边，眼前却是乔装打扮后的乞讨人员向你伸出了“渴盼”的手，这一颇具讽刺性的场景在地铁车厢内时常出现。

“您好，我正在创业，能扫一下二维码，关注一下我吗？”您是否在地铁车厢内听到过对方这样的殷切询问？这便是地铁伸手党之“创业求关注者”。近年来，相当数量的年轻人在政策支持和鼓励下选择自主创业，然而也出现了一群人打着“创业者”的旗号，将地铁车厢这个暂时封闭性的人群密集场所当作“大展拳脚”的办公室。

镜头三：互联网资源型“伸手党”

“黄子韬‘盗图’盗出新风格，站姐宠出来的伸手党我们哭着也要宠完”（爱豆网 2017 年 8 月 31 日）

“伸手党，你知不知道免费是这个世界上最贵的东西”（中华网旅游频道 2017 年 08 月 30 日）

“IOS 越狱元老嘲笑伸手党：等不及就自己开发”（网易新闻 2016 年 07 月 18 日）

互联网资源型“伸手党”最早流行于论坛贴吧等地，指殷切地向楼主求链接、求资源的人群。由于多数情况下资源持有者愿意与广大网民分享，这时的“伸手党”还未带有过多的贬义色彩。

随着豆瓣、知乎等大型知识平台的兴起，知识共享更为便捷，人们利用网络解决问题的成本进一步降低。然而日益强大的互联网检索功能却被已带有懒人属性的“伸手党”搁置一旁，什么资源都要到网上去讨。此时“伸手党”的含义指向“任何资源（图片、音乐、链接等）都只想经过他人直接获得而不自己搜索”，语体色彩过渡至贬义。

而“伸手党”群体中的激进分子，则获得了“催坑侠”的称号。“催坑侠”的标准行为是对优秀的尚未出现的资源进行疯狂的催促，比如没有字幕的影视剧、没有汉化的游戏等。当“伸手”得逞后，往往又会违规下载或转载发布。冠之以“侠”字，是反讽这一人群对原作者及其

『圈粉』与被圈粉

◎张珍

近来,“圈粉”这个词颇为流行,我们经常可以看到这样的表达:

“这家店真好吃,我被实力圈粉了!”

“青岛啤酒全球范围圈粉 已成为醒目的中国名片”

那么,“圈粉”到底是什么意思呢?

在网络语言中,“圈粉”最初的意思就是吸引粉丝,比如“快速圈粉攻略”说的就是迅速扩大粉丝群的指导方案。这个用法的流行与社交平台的兴旺有密切关联。在微博、知乎等一些社交平台上,粉丝数量就是一个发布者身份和地位的标志,因而“圈粉”就成了必须要关注的事情。

由“吸引粉丝”的动词意义加以引申,“圈粉”也引申出了“受欢迎、惹人喜爱”等形容词意义。明星是最受粉丝喜爱的群体,因此“圈粉”的形容词用法最早在追星群体中出现,常用来表示某个明星非常受欢迎,含有一种褒扬和称赞的语气,比如:“赵丽颖笑起来太圈粉了!”在语义转化之后,伴随着频繁使用,“圈粉”的主体也逐渐扩大,从明星扩展到日常生活中的任何有突出优点或吸引力的人,比如“张老师讲课真风

劳动成果不尊重的态度。

随着镜头转换,我们窥见“伸手党”一词语义发展的虚化、泛化态势,亦可以总结出三类“伸手党”的共同特征。“伸手”一词语义可扩充为“伸手去拿、伸手去要”,含有“主动索取”之义,希望对方给予某样东西或采取某种行动来满足“伸手”主体的期望,“伸手”行为本身亦带有一定程度的迫切情绪。随着语义发展,真实的“伸手”动作从有变无,但最终达成因“伸手”而有所收获的效果却从未改变。

我们呼唤温暖的互助,但我们拒绝一味地“伸手”。

趣，太圈粉了！”在这个意义上，“圈粉”就是用来表现对强者的崇拜和喜爱。随着语义的进一步泛化，“圈粉”的对象也渐渐跳出了人的局限，一些无生命的事物也可以“圈粉”了，比如“这家奶茶店又出来圈粉了”“这个新口味的披萨太圈粉了”。这种用法里，“圈粉”的主体往往具有一定的标志性，通常是某些品牌、店铺或者食品等可供分享的事物。

与“圈粉”相对应，还有一个“被圈粉”的用法，表示的是成为粉丝、被吸引的意思。在网络语言里，“被圈粉”的表达似乎更为常见。这是因为，我们很难想象某个明星或品牌会经常说自己非常“圈粉”，往往正是这些“被圈粉”的人出于表达和分享情感的需要，才会经常说出“被圈粉”这样的句子。与一般化的词语“喜爱”不同，“被圈粉”往往表示认识状态的改变，从不喜爱变为喜爱，或者有情感加深的意味，如“以前从来不喜欢看韩剧，哭哭啼啼的一点意思也没有，但从《太阳的后裔》后，我就被圈粉了”。

在意义不断引申的同时，“圈粉”与“被圈粉”也产生了一些固定的搭配。比如“实力圈粉”就表示非常受欢迎，强调依靠自身的能力而非炒作来吸引粉丝。类似的词语还有“圈粉无数”，主要强调吸引的粉丝数量多、广度大。同时，我们也注意到一些与“圈粉”组成很相似的词语。比如“吸粉”。“吸粉”也是吸引粉丝的意思，不过“吸粉”的主动性更强，因而我们很难说“被吸粉”。与“圈粉”相对的词还有“掉粉”，即粉丝数量减少。与“被圈粉”相对的是“脱粉”，这个词往往表示主动脱离粉丝群体，表示不再喜欢的意思。

通过以上的讨论，我们可以知道，“圈粉”所反映出来的不只是一种追星文化，还是一种开放积极的态度。通过这个词，我们可以尽情地表达和分享自己对于一些人或事物的喜爱和推崇，而这或许也是我们的一种心理需要。

“老司机”是谁

◎任佳铭

老司机，从字面上看，是指有着丰富驾驶经验，开车技术好的司机。自从2015年一首怪诞滑稽的云南山歌《老司机带带我》被网友扒出而大火以后，“老司机”一词就有了淫秽色情的引申义，被很多人片面理解为在男女之事方面经验丰富、得心应手的人。实际上，随着频繁使用，“老司机”一词开始泛化，产生很多宽泛的含义，甚至有其褒义的一面。2017年7月18日，教育部、国家语委在北京发布的《中国语言生活状况报告（2017）》将“老司机”一词确定为2016年度十大网络用语之一，这可以说是对“老司机”一词正面含义的肯定。

现在，“老司机”往往指在某些方面资历老、见识广、经验足的人，伴随着惊叹与崇敬之意。“某些方面”指称的范围很广，不管是学习、游戏、手工、技术或者其他任何一个方面，只要一个人有所专长，就可以被称作“老司机”。比如，在国内很火的游戏王者荣耀中，如果一个玩家很厉害，对各种英雄操控得很娴熟，段位很高，他就可以被称作“老司机”，就会有很多低段位的玩家求带着一起玩游戏。

在百度云、微盘等地方，手头保有的资源丰富的人会被崇拜者以及急于索取资源的人称为“老司机”，此时“老司机”特指在网上分享资源，或者显摆自己资源丰富的人。这里的资源涵盖范围很广泛，比如国外的影视资源，最近刚刚上映的影片资源，在正规音乐网站需要购买的音乐资源等等。由于版权限制或为了省钱等原因，很多人会选择在网上找各种自己需要的资源，而这时拥有丰富资源的人就会被称为“老司机”。不过，这里的“老司机”当然也有侵权的嫌疑。

此外，“老司机”也用来比喻网络上有一定“人生阅历”的网络老人。例如，在各种网络社区中待得久、资历老的用户会被称为“老司机”，如“果壳老司机”“豆瓣老司机”“知乎老司机”等，他们往往对科学的一些细分领域十分精通。

关于“老司机”，还有一个比较少见的用法：在有些贴吧、微信群、QQ群中存在着一些熟悉便宜商品购买渠道的资深用户，他们也被有需求的人们称作“老司机”。

由“老司机”一词引申出了很多的词语和用法，例如，“发车(也作开车、飚车)”“老司机发车啦”“老司机带带我”等。当“老司机”的资源未能发上去时会被称为“老司机翻车了”，后来的人看到“翻车了”可以补刀一句“车祸现场”。这些都是由“老司机”一词引申出来的网络上常见的用法。

通过观察，我们可以发现“老司机”一词的引申义和其本义存在着基本的相似点，其本义是指在驾驶方面经验丰富、技术娴熟的人，引申出来的意思也都是指成熟老到的人，只不过由驾驶方面引申到了生活的其他方面而已。至于为什么是“老司机”，而不是“老医生”“老教师”或者其他职业，可能是云南山歌《老司机带带我》以其搞笑荒诞满足了广大网民的猎奇心理，引起了广大网民的关注，从而为网络用语“老司机”的走红提供了一个契机。但这并不代表“老司机”一词的含义只局限于淫秽的一面，在网络的广泛传播和实际应用中，“老司机”一词已经被赋予了更多正面的含义。

“投石索”不是“套索”

◎盛祖杰

《世界知识》2017年第10期刊有《“大卫投石索”：使中东地区反导攻守进一步失衡》，文章的最后一句写道：“否则，以色列的‘大卫投石索’能否如愿套住‘巨人歌利亚’，还是一个未知数。”其中“套住”一词用得不对，投石索不是用来“套”的。

大卫和歌利亚的故事见于《圣经·旧约》。巨人歌利亚率领非利士军人入侵以色列，他魁伟悍勇，以色列士兵无人能敌。大卫奉父命到战争前线看望正在抗击入侵者的兄长，见此危难，便自告奋勇迎战巨人。这场战斗在《撒母耳记》上有详细的描述。当身披盔甲的巨人歌利亚冲向大卫时，大卫轻盈地跑出去应战，边跑边从袋子里拿出一块石子，用投石索把它猛力掷出去，击中了歌利亚的前额。歌利亚庞大的身躯仆倒在地，大卫飞快地上前，用巨人的剑砍下了他的头颅。可见，这场对决中，打倒歌利亚的关键是大卫用投石索投出的石子，而不是绳套。

米开朗琪罗的传世名作《大卫》石雕，形象地塑造了《圣经》中的这位英雄。大卫的左手紧握放在左肩上的投石索，蓄势待发，坚毅自信。可以想象当他用力甩动投石索的索带，飞速击出的石块具有多么大的杀伤力。

古代战事中，用绳圈“套住”对手的兵器称为“套索”，这在我国古籍中也有生动描写。《水浒传》第55回中就有

勿将“横批”作“眉批”

◎得　喜

《人物》2002年第4期刊登的《胡耀邦同志的诗联情》一文中写道:“他在工作中也常有感而发,顺手写一副对联,别有一番风趣。1980年的春天,耀邦同志在全国文化局长会议上曾作一联:‘狠钻新本领,甘当小学生。’还加了一条画龙点睛的眉批:‘合格干部’。”其中的“眉批”有误,应是“横批”。

对联,也叫“楹帖”“楹联”“对子”,是悬挂或粘贴在壁间柱上的联语,春节贴在门上的叫“春联”。字数没有定规,但要求对偶工整,平仄协调。相传对联起源于五代后蜀主孟昶在寝门桃符板上的题词“新年纳余庆,嘉节号长春”。到了宋代,对联开始用在楹柱上,后来又普遍作装饰及交际庆吊之用。有的对联还有与之相配的横幅,称为“横批”。上述文章中的“合格干部”正是与对联“狠钻新本领,甘当小学生”相配的横批。

引文中所提到的“眉批”是在书眉或文稿上方空白处所写的批注,与对联无关。“横批”“眉批”虽只有一字之差,但是两者所指不同,使用时不可不察。

一丈青扈三娘用套索活捉彭玘的场景:“一丈青便把双刀挂在马鞍鞒上,袍底下取出红锦套索……扭过身躯,把套索望空一撒,看得真切,彭玘措手不及,早拖下马来。”显然,这与大卫制伏歌利亚的手段迥异。

三百“裡”？

◎赵志峰

四川省宜宾市兴文县的苗王宫有一副对联：“上下五千年莽莽神州谁留此三苗故垒，纵横三百里滔滔石海犹可见九黎遗风。”这副对联以繁体字写成，其中将“三百里”误为了“三百裡”。

裡，同“裏”，从衣里声，指衣服的内层。引申为方位词，表示里面、内部，与“外”相对。“三百裡”显然是说不通的。简化字颁布使用，用作上述含义的“裡”字被简化为“里”了，题联者显然知道“裡”是“里”的繁体字，故而将“三百里”中“里”繁写作“裡”了。

殊不知，“里”字古已有之，表示街巷、故乡等，如邻里、故里。也可用作长度单位，古以三百步为一里，后亦有以三百六十步为一里者。今以一百五十丈为一里，用为市里的简称，二市里合一公里。唐韩愈《过襄城》诗：“已去蔡州三百里，

“栉风沐雨”不可随意搭配

◎辜良仲

《光明日报》2017年11月20日头版《光明述评》栏刊发《再论红船初心——新一届党中央领导集体瞻仰上海中共一大会址和浙江嘉兴南湖红船启示录》,文中写道:“尊重人民的首创精神、维护人民的主体地位,写在中国共产党党史的字里行间,融入中国共产党人的骨肉血脉,让一个马克思主义大党经千锤万炼却历久弥坚,让融入黄色土地的红色火种沐风栉雨却能星火燎原。”这里的“沐风栉雨”正确的写法应为“栉风沐雨”。

“栉”音zhì,是梳子、篦子的通称,引申为梳头。“沐”本义为洗头发,后泛指洗涤、润泽。“栉风沐雨”是成语,意思是风梳头,雨洗发,形容奔波劳苦。这个成语典出《庄子·天下》的“沐甚雨,栉疾风”。在这个成语中,“栉风”和“沐雨”的搭配与“风”“雨”各自的属性有关,风吹拂头发,好像梳子在发间滑过,雨落在头顶,和用清水洗头有相似的感觉。“沐风栉雨”即风洗头,雨梳发,这是违反自然逻辑的。

家人不用远来迎。”上述对联中的“里”是一个长度单位,所以只能写作“里”。

古代,“裡”“里”是两个不同的字,汉字简化将“裡”简化成了“里”,于是“里”身兼二职,既表示“里”的意思,也表示“裡”的意思。如果不明于此间的对应关系,难免闹出“三百裡”的笑话。

王昭君何时出塞

◎杨昌俊

陕西人民出版社2011年4月出版有《古道天机》一书，其中这样写道："至汉武帝时，汉武帝勒兵三十万，至北方大漠，恫喝三声，天下无人敢应。无人敢应的原因一方面是汉武帝的穷兵黩武，另一个原因却是由于一个弱女子的出塞。这弱女子正是王昭君。"但是，王昭君并不是在汉武帝时出塞的。

明代仇英《人物故事图册》之《明妃出塞》，作品描绘了昭君北上和亲途中车马渡河之艰辛

汉代初期，限于国力，面对北方匈奴的威胁，采取和亲政策。汉武帝时，任用卫青、霍去病等为大将，与匈奴进行了多次战斗，最终"匈奴远遁，漠南无王庭"，西汉建国以来近百年的匈奴边患问题基本解除。至汉武帝玄孙汉元帝时，呼韩邪单于主动提出与汉和亲。一位名叫王昭君的宫女自请出嫁匈奴。入匈奴后，她被称为"宁胡阏氏"。阏氏，音yānzhī，即单于的妻子。之后，

《辞源》非“古今兼收”

◎陈晓云

巴蜀书社2002年12月出版有《语文辞书补正》一书，书中第534页写道：“《辞源》《汉语大字典》《汉语大词典》是二十世纪产生的三部大型汉语文辞书，也是到目前为止最有代表性的古今兼收、源流并重的汉语文辞书。”把《辞源》说成是一本“古今兼收”的辞书，并不准确。

《辞源》原为中国第一部大型综合性词典，由陆尔奎、傅运森、方毅等编纂，于1915年由商务印书馆出版。1958年开始修订工作，修订工作人员根据与《辞海》《现代汉语词典》分工收目的原则，将《辞源》修订为阅读古籍用的工具书和古典文史研究工作者的参考书，删去了旧《辞源》中的现代自然科学、社会科学和应用技术的词语，收词止于鸦片战争（1840）。《辞源》的修订本第一册于1979年正式出版，之后其他三册陆续出版。

《汉语大字典》和《汉语大词典》的确具有古今兼收、源流并重的特征，而现行的《辞源》只收录了古汉语中的词语，故不可称其为“古今兼收”。

汉匈和睦相处六十余年。晋朝时为避司马昭的讳，王昭君被改称为明君、明妃。昭君的故事后来常出现于诗词、戏曲、小说中，其中较出名的有王安石的组诗《明妃曲》，马致远的戏剧《破幽梦孤雁汉宫秋》等。上述图书中把昭君出塞说成是在汉武帝时发生的事，与史实不符。

“明日黄花”的“明日”是哪一天

◎王泰元

2017年7月17日《新民晚报》A5版中有一篇名为《从“七月流火”说起》的文章，文中解释“明日黄花”时写道：“形容事物过期凋零，当用‘明日黄花’，这里的明日是指重阳节，黄花是指菊花。”文章认为“明日黄花”中的“明日”指重阳节，这一说法有误，其中的“明日”是指重阳节的第二天。

重阳，指农历九月初九，又叫“重九”。古代以九为阳数之极，故名。明日黄花，出自苏轼《九日次韵王巩》：“相逢不用忙归去，明日黄花蝶也愁。”明日，指重阳节后一天。黄花，即菊花。古人多于重阳节赏菊，重阳节过后，赏菊的节令就过去了，菊花日渐枯萎，明日黄花兼寓迟暮不遇之意，后来以“明日黄花”比喻过时的事物。郭沫若《〈沸羹集〉序》：“这里有些是应景的文章，不免早已有明日黄花之感。”重阳节正是赏菊之时，将“明日”误为重阳节，“明日黄花”就无法表达过时之义了。

微语录·哲理

我们都是远视眼，往往活在对别人的仰视里；我们都是近视眼，最容易忽略周围最真实的存在。与其仰望别人的辉煌，不如点亮智慧的心灯，看清最真实的自我。在自己的航道上扬帆，才能开启一个真正的精彩航程。

（周美妍/辑）

汉语拼音也是世界的

［中国内地］郭　熙

随着汉语走向世界，汉语拼音也在走向世界。它不再为中国和汉语所独有，已经融入世界语言生活中。

自1958年全国人民代表大会批准公布以来，汉语拼音在推广普通话、辅助基础教育的汉字认读、汉语作为第二语言教学、文献检索以及中文信息处理等方面都做出了巨大的贡献。毫无疑问，汉语拼音是中国语言文字发展史上的又一个里程碑，值得我们自豪。

改革开放以来，汉语拼音使用的地域不断扩大。原来仅用于中国大陆的拼音，现已广泛地应用于国际汉语教学，也差不多扩大到整个海外华人社会，只有少量的教学机构还在采用传统的注音符号；即使是台湾地区，越来越多的华语教材也开始采用汉语拼音。

汉语拼音的用途也在扩大。早在1982年，汉语拼音就成为中文罗马化的国际标准（ISO7098）。美国国会图书馆等都采用汉语拼音拼写中文文献名录。而随着中国护照进入越来越多的国家，记录中国人姓名的拼音也不断扩散。汉语词汇直接通过拼音进入外语，也已经成了当今一道亮丽的风景线。

《中华人民共和国国家通用语言文字法》规定，国家通用语言文字以《汉语拼音方案》作为拼写和注音工具。《汉语拼音方案》是中国人名、地名和中文文献罗马字母拼写法的统一规范，并用于汉字不便或不能使用的领域。

拼写汉语，意味着汉语拼音是辅助记录汉语的一种方式。

《汉语拼音正词法基本规则》为拼写汉语提供了标准。近年来，海外不少地方都根据需要直接用汉语拼音教汉语，颇有成效。可见它在汉语传播方面的潜力不容忽视。周有光先生从海外华人社会的实际困难出发，提出华文教学 1000 基础字加拼音的大胆设想。这一设想很有见地，很有理论意义和实用价值。

汉语拼音走向世界也给语文工作者带来不少新课题。例如，如何借力拼音，推动中国语文现代化，加快汉语走向世界的步伐？如何用汉语拼音给世界讲中国故事？再如，字母词如何读？要不要保持原来的字母名称读音？声调符号如何更方便汉语拼写和文字处理？拼音教学中的音素化问题如何避免？等等。这些都等着我们去思考，去探索。

（作者是暨南大学海外华语研究中心教授）

汉语拼音方案是中西文化交融的结晶

［中国香港］田小琳

进入互联网时代，我们在手机上电脑上利用汉语拼音输入中文，方便快捷。汉语拼音的这一用途，大概是 1958 年第一届全国人民代表大会第五次会议批准《汉语拼音方案》时始料不及的。现在，汉语拼音插上了互联网的翅膀，简直如虎添翼啊！

在我们隆重纪念《汉语拼音方案》推行 60 周年的时候，我们不能忘记历史，不能忘记为汉字注音创造奇迹的中西学者们。

汉字有 3000 年以上的历

史，是个表意文字的体系。汉字中形声字最多，但随着时间的迁移，字音发生变化，即使是形声字的声旁好多也已不能准确表音了。我国古代学者采用“直音法”和“反切法”给汉字注音，却始终是用汉字给汉字注音，有很大的局限性。

从明朝开始，陆续有欧西学者来到中国。他们来中国各地传教，也带来西方的科学文化，他们为汉字注音带来了福音。这一时期西方学者中的两位翘楚是意大利人利玛窦（1552—1610）和法国人金尼阁（1577—1629）。

利玛窦的《西字奇迹》出版于1605年，收录用罗马字给汉字注音的四篇文章，从这四篇文章里归纳出的拼音方案，可以说是历史上第一个用罗马字拼写汉语的方案。而比利玛窦年轻的金尼阁，写过《利玛窦中国札记》，他在1626年出版了《西儒耳目资》，书名说得明白，就是教到中国的传教士和西方学者如何用他的拼音学习中文。《西儒耳目资》被誉为第一部用音素字母给汉字注音的字典。

原来汉字是可以用拉丁字母来准确注音的。这就是利玛窦和金尼阁们给中国文人，给中国语言文字学家们的启示。明以降三四百年来，语文学界开始了给汉字注音的全面的创新的研究。特别是近百年来，产生过很多给汉字注音的拼音方案，甚至汉字拼音化的方案，直到1958年出台的《汉语拼音方案》。

吕叔湘先生说，这是迄今为止的最佳方案。周有光先生说，这套方案国际化，音素化，简易化。他们的眼光是独到的。《汉语拼音方案》现在成了几亿中国学生学习汉字起步的基础内容，成了几千万外国人学习中文的抓手。

在我们使用这套拼音方案过着现代语文生活时，我们要纪念长眠于北京的利玛窦和长眠于杭州的金尼阁，这两位汉学家功垂汉语研究史册。从这个角度说《汉语拼音方案》是中西文化交融的结晶，并不为过吧！

（作者是本刊特约编委）

汉语拼音在新加坡

[中国香港]汪惠迪

新加坡是1971年引进中国的《汉语拼音方案》的。当时，小学华文第二语文课本同时用汉语拼音和注音字母给生字、生词注音，这是两种方案并存并用的过渡时期。翌年，新的中学华文第二语文课本便只用汉语拼音不用注音字母注音了。1974年教育部正式宣布以汉语拼音取代注音字母，逐步实施，直到1979年全面采用汉语拼音，注音字母淡出华文教育领域。

新加坡实施双语教育，当局也许是担心小学生同时学习英文和汉语拼音可能引起混淆，所以决定从1980年起小四才教汉语拼音，直到小六。经过12年的实践，事实证明学生同时学习英文和拼音而互相干扰的情形并不严重，教育部乃于1992年规定，学校可以根据实际情况自行决定从小二下学期或小三开始教汉语拼音。经过一年的试验，教育部就决定从小一开始全面实施汉语拼音教学，并且先教拼音，后教识字。至此，新加坡跟中国完全接轨，从小一开始教汉语拼音了。

从1971年到1993年，历时22年。在这22年中，经过试验，累积经验，逐步调整，稳步前进，足见新加坡教育部门处事之审慎。

2015年，新加坡出版了小学华文课本新教材。一年级上册新课本的"说明"说："学习口语交际和口语表达。汉语拼音标在汉字之上，汉语拼音与汉字都分词连写，以利于口语的学习。""学习识字、写字和阅读。汉字在汉语拼音之上，汉语拼音分词连写，以利于读写的学习。"无论哪一种拼注方式，都实行分词连写。

《汉语拼音方案》主要制订人之一的我国著名语言学家周有光先生早在2000年2月就提出“分词要从小学做起”。周先生18年前提出的愿望如今在新加坡实现了。

新加坡紧跟汉语拼音深度国际化的步伐，在小学汉语拼音教学的起始阶段实行“分词连写”，这标志着新加坡的汉语拼音教学迈上了一个新的台阶。新加坡迈出的这一步，不但将在新加坡华文教学的历史上写下光辉的一页，而且将在《汉语拼音方案》加速国际化的进程中传为美谈。

（作者是本刊特约编委）

台湾的拼音与标音

［中国台湾］高婉瑜

1945年日治时期结束之后，台湾使用的是威妥玛拼音；1996年因为国际化的需求，以注音符号第二式作为全台街道译名的依据，当时台北市长不赞成此方案，于1998年改采通用拼音。

2000年换党执政后，2002年编订《中文译音使用原则》，规定地名、姓名、海外华语教学、其他中文译音以“通用拼音”为准，这只是指导方案，仍尊重各县市政府的选择，未全面强制推行。

当时为何设计通用拼音？就语言发展的角度看，台湾的“国语”属区域变体，部分语音与普通话不同，为反映台湾“国语”的发音特色，制订了通用拼音，例如“风”记作fong，不作feng；“文”记作wun，不作wen。再者，汉语拼音存在不合英文读写习惯的声母，如x、q，通用拼音则改成ci、si。

2008年，教育当局再度修订《中文译音使用原则》，态度转变了，改行“汉语拼音”。不过，改换拼音系统涉及种种问题，最后仍尊重各县市立场，未强制更改，因此造成有的地方用汉语拼音，有的是通用拼音，而有的则记录闽南语、客家语、原住民语、日语的语音。如“八田路”注“Hatta Rd”，其中“八田”记日语的音；“中正路”注“Jhong jheng Rd”，“中正”采通用拼音；“北新竹站”注“Beihsinchu Station”，这里是混搭的情形，“北”是通用或汉拼，“新竹”是威妥玛拼音。

直到今天，台湾的拼音系统始终不曾统一。有意思的是，这些拼音并未进入教育体系，台湾各级学校所教的标音系统是“注音符号”（1913 年由中国读音统一会制定，1918 年北洋政府教育部正式颁行），实施得非常成功，每年还举办国小、国中、高中、大专、教师、社会组的“国语文”字音、字形比赛，字音考的就是注音符号，标准是教育当局在 1999 年公布的“国语一字多音审订表”。台湾的师范体系开设的“国音”课，亦是以“注音符号”为主体教学。由此可见，教学上的标音与生活上的拼音在台湾并行不悖，呈现多轨系统。

（作者是高雄师范大学国文学系副教授）

汉语拼音教学在马来西亚

［马来西亚］杨欣儒

1982 年之前，马来西亚的中小学华语课本注音工具是注音符号，印刷字体都是繁体字。

上世纪 70 年代末期，马来西亚教育部重新检讨课程标准，包括华文科。当时的教育部课程发展中心华文组建议新课标采纳汉语拼音作为注音工具，字体采用主流（中国大陆）的简化字。但是有一批华文教育工作者纷纷反对，认为必须保留注音符号和繁体字。当时这是一股强大的阻力。经过多年的讨论，华社逐渐接受汉语拼音与简体字，教育部终于敲定新课标的注音是汉语拼音，课本采用简化字。

汉语拼音与简化字终于在1982年由几所华文小学先行试验，1983年正式推行。旧课程（2011年以前）的汉语拼音是从二年级开始教导，它作为语文知识的一环，是分开来教的。2011年实施新课标，汉语拼音在一年级的下半年开始教导。马来西亚中小学的新学年于每年的1月开始，下半年6月中开始。

汉语拼音课程从单韵母开始，到二年级才教复韵母和前后鼻音，三年级教两个上声字的连读变调，四年级教“一”和“不”的变调，五年级教助词“啊”的变调，六年级才教轻声和儿化词。

汉语拼音教学的难点在于翘舌音 zh、ch、sh 和 r 的掌握，因为本地方言（主要是广州话与闽南话）都没有翘舌音，学生常把翘舌音误读成平舌音的 z、c 和 s。老师必须费很大的劲去纠正学生以区分平舌翘舌音。在潮州话与福州话方言区，学生也很难掌握前鼻音，把“参观 guan”念成“参光 guang”。有些方言没有撮口音，学生也发不准，常把“巨 ju 子”读成“继 ji 子”。南方方言没有轻声与儿化，所以华小毕业生中能掌握轻声与儿化的是凤毛麟角。

马来西亚的华文小学约有6万名非华裔学生，主要是马来学生。由于马来语是没有声调的语言，声调教学就成为难点。还有 b、d、g、j、z 和 zh 在汉语拼音中是清音，而在马来语中是浊音；送气音 p、t、k 在马来语里是不送气音，也是教学中的难点。

汉语拼音在马来西亚已经推行了三十多年，一般人都会使用，例如电脑打字、发手机短信。不过学校的汉语拼音教学法，还有待继续改进。

（作者是马来西亚华语规范理事会副主席）

再谈中国菜的汉译英名称

◎陆建非

有一些中国菜式在取名时，并非以烹饪方法或食材为基本项，而是聚焦在味道、原创地或外观形态上，因此，将这些菜名译成英语时，也要做相应调整。例如："酸辣汤"译为"又辣又酸的汤"（Hot and Sour Soup），"麻辣肚丝"译成"切碎的辣味猪肚"（Shredded Spicy Pork Tripe，"shredded"即"切碎的"，"spicy"即"辣"，"pork tripe"义为"猪肚"），"凉拌芽菜"翻成"冷豆芽"（Cold Bean Spouts，"bean spouts"即"豆芽"）等，都是从味道这一角度着眼，翻译出英语菜名。需注意第一例的酸辣汤，老外习惯将"酸辣"颠倒为"辣酸"。

以原创地而得名的中国菜，译成英语时就要将地域名称表达清楚。若干地名的写法是约定俗成的，譬如："川味虾"翻成"Szechuan Spicy Shrimp"（四川辣味虾），"Szechuan"即"四川"；"北京烤鸭"译成"Roast Peking Duck"（烤制的北京鸭子）；"云南鸡丁"译成"Diced Chicken, Yunnan Style"（切丁的鸡肉，云南式的）；"洞庭虾"译成"Lake Tung Ting Shrimp"（洞庭湖的虾），"Lake Tung Ting"指洞庭湖；"西湖鱼柳"翻译成"Sail Woo Crispy Fish"（西湖脆鱼），"Sail Woo"指西湖，"crispy"义为"脆的"。北京烤鸭闻名遐迩，外国食客特别喜欢，久而久之，它的英译名就被简化成"Peking Duck"。"西湖"正统译法应为"West Lake"，"西湖醋鱼"应翻译成"甜酸味西湖鱼"（West Lake Fish in Sweet Sour Sauce），也有译成"West Lake Vinegar Fish"（"vinegar"即"醋"）的案例。

由外观生成的菜名为数不少，主要有两类：一种是主成分加工型，比如："腐皮卷煲"译成"豆腐卷砂锅"（Bean Curd Roll Casserole，"bean curd"即"豆腐"，"roll"即"卷"，"casserole"即"砂锅"）；"腰果鸡丁"翻译为"切丁的鸡肉和腰果"（Diced Chicken with Cashew Nuts，"diced"即"切丁的"，"cashew nuts"即"腰果"）；"芙蓉鸡片"翻成"鸡片和荷花"（Lotus with Chicken Slices，"chicken slices"即"鸡片"，"lotus"指荷花）；"芫爆肚丝"翻译成"切碎的牛肚和芫菜"（Shredded Tripe & Cilantro，"tripe"指牛肚，"cilantro"义为"芫菜"）。四个菜名分别呈现出主成分加工后的形态："卷""粒/丁""片""丝"。二是整体外观型，比方："雀巢三鲜"为"鸟巢三喜"（Triple Delight in a Nest，"triple"即"三"，"delight"义为"乐事"，"nest"即"鸟巢"），"七彩生菜包"为"多彩菜包"（Colorful Vegetable Wrap，"colorful"义为"多彩"，"wrap"义为"包"），"红烧狮子头"为"狮子头肉圆"（Lion' s Head Meat Ball，"lion' s head"即"狮子头"，"meat ball"即"肉圆"）。前两例的"雀巢"（nest）和"包"（wrap）是手工做成的，为菜式整体的外观形象，而非成分的形状。最后一例的"红烧狮子头"则暗示做好的菜外形浑圆而金亮，有点像大大的狮子头。

当下，为凸显中国餐饮文化，使用汉语拼音命名的翻译原则也越来越走俏，尤其是那些具有中国特色且被外国人接受的传统食品，如：饺子（Jiaozi），包子（Baozi），馒头（Mantou），花卷（Huajuan），烧卖（Shaomai）等。

中文菜肴名称无法体现其做法及主配料的，则使用汉语拼音，并在后标注英文注释。如："汤圆"写为"Tangyuan(Glutinous Rice Balls)"，"Glutinous Rice"即"糯米"；"粽子"译成"Zongzi (Glutinous Rice Wrapped in Bamboo Leaves)"，"bamboo leaves"即"竹叶"；"元宵"翻成"Yuanxiao (Glutinous Rice Balls for Lantern Festival)"，"for Lantern Festival"是"为(庆祝)元宵节"；"艾窝窝"译成"Aiwowo

(Steamed Rice Cakes with Sweet Stuffing)”,“steamed”义为“蒸的”,“rice cakes”即“米糕”,“sweet stuffing”即“甜馅”。

当然,中文菜名用字典雅瑰丽,含意隽永深远,读来琅琅上口,听来令人垂涎欲滴,体现着闻香知味之息,充满着吉祥喜庆之气。比如把豆苗比作“龙须”,鸡蛋美名“芙蓉”或“凤凰”,鸡脚称“凤爪”,豆腐叫成“白玉”。不少菜名豪奢气派,寓意深远,像有种汤名叫“珍珠玛瑙翡翠汤”,其实只是豆腐番茄加素菜。有的则可听不可吃,“青龙过江”只是一棵青葱放在高汤里。有道菜“金钩挂玉牌”,原来是把黄豆芽放在豆腐上。蛇与鸡一块儿炖雅称“龙凤呈祥”,加上一条鱼则成“陆海空”,真是别开生面。有的菜名则采用成语,不但食客容易意会,也方便记取。如鱿鱼炒鸡片是“游龙戏凤”,苦瓜炒鸡肝鹅肉是“苦凤怜鸾”,萝卜丝上放只红辣椒是“踏雪寻梅”,虾仁炒鸽蛋是“花好月圆”,鸭掌酿鸽蛋是“掌上明珠”,海蜇鸽蛋汤则是“海底捞月”,真是语出有典,令人惊艳。然而,翻成英语时却无法保留那么多的雅趣和意境。

2016年9月4日G20峰会晚宴共设14道菜,开胃菜1道,点心1道,蔬菜2道,果盘1道,甜汤1道,此外还有鸡、鱼、牛、虾、羊、鸭。菜单和菜名都经过精心推敲,与峰会的主题和氛围相得益彰。富贵八小碟命名“八方迎客”,鲜莲子炖老鸭命名“大展宏图”,黑米露汤圆命名“潮涌钱塘”,从中国文化的角度去理解,这些菜名寓意深远,意境美好,但是翻译成英语后则成了“开胃菜组合”(Appetizers Combination,“appetizers”义为“开胃菜”,“combination”义为“组合”),“莲子炖鸭汤”(Double-boiled Duck with Lotus Seed,“double-boiled”义为“反复煮的”,“lotus seed”即“莲子”),“黑米甜奶油汤圆”(Sweetened Cream of Black Rice with Dumplings,“sweetened cream”是“甜奶油”,“black rice”即“黑米”,“dumplings”指“汤圆”),就是那么的简单,那么的直白。

以“繁”酿味的灯谜

◎江更生

为了广采谜材和拓宽谜路，灯谜作者不仅着眼于汉字的“异体字”，有的还打起了利用“繁体字”扣谜的主意来。他们细心地辨别繁简体字之间的差异，利用两者间的关联，独具匠心地将繁体字元素糅入谜中，巧妙地用表示过去的字词，如用“老”“旧”“老字”“往昔”或“久远”等来隐示在六十余年前曾普遍使用过的“繁体字”，而以“新”或“新字”等暗喻自1956年来，正式实施《汉字简化方案》后广泛使用的“简化字”。上海老谜家袁先寿曾制作过这样一条趣谜：“新字号并入老字号”（打字一）。乍一看，好像说的是店家的合并事宜，其实作者在此狡黠地将“新字”和“老字”分别暗示简体字和繁体字，整个谜面应别解为“若将简化字（新字）的‘号’并入以后，则成为繁体字（老字）的‘号’（即號）”，据此悟出谜底当为“虎”字。受了上谜的启发，笔者曾效颦制作了一条粮谜：“来到新乡见老乡”（打字一）。请别以为“新乡”是河南地名，“老乡”乃同里的乡亲，这里应视“新”“老”为简繁体字的隐指。这么一来，相信谜底会被你慧眼识破，是个“郎”字，因为“乡”的繁体字乃“鄉”（注：简体的“乡”字来到后则为繁体的“鄉”）。

有时候，谜作者还常用“旧”“旧模样”或“往昔”等字词来引导猜者往“繁体字”上去寻思。例如以“旧时模样”打传统京剧名《天齐庙》（《断太后》

的别名）。此谜谜面应视作这是“时”这个字的“旧模样”，换言之，也就是它的繁体模样，那便是“時”字，由此以“天”隐“日”，以“庙”隐“寺”，且二字并齐排列，故而相扣。又如以“爱心圆旧梦”打一个“萝”字。粗粗一看，可能会不明就里，倘若我们从前述诸谜中获得经验来如法试猜的话，一定不难发现其中有隐指繁体字的线索，那就是“旧梦”二字，分明告诉我们得从“梦”的繁体字，即“夢”字上面去推敲。再联系谜面的上文“爱心圆”三字，可别解为将“爱”字的中心笔画“冖”圆合上去之意，照此意思谜底则为“萝”字无疑，因为它将爱心秃宝盖圆上，则为旧时的梦字：“夢”。

最后再介绍一条，谜面为“忆往昔”，要求打四字成语一条。根据面句提示，可理解为这是在说“忆”这个字的往昔字形，也就是指它的繁体字“憶”。此字由一个“心”字与一个“意”字组合而成，所以谜底为“一心一意”。

这些凭借繁体字形来提升谜味的灯谜，藏掖巧妙，曲折有致，引人入胜。随着“古典文学热”的升温，人们对阅读古籍兴趣已大大提高，对繁体字已不再陌生，何况还有文史工具书可检索，或者上网查找。笔者以为，适当地使用一些繁体字元素制成灯谜，让有一定古典文学素养的灯谜爱好者猜射，还是会受到欢迎的。

每月二谜

1. 松雪道人事后朝（打已故语言学家一）
2. 拜小丁为师（打钢琴演奏家一）

上期答案

1. 老聃有传人（打成语一）
   谜底：不绝于耳
2. 陈德霖传（打清代小说一）
   谜底：《石头记》（注：京剧表演艺术家陈德霖的小名为石头）

常熟“灯谜大世界”

◎刘茂业

江南谜风处处盛，在有“鱼米之乡”美誉的常熟，灯谜活动历来也十分兴旺。其中尤为突出的是董浜镇，他们创办了全国首家农民灯谜艺术馆，建成长达4.5公里的“锦绣灯谜一条街”。

2017年国庆前夕，“第三届常熟市董浜·徐市灯谜大世界”隆重举行，笔者有幸躬逢其盛，亲历常熟专题灯谜创作赛、常熟谜人谜作评析、灯谜文化高层论坛、个人精英邀请赛等一系列活动，在常熟灯谜大世界中流连忘返。

下面选择“个人精英邀请赛”中的几条谜题，尝鼎一脔，让我们略微了解这次谜会。如：“翁曰：‘无他’”（打江苏地名一）“常熟”，谜面出自欧阳修《卖油翁》一文，“翁曰：‘无他，但手熟尔”，谜底解释为“常常（操练）就熟了”；“精神不专频发呆”（打中药名一）“分心木”，“分心”扣“精神不专”，“木”指“木讷”，扣“发呆”；“马航残骸搜寻三十天”（打武侠小说常用招式一）“海底捞月”，谜底别解作“在海底打捞了一个月”；“略施小计鬼神惊”（打田径运动员名一）“吴智强”，谜面语出《水浒传》第十四回中称赞“智多星吴用”之诗，谜底说“吴用智慧强干”；“开放虞市促稳定”（打女排运动员名一）“张常宁”，“张”是“展开、开放”的意思，“常”和“虞”都视作“常熟”的简称，“宁”即“稳定”；“帅哥靓女出常熟”（打词牌名一）“虞美人”，谜底别解为“常熟的美人”。

瓶子里的囚徒

（文中有十处差错，你能找出来吗？答案在本期找）

◎梁北夕　设计

章鱼是一种海洋肉食性动物，以捕食鱼虾为生。由于没有脊锥，章鱼的身体异常柔软，可以灵活地变型，为它的捕食活动提供了及其便利的条件。比如，在发现猎物时，章鱼会伪妆成一块长满苔藓的石头藏身在珊瑚的缝隙间，或者把自己塞进海螺壳里潜伏起来，等猎物靠近后，就迅速扑过去，用布满吸盘的触手缠住猎物，注入毒液使其麻痹，然后美美地享用一餐。

你可别不以为然，因为我还没告诉你章鱼有多大。要知道，一些章鱼的体重足有30千克，相当于一个十来岁少年的体重。如此巨大的身体，居然可以随心所欲地钻进一个海螺壳，这难道不是一件不可思异的事情吗？

但是如此危险又灵活的章鱼并非不是无往不胜，遇上深暗章鱼习性的渔民，它们也只能束手就擒。原来，章鱼有一个特殊的僻好，喜欢藏身于空心的器皿之中。于是，渔民们用绳子将小瓶子系成一串垂进海里，章鱼一看见瓶子，便争先恐后地往里钻。结果，这些在海洋里神出鬼没的“大王”们不用几分钟就成了瓶子里的囚徒，而渔民，自然就可以坐收渔利。

事实上，囚禁章鱼的并不是瓶子，而是长年形成的思维定式。它们只知道狭窄的地方可供自己捕食，所以一见到小洞，就会固执地往里钻，不管那是一个牛角尖，还是一条死胡筒。

看图说话

“祖传贴膜”何处来

林雪

如今的手机，进入了“智能机+触摸屏”的时代。为了保护屏幕，许多人选择了手机贴膜。走在大街上，随处可见的贴膜服务，满足的就是这一需求。手机贴膜大同小异，并没有多高的技术含量，但是该服务的提供者往往并不这么认为，喜欢给自己贴上正宗技术工人的标签。看看手机贴膜的“经典”广告语吧——“祖传贴膜”，哈哈哈，我每次看到都忍俊不禁。

祖传，或为祖师所传授，或为祖宗所传留，其中的传承都要经过漫长岁月的考验。一门技术，一个产品，一旦贴上“祖传”之标签，似乎就拥有了历经考验、历久弥新之内涵。比如，“祖传秘方”“祖传玉石”“祖传推拿”，如此等等，不一而足。

但是，近些年兴起的智能触屏手机，还是一个新鲜事物，在我国的普及虽势头迅猛，可时间也并不久长，与之密切关联的贴膜行当，怎么突然就满大街都“祖传”了呢？这门手艺到底是哪个祖师所传授，哪代祖宗所传留的呢？明明是个新生物，偏偏要打“祖传”牌，我也是醉了。

其实，只要你比我贴得好，我就承认你是“专业贴膜”。有人偏偏喜欢用看着都假的“祖传贴膜”，这不是聪明反被聪明误吗？

火眼金睛

图中差错知多少？

王忠美　张万礼
姚海涛　姜红莉　提供

（答案在本期找）

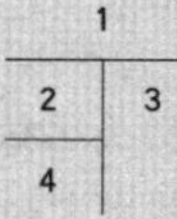

ISSN 1009-2390
9 771009 239180 02>

YAOWEN-JIAOZI

咬文嚼字®

03
2018

画眉

鸟纲，鹟（wēng）科，画眉亚科。鸣声婉转悦耳，民间常笼养作观赏。背羽绿褐色，下体黄褐色，头部色深有黑斑。眼圈白色，向后延伸呈蛾眉状。明王圻《三才图会》：“画眉似莺而小，黄黑色，其眉如画，故曰画眉。”

上海世纪出版集团

欢迎至邮局订阅本刊 邮发代号 4-641
国内统一连续出版物号 CN 31-1801/G
定价：5.00 元

广角镜

喜报

2018年1月17日下午，上海市期刊协会第四届第三次会员大会在上海交通大学医学院召开。大会为第六届华东地区优秀期刊上海获奖期刊颁发了证书，《咬文嚼字》杂志名列其中。

荣誉证书

《咬文嚼字》在2017年华东地区优秀期刊评选中获第六届华东地区优秀期刊奖。

华东地区优秀期刊评审委员会

2017年10月13日

华东地区优秀期刊实行两级评审制，由各省（市）新闻出版主管部门初评后，再由华东六省一市新闻出版主管部门组成的华东地区优秀期刊评审委员会终评，每四年评选一次。

侯宝林"就能糊弄人"

蔡　敏/文　臧田心/画

在一次相声艺术家的集会上，侯宝林先生表演了一段京戏。演唱十分精彩，观众热烈鼓掌。演毕，侯先生自嫌不足，风趣地说道："岁数大了，唱不好，就能糊弄人。"主持人说："我觉得挺棒！"侯先生说："因为你听我糊弄惯了呀！"掌声又热烈响起。

咬文嚼字®

2018年3月1日出版

3

总第279期

主管：上海世纪出版集团
主办：上海咬文嚼字文化传播有限公司
编辑、出版：《咬文嚼字》杂志社
集团网站：http://www.shwenyi.com
E-mail：yaowenjiaozi2@163.com
官方微博：
http://weibo.com/yaowenjiaozish
电话传真：021-64330669
发行电话：021-64674759
邮购电话：021-64372608-243
地址：上海市绍兴路7号
邮政编码：200020
发行：上海市报刊发行局
发行范围：国内外公开
订阅处：全国各地邮局
邮发代号：4-641
ISSN 1009-2390
CN 31-1801/G
印刷：上海中华印刷有限公司
印厂电话：021-60829062
021-60299079
广告经营许可证：沪工商广字
3100320050020号
定价：5.00元

如发现本刊有装印质量上的问题，请在当月与承印公司联系调换。

特稿

全国百家报纸编校质量抽查结果揭晓

◎编　者

随着传统文化热的兴起，汉字运用也受到了广泛关注。为了了解报纸的编校质量，推动汉字的正确和规范运用，本刊接受国家语委的委托，抽查了全国100家具有代表性和影响力的报纸。抽查结果已于2017年11月22日揭晓。

从总体上看，我国报纸的编校质量是令人满意的。本次抽查优秀者占32%，良好者占52%，合格者占13%，不合格者仅占3%；但差错事实证明，“无错不成报”的现状并未得到改观，有些差错长期存在，广泛流传，且有蔓延之势，不能不引起重视。

从本次抽查情况来看，报纸上的文字问题，主要表现在以下九个方面：

一、《通用规范汉字表》没有得到认真执行。字表由国务院于2013年颁布，是当前语言生活中最新的用字标准，但报纸对它的知晓度不高。比如字表将45个异体字调整为规范字，其中“蹚”“勠”等6个字为全面调整，本次抽查发现，报纸上用的依旧是“趟水”“戮力同心”，没有用符合用字标准的“蹚水”“勠力同心”。

二、某些别字大面积存在。这些别字似是而非，有很强的隐蔽性，如果缺乏辨别意识和辨别能力，往往浑然不觉其错。“城乡接合部”误为“城乡结合部”，“不知所终”误为“不知所踪”，“青蘋之末”误为“青萍之末”，这些差错在多家报纸上反复出现，是本次抽查中的高频别字。

三、“的地得”一片混乱。几乎没有一家报纸，在“的地得”的使用上是经得起检查的。不少报纸没有定语、状语、补语的区别意识，“的”字一统天下。个别报纸随心所欲，该用“的”的用“地”，该用“地”的用“得”。类似“拿出极大地耐心”“租下闲置得土地”“意见出奇得统一”这类差错，在检查中随处可见。

四、用词存在滞后现象。词语是语言中最活跃的成分。某些词语经过有关部门审定，已经有了新的书写形态或使用规定。报纸对此却缺乏关注，习惯于“墨守陈规”。比如坚持用“几率”不用“概率”，用“噪音”不用“噪声”，用“矽肺”不用“硅肺”，用“爱斯基摩人”不用“因纽特人”。特别是“通信”和“通讯”这一组词，报纸几乎不加辨析，该用“通信”的地方，往往用了“通讯”。

五、用词不求甚解渐成习惯。报纸上的某些用词错误，和使用者的不求甚解有关。这类差错过去也有，本次抽查特别集中。比如把上级下达命令，说成是“立下军令状”；受邀到别人家里做客，说成是“不速之客”；把“下里巴人”和“贩夫走卒”并举，以为两者同为草根；形容马路清静，称之为“少有人烟”。望文生义的语用习惯，明显会损害报纸的形象。

六、近义词混淆情况严重。用词张冠李戴，是报纸上的常见文字错误。其中尤以近义词混淆为最。凡是读音相同相近，而意义又有关联者，几乎都能找到混淆的实例。“截至”和“截止”、“反映”和“反应”、“身价”和“身家”、“必须”和“必需”、“盈利”和“营利”，是本次抽查中混淆率最高的五组词语。提高辨词能力已成新闻工作者业务学习的当务之急。

七、时间表述模糊。报纸作为新闻媒体，时间表述要准确清晰，不能让读者猜谜。由于稿件写作时间和见报时间会存在时间差，某些报纸把已经发生的新闻说成是即将发生的新闻，导致时态抵牾。有些转载的消息，由于原文用的是“今日”“昨日”，转载的报纸不注明确切时间，读者往往不知道“今日何日”。

八、“月日词”标点误用已成常态。按照《出版物上数字用法》规定，用汉字数字构成的“月日词”，只有一月、十一月、十二月，月日间用间隔号，但报纸上却常常出现“八·一”建军节、“十·一”国庆节这类不规范用法。用阿拉伯数字构成的“月日词”，月日之间一律要用间隔号，报纸上常常用的是下脚点，如“3.15”消费者权益日。

九、数字表述差错频出。报纸上不少新闻会涉及数字，但有时经不起推敲。其中有些是数字本身错误，有些是计算方法不对，更多的是不符合数字用法的规定，如汉字数字和阿拉伯数字随意混用。此外还有一个常见错误，便是概数表述不恰当。“超过近亿万元”，“出动人力上千余次”，这类差错在本次抽查中大量出现，反映报纸对数字表述有点漫不经心。

对报纸编校质量的抽查，2018年将继续举行。国家语委有意把它作为语言管理的一项常态性的工作。

微语录·人生

月无日日圆，人无日日顺。处于逆境的时候，要学会善待自己，保持好心态，不烦不躁。善待自己其实就是与自己和解，不跟自己较劲，处处放自己一马，置心于旷野，给心以自由。只要能善待自己，逆境就会离你而去。

（黄文志 / 辑）

误读“神衹”

◎李景祥

央视中文国际频道2017年12月3日播出的《快乐汉语》中，一位嘉宾在谈及甲骨文时说道：“商人特别迷信……他们相信天地神衹，还有相信他们死去的祖先也会成为有灵性的鬼神……”（字幕同步显示）这位嘉宾把“神衹”的“衹”误读为了zhǐ，其实应读为qí。

衹，读qí，本义是地神。神衹，即天神与地神，亦泛指神灵。唐韩愈《与孟尚书书》：“天地神衹，昭布森列，非可诬也。”冯至《伍子胥》：“他们怀念着故乡的景色、故乡的神衹，伍尚要回到那里去……子胥却要走到远方。”其实“衹”是个多音多义字，可以读zhī，一个义项为正、恰，另一个义项通“衹”，义为恭敬。而zhǐ的读音也是有的，“衹”读为zhǐ时是“只”字的异体字，表示仅仅、只有的范围副词，与神灵无关。

“囤积”为的是“居奇”

◎马秋影

电视剧《风筝》在第36集中有一段剧情，男女主角在狱中一起唱起了歌曲《你这个坏东西》，同步字幕显示的歌词中出现了两次“囤积奇居”，其实应是“囤积居奇”。

“居奇”指囤积奇货，以便待价而沽，语出《史记·吕不韦列传》：“（子楚）居处困，不得意。吕不韦贾邯郸，见而怜之，曰：‘此奇货可居。’”裴骃集解：“以子楚方财货也。”说的是吕不韦认为秦国质子子楚就如同少有的奇货，可以“囤积”起来等待善价。“居”在这里义为积蓄、囤积。《汉书·张汤传》：“信辄先知之，居物致富，与汤分之。”颜师古注引服虔曰：“居，谓储也。”囤积，聚集贮存之义。“囤积居奇”就是指囤积大量货物以期牟取暴利。毛泽东《湖南农民运动考察报告》：“不准高抬物价，不准囤积居奇。”

《你这个坏东西》是1942年作曲家舒模创作的歌曲，在1947年作为电影《八千里路云和月》的插曲而广为传唱。歌

“饥饿”如何“交加”

◎国　轩

央视三套2016年12月9日播出的《不信你不笑》中，主持人在介绍皮影戏传承人时说道：“（她）在寒冬腊月的时候，在师傅门口站了四天，然后饥饿交加、纹丝不动……”这里的“饥饿交加”让人疑惑。

交加，在现代汉语中义为（两种事物）同时出现或同时加在一个人身上，如：风雨交加、拳脚交加。而“饥饿”即饿，是一种生理反应，如何“交加”呢？节目中所说的事发生在“寒冬腊月”，如将“饥饿”改为“饥寒”就通了。饥，饥饿；寒，寒冷。饥饿与寒冷同时出现，可用“交加”一词。

曲反映了当时国民党统治区内官商勾结，抬高物价，百姓困苦的状况。其中有段歌词是“囤积居奇，抬高物价，扰乱金融，破坏抗战”，列举了所谓“坏东西”的罪状。“奇居”似乎可解释成奇特的居所，“囤积奇居”难以索解，也和原歌词不符。

“秣马历兵”？“秣马厉兵”！

◎姚海涛

电视连续剧《虎啸龙吟》第11集中，魏明帝有一句台词，说：“西蜀诸葛亮秣马历兵，集三十万大军欲出散关。”（字幕同步显示）这里的“秣马历兵”当为“秣马厉兵”。

“秣马厉兵”也作“厉兵秣马”“秣马利兵”。“秣”读作mò，义为喂养。“厉”古同“砺”，义为磨砺。秣马厉兵，即喂饱战马，磨快兵器，指做好了战争的准备。《续资治通鉴·宋真宗咸平三年》：“然后深沟高垒，秣马厉兵，为战守之备。”耶律楚材《答杨行省书》：“秣马厉兵，可报西门之役。”现在“秣马厉兵”也用来比喻做好比赛或活动的准备，如铁路局秣马厉兵应对春运客流。而“历”指经历、历法等，“秣马历兵”说不通。

快速扩群的『共享××』词语

◎高丕永

2017年，“共享”一词在各种媒体上具有极高“出镜率”，因而成为“十大流行语”之一。与此同时，“共享××”词语群好像一个“朋友圈”，迅速扩群。

“共享××”词语群的群主无疑是“共享经济”，意译自英语的“sharing economy”。教育部语言文字信息管理司的《2014汉语新词语》，把“共享经济”列入附录“2011—2013汉语新词语”，其释义为：“整合需求端和供给端，使社会资源得到更高效利用的经济模式。最早由哈佛大学商学院教授南希·科恩（Nancy Koehn）提出。……共享经济是指个体间直接交换商品与服务的系统，交换可以通过网络或智能手机实现。在中国，共享经济并不局限于人与人之间，也包括企业之间和企业与个人之间。”

“共享经济”，也叫作“分享经济”，是“sharing economy”的另一种译法。“分享经济”收录在《2014汉语新词语》一书的正文中，定义为：“通过互联网等技术平台，高效地分享彼此的财产、时间和技能等闲置资源的新型经济模式。”“分享经济”，曾入选2016年度中国媒体十大流行语（经济类）。一般使用中，两者同义，只是“共享经济”的使用频率要比“分享经济”高许多。然而，2016年和2017年连续两年中央政府工作报告里却只用“分享经济”。有时，我们说到经济模式时用“分享经济”，但具体分享的事物则用“共享××”。例如：

（1）“分享经济”时代企业

进入共享单车行业的路径——以中国共享单车行业为例(标题,《技术与创新管理》2017 年第 6 期)

(2)分享经济新业态:共享汽车成长之路(标题,《新经济导刊》2017 年第 9 期)

从 2017 年起,为了适应众多共享经济产品出现的需要,“共享经济”很快缩略成“共享”,并组成许多新词语。不仅如此,还丰富了汉语固有词语“共享”的内涵。2016 年修订的《现代汉语词典》(第 7 版),“共享”意义为“共同享有;共同享用”,举例有资源 ~ 、~ 软件、~ 改革成果。但是,用“共同享有;共同享用”来解释 2017 年“共享 × ×”词语群的任何一个成员,都会感到不够到位。以“共享单车”为例,如果仅仅解释为“共同享用的单车”,与以前的“公共单车”没有什么区别,也就失去了存在的必要。根据“共享经济”的定义,“共享单车”可以理解为“借助移动通信设备等当代科技产品,通过互联网上的资源平台,可以方便租赁或归还的单车服务”。其他“共享 × ×”的意义,与此类似。

2017 年短短一年,“共享 × ×”词语群的扩群速度非常惊人。据不完全统计,目前其成员已经多达数十个,有 ~ 充电宝、~ 助动车、~ 汽车、~ 飞机、~ 篮球、~ 雨伞、~ 快递盒、~ 书店、~ 书架、~ 阅读、~ 课堂、~ 医院、~ 轮椅、~ 婴儿车、~ 按摩椅、~ 衣橱、~ 厨房、~ 健身房、~ 洗衣机、~ 房车、~ 旅游、~ 民宿、~ 工厂、~ 农庄、~ 收割机等,一发不可收,还有不少正在“扫码加群”中。

改革开放以来,汉语新词语的特色之一是出现了不少词语群,如 × × 门、× × 霸、× × 族等。不过,像“共享 × ×”词语群这样能够在如此短的时间内迅速扩群,涉及了社会生活的诸多方面,而且扩群的后劲十足,可说是十分罕见的。

且说网络时代的“流量”

◎刘冰鑫

“流量”并不是新词，原来也不是常用词，乃是专用术语。如今，人们时时刻刻将“流量”挂在嘴边，像“追剧流量不够用”“游戏太耗流量了”等等。那么，“流量”到底为何物呢?

作为术语，“流量”是指单位时间内流体通过某断面或定点的量，又指通过道路的车辆、人员等的数量。常见搭配有“水流量”“车流量”“人流量”“交通流量”等。例如：

（1）冬天的黄河水流量在变小，但依然打着滚儿。防洪大堤修成了，荒滩地改良了，水质变清了，这种好局面能维持下去吗？（《人民日报》2016年12月18日）

（2）记者发现，首批17条施划黄色禁停标线的路段的共同特点是，车流量大，违法停车会严重影响车辆正常通行。（《北京日报》2017年2月7日）

互联网时代，“网络流量”这个词语频繁使用。通过“网络流量”，人们可以使用电脑或手机浏览新闻、查阅资料、聊天购物，方便而快捷。因而“网络流量”也深受报纸等媒体的喜爱。例如：

（3）基于行为分析，人工智能可以快速检测出恶意软件，通过机器学习还能及时检测异常网络流量行为，预警黑客入侵，从而提升网络安全防御水平。（《人民日报》2017年10月27日）

与此同时，又出现“上网流量”“网站流量”“移动数据流量”等词语。一般说来，在日常生活中，人们并不需要对这些词语进行明确区分。渐渐地，“流量”成为与网络相关各式“×× 流量”的统称，指在一定时间内网站的访问量，以及手机等移动终端上网所耗费的字节数。请看：

（4）互联网经济平台的一个特点是规模经济本质，依靠大的粉丝与流量把业务做大的，以量取胜是互联网平台经济的制胜法宝。（《北京青年报》2017 年 12 月 12 日）

网络时代是一个“注意力经济”时代，而明星是“注意力经济”的产物。明星大腕能让网站访问流量以及手机等移动终端上网流量暴增，于是“流量明星”应时而生，成了这些明星大腕的代名词。例如：

（5）流量明星已成各种市场的主导，音乐、影视甚至公关广告，几乎都是流量明星们的天下，小花们虽然也分到一杯羹，但没那么有冲击力。（《新闻晨报》2017 年 3 月 28 日）

“流量明星”在流行的过程中，又引申出“只有人气而没有演技”的含义，带有贬义色彩。请看：

（6）真正的明星首先让人记住的是塑造的角色，其光源来自深厚的艺术修为。“流量明星”若只有流量没有演技，终将成为一闪而过的“流星”。（《人民日报》2017 年 9 月 26 日）

我们发现，“流量明星”不同于之前常用的“×× 流量”的词语组合形式。同为名词与“流量”组合构成的偏正结构，为何在语序上会存在差别呢？究其原因，主要有以下两点。一是，“×× 流量”和“流量明星”，中心语不同，则强调的内容也不同。二是，“流量明星”中的“流量”为描绘性定语，用来形容那些粉丝多、人气高、商业价值大的明星，是网络时代的新产物。

在网络盛行的年代，“流量××”也具有能产性，但主要适用于娱乐圈，如“流量艺人”“流量小生”“流量小花”等。它能否进入更多的领域，展现更大的魅力，还有待时间的检验。

催人前行的流行语——砥砺奋进

◎何俊萍

2017年5月18日，《人民日报》推出《砥砺奋进的五年》专栏，回顾中共十八大以来五年的有益探索和发展成就，讲述"中国故事"，解读"中国奇迹"。一时间，全国上下、各大报刊、各行各业都掀起了"砥砺奋进的五年"的宣传高潮，开设专栏，拍摄专题片，登载系列总结文章，"砥砺奋进"一语的使用真可谓铺天盖地。

2017年10月18日，中国共产党第十九次全国代表大会开幕当日，"砥砺奋进"的使用量更是大得惊人，几乎成倍增长：由10月16日的696万条，猛增到1100万条（百度搜索数据）。

"砥砺奋进"，是一个连动短语，由"砥砺"和"奋进"两个动词构成。"砥砺"，亦作"砥厉""砺砥"，是沿用下来的文言词。"砥"和"砺"，都是石字旁，都是"磨刀石"的意思，区别是"精为砥、粗为砺"（郭璞语），所以，"砥砺"一词，同义复用，本义为"磨刀石"。如《山海经·西山经》："苕水出焉，而西流注于海，其中多砥砺。""磨刀石"是一个名词，是用来磨刀的，由此，引申为动词"在磨刀石上磨"。如《荀子·性恶》："阖闾之干将、莫邪、钜阙、辟闾，此皆古之良剑也，然而不加砥厉，则不能利。""在磨刀石上磨"本身就是一个磨砺、磨炼的过程，因此又可引申为“磨砺、磨炼、锻炼”。如《墨子·节葬下》:“此皆砥砺其卒伍,以攻伐并兼为政于天下。”通过不断地磨炼,可以激励自己不断地前行,由此还可引申为“激励、勉励”。如《荀子·王制》:“案平政教,审节奏,砥砺百姓。”“砥砺奋进”中的“砥砺”应取“磨炼、锻炼”义。“奋进”就是振奋向前、奋勇向前。如曹植《蝉赋》:“翳轻躯而奋进兮,跪侧足以自闲。”组合起来,“砥砺奋进”就是经过不断的磨炼,奋勇向前。

“砥砺奋进的五年”一经宣传,“砥砺奋进”便以迅雷不及掩耳之势广泛地传播开来。究其原因,主要有三:一是“砥砺奋进”四字都是仄声字,短促顿挫,铿锵有力,读来掷地有声,催人勇往直前;二是习近平总书记喜欢用,自然地就被广泛地使用开来;三是其中所蕴含的精神是振奋人心、催人奋进的,符合蓬勃向上发展的中国现状,切合国人的昂扬奋斗的姿态。

“砥砺奋进”不仅广泛使用,并且运用起来非常灵活。

它可单独使用,例如:

(1)倾情书写砥砺奋进的这五年(《人民日报》2017年5月18日)

还可在其前、其后跟其他词语搭配使用。例如:

(2)坚定信念　砥砺奋进(《中国纪检监察报》2016年7月27日)

(3)牢记嘱托　砥砺奋进(《甘肃日报》2017年10月12日)

(4)砥砺奋进　铿锵前行(《中国保险报》2017年9月14日)

(5)砥砺奋进　更创辉煌(《新华每日电讯》2017年9月4日)

不论是在“砥砺奋进”前加上“坚定信念”“牢记嘱托”,还是在其后跟上“铿锵前行”“更创辉煌”,均是强调不忘初心、勇于担当、履职尽责、奋勇前进之意。

此外,其前后还可加上“牢记宗旨”“迎难而上”“栉风沐雨”“不忘初心”或“坚定前行”“铸就辉煌”“信心满满”“勠力同心”等词语，进一步突出坚定的姿态、昂扬的斗志、克服困难的勇气和创造辉煌的决心。

且同一个词语，置于其前、其后都可，并不影响意思表达。例如：“砥砺奋进　勇立潮头”和“勇立潮头　砥砺奋进”都是强调排除万难，勇往直前。“砥砺奋进　继往开来”和“继往开来　砥砺奋进”都是强调在传承的基础上，昂扬向上，奋勇向前，开创新的时代、新的未来。

“砥砺奋进”的语法功能也非常丰富，除了充当主语、谓语、宾语、定语之外，还可组成介词结构，充当句子的状语。仅举一例：

（6）梦想在砥砺奋进中实现（《甘孜日报》2016年1月13日）

“砥砺奋进”的使用虽然很广泛、很灵活，但“砥砺”与“奋进”并非固定的唯一搭配，还可用“砥砺前行”“砥砺进取”“砥砺奋斗”“砥砺前进”来表达同一种意思。此外，“砥砺”与“奋进”还可以拆开使用。如：昂扬奋进，砥砺前行。

总之，“砥砺奋进”以其所蕴含的昂扬的斗志、催人奋进的精神感召着国人，深入国人内心，被广泛地使用，迅速成为新时代的流行语。假以时日，它很可能成为不少词典中词条家族的成员之一。

微语录·交往

你是砍柴的，他是放羊的。一天，你们在一个山坡上相遇。你们相见恨晚，相谈甚欢，聊了一整天。他的羊吃饱了，而你的柴呢？可见，砍柴的陪不起放羊的，交往要看对象。

（李　槐／辑）

三国时代何来《博雅》

◎冰　莺

2017年第6期《中华遗产》上刊有《溏心功夫》一文，其中写道："溏这个字，东汉许慎的《说文解字》上没有。要查字典的话，三国时代的训诂书《博雅》中有，意思是多汁、黏滞而又柔软润泽……"这里提到的《博雅》最好改作《广雅》。

《广雅》是一部训诂书，由三国魏张揖撰写。张揖，字稚让，清河人，魏明帝太和中为博士。《广雅》在体裁上仿照《尔雅》编纂，博采汉人笺注及《三仓》《说文》《方言》诸书，以增广《尔雅》，故名。隋代时因避隋炀帝杨广讳，一度改称《博雅》，后复用原名。在卷首的《上广雅表》中，作者自言书分上中下三卷。唐以来将《广雅》析为十卷，篇目次序依据《尔雅》。

《广雅》是研究古代词汇和训诂的重要资料，清王念孙还为其订讹补缺，著有《广雅疏证》。虽然曾因避讳而称《博雅》，不过在成书的"三国时代"和现今，毫无疑问都称《广雅》。

"青沙"不成帐

◎周　振

2017年第9期《老年知音》上刊载了《我的父亲母亲》一文，其中写到几名有志青年秘密前往革命圣地延安，说："巡警走远了，大家速穿马路直奔小路上塬钻进青沙帐。青沙帐密不透风，田埂狭窄不平还要紧跟老张往前跑，没一会儿大家已大汗淋漓腿脚麻木了。"这里的"青沙帐"应为"青纱帐"。

"纱"指用棉花、麻等纺成的细缕，也可指纱织成的经纬稀疏的制品。青纱帐，即用青纱制成的帐幕或床帐。康有为《自都归乡黄季度别驾以诗慰问奉次原韵》："讲堂漫有青纱帐，春信偏知黄叶村。"此外，"青纱帐"还用来指夏秋期间长得又高又密的庄稼,如高粱、玉米等。老舍《神拳》第四幕:“到城外,咱们人熟地熟,又有青纱帐,凭咱们的劲头儿,再斗点智,准能打胜仗!”峻青《在英雄的村庄里》:“夏天,青纱帐起来了,李家埠从防守转入了进攻。”上述引文正是用的这个义项。

沙,细小的石粒,如风沙、沙土。“青沙帐”所指不明,汉语中没有这种说法。

不是“灶塘”是“灶膛”

◎谢云秋

2017年7月26日《扬子晚报》B3版《恩与怨》一文中写道:“爸爸将最后一把秸秆塞进灶塘,补觉去。……爸爸睁眼一看,锅灶那边火光冲天。”其中的“灶塘”是“灶膛”之误。

膛,指胸腔,如胸膛、开膛;引申指器物的中空的部分,如枪膛、膛线。灶膛,就是灶内烧火的地方。

塘,义为堤岸、堤防,如河塘、海塘、堤塘;也指水池,如池塘、鱼塘、泥塘;还可指浴池,如洗澡塘;等等。而结合后文“锅灶”起火的情节,上述引文中所指的应该是“灶膛”。“塘”“膛”二字都读为táng,可能是音同致误。

“见长”与“见方”

◎沈阳仁

2017年1月16日《北京晚报》第37版有一篇名为《遭遇骂人的音乐老师》的文章,文中写道:“广告牌两米见长,一米五见方,框架是金属的,中间是防水的布料。”这块广告牌怎么又“两米见长”又“一米五见方”呢?

见长,用在数量词后,表示图形的长度。老舍《赵子曰》:“天台公寓门外的两扇三尺见长,九寸五见宽,贼亮贼亮的黄铜招牌,刻着:‘专租学员,包办伙食。’”

见方,用在表长度的数量词后,表示以该长度为边的图形成正方形。闻捷《海燕》："它的面积不到一里见方，全是岩石。"或用在表示正方形面积的数量词后，如：挖了一个一亩见方的水池。可见，使用"见方"时，该图形必须是正方形。而上述文章中先写"两米见长"，后写"一米五见方"，两者互相矛盾。按文中的意思，该广告牌的形状应该是长方形的，将"一米五见方"改为"一米五见宽"，语意就通顺了。

"颜若孔之卓"？

◎苏开省

2017年12月7日《中老年时报》第7版刊有《由徐存斋阅卷所感》一文，文中写了明代名臣徐存斋在浙江担任主考时发生的一件事：徐存斋"阅卷时，发现一名士子在八股文中用了'颜若孔之卓'这个典，他眉头一皱，拿起笔，画了个黑杠，批上两个字：杜撰"，并将考生判为四等。后来考生为自己辩解，说这个典故出自扬子《法言》。徐存斋承认错误，将他改判为一等。根据记载，历史上确有此事，不过上述文章弄错了一个字，"颜若孔之卓"应为"颜苦孔之卓"。

"颜苦孔之卓"语出西汉扬雄《法言·学行卷》。"颜"即颜渊，春秋末鲁国人，名回，字子渊，是孔子的学生。"孔"指孔子。卓，即卓越。"颜苦孔之卓"就是说颜渊以向孔子学习为最大的乐趣，因赶不上孔子学行的卓越而深感苦恼。误"苦"为"若"，应是形近所致。

"秋虫"非"球虫"

◎贾　凯

2017年12月2日《今晚报》第10版刊有《斗蛐蛐真让人上瘾》一文，文中说道："从1998年简单逮上几只蛐蛐找好友寻斗，到2008年爱好者你一言我一语制定出了相对完善的斗虫规则，一只只小小球虫成了朋友、邻居间加深感情的纽带。"此处的

"球虫"有误,应为"秋虫"。

球虫是一种无脊椎动物和脊椎动物细胞内寄生的原虫,大多是人畜互通病的病原体。将"蛐蛐"说成是"球虫"实在匪夷所思。

蛐蛐,即蟋蟀,黑褐色,触角长,后腿粗大,善于跳跃。雄性善鸣,好斗,也叫促织。蟋蟀被认为是秋虫,即秋天的虫。马缟《中华古今注·蟋蟀》:"(蟋蟀)一名秋吟蛩……得寒则鸣噪。"意思是,蟋蟀有一个名字是秋吟蛩(qióng),秋天到了,天冷了,蟋蟀鸣叫声就响亮了。

"秋虫"误为"球虫",应是音近误植。

"春秋有屈原"吗

◎辜良仲

2017年11月5日《华西都市报》07版刊载了一篇文章《品品诗韵,看看词华》,其中写道:"春秋有屈原'乱曰:已矣哉,国无人莫我知兮,又何怀乎故都'的无奈悲叹……"这里搞错了屈原生活的年代,"春秋"应改"战国"。

"春秋"和"战国"都可以指代我国的一段历史时期。"春秋"一名来源于鲁国编年史《春秋》,现一般以周平王元年(前770)到周敬王四十四年(前476)为春秋时代;"战国"一名来源于刘向所编《战国策》,现一般以周元王元年(前475)到秦始皇二十六年(前221)为战国时代。

屈原(约前340—约前278),名平,字原,是我国古代著名诗人。他是战国后期的楚国贵族,学识渊博,举贤授能,辅佐过楚怀王,有《离骚》《九歌》等诗歌传世。显然,"春秋"时屈原还没出生呢。

含的到底是什么

◎居容人

《中国老年》杂志2016年11月下半月刊《我要和这个世界谈谈》一文写道:"如今在

家含贻弄孙，我要力争陪伴左右……”其中“含贻弄孙”是“含饴弄孙”之误。

饴，用米、麦制成的糖浆。含饴弄孙，即含着饴糖逗小孙子玩，形容晚年悠闲、不问他事的生活乐趣。贻，本义是赠送、赠予，引申出遗留、留下等义，如贻害、贻人口实，还指一种黑褐色的软体动物，即贻贝。汉语中无“含贻弄孙”之语。

“高屋建翎”？“高屋建瓴”！

◎李可钦

2017 年 8 月 18 日《益阳日报》A04 版刊载了《异乎寻常的视觉呈现》一文，其中说：“赫山区‘非遗’馆的设计，陈英伟用丰富的设计语言和高妙的表达手法，表现了设计意念上高屋建翎的主题感和深思熟虑的逻辑性。”这里的“高屋建翎”写错了，应是“高屋建瓴”。

瓴，读作 líng，从瓦，令声，指古代一种盛水的瓶子。“建”有倾、倒的义项。高屋建瓴，语本《史记·高祖本纪》：“（秦中）地势便利，其以下兵于诸侯，譬犹居高屋之上建瓴水也。”裴骃集解引如淳曰：“居高屋之上而翻瓴水，言其向下之势易也。”“高屋建瓴”的意思是在高房顶上倒瓶中的水，形容居高临下、不可阻遏的态势。

“翎”也读作 líng，指鸟翅和尾上的长而硬的羽毛。“高屋建翎”难以索解，汉语中没有这个词。

汉献帝是曹操扶上皇位的吗

◎杨昌俊

2017 年第 22 期《小小说选刊》刊有一篇《不笑》，文章讲了一个汉献帝刘协与曹操的故事，其中有一段话这样写道：“对于一个将自己从混战的废都中救出来又一手将自己扶上皇位的恩人，不要说笑，就是让他（指刘协）天天绕庙堂三匝，他也愿意。”是曹操一手将刘协扶上皇位的吗？不是的。

东汉末年，汉灵帝驾崩，太子刘辩继位。189年，军阀董卓废掉刘辩，另立其弟、年仅9岁的陈留王刘协（181—234）为帝，即汉献帝。刘协成为董卓的傀儡。后董卓挟持刘协由洛阳迁都长安。董卓被杀后，刘协回到洛阳。建安元年（196），他被曹操迎都于许（今河南许昌县东），此后又成为曹操的傀儡，曹操开始“挟天子以令诸侯”。延康元年（220），曹操病死，其子曹丕代汉称帝，刘协被废为山阳公。可见，汉献帝刘协的立与废，均和曹操无关，不存在曹操一手将他扶上皇位之说。

“将近80多岁”是几岁

◎厉中东

2017年10月26日《光明日报》第16版的《举袂朝阳作凤鸣》一文说：余冠英先生“一直到晚年，将近80多岁的时候，他还担任《文学遗产》的主编”。其中，“将近80多岁”的表述不妥。

将近，表示将要达到而尚未达到某个数量，其后应该是一个确定的数。刘半农《扬鞭集·梦》：“将近十年了，我还始终忘不了！”

数字后跟“多”字，表示的是整数有零头。张天翼《欢迎会》：“回电在半夜两点多钟就接到，不过是省署的军法处拍的。”“将近80”与“80多”是矛盾的，应据实删除“将近”与“多”中的一个。

“开宗”可“明义”

◎李信宜

2017年12月12日《科技日报》第7版上刊载有《将创新引领发展化为中关村的生动实践》一文，其中说：“中关村论坛主席、中国科学院院士徐冠华开宗名义地点出此次论坛的主题。”此处的“开宗名义”应是“开宗明义”。

“开宗明义”本是《孝经》第一章的篇名。《孝经·开宗明义》宋邢昺题解：“开，张也；宗，本也；明，显也；义，理也。言此章开张一经之宗本，显明五孝之义理，故曰开宗明义章也。”开宗，即阐明主旨；明义，即说明义理。后用“开宗明义”来指说话作文开始时就点明主要的意思。

名义，是人在做某事时作为依据的称号。“开宗”和“名义”结构不同，两者无法并列成词。

韩愈并非字“昌黎”

◎古　辛

2017 年 11 月 17 日《光明日报》第 14 版刊有《长城长碣石苍》一文，文中提及韩愈时说：“这里据称是唐代大诗人韩愈的祖籍地，韩愈字昌黎……”此说有误，韩愈的字并不是“昌黎”。

韩愈（768—824），唐代文学家，河南河阳（今河南孟州南）人。古人的名与字往往存在意义上的联系。韩愈的“愈”是胜过的意思，他的字是“退之”，一进一退，意义相反。因韩愈自谓郡望昌黎，故世称韩昌黎，并有《昌黎先生集》，但“昌黎”并非韩愈的字。

“心无旁贷”?

◎杨昌林

2017 年第 12 期《智慧》杂志上刊载了《我凭什么上北大》一文，其中写道：“人生中再也不会有哪个时期像那时一样专一地……心无旁贷乃至与世隔绝地，为了一个认定的目标而奋斗。”这里的“心无旁贷”一词有误，应是“心无旁骛”。

骛，义为追求。心无旁骛，即心中没有其他的追求，形容专心致志。贷，义为推卸。“责无旁贷”指自己应该尽责而无法向旁人推卸。“心无旁贷”可能是把“心无旁骛”和“责无旁贷”给“一锅煮”了。

“中洲”是人不是洲

◎张继定

南宋诗人姚镛所著《雪篷稿》中有一首七绝，题为《访中洲》，诗云：“踏雨来敲竹下门，荷香清透紫绡裙。相逢未暇论奇字，先向水边看白云。”

《宋诗鉴赏词典》（上海辞书出版社版）收录该诗并分析说：“此诗题目名曰访‘洲’，实是访人。虽是访人，诗中重点却是洲中景色。”看来这是把诗题中的“中洲”理解成“水中之洲”了。其实，这里的“中洲”是人名。

《雪篷稿》中另有一首五律《寄范中洲》：“高隐就诗名，中洲雅趣成。几前修竹净，屋上落泉鸣。柘圃春风织，山田野火耕。满山薇蕨老，客至足蔬萌。”两首诗中的“中洲”实为同一人，即范中洲，他是一个志趣清雅的隐士。读《寄范中洲》可知，这位隐士并非居于四面环水的“洲中”，而是在山林之中，周围有竹林、山泉、田园等等。《宋诗鉴赏词典》恐怕是望“题”生义，错解了诗题。

何来“银河沙数”

◎宋桂奇

2017 年 11 月 30 日《南方周末》C26 版所刊《从石榴的英文谈起》一文中这样写道：“我兴致勃勃，掰开一看，天哪，里头酒红色的籽多如银河沙数，而且石榴别的不吃就吃籽，我一颗一颗往嘴里送，吃了许久也望不到终点……”这里的“银河沙数”应为“恒河沙数”。

“恒河”指南亚的恒河。“恒河沙数”本是佛教用语，指数量极多，像恒河里的沙子一样。也可省作“恒河沙”“恒沙数”“恒沙”等。清吕湛恩注引明代高僧祩宏《阿弥陀经疏钞》：“恒河在西域无热河侧，沙至微细，佛近彼河说法，故凡言多常取为喻。”

“银河”是晴天夜晚天空中呈现银白色的光带，构成它的是大量恒星，而非沙粒。

学林

汉字的分化与合并(下)

◎苏培成

现在说汉字的合并。汉字字数很多,构造复杂,是造成汉字难学难用的原因之一。汉字的适度合并可以减少字数,提高汉字学习和应用的效率,是汉字发展中常见的现象。汉字的合并就是把原来由两三个字分担的职务改由一个汉字承担,增加合并后的汉字的职务。A与B合并为C是合并,A并入B或B并入A也是合并。汉字合并是有条件的,不是随意想合并就可以合并。合并的条件大体是形、音、义三方面至少有一方面相同或近似。例如:

歎与嘆合并。歎、嘆的意义本来不同。根据《说文》,歎表示吟诵,嘆表示叹息。清代文字学家段玉裁在《说文解字注》“嘆”下说:“歎近于喜,嘆近于哀。”他在“歎”字下还说:“古歎与嘆义别,歎与喜乐为类,嘆与怒哀为类。”后来这两个字合而为一。嘆为规范字,简化为叹,歎为嘆的异体字。现在叹是多义字,兼有原来歎和嘆的意义。

貣并入贷。《说文·贝部》:“贷,施也。”指借出,读dài。另有:“貣,从人求物也。”指借入,读tè。古代文献里,贷、貣常混用;后世貣并入贷,读dài。

甲胄的胄与后裔的胄合并。这两个字在古文字里形义不同。《说文·冃部》:“胄,兜鍪也。从冃,由声。”兜鍪即后世的头盔。《说文·肉部》:“胄,胤。从肉,由声。”指后裔。这两个字都读zhòu。在隶书楷书里合并为一个字。

叚并入假。叚的本义是借。假是多义字,其中的一个意义也是借。《左传·成公二年》:“唯器与名,不可以假人。”唐代孔颖达解释说:“唯车服之器与爵号之名不可以借人也。”后来叚并入假。

孃并入娘。这两个字读音相同,形义不同。孃指母亲,娘指姑娘。段玉裁《说文解字注》“孃”字下说:“《广韵》孃,女良切,母称。娘,亦女良切,少女之号。唐人此二字分用画然,故耶孃字断无有作娘者,今人乃罕知之矣。”后世孃并入娘。现在娘是规范字,兼有母亲和姑娘的意义。孃是娘的异体字。

痣并入记。痣是古白话文用字,大约是从记字分化出来的,使用一阵后又并回母字。《红楼梦》第四回:“且他眉心中原有米粒大的一点胭脂痣,从胎里带来的。”《水浒全传》第十六回:“一个鬓边老大一搭朱砂记。”冰心《我的童年》:“可是老姨太总不让我光着膀子,说我背上的那块蓝‘记’是我的前生父母给涂上的,让他们看见了就来讨人了。”

20世纪60年代推行汉字简化,要做到既简化笔画又减少字数。为了减少字数合并了一些繁体字。例如:復、複合并简化为复,穫、獲合并简化为获,縴、纖合并简化为纤,蘇、囌合并简化为苏,臺、檯、颱合并简化为台,壇、罎合并简化为坛,團、糰合并简化为团,係、繫合并简化为系,臟、髒合并简化为脏,隻、衹合并简化为只,鐘、鍾合并简化为钟,當、噹合并简化为当,發、髮合并简化为发,滙、彙合并简化为汇,盡、儘合并简化为尽,歷、曆合并简化为历,鹵、滷合并简化为卤,擺、襬合并简化为摆,彌、瀰合并简化为弥。这样合并后,增加了多音多义字。例如:縴、纖合并简化为纤。纤既有纖的音义,读xiān,指细小;又有縴的音义,读qiàn,指拉船的绳索。盡、儘合并简化为尽。尽既有盡的音义,读jìn,表示完毕,如:用尽力气;又有儘的音义,读jǐn,指极、最,如:尽里头。

汉字简化中的同音代替近

音代替，实际也是在进行合并。例如：舍原来读 shè，指房舍。捨弃的捨简化为舍后，舍增加 shě 的读音和舍弃的字义。

1955 年 12 月 22 日发布的《第一批异体字整理表》，其中有些字组可以看作合并简化。例如：獃、騃合并简化为呆，鬨、閧合并简化为哄，跡、蹟合并简化为迹，崑、崐合并简化为昆，陞、昇合并简化为升，劄、箚合并简化为札，紮、紥合并简化为扎。

1965 年推行印刷新字形，造成了一些偏旁的合并。例如：幵（jiān）旁改为开，硏、訮、姸变成了研、訮、妍，原来表音的幵不再表音。

汉字合并可以减少字数，但是不能造成表达意思的混淆。例如：把多馀、剩馀的馀简化为余，使得“余年不多”这类结构产生歧义，可以是说我的岁月不多，也可以是说剩余的岁月不多，《简化字总表》不得不调整为“在余和馀意义可能混淆时，仍用馀”。矇、濛、懞合并简化为蒙，蒙蒙不知是雨濛濛，还是表示模糊不清的矇矇。另外，汉字合并本来是为了便于应用，如果合中又有分，使字际关系复杂化，反而给使用增加了麻烦。例如：幹、乾合并简化为干，干支的干读 gān，合并简化后不但增加了 gàn 的读音，而且还规定要分化乾字。当乾读 gān 表示干燥义时简化为干，读 qián 用于乾隆、乾坤等义时不简化。《简化字总表》把鍾、鐘合并简化为钟，鍾是容器，鐘是乐器，合并简化后不发生混淆。可是《通用规范汉字表》规定：“鍾：用于姓氏人名时可简化作‘锺’。”这样的规定给使用增加了困难。按照这个规定就会出现“钱锺书钟爱读书”，这样就会出现“锺”“钟”混用。

总之，分化是为了精确地记录语词，但是要增加字数；合并是为了减少字数，但是要保证精确地表达意思。分化与合并相互作用，使得汉字系统既能精确表达，又不使字数增加很多，使汉字适应汉语的发展，更好地为交际服务。

说『说』

◎陈运舟

“说”和“悦”相通，是个令人费解的事。古书中这方面的例子甚多，如《论语·学而》：“学而时习之，不亦说乎！”是说学习了知识后时常温习，这不是一件愉快的事吗？《诗经·草虫》：“未见君子，忧心惙惙(chuò)。亦既见止，亦既覯(gòu)止，我心则说。”意思是，未见到心上人，我心忧愁。见到了他，欢聚在一起呀，我心欢喜。此两例中，“说”均为“悦”之义，读音为yuè。“悦”“说”两者相通，奥秘何在？

这就不得不说说“兑”这个字。甲骨文中的“兑”字形作“[illegible]”，是一个人的口上有八形，据林义光《文源》：“兑即悦之本字……从人、口、八。八，分也，人笑故口分开。”“兑”字抓住了笑脸的特征，象人笑时口上两旁纹理分开。《类篇·儿部》：“兑，欲雪切，喜也。”古书中也有不少“兑”表示喜悦的例子。《荀子·不苟》：“见由则兑而倨，见闭则怨而险。”杨倞注：“兑，悦也。言喜于徼幸而倨傲也。”意思是小人被任用就高兴倨傲，不被任用就心存怨恨。《易经》中的“兑卦”是个吉利的卦，卦象为沼泽。《易·兑》：“象曰：‘丽泽，兑。’”丽，义为连；丽泽，沼泽连着沼泽；兑，悦。泽中有水，能滋润万物，万物生长，当然令人喜悦。《释名·释天》：“兑，悦也。物得备足，故喜悦也。”

“兑”是“悦”的本字，亦是“说”的本字。《说文》：“说，说释也，从言兑。一曰谈说。”清段玉裁注：“说释，即悦怿(yì)。说、悦，释、怿，皆古今字。”《说文新附·心部》：“怿，说也。经典通用释。”《庄子·齐物论》：“南面而不释然，其故何也？”唐成玄英疏：“释然，怡悦貌也。”故“说”有喜悦、愉悦之义。清瞿灏《论语考异》说，最初喜悦和论说两种意思，都是用同一个“说”字，后来才增加一个从“心”旁的“悦”字。这样说来，说、悦，其本义皆为喜悦，其源盖出自“兑”。

咬嚼日记摘钞(18)

◎郝铭鉴

“不让”和“不能”

我看电视,有一眼没一眼。别人抱怨广告,我倒觉得,好的广告,大有看头。前人说过,看报不看广告,犹如吃蟹不吃蟹脚。我是喜欢品品蟹脚的味道的。不过,也有不对味的时候。

有一则广告,是“老夫老妻”做的,推销一款药品。老先生说,又疼又麻,连坐骨神经也疼;老太太长叹一声:“活受罪啊!连小孙子也不让带了……”这个广告一直在播。每次听到这里,我都会心头一紧。我觉得这个老太太有点不太懂事。

“连小孙子也不让带了”,分明是在怪罪自己的子女,仿佛子女不通人情似的,剥夺了老人带小孙子的权利。用我们家乡的话来说,这是“好心当作驴肝肺”。这里的“不让”二字,是用得很不得体的。如果真的是“不让”,那是充满感情的“不让”,是子女体贴老人的身体,即使自己再苦再累,也不愿让小孙子成为老人的负担。子女的这点苦衷,老人难道没有感觉?

老太太如果懂事,应该这么说:“小孙子也不能带了。”“不能”是疾病造成的。自己想带而不能带,传达了身体和心灵的双重痛苦。这个“不能”才契合广告的主题。正因为有这个“不能”,药品才会成为“必需”。

广告是沟通的艺术。广告的创意是不可或缺的。然而,创意往往离不开语言。一个不得体的“不让”,可能让广告的全部宣传效果消失殆尽。

“拨冗”的困惑

一位年轻朋友问我：到底是“拨冗”还是“拔冗”？她告诉我，网上词条是“拨冗”，但在释文中又说，不要把“拨冗”误为“拔冗”，让人看了一头雾水。

“你认为哪个是对的？”我问。她毫不犹豫地说：“拔冗。”“从小就是这么学的！”“从繁冗的事务中拔出身来，难道不该用拔冗？”

这个回答有点出乎我的意料。由此想到了形似字问题。

汉字中有一大批形似字，它们就像孪生兄弟一样，一眼看过去，分不清谁是老大谁是老二。这成了汉字学习的一大难点。正因为此，语文老师在汉字教学中，总是千叮咛，万嘱咐：这个有点，那个没点，这个是横，那个是撇……记得当年读书时，为了辨识形似字，自己曾编了一批顺口溜。比如下面这首：

戍横戌点戊中空

巳闭己开已半封

未长末短莫颠倒

日瘦曰肥大不同

我自己的体会是：形似字貌似令人目眩，但只要抓住了关键点，就可以形成识读敏感，在实际使用中一般不会出错。试问谁会把“未来”写成“末来”，“元帅”写成“无帅”？“戊戌变法”中的“戊戌”二字，如果你只是大而化之地瞄上一眼，那是很容易出错的；若是记住了“戍横戌点戊中空”，一边写一边会自行检查，即使出现笔误，也会马上纠正过来。

然而，也有马失前蹄的时候。

在一份书稿中，谈到了“圯下拾鞋”。这是汉代谋士张良的故事。校样上“圯”误排成了“圮”。圯，音 yí，义为桥梁；圮，音 pǐ，义为倒塌。两字音义均不同，我却没看出来。不是从小就记着“巳闭己开已半封”吗？是的，单独面对“巳”“己”二字，我会高度警惕；但是把它们放在“圯”“圮”这个陌生的结构中，完全找不着北了。我原来并没注意到“圯”和“圮”是两个字。

再举一个例子。有一篇谈《水浒传》艺术细节的稿子，谈到了“陆虞候”。作者通篇写的是“陆虞侯”，我一路绿灯，没发现什么问题。待排成校样时，校对指出不是“侯”而是“候”。我是编过“时候有竖诸侯无”的顺口溜的，不会把“候车亭”误为“侯车亭”，但是我不知道陆虞候的“虞候”根本不是什么官儿，和“侯”完全扯不上边，只是一个侍候达官贵人的仆从，应该用“候”而不能用“侯”。

在工作实践中，我总结出了一条教训：面对形似字，辨形只是第一步，更重要的是辨义。只有在辨形的基础上辨义，才能真正破解形似字造成的困惑。

现在回到本文开头提出的问题：“拔冗”还是“拨冗”？当然是“拨冗”！“拨冗”是常用的客套话，希望别人拨开眼前的事务，参加自己的某一项活动。这是在夸赞别人，说明别人公务繁忙，是一位重要人物。如果写作“拔冗”，要从繁冗的事务中拔出身来，那就成了批评，说别人是一个陷身于事务堆中的事务主义者。

厉害了，我的“侬”字！

“侬”是一个普通的字，可你了解了它的底细之后，一定会眼前一亮。

原来，“侬”不仅可以用于第一人称，也可以用于第二人称，还可以用于第三人称；不仅可以指称个体，还可以指称群体。这在汉字中是独一无二的。你说厉害不厉害？

“侬”用于第一人称，相当于我。这在文学作品中有大量用例。唐代刘禹锡《竹枝词》中有两句，堪称脍炙人口：“花红易衰似郎意，水流无限似侬愁。”“侬”是年轻女孩的自称，传达的是哀怨的情绪。《红楼梦》第二十七回中也有两句，更能让人一洒同情之泪：“侬今葬花人笑痴，他年葬侬知是谁？”“侬”是多愁善感的黛玉姑娘的自称。随着越剧《红楼梦》的长演不衰，这两句葬花词刺痛了多少痴男怨女的心。

“侬”用于第二人称，相当于你。几部大型辞书中，都引用了元代杨维桢的《西湖竹枝集》：“劝郎莫上南高峰，劝侬莫上北高峰……”“郎”“侬”对举，民歌色彩甚浓。其实，在今天的上海方言中，随时都可以听到“侬”字。“吾劝侬勿要管伊，让伊自家独立。”——在上海方言中，“吾”是第一人称，“侬”是第二人称，“伊”是第三人称。这正是“侬”字古代用法的现代延续。

“侬”也可以用于第三人称。明代末年的张自烈编有《正字通》，在这部辞书的人字部中，编者说得十分干脆：“侬，又他也。”

“侬”除了指我、你、他，也可以泛指一般人。有一个成语叫“吴侬软语”，“吴侬”即吴地的人，他们所操的方言，语音似糯米团子一般柔美，所以称为“软语”。为什么冠以“侬”字呢？原来吴人自称曰“我侬”“吾侬”，称人曰“渠侬”“他侬”，问人曰“谁侬”，整天“侬”字不离口，故有了“吴侬”的雅称。元代大书画家赵孟頫想纳妾，他的夫人管道昇写了一首《我侬词》，一下子打消了他的念头。这首词开头一句便是：“你侬我侬，忒煞情多……”我们不用作什么考证，可以断定这位赵夫人是吴地人。

为什么“侬”字拥有多重身份呢？北京学者王文元先生曾在《中国青年报》上撰文，提出了一个颇为有趣的解释：中国是农耕社会，所以“侬”是单人旁加一个农民的“农”。你是农民，我是农民，他是农民，农民见农民，还分什么你我他？听到“侬”的声音，所有的农民都以为在呼唤自己。难怪“侬”字出马，一个顶仨。

“侬”明白了吗？

唐寅访的是“发廨”？

◎厉国轩

正德戊辰燈夕余訪
蠡溪發解留宿數夕春寒
特甚天意欲雪因作此圖系之
以詩用紀時事云
十日春寒閉閣眠銅爐燒
畫篆文煙閑窓正是陽

2017年12月29日《益寿文摘》第5版上刊载了明代唐寅的画作《阳山积雪图》，并对图中题字做了抄注。美中不足的是在录入文字时出现了差错，题字中的“余访蠡溪发解”被误为“余访蠡溪发廨”。

“发解”一词来源于我国的科举制度。唐宋时期，应贡举合格的人被称作“选人”，由所在州郡发遣解送到京城，参与礼部的会试，这就是所谓“发解”。这里的“解”读jiè，义为解送。宋司马光《论诸科试官状》：“臣伏见朝廷取勘诸处发解考试诸科官，以所解之人到省十有九不中者。”到了明清时期，乡试举人的第一名被称为“解元”，考中解元就被称作“发解”。再后来“发解”也泛指乡试考中举人。清戴名世《宋嵩南制义序》：“先生年逾弱冠，即发解江南，为第一人；旋登进士，入史馆。”

唐寅原画中题字第一句是“正德戊辰灯夕，余访蠡溪发

“邮督”是个什么官

◎文昌聿

2017年9月下的《杂文月刊》中刊载了《陶渊明：朴素的欣悦》一文，其中写道：“有一天，州刺史派来了一个邮督，架子扯得大。人未到命令先至：陶渊明必须官衣官帽穿戴整齐，必须迎接到遥远的官道口，必须躬身引路……”这里的“邮督”应是“督邮”。

“督邮”是古代官名，汉代设置，是督邮书掾、督邮曹掾等的简称，职能是代表太守督察县乡，宣达教令，兼司狱讼捕亡等事。督邮是汉代各郡的重要属吏，一郡有分设两部、四部、五部的，每部各有一个督邮。这个官职到了唐以后被废除。清袁枚《随园随笔·督邮》：“史弼迁山阳太守，其妻钜野薛氏，以三互之禁，转拜平原相督邮，似乎督邮官卑而权重。此渊明所以有折腰之说。”这里所提“折腰之说”也就是上述文章所述内容，即陶渊明不愿为了位卑权重的督邮而“折腰”，最后辞官之事。“邮督”一词应为生造，中国从未有过这个官名。

解，留宿数夕”，说的是唐寅在正德三年（1508，戊辰年）的正月十五元宵夜（灯夕）拜访了蠡溪的一个中举友人，并留宿了几天。其中“发解”作名词解，指考中举人的友人。

廨，读作xiè，义为官署，是旧时官吏办公处的通称。《玉篇·广部》：“廨，公廨也。”汉语中没有“发廨”这个说法。

何来“美利坚和众国”

◎方必成

2017年12月12日《文化时报》在A8版载文《华盛顿的一七七六》，其中写道：“是年（1776）7月4日，美国十三个殖民地宣布脱离英国而独立，联合为美利坚和众国，宣告了‘美国的诞生’。”文中的“和众”应改“合众”。

合众，指相对独立的几个邦或州联合组成一中央政府的国家。章炳麟《驳康有为论革命书》：“在李自成之世，则赈饥、济困为不可已；在今之世，则合众、共和为不可已。”北美原为印第安人居住地。16世纪起，欧洲多国相继侵入北美，互相争夺殖民地。到了18世纪，英国在北美中部大西洋岸陆续建立了十三个殖民地。1775年，这些英国殖民地的人民掀起了独立战争，并击败英军；1776年7月4日，宣布成立美利坚合众国（The United States of America）。1783年，英国正式承认了美国独立。之后美国通过购买和战争等手段持续进行领土扩张，现如今其国土由本土四十八州、哥伦比亚特区和阿拉斯加、夏威夷两个海外州组成。“合众”体现了国家是以联邦的形式组成的，除了美利坚合众国，墨西哥等也是合众国。

“和众”是佛教语，指僧众。唐义净《南海寄归内法传》卷二：“见客僧创来入寺，于五日内，和众与其好食，冀令解息。”“和众”也可表示使百姓和顺，但和国体无关，没有“和众国”一说。

爱因斯坦因何获诺贝尔奖

◎袁品荣

2017 年 10 月 26 日《北京晚报》第 27 版刊文《95 年前随手总结幸福　爱因斯坦两张便笺拍出 180 万美元》，其中写道："按照法新社的说法，两张便笺写于 1922 年，此前一直不为人所知。当时，爱因斯坦刚凭借相对论获诺贝尔奖，正在日本进行巡回演讲。"这里有个常识性的错误，爱因斯坦获得诺贝尔奖并不是因为相对论。

阿尔伯特·爱因斯坦（Albert Einstein，1879—1955）生于德国，是世界著名的物理学家。后因纳粹政权的迫害迁居美国，并于 1940 年加入美国籍。爱因斯坦在物理学的多个领域均有重大贡献，最重要的是在 1905 年建立狭义相对论，并以此为基础在 1916 年推广为广义相对论。1921 年，将诺贝尔物理学奖授予爱因斯坦的呼声很高，但由于相对论学说在当时尚存争议，最终导致当年物理学奖空缺。直到 1922 年 9 月，凭借发现光电效应定律的成就，他被追授了 1921 年诺贝尔物理学奖。由此可知，上述文章说爱因斯坦在 1922 年获得诺贝尔奖是正确的，但却不是凭借他建立的相对论，而是光电效应定律的发现。

《火眼金睛》提示

图 1，"精萃"应为"精粹"。
图 2，"节哀顺便"应为"节哀顺变"。
图 3，"转湾"应为"转弯"。
图 4，"覆行"应为"履行"。

冬至日地球离太阳最远吗

◎李传新

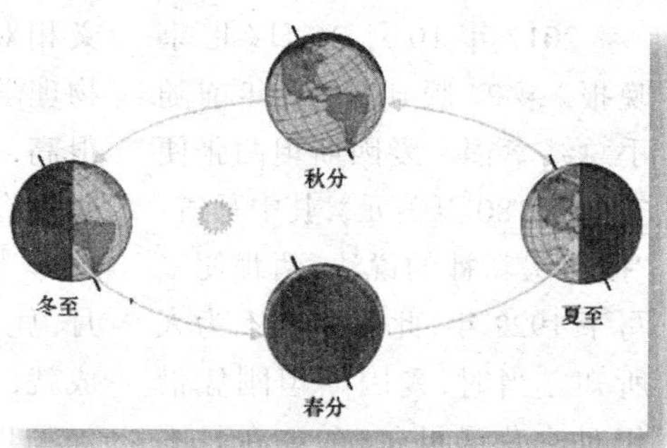

地日位置示意图

《齐鲁晚报》2017年12月20日A13版刊有《冬至的哲学》一文，文章说道："中国古人用一个竖起来的杆子来测定太阳的投影，这个杆子在正午时分影子最长的那一天，也就是太阳离得最远、阳光斜射得最厉害的那一天就是冬至日。"冬至这一天"太阳离得最远"吗？非也！

冬至，是二十四节气之一，在12月22日前后。这一天太阳经过冬至点，阳光几乎直射南回归线，北半球白昼最短；其后阳光直射位置向北移动，白昼渐长。

而地球公转轨道的形状是一个接近正圆的椭圆，太阳在这个椭圆的一个焦点上，因此地球离太阳的距离在一年中不断变动。每年一月初，地球离太阳最近，此时地球所在的位置叫近日点，距离太阳1.47亿千米。每年的七月初地球离太阳最远，地球所在的位置叫远日点，距离太阳1.52亿千米。所以冬至这一天地球并非离太阳最远，相反在一年中，这一天的地日距离恰恰是较近的。

《随园食单》作者何人

◎晋 相

2017年5月2日《沈阳日报》第5版上有一篇名为《一碎成茸》的文章，文中写道："清代李渔在《随园食单》里向后人传授了做水发鱼圆……"此处有误，《随园食单》并不是李渔所写的。

《随园食单》的作者是袁枚（1716—1798），字子才，号简斋、随园老人，浙江钱塘（杭州）人，著有《随园诗话》《小仓山房集》等。《随园食单》成书于乾隆五十七年（1792），详细记述了元明以来流行的三百二十六种菜肴、饭点、名酒，被视为烹调"圣本"。

而李渔（1611—1680），浙江兰溪人，是明末清初文学家、戏曲家，家设戏班，常往各地达官贵人门下演出，著有《闲情偶寄》等。

『白头如新』非祝词

◎王雅楠

《小说月刊》2016年第6期刊有《女子千里"租母"过年》一文，文中有这样一段话："得知黄菊红结婚的喜讯后，田凤英激动地说道：'祝他们甜蜜美满，白头如新！'"此处误用了"白头如新"。

"白头如新"出自西汉邹阳《狱中上梁王书》："有白头如新，倾盖如故。""白头"即白发，"白头如新"是形容朋友相交甚久，彼此仍互不了解，头发都白了还是像刚认识一样。"倾盖"是说车停下时车盖就倾斜，"倾盖如故"的意思是有人停车交谈便一见如故。可见，用"白头如新"恭贺新婚大喜，无疑是闹了一个笑话。将"白头如新"改为"白头偕老"，才能表达祝福之意。

人生如戏全靠演技

◎周劼妤

中国古代一直流传着花精、草精、兔子精、狐狸精等精怪传说，但在今天早已绝迹，不过网络世界中却新出现了一种“戏精”——本是个普通人，却觉得自己是个艺术家，时不时地为自己编排戏码深情演出，令人不由感叹：“奥斯卡还欠他一个小金人。”这种“戏精”从何而来，又如何表演，且听我细细道来。

“×精”，从字面上看就是“成精了的某种东西”。在传说中“成精”往往都需要刻苦修炼以达成高深的造诣，于是“×精”进一步引申为具有某种特殊本领而且本领高强的人。“戏精”最早的用法即来源于此，指表演投入、演技精湛的人。比如2001年东方网就发表了一篇题为《橘子不好剥，戏精周迅也曾被李少红骂哭过》的新闻，而2008年《长江商报》的文章中也称赞陈冲继斯琴高娃之后获得了“戏精”称号……这些用法中，“戏精”相当于“表演艺术家”，是对演员演技的极大称赞，是个褒义词。

然而，“非我族类，其心必异”，在传统文化中“精”往往带有贬义。日常生活中要是说谁“成精了”，固然有表扬他厉害的可能，但多半是阴阳怪气、话中有话，类似“人精”“碰哭精”“马屁精”都不是什么好词。受这种语言文化影响，“戏精”也慢慢贬义化了。这种变化首先出现在追星群体互相掐架的过程中。有些演员在表演过程中常常会脱离剧本，强行给自己加上一段剧本中没有的表演，从而提高自己的曝光度，增加亮相的机会，这称为“加戏”。若是演员对角色有着深刻认知并且演技精湛，这样的“加戏”往往会成为亮点而被众人称道。但更多情况下“加戏”会出现在急于求成的新演员身上，他们往往自作主张做出浮夸且与角色性格不符的举动以求一炮而红。但这样的演出更容易被认为是哗众取宠、自不量力。而这样的“加戏”与明星在生活中高调行事，言论出格，不断用花边新闻吸引群众关注的行为在目的、措施上都微妙相似。于是“加戏”由表演领域进入了生活层面，用于描写“明星自我炒作以博得大家关注”。这种在日常生活中也时时刻刻不忘给自己“加戏”，就像是在不断修炼演技的精怪，就此被冠上了“戏精”的称号。

实际上不仅仅是明星，生活与演戏本身就具有同质性与相似性。社会学理论中也会将日常生活类比为戏剧，社会生活中的人好比戏剧中的演员，为了输出个人意见和情感、塑造形象的需求，人们都会选择进行某种社交表演。因此，“戏精”这个粉丝圈的用语也能完美适用于普通人的日常情景，于是“戏精”的应用范围大大扩大，由专指明星到了可以用于普通人之中。如今“戏精”的用法可褒可贬，褒可作关系亲密的朋友间的调侃，由最初“戏精”赞美演技的含义衍生而来。这时戏精多是指有强烈表演欲望和幽默感的人，他们在生活日常场景下常会突发奇想进行一场即兴表演，比如“每次写完作业坐在书桌前整理书本，就好像自己刚刚播完新闻联播”。这时“戏精”往往是赞赏他们善于在生活中找点小乐趣，脑子里充满着奇思妙想，给周围人也带来快乐的积极的生活态度。而“戏精”在作贬义时，则更类似于“丑人多作怪”的意思，用于指责两面三刀，人前一套人后一套的处事方法或是在无关紧要的地方小题大做以吸引他人注意力的行为。更过分的一种“戏精”，他们为了博取

睡觉不如『修仙』

◎胡文媛

当你某一天在社交群里和大家说完“晚安”准备入睡时，却被群主甩来几个大字：此群修仙，睡觉请退群。咦？你不禁要纳闷：莫非这群里都是哪一门派的得道高人？莫要紧张，其实你只是进入了一个“修仙群”，其中奥秘，待我慢慢分解。

“仙”是我国古代神话中的特殊人物，最显著的特点莫过于可以不食不寐、具有特殊能力且长生不死了。此“仙”的特点在小时候爸爸妈妈经常说的那句“不吃饭你要成仙哪”中得到了很好的体现。“修仙”原本是得道高人“修炼成仙”的意思，但如今已经成为热门的网络词语，成为都市青年“熬夜”的代名词。

“修仙”这一网络词语，最早来源于一些游戏主播，他们在晚上结束直播后，就开始玩一些修仙类游戏，而且经常通宵，从晚上一直持续到第二天中午，所以观众渐渐地就用“修仙”代指熬夜玩游戏了。众所周知，熬夜是一个不良的生活习惯，长时间熬夜会对身体造成伤害，甚至会发生猝死事件，但是玩家给熬夜找到了一个励志的借口——羽化成仙。我并不是熬夜，我是在“修仙”，熬夜不会猝死，反而会增强法力，“修仙”由此衍化为“夜猫族”口头

他人的注意力或是为了利益而做出的诸如扮猪吃老虎、明修栈道暗度陈仓的行为，就像是演技精湛的演员在不同角色间切换，需要相当的心眼算计，这样的戏精也无怪乎人人喊打。

所以在人人都有可能是“中央戏精学院”毕业的当下，面对戏精朋友时不妨配合他们的演出，欣赏生活中的灵光一闪也是乐事一桩；而面对那些背地使坏的戏精们，还是要看破他们的演技后自己提高警惕，以免被人暗箭伤害。

禅，含有自嘲、自黑的意味，并且产生了以下新鲜用语：

“我欲修仙，法力无边”

“我欲成仙，快乐西天”

“夜太美，总有人黑着眼眶修着仙”

“出来修仙哪，睡觉是没有前途的”

“大半夜的不修仙，难道你想睡觉吗？”

……

在熬夜修仙之路上，网友们更是脑洞大开，还给“修仙”划分了级别：从半夜0点到早上9点，按照睡觉的时点分别称为炼体、练气、筑基、金丹、元婴、化神、洞虚、渡劫、大乘、飞升。此所谓“熬得越深，修为越高”。

著名奇幻小说《冰与火之歌》中有这样一段令人心潮澎湃的话：“长夜将至，我从今开始守望，至死方休。我将不娶妻、不封地、不生子。我将不戴宝冠，不争荣宠。我将尽忠职守，生死于斯。我是黑暗中的利剑，长城上的守卫。我是抵御寒冷的烈焰，破晓时分的光线，唤醒眠者的号角，守护王国的坚盾。我将生命与荣耀献给守夜人，今夜如此，夜夜皆然。”许多学生网友将其改造为“修仙宣言”，也颇为好玩：“期末将至，我从今开始复习，至考方休。我将不去浪、不网游、不刷剧。我将不耽玩乐，不猎美色。我将悬梁刺股，生死于斯。我是图书馆的雕像，自习室的幽灵。我是唤醒黎明的号角，闪耀午夜的台灯，守望课本的双眼，追寻知识的灵魂。我将生命与希望献给期末，今夜如此，夜夜皆然。”

今天的年轻人白天面对纷繁复杂的现实生活，压力重重，长夜漫漫却也不肯轻易入睡，或仍继续着投身事务，或通宵玩乐企图抚慰自己。但是他们也对这种不良生活习惯有着深刻的反省，“修仙”一词满含自嘲之意，往往用于反讽。

“晚上睡不着，早上睡不醒”已经成了众多“修仙党”的通病。我们还是提醒“修仙”的各位，早早上床睡一觉，才是快乐似神仙的秘诀！

浅谈“行走的 ××”

◎张筱媛

网络用语的数量之多、更新换代之快，与其受众面之广有很大的联系，孕育着这些热词的肥沃土壤正是人才辈出的网民群体。“行走的 ××”是近两年来才横空出世的固定结构，红极一时。

想必大家身边一定存在着“行走的表情包”吧，也就是那些表情丰富的人。这一用语的流行源于对游泳名将傅园慧的一次采访。在里约奥运会女子 100 米仰泳半决赛中，她以 58 秒 95 的成绩晋级决赛。让她爆红的不是这个成绩，而是在接受央视采访时她那萌翻所有人的表情和语言。“表情包”本来是一种利用图片来表示感情的方式，随着社交网络的发展，斗图行为愈演愈烈，这类图片以搞笑居多，且构图夸张，通过收藏和分享此类图片，人们可以获得不少趣味。所以傅园慧自带的综艺气息、极其生动的表情变化以及“倾尽了洪荒之力”的夸张配文，使她的个人性格与表情包完美契合。从此她就头顶“行走的表情包”的外号，一举一动都难逃网友的法眼。

与此相类似的还有“行走的荷尔蒙”“行走的 CD”等。荷尔蒙就是激素，它对机体的代谢、生长、发育、繁殖、性别、性欲和性活动等起重要的调节作用。“行走的荷尔蒙”是把美若天仙的女神们和“穿衣显瘦，脱衣有肉”的男神们拟作性激素，形象描述当他们经过观众时，会刺激观众的荷尔蒙分泌从而产生性冲动，等着被美貌性感征服。而 CD 作为出版商品，里面的歌曲歌唱水平、音质效果肯定是无与伦比的，将人比作CD，可见其现场演唱水平之高，稳定度、音准、音质都堪称完美，足以与CD媲美。

从修辞学的角度讲，用“表情包”“荷尔蒙”“CD”来描述人物，这是拟物的修辞格，再用“行走”去修饰“表情包”“荷尔蒙”“CD”，使死气沉沉的物品顿时感染上了生命的活力，这是移就修辞格。我们不禁可以脑补出一幅斗图素材、CD肆无忌惮逛大街的画面，正是这种物体展现出来的奇怪样态体现了语言的幽默感，给使用者们带去了欢乐和审美满足。

其实这种语言用法，之前也不乏例证，如“活字典”“两脚书橱”等。沈从文的《八骏图》里有这样一段话：“他一定知道许多故事，记着许多故事。我想当他作一册活字典，在这里两个月把他翻个透熟。”字典是收录并解释文字的工具书，然而没有生命特征的字典加上了个“活”字，可谓赋予其生命力，用来描述人，则夸张地表现了他的知识渊博。

总的来说，网友是先通过提炼某类人的显著特点，将该类人物化，变成了表情包、CD、荷尔蒙……而后又赋予这类事物以人的特征，使它们得以“行走”，可见这一网红词的演变还挺复杂呢。而且，这个结构中可以填入更多的特征，花样百出，灵活多变，至今仍在网络上保持着较高的使用率。

《共享单车到曼城》参考答案

1. 低炭——低碳
2. 外型——外形
3. 亲睐——青睐
4. 风糜——风靡
5. 登录——登陆
6. 眩车——炫车
7. 热钟于——热衷于
8. 竞然——竟然
9. 物价高胀——物价高涨
10. 只须50便士——只需50便士

面向未来的“命运共同体”

◎陆建非

十八大以来，党中央在一系列国际场合提出了打造人类命运共同体的重要倡议。自从 2013 年 3 月 23 日习近平主席在莫斯科国际关系学院的演讲中首次提及“命运共同体”开始，“命运共同体”这个词就在各种讲话和媒体报道中频繁出现，其范围也从双边扩大到周边，从亚洲走向全世界、全人类。这一倡议引起了国际社会的热烈反响。2017 年联合国首次将“构建人类命运共同体”载入了多项决议之中，这一理念得到全球认同，彰显了中国对全球治理的巨大贡献。

“命运共同体”这一重要术语在过去很长一段时间内并没有统一的译名。通过对外交部、《中国日报(China Daily)》、新华网、人民网等进行数据库检索，可以发现“命运共同体”主要有三种译法：一是 a community of common destiny；二是 a community of shared destiny；三是 a community of shared future。其中以第一种译法最为普遍。主流媒体各有偏重，有的甚至出现了两种或三种译法并存的现象。联合国在表达“人类命运共同体”这一概念时基本采用第一种和第二种，如 2017 年 1

月18日，第71届联大主席彼得·汤森（Peter Thomson）发表的主席声明中就使用了第一种译法。

要准确合理地翻译和表达这一概念，重点在于把握"命运"这个核心词。《现代汉语词典》对此词解释有两层意思：①指生死、贫富和一切遭遇（迷信的人认为是生来注定的）；②比喻事物发展变化的趋向及结局。显然，"命运共同体"中的"命运"是指后者。习近平曾经指出，人类命运共同体着眼于人类文明的永续发展，推动建立文明秩序，树立和谐共生共荣人类发展整体观。人类可以超越自身、超越国界、超越观念、超越信仰，去迎接一个更美好的新世界。

英文中与"命运"相对应的词语人们想到的首先是destiny。《朗曼当代英语辞典》对destiny的释义为：①人生注定要发生的事情，特别是个人无法改变或控制的事情，也就是"命（fate）"；②某种据信决定人们自身未来发生之事的（超自然）力量，即"天数""天命""神意""终极命运"。通过英国国家语料库（BNC）和互联网的检索，我们也能发现common / shared destiny（共同的命运）这一译法多少含有宗教或神学色彩。例如，2013年4月17日，BBC在对撒切尔夫人葬礼的报道中就引用了伦敦主教的一句话："Lying here, she is one of us, subject to the common destiny of all human beings."（躺在此处，她是我们其中的一人，摆脱不了人类的共同宿命。）这里，common destiny指的是人类都无法逃避的死亡的命运。此义项与"命运共同体"中所说的"命运"相去甚远。

结合习近平系列讲话精神，"命运"一词并非天命运数，而是用来比喻美好的"未来（future）"。在英语国家的官方文件中时常可见shared future（共同的未来）的用法，且几乎都是表示积极、正面的含义。

例如，2005年，北爱尔兰提出了一项名为"A Shared Future"的战略，旨在消除社会分歧、种族隔离、宗派主义等现象，维护社会和谐和文化多元。如此看来，"命运共同体"一词采用a community（共同体）of shared future的译法最符合我们的原本意愿和表达习惯。

值得关注的是2017年5月，"一带一路"国际合作高峰论坛在北京召开。作为"一带一路"倡议的终极目标和指导原则，"命运共同体"的译名是否精准和统一，直接关系到峰会对这一核心理念的准确认知，也关系到世界各国对这个倡议的认同度和参与度。去年以来，无论是习主席在联合国日内瓦总部的演讲，还是"两会"期间李克强总理、王毅外长中外记者会，抑或是王毅外长在第34届联合国人权理事会上的发言，还有外交部正式文件等，其英文稿都使用a community of shared future，"人类命运共同体"也相应译为"a community of shared future for mankind"。由此可见，这一术语的英语译名已在国家层面上定型，而规范和统一的译名也必将促进这张中国外交的重要名片在世界范围内广泛传播。

微语录·心态

儿子丢了块手表，他四处翻腾，把屋子搜了个遍，也没能找到。儿子出去后，父亲走进屋子，不一会儿就找到了。儿子问：怎么找到的？父亲回答：我就安静地坐着，一会儿就听到了滴答滴答的声音，就这样找到了。可见，某些事是否能做好，关键要看是否有一个平静的心态。

（乔　桥/辑）

肉骨茶

[中国香港]汪惠迪

红茶、绿茶、白茶、黑茶、龙井茶、普洱茶、菊花茶、柠檬茶通通是茶,红、绿、白、黑、龙井、普洱、菊花、柠檬都是修饰或限制茶的,它们都是以茶为中心语素的偏正式合成词。我们可以这样表示:绿→茶、柠檬→茶。

到过新加坡或马来西亚的朋友,一定会听说或品尝过当地的肉骨茶。从字面上看,肉骨茶跟龙井茶等似乎没有不同,那它到底是不是茶呢?可以说不是,因为那是一种饭食;可以说是,因为它搭配了工夫茶。

在新马卖肉骨茶的餐馆里一落座,店家很快就端来一大碗热气腾腾的排骨汤、一碗白米饭、一碟切成寸把长的油条及蘸料,还有一壶放在小炭炉上的工夫茶及茶杯。

肉骨茶也是合成词,它是什么构词方式呢?因为肉骨茶是用排骨汤下饭,另配一壶工夫茶,“肉骨”跟“茶”之间并无修饰或限制关系,所以肉骨茶是联合式合成词。我们可以这样表示:肉骨+茶。此茶特指工夫茶。

排骨汤选用优质上等肋排,一段段地斩成一指长,跟当归、党参、桂皮、枸杞、甘草、川芎等好几种药材及蒜头、白胡椒一起,按照一定的烹调步骤熬煮多时而成,汤味馥郁而鲜美。

工夫茶分福建、潮汕、台湾三个派系。福建喝铁观音,潮汕喝凤凰茶,台湾喝冻顶乌龙。喝工夫茶,茶杯多为小口径杯子。因烹、沏、斟、饮均须按照规范的程序和礼仪进行，颇费工夫，故称。工夫茶常见写成功夫茶，二者是一组异形词，我国以工夫茶为规范。

肉骨茶是香米白饭配排骨汤，喝两杯工夫茶是为解汤肉之肥腻。肉骨茶源于离马来西亚首都吉隆坡西南30公里的巴生港，故巴生被称为肉骨茶之乡。在当地，关于肉骨茶之得名有多种传说。

香港等地的餐馆也供应肉骨茶，有的只是一碗用现成的肉骨茶汤料熬成的排骨汤，因此肉骨茶成为一种菜式。有人据此认为肉骨茶是偏正式合成词，茶指汤。肉骨茶简化了，词义缩小了，构词方式也跟着改变。

在新马的马来文和英文媒体上，肉骨茶叫 Bak Kut Teh（闽南话音译）。

《现代汉语词典》（第7版）未收录肉骨茶，《全球华语词典》（2010年5月出版）和《全球华语大词典》（2016年4月出版）都收录了。

（作者是本刊特约编委）

三级彩色暴雨信号

［中国香港］田小琳

香港天文台报告台风的信号以风力大小划分，分为1号、3号、8号、9号、10号风球，共五个等级；关于暴雨，也有不同的信号，暴雨程度由小到大，分别是：黄色暴雨信号、红色暴雨信号、黑色暴雨信号。电视的荧屏上，会分别呈现黄色、红色、黑色的图像，因为是彩色的，让人一眼看去就能分辨清楚。

台风和暴雨的信号，有时分别出现，有时一起出现，这要根据台风和暴雨来临的实际情况决定。

香港天文台的这种做法，由来已久。早先香港是渔港，对渔民来说，台风和暴雨的预报尤为重要。有预报，人们就有预防，防止出现人员和财物的损失。这是十分人性化的做法。

黄色暴雨信号，简称"黄雨"，表示香港广泛地区已录得或预料随后每小时雨量会超过30毫米，市民要留意电台或电视台的广播，留意道路和交通情况。农民和渔民要采取预防措施，尽量减少损失。例如香港的菜农会提前采收已近成熟的蔬菜。

红色暴雨信号，简称"红雨"，表示香港广泛地区过去一小时或更短时间内降雨量超过50毫米，且雨势可能会持续。如果上班前天文台发出红雨信号，交通服务正常，雇员应照常上班。信号在上班时间发出，户内雇员如常工作，户外空旷地区工作人员应暂时停止户外工作。

黑色暴雨信号，简称"黑雨"，表示香港广泛地区过去两小时或更短的时间内降雨量超过100毫米，雨势会持续，天气恶劣，道路积水，有的地方会严重"水浸"。市民应留在家中，外出者应到安全的地方暂避。如果上班前发出黑雨信号，政府呼吁雇主不应要求雇员上班，如果雇员已经上班，应留在工作地点。市民找不到安全地点的，可以到民政事务署管辖下的"临时庇护中心"暂避。

至于学校，在发出红雨信号时，幼儿园、小学就停课了；如果发出黑雨信号，所有学校都会停课。

我们曾在本栏介绍过香港在刮台风时天文台"挂风球"的各类词语，也介绍过"水浸"一词。这些和气候有关的香港社区词，是来香港旅游、学习、公干、生活的人都需要了解的。这些词语反映香港的地理情况，和市民生活紧密相关；同时，我们也能看出香港政府在气候发生变化时的科学管理，因为这些词语的内涵都是有科学界定的。

（作者是本刊特约编委）

“敲碎玻璃手锤”

[中国香港]李　斐

每次出门坐“巴士”（港人不习惯用“公共汽车”），都会在车厢内壁看到几把被固定的小锤子，小锤旁有一张白底红字的贴纸，上面写着“敲碎玻璃手锤”，旁边括注“紧急时用”四字。

看到这个手锤的名称总觉得怪怪的。现代汉语词汇以双音节词居多，三音节在近现代数量有所增加，到四音节基本上就饱和了，因为四个音节、四个语素，就可以讲一个故事、表达一个哲理了，例如成语等固定短语。五音节以上多为科学术语和专有名词，日常生活中像“敲碎玻璃手锤”这样长的名词可以说是非常少见的。为何这种多音节的名词很少呢，简单来说，就是因为读起来麻烦。试想如果巴士真的发生意外，大家慌作一团时，巴士司机大喊“快拿敲碎玻璃手锤，敲碎玻璃”，整整12个字，岂不费时？可在紧急情况下得分秒必争啊！

在内地的公交车上，同样的小锤子，深圳叫“消防锤”或“安全锤”，三个字，简明扼要。那么香港的命名为何如此复杂呢？细看中文下方的英文，恍然大悟。英文写的是Break Glass Hammer（Emergency Only）。中文名称是从英文“硬译”过来的。你看“敲碎”对应break，“玻璃”对应glass，“手锤”对应hammer，连括号里的“紧急时用”也是英文Emergency Only翻译过来的。对比了中英文，就会发现“敲碎玻璃手锤”这种命名的优点在于直接告诉民众这个小锤的功用，具有一定的指导意义；但从音节上来说确实有点太长、太拗口了。

参考内地的命名方式，香

港的这个小锤子其实可以叫“消防锤”或“安全锤”，然后括注“紧急时敲碎玻璃”。这样的命名显得干脆利落，括号内又补充说明了用途，同时也能和英文对应起来。从语言的使用效果来看，既和内地接轨，方便两地民众沟通，又保留了香港中英对照的特色，一举两得。

（作者是香港岭南大学中国语文教学与测试中心博士、高级语言导师）

切莫叫人“去荷兰”

［马来西亚］邓月璇

荷兰曾于公元1641年至1795年期间统治马六甲，其政治影响力虽早已荡然无存，但是留下了不少建筑物和古迹，例如荷兰街与荷兰屋至今仍有一种无可替代的历史韵味。充满异国情调的红屋其实就是荷兰殖民行政的“文化遗产”，现在已成了博物馆。荷兰街原名为Heeren Street，是峇峇文化的发祥地，虽已易名为敦陈祯禄街，但人们还是习惯叫它荷兰街。

荷兰虽只殖民马六甲，但以“荷兰”搭配使用的一些口头禅或物品语词，或褒或贬，数百年来在马来西亚民间广为流传。

提起与“荷兰”相关的词语，首先让人想到的一定是“荷兰水”。小时候过新年最快乐的事，就是有“荷兰水”喝。“荷兰水”（soda water），就是苏打、碳酸水，在马来语词典里，“汽水”叫作Air Belanda，直译就是“荷兰水”。一般相信，这种时髦饮料因从荷兰引进而得名。

华人过新年要喝“荷兰水”，更少不了玩“荷兰牌”。有句口头禅叫“小赌怡情”，所以过新年除了买“荷兰水”，还会另加一副“荷兰牌”，让一家大小打打牌消遣娱乐。为什么叫“荷兰牌”？想必又是荷兰人带来的吧。“荷兰牌”通称“扑克牌”，“扑克”是英文poker的译音，扑克牌指的是一种娱乐或赌博的道具。

17世纪荷兰崛起成为海上霸王，统治了东南亚诸国，也把各种农产品带到殖民地。南洋人将这些异国食物统统以“荷兰”命名，如荷兰豆、荷兰薯、荷兰鸡等。

荷兰是个美丽的国家，有漂亮的郁金香、浪漫的运河，是不是很想去玩呢？但千万别问别人要不要“去荷兰”，搞不好会被人臭骂兼遭白眼。因为“去荷兰”是句贬义口头禅，就是叫人“去死”。“去荷兰”也有因被人误导而走上穷途末路之义，例如：“他劝我投资，谁知是骗局，害得我连棺材本都丢了，这下真被他带去荷兰了。”

这个俚语的出典是，从前，棺材外形似旧时代的荷兰船，人们委婉地说死者“去坐荷兰船”了。后来，“去荷兰”就成了死的同义词语了。

（作者是马来西亚《中国报》助理编辑主任）

香港常用的时间副词“甫”

［中国香港］马毛朋

副词是现代汉语虚词中数量最多，来源最复杂的词类，根据意思可以分为程度、时间、语气、情貌、范围、频率、肯定、否定等小类。

港式中文与通用中文虚词上的差异，一方面体现在港式中文产生了一些通用中文里没有的虚词，另一方面是同一个虚词在两种书面中文里有着不同的用法。“甫”就是一个典型的例子。

在《现代汉语词典》中，“甫[2]”条下的解释是：〈书〉副刚刚。〈书〉表示是文言词语，副表示是副词。举的例子是“惊魂甫定|年甫二十”。

副词“甫”在今天通用中文里用得较少。究其原因，主要是“甫”这类的古语词，具有典雅、正式的色彩，因而适合用在较正式的语体当中。内地报章上有这样的用例，例如：“当地时间下午2时15分许，甫抵岘港的习近平来到阿里亚纳会展中心，发表主旨演讲。”（《北京青年报》）

在港式中文中，“甫”的用法已经与时间副词“刚刚”差不多，能用“刚刚”的基本都可以用“甫”替换。首先“甫”可以用在正式的语体中，例如：“代表中华民族团结的一个重要象征——国歌，甫奏起，作为国民，很自然地就会肃立”。（香港《大公报》）

此外，“甫”还大量使用在非正式的语体中，比如下面这些语句，内容谈的是红酒、酒店景观和演唱会，都是非正式的生活化的话题，却使用了“甫”：

（1）美酒甫倒出来，Sammy直说酒色不是太加州feel，浅色多了，好在闻香后很有惊喜感。（《信报》）

（2）酒店房间全向海景，甫出房门亦有私人美景的海滨沙。（《am730》）

（3）韩国乐队Standing Egg继去年来港开骚后，前晚再度现身九展举行演唱会，女成员YeSeul甫开场即用广东话跟粉丝打招呼。（《明报》）

很明显，上面几例中“甫”的使用并非要表现出一种正式、典雅的风格，“甫”实际上已经失去其原有的语体色彩，正因为如此，港式中文副词“甫”出现的频率也就大大高于通用中文了。

（作者是香港岭南大学中国语文教学与测试中心博士、高级语言导师）

“代词”入谜添谐趣(上)

◎江更生

兴许是构成古代汉语代词的文字与现代汉语中的含义差别很大,让制谜者窥到了它们“别解”后的利用价值,分明是一种极佳的谜材。特别关注这些字词,于是纷纷将其撷入谜中,精心构筑成谐趣横生的灯谜。

一般说来,古汉语中的代词也可分成三类,即“人称代词”“指示代词”与“疑问代词”。在这些代词中,用得最多的该数人称代词了。有趣的是,在灯谜里,第一人称的代词出现的频率最高,其次是表示第二人称的,露脸最少者则为第三人称代词,适与它们人称序号巧合。

常见第一人称代词入谜者有“余”“予”“愚”“仆”“吾”“小可”“鄙人”等。请看下列例谜。如有人以“不见小犬踪影”打成语“目无余子”。这谜面上的“小犬”千万莫以为是条小狗,而是应别解作人们对自己儿子的谦称。整个儿谜底当作“眼下见不到我的儿子”解,“余”在此作第一人称代词,解作“我”或“我的”。又如以“自愿吃苦”(卷帘格)打已故作家名“舒舍予”。按“卷帘格”法,须将谜底逆读成“予舍舒”(注:别解为“我舍弃了舒适”;“予”作“我”解。“舒舍予”乃老舍的姓和字)。还有如以“自我标榜”打一个“衙”字(注:视作“吾行”扣面)及“自愧弗如”打成语“愚不可及”。后者中的“愚”已由形容词“愚笨”别解为第一人称代词“我”了,全底该解为“我及不上他”之意与谜面扣合。再有如以“我曾做东两次”打外国喜剧名作《一仆二主》(注：别解为“我一人作了二次东道主”。“仆”作我自己的谦称解。此剧为意大利18世纪剧作家哥尔多尼所作)。上述诸例皆为单音节的第一人称代词，接下来看两条双音节的：一条是以“异己”打成语“非同小可”(注：“异”扣“非同”；“己”扣“小可”)；另一条是以“左边是我”打《唐诗三百首》中的诗歌作者“西鄙人”(注：按地图标示位置，左西右东；“我”扣“鄙人”)。上述两谜中的“小可”和“鄙人”均作为“我”的谦称。

第二人称代词中，常受制谜者青睐的有“尔”“君”“女(汝)”“若”等词。内中当推“尔”字为最多，如上海已故谜坛前辈周浊先生的代表作：“劝君更尽一杯酒”，要求打欧洲地名一，谜底：“巴尔干”。作者以唐代诗人王维《渭城曲·送元二使安西》中的名句为题，面句意为“希望对方干了这杯酒”，以此扣合谜底“巴尔干”，底中的“巴”作“巴望”解，“尔”作“你”解，“干”便作“干杯”解了，底面扣合自然，浑成贴切，足见这位廋苑先贤谜艺之高超。笔者也曾效颦摘引古典小说《三国演义》中的回目“曹操煮酒论英雄”为谜面，以此打中国少数民族名“维吾尔”。解谜时，应将“维”作为“唯”的通假字，作“只有”解。这条谜运用小说中的故事情节：一天，曹操与刘备会饮，盘置青梅，樽盛煮酒，臧否当时人物，论及谁能算是英雄。刘备装傻乱说一通，曹操自负地指着刘备说：“天下英雄，唯使君与操耳！”(意思是：天下的英雄只有你刘备与我曹操了)“使君”是汉朝人对州郡官吏的尊称，因刘备任过“豫州牧”，故称。全底别解为“只有我和你”，“吾”“尔”在此皆作人称代词解了。还有一条以“令郎朋友圈”打成语“君子之交”的灯谜。大家知道，“令郎”是对对方儿子的敬称，这里的“令”作“好”解，犹如成语“巧言令色”

中的“令”。谜底中的“君子”当别解为“你儿子”，至于“交”则作“朋友”解，如“至交”“知交”中的“交”。此外，“若”作为人称代词“你”解的谜并不多见，曾见以“君正赋闲”打常言“若无其事”（注：“君”作“你”解，扣“若”：“赋闲”，没事干，故扣“无其事”）。前不久，在某地谜会上，还见过一条将“汝”的通假字“女”字采作底材的灯谜，谜面为“令郎声誉鹊起”，要求打黄酒名一，谜底为“女儿红”。底中的“女儿”即“汝儿”，须作“你儿子”解，那“红”应作“走红”解。这条谜和前面的一条谜在谜面上都出现“令郎”，但可分别扣出含义不同的“君子”与“女（汝）儿”二词，可见谜中别解奇妙之一斑。

第三人称代词，进入灯谜的寥寥无几，仅见“伊”“彼”和“渠”等词。例如用“她耐得寂寞”打影视艺人“伊能静”、以“孔融让梨”打鲁迅校译的童话名著《小彼得》和将“善款全部捐助给他”打中国古代水利工程“通济渠”。第一条谜中的“伊”隐切“她”字；第二条谜中的“彼”作“他”解，指孔融，“小彼得”作“孔融他得到是小梨”；第三条谜中的“渠”则扣合“他”的意思，就像宋代朱熹《观书有感》诗句“问渠那得清如许”里的“渠”字，而“通”是作“全”解，“济”应作“周济”解。顺便提一下，上述谜中的“彼”字，除了作人称代词外还可作指示代词，意为“那”或“那个”。

每月二谜

1. 前演《西厢》传柬婢，后饰许仙共枕人（打花卉二）
2. 文征明出谜（打动物一）

上期答案

1. 松雪道人事后朝（打已故语言学家一）
   谜底：赵元任
2. 拜小丁为师（打钢琴演奏家一）
   谜底：傅聪

严监生临终伸指

◎刘茂业

清代长篇小说《儒林外史》第六回中描写严监生临死之时，伸着两个指头，总不肯断气。几个侄儿和一些家人都来讧乱着问，有说为两个人的，有说为两件事的，有说为两处田地的，纷纷不一；他只管摇头。妻子赵氏分开众人走上前道："爷，只有我能知道你的心事。你是为那灯盏里点的是两茎灯草，不放心，恐费了油。我如今挑掉一茎就是了。"说罢，忙走去挑掉一茎。众人看严监生时，点一点头，把手垂下，登时就没了气。

这个极具揶揄和讽刺意味的桥段被谜人撷来用作谜面，创制过不少灯谜趣作。比如："严监生临终伸指"打《红楼梦》人物二"云光、大了"，谜底须顿读为"云 / 光大了"，"云"解释作"说、讲"。此谜侧面会意，谜面意谓严监生伸指表示"两茎灯草太费油了"，换言之，就是说油灯的亮光太大了。底面相投，一气贯通，运思奇巧。又如："严监生临终伸指"打时间用语"两点多了"，谜底以"两茎灯草点着太多了"之意来诠释谜面，令人莞尔。再如："严监生何故不断气"打消防用品"应急灯"，谜底解释为"应该焦急的是油灯"。还如："严监生临终心痛啥"打中成药名"白花油"，谜底解释为"白白花费灯油"，等等。

上述这些谜作，竭尽灯谜语言之能事，把严监生这个吝啬鬼的形象，刻画得淋漓尽致，灯谜的文学性和趣味性亦由此可见一斑。

向你挑战

共享单车到曼城

（文中有十处差错，你能找出来吗？答案在本期找）

◎望　岷　设计

在城市病越来越重的今天，共享单车搭配公交，成了解决“最后一公里”问题的理想方案。共享单车低炭环保，外型亮丽，技术先进，受到越来越多都市人的亲睐。继风糜中国的北上广等城市之后，共享单车跨出国门，一路火到不列颠。

据媒体报道，2017 年 7 月，共享单车正式登录曼彻斯特！曼城人一觉醒来，发现满大街都是色彩艳丽的共享单车，立刻在社交网络上掀起了一大波“眩车”浪潮。

“小伙伴们早上好！本人刚刚第一次骑了共享单车，感觉非常棒！”

“这些共享单车看起来就很高大上！骑车到达市中心，好爽！”

曼城人热钟于尝试“新鲜事物”，他们认为，来自中国的共享单车能改变当地人的出行方式，让城市更环保，更健康。

“中国共享单车是个很好的示范——企业是如何让成千上万人生活得更好的。”

“全世界都应该为中国的共享单车点赞，减少全球污染，让城市生活更美好。”

没错，拥有共享单车让曼城人非常骄傲。而常年引领傲娇潮流的伦敦人，因为共享单车，竟然卖起了萌：“@ 共享单车，请来伦敦，拜托拜托……”

伦敦拥堵的交通、高昂的交通费，让伦敦人发自内心地渴望中国共享单车的入驻。在物价高胀的英国，中国共享单车的价格十分低廉，30 分钟内只须 50 便士。这也是让许多英国人点赞的主要原因之一。

“下车”后如何“刷卡”

付玉环

笔者路过一个公交车站时，见到路边建了一块告示牌，上面写着一则“温馨提示”：下车不刷卡将按末站最远里程且无折扣票价扣款。下方还用加大字体郑重补充：“请您务必下车刷卡！”看完不禁莞尔，“下车”后如何“刷卡”？

有些公交线路是按里程长短来计费的，且未配置检票员。为了应对这种情况，使用交通卡的乘客须在上车后和下车前各刷一次交通卡，通过两次刷卡使得系统能计算里程，准确扣费。如果没“刷卡”就“下车”的话，将导致只能按“最远里程”扣款，这会给乘客带来“损失”。

“下车刷卡”显然是想说“刷卡”后“下车”的意思。然而，把“下车”置于“刷卡”前，人们按照惯常的语言理解模式，会把“下车”和“刷卡”当作两个连贯的动作，一前一后，而把它理解成“先下车再刷卡”，这怎能做得到？可见，把“下车刷卡”改成“刷卡下车”才妥当。

图中差错知多少？

（答案在本期找）

胡礼湘　龙启群
马永刚　张万礼　提供

国学文化蕴涵着中国人文
是中华
品读国学精萃·点亮智

转湾慢行
路边有沟

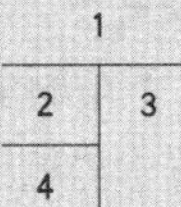

ISSN 1009-2390

YAOWEN-JIAOZI

咬文嚼字®

04
2018

杜鹃

身体黑灰色，尾巴有白色斑点，腹部有黑色横纹。春暮夏初时常昼夜不停地叫，“其声哀切”。相传古蜀国国王杜宇死后魂魄化作鹃鸟，蜀人见鹃而思杜宇，故呼杜鹃。

上海世纪出版集团

欢迎至邮局订阅本刊 邮发代号 4-641
国内统一连续出版物号 CN 31-1801/G
定价：5.00 元

雾里看花

“以远”指哪里

顾银乔

曾和几位朋友去南方某地，在某高铁站候车大厅看到一块告示牌，上面写着“进福州地区以远旅客候车专区”。当时大家都心中一愣：这是什么意思，这个候车专区究竟是为哪些旅客准备的？猜猜看，答案本期找。

“一切都不懂”

季春燕 / 文　臧田心 / 画

林语堂应邀到某大学演讲，谈到了“懂”与“不懂”的问题。他说：“幼时认为什么都不懂；大学时以为什么都懂；大学毕业后，才知道什么都不懂；中年又以为什么都懂；到晚年，才觉悟一切都不懂。”台下掌声雷动。

咬文嚼字®

2018年4月1日出版

4

总第280期

主管：上海世纪出版集团
主办：上海咬文嚼字文化传播有限公司
编辑、出版：《咬文嚼字》杂志社
集团网站：http://www.shwenyi.com
E-mail：yaowenjiaozi2 @ 163.com
官方微博：
http://weibo.com/yaowenjiaozish
电话传真：021-64330669
发行电话：021-64674759
邮购电话：021-64372608-243
地址：上海市绍兴路7号
邮政编码：200020
发行：上海市报刊发行局
发行范围：国内外公开
订阅处：全国各地邮局
邮发代号：4-641
ISSN 1009-2390
CN 31-1801 / G
印刷：上海中华印刷有限公司
印厂电话：021-60829062
021-60299079
广告经营许可证：沪工商广字
3100320050020号
定价：5.00元

如发现本刊有装印质量上的问题，请在当月与承印公司联系调换。

“新”意盎然

◎余双人

国家语言资源检测与研究中心和商务印书馆等单位联合主办的“汉语盘点2017”活动，于去年12月21日揭晓了2017年度字和年度词。其中当选年度国内字的是“享”，即共享、分享的“享”。这应该是大数据、云计算等高科技统计的结果，信度很高。

我们发现，倘若以2017年第四季度作为统计的对象和范围，要问“季度字”是哪一个，则毫无疑问，非“新”莫属。那是因为2017年10月18日，中国共产党第十九次全国代表大会开幕，习近平在政治报告中庄严宣告：“经过长期努力，中国特色社会主义进入了新时代，这是我国发展新的历史方位。”时代一“新”，一“新”百“新”，万象更“新”。从这一天开始，在人们的口头上，在媒体的行文中，日日“新”，处处“新”，“新”字迅即超越“享”字，荣登“冠军”宝座。

请看十九大以来各种报刊的标题，由此可见一斑：

（1）新时代履行新使命　新征程创造新辉煌(《人民政协报》2017年12月19日)

（2）新时代标定新方向　新蓝图谋划新方略　新征程奋发新作为(《人民日报》2017年12月20日)

（3）习近平关于“三农”工作新理念新思想新战略(《文汇报》2017年12月30日)

（4）新时代　新思想　新境界(《党建研究》2018年第1期)

（5）新模式　新路径　新前景（《人民日报》2018年1月4日）

（6）新词汇折射首都发展新变化新目标新理念（《解放日报》2018年1月29日）

（7）深刻把握宣传思想文化工作的新方位新坐标（《求是》2018年第3期）

（8）点击2018年春运关键词：新动力新科技新理念（《新民晚报》2018年2月2日）

以上这些标题，都含有两个及以上“新”字。含有“新”字的新词语琳琅满目，美不胜收。

正如习近平所强调的，在中国特色社会主义新时代，完成伟大事业必须依靠党的领导，党一定要有新气象新作为。（参见《解放日报》2018年1月12日）

2017年11月底，中宣部在上海中共一大会址纪念馆启动了“新时代新气象新作为”主题采访活动。全国各种媒体的记者们深入社区工厂、街头巷尾、田间地头、祖国边陲采访，并撰写了大量报道。于是《人民日报》和《求是》杂志率先开设了《新时代新气象新作为》专栏，紧接着全国各省市自治区的主要新闻媒体也都相继设立同名专栏。比如上海的主流媒体《解放日报》《文汇报》《新民晚报》和上海人民广播电台等无一例外，持续推出一大批有思想有精神、有故事有温度的新闻报道，充分反映了广大干部群众用党的创新理论武装头脑、指导实践、推动工作的生动局面。专栏中的文章，几乎篇篇都会用上若干“新××”词语，这是报道内容所决定的，必需的。

人们在手机上，时常可以接收到从朋友圈转发过来的新颖、别致、小巧、可爱的形形色

色的文字图形。其中引人注目、让人惊喜的一个，是由一群字号大小不等的“新××”词语组成的文字的图形。该图形中出现30个“新××”词语，由“新时代”领衔，还有“新格局、新平台、新常态、新模式”等，除了“新安全观、新增长点、新发展理念”之外，其余都是三音节词语。

党的十九大之后，短短几个月，为什么会涌现那么多“新××”词语呢？语言是社会现实的镜子，作为“人类最重要的交际工具”，语言必须紧贴社会，及时反映社会，社会发展中的种种新事、新物、新气象，都要用一个个新词语来称说，来表达。任何历史时期概莫能外。就以党的十八大到十九大来说吧，这五年间，就出现了很多很多新词语，比如中国梦、两学一做、四个意识、拍蝇打虎、一带一路、三去一降一补、互联网＋、工匠精神、有权不可任性、双创、精准扶贫、获得感、最后一公里、美丽中国……这些“新词语”均摘自《人民日报》公布的“十九大前，100个关键词”，这些都是精挑细拣出来的“关键词”，要说一般的新词语，何止100个！由此可见，十九大以后涌现那么多新词语，完全正常，十分必要。不过，居然会涌现那么多的以“新”开头的“新××”词语，倒是一个“奇迹”。原因只有一个，“新时代”嘛！新事、新物、新气象、新作为多的是，自然需要大量“新××”来指称，才能做到准确、贴切、得体。

在现代汉语中，“新”是个常用字，也是个常用词，并且是个构词能力特别强的常用语素。在《现代汉语词典》（第7版）中，“新”有8个义项，以“新”字开头的词条共79个，其中双音节词57个，三音节词14个，四音节词3个，五音节及五音节以上的词5个。双音节词占绝大多数，三音节词并不多，像“新常态、新媒体”还是第7版刚刚增收的。

党的十九大宣告，中国特色社会主义进入了“新时代”。“新时代”，要迎接“新挑战”，面对“新矛盾”，解决“新问题”……人民群众充满了“新期待”。数月来，汉语中冒出许许多多三音节的“新 ××”。人们每天读书报、听广播、看电视，不时会遇见一个又一个、不计其数的三音节“新 ××”。

这林林总总的三音节“新 ××”，比方说“新使命、新战略、新动力、新征程”，究竟是词呢，还是短语？我们不妨暂时借用前辈语言学家吕叔湘先生用过的（由他提倡的）新术语——“短语词”。所谓“短语词”，形式上像短语，使用上则当作一个语言单位，今后有可能凝固成一个词，目前介于词和短语之间，尚处于中间状态或过渡状态。不过，为了句法分析和简便不烦琐，宜将“短语词”看作一个单位。可以预见，若干年后，以“新时代”为首的这一批三音节“新 ××”中，必定有一部分会像“新常态”“新媒体”一样，将成为《现代汉语词典》的新成员。

春天来了，伟大的祖国春色满园，春意盎然。进入“新时代”，中华大地欣欣向荣，“新”意盎然。我们要立足新时代，展望新愿景，肩负新使命，应对新挑战，迈出新步伐，开启新征程。各行各业都要展示新作为，体现新担当，创造新业绩，书写新辉煌。

微语录·哲理

一只老虎在笼子里，一只老虎在荒野中。两只老虎都认为自己的处境不好，十分羡慕对方。笼子中的老虎羡慕荒野中老虎的自由自在，荒野中的老虎羡慕笼子中老虎的食物无忧。于是它们决定交换身份。不久，两只老虎都死了，一只因饥饿而死，一只因忧郁而死。

（黄文志／辑）

东西方向应用“横贯”

◎古　桥

《齐鲁晚报》2018 年 1 月 25 日 B02 版有一则报道的副标题是《北园大街快速路西延工程全面开工，将成省城首条纵贯东西的快速路》，这里的“纵贯东西”用得不对，东西方向应用“横贯”。

跃览交通

经过将近一个月的前期准备工作，1月24日晚上，北园大街快速路西延建设工程项目中的青岛路开始半封闭施工，代表着北园大街快速路西延建设工程进入全面施工阶段。该工程将于2019年6月竣工通车，建成后，北园高架将与工业北路高架成为贯通北部城区、连接东西绕城高速的首条城市快速路。

▶北园大街快速路西延建设工程设计图

明年6月北园大街可直达西客站

北园大街快速路西延工程全面开工，将成省城首条纵贯东西的快速路

本报记者　刘飞跃

施工设备已进场

台高速以西路段进行半幅封闭施工；匡山立交桥暂时不封闭。记者在现场注意到，未封闭前青岛路虽然在施工，但是对交……

沪高铁正线及联络线、京台高速。该项目列入了刚刚公布的济南市2018年市级重点项目中，其主要建设内容包括快速……

从东往西依次为东营路匝道、淄博路匝道、齐州路匝道以及齐鲁大道匝道，两个出入口分别为京台高速出入口和顺安路……

道，将同步建设BRT，沿途共设置了6处BRT站台，并且未来与北园BRT走廊连通。根据济南“三横五纵”无轨电车规……

自古以来，我们习惯将地理上南北方向称为“纵”，东西方向称为“横”。例如，“大运河北起北京，南至杭州，纵贯南北六省市”；又如，“黄河、长江横贯中国”。在这两个例句中，“大运河”是南北向的，故称“纵贯”；而“长江、黄河”都是东西向的，故称“横贯”。我国战国时期著名的军事外交政策“连横”与“合纵”，最初也是从这个意义上来定义的。战国时期，秦国位于偏西方，齐、楚、燕、赵、韩、魏六国相对秦国居东。南北为纵，六国地连南北，故六国联合对抗秦国谓之“合纵”；东西为横，秦地偏西而六国居东，故六国服从秦国谓之“连横”。

由报道可知，济南在建的这一条快速路是东西方向的，只能称作“横贯”。

未『起诉』何来『上诉』

◎孟崭

2017年9月12日《扬子晚报》A3版发了一篇报道《律师在诉状中骂法官，被罚款5万元》，讲了一个和诉讼有关的事。为了说明事情的经过，报道中依序使用了四个小标题《上诉》《驳回》《再次上诉》《麻烦来了》。看似理清了顺序，但因作者理解错了“上诉”一词的意思，使得报道出现了偏差。

“上诉”指的是诉讼的当事人对下级法院未发生法律效力的判决和裁定不服，依法向上一级法院请求改判。但终审判决和裁定不得上诉。可以明确的是，上诉是针对已经下达的、并非终审的判决和裁定所提出的。上述报道中标题《上诉》的那一段，讲的是封某向南京市秦淮区人民法院状告某媒体，提出自己的要求。法院下达一审判决的内容则是在下一段《驳回》中，可见这个“上诉”用得不妥，应改为“起诉”。起诉，即向法院提起诉讼的行为。起诉后才会有判决，而有了判决才可能引发上诉。第三个标题《再次上诉》下讲的是不服一审判决的封某向南京市中级人民法院要求重新审理。这确实属于上诉，但却谈不上“再次”，而是封某的第一次上诉。

准确了解法律用语的含义是正确表达的前提。将上述报道中的第一和第三个标题分别改为《起诉》和《上诉》，就基本符合事实了。

小区公共经费被转走 始作俑者竟然是他

引起封先生不满的媒体报道。

上诉

因一篇报道，他状告某媒体

2014年1月，经南京市江宁区翠屏清华园业主推选，封先生和小区居民林某、孙某、陆某某等11人成为业委会成员，其中封先行要求“销户”的行为歪曲为所谓的“转走资金”。事实上，资金一直在银行手中。该媒体和林某、孙某捏造事实对自己进行了不实

再次上诉

他亲自操刀，写下“奇葩”诉状

一审判决后，封先生不服，干脆撇开自己的代理律师，亲自操刀写了上诉状。在这份上诉状的开头，封先生这样写道，“我们来个史上最文艺、最具情怀、最多错别字、最具商业气息、最刻薄、最穿越、最具观赏性的上诉状……”的意见在一审判决书中没有体现，只是出现了代理人的姓名和执业机构。4、一审法院遗漏了自己的诉讼请求，自己的诉讼请求包含隐私权，一审判决认为主动撤回了，但自己并没有主动撤回。

南京中院审理后认为，仅

规劝应用"建诤言"

◎高良槐

《福建日报》2018年1月25日第10版专题报道了"福建统一战线建言献策成果汇报会暨第十三届建言献策论坛"上讨论的部分成果，其中有个标题为《参政议政建铮言 勇担使命作贡献》，该标题中"铮言"错了，应为"诤言"。

诤，读作zhèng，有直言规劝之义。与"诤"有关的常用词有诤言（直爽地规劝人改正过错的话），诤友（能直言规劝的朋友），等等。

"铮"是个多音字，读作zhēng时，本义为形容金属、玉器撞击的声音，后也可以比喻坚贞、刚强，形容声名显赫。作动词时有磨、擦之义。读作zhèng时是个方言用词，形容器物表面光亮耀眼，如铮亮，铮明瓦亮。"铮言"说不通，古今汉语中也没有这种说法。

《福建日报》这组专题报道，介绍的是福建省各民主党派议政谏言工作的开展情况，用"建诤言"十分妥帖。

参政议政建铮言 勇担使命作贡献

中共福建省委统战部

在全省上下满怀热情深入学习贯彻中共十九大精神和省委十届四次全会精神，学习贯彻中央经济工作会议和省委十届五次全会精神之际，统一战线建言和无党派人士把学习贯彻中共十九大精神与中共福建省委十届四次、五次全会精神紧密结合，与学习贯彻各民主党派、工商联全国代表大会精神相结合，切实利用各自优势和平台，通过所联系的港澳台胞、海外闽籍社团、乡亲，在促进福建对外交流合作、构建全方位开放格局等方面积极牵线搭桥，传递福建好声音，

“肉骨茶”是什么“茶”

◎田小琳

汪惠迪先生为《咬文嚼字》杂志的《华语圈》专栏写了一篇文章《肉骨茶》(刊于2018年第3期)。在文章正式发表之前,我就拜读了汪先生的大作。汪先生认为,“肉骨茶”是一种饭食,是当地一种早餐,人们吃着用各种养生材料熬制的排骨,再配上功夫茶解腻。两种食物组合在一起,肉骨和茶构成并列结构。这说法引起我的疑问,我去马来西亚旅游时,导游带我们去买肉骨茶,卖家给我们详细解释了肉骨茶的制作过程,还让我们品尝了肉骨茶,肉骨茶是一种食物,是一种汤食,没有见到“茶”。我认为,“肉骨茶”一词应是偏正结构。

我立即在微信上发起了一个讨论:“肉骨茶”一词的内部结构到底是什么结构?并列结构还是偏正结构?参与讨论的学者,既有来自马来西亚、新加坡、日本的,也有来自中国香港、澳门的,还有来自中国北方(北京和济南)和南方(武汉、广州、深圳、厦门)诸多城市的。他们有的是大学教授、词典编纂专家、出版社编辑,有的是自由撰稿人、博士生,等等。

有位来自马来西亚的资深出版人与汪惠迪先生持同一观点。词典编纂家李行健先生替我咨询并转来他的答复:“肉骨茶是食品的名称,茶是配搭的饮料。习惯上人们吃肉骨茶时都喝茶。肉骨茶源自早年华人南下的祖先,他们多为苦力,特别是多在港口工作。早餐需要高能量的食物。吃肉骨茶再加米饭充饥,能提供所需能量。”再查近年出版的《全球华语词典》(商务印书馆,2010年)和《全球华语大词典》(商务印书馆,2016年),这两部词典都收录了“肉骨茶”词条。其中的释义与汪先生的解释相同。《全球华语词典》"肉骨茶"的释义如下："指排骨药材汤和功夫茶等搭配吃的一种饭食。通常作为早餐。源自闽南方言。"其"知识窗"又有进一步说明："肉骨茶用中药当归，北芪，熟地，党参，陈皮，豆蔻，桂皮，小丁香等加上八角茴香和冰糖等跟排骨一起熬汤。食用时配以白饭，油条和铁观音之类的功夫茶。"（692页）《全球华语大词典》"肉骨茶"的释义如下："排骨药材汤和功夫茶等搭配吃的一种饭食：吉隆坡巴生港是~的发源地。【源自闽南话】用于新马泰等地。"（1287页）照这样理解，"肉骨茶"确实是"并列结构"。

然而，参与讨论的大部分人和我的理解一样，认为"肉骨茶"是偏正结构。关键点在于对"茶"字的理解上。有人认为，"茶非一般的茶，而是指喝的东西"。有人说得更直接，"茶"在此处的意思"就是排骨肉汤"。还有人从方言里找根据："这个茶里是加了好多材料的，不是单纯的汤水。在潮汕话，我们把熬好的中药叫作茶，例如：你感冒了，要不要叫医师包两包茶熬一下？或者，这碗茶喝下去就好了。"也有人说，在北方"茶"指流质东西，例如"面茶""油茶"，其中的"茶"不一定真是"茶"。那么，"肉骨茶"应该是"肉骨汤"吧，当是"偏正结构"。

综合起来看，认为"肉骨茶"是偏正结构的，是把肉骨茶看成了一种东西；认为"肉骨茶"是并列结构的，是把肉骨茶看成了两种东西。在现实生活中，两种形式的"肉骨茶"都存在。并列结构的"肉骨茶"是源起，偏正结构的"肉骨茶"是后起的，是简式的肉骨茶。从并列结构的"肉骨茶"演变成偏正结构的"肉骨茶"，带来构词语素"茶"的含义的变化，从而引起语法结构的变化。正如北京师范大学王宁教授所说："意义决定语法，这正是汉语的特点。"

根据我们的讨论，汪先生后来在他的文章里添加了一小

“瘸子里”可以“选将军”

◎何立洲

《咬文嚼字》2018年第2期刊有《“瘸子里”如何选将军》一文，文章认为刘震云小说中的“瘸子里拔将军”应该是“矬子里拔将军”，并写道：“汉语中没有‘瘸子里拔将军’这句俗语，因为它不合常情。瘸子，即瘸腿的人，这样的人走路都困难，更不要说行军打仗了。”其实，“瘸子里拔将军”和“矬子里拔将军”都是汉语中的俗语。

上海文艺出版社2000年1月出版的辞书《语海》中就收录了“瘸子里面拔将军”和“矬子里面拔将军”这两个俗语，同时还收录了俗语“矮子里选将军”。这三个俗语意思相近，都是比喻从能力差的人中间挑选才能略微突出一些的人承担一定的职务或责任，即差中选优。“瘸子里面选将军”通俗、形象，用得也很普遍。笔者生长在苏北农村，年青时在乡间常常听到不识字的大伯、大妈这样说，意思一听就明白，也没有人认为不合常情。

段：“香港等地的餐馆也供应肉骨茶，有的只是一碗用现成的肉骨茶汤料熬成的排骨汤，因此肉骨茶成为一种菜式。据此，有人认为肉骨茶是偏正式合成词，茶指汤。肉骨茶简化了，词义缩小，构词方式也跟着改变。”这样，将肉骨茶的变迁也说明白了。而我也就不“较真儿”了。词义的不同，引起了语法结构的不同。内容决定形式。这场关于“肉骨茶”的讨论有意思！也十分感谢参与讨论的老师们！

“俾官”应为“稗官”

◎安 频

2017年第12期《传记文学》上刊有《启功：那个比齐白石小五十岁的“小孩子”》一文，其中有一句说道：“启功学识甚广博，除了正宗学术之外，来自古人笔记、俾官野乘者颇多，而当他讲述学问时，往往信手拈来，顿时化严肃为诙谐……”“俾官”一词让人疑窦丛生，应是“稗官”吧。

稗，音 bài，长在稻田里或低湿的地方，形状像稻，果实可酿酒、做饲料。因为稗子的果实小，“稗”有微小、琐碎之义。稗官是古代的一种小官，专给帝王搜集街谈巷语，道听途说，以供省览。后来就称小说或小说家为稗官。乘，原是春秋时晋国的史书名。《孟子·离娄下》：“晋之《乘》、楚之《梼杌》、鲁之《春秋》，一也。”后用以称一般史书，野乘就是野史。稗官野史，就是记载轶闻琐事的文字。

俾，音 bǐ，义为使，鲁迅《书信集·致许寿裳》：“可否乞兄转蕲蔡先生代为设法，俾有一栖身之处。”汉语中无“俾官”之说。

“兹兹在念”？“念兹在兹”！

◎王殿雷

《名人传记》2017年第12期刊发了《钱锺书：“唯名与器，不可假人”》一文，讲到在清华大学设“好读书奖学金”这部分时有这样一句话：“1949年8月，上海解放后，钱锺书和杨绛都得到清华聘书，又重新回到兹兹在念的清华园。”句中的“兹兹在念”难以理解，应是“念兹在兹”。

“念兹在兹”是个成语，“兹”在这里是个指示代词，表这、此之义；“念”即思念。“念兹在兹”指对某事非常重视，念念不忘，用这个成语来表达钱锺书杨绛夫妇对清华园的深情是很合适的。

“兹”除了用作指示代词，还有增长、年、现在等义，古代汉语中有“兹兹”一词，表滋生繁殖，“兹兹在念”说不通。

《天仙配》还是《天河配》？

◎晋　相

2018 年 1 月 13 日《北京晚报》第 17 版《一位京剧戏迷的心愿》中有这样一段话：“只要说起京剧，我记忆中有说不完的事，也从剧中受到许多的教诲……农历七月初七前后上演《天仙配》的牛郎织女，骑活牛上舞台表演。”有牛郎织女的不是《天仙配》，而是《天河配》。

《天仙配》是戏曲剧目，取材于民间传说，写玉帝第七个女儿向往人间幸福生活，私自下凡同卖身葬父的长工董永结合，后玉帝派天兵天将把她追回天庭。

天河，即银河。《天河配》也是戏曲剧目，讲述的是牛郎织女的神话故事。织女为天帝孙女，长年织造云锦，自从嫁与河西牛郎后，不再织云锦。天帝大怒，责令她与牛郎分离，只准每年七夕相会一次。牛郎有一头老牛，也符合上述文中所说的“骑活牛上舞台表演”。

此“雁”非彼“燕”

◎阎德喜

《民国的身影：重寻遗落的文人往事》（广西师范大学出版社 2009 年 1 月出版）一书中，有这样一句话：“这时却离鸾别凤，劳雁分飞了。”文中的“劳雁分飞”错了，正确的应是“劳燕分飞”。

成语“劳燕分飞”出自《乐府诗集·东飞伯劳歌》：“东飞伯劳西飞燕。”伯劳是一种鸟，是伯劳属鸟的通称，亦作“博劳”，喙强而锐利，食大型昆虫以及蛙、蜥蜴或小型鸟兽等。诗句的原义是伯劳鸟向东飞，燕向西飞。

后以“劳燕分飞”比喻别离,多指夫妻。瞿秋白《赤都心史》二九:“兄弟姊妹呢,有的在南,有的在北,劳燕分飞,寄人篱下。”

按成语出典的原文,应该是“燕”而非“雁”。且中国常见的伯劳和雁的体形差异很大:中国常见的棕背伯劳体长约 28 厘米,而中国常见的鸿雁雄鸟体长达 82 厘米。伯劳与雁分飞?恐怕有些不相称。燕体形较小,常见的家燕体长在 18 厘米左右,且与伯劳同属于雀形目,伯劳与燕一同列举才合适。

进京面圣应用“朝觐”

◎陈福季

《书屋》2017 年第 12 期刊有《武松折臂与燕青出走》一文,其中说:“武松彻底醒悟,宣布不想进京朝靓,要捐出全部金银赏赐,在六和寺出家。”文中的“朝靓”应是“朝觐”。

觐,音 jìn,指诸侯秋季朝见天子,后泛称朝见帝王。清冯桂芬《顾蓉庄年丈七十双寿序》:“长官知君才,率以觐天子。”也指朝拜圣地。朝觐,指臣子朝见君主。《礼记·乐记》:“朝觐,然后诸侯知所以臣。”

靓,是个多音字。读为 jìng 时,表示妆饰、美丽等义;读作 liàng 时,用在方言中,也表示美丽。汉语中无“朝靓”之说。

误“觐”为“靓”应是形近而致误。

是“龢”不是“龡”

◎王中原

2017 年 1 月 27 日《中国楹联报》第 3 版《“鸳鸯绣出凭君看”——试析李俊和镌在刨子上的一组联作》中写道:“上面刻一‘龡’字,龡是儒家文化的重要理念……”“龡”什么时候成了“儒家文化的重要理念”?这里的“龡”应改为“龢”。

龡,古“吹”字。《集韵·支韵》:“吹,《说文》:‘嘘也。’《周礼》作龡。”《周礼·春官·籥师》:“籥师掌教国子舞羽龡籥。”“籥”是古代管乐器,“龡籥”即吹奏这种乐器。“龡”与儒家理念无涉。

龢,同“和”。《说文解字》:“调也。从龠禾声。读与和同。”段玉裁注:“经传多假和为龢。”“龢”才可称为“儒家文化的重要理念”。

“图式”“图示”莫混淆

◎方德佺

《小学教学(语文版)》2017年第6期发表的文章《阅读教学文本结构化建构探索》中,有这样的句子:“在执教《真理诞生于一百个问号之后》时,将其与《走遍天下书为侣》《滴水穿石的启示》进行统整,形成了新的议论文教学文本组合。学生通过对块状结构的议论文学习,建起了议论文的阅读图示。”其中的“图示”应为“图式”。

图式,是一个心理学术语,指人脑中的知识经验的网络。在适应环境的过程中,人脑中的知识经验网络会不断变化、丰富和发展,形成新的网络。而图示,指利用图形标示或显示,如火灾自救法图示。

不难看出,上述文章表述的并不是用“图”把议论文的结构展示出来,而是指学生通过拓展阅读,与议论文阅读有关的知识经验越来越丰富,在头脑中构建起了新的认知“图式”。

何来“黄藤酒”

◎辜良仲

《眉山日报》2017年2月13日第7版刊有《女子的态》一文,文中引用了陆游《钗头凤》中的“红酥手,黄縢酒,满城春色宫墙柳”一句,但是文章将“黄縢酒”误写为了“黄藤酒”。

何谓“黄縢酒”? 縢,音téng,从糸,其义为缠束、封闭。“黄縢酒”即黄封酒,宋代官酿之酒,用黄罗帕或黄纸封口,故名。

黄藤,亦称“红藤”,棕榈

科，有刺藤本。分布于中国广东、广西、云南、台湾等地。茎可编制藤椅、藤篮等藤器。黄縢酒与黄藤无关，也未曾听说有“黄藤酒”。

疾病是“疴”不是“珂”

◎禾　宝

2017年12月29日《参考消息》第8版上有一则报道《朴槿惠遭弹劾被捕　韩国政坛掀起风暴》，其中写道：“朴槿惠从权力巅峰的坠落，折射出韩国政治的痼疾沉珂。”这里的“沉珂”应为“沉疴”。

“疴”是个形声字，从疒，可声，读作 kē，义为疾病。沉疴，义为重病，即长久而严重的病。《晋书·乐广传》：“客豁然意解，沈（沉）疴顿愈。”

“珂”也读 kē，从玉，可声，指的是一种仅次于玉的美石，一说指白色玛瑙。“沉珂”难以索解。误“疴”为“珂”应是音同形似所致。

护照能“发行”吗

◎马秋影

《世界知识》2018年第1期刊载有《摩擦与适应：日本的穆斯林与穆斯林社会》一文，其中提到日本警察机关为反恐而收集的资料中有“入境居留关系（入境时间、护照号码、护照发行时间、居留资格……）”。护照是“发行”的吗？

护照是国家主管机关发给出国执行任务、旅行或在国外居住的本国公民的证件，以证明其国籍和身份。与护照对应的相关动词应是“签发”，有签发日期、签发地点、签发机关等项。公民出入国境时，要办理“签证”，这是国家主管机关在本国或外国公民所持的护照或其他旅行证件上签注、盖印，表示准其出入本国国境。据此可知，护照中记载着签发日期、签证日期。

“发行”读作 fāxíng 时，原有启程、出发的意思，后表示发出新印制的货币、债券或新上市的书报、邮票、电影等。读作 fāháng 时，旧指把货物发交“行”家，即过去买卖商货的媒介处，现指批发。护照既不能流通传布，更不准销售批发，理所当然不是“发行”的。

“25 000 元”不应写作“2 万 5 千元”

◎蔡维藩

2018 年 1 月 14 日《大连晚报》A7 版刊登的《赎罪：找到他亲生父母，我就去坐牢》一文，这样写道：“为了方便刘金心读书，她把 2 万 5 千元全部拿出来付了首付。”其中，“2 万 5 千元”这一写法有误。

《出版物上数字用法》规定：“如果一个数值很大，数值中的‘万’‘亿’单位可以采用汉字数字，其余部分采用阿拉伯数字。……除上面情况之外的一般数值，不能同时采用阿拉伯数字与汉字数字。”所举示例中提示“4 000”不应写为“4 千”。

按照该规定，上述文章中的“2 万 5 千元”应做修改，可以改为“25 000 元”或“2 万 5 000 元”，也可改为“二万五千元”。

“左触龙”是谁

◎国　轩

《益寿文摘》2017 年 9 月 11 日 10 版《古人热衷健步走》一文说：“《战国策 · 赵策四》中记载，先秦时赵国大臣左触龙采用步行方法恢复健康……”“左触龙”是谁？显然是“左师触龙”之误。

左师，古代官职名，春秋时期宋国、赵国设此官，属高级官职。触龙是赵国的大臣，担任左师一职，人称“左师触龙”，而非“左触龙”。

《战国策》中有名篇《触龙说赵太后》。说的是战国时期，秦国趁赵国政权交替之机，大举攻赵，赵国乞求齐国援助。齐国提出条件，一定要太后的小儿子长安君作为人质，才肯出兵援赵。赵威后坚决不允，赵国危机日深。左师触龙力谏赵太后，最终太后被说服，让爱子出质齐国，“齐兵乃出”。此文还被选入了中学语文教材，广为人知。把“左师触龙”错成了“左触龙”，会让人误以为“左”是“触龙”的姓呢。

xiá 洋自重？xié 洋自重！

◎朱如杰

央视四套 2018 年 1 月 7 日播出的《海峡两岸》节目中，一位嘉宾说道：“所以我们更多地是希望蔡英文当局，一个是放弃一种挟洋自重、以武拒统的这样一种心态……”（字幕同步显示）嘉宾在说“挟洋自重”时，将“挟”误读为 xiá，其实“挟”应读为 xié。

挟，在现代汉语中只有一个读音，即 xié，义为用胳膊夹住，如：挟泰山以超北海。引申有挟制、依靠、心里怀着（怨恨等）之义。在“挟洋自重”这个词语中，“挟”表示的就是依靠之义。

茅盾与沈雁冰是两个人吗

◎崔 勤

2017 年 10 月 27 日《解放日报》第 11 版《麦家圈是什么圈》一文中写道：“出版业兴旺发展，茅盾、胡愈之、沈雁冰、田汉、金仲华等一批左翼作家，进入各大书局任职编辑或领导工作……”这里显然是把茅盾、沈雁冰误当成了两个人。

茅盾（1896—1981），是中国现代著名作家、文学评论家，代表作有小说《子夜》《春蚕》等。茅盾原名沈德鸿，字雁冰，茅盾是其笔名。茅盾还使用过郎损、玄珠等笔名，以茅盾最为常用。茅盾生前将稿费 25 万元人民币捐出，以奖励优秀长篇小说。1981 年中国作家协会根据其遗愿设立了茅盾文学奖，该奖就是以“茅盾”这一笔名命名的。所以沈雁冰就是茅盾，不可当作两个人。

“杏林”“杏坛”大不同

◎李华山

2017年12月30日央视新闻频道《新闻直播间》节目播出了一则有关全国美术院校优秀学生作品邀请展的新闻，新闻画面中出现了该展的名称“杏林撷英”，这里“杏林”应为“杏坛”。

相传三国吴董奉隐居庐山，为人治病不取钱，让重病愈者植杏五株，轻者一株，积年累月蔚然成林。后以“杏林”代指良医，并以“誉满杏林”“杏林圣手”等称颂医术高明。杏坛，相传是孔子聚徒授业讲学处。《庄子·渔父》：“孔子游乎缁帷之林，休坐乎杏坛之上。弟子读书，孔子弦歌鼓琴。”后人因庄子的这则寓言，在山东省曲阜市孔庙大成殿前，为之筑坛，建亭，书碑，植杏。后用“杏坛”泛指授徒讲学之所，唐代杜甫《八哀诗·故著作郎贬台州司户荥阳郑公虔》有云：“空闻紫芝歌，不见杏坛丈。”

上述节目提到的邀请展展示的是美术院校的学生作品，美术院校可用“杏坛”，不可用“杏林”。

是“死于非难”吗

◎龙启群

电视剧《大宋提刑官》第3集中，宋慈的同窗好友孟良臣赴任途中在驿站被火烧死，宋慈得知后欲前往梅城弄清真相。宋母说：“结义兄弟死于非难，要按你的性子，娘知道你恨不得立马起程……”（字幕同步显示）这里的“死于非难”叫观众云里雾里。

非难，指批评和指责。郭沫若《王昭君》第一幕：“她母亲抚育了一个异姓的螟蛉，因此便遭受了她们同族的非难。”“死于非难”即因批评指责而死，与剧情不符。这里如用“死于非命”就通了。

非命原有不从命，违反天命之义。《孟子·尽心上》有云：“桎梏死者，非正命也。”意思是因犯罪受刑而死的，不是正常的命运。后称因遭受意外灾祸而死为非命。《水浒传》第四一回：“小人宋江，若无众好汉相救时，和戴院长皆死于非命。”

电视剧中，孟良臣是遭到了意外的灾祸而死去，用“死于非命”十分妥帖。

“殂”怎么越，“疱”如何代

◎盛祖杰

电视剧《风筝》第8集中，韩冰找到郑耀先，问他的助手为什么独自离开延安，郑耀先回答道：“捉贼拿赃，这贼呢已经让你们认定了，可这赃总不能让我越zǔ代páo地替你们拿吧？”同步显示的字幕将“越俎代庖”误写作了“越殂代疱”。

“越俎代庖”语出《庄子·逍遥游》：“庖人虽不治庖，尸、祝不越樽俎而代之矣。”庖(páo)人，即厨师。治庖，即准备食物。尸，古代祭祀代死者受祭的人。祝，祭祀时司礼仪的人。樽俎(zūnzǔ)，古代盛酒食的器皿。越俎代庖，原指人各有专职，厨师即使不尽职，主祭等人也不越过樽俎去代他办席，后用以比喻越权办事或包办代替，也省作“越俎”。郭沫若《天地玄黄·兵不管秀才》：“秀才还不便越俎代庖，军人理应少管闲事。”

殂，音cú，义为死亡。疱，音pào，指皮肤上长的像水泡的小疙瘩。字幕中“越殂代疱”显然是说不通的。

形形色色的『鄙视链』

◎刘冰鑫

“鄙视链”是一个新词，前几年报刊上用得并不多，2017年突然成了流行词，并且出现了形形色色的“鄙视链”。

“鄙视链”由“鄙视”和“链”构成。“鄙视”是轻视或看不上、瞧不起的意思；“链”即链子，指用金属环连起来制成的条状物。“鄙视链”属于用比喻式造词法所造的新词，意思是像链子（又叫链条）一样的事物之间连环式的鄙视关系。且看媒体上运用的实例：

（1）看英剧的鄙视看美剧的，看美剧的鄙视看日剧的，看日剧的鄙视看韩剧的……这是网络上流传已久的剧集“鄙视链”。（《广州日报》2013年3月26日）

（2）前时，朋友圈流行文学阅读“鄙视链”，即便是言情小说类，同样分三六九等，也许看亦舒的会瞧不上看岑凯伦，看李碧华的不待见亦舒，看黄碧云的又会低看李碧华。（《文汇报》2017年7月12日）

例（1）例（2）是“鄙视链”的典型用例，并且分属两种样式。说得明白些，例（1）是一种，即“A鄙视B，B鄙视C，C鄙视D……”；例（2）是另一种，即“B鄙视A，C鄙视B，D鄙视C……”。两者的走向是相反的，可是两者也有共同点：环环相扣，节节相连，层层推进，如同“链子”一般。

在语言应用中的“鄙视链”，并非都像例（1）例（2）那么“典型”。请看：

（3）玩DOTA王晓鹏也会像其他玩家一样，加入游戏界的“鄙视链”——DOTA玩家瞧不上英雄联盟玩家，英雄联盟玩家瞧不上王者荣耀玩家。（《广州日报》2017年3月17日）

（4）喝水这件再平常不过的事，在一些社交网络达人的“演绎”下，也可以表现出或高端或清新的气质，特别是一些知

名品牌的气泡水，以傲娇的姿态占据着“饮用水鄙视链”的最顶端。（《经济日报》2017年8月21日）

（5）想想一档相亲节目里讲到的“宁愿坐在宝马车里哭，也不愿坐在自行车后笑”，再看看前段时间流行的“相亲鄙视链”，就会发现今天的爱情有多么沉重。（《燕赵都市报》2017年8月28日）

（6）在暑期出游非常火爆的当下，我发现“鄙视链”的生命力真的非常强，在一个班里，从孩子到家长，都不乏对暑期出游的攀比之心。（《中国青年报》2017年8月15日）

例（3）是“鄙视链”的简化形式，即“A鄙视B，B鄙视C”两环相扣即终止，不再延伸。例（4）是“鄙视链”一种变异形式，只给出位于“鄙视链”最顶端的鄙视者，不出现被鄙视者，连环式鄙视关系也没有显示。例（5）例（6）则是另一种变异形式，鄙视者、被鄙视者和连环式鄙视关系都被隐去了。通过例句可以看出，变异形式偏向于评判“鄙视链”所反映的社会现象，从而淡化了环环相扣的鄙视关系。“鄙视链”的简化形式和变异形式也符合当今语言经济求省的表达要求。

“鄙视链”最早出现于2012年4月7日的《南方都市报》，如今，已经渗透到我们生活的方方面面。究其盛行原因，主要有以下两点：一是“鄙视链”简明扼要地反映了一种社会现象，而这种社会现象产生于人的深层次的骄傲、攀比心理；二是比喻式造词法产生的新词“鄙视链”，使抽象事物具体化，有利于人们接受、使用。

“鄙视链”反映了当代人相互攀比的现实，表现出一种消极的为人处世的态度。今日之“鄙视链”同旧时的“文人相轻”“同行相轻”之风似乎是一脉相承的。此风不可长，“鄙视链”跟和谐、文明的社会风尚是相悖的。希望人们摆脱形形色色的“鄙视链”，既不垂涎他人，又不贬抑他人，而是做好真实的自己。

据《新民晚报》2017年11月13日报道，十九大代表吴娜（上海虹桥机场80后安检员）在一次分组讨论会上说，听了报告感觉很“燃”。代表团里年纪稍大的几位代表不熟悉这个新词，吴娜解释说“燃”主要是指振奋、有干劲，于是大家都说“真的很‘燃’”。

这个“燃”是个新的流行词，或者说旧词新用。在古代汉语中，“燃”可以单独成词，如“死灰复燃”中的“燃”；可是在现代汉语中，“燃”只是个语素，并且是不自由语素，它必须跟别的语素组合成词，如“燃烧”“燃放”“点燃”。然而，当下流行词“燃”却是一个地地道道的词。

如今，无论是网络还是纸媒，都“燃”了起来，例如：

（1）这些瑰丽、诡异而又令人震颤的经典场景，都出现在舞台剧中，成为征服三体迷的“利器”。“整个人都燃起来了！”有微博网友这样评论。（《科技日报》2016年6月23日）

（2）怎样把基层群众的口袋鼓起来，让全民创业的激情燃起来，使企业创新的动力强起来。（《中国组织人事报》2017年6月26日）

例（1）和例（2）都用了“燃”的新义，用来形容人的情绪，表示兴奋、热血沸腾。由于“燃”字能带给人们“熊熊烈火在燃烧”的强烈画面感，充满了积极向上的正能量，所以人们都喜欢用它来描述一些振奋人心的事物。例句中的“燃+起来”，说明“燃”正从动词性向形容词性过渡。因为“起来”既可以用在动词后（如“唱起来、跳起来”），也可以用在形容词后（如“好起来、热起来”）。下边例句中的“太燃”“很燃”“最燃”，则证明“燃”已经完全转化为形容词了。请看：

（3）“超级大片”“太燃了”“吴京太拼了”，是很多观众对该片的最直观印象。作为一

部军事动作题材的电影，动作和战争场面是《战狼2》的重头戏。(《南方日报》2017年8月2日)

(4)据悉，影片(《猩球崛起》)的特效镜头多达1440个，占据了整部电影的95%的镜头量，动作捕捉技术依旧夺目，视效逼真好看，有非常酷的末日奇观，也有很燃的战争场面。(《羊城晚报》2017年9月5日)

(5)微信公众号"国资小新"发表文章《最燃纪录片〈辉煌中国〉来了！剧透大美中国、大爱中国》，其中透露了中央电视台主创人员的解读，指出了本片能够吸引观众的最大秘诀。(《人民日报海外版》2017年9月22日)

例(3)电影《战狼2》不只有激斗的动作场景，也饱含了强烈的爱国情怀和民族自豪，让观众看后感到热血沸腾；例(4)"很燃的战争场面"是指电影《猩球崛起》通过大量特效镜头给观众呈现出激烈、残暴，甚至血腥的人猿大战场景；例(5)中的"燃"则用来形容励志、热血，且有正能量的影片风格。

"燃"除了活跃在影视界，用来形容电影电视剧等的风格和特点外，也可以用来形容人的内心感受，比如本文开头，吴娜就用了"燃"。又如：

(6)孙俪式的大女主是用女性的思维方式去解决男人的命题，过关斩将，在后宫里意识到力量来源于朝堂之上，到了朝堂之上，意识到要得民心，而到了今年的"花开"剧，干脆就投身民间，在红尘里成就宏图伟业。想想都很燃。(《新闻晨报》2017年9月5日)

例(6)中所谓"想想都很燃"是说大女主们一想到能够"在红尘里成就宏图伟业"，便心潮澎湃，激动万分。

"燃"，从一个不能独立成词的语素，演变成十分红火的形容词。这足以说明，当今活跃的网络语言环境和新媒体的快速传播，给词语的发展创造了良好条件，而这一类"升级"后的旧词新用也将不断地给语言注入鲜活的血液。

学林

汉字简体和繁体的转换

◎苏培成

1956年国家推行汉字简化以后,汉字文本出现了繁体和简体两种体式,随之而来的是不时需要进行繁简转换或简繁转换。进行转换的繁简两个字,音义必须相同,只是形体上有繁有简。如果一组字的字义不同或者字音也不同,尽管字形上有繁有简也不能转换。

先说由简到繁的转换。这种转换大多数是一简对一繁,如:马—馬、击—擊、凿—鑿、钢—鋼;而有少部分是一简对多繁。对这样的简化字,要根据字义或者连同字音,加以分化,转换为不同的繁体字。下面举出十组例字来说明。

复—復複。"复"表示回答、返回、还原等义时转换为"復",如:復仇|復命|復信|復員|復辟|復原|反復|恢復|光復|報復|答復(也作答覆)|死灰復燃|故態復萌|無以復加|一去不復返;表示相重、非单一的等义时转换为"複",如:複數|複寫|複印|複利|複眼|複方|重複|繁複|錯綜複雜。

汇—匯彙。"汇"表示河流会合、汇兑等义时转换为"匯",如:匯款|匯率|外匯|創匯|交匯|匯成巨流|百川所匯;表示聚集、聚集而成的事物等义时转换为"彙",如:彙報|彙演|彙總|彙編|詞彙|語彙|彙印成書。

获—獲穫。"获"表示得到、拿住等义时转换为"獲",如:獲獎|獲勝|獲利|捕獲|拿獲|如獲至寶|不勞而獲;表示收割义时转换为"穫",如:收穫。

历—歷曆。“历”表示经过、过去的等义时转换为“歷”，如：歷史|歷程|歷練|歷朝|歷代|學歷|資歷|歷經磨難|歷久彌新；表示推算年、月、日、节气等得出的结果时转换为“曆”，如：曆法|曆書|日曆|公曆|夏曆。

钟—鐘鍾。“钟”表示响器、计时器等义时转换为“鐘”，如：鐘鼓|鐘樓|鐘錶|警鐘|時鐘|晨鐘暮鼓；表示(情感等)集中或杯子等义时转换为“鍾”，如：鍾情|鍾愛|茶鍾(或作茶盅)|老態龍鍾|情有獨鍾。《通用规范汉字表》规定：“鍾：用于姓氏人名时可简化作‘锺’。”

台—臺檯颱。“台”表示高而平的建筑物等义时转换为“臺”，如：臺榭|臺階|舞臺|搭臺|檢閱臺|瞭望臺|亭臺樓閣|近水樓臺；“台湾”在繁体文本里写作“臺灣”；表示桌子或类似桌子的家具时转换为“檯”，如：檯布|檯燈|展檯|操縱檯|梳妝檯|寫字檯；“台风”在繁体文本里写作“颱風”。

发—發髮。“发”读 fā，表示发表、发出时转换为“發”，如：發表|發言|發射|出發|頒發|發號施令|發人深省|百發百中|英姿煥發；读 fà，表示毛发时转换为“髮”，如：髮型|髮菜|鬢髮|理髮|頭髮|怒髮衝冠|令人髮指|千鈞一髮。

尽—盡儘。“尽”读 jìn，表示完、全部等义时转换为“盡”，如：竭盡|耗盡|盡人皆知|盡善盡美|趕盡殺絶|鳥盡弓藏|前功盡棄|仁至義盡；读 jǐn，表示最、力求达到最大可能等义时转换为“儘”，如：儘快|儘量|儘管|儘先|儘早|儘可能|先儘老人走。

纤—纖縴。“纤”读 xiān，表示细小等义时转换为“纖”，如：纖塵|纖介|纖細|纖維|纖弱|纖悉；读 qiàn，表示拉船的大绳时转换为“縴”，如：縴繩|縴夫|拉縴。

脏—髒臟。“脏”读 zāng，表示污秽、粗野等义时转换为“髒”，如：髒水|髒話|髒東西|髒衣服；读 zàng，表示人或某些动物身体内部的器官时

转换为“臟”,如:臟器|臟腑|内臟|五臟|心臟|肝臟。

由简体转换为繁体时常见的错误是,把与简化字字形相同而字义或连字音都不同的字,也当作简化字加以转换。例如:

淀—澱。表示沉在水底的淤积物的“淀”,在繁体文本里转化为“澱”,“淀粉|沉淀|积淀”转换为“澱粉|沉澱|積澱”;而表示浅水的湖泊义的“淀”是另外的一个字,不分简体和繁体,不涉及简繁体的转换。“海淀|茶淀|白洋淀”在繁体字文本里也这样写,不能转换为“海澱|茶澱|白洋澱”。

里—裏。里外的“里”在繁体文本里转换为“裏”,“里面|里间|心里|家里|里应外合|表里如一|鞭辟入里”转换为“裏面|裏間|心裏|家裏|裏應外合|表裏如一|鞭辟入裏”;而表示里程、邻里的“里”不分简体和繁体,不涉及简繁体的转换。“里弄|里程|故里|乡里|邻里|一日千里”在繁体字文本里写为“里弄|里程|故里|鄉里|鄰里|一日千里”,其中的“里”不能写为“裏”。

后—後。前后的“后”在繁体文本里转换为“後”,“后门|后楼|后辈|后代|后继有人|瞻前顾后”转换为“後門|後樓|後輩|後代|後繼有人|瞻前顧後”;而表示皇后的“后”不分简体和繁体,不涉及简繁体的转换。“后妃|西太后|萧太后”在繁体字文本里写为“后妃|西太后|蕭太后”,其中的“后”不能写为“後”。

征—徵。表示召集、寻求的“征”在繁体文本里转换为“徵”,“征兵|征收|征购|征婚|征稿”转换为“徵兵|徵收|徵購|徵婚|徵稿”;而表示远行、征讨等义的“征”不分简体和繁体,不涉及简繁体的转换。“征程|征战|长征”在繁体文本里写为“征程|征戰|長征”,其中的“征”不能写为“徵”。

几—幾。“几”读 jǐ,用于询问数目或表示不定数目时转换为“幾”,“几时|几个|第几”转换为“幾時|幾個|第幾”;读

jī，用于“几乎|几至|庶几”等词语时转换为“幾乎|幾至|庶幾”。可是表示几案的“几”读jī，不分简体和繁体，不涉及简繁体的转换。“茶几|条几|窗明几净”在繁体文本里写为“茶几|條几|窗明几净”，其中的“几”不能写为“幾”。

繁体转换为简体时，一对一占大多数，没有困难，难点在有的繁体不是整体转换，而是部分转换。例如：

瞭—了。“瞭”读liǎo，表示明白时，转换为“了”，如：“了解”；读liào，表示远望时不转换，仍作“瞭”，如：“瞭哨|瞭望哨”。

乾—干。“乾”读gān，表示没有水分或水分少时，转换为“干”，如：“干燥|晒干|烘干”；读qián，在“乾隆|乾坤|乾县|乾陵|乾元（年号）”等词语中不转换，仍作“乾”。

藉—借。“藉”读jiè，“藉口|憑藉”的“藉”转换为“借”；但是“慰藉（jiè）|狼藉（jí）”的“藉”不转换，仍作“藉”。

穀—谷。“穀”指谷子或泛指谷类作物时，转换为“谷”，如：“谷草|谷物|谷雨|五谷丰登|播种百谷”；在“不穀（古代王侯的自称）|穀梁（复姓）|穀梁传”等词语中不转换，仍作“穀”。

《聪明的田婴》参考答案

1. 春秋——战国
2. 不仅……而且——因为……所以
3. 夭亡——去世
4. 亲睐——青睐
5. 忑忐——忐忑
6. 不安，——不安：
7. 旧帐——旧账
8. 打拆扣——打折扣
9. 使田婴——田婴
10. 带——戴

“震惊中外”和“震惊世界”

◎宗守云

先看几个例子：

（1）《捍卫者》再现了80年前震惊中外的宝山保卫战。（《北京日报》2017年9月20日）

（2）80年前的12月13日，是中华民族近代史上最沉重的一页。南京城破，30万同胞惨遭屠戮，血腥惨案震惊世界。（《人民日报》2017年12月14日）

（3）当地时间11月24日发生的埃及西奈半岛恐怖袭击已造成包括27名儿童在内的至少305人死亡，逾百人受伤。这一恐怖袭击事件震惊世界，国际社会纷纷对袭击予以谴责，对遇难者表示哀悼，并呼吁共同打击恐怖主义。（《人民日报》2017年11月26日）

从概念意义看，“中外”和“世界”是等同的，中国和外国，加起来就是世界，因此“震惊中外”和“震惊世界”的客观意义是相同的。例（1）“震惊中外”也可以说成“震惊世界”，例（2）“震惊世界”也可以说成“震惊中外”，但例（3）“震惊世界”却绝不能说成“震惊中外”。看来，客观意义相同的两种语言表达形式，在运用上很可能不同。

“震惊中外”和“震惊世界”的运用，显然和言说视角有关。“震惊中外”是以中国为言说视角，说话人在中国言说，言说在中国发生的事件；“震惊世界”是以世界各地为言说视角，说话人在世界各地言说，言说世界各地发生的事件。由于中国是世界的一部分，在中国言说，也就是在世界言说；言说中国发生的事件，也就是言说世界发生的事件。正因为如此，凡

"震惊中外"的,一定是"震惊世界"的,"震惊中外"都可以说成"震惊世界";而"震惊世界"的,不一定能说成"震惊中外",尽管实际上也震惊了中国和外国。如例(3),西奈半岛的恐怖袭击既震惊了中国,也震惊了外国,但由于说话人言说埃及发生的事件,言说视角不在中国,因此只能说"震惊世界",不能说"震惊中外"。

认知语言学家兰盖克认为,人们以不同的视角观察同一情景,会在头脑中形成不同的意象,从而产生不同的语言表达方式。比如,"电视机在桌子上面"和"桌子在电视机下面",尽管客观情景相同,但由于说话人言说视角不同,头脑中形成的意象也就不同,于是出现了两种不同的语言表达。"电视机在桌子上面"是以电视机为言说视角,"在桌子上面"是背景;"桌子在电视机下面"是以桌子为言说视角,"在电视机下面"是背景。可以说,在言语交际中,人们说的每一句话,都是特定言说视角的产物。

"震惊中外"和"震惊世界"有言说视角的差异,类似的情况还有"驰名中外"和"驰名世界"、"蜚声中外"和"蜚声世界"、"享誉中外"和"享誉世界"、"轰动中外"和"轰动世界"、"贻笑中外"和"贻笑世界"、"中外记者"和"世界各国记者"、"中外专家"和"世界各国专家"、"中外高层"和"世界各国高层"等等,都有言说视角的差异。

言说视角对语言表达有着深入的影响。了解言说视角,对分析语言结构,辨析语言差异,解释语言现象,都有着重要作用。

《"以远"指哪里》解疑

后来得知,原来"以远"是交通领域的专有词语,指铁路、公路、航空等路线上比某个车站或者机场远的地方。例如从北京经过济南往南去上海或往东去青岛,上海和青岛都是济南以远的地方。

"南辕北辙"也可比喻彼此间的明显差异

◎陈壁耀

商务印书馆2013年出版的赵丕杰《成语误用辨析200例》，其中一例的标题是《"南辕北辙"比喻行动同目的相反》，以为"南辕北辙"这个成语就只有"做法同目的相反"这一个比喻义。他认为"现在有些人没有准确把握这条成语的意义，误以为只要彼此之间在立场、观点、意见、内容等方面存在明显的差异，就叫'南辕北辙'，从而把它的含义泛化了，把它的使用范围扩大了"。此说大可商榷。

成语"南辕北辙"由《战国策·魏策四》的一则寓言故事演变而来，就寓言故事的寓意而言，确实只有一个"做法同目的相反"的喻义，但就成语而言，"它的含义"却是早就"泛化了"，"它的使用范围"也早就"扩大了"。

《辞海》对"南辕北辙"的释义是：比喻行动同目的相反。《申鉴·杂言下》："先民有言，适楚而北辕者，曰：'吾马良，用多，御善。'此三者益侈，其去楚亦远矣。"后也用为背道而驰的意思。

这是说"南辕北辙"有两个含义，其一比喻行动同目的的相反；其二用为背道而驰的意思。1936年版《辞海》说"今谓背道而驰者曰南辕北辙，盖本此而稍变易者"。此所谓"本此而稍变易者"，是说原来"比喻行动同目的相反"的含义，是一个人的行为，要去南方却朝北走，所谓"南辕而北辙"，表示一种转折关系；而"今谓背道而驰者"则是两个人或多人的行为，或南辕，或北辙，各自走不同的路，所谓“南辕与北辙”，表示一种并列关系，而这个表示并列关系的“南辕与北辙”，就是由表示转折关系的“南辕而北辙”稍稍变化而来的。以下试举数例说明。先看几个古人的用例。

①宋刘克庄《后村全集·一〇八·方元吉诗》：“又周游天下，南辕湘粤，北辙汴燕。”

②清杨潮观《吟风阁杂剧·华表柱延陵挂剑》：“这四位名贤，与下官解带写诚，都如旧识，所恨南辕北辙，天各一方。”

③梁启超《饮冰室文集·一〇·论教育当定宗旨》：“今既有之，则发轫之始，实为南辕北辙所关，播核之初，永定苦李甘瓜之种。”

④明高攀龙《答泾阳论儒佛善字不同》：“今日谈学者都将佛宗来证圣学，实无有知吾圣人之道者。若果知之，自见彼此正如南辕北辙，如何合得。”

⑤清黄宗羲《明儒学案》一〇：“人若只在念起念灭上用工夫，一世合不上本体，所谓南辕而北辙也。”

⑥《四库全书总目·三〇·春秋因是》：“名为发挥经义，实质割裂传文，于圣人笔削之旨，南辕北辙，均可以为炯鉴。”

以上六例均引自坊间所出之成语词典，都是由“南辕而北辙”稍变易而形成的各种意思。①例“南辕”“北辙”分列，是说周游天下或南游或北游；②例之“南辕北辙”是说四位名贤天各一方；③例是说不同的教育宗旨，将会培养出不同的学生，或为苦李，或为甘瓜；④例则是比喻儒佛之道难以融合。以上四例之“南辕北辙”，都是并列的“南辕与北辙”的意思，例⑤例⑥两例虽为“南辕而北辙”的转折关系，但含义或用法都已起了变化，是原寓意的泛化和扩大引申了。而此类由初义稍变易而形成的用法，今人用得更多，这几年仅以我有限的阅读而言，其用例就已不下数十条了。兹略举数例以见一斑。

①唐德刚《五十年代的尘

埃·疯院来去》："按玛格里的原计划，车子出门应向北开，这时海伦忽然要求向南开，她要到一座叫作维区的小镇上去。南辕北辙的不同，她和玛格里便争执起来……"（目的地不同）

②张中行《作文杂谈》："儒家重仁义，法家重法术，南辕北辙，可是都言之成理，所以能并存，都受到后代的重视。"（政治思想不同）

③叶兆言《陈旧人物·梁启超》："早在戊戌变法前，他和康有为在学术上，就有一些分歧。到后来，分歧越来越大，他们的政治理想南辕北辙……"（政治理想不同）

④熊培云《重新发现社会（修订版）》："大家尽可以有南辕北辙的不同主张，但不能不保持对异己的基本信任、基本尊重。"（主张不同）

⑤周国平《妞妞——一个父亲的札记》："流俗中的佛教已经与佛的本义南辕北辙。"（宗旨不同）

以上所举各例，都是含义泛化的用例，所表述的也都是"南辕与北辙"的意思，这说明用来比喻彼此间有明显差异的用法已经很多了。所以，不能再墨守旧义，以为"南辕北辙"只此一个喻义，其他都是误用。然赵文之所说或有所本，因为坊间不少常用词典多有如此释义的，如《现代汉语词典》就也只是一个喻义："心里想往南去，却驾车往北走。比喻行动和目的相反。"（第7版937页）由此看来，认为"南辕北辙"只有一个义项的，为数也不少。只是面对如今日渐增多的自北宋以来就有的这些用法，常用词典是否也该考虑增添一个义项了呢？

《火眼金睛》提示

图1，"锁蕊"应为"锁芯"。
图2，"瑾祝"应为"谨祝"。
图3，"盱胎"应为"盱眙"，
"排挡"应为"排档"。
图4，"手感面"应为"手擀面"。

“终南”有捷径

◎赵永成

《特别文摘》2017年11月号《低头一拜屠羊说》一文中有这样一段文字：“当下社会中有股高调的气息在滋生，急于出人头地，盼望一夜暴富，挖空心思走东南捷径；很不愿意过寂寞、平淡和简朴的生活……”这段话中“东南捷径”一说让人费解，应是“终南捷径”。

“终南捷径”是个成语，源于《新唐书·卢藏用传》。“终南”指的是陕西省境内的终南山，位于西安市的西南面，相传为道教的发祥地之一。唐代有个叫卢藏用的人，颇具文才，考中了进士后一直没有派官，于是就跑到终南山里隐居，借此得到了很大的名声，后来果然以高士之名被召入仕。自此以后，许多人都效仿卢藏用，通过隐居在终南山而获得高士之名，最终达到做官的目的。这种风气以唐朝为最，连大诗人李白也未能免俗。后来，人们就用“终南捷径”来比喻谋求官职或名利的捷径，也泛指达到目的的便捷途径。宋代刘克庄《水龙吟·己亥自寿》：“叹终南捷径，太行盘谷，用卿法，从吾好。”

上述引文想表达的意思是，当今有些人心浮气躁，急于出人头地，希望能够找到一条最快最便捷的道路获得成功和财富，这里用“终南捷径”是非常恰当的。“东南捷径”则闻所未闻，也不知何义！

“贤良寺”与“贤良祠”

◎温守江

《文史天地》2017年第4期刊载有《道义是一束炽烈的阳光》一文，其中写道：“曾国藩做事在乎过程，希望自己的一言一行都合乎圣贤的标准，在青年时期就在打造未来进入贤良寺的样子。”此处“贤良寺”值得商榷。

贤良寺，位于北京东城区金鱼胡同、冰盏胡同一带。贤良寺旧在东安门外帅府胡同，本为怡贤亲王的故邸，雍正十二年（1734）改建成寺，乾隆年间迁建于冰盏胡同。贤良寺“以其地近东华，外省大吏入觐，辄喜驻此”（清震钧《天咫偶闻》），成了外省的大臣进京朝见时的住处。同治年间，曾国藩由天津入京见慈禧和同治皇帝时，就曾住过贤良寺。

不过，曾国藩虽曾住过贤良寺，却也只是将其视作临时寓所，不至于为了“未来进入贤良寺”而“打造”自己。按文中之意，此处“贤良寺”当为“贤良祠”之误。

贤良祠，是清朝祭祀王公大臣及有功于国家者的专祠。贤良祠分为京师贤良祠和直省贤良祠，京师贤良祠在北京市西城区地安门西大街，雍正八年（1730）开始建造，于雍正十一年（1733）竣工。清代著名大臣如曾国藩于同治朝，左宗棠、李鸿章于光绪朝先后入祀贤良祠。除京师外，各省亦先后建贤良祠，以知府承祭。

贤良寺与贤良祠仅一字之差，但是，二者在清代的政治地位是有云泥之别的。贤良寺只

舜歌《南风》，未歌南国

◎李景祥

《沈阳日报》2017年8月4日T6版《盛京人物》栏刊有《一琴飞瀑　五代连珠》一文，文中有这样一句话：“古琴，孔子时期已盛行，《尚书》有舜弹五弦之琴，歌南国而天下治。”经查阅，《尚书》中并没有这样的说法，并且舜帝所歌的应是《南风》。

《史记·乐书》有云：“昔者舜作五弦之琴，以歌南风；夔始作乐，以赏诸侯。故天子之为乐也，以赏诸侯之有德者也。”后又以“舜弹五弦之琴，歌南风之诗而天下治；纣为朝歌北鄙之音，身死国亡”的对比，说明了礼乐与治国的关系。《礼记·乐记》《淮南子》中也有相关的记载，《孔子家语·辨乐解》还记录了《南风》的歌词：“南风之薰兮，可以解吾民之愠兮；南风之时兮，可以阜吾民之财兮。”

舜帝所歌的《南风》，在后世产生重大的影响，于是古曲中有了《南风畅》《熏风曲》，古琴有称“南风琴”“南风弦”的，古诗文中常出现的“舜琴”“舜弦”“咏南风”“熏风琴”等也都是出自舜帝歌南风的典故。

“南国”古指江汉一带的诸侯国，后泛指我国的南方地区。典籍中没有舜歌“南国”的说法。

是一座寺院，可以借住；贤良祠则是国家对有功于社稷的王公大臣的重要褒奖场所，能够在身故后入贤良祠，是文臣武将的莫大荣耀。曾国藩一心想进的，正是“贤良祠”。

苏轼“改名叫苏东坡”？

◎周　振

《报刊文摘》2017年12月27日3版刊登《人生最深的滋味》一文，其中这样写道：“他的朋友马梦得……帮苏轼夫妇申请了一块荒芜的旧营地使用，所以苏轼就改名叫苏东坡。”其中“苏轼改名叫苏东坡”的说法并不正确。苏轼在黄州居住时，自号“东坡居士”，人们就称他为“苏东坡”，这并不是苏轼自己改的名。

旧时人们除了名以外，还有字和号。名，是人出生后父母或其他长辈起的称谓。字，是成年之后在本名以外另起以表德行、特性的称谓，也称“表字”。字一般与名在意义上有联系，如诸葛亮字孔明，曾巩字子固。名和字在使用上有区别：尊长对卑幼者可称呼其名，自称、谦称时也称名；卑幼对尊长则称其字；同辈之间一般互称字，若关系亲密也可以互称名。号是旧时人们在名和字以外另起的称谓，一般用于表达自己的志趣或操守，也叫别号，如李白自号青莲居士，欧阳修号醉翁。

苏轼是北宋文学家、书画家，为唐宋八大家之一。他名轼，字子瞻，号东坡居士。轼，古代设在车厢前供立乘者凭扶的横木。凭轼可瞻望，故苏轼字子瞻，其字是对名的演绎。他号东坡居士，则与他的坎坷仕途有关。神宗元丰二年(1079)，他因“乌台诗案”被捕入狱，“神宗独怜之，以黄州团练副使安置。轼与田父野老，相从溪山间，筑室于东坡，自号‘东坡居士’”(《宋史·苏轼传》)。东坡在黄州东

“矩矱”不可作“矩薙”

◎董寅生

在北京四中初中部操场北侧的中心位置，有座乾隆题写的“谕习骑射熟国语碑”，御碑旁侧有一金属铭牌，对此碑的来历做了说明。遗憾的是，这块铭牌在引述碑文时，出现了一个错字，将“矩矱”的“矱”误成了“薙”。

对多数人来说，“薙”和“矱”现在都属于生僻字了，两字虽然形似，但是读音和意思都截然不同。矱，读音为yuē，本义为尺度。矩矱，即规矩法度。屈原《离骚》中就有“勉升降以上下兮，求矩矱之所同”，王逸注：“矩，法也；矱，度也。”

薙，读音为tì，本义是除草，引申有删削之义，后也用来指割下的杂草和草渣。“矩薙相传”难以说通。

……………………………………………………

门之外，是一块被废弃的旧营地。苏轼在此盖房子，把荒地开垦成耕地，并自号东坡居士。因苏轼号东坡居士，故人们常以“东坡”称呼苏轼。人们在收集、整理苏轼的作品时，也往往冠以“东坡”之号，如《东坡全集》《东坡词》等。

日中无“赤兔”

◎沈阳仁

《博览群书》2018年01期《话说“嗡急如律令”》一文，讲到道教诸神时这样说道：“如西王母、彭祖、太上老君等，以及日中赤兔、月上吴刚等，每一自然现象总有一个人格神作为主宰而出现。”句中“日中赤兔”应为“日中赤乌”。

赤乌是我国古代传说中的神鸟，有三足，居住在太阳里，也称金乌、金鸦。《山海经·大荒东经》有云：“汤谷上有扶木，一日方至，一日方出，皆载于乌。”郭璞注：“中有三足乌。”古人还常用“赤乌”指代太阳，如三国薛综《赤乌颂》：“赫赫赤乌，惟日之精。”

赤兔相传是古代视为瑞征的红毛兔，《宋书·符瑞志》中记载：“赤兔，王者盛德则至。”不过，与之相关的文献不多，人们知之甚少。对于“赤兔”，更多人所知道的应该还是三国时期的骏马“赤兔马”。赤兔马原为吕布坐骑，《三国演义》中说，曹操杀了吕布之后，将赤兔马赠给了关羽，赤兔马随关羽东征西战，立下赫赫战功。后赤兔也用来泛指良马。不管指红毛兔还是骏马，赤兔都与太阳没有什么关联。

另外，在我国的传统文化中，因传说月中有玉兔，所以“兔”也可用来指代月亮，如唐代杜甫《月》：“兔应疑鹤发，蟾亦恋

“慑衣”当为“摄衣”

◎闻鲁济

《领导文萃》2017 年第 22 期刊有《粗鲁的力量》一文，其中写道：“（刘邦）会见老儒郦生（郦食其 Yìjī）时，被郦生义正辞严说了几句，刘邦立刻慑衣而起，长揖谢罪。”文中所说“慑衣”应为“摄衣”。

刘邦见郦食其之事，出自《史记·郦生陆贾列传》。刘邦见郦食其时，正在踞坐洗脚，郦食其问他是想要帮助秦国攻打诸侯，还是想要率领诸侯攻打秦国。刘邦骂道：天下苦秦久矣，什么叫作帮助秦国攻打诸侯？郦食其说：如果你想要聚合民众、召集义兵来推翻秦，就不应该箕踞着见长者。“于是沛公辍洗，起摄衣，延郦生上坐，谢之。”意思是，刘邦就不再洗脚，站起来提起衣服，将郦食其请到了上宾的座位，向他道歉。摄，音 shè，《说文》：“摄，引持也。”本义为提起、牵引，后引申出吸取、摄影、辅佐等义。摄衣，即提起衣服。

慑，也读作 shè，义为害怕、使害怕。《说文》：“慑，失气也。”有威慑、慑服等词。“慑衣”说不通。误“摄”为“慑”，当是音同形近所致。

貂裘。”古人经常将“乌”“兔”并举来形容日月更替，光阴流逝，如唐代白居易《劝酒》：“天地迢迢自长久，白兔赤乌相趁走。”成语乌飞兔走，也是形容光阴迅速地逝去。联系第一段的引文，不管从什么角度来说，“日中”都不应有“赤兔”。

“鸡汤”，你怎么看

◎宫雪娇

如今的生活节奏快、压力大，在碎片化、快餐化阅读的浪潮席卷社会之时，你是否曾阅读过这样打鸡血般的励志语录——“你可以经常失败，但是唯有在放弃的时候，你才成为失败者”（李开复），“上山的人永远不要瞧不起下山的人，因为他曾经风光过；山上的人不要瞧不起山下的人，因为他们会爬上来。所以一定要做好自己”（陈道明）。或者是文章《婚姻是女人一辈子的事》《爱要深，心要狠　幸福不能等》；抑或是歌词“不经历风雨怎么见彩虹”“擦干泪，不要怕，至少我们还有梦”……没错，这些都是“心灵鸡汤”。

“心灵鸡汤”源于杰克·坎菲儿、马克·汉森创作的一本名叫《心灵鸡汤》的小书，书中包含了约100个激发志气、温暖心灵的小故事。此书出版后广受欢迎，一时洛阳纸贵，也使“心灵鸡汤”成为一个社会流行语。人不只身体需要补充营养，心灵也需要滋养，“心灵鸡汤”成为“通俗易懂、温暖人心、能够励志，又不乏智慧开示”的代名词。具备这些特点的文章、书籍、图片、影像、语录和视频在今日的大众社交文化中均可称为“鸡汤”。有人说，人在社会中生活，面对残酷的现实，不时需励志的语言、柔软的情感灌溉心灵。鸡汤之所以有市场，正在于它迎合了人们内心的情感需求。

俗话说“心灵鸡汤暖人心”，然而“暖人心”的“鸡汤”却在社交网络乱象中变了味儿，不少已失去了其“原汁原味”，甚至加入了一些有“毒”的“佐料”，成了“心灵毒鸡汤”。“毒鸡汤”的“毒”主要体现在以下两个方面：

其一，过去散发着满满正能量的心灵鸡汤逐渐向“负能量段子”靠拢，成为“心灵砒霜”。比如“不要以为世界抛弃了你，世界根本没空搭理你”“谈性价比就输在起跑线了，只有穷人才谈性价比，富人都讲情怀”“只要是石头，到哪里都不会发光的”等等。然而，这些充满着“负能量”的毒鸡汤却引发热议，受到追捧，许多网友认为“偶尔自嘲一下也能得到很多欢乐”“看完后我整个人豁然开朗了，觉得这似乎才是人生的硬道理”。究其原因，心灵鸡汤给我们以美好的愿景，心灵毒鸡汤则告诉我们生活的不易。面对现实生活的残酷与艰难，自嘲、自黑已然成为不少人减压的手段。因而，很多年轻人认为，与其拿一些徒有其表的鸡汤来自我麻痹，不如多读毒鸡汤使自己的心理承受能力更为强大。

其二，许多看似是鸡汤实则暗藏营销和诈骗信息的“毒鸡汤”在社交网络中屡见不鲜。商业利益永远是最强大的助推力，各类“箴言妙语”目不暇接，各种广告难辨真假，层出不穷的微信“爆款”文章充斥朋友圈，此类帖子往往附带广告或广告链接，有的甚至直接将广告植入到帖子当中。“鸡汤”现已成为了许多营销信息诱导网友转发所借助的方式，而在这一次次的转发与点击的背后则是一条条收益不少的产业链。面对这类“毒鸡汤”，我们要擦亮双眼，摆正心态，不要轻信朋友圈中所推荐的各类广告。

我们的生活固然需要鸡汤，但这鸡汤终究应该是文火慢炖的细致经营，从而产生智慧与知识。而偷工减料、以次充好、添加有毒佐料，尤其是暗含商业营销和诈骗信息的“毒鸡汤”，在本质上是碗“假鸡汤”，我们应该提高鉴别力，坚决抵制。

何谓『神作』

◎朱玲奕

近年来，网络上频频出现“神作”一词。那么，它是什么意思呢？

“神作”一词来源于日语，比喻作品出色，像是由神完成的。在我国，它为人们所熟知最早是在动漫界，用来形容那些各方面几近完美的动画、漫画或游戏作品。比如被尊为“神作”的《新世纪福音战士》，就是在日本引起轰动的一部动画作品，被许多动漫爱好者视为日本历史上最伟大的动漫之一。

渐渐地，汉语中“神作”一词的使用领域得到了扩大。它先是用于影视圈，一些电影、电视剧纷纷被冠以“神作”的称号，例如“《泰坦尼克号》真是一部可以称得上‘神作’的电影”“什么时候再有《霸王别姬》这种神作”“美剧神作《权力的游戏》第七季无人能及，也许会成为永恒的经典”等等。这些被称为“神作”的影视剧通常具有独特的风格，并且能够获得大众的认可。

紧接着，“神作”一词又从影视圈逐步扩散出去，其他领域的很多令人惊叹的作品都陆续受封“神作”：“最震撼的8个建筑神作盘点，倒数第二个我不得不服”，称建筑中的佼佼者为“神作”；“少年天才神作《千里江山图》背后，绕不开文艺帝王宋徽宗”，认为《千里江山图》这幅画无愧于“神作”之名；“《赤兔之死》为啥是满分神作”中的“神作”，则是指高考中的满分作文。可见，此时“神作”中的“作”字，可以解释为广泛意义上的“作品”，而不再局限于某一领域了。

随后我们又看到，“神作”继续扩展到了某些一次性的行为动作上，而不仅限于传统意义上的作品。在《暴力鸟恒大10佳球：惊天任意球成神作，屡次霸气绝杀》这则新闻标题中，被称为“神作”的是保利尼奥踢出的任意球；而在《重庆现停车神作：车身距行道树不足1厘米》中，更是将一种常人难以实现的停车方式叫作“神作”。

一方面，汉语中“神作”的指称对象从原来的动漫作品扩大到了各个领域的作品乃至某些行为动作；另一方面，“神作”的认定标准也随着使用者和使用场景的不同而呈现出多元化的特点。

称某部作品是“神作”，将其置于至高无上的“神”的位置，无疑是对该作品实力的一种高度肯定。正常情况下，“神作”应该是不可多得的，应该是能受得住时间考验，能获得绝大多数人认可的。然而，实际情况却并非如此。在具体的使用过程中，人们往往不会在综合考虑各个因素后，再决定一个作品是否称得上“神作”，而多是凭借一己的主观意愿，为那些自己认为在某个方面较为突出的作品贴上“神作”的标签，比如说“这首歌真是我心中的神作”。或者是将“神作”作为一个感叹词，以表达对某事物的高度赞美之情，例如“五花肉最销魂的做法，好吃不腻，简直神作”。这样的句子其实都用到了夸张的手法。

事实上，不仅是好到极点的作品可以被叫作“神作”，与之相反的差到极点的作品有时也会被人们戏称为“神作”，此时“神作”一词的使用就充满了反讽性。如“谢天谢地，这部烂出新姿势的神作，终于撤档了”，以及“堪比血狮的‘神作’，盘点世界十大最烂游戏”，这两句话都用了反语的修辞方法，分别称某电影和游戏为“神作”，不仅不是在赞美，相反是在嘲讽它们的制作水平低得令人难以忍受。

此外，“神作”还有一种比较特别的用法，即用在“如果……，就是神作了”这一句式中。其中“如果”后面的内容一般是一件概率很小的事，“就是神作了”说的是这一事件如果真的发生了，那就实在太出人意料了。这一句式起先用于对某游戏、动漫或影视剧后续发

『迷妹』之谜

◎张宇阳

“迷妹”，一个活跃在各种网络语境并正在向日常生活蔓延的词，最广义的解释是“粉丝（fans）”。不知从何时起，还没有从“粉丝”这一说法中回过神来的人们蓦然发现自己已经陷入了“迷妹”的重重包围。“迷妹”无所不在，甚至比“粉丝”更多了一层压迫感。那么“迷妹”究竟有何新意呢？

最早被称为“迷妹”的可能是一位五月天的歌迷，她在网上说：“喜欢五月天，是追逐主唱阿信那张日系少年的颜。”即便这位女性歌迷只是真切地表达了她独特的追星体验，并无可厚非，但网友还是认为她只是一味地迷恋歌手外貌，忽视歌手作品，无法为其不理智的追星行为辩护，粉丝已不足以形容其痴迷，于是新创作了一个“迷妹”来称呼她。

逐渐地，“迷妹”成为了男明星女粉丝的自称，她们往往把偶像当作自己的“男神”，且绝大多数痴迷于男神的外表，这种自称恰恰能凸显她们对于

展的推测和吐槽，如“《卧底联盟》里如果魏先生是卧底就神作了”。之后也用于预言接下来可能会发生在自己或他人身上的事，一般带有调侃的意味，如“日常睡不着，待会睡过头赶不上车就神作了”。

“神作”一词在从日本传入中国后，始终都焕发着旺盛的生命力。如今的“神作”没有固定统一的标准，它在使用上带有鲜明的主观性，时而是发自内心的赞美，时而是毫不客气的讽刺，时而又是引人发笑的吐槽。在对“神作”的声声呼唤中，我们看到了当下人们那种拒绝平庸、渴望不凡的姿态。

那么，你心目中的“神作”是怎样的呢？

偶像的无限热爱。这时候的“迷妹”在大众眼中与粉丝并没有多大差距,只是特指女性而已。

随着诸多网络风波的产生,许多粉丝群体为了维护自己的偶像,在网络上发文、站队,甚至引发激战,而感性的女粉丝更是一马当先。《乌合之众》中曾说过:“聚集成群的人,他们的感情和思想全都采取同一个方向,他们的自觉的个性消失了,形成了一种集体心理。”这些粉丝们往往顶着“迷妹”的称号,表现出自己的疯狂热情,部分不够理智者更是陷入痴魔的境地。经过多次此类事件,“迷妹”在网友眼中便逐渐变成了“为了男神迷失自我的妹子”。当“迷妹”成为一类特殊的群体,它在集体意义上获得了贬义色彩,女性的感性放大了群体的缺点,同时也使得“迷妹”这样一种表述的内涵超越了“女性粉丝”,开始走进公众视野。

其后,发源于追星文化的“迷妹”又开始不断泛化,扩展了自己的使用范围,对于老师、专家甚至同龄人,只要有一技之长,就会有大批“迷妹”自动尾随。这样的话语频繁出现,如“全运会奇观:张继科‘迷妹’统治体育馆”“真迷妹——老师安利的洗衣粉我都买了”“化身学霸同学小迷妹”等等。于是衡量某人专业技能是否过硬的方法之一就是统计其“迷妹”的数量,也就是说,“迷妹”成群变成了通往成功的必由之路。

蔓延到各种生活领域的“迷妹”群,也消散了之前“迷狂”的意义,蜕变为简单意义上的“喜欢”,不论是日常用品还是生活场景,足够吸引人就能引来众多的“迷妹”。最终,对于任何方面的精益求精变成“迷妹”为之痴迷的根本点,“迷妹”俨然成为了对“专业技能”的高境界有追求、有理想的新群体。她们在为社会发展、人类进步不断摇旗呐喊,给人以鼓励和支持。

华语人

[马来西亚]杜忠全

进入21世纪没几年，马来西亚的中文纸媒就先后出现一个让有识者见了会心一笑的新词儿，叫“华语人”。

所谓“华语人”，指的是只会听和说华语（全世界华人的共同语，以现代汉语普通话为基础），跟传统的华人方言有隔阂的华裔。

“华语人”的涌现，是否与20世纪80年代初期，马来西亚华团受新加坡禁方言国策之“感召”，而在民间自发性地展开“讲华语运动”有关联，或许需要进一步考察与分析才能得到定论。然而有一个事实是，“华语人”大多是80后成长的新世代。如果是更早的一辈，一般都是在以祖籍方言为主的家庭环境里出生的，入学之后才开始学习华语，他们对祖籍方言具有一定的熟悉度。

“华语人”一词的出现，早期未必含贬义，只是出于戏谑。马来西亚的华人主要是华南移民，按照籍贯，可以划分为闽南、广府、潮州、客家、福州、广西等方言群。追究“华语人”一词的源头，主要是指某些小辈虽然属于某个方言群，却无法流畅地以自己的祖籍方言与人交际，有的甚至连听都无法完全听懂，只能以学校教学媒介语华语来沟通。这样的编派，原本有一丝讪笑的意味，虽是事实，但说的人并非严厉地斥责，只是对熟稔的小辈语带促狭地编派，一阵笑闹，也就过去了。

随着一代新人换旧人，在马来西亚华人社会，华语近年来逐渐取代方言，成为华人家庭的生活语言了，“华语人”的存在，也就不再与社会的认知格格不入。而今80后、90后乃至00后的新世代不谙祖籍方言，在华人的社交圈里只能以华语来进行交际，已经不是什么值得大惊小怪的事情了。于是就有人自称“华语人”，表明自己无法听和说方言，要求人们用华语与他沟通。从别人的戏谑讪笑到自我认定，是有一个过程的。

在传统的方言群划分之外，只会说华语的华族子弟逐渐增加，几乎形成一个新的群体，这就是“华语人”一词出现的缘由。

马来西亚华社造出“华语人”这个词儿，原有一份方言没落与祖籍文化传承中断的忧虑与无奈，然而逐渐成为新一代的自我认同，这或许是当初人们料想不到的。

（作者是马来西亚拉曼大学金宝校区中文系主任）

谈台湾字母词“A钱”

[中国台湾]高婉瑜

“A”是台湾闽南语e3（台罗拼音）的谐音词，读音采汉化字母音，读高平调，指暗中拿走不该得的财物。“A”是动词，可用于主动或被动，常见的结构形式是“A钱”（述宾结构），如：“检调日前查出，丁在荣总任职六年内，靠不法A钱，身价竟超过二亿元”，还有“A走”（述补结构），如“脸丢国外 台奥客A走百货婴车”。

除了“钱”之外，“A”的受事五花八门，大至潜水艇，小至假糖果，价值大至上亿，小到几元。如“A走美无人潜艇”“A走2辆奔驰”“A走基地高价龙柏”“A走别人手机”“A走他收藏的石头”“A走客人存酒”“A了老年人的优惠”“Kitty被A了”“A走发票”“A走物品”“A走饭店马桶座”“A走Hello Kitty图样的头垫巾”“A走盒子里假糖果”等等。可见受事的种类多种多样，价值可大可小，但往往是昂贵，或施事者认为是有价值的财物。上述例子也反映了“A”可带动态助词“了”。

有一种“A”不具负面义，如“到便利超商内的ATM机领钱，将有好康可A了”，“有好康可A”即有好处可拿之义。亦可说“A好康”，如“打手机拜年可A好康”。这种用法的“A”往往是公开宣传，鼓励民众参与活动，并无暗中、不应得之义。

正面义的“A”数量不如负面义“A”，两者受事无别，但句法上负面义的“A”可用于被字句，正面义的“A”套入被字句后，语意也变成负面义，如“好康被A了”。究竟“A”是正面义或负面义，需仰赖语境判断，如果仅是陈述句“A加油金”“A礼券”“A反馈”，通常优先理解为负面义的“A”。

（作者是高雄师范大学国文学系副教授）

掂掂各地华语中的“斤”“两”

［中国大陆］郭　熙

在我国大陆，如今一斤为十两，“半斤八两”已成历史；但后者在香港、澳门等地还一定程度地活跃着。那么，一斤的具体重量（或质量）是多少呢？《现代汉语词典》《汉语大词典》都说合公制的500克。

社会上也都普遍这样认为。《全球华语词典》没有收“斤”，《全球华语大词典》收了“斤”，也只是沿用了《现代汉语词典》的说法。

然而，从各地华语社会实际情况看，各地华语中的“斤”

并不等“值”。新加坡和大陆的新疆、云南,“斤”已经代表公斤,显然,这是全面采用公制的结果;而在中国香港、澳门、台湾,以至于海外的一些华人社会里,“斤”却并非500克,而是600克左右。

“斤”在各地华语中的差别一定程度上反映了各地华人社会的不同历史。就笔者查到的资料看,中国不同时代“斤”的值并不相同。我们还不清楚各个时代准确的“斤值”是多少,能知道的是清代的“斤”约为596.8克。今天600克左右的“斤”应该都源于此。当今香港、澳门民间将其称为“司马斤”,每斤约604.79克。这个“斤”在周边国家也留下了蛛丝马迹,例如,新加坡和马来西亚的“斤”是604.8克(华人民间说是600克)。上面这些都是换算出的约数。

笔者就“斤”“两”问题在海外华人社会的华文工作者中进行了一定范围的调查,结果表明:(1)传统华人社会曾使用而有的还在继续使用“半斤八两”的计量方式;(2)东南亚华人社会保留得更多;(3)各地都逐步在向公制靠拢。

有必要说一下港澳台地区保留600克一斤的原因。中国一斤500克的新制始于1929年,当时香港、澳门和台湾分别为他国统治,自然无法跟大陆统一。1956年,大陆将市制改为一斤十两的十进制,也未能进入三地。台湾教育部门出版的《重编国语辞典》计量词“斤”条下列台斤和市斤两个义项,并说明前者为600克,十六两,后者为500克,十两。实际上,市面上不用市斤,只用所谓“台斤”,但民间以“斤”相称。

“半斤八两”作为成语记录了“斤”“两”关系的演变,而“斤值”变化因不留痕迹,早让人淡忘。掂掂各地华语“斤、两”,使我们看到了历史的“斤值”的脚印,相关词典应该记下这一点。

(作者是暨南大学海外华语研究中心主任)

“镭”和“令吉”

［马来西亚］邓月璇

马来西亚华人通称“钱”为“镭”（读 lui）。一般人认为“镭”是马来语 duit（钱）的借词，但是追本溯源，在荷属马六甲时期（1641—1824），曾出现一种叫 Doit 的钱币，那是荷兰人为应付当地需求而发行的小额钱币。

查检英语词典，doit 指荷兰小铜硬币，面额极小，而其发音恰好与 duit 相同。

把钱叫作“镭”这件事证明，华侨先贤作客异乡必然受到异国语言文化的影响，而马来土著也会吸收其他国家或民族的词语，以丰富本民族的词汇。

在英国殖民马来亚后，英国贸易货币逐渐流通，五分钱一角钱叫银角，一分钱半分钱叫铜镭。而广大操方言的群众习惯把“一分钱”说成“一占钱”，于是“分”与“占”成了同义词。一元银币则叫“一箍”，闽南话叫一箍银（ tsit-khoo gin ）。据老一辈说，“箍”源于英语的 coin（硬币）。尽管现在通行纸币，但是人们已习惯把“箍”作为钱的量词。

而“占”在华语字典里虽未列货币义项，但它确曾出现在马来亚的钞票上。1878 年一名来自阿拉伯的富商，获得柔佛州苏丹阿布巴卡恩赐一大片土地，于是他引进大量劳工来开垦园丘，并获得苏丹恩准发行钞票，钞票上面印有爪夷文、英文、华文和印度文。其中一套钞票面额是“二角五占”，“占”字福建、客家及广东方言分别读成 tsiam、chaim 和 zham。

今天的华语字典对“镭”的

解释大多只有放射性元素一义，但沿用至今，马来同胞都明白华人口中的“镭”就是钱。

马来西亚现今货币的名称是“令吉”（Ringgit）。关于Ringgit的词源众说纷纭，莫衷一是，故而从略。

Ringgit曾音译为“零吉”，马来西亚和新加坡两国都用。2004年马来西亚华语规范理事会推荐将Ringgit的华文写法改为“令吉”或“灵吉”，最终选定“令吉”，作为规范译名。

现在马来西亚的华文媒体和教科书都以“令吉”取代“零吉”。不过，这个规范译名尚未被中国的普通话词汇吸收，中国将Ringgit译作“林吉特”。

（作者是马来西亚《中国报》助理编辑主任）

公屋、居屋、丁屋

[中国香港]李　斐

楼宇就是楼房，港澳地区常用。由若干栋楼房所组成的建筑群，称为“屋苑”。屋苑多为私人或半公营建筑商兴建的住宅小区。除私家楼外，香港还有一些特殊的楼宇——公屋、居屋和丁屋。

公屋，是香港公共屋邨的简称。现时香港提供出租公营房屋的机构有三个：香港房屋委员会（房委会）、香港房屋协会（房协）及香港平民屋宇有限公司。公屋由政府出资兴建，业权归政府所有，政府以廉价出租给中低收入的市民。截至2016年中，香港约有210多万人（约占总人口的三分之一）居住在公屋中。

申请公屋的市民为香港永久居民，需年满18岁，且入息（收入）上限符合政府的规定，以四人家庭为例，目前每月总收入不得超过 27 050 港元。这个限额会适时调整。如果收入超过规定,成为“公屋富户”,那么政府就会收回公屋。公屋多用“× × 邨”命名。

居屋,是“居者有其屋”的简称,它是在政府于 1973 年推行的 Home Ownership Scheme(HOS,居者有其屋计划)下所兴建的房屋。居屋由房委会兴建,扣除地价后,其售价约为市价的七成,卖给低收入的市民。出租与转让居屋受到严格的限制。

居屋多以“× × 苑”命名,其中某一栋楼房多用“× × 阁”命名。购买居屋者,其入息(收入)上限为每人月入不得超过 27 400 港元。跟公屋一样,这个规定政府也是会适时调整的。

丁屋是村屋的一种。村屋是指兴建于香港新界围村中的房屋,它和丁屋的概念有所重叠。丁屋是指香港新界原居民的男性后人(男丁)获准在私人土地上兴建的房屋,它是香港政府 1972 年 New Territories Small House Policy(新界小型屋宇政策)的产物。该政策规定年满 18 岁的新界男性原居民,可以向政府申请,建造一座每层面积不超过 700 平方英尺(约 65 平方米),高度不超过 8.22 米的三层楼房,这种楼房就是丁屋。一般而言,丁屋就是村屋,而村屋除了丁屋之外,还包括其他兴建于围村的可自由买卖的屋苑。

(作者是香港岭南大学中国语文教学与测试中心博士、高级讲师)

微语录·哲理

当杯子装满牛奶的时候,人们说:这是牛奶;当杯子装满油的时候,人们说:这是油;当杯子装满酒的时候,人们会说:这是酒。只有当杯子不装任何东西的时候,人们才会说:这是杯子。

(乔　桥/辑)

谈联说谜

“代词”入谜添谐趣（下）

◎江更生

说起古汉语中的指示代词，制谜者瞩目较多的一个词为“斯”，其次才是“彼”“此”等词。今依次介绍于下。像以唐代丘为《寻西山隐者不遇》诗中的名句“绝顶一茅茨”为谜面，要求打外国名山一。谜面的意思是说隐者把家安在这座山的崖顶上，据此，我们可揣度出谜底为“安第斯山”。“安第”作“安家落户”解，“斯山”则作“这山”解，在此，译音“斯”已别解为指示代词。再看一例：“据考，此印确系洪武年间刘伯温所镌”，打一个国际金融名词，谜底为“明斯基时刻”。解谜时，谜底须读作“明斯/基时刻”，别解为“明证此印乃刘基时所刻”。刘伯温，名基，为明太祖朱元璋（年号“洪武”）的重要谋士。“斯”作指示代词，指这方印章。有个有趣的现象，在谜中“彼”与“此”往往同时在一条谜中亮相。例如有条沪语趣谜：“两个‘十三点’”，打六字成语一句。沪语称傻里巴叽的人为“十三点”，犹如北方人所说的“二百五”或“二”。然而，此处不作如是解，却是别解为时间，即下午一时。根据此意，则有两个“一时”，所以谜底为“彼一时，此一时”。

最后谈谈疑问代词，能让谜作者选入作为谜底材料的还真不少哩，计有“安”“胡”“何”“奚”“恶”等。“安”作疑问代词用时，有“哪里”之义。例如以“一言难尽”打古典小说《水浒传》中水泊梁山好汉（谜界术语称作“泊人”，其诨号称为“泊诨”）“安道全”，谜底须别解为“一句话哪里能说完事情的全部啊”之义与谜面契合。又如以“守财奴临终望钱兴叹”打汽车配件“安全带”，谜底应别解为“（这些钱）哪里能全带得走！”要是“胡”作为疑问代词的话，则解释为“何”“怎样”或“为什么”等意。例如以“此行何去”打已故现代学者“胡适”(注:胡,作“怎样”解;适,作“前往”解)。同样的谜底,也有人用“嫁与何人”去扣合的。这时的“胡”仍作疑问代词“何”解,但“适”在这里却用了个古汉语词义,即女子嫁人,扣个“嫁”字。至于拿“何”字作疑问代词的话,其义就显豁得多了,可以作“为什么”“怎样”“哪里”“哪样”“什么”等多种解释,甚至还有反问的意思。现举数例说明,如以“为什么迟到”打三国人名“何晏”(注:晏,迟);又如以“询问竞鸽宗旨”打越剧、滑稽戏与影视多栖演员“何赛飞”(注:别解为“为什么比赛信鸽飞翔”);还有如以“南朝齐梁,兴勃亡忽为哪般”打八字成语“成也萧何,败也萧何”。南北朝时的齐和梁两个朝代的皇帝都姓萧,这儿的“何”是作疑问代词用的,意思是“为什么”。整个谜底应读作“成也萧/何?败也萧/何?”可别解为“很快能建成萧氏王朝,这是为什么?如此突然败亡的萧氏王朝,这又是为什么”扣面。更有人将用于反问的“何”字嵌于谜中,以称赞戏曲乐师对文、武场面乐器样样精通的京剧术语“六场通透”为谜面,打五字成语“何乐而不为”,别解为“又有哪一样乐器没演奏过”的意思。

通常用得较少的是“奚”和“恶”,“奚”作疑问代词是“哪个”的意思,“恶”则有“怎么”的意思。例如以“请问哪条国道?”打京剧武生演员“奚中路”(注:奚,哪是;中路,中国道路);以“怎样写戏”打三字常言“恶作剧”(注:恶,作“怎样”解)。

上述灯谜有个明显的特点,那就是谜底中藏有古汉语里的代词。因此我们若见到谜面上有表示代词意义的词语时,就得提防作者可能会在谜底上埋伏这些古汉语中常用的三种代词。所以我们应该多掌握一些古汉语词语知识,一旦遇上这类灯谜,猜射起来就能得心应手,颇有斩获了。

《唐祝文周四杰传》中的灯谜

◎刘茂业

民国时期出版的《唐祝文周四杰传》，是一部讲述明代唐伯虎等“四大才子”逸闻趣事的通俗小说。作者程瞻庐（1879—1943），不仅是著名的鸳鸯蝴蝶派作家，也是一位谜家。

在《唐祝文周四杰传》的多回中，作者生动描写了元宵佳节猜灯谜的情景，并“植入”四十余条谜作。试举小说第七十回中几例：“诧”打书名《家语》，谜面左边“讠（言字旁）”表示说话，扣合谜底里的“语”，右边“宅”是房子，扣合“家”，《家语》即记录孔子及孔门弟子思想言行的著作——《孔子家语》的简称；“父为相国”打唐文句“家君作宰”，谜底出自王勃《滕王阁序》，“宰”本是古代官吏的通称，全句原意是说“家父当（县令）官”，这里“宰”别解为“宰相”；“双红豆”打《六才》句“一样是相思”，谜面是词牌《长相思》的别名，明末清初文学批评家金圣叹评订《庄子》《离骚》等为“六才子书”，王实甫的《西厢记》位列第六，省称“六才”，“红豆”又名“相思豆”，故扣；“怀王孙”打俗语“一肚皮的草”，“怀”是“怀里藏着”的意思，扣合“一肚皮”，“王孙”借指王孙草。

作者因是灯谜的行家里手，所以小说中这些谜作都非常逗趣，雅俗共赏。

每月二谜

1.珥（打网络流行语一）

2.弱秦何以变强秦，全仗铁腕始皇帝（打四字国际名词一）

上期答案

1.前演《西厢》传柬婢，后饰许仙共枕人（打花卉二）

谜底：一串红、一串白

2.文征明出谜（打动物一）

谜底：壁虎（注：文征明名壁，灯谜亦名灯虎）

聪明的田婴

（文中有十处差错，你能找出来吗？答案在本期找）

◎梁北夕　设计

田婴是春秋时期齐国名臣。他不仅治国有方，为齐国的发展发挥了很大的作用，而且深受齐王倚重。

一年，齐王的王后夭亡，后宫之主出现了空缺。齐王把田婴叫来，问他后宫诸女子里哪个适合当王后。

一听这话，田婴心中暗暗叫苦。他知道后宫中有十位貌美的女子都颇受齐王亲睐，但齐王到底最喜欢她们中的哪一位，他却不知晓。田婴心中忑忐不安，一方面，如果自己推荐的人没有当上王后，新后上位之后万一翻起旧帐，恐怕会给自己引来杀身之祸；另一方面，如果推荐不当，不合齐王的心意，齐王对自己的信任也会大打拆扣。

经过一番苦思冥想，使田婴有了一个主意。他让人打造了十副耳环，其中的一副镶嵌了名贵的宝石，自然显得更加漂亮。他拿着这些耳环去见齐王，请齐王把它们赏赐给后宫的十位漂亮的女子。第二天，田婴发现最漂亮的那一副耳环带在了其中一位美丽的女子的耳朵上。于是，他向齐王推荐了这位美人。齐王十分高兴，对田婴大加赞赏，因为这位美人恰恰是齐王想立为王后的女子。

图中差错知多少？

狮子坡　和套民
柴茂林　石苏成　提供

（答案在本期找）

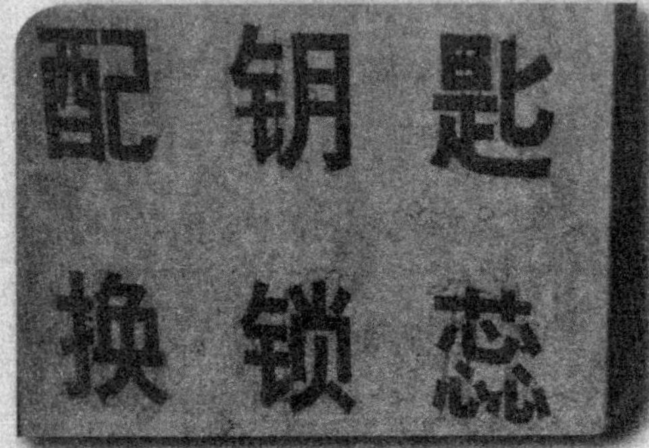

1	4
2	
3	

ISSN 1009-2390
9 771009 239180 04

YAOWEN-JIAOZI

咬文嚼字®

05
2018

信天翁

又称“信天缘”，大型海鸟，体长可达1米以上，身体白色略带青，翅淡黑色，趾间有蹼，善飞能泳。《容斋五笔》：“凝立水际不动，鱼过其下则取之，终日无鱼，亦不易地，名曰‘信天缘’。”“信天”即相信天缘的意思。

上海世纪出版集团

欢迎至邮局订阅本刊 邮发代号 4-641
国内统一连续出版物号 CN 31-1801/G
定价：5.00 元

雾里看花

“草子”能做糕吗

刘大寿

在北方某地一家食品店内，有个柜台出售一种发面蛋糕，包装袋上用手写体写了三个大字：草子糕。糕点难道是用“草子”做成的？猜猜看，答案本期找。

“正副所长”

苻景略 / 文　臧田心 / 画

在西南联大任教时，傅斯年担任北大文科研究所所长，郑天挺担任副所长。有人来访时，研究所的接待员总是问：“您是找傅所长还是郑所长？傅所长是正所长，郑所长是副所长。”来访者常常被问得一头雾水。

咬文嚼字®

2018年5月1日出版

5

总第281期

主管：上海世纪出版集团
主办：上海咬文嚼字文化传播有限公司
编辑、出版：《咬文嚼字》杂志社
集团网站：http://www.shwenyi.com
E-mail：yaowenjiaozi2@163.com
官方微博：
http://weibo.com/yaowenjiaozish
电话传真：021-64330669
发行电话：021-64674759
邮购电话：021-64372608-243
地址：上海市绍兴路7号
邮政编码：200020
发行：上海市报刊发行局
发行范围：国内外公开
订阅处：全国各地邮局
邮发代号：4-641
ISSN 1009-2390
CN 31-1801/G
印刷：上海中华印刷有限公司
印厂电话：021-60829062
021-60299079
广告经营许可证：沪工商广字
3100320050020号
定价：5.00元

如发现本刊有装印质量上的问题，请在当月与承印公司联系调换。

3 500 元 不是“个税起征点”

◎夏应杰

最近,“个人所得税起征点”成了社会关注的热词,说是全民热议,毫不为过。

然而,“个税起征点 3 500 元过低”,以及“个税起征点应提高到 7 000 元甚至 10 000 元”,这些说法都是不准确的。

在处理税务时,一旦说起“起征点”,那就免不了提到另一个概念——免征额。在税法中,“起征点”和“免征额”是不能混为一谈的。

《辞海》(第六版)对“起征点”和“免征额”有明确的解释:

起征点:“税法规定的对课税对象开始征税的起点。课税对象的数额未达起征点的不征税,达到起征点的,则按全部数额征税。”

免征额:“依税法,对纳税人收入或财产价值课税时规定其中一部分免予征税的数额。”

了解了两者的区别,再来看看我国现行的法规。2011 年第六次修正的《中华人民共和国个人所得税法》第六条“应纳税所得额的计算”第一项规定:“工资、薪金所得,以每月收入额减除费用三千五百元后的余额,为应纳税所得额。”由此可见,我国现行税法采用的是“免征额”而非“起征点”,两者的纳税结果是完全不一样的。举例来说,如果某人月收入为 3 510 元,国家税率为 3%,那么,按照“起征点”纳税,应是 3 510 元 ×3%=105.3 元;按照“免征额”纳税,则是(3 510 元 -3 500 元)×3%=0.3 元。

我国个人所得税法颁布于 1980 年,当时免征额为每月

身份证上的文字缺陷

◎郝铭鉴

大约八年前吧，在华东师大的一次语文研讨会上，本人曾就二代身份证的用字问题，谈过几点粗浅的看法。没想到八年以后，这条老新闻突然在微信朋友圈里传播开来，俨然成了“热点话题”。既然老调已经重弹，作为始作俑者，就有责任正式阐明自己的观点；而且，趁此机会也可纠正当年媒体报道中的某些出入。

我认为二代身份证上的文字，是存在某些缺陷的。

一、“居民”和“公民”并用。正面是“居民”，反面又出现“公民”字样，一般人是会打上一个问号的。居民，是长期居住在某一个地方的人。公民，是拥有某一个国家的国籍，并根据这个国家的宪法和法律规定，享有权利和承担相应义务的人。这是两个内涵和外延都不同的概念。公安机关发放的身份证，到底是用于证明哪一种身份呢？《身份证法》的第一条，明确回答了这个问题：“为了证明居住在中

---

800 元。此后，随着经济社会发展，深化税制改革，个税免征额经过三次调整：2006 年调整为 1 600 元，2008 年调整为 2 000 元，2011 年调整为 3 500 元。如今，媒体呼吁提高个税免征额到 7 000 元甚至更高，这是切合百姓实际利益，符合当今发展状况的。

遗憾的是，每次个税免征额调整，就会用到“个税起征点”这个“俗称”。我国个人所得税法颁布已近 40 年，难道就不能把这个概念说得准确一点吗？

华人民共和国境内的公民的身份。”这个句子的落点是“公民的身份”，“居住在中华人民共和国境内的”，只是“公民”的修饰语。凡是具有公民身份的人，到了法定年龄，就可以向常住户口所在地的公安机关申领身份证；一旦领到了证件，其居民身份是不言自明的。相反，如果你只是在某地长期居住，不具有公民身份，即使居住的时间再长，也是领不到身份证的。可见，公民身份是身份证规定的首要条件、核心条件。让人颇为不解的是，分明是证明公民身份的证件，却称之为“居民身份证”。这在逻辑上说得通吗？

二、“出生日期”误为“出生”。我之所以称其为“误”，是从两个角度考虑的：首先，从文件的角度来说，《身份证法》第三条有这样的规定，身份证上登记的项目包括：“姓名、性别、民族、出生日期、常住户口所在地住址”。大家注意，是“出生日期”，不是“出生”。证件理应和文件保持一致。其次，从语言的角度来说，“出生”是一个动词，而“姓名、性别、民族、住址”都是名词。一个动词和四个名词并列，在语感上是不协调的。为了追求形式上都是两字词，而不顾词语的性质，未免有点因小失大。何况，“出生”既可以指出生日期，也可以指出生地。作为身份证这样的重要证件，登记的项目应该是十分明确的。可能有人会说，后面不是还有“年月日”吗？不错，“年月日”规定了填写的内容，但“年月日”和“出生日期”是对应的，和“出生”并不是对应的。

三、长期有效的身份证表述为：“×年×月×日—长期”。这可以说是一个明显差错。从某时到某时，指从一个时间点到另一个时间点。“长期”是一个模糊的时间段，不是一个时间点。任何时候都是到不了“长期”的。有人为此辩解说：这是为了避免写上忌日即死亡之日，才不得已而为之的。甚至振振有词地问：“还有比这更人性的表述吗？”这实在是一个拙劣的辩解。有谁会傻到在身份证上写上死亡日期呢？其实，一代身份证的处理，就是非常"人性"的，只有"长期"两个字，简单，明确，既符合文件的规定，也符合语言的规范。为什么二代身份证非要沿袭"从某时到某时"的格式，自己挖一个坑往里面跳呢？如果需要保留何时发证的信息，那也可以采用其他格式，比如，把"长期"移到发证时间前面即可。顺便说一下，"有效期限"改为"有效期"，更为准确一点。

四、不该用外文单词。身份证不是护照，它是限定在中华人民共和国境内使用的，不需要标注外文。即使中文也有严格规定：要"使用规范汉字和符合国家标准的数字符号"。而二代身份证的高技术防伪标志，却在相片下方有英文单词"CHINA"。如此横看竖看，不是存心找茬吗？不是。在社会发展全球化的今天，证件上出现外文单词，是随处可见的。但是，何时用母语，何时用外语，何处用中文，何处用外文，并不是在任何情况下都可以随意处之的。作为中华人民共和国公民的身份证件，而且这一证件仅限境内使用，标上没有任何实际作用的英文单词，不管是出于何种考虑，都是不太得体的。防伪的技术要求，和英文单词无关。

身份证关系到每一个人，也关系到国家的形象。我希望身份证上面的文字，能够做到无懈可击，为此，斗胆谈了上面的看法。如有不当之处，还请各位批评。

微语录·哲理

两马各拉一辆车。一马走得快，一马慢吞吞。主人把所有货物搬到快马拉的车。慢马笑了，得意道："看，越卖力越受折磨。"主人后来想："既然慢马不能拉车，要它还有什么价值？"于是把慢马宰掉吃了。

（崔天凯／辑）

“大行皇帝”辨音

◎王晓晗

在电影《绣春刀2：修罗战场》中，饰演朱由检的演员在继位登基的场景里有这样一段台词：“先皇骤崩，归于五行，朕奉大行皇帝之遗命，入奉宗祧。”（字幕同步显示）他在这里读的是“大háng皇帝”。其实，“大行皇帝”的“行”应读作xíng。

“行”是个多音字，多读háng和xíng两个音。汉语中既有“大行（xíng）”，也有“大行（háng）”。根据《汉语大词典》，“大行（xíng）”的义项有：①远行；②广为推行；③行大事；④古代接待宾客的官吏；⑤古代称刚死而尚未定谥号的皇帝、皇后；⑥高尚的德行。而“大行（háng）”则可以指大路，也可作太行山的别称。

结合电影场景，这里的“大行”显然取“刚死而未定谥号的皇帝”之义。《后汉书·安帝纪》：“大行皇帝，不永天年。”李贤注引韦昭曰：“大行者，不反之辞也。天子崩，未有谥，故称大行也。”《逸周书·谥法》：“谥者行之迹，是以大行受大名，细行受细名。”天子新崩称大行，言其有大德行，当受大名。影片中用“大行皇帝”来指称刚驾崩的“先皇”，那自然就应是“大xíng皇帝”。

莫将“覆盆”作“复盆”

◎龙启群

电视剧《大宋提刑官》第9集中有一段剧情，讲一对素无交往的男女被断案草率的县官判为通奸杀人，男子在狱中说：“这叫什么？这叫复盆之冤，不见天日啊。”这里的“复盆”应为“覆盆”。

覆，指底朝上翻过来。覆盆，即底朝上倒置的盆子。盆子既然倒过来放，阳光就无法照进盆中了，晋葛洪《抱朴子·辨问》：“是责三光不照覆盆之内也。”后便因以比喻社会黑暗或无处申诉的冤屈，清钱谦益《蒙恩昭雪恭伸辞谢微悃疏》：“于是臣之覆盆得白，而孤生可保矣。”剧中人物无辜被冤又投诉无门，所以感叹自己受了“覆盆之冤”。

复，有重复、往返等义。1964年发表的《简化字总表》将“覆”作为“复”的繁体字。但是，1986年重新发表的《简化字总表》恢复了“覆”字，不再把它作为“复”的繁体字。此后，“覆”一直作为规范汉字在使用。再将“覆盆”写成“复盆”就不符合国家文字规范了。

『甸脯』是哪里

◎徐仪筱

电视连续剧《风筝》第9集中，一名饰演国民党抗战老兵的演员说："从淞沪到甸脯，咱们老三营就剩咱们哥几个了。"（字幕同步显示）这里出现了两处地名，可惜都用了别字，其中的"淞沪"应为"淞沪"，而"甸脯"则应是"滇缅"。

"淞沪"即上海地区，在剧中应是指"淞沪抗战"。淞沪抗战又称"淞沪会战"，指中国军队于1937年8月13日至11月12日期间在上海抗击侵华日军的作战。8月13日，日军大举进攻上海（史称"八一三事变"），中国第九集团军在张治中率领下奋起抵抗。中日双方先后投入兵力总计超过90万人，战事异常激烈。11月5日，日军增援部队从杭州湾登陆，迂回守军侧后，迫使守军撤离。11月12日淞沪陷落。"淞沪"的"淞"指黄浦江支流吴淞江，流经江苏和上海，"沪"指吴淞江在上海的下游近海地区。"淞"读作sōng，指雾或水汽结成的冰花，如雾凇。误"淞"为"淞"应是音同形近所致。

"滇"读diān，是云南的别称，"缅"则是缅甸的简称。"滇缅"即云南和缅甸，在剧中应是指中国军队在滇西、缅北与日军进行的一系列抗战。太平洋战争爆发后，反法西斯统一战线组成。应盟军要求，中国军队于1942年2月由云南进入缅甸，与日军进行了两个多月的战斗，失利。后由于盟军在太平洋战场取得了主动权，中

何来『权益之策』

◎盛祖杰

被东西夹击的权益之策

电视剧《和平饭店》第8集中有个演员说了这样一段台词："那么再说苏联，承认满洲还卖了铁路……但这显然只是一个稳住日本，拖延日德结盟，以此避免他们被东西夹击的权益之策。"（字幕同步显示）这里的"权益之策"当是"权宜之策"。

宜，义为适合、适当。权宜，暂时适宜。"权宜之策"，也作"权宜之计"，指为了应对某种情况而采取的临时性措施。《醒世恒言 · 张孝基陈留认舅》："前者老舅不知详细，故用权宜之策，今已明白，岂有是理。"电视剧中要表达的正是这个意思。

"益"指好处、利益。"权益"指应该享受的不容侵犯的权利。如《中国人民政治协商会议共同纲领》第五八条："中华人民共和国中央人民政府应尽力保护国外华侨的正当权益。"汉语中没有"权益之策"的说法。

国遂与英美两国协同，于1943年10月对缅北日军展开反攻。1945年3月，盟军将日军赶出缅北和滇西，解除了中国战场西侧的威胁。"甸"读diàn，通常指郊外、田野，"甸缅"所指不知为何地，汉语里也无此词。

结合剧中国民党老兵的形象，他提到"淞沪"和"滇缅"这两个抗战地点是符合角色设定的。但字幕上把两个地名都搞错，无疑会让观众莫名其妙。

误把“荆钗”作“金钗”

◎梁德祥

2017年11月21日央视戏曲频道播出的《盛世黄梅》栏目中，有一段《五女拜寿》的选段，剧中的“三姑爷”唱道：“娘子本是富贵命，偏偏嫁我穷书生。”而“三小姐”应道：“布衣金钗无好礼，送上一颗儿女心。”（字幕同步显示）这里错了一个词，“金钗”应为“荆钗”。

钗，古代妇女别在发髻上的饰物，由两股簪子合成。荆，灌木或小乔木。“荆钗”指的就是用荆枝制成的髻钗，因多为贫家妇女所用，故也借指贫家女。元房皞《贫家女》诗：“持身但如冰雪清，德耀荆钗有令名。”布衣，用布（麻、葛等织物）制成的衣服，因古时平民不能穿锦绣衣裳，所以也用“布衣”借指平民。《史记·李斯列传》：“夫斯乃上蔡布衣，闾巷之黔首。”上述戏剧中的三小姐称自己为“布衣荆钗”，表示自谦。

金钗，即金制的髻钗。虽然“金钗”也可借指妇女，但结合语境，用“荆钗”更符合剧中人物想表达的意思。

从“放下架子”到“放下身段”

◎吴梦捷

对于我们“90后”年轻人来说，我们在少年时期就知道了“放下架子”和“放下身段”是一组同义短语，好像一对孪生兄弟。但是我们从父辈乃至祖辈那儿了解到，汉语中早就有了“放下架子”的说法，而“放下身段”则是后起的，只有十来年的历史。二者并非“孪生”的，“放下架子”是大哥，“放下身段”是小妹。

“架子”主要有两个义项：一是指用来放置器物、支撑物体或安装工具的东西；二是用在人身上，指自高自大、装腔作势的作风。“放下架子”中的“架子”当属后者。例如：

（1）廉颇因为能放下架子负荆请罪，才维护了将相和、国家强的大好局面。（《解放军报》2017年6月8日）

（2）村干部切实转变工作作风，真正放下架子、俯下身子、走进群众，第一时间为群众排忧解难，化解矛盾。（《中国组织人事报》2017年6月9日）

例（1）说的是廉颇不顾自己将军的身份去认错。例（2）中的“放下架子”指的是村干部能够融入群众之中，而不是以高高在上的姿态去领导群众。与句中“俯下身子”一样，“放下架子”含有“从高到低”这样的意思。

随着语言的发展，又出现了跟“放下架子”意思差不多的说法——“放下身段”，请看：

（3）男神女神放下身段拼

综艺(标题,《广州日报》2014年11月4日)

(4)在中国农业大学附近方圆2-3公里内,扎堆有中石化大华合智加油站、中石油清河加油站、中石化道达尔北沙滩加油站共3个加油站,汽油零售价格不打折的两"巨头"也放下身段。(《北京青年报》2017年6月8日)

例(3)中的"男神女神"本来是受人追捧的明星,但如今为了迅速"涨粉",把面子暂且抛到一边,纷纷参加各种真人秀求得关注。例(4)的"放下身段"指的是原本不打折的"石油巨头"也不得不向市场屈服,使用促销的手段推进业务。

"身段"原义是"女性的身材或体态",在戏曲表演中还可以指舞蹈化的动作。相对于"放下架子","放下身段"更形象地表达出了人们"从高到低"这样的一种心理变化和处世姿态。

在语用上,"放下身段"还有一些"变体",意义相同。如"放低身段""降低身段"等:

(5)政府及部门领导就应该放低身段,要有坦荡的胸怀应对网民,要有求真的态度赢得信任,要有人格的亲和拉近距离。(《法制日报》2017年2月14日)

(6)高端餐饮降低身段变"平民"(标题,《新快报》2014年7月8日)

既然汉语中已有"放下架子"这个短语,何必再造一个"放下身段"呢?其实,"放下架子"与"放下身段"虽说是同义短语,不过,只是基本意义相同,二者在附加色彩上还是有差别的,因此可以适用于不同的语体。大哥"放下架子"多一点刚性,比较严肃,常用于正规的或庄重的语境;小妹"放下身段"多一点柔性,比较时尚,常用于随性的或生动的语境。语言总是处在发展和演变的过程中,从不排斥新生的词语和新颖的表现手段。唯其如此,语言才会日新月异,与时俱进。

“斜杠青年”，多元人生

◎徐靖怡

2016年2月，有一篇文章《“多重职业”成为全球新趋势》在网络上出现，凭借其颇有深度的内容被人们广泛转发。文中多次使用的新词“斜杠青年”很快成了流行词语，频频在报纸杂志上亮相。例如：

（1）“斜杠青年”的出现并非偶然，而是社会发展的必然现象，也是进步的体现。这种进步使人类摆脱“工业革命”带来的限制和束缚，释放天性。（《光明日报》2016年3月11日）

（2）现在“90后”中逐渐兴起了“斜杠青年”的新兴职业群体，即拥有多个职业身份和社会身份的群体，这会成为一种发展趋势，说明“90后”的社会参与意识、自我实现意识明显增强。（《人民日报》2017年11月20日）

正如例（2）中提到的那样，“斜杠青年”指的是当下出现的一种新兴社会群体，即拥有多重职业和身份的多元生活的人群。为何将这一群体称作“斜杠青年”呢？新词“斜杠青年”源自英文“the Slash”，《纽约时报》专栏作家麦瑞克·阿尔伯在其撰写的著作《双重职业》中提出了这一概念，将不满足于单一职业和身份的束缚，选择能够拥有多重职业和多重身份生活的人群称作“the Slash”。“slash”有“斜线、斜杠”的意思，而“斜杠青年”往往在自我介绍中会用斜杠（分隔号）来表示多种职业和身份，比如，“刘明，工程师/作家/教师”。又因为追求这一生活方式的群体多为年轻人，因而被称为“斜杠青年”。最初，“斜杠青年”专指拥有多重职业和多重身份的年轻群体。例如：

（3）在今天，“斜杠青年”就是年轻人身份多元化的表达。（《北京青年报》2017年10月27日）

（4）当HR收到一份简历，看到上面的求职意向一栏被几道斜杠划分，而这几个职业又毫不相干，甚至风马牛不相及时，也丝毫不会惊讶，因为“斜杠青年”已经成为当下一种流行的生活方式，越来越多的年轻人不再满足于专一职业，而是选择能够拥有多重职业和身份的多元生活。（《北京晚报》2016年10月20日）

随后，“斜杠青年”的使用范围不断扩大，各个年龄段的人，只要是追求多重职业和身份的生活方式的人，都可以笼统地被称为“斜杠青年”。例如：

（5）作为人头马品牌挚友的秦海璐认为：“每个人都是一个复合体。如果我作为一个普通人，我也会想要努力追求自己的工作，追求自己的理想，实现自己的爱好。每个人都可以成为一个‘斜杠青年’。”（《人民日报》2017年8月10日）

（6）在未来，熟练掌握数字能力的人才有望成为“斜杠青年”，一人兼任多种工作，而缺乏数字素养的人员可能面临彻底失业。（《人民日报》2017年11月14日）

如今，“斜杠青年”层出不穷，这一现象折射出了现代人悄然改变的择业观和生活理念。在高新技术广泛运用的互联网时代，社会需要在多领域有造诣的复合型人才，这种开放包容的社会氛围也促进了“斜杠青年”的大量出现。值得注意的是，我们不能好高骛远，盲目追求“斜杠”后的一长串虚名，而要分清主次，脚踏实地，成为一个真正拥有多元人生的“斜杠青年”。

扎不扎心问老铁

◎刘冰鑫

2017年，“扎心了，老铁”在网络上开启了刷屏模式。微信、微博、贴吧上，我们常常看到“扎心了，老铁”的身影。网络游戏中，若遇上队友操作失误的情况，玩家也会来一句“扎心了，老铁”。

初见“扎心了，老铁”，大部分读者可能一头雾水。事实上，“扎心”和“老铁”都是东北方言词。“扎心”指因内心受到刺激或摧残而感到痛心。“老铁”指关系亲近、值得信赖的人，即“铁哥们”。“扎心了，老铁”最初的形式为“老铁，扎心了”，出自斗鱼某直播间，该直播间的观众多为一二十岁的青年。有一天，直播间来了一群东北小观众，其中很多人发了“老铁，扎心了”的弹幕，该句式便迅速走红。在流行过程中，由于人们要强调“扎心了”的痛心义，将“扎心了”移到句子前端，因而演变成了“扎心了，老铁”。

如今，“扎心了，老铁”不仅爆红网络，还常见于新闻报道的标题中。例如：

（1）扎心了，老铁！女子两小时空中旅程变17小时“囧途”（标题，《武汉晚报》2017年6月12日）

（2）好好的一个美男狗，居然一歪头就变成褶子肉老干部？扎心了老铁（标题，《扬子晚报》2017年9月5日）

通过例句，可发现“扎心了，老铁”常常出现在比较的情景中。例（1）由于天气变故，女子原本两小时的旅途变为17小时的“囧途”，时间差别大。例（2）柴犬本具有颇高颜值，但是一歪头形象突变，美丽容颜不再。前后对比，因为感到明显的落差而“扎心”，于是发出了“扎心了，老铁”的感叹，表达心中失落的情绪。

随着“扎心了，老铁”使用范围的扩大，“老铁”的意义发生变化，“扎心”的不一定是实实在在的“铁哥们”，也可以是陌生人。请看：

(3)扎心了老铁 腾讯的福利让员工自愿加班！京东豪华宿舍曝光！（标题，《中国基金报》2017年6月15日）

既然是不相识的陌生人，为何要以“老铁”相称呢？首先，“扎心了，老铁”诞生于直播间，直播间的观众本来就是陌生网友，可见产生之初的这个“老铁”，其“铁哥们”的含义并不明晰。再说，“扎心”属于消极情绪，只有加上了“老铁”的称呼，才有利于消除人与人之间的隔阂，拉近彼此的距离，让网友们在现代网络大家庭中和谐共处。

“扎心了，老铁”流行后，又出现了它的对立面，即“老铁，这心咱不扎了”。请看：

(4)小管家VIP：老铁，这心咱不扎了(标题，《消费者日报》2017年4月14日)

该文告诫大家学会记账、理性消费、合理投资，不要成为“月光族”，不再因为缺钱而扎心。

渐渐地，“扎心”的意义弱化，在某些不“扎心”的情况下，也可以使用流行语“扎心了，老铁”。不妨说，这样的“扎心了”几乎就是“走心了”的同义语。例如：

(5)扎心了，老铁！360英文搜索可智能识别“美国郭达”(标题，《齐鲁晚报》2017年4月25日)

(6)铁道迷把自家房间改造成车厢，扎心了老铁！（标题，《都市快报》2017年5月3日）

例(5)360搜索引擎可自动识别中文网络用语，并将其转化成英文，提高了翻译的精确度，方便外国网民了解中国文化。“扎心了，老铁”不再“扎心了”，而是对360搜索引擎强大识别功能的赞赏。例(6)铁道迷将自己的房间打造成列车车厢模样，高度逼真，作者以“扎心了，老铁”感叹铁道迷的一往情深。

“扎心了，老铁”以诙谐的组合方式，反映了人们的积极乐观心态，传播了新时代的正能量。

是"贻徽"不是"贻徵"

◎裴　伟

2017年12月29日在高雄市举行了著名诗人余光中先生的告别仪式，仪式上的荧屏轮流显示了各方人士的挽词，其中数次出现"硕德贻徵"的文字，让人莫名其妙。其实这里有个别字，"贻徵"应是"贻徽"。

"硕德贻徽"一词经常被用在追悼仪式上。"硕德"即大德，沈从文《边城》二："惟运用这种习惯规矩排调一切的，必需一个高年硕德的中心人物。""贻"有遗留义，"徽"是美、善的意思。这里的"徽"是"徽范"的省略，"徽范"即美好的风范。宋王明清《挥麈后录》卷一："王正仲云：'……徽范贻来者，成功念昔欤。'""硕德贻徽"指有大德的年长者，其美好的风范遗留后世，很适合用作对长者的悼词。

徵，音zhǐ，古代五音之一。"贻徵"组词令人难解，误"徽"为"徵"应是形近所致。

宽博有余称"蕴藉"

◎阎德喜

《黑龙江广播电视报》2017年第52期22版文章《中年的好，只有我们自已知道》中有这样一段话："到了这个坎上，有的人变得更好了，珠圆玉润，从容蕴介。"这里的"蕴介"当是"蕴藉"。

汉语中有"蕴藉"一词，用来形容人宽厚而有涵养。《史记·酷吏列传》："(义纵)治敢行，少蕴藉。"《花城》1981年第6期："(她)雍容和顺，蕴藉敦厚。""蕴藉"还可表示(言语、文字、神情等)含蓄而不显露，如意味蕴藉。结合上述引文的语境，当是要形容人的涵养，用"蕴藉"是妥当的。

"介"有在两者之间、介绍、存留等义。"蕴介"一词难以理解，汉语中没有这个词。将"藉"误为"介"，可能是同音误植。

“风”岂能“鸣朝阳”

◎得　喜

《书屋》2017年第9期刊有一篇文章《“敬以直内，义以方外”》，文中说：“直道一倡于君子，昔人谓之风鸣朝阳……”这里的“风鸣朝阳”错了，应是“凤鸣朝阳”。

“凤鸣朝阳”语出《诗·大雅·卷阿》：“凤皇鸣矣，于彼高冈；梧桐生矣，于彼朝阳。”诗文歌颂了贤臣汇聚下的吉祥盛世，后因以“凤鸣朝阳”比喻贤才遇时而起。文天祥（1236—1283），字履善，号文山，是南宋名臣，抗元英雄。他在20岁时考中状元，《御试策》是他在殿试时所作。上引文字源自《御试策》中提倡“直道”的一段，原文为：“君子者，直道之倡也，直道一倡于君子，昔人谓之‘凤鸣朝阳’，以为清朝贺。”意思是君子应提倡直道，只要君子行直道了，就如古人所谓“凤鸣朝阳”，带来清明的朝政。

“凤”是传说中的神鸟，吉祥的象征；“风”是空气流动的现象。误“凤”为“风”，不但语义难解，也和所引原文不符。

“润笔”还是“润色”？

◎盛永兴

《世界知识》2018年第2期《离开权力中枢的班农，扛起应对“中国竞争”大旗》一文写道：“特朗普执政最初阶段几乎所有的重要演讲稿也都是班农润笔的结果。”其中“润笔”一词当属误用。

“润笔”典出《隋书·卷三十八·郑译传》。隋文帝要恢复郑译的爵位和官职，让人立刻起草诏书。有人开郑译玩笑，说：“笔干。”郑译回答说：“出为方岳，杖策言归，不得一钱，何以润笔？（我出外做地方官，拄杖而归，没有得到钱财，拿什么来润笔？）”后人用“润笔”指请人作书画诗文时付给的酬劳。《儒林外史》第一回：

"老爷少不得还有几两润笔的银子,一并送来。""润笔"既然指酬劳,"班农润笔的结果"就难以解读。上述文章中想要表达的应是对重要演讲稿修饰文字以增添文采,应该使用"润色"一词。

润色,即修饰文字,使有文采。鲁迅《彷徨·伤逝》:"我的工作果然从此较为迅速地进行,不久就共译了五万言,只要润色一回,便可以和做好的两篇小品,一同寄给《自由之友》去。"班农当时受聘出任白宫首席战略师,辅佐特朗普制定治国方略,为他"润色"演讲稿也是在情理之中的。

"学"是为了"致用"

◎李光羽

2016年8月30日的《作家文摘》转载了一篇文章《读书读到什么时候才能改变命运?》,其中写道:"不是学习无用,而是学,无以至用。"这里的"至用"应当改为"致用"。

上述引文中的"学,无以至用",显然是对成语"学以致用"的活用。学以致用,指学习得到的知识得以在实践中应用。"致"在这里表示达到,"致用"就是达到能使用的地步。无以致用,字面上看就是没有什么能够在实践中用到,代入原文中符合语境。

至,现多指空间上的达到,或是极点、穷尽等。致,古同"至",如今在使用上已各有分工。

"迎枕"没法靠

◎许龙桃

江苏凤凰文艺出版社2015年7月出版的小说《妙手调香》的上卷中有一段这样的描写:"待到屋中才知是她多虑了,宋邺气色尚佳,正斜靠在迎枕上笑眯眯地看着她,心情似乎颇好。"(第183页)这里是把"迎枕"和"引枕"搞混了。

“引枕”是一种圆墩形的枕头，古代的常见家居用品。《红楼梦》第三回：“临窗大炕上铺着猩红洋毯，正面设着大红金钱蟒引枕。”《辞海》在解释“引枕”时说：“一种枕头。当中有方洞，侧卧时好放耳朵。”其实，并非所有的引枕中间都有方洞，也并非都用来当枕头，有些也供侧倚、放手之用。

“迎枕”一物也是有的。中医看诊时，大夫会通过切脉的办法来判断病情。切脉时病人手心朝上，且一般会在手背处垫着一个小枕，这就是迎枕，也称“迎手”“脉枕”。

迎枕和引枕是功用不同的两种物件，结合上述小说中的语境，能让人用来靠的应是引枕，迎枕没法靠。

《茶馆》非小说

◎李景祥

《博览群书》2018年第2期刊有《论茶，鲁迅厉害》一文，文中这样写道：“小说中描述了鲁迅家乡茶馆喝茶的习俗……老舍的小说茶馆，也应是受到鲁迅这篇小说的影响。”且不论鲁迅的小说是否影响了《茶馆》的创作，文章中的“小说茶馆”的表述是错误的。

《茶馆》是老舍在1957年创作的话剧剧本。老舍（1899—1966），原名舒庆春，曾获北京市人民政府授予的“人民艺术家”称号。著有长篇小说《骆驼祥子》《四世同堂》，剧本《龙须沟》等，有《老舍全集》。《茶馆》通过对裕泰茶馆的兴衰，还有进出茶馆的市民以及太监、恶霸、流氓、特务、大兵等的描绘，揭露了半殖民地半封建社会的腐朽和苦难，反映了戊戌变法失败到抗日战争胜利这一历史时期的社会变迁。

小说和剧本是两种文学样式。剧本是戏剧作品，由人物的对话（或唱词）和舞台指示组成。小说是一种叙事性的文学体裁，通过人物的塑造和情节环境的描述来概括地表现社会生活。两者不可混为一谈。

此诗不归"老苏"

◎晋　相

2017年12月23日《辽沈晚报》第12版上有《你为什么拿这一个》一文,其中写道:"至于橘子是因为它初上市,皮还青青的……令人想起千年前的老苏写给朋友的诗:'一年好景君须记,最是橙黄橘绿时。'"这里搞错了引诗的著作权,此诗归"大苏"不归"老苏"。

北宋文坛有合称"三苏"的父子三人,俱列"唐宋八大家",他们就是苏洵、苏轼和苏辙。为了区分他们三人,一般称苏洵为"老苏",其子轼、辙分别称"大苏""小苏"。上述文章所引的诗句出自《赠刘景文》:"荷尽已无擎雨盖,菊残犹有傲霜枝。一年好景君须记,最是橙黄橘绿时。"这首脍炙人口的七言绝句作者乃是苏轼。如诗名所示,这首诗是苏轼赠给刘景文的。刘季孙(1033—1092),字景文,北宋诗人,是苏轼好友。

苏轼在"三苏"中成就最高,在诗、词、文各方面都有重要地位,苏洵和苏辙则长于策论散文。苏门三贤虽然都成就非凡,但在注引之时还须分清作者。将"儿子"的诗归到"老子"身上,连交际关系都会跟着乱套。

征战焉用鳄鱼骨

◎叶才林

《文史博览》2017年第11期有一篇名为《看驴皮影:记忆深处的时髦范儿》的文章,其中引了几句诗:"大将南征胆气豪,腰横秋水雁翎刀;风吹鼍骨山河动,电闪旌旗日月高。"诗句出自明代朱厚熜(cōng)《送毛伯温》,是毛伯温出征安南时明世宗朱厚熜为其写的壮行诗。需要指出的是文章将"鼍鼓"误为了"鼍骨"。

鼍,音tuó,即扬子鳄,也称

鼍龙、猪婆龙，是爬行动物，体长可达2米左右，穴居于江河岸边和湖沼底部。鼍骨即扬子鳄的骨，“鼍骨”与战争无关。

鼍鼓是用鼍皮蒙的鼓，其鼓声如鼍鸣。古时行军打仗时常需要用到鼓。唐温庭筠《昆明治水战词》有：“鼍鼓三声报天子，雕旌兽舰凌波起。”误“鼍鼓”为“鼍骨”，应是音同致误。

“竣法”？“峻法”！

◎祖　捷

2017年第50期《中国电视报》A22版上有一篇文章《期待像治酒驾那样治假货》，其中说：“即使抛开严刑竣法治酒驾的成效不谈，就现实情形而言，对制假售假也必须加大处罚力度，提高其犯罪成本。”这里的“严刑竣法”应改“严刑峻法”。

峻，读jùn，义为高、陡峭，也指苛酷、严厉。峻法，即严酷的法令。“严刑峻法”是同义词连用，既指严厉的刑法，也可作动词指实施严厉的刑法。《汉书·丙吉传》：“后遭条狱之诏，吉扞拒大难，不避严刑峻法。”上述引文中正是这个意思。

竣，也读jùn，指事毕，如竣工、完竣。“严刑竣法”一词令人难解其意。

金沙江流经贵州？

◎张仙权

中国青年出版社2016年1月出版的《跨越百年的美丽》一书中有这样一段话：“毛泽东走长江……顺沱沱河、通天河而下，入金沙江，便进入贵州、四川界。”文中说法有误，金沙江是不经过贵州的。

长江，是中国第一大河，发源于青海唐古拉山脉，流经青海、西藏、四川、云南、重庆、湖北、湖南、江西、安徽、江苏、上海等省、区、市，最后流入东海，全长约6300千米。金沙江，古称绳水、泸水，以产沙金得名，也有说因江中沙土呈黄色得名。金沙江是指长江上游自青海玉树巴塘河口以下至四川宜宾的一段，是川藏界河，穿行于四川、西藏、云南之间。可见，金沙江并不流经贵州。

哪有《樊州文集》

◎汤生根

东方出版社2017年8月出版的《诗说中国文化：初中生古诗词曲篇》在介绍晚唐著名诗人杜牧时说，杜牧“有《樊州文集》”（第89页）。此说有误，杜牧著有《樊川文集》，而不是《樊州文集》。

杜牧（803—853），唐代文学家。字牧之，京兆万年（今陕西西安）人。其诗在晚唐成就颇高，后人称杜甫为“老杜”，称杜牧为“小杜”。杜牧与李商隐齐名，并称“小李杜”。有诗歌《过华清宫》《泊秦淮》《山行》等名篇，其赋以《阿房宫赋》最有名。

樊川在今西安市长安区南，传说汉代樊哙的食邑就在樊川，故名。杜牧晚年住在樊川别墅，所以其文集名为《樊川文集》，后世也称杜牧为“杜樊川”。误“樊川”为“樊州”，可能是“川”“州”二字形似所致。

苏州没有“个园”

◎王宗祥

2018年2月16日《新民晚报》第13版刊有《竹笑》一文，其中说：“故苏州的‘个园’，因竹而名，值得称赞。”这里提到的“个园”不是在苏州，而是在扬州。

个园是著名园林，位于江苏省扬州市区盐阜东路富春花园南首，为全国重点文物保护单位。此园相传为清代画家石涛的寿芝园故址，为两淮盐商黄应泰所得后又有拓建。园内多竹，因竹叶形如“个”字，故得名。个园中除竹林外，还用四种不同的山石叠成了名为“春山”“夏山”“秋山”“冬山”的四季假山。竹和山交融在一起，构成了个园的独特风格。园内还有宜雨轩、抱山楼、拂云亭、住秋阁等建筑。

苏州园林享誉世界，是我国重要的文化遗产，其中以沧浪亭、狮子林、拙政园、留园、怡园等最为著名。个园久负盛名，但它建于扬州，并不是"苏州的"。

"人间万苦人最苦"？

◎田娟华

电视剧《雍正王朝》的片头曲有这么一句歌词："有道是人间万苦人最苦。"这句歌词着实让人摸不着头脑。

人间，即人类社会。人类社会由人组成，"人间"有"万苦"：相思的苦，别离的苦，失去亲人的苦，事业无成的苦……这些都是人会感受到的苦。上述歌词中的"最"字，表示同类比较时某种属性超过别的比较对象，但"人间万苦"都是人的苦，何来比较对象？

月夜观星，何来"嘴参"

◎高连宝

中国商业出版社2016年3月出版的《重读隋炀帝：中国帝王史上极具才华的诗歌向导》引用了隋炀帝杨广的《月夜观星》一诗，有一句这样写道："嘴参犹可识，牛女尚分明。"其中的"嘴"应是"觜"之误。

觜，是个多音字，读为zuǐ时，同"嘴"；读为zī时，指猫头鹰等禽类头上像角一样的毛，也是星宿名，即觜宿，是二十八宿之中白虎七宿的第六宿，有星三颗。宋代马永卿《懒真子》卷三："西方白虎而参觜为虎首，故有觜之义。"上述文章中所引的诗是杨广"月夜观星"之后写成的，"觜参犹可识，牛女尚分明"是说觜宿、参宿的形象还可以看清，牛郎星、织女星尚能分明。用"嘴"与原诗不符，也不是星宿名，不可将"觜"写为"嘴"。

多音字补说

◎苏培成

多音字问题很重要，也很复杂。《咬文嚼字》2017年第12期刊出的我写的《多音字的增加和减少》过于简略，有些重要问题也未曾涉及。近日写了这篇《补说》，略作补充。不妥之处，敬请读者指正。

文字是记录语言的符号，多音字都依附在一定的词语上。这些词语都有固定的读音，并且联系着一定的意义和文化。要正确读出多音字的读音，对它所依附的词语要有确切的认知。词语表示的意义不同，读音也常常不同。多音字在白话文里的读音，可以通过调查来确定；在文言文里的读音又是根据什么确定的呢？主要根据古籍的注疏和字书韵书里的记载。下面我们举几个例字，对有关问题做一点说明。

（1）适。《说文·辵部》有适字，意思是疾速。《广韵·末韵》适读古栝切，折合为今音读kuò。在古籍里用作人名，如南宫适（孔子的学生，见《论语·宪问》，也作南宫括。也是小说《封神演义》里的人名）、洪适（南宋金石学家）。汉字简化时把適（shì）字简化为适，胡適简化为胡适。这样一来，适由单音字变为多音字。读shì的适是常用字，受它的影响，南宫适、洪适的适（kuò）常误读为shì。

（2）氓。《说文·民部》有氓字，意思是百姓。《诗·卫风·氓》："氓之蚩蚩，抱布贸丝。"《广韵·耕韵》氓读莫耕切，折合为今音读méng。民国时期出现"流氓"一词，本指无业游民，后用以指不务正业、为非作歹的人。1932 年教育部国语统一筹备委员会编的《国音常用字汇》规定：作民讲的氓读 méng（原用注音字母，本文改为汉语拼音），流氓的氓读 máng。由此氓成为多音字。受流氓的氓读 máng 的影响，《诗·卫风·氓》里的氓（méng）也时常误读为 máng。

（3）隋。《说文·肉部》有隋字，意思是祭祀用过的肉。《广韵·果韵》隋读徒果切，折合为今音读 duò。北周的杨坚原受封于隨（随的繁体字），《广韵·支韵》隨读旬为切，折合为今音读 suí。公元 581 年，杨坚取代北周称帝为隋文帝。他鉴于北周宗室不断内斗，再加出兵伐北齐，百姓不得安宁，于是把隨里的辶去掉改作隋，仍读 suí，由此隋成为多音字。受了隋读 suí 的影响，表示祭祀用过的肉的隋（duò）时常误读为 suí。

（4）好。好字在先秦就有两个音，表示的意义和词性也不同。《广韵·皓韵》："好，善也，美也。呼皓切。"折合为今音读 hǎo，是形容词。《广韵·号韵》："好，爱好。……呼到切。"折合为今音读 hào，是动词。《诗·周南·关雎》："窈窕淑女，君子好逑。"这个好字怎么读？唐代陆德明著的《经典释文》："好，毛如字，郑呼报反。"毛指毛亨，"如字"指照它本来的读音读，也就是读 hǎo。郑指郑玄，读 hào。可见好逑的好在古时已有不同的读法，是多音字。现在该怎么读呢？要按照在诗里表示的是什么意义来确定读音。《关雎》这首诗汉代经学家认为是颂扬"后妃之德也"，此说不可取。宋代朱熹《集传》："好，亦善也。逑，匹也。"高亨《诗经今注》："好逑，犹今言佳偶。"褚斌杰《诗经全注》："好逑，爱侣、佳配之意。"可见这个好是形容词，要读 hǎo。

（5）渐。渐本水名。《说文·水部》："渐，水。出丹阳黟（yī）南蛮中，东入海。"《广韵·琰韵》渐读慈然切，折合为今音读 jiàn。《广雅·释诂二》："渐，进也。"指逐步发展。《汉书·东方朔传》："故淫乱之渐，其变为篡。"这是渐的假借义，沿用至今。渐字又有流入义。《尚书·禹贡》："东渐于海，西被于流沙。"东渐于海：向东流入大海。《集韵·盐韵》："渐，进入也。将廉切。"将廉切折合为今音读 jiān。"西学东渐"指西方的学术传入东方。这个渐读 jiān，不读 jiàn。

（6）射。《说文·矢部》有射字，指开弓射箭。《左传·桓公五年》："祝聃（dān）射王中肩。"《广韵·祃韵》射读神夜切，折合为今音读 shè。文言文里有"仆射"一词，本为秦代的武官名。《史记·秦始皇本纪》："始皇置酒咸阳宫，博士七十人前为寿。仆射周青臣进颂。"唐代张守节《史记正义》："射，音夜。"《集韵·祃韵》："射，夤谢切。仆射，官名。射者武事。古者重武，以主射名官。关中语转为此音。"秦国兴起于关中，仆射为关中方言。仆射的仆字是主持的意思。夤谢切折合为今音读 yè，可见仆射的射读 yè，不读 shè。文言文里还有"无射"一词，意思是无厌。《诗·小雅·车舝》："式燕且誉，好（hào）尔无射。"（式：语助词，无义。燕：喜悦。誉：通豫，欢乐。好尔：喜爱你。无射：不厌。）唐代陆德明《经典释文》："射，音亦，猒（厌）也。"这个射读 yì，也不读 shè。

（7）正。正的古今常用义是当中、不偏斜，读 zhèng。农历一年的第一个月叫正月，这个正读 zhēng。古籍中有"改正朔，易服色"的说法，这个正要读 zhēng，不读 zhèng。《史记·历书》："王者易姓受命，必慎始初，改正朔，易服色，推本天元，顺承厥意。""改正朔"指的是古代改朝换代时，要改动岁首所在的月份。"易服色"指的是改变车马和祭祀用牲的颜色。《广韵·清韵》："正，诸盈切。正，正朔。"诸盈切折合为今音读 zhēng。可见正朔的正读 zhēng，不读 zhèng。

两个“世界”

◎宗守云　陆晶晶

在《现代汉语词典》(第7版)中,我们所在的“世界”被解释为“地球上所有地方”,如“世界各地”“周游世界”,显然“世界”包括亚洲,包括中国。但在下列例句中,“世界”并不包括“亚洲”或“中国”:

(1)李挺则表示要多向外籍教练学习,目标首先是明年的亚运会,先冲出亚洲才能走向世界。(《广州日报》2017年9月29日)

(2)人类社会是一个相互依存的共同体,中国必须积极拥抱世界才能得到长远发展。(《光明日报》2018年1月24日)

例(1)“世界”不包括亚洲,例(2)“世界”不包括中国,这似乎与词典释义不符。

类似的情况并不鲜见。中学历史、地理教科书各有两种——《中国历史》和《世界历史》,《中国地理》和《世界地理》,《世界历史》并不讲中国的历史,《世界地理》也不讲中国的地理,因此这里的“世界”也都不包括中国。

实际上,在语言中,存在着两个不同的“世界”:一是词典意义的“世界”,就像《现代汉语词典》(第7版)的释义那样;一是语境意义的“世界”,就像例(1)(2)那样。词典意义是语言系统的意义,具有一般性和全民性;语境意义是言语表达的意义,具有特殊性和个别性。词典意义和语境意义有时是相同的,有时具有一定的差异,但它们必须是有联系的。词典意义是全民共同交际的基础,有了这样的基础,交际才成为可能,如果每个人头脑中的“世界”意义都不相同，交际就无法实现。语境意义是词典意义的具体化，即使和词典意义不同，交际双方也仍然可以根据背景或上下文得到正确理解，因为语境具有确定作用。当然，语境意义不能和词典意义完全无关，如果语境意义不能和词典意义建立起联系，交际也不能正常实现。

区分词典意义和语境意义，可以对许多语言现象做出合理解释。例如：

（3）大家听了，都赞扬太子贤明，只有王叔文在一边一言不发。（林汉达、曹余章《上下五千年》）

（4）李寻欢打断了他的话，道：“无论什么时候我都奉陪，只有今天不行。”（古龙《多情剑客无情剑》）

例（3）前后分句似乎有矛盾，前面说大家都赞扬太子贤明，后面说王叔文一言不发；例（4）也是如此，前面说无论什么时候都奉陪，后面说今天不行。其实这也可以用词典意义和语境意义解释，例（3）“大家”词典意义指一定范围内所有的人，语境意义则把王叔文排除在外；例（4）“什么时候”词典意义指所有时间，语境意义则排除今天。当然“什么时候”并不是一个词，不能进入词典，但仍然有类似词典意义那样的意义，即语言系统的意义。

在语言运用中，有许多用例看上去是不合理的，甚至给人的感觉是错误的。当我们在处理这些用例的时候，如果只注重表面的情形，往往会简单粗暴地把这些用例看成是不合理的甚至是错误的，或者认为是语言习惯导致的；如果对语言问题进行深究，从不同角度或不同方面对语言现象做出分析，就能够从更高的层次上认清语言现象的本质，从而更好地认识语言，运用语言。

结婚60周年称“钻石婚”

◎明　悟

2018年2月21日《中老年时报》第2版上有一则题为《金婚祝福》的告示，开头便是“祝福刘××先生、谷××女士结婚60周年快乐”。这就出问题了，标题中的“金婚”应改“钻石婚”。

西方风俗中很重视对结婚周年的庆祝和纪念，而且还有为不同的结婚周年取别名的习俗。在这种风俗的流传过程中，各西方国家对结婚周年的命名也略有不同。以美国为例，前十五个周年都有别称：结婚1周年称纸婚、2周年称布婚、3周年称皮婚、4周年称丝婚、5周年称木婚、6周年称铁婚、7周年称铜婚、8周年称电器婚、9周年称陶婚、10周年称锡婚、11周年称钢婚、12周年称亚麻婚、13周年称蕾丝婚、14周年称象牙婚、15周年称水晶婚。之后每五年有一个别称，如20周年称瓷婚、25周年称银婚、30周年称珍珠婚、35周年称珊瑚婚、40周年称红宝石婚、45周年称蓝宝石婚、50周年称金婚等。一般而言，随着周年数增长，用来象征的事物也会更贵重。需要一提的是，虽然西方有纪念结婚周年的习俗，但通常只在25周年的银婚和50周年的金婚时才会正式庆祝。那么有没有比金婚更隆重的纪念呢？还是有的。结婚满60周年（或75周年）的可称“金刚石婚”。因

何来『康国猖子』

◎王宗祥

2018年2月15日《人民日报》第8版刊登有《鸡犬丰年如闹市》，文中写道："画中黑白花色的长毛小犬，在仕女引逗下追逐跳扑，反映的可能正是唐代宫廷康国狷子的风靡情状。"这里的"康国狷子"有误，应为"康国猧子"。

狷，音juàn，义为拘谨无为，引申为孤洁，如"狷介"义为性情正直，不肯同流合污。"狷"也有性情急躁之义，如"狷急"。《后汉书·独行传·范冉》："以狷急不能从俗，常佩韦于朝。"意思是因性情急躁不能顺从时俗，常于朝廷上佩韦皮以自警戒。

猧，音wō，指小狗。清洪昇《长生殿·觅魂》："等到那二更以后，三鼓之前，眠猧不吠，宿鸟无喧。"上述文章中的"康国"是古国名，故地在今乌兹别克斯坦的撒马尔罕一带，一度属唐管辖。康国猧子，就是来自康国的小狗。唐代段成式《酉阳杂俎·忠志》中有这样的记载："上夏日尝与亲王棋，令贺怀智独弹琵琶，贵妃立于局前观之。上数枰子将输，贵妃放康国猧子于坐侧，猧子乃上局，局子乱，上大悦。"就是说皇帝与人下棋，将要输时，杨贵妃放下康国小狗，故意扰局。误"猧"为"狷"，应是形近所致。

经过琢磨的金刚石别称钻石，所以也叫作"钻石婚"。由于人的寿限，能庆祝"金婚"已属难得，能迎来"钻石婚"的夫妻更是凤毛麟角了。

随着东西方文化交流，我国不少夫妻也开始庆祝结婚周年日。上述告示中的夫妻共结连理已经60年，若用西方风俗，当称"钻石婚"才是。以"金"来代"钻石"，恐怕有损庆贺时的喜气。

“霸上”是龙子吗

◎杨宏著

《现代汉语大词典》(上海辞书出版社2011年出版)第十二卷的1463页上有“龙生九子”这一词条,引用了明李东阳《记龙生九子》:“龙生九子不成龙,各有所好……霸上,平生好负重,今碑座兽是其遗像……”此处的“霸上”一名引述错误,应改为“霸下”。

霸下雕塑

“龙生九子”一词源于古代传说,指一龙所生的九子也会各不相同,后用来比喻同胞兄弟间性格志趣各有不同。关于这“九子”到底是哪九个,自古便有多种说法,《辞海》采用了明代李东阳的说法,认为它们是囚牛、睚眦、嘲风、蒲牢、狻猊(suānní)、霸下、狴犴(bì' àn)、负屃(xì)和螭(螭)吻。在此只谈霸下,这一龙子的特点是“好负重”,并指明了它的形象是“碑座兽”,也就是经常出现在碑下被雕成石座的神兽。霸下形似龟,民间还常称其为赑(bì)屃。事实上,在《汉语大词典》中也收了“霸下”词条,指明其“传说为龙九子之一,螭头龟足,好负重”。

“霸上”是个古地名,也作“灞上”,在今陕西西安市东。又

“老吾老”非取自《论语》

◎朱建芳

2017年12月22日《每日文摘》第16版上有一篇《爸妈得了艾滋病》的通讯，该文提要中说：“这是一个由30多名艾滋病感染者的子女组成的微信群，名字叫‘吾老之家’，取自《论语》里那句‘老吾老以及人之老’。”这里搞错了“老吾老以及人之老”一句的出处，它不是出自《论语》，而是来自《孟子》。

孟子（约前372—前289），名轲，字子舆，是战国时著名思想家、政治家、教育家。他受业于子思的门人，历游齐、宋、滕、魏等国，一度任齐宣王的客卿。孟子提出了一系列对后世影响很大的学说，被认为是孔子学说的继承者，有“亚圣”之称。儒家经典中有《孟子》一书，记载了孟子及其弟子在政治、教育、哲学等方面的各种观点。《孟子·梁惠王上》中有一段孟子与齐宣王的对答，其中说到：“老吾老，以及人之老；幼吾幼，以及人之幼。”意思是赡养自己家的老人时不忘顾及其他老人，抚育自己家的孩子时不忘顾及其他孩子。

《论语》是记录孔子及其弟子言行的儒家经典，是研究孔子思想的主要资料。宋代将《论语》和《大学》《中庸》《孟子》合称为“四书”。上述文章中显然是搞错了出处。

名“霸头”，因地处霸水西高原上而得名。《史记·高祖本纪》：“汉元年十月，沛公兵遂先诸侯至霸上。”“霸上”和龙子毫无关系。

水果里无“红牡丹”

◎汤青武

《收获》2018年第1期刊登有《外苏河之战》一文，其中写“我”去越南寻访，受到越南村民招待时有这样一段话：“我们于是就去了她家里。在那简单的院落里，她请我们品尝很多当地水果：荔枝、桂圆、红牡丹……”水果里有“红牡丹”？

牡丹，芍药科落叶小灌木。初夏开花，花单生，白、红或紫色。原产中国西北部，广泛分布于河南、山东、安徽、陕西、河北、四川、甘肃和浙江等地。久经栽培，是著名的观赏植物，而不是水果。上述文章中想说的应是“红毛丹”吧？

红毛丹，又叫毛荔枝，马来文称之为“rambutan”，义为“毛茸茸之物”。红毛丹是常绿乔木，树高可达10余米，果阔椭圆形，红黄色，有软刺，刺长约1厘米。花期夏初，果期秋初。本种为热带果树，原产地在亚洲热带。上述文章中说的是越南当地水果，越南地处东南亚，属热带季风气候，红毛丹的产地也与之相符。

训练有素的不是“鹈鹕”

◎文昌聿

鸬鹚（图左）和鹈鹕（图右）

2018年1月的《杂文月刊》上刊登了《乡愁淡去的无奈》一文，其中写道：“训练有素的鹈鹕们就站在那船帮上悄悄地观察着水中的动静，突然猛地一下子扎进水中，待浮出水面时，它们的嘴里常常叼着还在拼命挣扎着的鱼儿。”这里的“鹈鹕”其实应当是“鸬鹚”。

鸬鹚（lúcí）通常也称“水老鸦”“鱼鹰”。体长可达0.8米，体羽为黑色而带有紫色金属光泽。鸬鹚广泛分布于我国各地，栖息在河川、湖沼和海滨，善潜水，捕食鱼类。过去人们常会驯化鸬鹚用于捕鱼。

鹈鹕（tíhú），有“伽蓝鸟”“淘河鸟”“塘鹅”等别称。鹈鹕体长可达2米，体羽多为白色，翼大而阔。特征是下颌底部有个大喉囊，可以用来兜食鱼类。

由此可知，鹈鹕和鸬鹚在体长、羽色等方面都有明显区别，是两种完全不同的鸟。而“训练有素”，会“嘴里常常叼着还在拼命挣扎着的鱼儿”的，是鸬鹚，不是鹈鹕。

三国无“北魏”

◎陈关春

文汇出版社2016年8月出版有《驰骋天下》一书，在介绍亳州时这样说道：“更出奇的是这里名人辈出，宛若天上星光灿烂。最知名的代表人物就是三国北魏武帝曹操。”（第21页）此处的“三国北魏武帝曹操”说法有误，不能称曹操为“北魏武帝”。

曹操（155—220），字孟德，谯县（今安徽亳州）人。东汉建安元年（196）迎汉献帝迁都于许（今河南许昌东），“挟天子以令诸侯”，先后削平吕布等割据势力。官渡之战中，打败袁绍，基本统一北方。208年率军南下，被孙权、刘备联军击败于赤壁，退回北方。后被封为魏王。

220年曹操之子曹丕代汉称帝，国号魏，史称曹魏。次年刘备在成都延续汉朝，史称蜀汉。229年孙权称帝，国号吴，史称东吴。从220年曹丕称帝起到280年吴亡止，魏、蜀、吴三国鼎立，这就是历史上的三国时期。一般也把赤壁之战后魏、蜀、吴建国前的一段历史划为三国时期。曹丕称帝后追尊曹操为武帝，因此可称曹操为“魏武帝”。

北魏是我国北朝的一个政权。386年鲜卑人拓跋珪立国，先称代国，后改国号为魏，也叫“后魏”“拓跋魏”。北魏建国时，曹操已作古一百六十多年，曹操与北魏无关，不可称其为“北魏武帝”。

词语春秋

从"萧墙"的"萧"说开去

◎陈运舟

古代建筑中为了分隔内外，会在宫门的前面砌上一道矮墙，这矮墙便是萧墙。后来人们便以萧墙里面比喻内部，如成语"祸起萧墙""萧墙之忧""萧墙之患"，表示灾祸由内部引起。《抱朴子·广譬》中说："故秦始皇筑城遏胡而祸发帷幄，汉武悬旌万里而变起萧墙。"

《论语·季氏》："吾恐季孙之忧，不在颛(zhuān)臾，而在萧墙之内也。"这是"萧墙"一词的出处。当时，颛臾(在今山东费县西)是鲁国的附庸国，而季孙氏是鲁国的大夫，把持着鲁国朝政。他为了扩大自己的权势而打算攻打颛臾。孔子的学生冉有在做他的家臣，把这事告诉了孔子，孔子便说了上面这句话。话里挑明季孙的真实意图不在颛臾，而在鲁国国内，他讨伐颛臾是假，想取鲁哀公而代之是真。

萧墙之名，人们一般按照东汉经学家郑玄的解释说："萧之言肃也；墙谓屏也。君臣相见之礼，至屏而加肃敬焉，是以谓之萧墙。"这种说法有牵强附会之处。宋人罗愿《尔雅翼》认为萧墙之名，与古人用萧——一种蒿类植物(《说文》："萧，艾蒿。"《尔雅》："萧，荻。")祭祀有关。室内祭祀燃萧，典籍中多有记载，《诗经·生民》："取萧祭脂。"是说燃烧浇上油脂的萧来祭神。《礼记·郊特牲》中详细记有周朝人的祭祀活动，文中说"殷人尚声""周人尚臭(香气)"。商朝人祭祀崇尚音乐，杀煮牺牲前要奏乐降神，声音的呼号用来在天地之间寻觅、召唤鬼神。而周朝人的祭祀,崇尚香气,讲究阴阳调和。祭祀分两步,先进行灌祭,向神献酒,把郁金香酿制的香酒洒在地上,使"臭阴达于渊泉"。然后进行燎祭,用萧(香蒿)调合黍稷燃烧,让香气弥漫屋子各处,"萧合黍稷,臭阳达于墙屋"。这样做的目的是使"魂气归于天,形魄归于地,故祭,求诸阴阳之义也"。"臭阳达于墙屋",用来象征阳的燃烧萧艾的香气向上直达墙屋,这印证了罗愿所言不虚。

官府燃萧祭祀需用大量的原材料,《周礼·甸师》上记载,作为甸师的官员,每年要敦促农民向官府"祭共(供)萧茅",供应祭祀用的萧茅成为农民的一大负担。采萧在古代也是一项农事活动,《诗经·采葛》中就有这样的描写:"彼采萧兮,一日不见,如三秋兮。"——那采萧的姑娘啊,我一天不见你,如隔了三年啊!对萧,唐人孔颖达释曰:"今人所谓荻蒿者是也,或云牛尾蒿,似白蒿……可作烛,有香气,故祭祀以脂爇(ruò,烧)之为香。"

不仅如此,萧这种蒿类植物,还与古代人们的生活、心境息息相关。试想,荒郊野外、池塘水边,如果映入眼帘的尽是芦荻、萧艾、野蒿,你的心底一定会油然生出荒凉破败之感。萧索、萧瑟、萧条、萧疏等词语,就是古人千百年来对这种冷落、凄清、寂寥环境的形象表达。范仲淹《岳阳楼记》有这样一句:"登斯楼也,则有去国怀乡,忧谗畏讥,满目萧然,感极而悲者矣。"一个遭遇坎坷、漂泊在外的游子此时登上岳阳楼,眼前所见只有一片萧然的景象,心里的悲情可想而知!

《火眼金睛》提示

图 1,"莫望" 应为 "莫忘"。

图 2,"宫爆" 应为 "宫保"。

图 3,"坡抖" 应为 "坡陡"。

图 4,"傲游" 应为 "遨游"。

请收起你的“玻璃心”

◎钟　琳

“玻璃”的释义为：“指天然水晶石之类，有各种颜色。现指一种人工制造的质地硬而脆的透明物体。”由于贴在玻璃制品之上的标语——“轻拿轻放”随处可见，自然而然地，我们看到“玻璃”二字，首先联想到的常是“透明易碎”。而随着当今网络语言的创新，玻璃的这一突出属性也逐渐演变出了“玻璃心”的巧妙用法。

近年来，在微博上的各种鸡汤式的警句里，“玻璃心”三字可谓频频出现：

企业良心是内源属性，大企业不会有一颗玻璃心！

玻璃心就应该被砸碎几次，不然永远都学不会坚强

要努力戒掉一切不必要的依赖和玻璃心

那么到底什么是玻璃心呢？顾名思义，就是具有玻璃一样特征的心脏。这里使用了比喻造词法，玻璃的易碎变成一种心理表征，把因为敏感、脆弱、多疑而容易受到伤害的人群形象化地表现了出来。假若深究“玻璃心”的词义，又可细分为三种。

第一种用法指某些人的心理状态像玻璃一样易碎，经受不住挫折与逆境的打击，他们常常在网络空间发表脆弱矫情的“玻璃心”言论，以求慰藉；又或过度强调他人的语言或行为对自己内心的伤害，渴望自己的情绪被注意、理解与关怀。这类人的网络空间往往变成宣泄自我感情的最佳地点。

第二种用法形容某些人心思细腻、极致感性，对于书籍、电影、网络中的悲剧事件或情节付出过多的悲伤情绪且沉溺其中，或对于他人的伤心或悲恸，会不由自主地将自己代入情境，产生共鸣，不自觉地伤心或流泪。常人往往难以理解此类举动，就会发出感慨："这有什么值得你流泪的呢？你可真是玻璃心！"

第三种用法形容某些人多疑而猜忌，亦即所谓的"说者无心，听者有意"。这是由于"玻璃心"人群过度纠结于别人的眼光和自己的失误，会反复揣测他人话语的意思，胡思乱想，无中生有误解出许多言外之意。例如同学聚会上，他们可以将他人的一句"我开车送你回家吧？"强行延伸为"我比你有钱，我有车而你没有"，完全曲解他人的善意。更有甚者，将其视作是一种对于自己无能的嘲讽。这种"玻璃心"人群，经常由于别人不经意的玩笑或打趣，而自觉受到伤害，生活在既自恋又自虐的心理困境中。

心理学认为，人的情绪或行为表现不是由客观事件造成的，而是在于个体对事件的理解与解释。"玻璃心"人群就处在一种对外界的错误认知中。就是说，他们活在自己主观认知构建的世界里，他们的焦虑与敏感也曲折地表达了此类人群对社会、人生的一般态度，折射出他们渴望被社会注意、理解和认同的迫切心情。

现代社会人受到的压力越来越大，人与人之间需要更多的沟通、理解，而只有用积极的正能量来回应这种"玻璃心"的状态，提升自信抛却顾虑，才会使得自己的内心不再脆弱敏感，变得平静强大。

所以，朋友，请收起你的玻璃心，笑对人生。

“单身狗”是如何被虐的

◎舒　蕾

近年来，“虐狗”一词在网络上流行起来。“朋友圈”里绝大多数“虐狗”的含义不是字面上的“虐待狗”，而是指在各种秀恩爱场景中，单身人士被恩爱的情侣们无形中孤立出来，长久单身的孤寂心灵遭受了极大的创伤。较早在网络社区出现的“单身狗”一词，是理解“虐狗”这个网络流行语的关键。

“单身狗”一词在网络上的起源与周星驰的电影《大话西游》有关。《大话西游之大圣娶亲》最后一幕有一句台词：“你看那个人，他好像一条狗！”这句话引起了巨大反响，激发了年轻人在孤独人生里摸爬滚打、生活不易的心理共鸣。逐渐地，“单身狗”就成了单身者的自嘲说法。

在网络用语“虐狗”里，虐的并不是真狗，指的正是“单身狗”。这种虐狗的用法已经相当普遍了。网易网上曾经登出了一篇题为《情侣虐狗法——怎么登对怎么来》的文章，点开后你会发现是情侣穿衣秀恩爱指南。凤凰资讯早在 2015 年 10 月 5 日就登出了一则新闻，题为《又秀恩爱！看奥巴马夫妇如何花式虐狗》。“虐狗”甚至还被写进了流行歌曲，歌手吴亦凡在《Bad girl》中唱道：“而我现在是一条单身狗 / 不要虐狗 / 放开你的手 / 我想我需要一杯酒。”这些都是直接使用“虐狗”一词的网络语言含义，夺人眼球。

还可以说说“虐狗”中的“虐”字，“虐”是“虐待”的省称。“虐待”本是指用残暴狠毒的手段对待某些人或某些动物，但在“秀恩爱”的场景中，对旁观的单身狗造成的伤害主要是心理上的，而且程度并没有那么严重。情侣高调地你侬我侬、卿卿我我、搂搂抱抱，单身者使用“虐”这个词，很大程度上带有夸张意味，主要是为了表达单身者的不满和嘲讽。

“虐狗”一词在使用中很灵活。常组成词组“花式虐狗”，强调的是情侣秀恩爱的招数五花八门。而为了表达对他们的不满就可以说：“我就静静地看你们花式虐狗！”又比如网络上有盘点“情侣们最虐狗的十种亲密行为”的视频，以及“朋友圈最虐狗的情侣对话，看完想谈恋爱了”等等标题，直接把“虐狗”用作形容词，表达也更加生动活泼。和“虐狗”中的“狗”意义相同的还有网络语言“狗粮”中的“狗”，都是指“单身狗”。当一个人说“我被喂了一把狗粮”的时候，如果以为是真的狗粮就闹笑话了——道理是一样的，他在自嘲自己这条“单身狗”被秀恩爱的情侣“虐”到了！

“虐狗”的新含义已经很普遍了，但是这个词对于一些不常接触网络社区的人，还是容易产生误解，以为真的是虐待犬类动物。而且“虐狗”的字面含义在网上出现得也不少，主要是对虐待犬类的不道德行为的报道，以及爱狗人士对于网上爆出的虐待犬类行为的声讨。所以，大家在具体使用时，还是要辨别清楚到底是虐的什么“狗”。

微语录·哲理

遭到敌人袭击后，一名士兵逃进了一个山洞。他躲在洞中祈祷不要被敌人发现。突然，胳膊被狠狠地蜇了一下，原来是只蜘蛛。他正要把蜘蛛捏死，突然心生怜悯，放了蜘蛛。不料蜘蛛爬到洞口织了一张网。敌人追来，发现洞口有蛛网，料想洞中无人便向其他地方追去。

（桓　静／辑）

“直男”和“直男癌”

◎闫艺暄

“直男”是近来常见的一个网络热词,由它还引申出了“钢铁直男”“直男癌”等相关短语。那么“直男”到底是什么意思呢?其实,在不同语境下,“直男”有着不同意义。

“直男”最早的含义是“异性恋的男性”,这个含义来自欧美文化。在英语的俚语中,bent(弯的)被用来隐指“同性恋倾向”,相应的straight(直的)就演化出来“异性恋”的含义。在汉文化中,性取向也是一个禁忌的话题,不方便直说,因此网络语言把straight和bent直译过来,“直”和“弯”变成了“异性恋”和“同性恋”的代名词,“直男”也就应运而生了。著名歌星王力宏曾在某年的春晚舞台上因为和李云迪搭档演出而被调侃为“同志(同性恋)”,随后发微博声明自己的性取向是“直”的,因此获得了“宇宙第一直男”的称号。当一个男性身上的特质与“直男”十分接近时,人们也会戏称他为“钢铁直男”。

作为异性恋者的“直男”原本是一个性取向正常的男人,但是接着却成了一种被嘲讽的对象,“直男”也成了一个带有贬义的词语,这是为什么呢?原来和“弯男”相比,直男更像一个真正的男人,顺带着把男人身上共通的毛病也“继承”过来了。当人们看到一位男性衣着随便、谈吐粗俗,甚至歧视女性、过于自我时,就会用“直男”去称呼他们。这时的“直男”就和“大男子主义”的含义类似了。比如我们喜欢调侃的“热水疗法”——不论女性遇到什么情况，“直男”们都一言以蔽之“多喝热水就好啦”，而并不会太在意不同情况下女性的不同需求。这就可以看作是“直男”典型表现。

“直男”发展到极端，就变成“直男癌”了。“癌”本是医学名词，它是一种很难治愈的病，在这里代指十分严重、无可救药的性格缺陷。其实“癌”自身并无褒贬含义，只是人们对其抱有一种恐惧的、厌恶的心理认知，所以借用它来表达自己相似的主观感受。“直男癌”以其新颖的表述方式和精准的概括性引起了广大年轻女性的共鸣，迅速流传开来。“直男癌”的“症状”可以简要概括为：活在自己的世界中，常常流露出对别人的不满，盲目的自我优越感且带有极强的大男子主义。比如一些在相亲网站上贴出自己所谓的“相亲标准”的男性，不考虑自己的学历低、收入少、相貌平平等劣势条件，反而希望对方符合素质高、收入高、相貌不凡等等的严格标准，这就是“直男癌”的典型表现。

不过，有些时候“大男子主义”也有其可爱之处，表现为男性对于女性的保护欲和保护行为、主动替女性承担繁重的任务和体力活、自愿在家庭关系或婚姻关系中承担更多的责任等等。作为大男子主义代名词的“直男”在这些时候也被赋予了一些正面意义。比如有些女性常用“直男”调侃自己的男朋友，除了表达因自己男友的木讷、不解风情而感到无奈，其实也隐含了对男友可靠、可信赖的一面进行夸奖的情感。例如有些“直男”虽然不会安慰女友，但是也会通过送礼物、干苦力来表达自己的爱意，这样的“直男”就已经不再强调与同性恋者相区分，也不是贬斥的对象，而是变成了调侃而又略带爱怜的昵称。

英语中如何“打虎”“拍蝇”“猎狐”

◎陆建非

有很多中国词语，尤其是在一些特殊政治语境中产生的词语，对于外国人来说不太容易理解。翻译者必须对中国国情有足够而深刻的了解，才能让不谙我国情况的外国受众准确理解这类词语。

例如，中国反腐语境下的“打虎”“拍蝇”和“猎狐”，外国人感到很新鲜，但又吃不准它们的真正含义，我们以前也没给过一个精确的译名。西方媒体理解角度不一，当然也就各译各的。在党的十九大报告外文版中，这些词终于有了规范的英文译名。

2015年，两会谈到“中国反腐监察机构表示将继续‘打虎拍蝇’”时，官方对这段话的英语表述是：

China's top anti-graft watchdog said it will net more “tigers” and “flies” —— corrupt government officials at both higher and lower levels.

此处的top anti-graft watchdog指“高层反腐机构”。net是动词，即“用网捕捉”的意思。破折号后是对tigers（老虎）和flies（苍蝇）的说明，即“较高和较低层级的贪腐官员”。

2017年，习近平主席在新年贺词中强调“我们积极推进全面从严治党，坚定不移‘打虎

拍蝇'",这句的英语译文是:

We vigorously pushed forward the exercise of our Party's strict governance in every respect, unswervingly cracked down on both "tigers" and "flies".

前半句中的 push forward 即"推进", the exercise of our Party's strict governance 即"严格治理我们的党"; 后半句中翻译"打"和"拍"仅用了一个英语动词词组,即 crack down on, 义为"镇压、打击、取缔、噼啪击下"。

党的十九大报告把"坚定不移'打虎''拍蝇''猎狐'"译成:

We have taken firm action to "take out tigers", "swat flies" and "hunt down foxes".

相比之下,十九大报告中的译文更精准、更得体、更生动。用三个不同的动词或动词词组施动于不同的象征动物,即:take out (擒拿) tigers (老虎); swat (重拍、猛击、使劲打) flies (苍蝇); hunt down (穷追直至抓获、穷追猛打) foxes (狐狸)。域外者的联想效果明显提升,这与首次参与翻译和校对工作的外籍专家的指导与帮助密不可分。当下我们正在尽最大努力讲好中国故事,传播中国声音,与世界实现有效沟通,语言切换的"信、雅、达"不容小觑,外国专家的鼎力相助,常常事半功倍。

然而,语言专家细心推敲的绝佳译文也时常会出现"对牛弹琴"的境遇。有位约旦记者就说:"约旦没有老虎,即使我们有老虎,也不会在翻译中使用这个词,我们在报道时会避开这些字眼,更倾向于用简洁说法、日常用字。"他这番话并无恶意,但却道出了跨文化理解的巨大差异,以及由此给翻译带来的严峻挑战。即便在阿拉伯文译本中把"打虎""拍蝇""猎狐"都翻译了出来,但国情不同,文化迥异,夏虫不可以语冰。因为在阿拉伯人眼里,老虎甚至是个宠物,可在家里饲养玩耍。在英语中,老虎有"勇猛"的意思,例如:tiger-like brave (虎一般勇敢); The soldier was a tiger in fight.（那士兵作战勇猛。“虎”指代勇士）当然，老虎同时也含有“凶暴残忍”之意，它的文化寓意与汉语差不多，看你怎么理解和使用。

记得20世纪60年代，经济发展开始腾飞的“亚洲四小龙”，即中国香港、中国台湾、新加坡和韩国，在译成英语时，我们避开了“dragon”（龙）这个字，尽管在汉语中“龙”享有高大上的文化形象，但在英语中，“dragon”有较多负面寓意，故以“虎”代之，译成“Four Asian Little Tigers”（亚洲四小虎）。

狐狸在汉语中的文化形象与其生活习性相关，故多用来形容狡猾、多疑，如“满腹狐疑、狐疑不定”。而在英语中，狐狸多指聪明的人，能够运用机灵手段得到想要的东西。西方文化中对狐狸的这种认知可追溯到《伊索寓言》中乌鸦和狐狸的故事。这也体现出西方文化鼓励敢想敢做、勇于尝试的独创精神。所以英语中有这样的句子：Fox preys farthest from home.（狐狸觅食，远离洞门。）Fox is not taken twice in the same snare.（聪明人不上两次当。“狐狸”指代智者。）

随着历史的发展，西方文化对狐狸的认知逐渐与中国文化趋同，如 A fox may turn gray, but never kind.（狐狸或许会变灰色，但本质不改。）即我们常说的“江山易改，本性难移”。又如 set a fox to keep one' s geese（把鹅交给狐狸去看管），即“引狼入室”。

《“草子”能做糕吗》解疑

是“槽子糕”，而非“草子糕”，包装袋上写了别字。北方方言将蛋糕称为“槽子糕”，因制作时将鸡蛋、面粉、白糖等材料搅拌均匀后，做成面团，放入模子中烘烤而得名。《清稗类钞》：“蛋糕曰槽糕，言其制糕时入槽也。”

孔子如何叫爸爸

[中国台湾]竺家宁

汉代以前都没有“爸”这个字，可是全世界的语言都会把父亲叫作“爸爸”（papa），或者这个音的变体。为什么孔子时代没这个字？孔子如何叫“爸爸”呢？

其实，如果我们带入一点声韵学知识，这个答案不难解决。声韵学上，有“古无轻唇音”的条例，这个条例适用于大部分的语言。我们看下面这几对英文字组的比较，它们都是同源词，试比较同组中的前后两个开头的字母，不就是一个重唇音（双唇音 p 或 b），一个轻唇音（唇齿音 f）吗？它们原来是由同一个音演化出来的。

pedal：foot

brother：fraternal

break：fragment

拉丁文 pater →英文 father

可是，中文的“爸”字直到魏晋时代才出现，先秦时代根本没有这个字。那么，先秦时代的孩子如何叫爸爸呢？难道，中国古代的小朋友学讲话，都不会叫“爸爸”，只会叫“父亲”吗？这是不合乎人类语言常态的。

“父”是一个很古老的汉字，它的字形是手握着一支短短的权杖，表示家族中有地位的男子，用这样的造字方式来表示爸爸的概念。在音读方面，我们可以带入两条声韵规律，一条叫作“古无轻唇音”：今天 [f] 的音来自古代的 [p]，“古无轻唇音”是语言演化的普遍性原则，上述英文的 f 不就是从 p 变来的吗？

另一条规律是：今天的 [u] 韵母，大部分由上古的鱼部字变来，而鱼部字原先是念 [a] 音的。我们试着把这两条规则带进“父”字的音读，那么它的上古念法就近似爸 [pa] 字了。这是中文的“元音大转移”现象(英文也有类似的现象，叫作 great vowel shift)。在孔子时代没有“爸”字，只有“父”字，“父”就念作“爸”。到了魏晋以后，“父”字不念“爸”了，于是在“父”的下面注一个音“巴”，于是诞生了“爸”字。所以，孔子仍然会叫爸爸。当时虽然没有“爸”字，但当时的“父”字就读 [pa]。用 [pa] 这个音叫爸爸，是全世界语言的共性，孔子也不例外。

英文除了叫 papa 之外，也可以叫“爹爹”(daddy)。这一点和中文的情况完全类似，又符合了语言的共性。

“父”字发音的演化如下：

“父”[pa→fu]→“父+巴=爸”(papa)、“父+多=爹”(daddy)。

(作者是台湾政治大学中文系教授)

“A 菜”与“大陆妹”

[中国台湾]高婉瑜

“A 菜”，台湾闽南语常用辞典作“萵仔菜”，指萵苣，叶子互生，全株无柄，分结球和不结球两大类，也叫“A 仔菜”“妹仔菜”“媚仔菜”或“麦仔菜”。

由于台湾闽南语“A 仔菜”首音节与字母 A 声音接近，将 A 读为汉化字母音 [ei55]，民间就写成“A 菜”了。台湾农民将

来自大陆的萵苣叫作“大陆 A 菜”，国语则称为“大陆妹”“油

麦菜”。

有趣的是“A 菜”在台湾又叫“大陆妹”，如：“高市卫生局指出，老四川高雄店的大陆妹，验出农药三氟敏 0.03ppm(标准：0.01ppm)，超出标准达两倍。”但是“大陆妹”还有其他意思，指大陆女子，如：“有一次她推着丈夫在公园散步，有人问她：‘这是你爸爸吗？’她说：‘不是。’结果对方丢下一句话：‘你们大陆妹都是这样！’她当场气得眼泪都掉下来……”这个“大陆妹”指的是“大陆配偶”，且通常是嫁给年纪大的台湾男子的年轻大陆女子。因此，台湾人说的“大陆妹”既可指人，也可指蔬菜。

将“大陆莴苣”称为“大陆妹”是谐音关系，无任何歧视或贬义。不过，2017 年 7 月，有人觉得将“A 菜”叫作“大陆妹”，听起来不舒服，呼吁“终止歧视”，建议把“大陆妹”正名为“大陆莴苣”。

客观地说，“A 菜”与“大陆妹”相较，前者没有争议，后者可能引起某些人不悦。话说回来，语言的流通从来就不是某些人过度联想、呼吁废止即可改变的。想以“大陆莴苣”替代“A 菜”或“大陆妹”的概率或许不大。

（作者是高雄师范大学国文学系副教授）

少年警讯

［中国香港］汪惠迪

警：提醒，使警惕；讯：音信，消息。警讯：警告的讯息。(《全球华语大词典》第 808 页；《现代汉语词典》未收“警讯”)

“警讯”前加“少年”，组合成“少年警讯”，所指与音信、消息无关，它是香港一个以会员制形式运作、隶属于香港警务处警察公共关系科的组织。简言之,“少年警讯”是一个非牟利的注册团体,总部设于警察公共关系科,而支部分布在全港 20 个警区内。

“少年警讯”简称“少讯”,英文名称是Junior Police Call(缩写 JPC),成立于 1974 年 7 月,至今已有四十多年历史了。其宗旨是鼓励青少年积极参与扑灭罪行的活动,从而加深与警方的互相了解。

“少讯”锐意在中小学发展组织,截至 2015 年底,有支会的小学有400所,中学则有382所。会员总人数现已超过 20 万,都是 9 至 25 岁对香港警务工作有兴趣的青少年。“少讯”已成为世界上与警方有紧密联系的最庞大的青少年组织之一。如今投身警界的香港人,不少是当年“少讯”的成员。从 2009 年 1 月起,“少年警讯”部分课程已列入特区政府教育局的课程数据库,供各中学的“其他学习经历”科目选取学习内容。

2018 年 2 月 15 日上午,香港中联办主任王志民邀请郭宏晞和罗颢凝同学等 26 位“少讯”成员到中联办大楼,向他们转交了国家主席习近平在 1 月 14 日给郭、罗两位同学的回信。习主席在信中说:

宏晞、颢凝等香港“少年警讯”成员:你们好!很高兴收到你们亲手制作的新春贺卡。你们很用心,字也写得认真,你们的祝福让我很感动,谢谢你们!

习主席接着说:“贺卡上的照片让我想起了去年在‘少年警讯’永久活动中心跟你们见面的情景。你们个个朝气蓬勃,展现了香港青少年向上向善的精神风貌。祖国和香港的未来,寄托在年轻一代身上。希望你们读万卷书、行万里路,多学点历史,多了解点国情,开阔视野,增长见识,锤炼本领,早日成才,以实际行动服务香港、报效国家。”

习主席的回信引起香港舆论和各界人士的广泛关注和积极评价,而香港社区词“少年警讯”顿成“热词”,传播到千家万户。

(作者是本刊特约编委)

短桩软脚豆腐渣

[中国香港]田小琳

台湾花莲于2月6日发生6.5级地震，据台湾传媒报道，短短数十秒钟震倒花莲四栋建筑物，而其中有的建筑物只有十几年的楼龄。随之，台湾的土木工程师到现场勘查，发现这四栋建筑物都是“软脚建筑物”。

台湾媒体所说的“软脚建筑物”是什么意思呢？原来和内地所说的“豆腐渣工程”差不多。就是偷工减料的建筑物，例如，低楼层柱子多，墙体少等等，遇到大震就顶不住了，自然会“软脚”倾塌。如同一个人，腿软了，支不住身子了，就会跌倒一样。南方方言(粤方言、闽南方言、吴方言)里，经常“脚”“腿”不分的，说脚疼，实际是指腿疼，说脚软，就是腿软了。

香港类似的词叫作“短桩”(桩基不够深)。大家知道，盖高楼大厦，最重要的是先打好地基，如果地基没有按规定打广打深，加上建筑材料不合格、偷工减料等情形，那么就留下了重大隐患。1999年到2000年，香港东涌、天水围、沙田等区有的公营房屋地盘(工地)接连出现短桩现象，包括桩柱的深度不够，钢材质量不合格等。被发现的短桩建筑通通返工，造成巨大经济损失，令公营房屋蒙羞。涉事人员立即受到廉政公署调查，有的后来被判刑。

由“短桩”的本义，可以引申指基础没打好的意思。我在大学里讲课常常对学生说，你们在大学要打好学业的基础，否则将来“短桩”不会有发展。

短桩只能盖简易的房屋,如何撑得起摩天大厦呢?查《现代汉语词典》《全球华语词典》《全球华语大词典》均未收“短桩”一词。修订时可以考虑补收。

软脚建筑物,是明显的比喻造词。在内地及台湾,还有“软脚虾”“软脚蟹”的说法,都是比喻徒有其表、软弱无能的人。“软脚”成了构词的语素组,可以比喻人的无能,也可以引申比喻建筑物的质量差。

新加坡对于其他地区创新的词语,常常采取拿来主义的办法,上面所说的软脚、短桩、豆腐渣的比喻用法,都可以用。社区词的特点就是用通用语素造词,所以传播起来比方言词要容易,要快。

(作者是本刊特约编委)

具有方言特色的华语

[马来西亚]杨欣儒

谈过了马来西亚华语中具有方言特色的词语,接着谈具有方言特色的语法。

父亲叫儿子做功课,今天一定要“做给它完”,普通话应当说“做完它”;“喝给它完”应当说“喝完它”。还有“你吃先”“你看先”,把副词“先”放于动词后边,也是方言的说法,华文小学老师得告诉学生这是语病,规范的说法是“你先吃”“你先看”。同样的道理,“买多一斤”“穿多一件衣服”里的副词也要放在动词前边,说成“多买一斤”“多穿一件衣服”。

父亲叫儿子和姐姐一起坐,却说成“坐跟她”,当老师的妈妈立刻纠正说,是“跟她坐”。句子的直接宾语与间接宾语经常被调转位子,例如“我们要给一个机会他”“老板给钱我”。

按照华语的习惯，应该是“我们要给他一个机会”“老板给我钱”。

叠音词的滥用也是这里华语的一大特色。“生意不大好，公司还是硬硬支撑了下来。”“硬硬支撑”就是“硬撑”。“要办好华文教育，我们会大大地支持你。”“大大地支持”就是“大力支持”。“他重重的一击把对方打败了。”“重重的一击”就是“重拳出击”。“这些都是谣言，大家不要乱乱讲。”这里的“乱乱讲”就是“胡说”。

再举两个例子：“这家的衣服几贵。”“那间店的衣服很便宜一下。”规范的说法是：“这里的衣服挺贵。”“那家的衣服很便宜。”

此外还有一些方言式的用法，例如“吊起来卖”。我们经常可以看到这样的句子：这种畅销的产品一时缺货，各商店都把产品“吊起来卖”，其实它的意思是待价而沽。婚宴过后，满地垃圾，工作人员都要跟手尾。“跟手尾”是方言，普通话叫“处理善后”。动量词的“一下”也经常用错，例如“很贵一下”“很好看一下”，这里的“一下”当成了补语，有违普通话的语法。因为“看走眼”，所以他的生意大亏。方言的“看走眼”其实就是“预料错误”。

（作者是马来西亚华语规范理事会副主席）

《房子和家》参考答案

1. 恶恨恨——恶狠狠
2. 冲血——充血
3. 看看那边”，——看看那边，”
4. 语无轮次——语无伦次
5. 残遭——惨遭
6. 杀戳——杀戮
7. 报憾——抱憾
8. 沓无音信——杳无音信
9. 父女俩个——父女俩
10. 潸然泪下——潸然泪下

含有“数字”的灯谜(上)

◎江更生

如果你经常猜射灯谜的话，一定遇到过谜面上出现数目字的作品。这些被谜界戏呼为“数字灯谜”的文字游戏，其内容丰富、手法众多，诚可谓五花八门、各呈谐趣。

最直接明了的，便是那些干脆以数字作题面的灯谜了。例如以阿拉伯数字“69”作面，要求打一个成语。猜者可从数字顺序上悟出谜底为“七上八下”。也有用汉字标示的，如以“一、二、三、四、五、六、七、九、十”为谜面，要求打一个三笔字。细心的读者一定会觉察到，谜面仅罗列了十个基本数字中的九个，却单单少了个“八”。换言之，整个谜面的意思是“只少八”，据此我们不难求出谜底，当为“口”字(注：别解为“‘只’少掉了‘八’，余下为‘口’”之意)。这条谜比前一谜稍微曲折了一点。

较为常见的是换算形式的“数字灯谜”，它们多半用加减法使底面的数字相等，产生“自圆其说”的别解谐趣。例如以“‘五四’颂”打爱国诗人屈原的名作《九歌》(注：“五四”相加为“九”，“颂”作“歌颂”解，扣“歌”)。还有以“十九”打成语“一念之差”(注：吴方言中，“念”即“廿”，作“二十”解。谜底应别解为“一和二十之间的相差之数”，故扣)。当然用乘法扣合的也有，例如以“27岁”打法国作家雨果的长篇小说《九三年》(注：九乘以三为“27”，“年”扣“岁”)；还有如：“魔术艺龄49年”打抗战史名词“七七事变”

（注："49"扣"七七"，"事变"别解为"从事变魔术"）等。上述灯谜看上去就像作者在追求底面上数字经运算后达到平衡的效果，其实这也是一种数字的"别解"技巧，猜谜者不可不知。

也见有人利用"度量衡"及公市制等单位的数量换算入谜。例如以"斗"为谜面，打植物名"百合"。这里的"斗"和"合"（应读作 gě）均别解为容积单位，因为一斗等于十升，而一升则为十合，换言之，一斗应为一百合，故而相扣。我们再来看一条类似的灯谜，谜面为"升"，要求猜一个传统礼仪。倘若我们循着容积单位换算的思路，你不难得出谜底为"合十"，意思是一个"升"换算成"合"的话，应该是十个，故而相扣。"合十"原为佛教中的一种礼节，即双手合掌以表尊敬之意。笔者记得儿时曾猜过两条灯谜，一条以"十尺蓝布"打《水浒传》诨号"一丈青"；还猜过一条以"老秤半斤"打成语"三三两两"的谜。前者用"十尺"折合为"一丈"，拿"蓝布"与"青"相扣。后者谜底须顿读作"三三两/两"，前三字别解为数字，相加为"八"，后一字"两"则作为重量单位解。至此，谜底已别解为"八两"，适与谜面吻合。因为旧制十六两为一斤，至今不是还有一个比喻彼此一样的成语"半斤八两"吗？更有甚者，有人找出古代计量单位来制作灯谜。如以"三十里"为面，打已故现代作家"老舍"。这里的"舍"已别解为中国古代长度计量单位，按制三十里为一"舍"，也就是成语"退避三舍"（本义为"退让九十里"）中的"舍"字之义。"老舍"在此别解为"古时的一'舍'"之义。至于以公制长度单位与市制的互相换算，在灯谜中也比较常见。例如以"正好 1500 米"打人体穴位名"足三里"（注：别解为"足足有三市里"）和以"一个不满三尺，一个超过三尺"打粮食名二"小米、大米"（注：米，别解为旧称"公尺"），都是些能巧借换算、扣合浑成的数字灯谜。

《西厢记》灯谜

◎刘茂业

王实甫的《西厢记》，辞藻富丽，脍炙人口，历来是灯谜创作常用的题材。民国初期，浙江海宁人管老吃，还编选出版了一本《西厢谜辑》，辑录以《西厢记》各篇的唱词、篇目以及人名等为谜材的谜作500余条。西厢灯谜之广泛流行，由此可见一斑。

历代名人谜家多有猜《西厢记》中语句的灯谜传世。如曾任台湾布政使，署理台湾巡抚，被誉为"台湾诗谜之播种人"的唐景崧就有一名作：以"我固疑是老奴"打"心坎上温存"。谜面典出《世说新语·假谲第二十七》中"温峤娶妻"的故事。东晋名将温峤妻子亡故，恰巧堂姑有一女儿待字闺中，托温寻找女婿。温有娶其女之意，试探姑母："佳婿难得，和我差不多的如何？"堂姑答曰："哪敢奢望找到你这样的女婿？"不久温向姑母回报说："已觅得允婚人，是有名的官员，完全不比我差。"姑母大喜。成婚那天，夫妻交拜礼后，新娘拨开遮脸的纱障，大笑说："我固疑是老奴，果如所卜！"谜面语出于此，意思是我本来就疑心是你这个老家伙。谜底中"温存"本义是"温柔体贴"，现在"温"代指"温峤"，别解为新娘已"在心里将温峤留存着"。又如民国谜圣张起南用"靥"打"脸儿上扑堆着可憎"，谜面看作"厌"和"面"两字，"面"扣谜底中的"脸儿"，"厌"义为"憎恶"，扣"可憎"。这些谜作都雅趣别致，和戏剧名著珠联璧合。

每月二谜

1. 恨无刘伯温（打四字常言一）
2. 庞士元献策赚曹操（打机构一）

上期答案

1. 珥（打网络流行语一）
   谜底：隔壁老王
2. 弱秦何以变强秦，全仗铁腕始皇帝（打四字国际名词一）
   谜底：地缘政治

房子和家

（文中有十处差错，你能找出来吗？答案在本期找）

◎伯　淮　设计

一个正在巡逻的警察发现地上躺着一个醉醺醺的中年男子。警察将醉汉从地上拖拽起来，并呵斥他快点回家。

“我没有家！”醉汉恶恨恨地说道。他一边推开警察的手，一边还用冲血的眼睛瞪过去。警察看清了醉汉的长相，原来他是自己认识的一个富翁，他居住的大宅就在街对面。“嘿，伙计！看看那边”，警察指着那幢豪宅问醉汉，“那难道不是你的家吗？”

“这，这，你，……那只是我的房子！”醉汉瞥了一眼，语无轮次地反驳道。

警察无语了，心想：这两者有区别吗？

富翁是一个犹太人，二战时他为躲避法西斯的迫害带着家人四处逃亡。遗憾的是，除了自己和一个女儿成功逃脱外，全村的人，包括其家人，都残遭杀戳。更让他报憾的是，为躲避一次空袭，年幼的女儿也和他失散了。战争结束了，富翁四处寻找，但女儿依然沓无音信。他花重金买下一幢大宅，是希望和女儿重逢，在此重建自己的家。

一年多后，警察偶然在一份流浪儿童的花名册上发现一个犹太女孩，其特征和他曾在档案上见过的富翁女儿一模一样，于是赶忙联系富翁。富翁找到了自己的女儿。当父女俩个重逢的那一刻，富翁不禁潸然泪下，激动地喊道：“我终于又有家了！”

火眼金睛

图中差错知多少？

达式东　严佳明
郭艳红　林万树　提供

（答案在本期找）

懂得吃水莫望挖井人的道理
建国大业影片里是血的印记

1
2　4
3

YAOWEN-JIAOZI

咬文嚼字®

06
2018

翠鸟

鸟纲，翠鸟科。头大体小，尾短，嘴长而直。因其额、枕和肩背等部分的羽毛以苍翠、暗绿色为主，故名。生活在水边，善捕鱼，又称“钓鱼郎”。

世纪出版集团

欢迎至邮局订阅本刊 邮发代号 4-641
国内统一连续出版物号 CN 31-1801/G
定价：5.00 元

识文断字

照片提供者 李光羽

这是江苏镇江金山寺的一块景观照壁，上面四个古文字道劲有力，古朴大方。读者朋友，能猜出是什么字吗？（你可用电子邮件或信件方式将答案发送或寄送给本刊编辑部，本刊将在下期择优登出）

书窗

餐桌上的故事

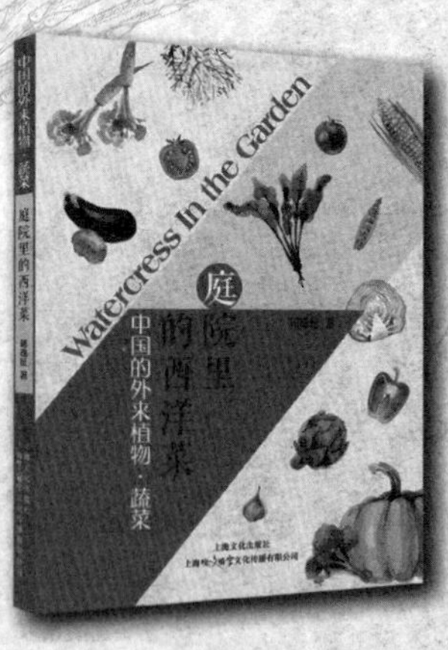

《庭院里的西洋菜——中国的外来植物·蔬菜》

蒋逸征 / 著　定价 /38 元

黄瓜、茄子、菠菜、辣椒、番茄、胡萝卜……
今天我们吃惯了的许多蔬菜，
原本始自遥远的他乡。
外来蔬菜改变了我们的口味，
同样影响着我们的文化。
这本书图文并茂，
详细介绍不同时期传入中国的蔬菜，丰富有趣。

华罗庚"谦虚得令人不可不笑"

季春燕/文　臧田心/画

1980年初夏,华罗庚率领中国数学家代表参加在香港召开的东南亚数学双年会。会议期间,华老应邀到香港大学演讲。现场有人问他成功的要素是什么?华罗庚略微沉思,反问道:"我成功了吗?"幽默的回答立马迎来阵阵热烈的掌声。后来香港一家媒体评论说:"实在谦虚得令人不可不笑。"

咬文嚼字®

2018年6月1日出版

6

总第282期

主管：上海世纪出版集团
主办：上海咬文嚼字文化传播有限公司
编辑、出版：《咬文嚼字》杂志社
集团网站：http://www.shwenyi.com
E-mail：yaowenjiaozi2 @ 163.com
官方微博：
http://weibo.com/yaowenjiaozish
电话传真：021-64330669
发行电话：021-64674759
邮购电话：021-64372608-243
地址：上海市绍兴路7号
邮政编码：200020
发行：上海市报刊发行局
发行范围：国内外公开
订阅处：全国各地邮局
邮发代号：4-641
ISSN 1009-2390
CN 31-1801 / G
印刷：上海中华印刷有限公司
印厂电话：021-60829062
021-60299079
广告经营许可证：沪工商广字
3100320050020号
定价：5.00元

张斌先生二三事

◎何伟渔

编者按：2018 年 3 月 31 日，著名语言学家、上海师范大学教授张斌先生于上海龙华医院仙逝，享年 99 岁。张斌先生是本刊顾问，长期支持《咬文嚼字》的事业，指导《咬文嚼字》的工作，关心《咬文嚼字》的发展，在《咬文嚼字》的成长中发挥了不可替代的作用。张斌先生的离去，使中国语言学界失去了一位大师，《咬文嚼字》失去了一位导师。本期，我们特邀张斌先生的弟子何伟渔先生撰写纪念文章，以表达《咬文嚼字》同仁对张斌先生的深深缅怀。

《咬文嚼字》编辑部

我的老师著名语言学家张斌先生于今年 3 月 31 日清晨驾鹤西行，享年 99 岁。先生的道德文章，先生在现代汉语语法学上的学术思想、学术成就和学术贡献，已有官方的公允而尊崇的评价，又有许多报刊和网络的多角度介绍，我不再赘述。本文只就我个人的所见所闻所经历，说几件事，借以寄托怀念与感恩之情。

师生缘

1950 年代初期，上海小学生、中学生数量猛增，师资十分紧缺，市政府决定创办市属的高等师范院校。1954 年，上海师范专科学校成立，张斌先生是筹备委员会委员，并担任中文科副主任以及“现代汉语”课程的教师。

我是第一届（1954级）学生。中文科学生最多，招了250名。“现代汉语”以大班形式（100人）上课，而且安排在周一的第一、二节课。因此，我们见到的第一位老师便是张斌先生。开场白之后，张先生在黑板上写了一个句子，并就这个句子问了一个比较简单却值得关注的语法问题。他先后指定两位同学回答。由于当时的中学是不教汉语语法的，因而两人都没说到点子上。先生又问：“谁能回答？”我斗胆举手，居然答对了。当天晚上我们班级选举各门课程的课代表，其实新同学之间相互并不了解，也许是受到白天在课堂上我即兴回答的影响，同学们一致推举我当“现代汉语”课代表。从此，我就成了张先生和我们班级之间上通下达的桥梁。我当课代表还算努力，几乎每次课后都要带着自己的或者同学中讨论过的、课内的或者课外的，有关语法、词汇、修辞的大大小小问题，向张先生请教；张先生总是耐心地、不厌其烦地，甚至十分乐意地，一一解答。先生认为，来自学生的问题越多越好，一来说明学生在动脑筋思考，二来有利于丰富他的教学内容，加强针对性。

不久，我偶然在讲台上发现张先生讲稿的封面上，署名“文炼”。我不禁惊喜万分：“呀，原来‘文炼’就是我们的老师啊！”“张斌”这个大名，我是进了上海师专之后才听说的。而“文炼”却是我早就知悉的。我家里订有《大公报》（当年在上海出版），我曾经在《大公报》上读过两篇文炼的文章，印象深刻；况且就在前一个星期日，我在福州路新华书店买到一本文炼、胡附合著的《中学语法教学》。这下子对上号了，“文炼”乃是张斌先生的笔名。我觉得太幸运了，我们有这么好的老师啊！

那时候，《汉字简化方案》

尚未诞生。先生讲稿封面上“文炼”的“炼”字写的是“鍊”字。二十年以后,“金柬生”成了我最喜爱最常用的笔名之一——我把“鍊”字拆成“金柬”二字,“金柬生”意即文炼的学生。这是后话。

1956年,首届学生毕业。张斌先生要我留校,在汉语教研室当助教。由此,先生与我的师生关系得以长期延续。六十余年来,我一直留在先生的身边,追随先生从事现代汉语语法教学和语法研究。

这是缘分啊——开启了一个甲子的师生缘!

“刘关张”

1980年代的后半期,天津师范学院、四平师范学院等多所大学聘请张斌先生为兼职教授。每当现代汉语专业的研究生即将完成学业时,这些学院总会邀请张先生担任论文答辩委员会主席。先生常常带我一同前往,我忝列答辩委员,得以在实践中体验指导研究生的甘苦。对于接待方,张先生从不提什么条件,不住宾馆,就住在教工集体宿舍里,并在教工食堂用餐。我与张先生共居一室,一则我便于在生活上照料,二则可以得到许多跟先生自由交谈的机会。由于大学教师没有坐班制,除了上课、开会,大家匆匆来,匆匆去,各忙各的,因此平时在教室里、在教研室里,都没有这样随意聊天的好机会。我们在外地工作之余的谈话,总是张先生说得多,我乐于充当聆听者,洗耳恭听。他博闻强记,见多识广,无主题的交谈,往往使我大开眼界,获益匪浅。

在谈话中,我对张斌先生的经历和志趣有了更具体的了解。

先生是设在湖南蓝田的国立师范学院毕业的,不是国文系,而是教育系(侧重心理学)。1943年毕业,正值抗战时期。他先后在四川的两所中学任国文教师、英文教师。抗战胜利后,1946年到上海,协助储安平创办、编辑《观察》周刊。1948年周刊被当局封杀。先生又到虹口中学(原校名为上海师专附中)任教导主任兼语文教师,直到1952年。

当语文教师,要改作文;当杂志编辑,要改稿件。比方说,张先生有时将“由于”改为“因为”,似乎比较顺当;有时却将“因为”改为“由于”,显得更自然流畅。类似这样的修改,不胜枚举。修改时,全凭语感,说不出道理来,“知其然,不知其所以然”。由此引发年轻的张斌先生学习语法的强烈欲望。他自学的第一本著作是吕叔湘先生的《中国文法要略》,他越学越爱学,感到茅塞顿开,好像进入一个令人豁然开朗的新天地。由此他立志研究汉语语法,并付诸行动,起先在《观察》周刊上,之后又在《大公报》上,发表了多篇关于语法的文章。

可以说,是工作实践促使张斌先生对语言文字产生了莫大的兴趣。他在青年时期就养成了时时处处观察、揣摩语言文字的习惯,不断研究、探讨语言文字的各种问题。

张先生给我讲过一个有趣的故事。大致在1947年吧,当时先生尚未成家,单身。有一天,他下班后独自在街上散步,经过二马路(今九江路),看到一家点心店的招牌特别耀眼,三个字:“刘关张”。他想,这家店莫非是由姓刘、姓关、姓张的三人合伙开的。反正没有事,就进店探个究竟。原来,店主不姓刘,也不姓关和张。这家店铺只卖三种特色点心:白色的藕粉糊,红色的赤豆沙糊,黑色的芝麻糊。这就对了,跟我们在戏曲舞台上看到的一样:刘备白脸,关公红脸,张飞黑脸。多巧妙的店招!多有新意的店招!

这个故事给我三点启发:第一,张先生对语言文字十分敏感,也可以说是职业的敏感,做学问的敏感。第二,张先生富有求真务实的治学精神,没有调查就没有发言权。第三,在现代社会,语言文字是人们须臾不可离的工具,通俗地说,是随身携带的工具。因此，我们随时随地都可以学习语言文字，思考语言文字的相关问题。

师父带徒弟

张斌先生和我，不只是师生关系，应当说还有一重师徒关系。他不仅给我传授专业知识，而且如同师父带徒弟一般，手把手地有形无形地传授教学技艺、写作技艺、编辑技艺等，还传授为人处世的道理。

有一件事情，只有几个人知道，却是我终生难忘的：

“文革”之后，百废待兴，出版界也行动起来，纷纷向老专家组稿。大约在1978年夏天，少年儿童出版社率先约请张斌先生撰写一本深入浅出、通俗易懂的有关汉语语音、词汇、语法、修辞的读物，读者对象主要是小学高年级学生和初中学生，兼及小学语文教师(他们可以自由地灵活地将书中生动活泼的语料“迁移”到日常教学中去)。

张先生欣然接受约稿，立即组成“老中青三结合”的写作班子。“老”，张斌先生，年近花甲，国内外知名的汉语专家；“中”，我，何伟渔，四十多岁，二十余年教龄的老助教(其间没有再评职称)；“青”，陆丙甫，二十多岁，曾在贵州插队的上海知青，因病返沪，成为一家小型锁厂的工人(用今天的话来说，就是“蓝领”)，业余时间全扑在自学语言学上，经吕叔湘先生介绍，他经常到张先生家求教。

说干就干，我们约定每人写30篇，每篇1000字上下。书名定为《语言的奥妙》，作者署名“张渔甫”(三人姓名中各取一个字)。三人意气风发，埋头撰稿，如期完成。每人30篇，共90篇，交给出版社审稿。就我个人而言，自以为执教“现代汉语”课程已经二十余年，积累了大量鲜活、有趣的语言材料，写写少儿读物理应是胜任愉快的。但是结果完全出乎我的预料。

数月后，经过出版社一审、二审、三审，《语言的奥妙》终于出版了。细看目录，张斌先生写的30篇全部用上了；我写的只用了五篇半，其中半篇跟陆丙甫的半篇合成一篇；陆丙甫所写的原稿一篇也没有用，他文稿中有不少精彩的亮点，责任编辑请张先生将原稿“打散”后重新“捏合”成若干篇。

这个结果促使我反思、深思。张斌先生像前辈语言学家吕叔湘先生一样，既擅长撰写高端大气上档次的富有新意的学术论文，也善于写作面向大众的很接地气的通俗读物。我的文稿却像给大学生讲课的讲稿，不能深入浅出。而陆丙甫的文稿更像科学小论文，对少儿读者来说，过于深奥了。

事后，张斌先生将没有采用的二十多篇稿子归还给我，并且鼓励我说，不要丢弃，内容不错，只是写法不对路，日后都可以发表。果然，我通过认真学习先生的写作技法，逐篇改写我的原稿，几年之内，当初退回的稿件百分百地在不同报刊上刊载了。

陆丙甫在张先生指导下，自学成才。后来跳过大学本科，直接考上复旦大学现代汉语专业首届研究生，师从语法学家胡裕树先生。之后又去国外深造。如今先后在国内几所大学任教授，也是知名语言学家了。

张斌先生，我的老师，我的师父，师恩浩荡，一言难尽。六十多年来，他对我的教导、栽培、提携是无微不至的。在我的记忆中，先生从来没有当面表扬过我，夸奖过我，一次也没有；但是我的其他老师、我的同事，甚至我的晚辈，常常会悄悄地告诉我，张先生在××场合又在“夸你”。这份厚爱，对我来说，真是刻骨铭心。

作为与张斌先生从事相同专业的第一代学生，最老的学生，我谨以此文告慰先生在天之灵：您的学生、学生的学生、徒子徒孙，决不辜负您的期望，将以您为榜样，继承您的学术思想、学术成果，并发扬光大。

张斌教授千古！

“对标”：“标”，越“对”越高大上

◎高丕永

近年来，各类媒体上“对标”一词越用越多。以我国中央人民政府官网为例，包含“对标”的文章，2015 年 90 余篇，2016 年 200 余篇，2017 年 350 余篇，2018 年 1 月已 60 余篇。2016 年，“对标”收入《现代汉语词典》第 7 版，这是该词第一次被汉语词典列为词条。

“对标”，已有一百多年历史了，原本只是勘探测绘专业术语。测量时，技术人员把涂有红白相间油漆的标杆直立地上来标识测点。通过一个测点定位另一个测点，口语叫作“对标”。大约在 20 世纪 60 年代，口语“对标”进入书面语。

那时，我国生产企业为了提高劳动生产率，交流推广先进生产经验，开展了“比学赶帮”等活动。专业术语“对标”很快引申出“以……为样板(榜样、目标)”的意义，扩大了使用范围。那时，所“对”的“标”是“身边的生产能手、劳动模范和先进班组等”。例如：

(1)因此，他敢和“毛泽东号”对标，他找到了差距。他发觉自己在制动距离功夫上没有过硬。(《人民日报》1964 年 7 月 29 日)

(2)抓对标、比先进、找差距这种比学赶帮活动是从抓劳动生产率的对标活动开始的。(《劳动》1965 年第 4 期)

20 世纪 80 年代，“文革”结束不久，生产企业当务之急是恢复正常生产、提高产品质量。这一段时间，多数“对标”用例中“对”的“标”是“国内或国外同类优良产品的生产标准以及企业管理的规章制度等”。例如：

（3）当前需要开展的一项重要工作是将现行产品标准与国际标准相对比，即所谓“对标”。（《机械工程师》1983年第5期）

（4）通过对标验查发现：有的工厂管理工作做得细致，产品质量好，一级品率达到100%。有的工厂则差，一级品率仅达25%。（《铁道标准设计通讯》1986年第2期）

20世纪90年代前后，为提高企业的市场竞争力，国外先进的管理方法“对标管理”在中国逐渐推广。“对标管理”，意译自英语的“bench-marking”，一般使用中，“对标管理”往往简化为“对标”。此时，大多数“对标”用例中，所“对”的“标”是“国内外一流企业或最强竞争对手的经营之道”。例如：

（5）对于我国的企业来说，与跨国公司“对标”是一个新课题。（《煤炭企业管理》2002年第9期）

（6）我国企业在制造过程、职能管理、战略管理方面开展对标是加入WTO后实现超越发展的具体途径。（《冶金经济与管理》2003年第5期）

在新时代，为了努力提升我国在全球的合作能力和竞争能力，越来越多的“对标”用例中的“标”是“国内外社会和经济各方面的最高水准”。例如：

（7）对标全球先进，客观评价简政放权成效（《新华日报》2017年5月29日）

（8）对标国际不难发现，凡是能称“卓越的全球城市”的，都有其打得响的文化品牌，纽约、巴黎、伦敦等概莫能外。（《文汇报》2017年12月29日）

“对标”作为专业术语，除了勘探测量之外，目前还在自动化或人工智能等科学技术领域使用；作为通用词，六十余年来，“对标”的使用方式一直在路上，其“标杆”越“对”越高大上，折射出鲜明的时代特点。

“菜鸟”到底“菜”不“菜”?

◎张　舒

“菜鸟”被收录在《现代汉语词典》第6版中,早已从网络流行语成功“转正”;而“菜”也在《现代汉语词典》第6版中增加了新的义项。问题是,“菜鸟”到底“菜”不“菜”呢?

“菜”在《现代汉语词典》第6版中增加的释义为“质量低;水平低;能力差”。我们现在使用的“菜”,多数都是这个意思。如:

(1)对于用诗配图,荣健翔说:“理科男,语文没学好,文笔很菜,还词穷了。”(《无锡日报》2015年3月12日)

上例中的“菜”指自己文笔不好,写作能力差。“菜”在汉语中的使用由来已久,北方的一些官话区如今还保留着用“菜货”“菜包子”“菜窝窝”指懦弱无能的人的用法,也有“豆芽长一房高,也是菜货”的谚语流行。方言中的“菜”更趋向于强调内在和外表的反差,指外表光鲜、内在窝囊。如:

(2)今天来的多半都是内六区的土警察,都是些笨蛋菜货。(杨沫《青春之歌》)

北方方言中的“菜”多指外强中干,在感情色彩上偏向贬义,甚至带有侮辱、轻视之意,与“菜鸟”的表达效果很不相同。

“菜鸟”在《现代汉语词典》第6版中的释义为“初学者;新手。也指在某些方面技能低下的人”。与“菜”来源于北方方言不同,一般认为“菜鸟”最早是一个闽南方言词。“菜鸟”来源于闽南语“菜鸟仔”,刚学会飞行的小鸟还未完全掌握飞行技巧，这样的鸟就被称为“菜鸟”。“菜鸟”先在台湾流行于军中，新入伍的士兵经常会因听错口令闹出笑话，于是就被自认为是“老鸟”的老兵称呼为“菜鸟”。随着网络的发展，刚接触互联网而不熟悉流程的新手也被称为“菜鸟”，台湾作为华语区较早使用互联网的地区，在大陆开始普及互联网后，“菜鸟”随着一大批台湾网络热词进入了大陆公众的视野，后渐渐成为对于某件事情刚入手还不熟悉的代称。“菜鸟”特别强调接触某件事的时间较短，因而导致的能力差。如：

（3）渐渐地，叶伟从一个不得不坐上收容车的“菜鸟”变成能够参加超百公里、越野跑和铁人三项等各种赛事的“高手”。（《人民日报》2018年1月8日）

上例中用“高手”与“菜鸟”做对比，凸显出叶伟因刚接触长跑而导致的体力差，这种与“高手”之间的差异，一般随着对事情接触时间的增长都会得到改善。“菜鸟”的感情色彩一般不带贬义，最多是一种戏谑的玩笑性质的称呼，如将刚拿到驾照的司机称为“菜鸟司机”，将针对新手的入门教程称为“菜鸟教程”，连互联网大佬马云都将自己的物流公司起名为“菜鸟”，还在采访中特别强调了“菜鸟”绝不是“笨鸟”，因为“笨鸟先飞，飞了半天还是笨鸟，而菜鸟还有机会变成好鸟”。

可见，虽然“菜”与“菜鸟”都有“能力差”的意思，但前者不区分参与时间的长短，可说是对能力的全面否定，而“菜鸟”则暗含了能力变强的可能性。两者的情感色彩也截然不同，被称为“菜鸟”还能自嘲一笑，被说“菜”就不是件令人愉快的事情了。总之，“菜鸟”应该不会一直“菜”下去，而很“菜”的也并不只是“菜鸟”。

挠头怎称“骚首”

◎黎　民

2018年3月31日《成都商报·大周末》03版有一篇题为《菜市场里的家族恩怨》的文章，其中这样写道：“我一看，花台上一丛丛羽衣甘蓝正在骚首弄姿，看上去的确比我菜篮子里那棵低调的莲花白要臭美得多。”文中的“骚首弄姿”一词有误，应该是“搔首弄姿”。

搔首弄姿，也作“搔头弄姿”。《后汉书·李固传》：“顺帝时诸所除官，多不以次，及固在事，奏免百余人。此等既怨，又希望冀旨，遂共作飞章虚诬固罪曰：‘……大行在殡，路人掩涕。固独胡粉饰貌，搔头弄姿，盘旋偃仰，从容冶步，曾无惨怛伤悴之心。’”“搔”指用指甲或他物轻刮，这里的“搔头弄姿”指修饰容貌。现常用“搔首弄姿”表示卖弄姿色。峻青《秋色赋·傲霜篇》：“我爱他们那既不招蜂引蝶又不搔首弄姿的朴素本色。”

“骚”有扰乱、举止轻佻等义，也可指屈原的《离骚》，但没有用指甲挠的意思。笔者没有查到“骚首”一词。《汉语大词典》里倒是有“骚头”，释义为“犹淫棍”，与挠头无关。

雨霁凭窗望“螮蛛”？

◎阎德喜

《梁实秋读书札记》（当代世界出版社2007年5月出版）中的《虹》有对西雅图景物的描写：“一日午后雨霁，凭窗而望，‘螮蛛在东’，心中为之一震……”这段文字中“螮蛛”令人费解，联系上下文，应是“螮蝀”。

螮蝀，音 dìdōng，其中的“螮”同“蝃”。“蝃蝀”见于《诗经·鄘风·蝃蝀》：“蝃蝀在东，莫之敢指，女子有行，远父母兄弟。”讲的是一个女子未遵父母之命，违反婚姻礼制，与心仪之人私奔之事。诗中“蝃蝀”的意思就是彩虹。在现代人眼中，彩虹通常和美好与希望联系在一起，而古代，由于科学不发达，人们对天象普遍存有敬畏之心。很长一段时间里，虹被认为是能喝水的异兽，会吸干当地水源，虹在东边出现在古人看来并非吉兆，因此“莫之敢指”，而“女子”却“有行”。诗句表达了对女子私奔行为的批判与不赞同。

梁实秋的文章，写的是雨过天晴后的景象，“蝃蝀在东”指的就是彩虹在东面，与古诗句的诗意无关。

古籍修补何来“穿稔”

◎杨昌俊

《扬子晚报》2018年3月20日B3版，刊有《古籍修补匠老范》一文，其中写道：“补完了，要用包着老宣纸的大青石压书，让古籍阴干压平。之后，还有折页、锤平、压实、齐栏、打眼、穿稔、捆结、装订……几十道工序在等待他们。”引文中的“穿稔”，应写为“穿捻”。

捻，读作 niǎn，指用手指搓转，也指用纸、纱或线等物搓成的条带状物。“穿捻”也叫“捻钉纸”，是古籍修补的一个专业名词。古籍修补的过程比较复杂，有多道工序，环环相扣。其中打眼、穿捻、捆结的步骤前后相继，即用锥子按古籍原孔眼打通，然后用纸捻钉穿孔眼捆结实，用铁锤敲平捆结，再经过装订，古籍修补才基本完成。

稔，读作 rěn，原指庄稼成熟，引申指事物酝酿成熟。因谷物一熟为年，故称年为稔。后又引申出熟悉之义，多指对人。捻与稔，音、义皆不同，把“穿捻”写成“穿稔”，是两字形近所致。

“天主堂”何来“洋司驿”

◎李景祥

2017年8月5日《北京晚报》21版刊有《将军与早堂面》一文，文中写道：“临行前，他拖着长长的辫子，穿着大清朝的官服，和天主堂的几位洋司驿合影，还是那么气宇轩昂，丝毫看不出他是一位已经投降的将军。”此处的“司驿”为“司铎”之误。

司铎，亦称“司祭”，是天主教神父的正式品位职称。拉丁语作Sacerdotes（单数为Sacerdos），义为“祭司”。中国天主教最初音译为“撒责尔铎德”，简称“铎德”。后用儒家关于“施政教时振木铎”（古代宣扬教化时摇木铎以聚众）的说法，将“铎德”改称为“司铎”。

驿，可指驿马、驿站。司驿或可指管理驿马、驿站的人，但与上述文章中所说的“天主堂”相距甚远。误“司铎”为“司驿”，恐怕是看错了偏旁。

1938年日军攻占香港？

◎沈阳仁

2017年3月30日《北京晚报》第17版刊登有《梅兰芳与日本歌舞伎》一文，文中这样说道：“（梅兰芳）恪守民族大义，于1938年日军攻占香港之后蓄须明志……”此处有误，日军攻占香港发生在1941年12月，非1938年。

1931年9月18日侵华日军制造“九一八”事变，东北边防总司令张学良不战而退，日军强占了我国东北。1932年梅兰芳先生从北京迁居上海法租界，住在今思南路。1937年7月7日，日本挑起卢沟桥事变，发动全面侵华战争。8月13日侵华日军大举进攻上海，中国军民奋力抵抗。11月12日上海沦陷。1938年年初，梅先生携家眷以及剧团演职人员赴香港演出，全家留居香港。1941年12月8日，日军开始进攻香港，12月25日香港沦陷，日军侵占香港三年零八个月，至1945年8月。日军侵占香港后，梅先生离开舞台，蓄须明志不再演出，并于1942年夏返回上海，深居简出，拒绝日伪当局的多次邀请。直到抗战胜利，1945年10月才重新登台，在上海美琪大戏院与俞振飞合作演出昆曲《断桥》。

“啃嗜”？“啃噬”！

◎高良槐

《新京报》2018 年 4 月 9 日 A03 版刊有《“精神啃老”何尝不是啃老》一文，文中写道：“操劳了一辈子的父母，退休后如不能根据自己的意愿安排自己的生活，而要将晚年无私奉献出来成为子女的食堂、幼儿园的话，这些子女其实也在‘啃嗜’老人，和依靠父母提供经济支持的啃老区别不大。”引文中的“啃嗜”令人生疑，应为“啃噬”。

噬，读作 shì，本义是吞食、咬。“啃噬”，即啃咬，一点一点地咬下，比喻消耗，折磨。引文说的是，一些子女虽然没有在经济上依赖老人，但是将老人的时间精力全部拿来服务自己，这显然是对老人的“消耗”，用“啃噬”是符合语境的。

嗜，也读作 shì，本义为特别爱好。如嗜学（非常好学），嗜酒（酷爱喝酒），嗜书（酷爱读书）等。后引申有贪求之义。“啃嗜”一词难以索解。

火星在地球轨道的内侧？

◎张遵融

2018 年 4 月 25 日《今晚报》第 9 版刊有《火星：“月亮”西升东落》一文，文中说道：“火星是地球的近邻，它在地球轨道的内侧，从它能得到的太阳光来判断，它处在宜居带，是一个适合生命存在的星球。”其中，“地球轨道的内侧”应为“地球轨道的外侧”。

地球轨道指地球绕太阳转的运行路径，这一路径是一个接近正圆的椭圆。“在地球轨道的内侧”，即在这个椭圆内，换句话说就是与地球相比，离太阳更近。

我们知道，火星与地球同属太阳系八大行星。其他七大行星与地球一样，也在各自的椭圆轨道上绕太阳运行。八大行星按照离太阳的距离从近到远，依次为水星、金星、地球、火星、木星、土星、天王星、海王星。具体到地球与火星，则地球轨道半径为14 960万千米，火星轨道半径为22 794万千米。可见，与地球相比较，火星运行轨道距离太阳更远。所以，火星并不在地球轨道的内侧，而是在地球轨道的外侧。

徐铉不是唐代人

◎浦东轩

《益寿文摘》2017年10月20日12版《节气变古诗词》中说“春色正中分”是“唐·徐铉”的诗句。然而徐铉并不是唐代人。

“春色正中分”这句诗出自徐铉的《春分日》。史料记载，徐铉为扬州人，出生于公元917年，此时距唐被后梁所灭已过去10年，徐铉又怎么可能是唐代的人呢？徐铉生活的年代，正值五代十国，他初仕南唐，后归宋，官至散骑常侍，与其弟徐锴齐名，号称“大小二徐”。徐铉精通文字学，曾参与校订《说文解字》。“南唐”与“唐”年代不同，地域也不同，不可混淆。

误说“元宵”

◎叶桂贞

2018年3月1日的《文摘周刊》上刊载了《正月十五为何称为“元宵节”》一文，其中写道：“因为那时人们把正月还叫‘元月’，把夜晚叫‘宵’，所以叫‘元宵节’。”这段话里出现了常识性错误，元宵节的得名源于上元节。

我国古代称夏历正月十五日为“上元”、七月十五日为“中元”、十月十五日为“下元”，合称“三元”，并分设上元节、中元节、下元节来纪念。上元节是春节的重要组成部分，日称“上元”，夜称“元宵”，这便是“元宵”的得名缘由。如果因是元月的夜晚就叫元宵，那应该有三十（月大）或二十九(月小）个“元宵”

了。这显然不符合实际。

尧的儿子是“朱丹”吗

◎晋 相

国家图书馆出版社2017年10月出版的《大国价值》一书中有这样一段话:“《五帝本纪》写尧舜禹禅让,揭示了上古帝王无私的伟大精神。尧年老,他的儿子朱丹不成才,尧要找一个人接班,众臣推荐了舜……”尧的儿子不是“朱丹”,而是“丹朱”。

尧是传说中我国上古父系氏族社会后期部落联盟的一位领袖,号陶唐氏,名放勋,史称“唐尧”。那时候,部落联盟推选领袖接班人采用禅让制,司马迁《史记·五帝本纪》中记载:唐尧年老,问谁可以接班,放齐说你的儿子丹朱可以。唐尧知道丹朱不贤,不愿意让他接这个班。后四岳推举了舜,尧对舜进行了三年的考察,最终将帝位传给了舜。舜继位后,又用同样的方式,选择了禹作为接班人。司马迁在讲述这段历史时,九次提到了尧帝之子的名字,皆为“丹朱”,未见有称“朱丹”的。

家境好应是“优渥”

◎姚海涛

《国家人文历史》2018年3月上期策划了一系列和李白有关的专题,其中《拨云寻古道,倚树听林泉 江油:大匡山中读书学剑的少年》这篇文章中有这样一段话:“因为他家是侨居彰明,按当时风俗,社会地位不是特别显赫,纵然家境优沃,恐怕还是无法进县学,只能靠自学和家人教导为主。”此句中的“优沃”应是“优渥”。

优,有充足之义。渥,沾湿,沾润。优渥,本义是雨水充足,语本《诗经·小雅·信南山》:“益之以霢霂,既优既渥。”后来“优渥”引申指优裕,优厚,也可指待遇好。上述引文是想说明李白的家境好,用“优渥”十分合适。汉语中没有“优沃”这一说法。

"你好，我是64330669……"（57）

◎姚博士

"建置"与"建制"

问：我在校对本地村史稿件的过程中，碰到了"建 zhì 沿革"的说法。很多作者都写成"建置"，但是我认为应该写作"建制"。在村的建立方面，是用"建制"还是用"建置"，还是都可以使用？

——浙江嵊州　周国梁

答："建置"与"建制"两词，看具体语境，选择使用。

"建置"一词，作动词时，指建立、设置。如《汉书·武五子传赞》："后遂命将出征，略取河南，建置朔方。"又如郭沫若《十批判书·古代研究的自我批判》："古时所谓'国'本是等于部落的意思，所谓'封建藩卫'也不过是建置大小不等的各种殖民部落而已。"作名词时，指所建立、设置的设施、机构等。冯自由《中国教育会与爱国学社》："然敝会同志无权无势，一切建置皆白地起造，无有凭借。"在古代文献中，我们也能找到"建置"与"沿革"一同使用的例子。如《明史·卷四十》："府州县建置沿革，俱自元始。"清江上蹇叟《通番之始》："若其地理之分合，建置之沿革，则均不详也。"

而建制，在现代汉语中是一个名词，指机关、军队的组织编制和行政区划等制度的总称，是指制度。杜鹏程《保卫延安》第四章："周大勇知道建制被打乱的敌人，就失去了战斗力量。"

村的建立方面，如果侧重制度的变化，那么可以使用“建制”；如果侧重设施、机构设置的变化，那么可以使用“建置”一词。

“等等”和“等”的区别

问：在阅读中常常碰到“等”和“等等”，请问这两个词有什么区别？

——云南昆明　王馨梅

答：助词“等等”和“等”都可以表示列举未尽，常可以互相替换。在具体语境中，两者时有区别。

首先，两者在语义表达上有区别。“等”字用在并列成分后一般有两个作用：一是表示列举未尽，如“北京、天津等地”；二是列举后煞尾，后面常有前列各项的合计数，如“梅、尚、程、荀等四大名旦”。而“等等”用在并列成分后只能表示列举未尽。如周立波《暴风骤雨》：“萧队长瞅着名单，又把李毛驴、老孙头、老初、小猪倌等等的名字都抹了。”

其次，在搭配对象上两者也有一些不同。第一，“等”可用于单个词语后，如“我等”“臣妾等”，又如茅盾《蚀》：“我对于《幻灭》等三书有过自我批评，见于一九五一年出版的《茅盾选集》的自序。”而“等等”一般不可以出现在单个词语后，不可以说“我等等”“臣妾等等”，上文的“《幻灭》等三书”也不可以替换为“《幻灭》等等三书”。第二，“等”后可出现其他词语，如“张三、李四等人”；而“等等”后一般不出现其他词语，不说“张三、李四等等人”。第三，“等等”可用于“如此、如是”之类的词语之后，如鲁迅《阿Q正传》：“阿Q以如是等等妙法克服怨敌之后，便愉快的跑到酒店里喝几碗酒，又和别人调笑一通，口角一通，又得了胜，愉快的回到土谷祠，放倒头睡着了。”而“等”则不可以，上句的“如是等等”不可变为“如是等”。

最后，用在列举项后时，

“等”字前不可以停顿，而“等等”前可以停顿。如茅盾《蚀》：“一是社会的动乱，包括绑票，抢劫，奸杀，罢工，离婚，等等；一是社会的娱乐，包括电影，戏剧，跳舞场等等。”这里前一个“等等”前以逗号表示停顿，而后一“等等”前则没有停顿。前一个“等等”不可替换为“等”。

“耳根清净”还是“耳根清静”？

问：词典里“清静”和“清净”两个词都有，请问“耳根清jìng”应是“耳根清净”还是“耳根清静”？

——江苏 李 欣

答：应该是“耳根清净”。耳根，佛教用语，是佛教六根之一。佛教认为眼、耳、鼻、舌、身、意具有能摄取相应之六境(色、声、香、味、触、法)，产生相应之六识(眼识、耳识、鼻识、舌识、身识、意识)的六种功能。根是“能生”的意思，故将此六者称为六根。

清净，在佛教中指远离恶行与烦恼。如南朝梁王僧孺《礼佛唱导发愿文》：“愿现前众等，身口清净。”又如《白雪遗音·玉蜻蜓·追诉》：“我乃法华庵内一个支宾尼僧……指望出家清净，谁知十六年前，惹出冤愆。”

耳根清净，就是说耳中不闻胡言乱语或嘈杂声音，常常指不闻闲是闲非。《圆觉经》卷上：“闻清净故，耳根清净，根清净故，耳识清净，识清净故，觉尘清净，如是乃至鼻、舌、身、意，亦复如是。”《水浒传》中也有：“智深也乘着酒兴，都到外面看时，果然绿杨树上一个老鸦巢。众人道：‘把梯子上去拆了，也得耳根清净。’”

而清静，在古代汉语中有天气晴朗宁静、心性纯正恬静等义，还可指为政清简，无为而治。而在现代汉语中，一般指环境安静，不嘈杂。如赵树理《三里湾·有没有面》：“扭在一块儿生气，哪如分开清静一点？”“耳根清静”的说法是不妥的。

何来“八侑之舞”

◎林建平

电视剧《孔子》第五集中，出现了这样一句台词：“就说这八侑之舞啊，也违礼。”（字幕同步显示）此处“八侑之舞”写错了，应为“八佾之舞”。

就说这八侑之舞啊 也违礼

电视剧中的这句台词源自《论语·八佾》：“八佾舞于庭，是可忍也，孰不可忍也。”佾，读作 yì，指的是古代乐舞的行列。八佾即横纵都为八人，总人数为六十四的舞队规模，也称八溢、八羽。按周礼规定，只有天子才能用八佾，诸侯用六佾，卿大夫用四佾，士用二佾。《论语》中此言是孔子骂季氏的话。当时，季氏为鲁国的正卿，按规定只能用四佾，他却用八佾，违反了礼制，是僭越。在孔子看来，季氏的越制享乐的行为会对国家和社会的稳定产生危害，因此发出了“是可忍孰不可忍”的诘问。

侑，读作 yòu，本义为宴饮场合的劝酒、劝食，后引申有酬答、佐助之义。“八侑之舞”说不通。

『年伯』不是同科进士

◎木 子

央视科教频道2018年3月23日播出的《中国诗词大会》中，有一题是从给出的字中识别出诗句“一枝一叶总关情”。有一位嘉宾谈及该句的出处郑板桥《潍县署中画竹呈年伯包大中丞括》时说道：“年伯是什么呢？就是应该是跟郑板桥同科进士，但是年岁比他大，甚至从年岁上来讲，可能是他的长辈……”如此解释“年伯”，值得讨论。

节目中提到的这首《潍县署中画竹呈年伯包大中丞括》，题目中的“包大中丞括”指包括，钱塘（今浙江杭州）人，是康熙四十五年（1706）进士，时任山东布政使，署理山东巡抚，从二品。“中丞”是清代对巡抚的称呼，加“大”表示尊敬。而郑板桥，名燮，字克柔，江苏兴化人，是乾隆元年（1736）进士，时任潍县知县，七品。可见，包括与郑板桥并不如嘉宾所说是“同科进士”（同榜考中的进士）。那么，“年伯”究竟是指什么呢？

其实，“年伯”虽不指“同科进士”，但还是与科举有关。古代科举考试中同一年考中者称“同年”。唐代同榜进士称“同年”，明清乡试、会试同榜登科者皆称“同年”。清代科考先后中式（科举考试合格）者，只要其中式之年甲子相同，也称“同年”。同年与同年之间会互称“年兄”，主考官也会称他所取中者为“年兄”。诗题中的“年伯”，原指与父亲同年登科的人，明代中叶以后也用

婚约不可“谛下”

◎欧阳昌宏

电影《三生三世十里桃花》里迷谷说了这么一段话:“想当初你阿爹白止帝君和那九重天上的天君陛下为结两族之好,谛下婚约,将姑姑许配给了太子殿下……”(字幕同步显示)其中“谛”应为“缔”之误。

缔,音 dì,《说文》:“缔,结不解也。”有结合、订立的意思,如缔交、缔结、缔盟。“缔下婚约”就是指订下婚约。

谛,也读为 dì,有仔细(看或听)之义,如谛视、谛听;在佛教中指真实而正确的道理,泛指道理,如真谛。“谛”无订下之义,“缔下婚约”不可写为“谛下婚约”。

以称同年的父亲或伯叔,后来泛指父辈。清王应奎《柳南随笔》卷二:“前明正嘉以前,风俗犹为近古,必父之同年,方称年伯,而同年之父,即不尔。”所以,“年伯”并不是说二人是“同科进士”,郑板桥称包括为“年伯”,可能是郑板桥的父辈与包括同年登科,或是郑板桥与包括的子侄为同年,更有可能是郑板桥以父辈之称称之,以表达他对包括的尊敬。

是“义气”还是“意气”？

◎邹正明

江苏卫视2017年2月17日播出的《最强大脑》节目中，一名选手在面对质疑声时一度情绪失控。主持人对这位选手说了这样一段话：“《最强大脑》的舞台实际上就是展现我们脑力的舞台……在这个舞台上证明给大家的，不是大家的义气，而是大家的本领。”（字幕同步显示）其中的“义气”应为“意气”之误。

义气，指由于私人关系而甘于承担风险或牺牲自己利益的气概。《水浒传》第五一回：“他犯了该死的罪，我因义气，放了他。”意气，原指志向与气概，后可指由于主观和偏激而产生的情绪。曹禺《日出》第一幕：“这是你的真心话，没有一点意气作用么？”节目中该名选手因受到质疑而产生负面情绪，主持人是在说他不该“意气”用事，而不是说他有“义气”。

也谈“臊子”

◎欧健彪

《咬文嚼字》2018年第1期《“臊子面”探名》对“臊子面”的用字问题进行探讨，文中认为：“‘嫂子面’是传说，‘哨子面’是别字，‘燥子面’是异形词，只有‘臊子面’才是正确的写法。”笔者却认为，若从源流而言，这种面食写作“燥子面”更妥当。

首先，在古代“sào子”写法众多，有“肃子”“剩子”“燥子”“梢子”“哨子”“臊子”“消子”等等。清人梁同书《直语补证》中有“肉肃子”一词，解释是：“北方人细切脍之称，音如‘臊’去声。余以为当作剩，《南史·茹法珍传》：‘……俗间以细挫肉，糅以姜桂曰剩。……’字书音剩如啸，疑是古今声异耳。”邓之诚在《东京梦华录注·食店》注“精浇、臕浇之类”：“浇，今犹谓之浇头，以浇面条者。精谓瘦肉，臕谓肥肉。或写作‘燥子’，读若‘邵’。”石声汉《齐民要术今释·脏腤（ān）煎消法》：“许多地区的方言，将煠（zhá，同“炸”）酱面上所加煠酱，称为‘sàuz’（或写作“梢子”“哨子”；《水浒传》里面写作“臊子”）。sàu可能就是这个‘消’字。”

若“sào”确有本字，那么未免错讹太多。“sào子”应为当时方言，而方言有声无字者众多，如关中的biáng biáng面。若“sào”果有声无字，则“哨子”“梢子”等也不能说错。

假如从源流来看，则宋元人的书籍中多用“燥”。如南宋洪迈《夷坚志·三志·己卷·善谑

“人物互名”考

◎陈运舟

汉语中有一个十分有趣的现象，就是有些人是以物命名的，有些物却是以人命名的。

先看以物得名的人。

汉乐府民歌《陌上桑》写了一个美丽动人的女子秦罗敷：“日出东南隅，照我秦氏楼。秦氏有好女，自名为罗敷。”罗敷是汉代女子常用名，《孔雀东南飞》中也有“东家有贤女，自名秦罗敷”的句子。清人周寿昌在《思益堂日札》中认为，罗敷就是罗紨。他引《汉书》说明，汉代有一个叫严延年的人，他的女儿就叫罗紨。《说文》：“紨，布也。一曰粗紬。”紨是布名，也有说是一种丝比较粗的绸子。而罗是一种轻软的丝织品。女子以织物为名，正体现了她们的柔美。

韩愈的《马说》中有一句名言：“世有伯乐，然后有千里

……………………………………………………………………

诗词》：“便做羊肉燥子，勃推饤碗。”南宋西湖老人《西湖老人繁胜录》载有“虾燥三刀”“燥子决明”。元代的《居家必用事类全集》中，“四色荔”条有“生精羊肉四两燥子”，“油肉酿茄”条有“用精羊肉五两切燥子”，“海螺厮”条有“香油炒作燥子”。笔者暂未见宋人著作有“臊子”。而元末倪瓒《云林堂饮食制度集》中“烧猪脏或肚”条有“燥子”，但“煮馄饨”条又有“臊子”，元末明初的《水浒传》中也有“臊子”一词。笔者推测“臊子”最早出现于元末。因此，“sào 子”写作“燥子”似乎更妥当。

马。千里马常有，而伯乐不常有。”屈原《九章·怀沙》中也有：“伯乐既没，骥焉程兮。”伯乐去世了，千里马如何评判？伯乐，一般认为是指春秋秦穆公的臣子孙阳。孙阳以善相马著称，他著有《伯乐相马经》。后世以伯乐指有眼力，善于发现、选拔、使用出色人才者。而孙阳之所以被称为伯乐，唐陆德明《经典释文》中引《石氏星经》：“伯乐，天星名，主典天马。孙阳善驭，故以为名。”原来，伯乐是一颗星的名字，而古代认为伯乐是管理天马的星，所以人们用它称呼善于相马的孙阳。

再看以人得名的物。

何首乌是一种多年生草本植物，具有粗壮块状根茎。其根茎可入药，李时珍《本草纲目》：“此物气温味苦涩，苦补肾，温补肝，能收敛精气，所以能养血益肝，固精益肾，健筋骨，乌髭发，为滋补良药。”鲁迅《从百草园到三味书屋》提到过它：“何首乌藤和木莲藤缠络着，木莲有莲房一般的果实，何首乌有臃肿的根。”人们不会想到，何首乌这名，却是来自人名。何首乌本名交藤，唐李翱《何首乌录》载，顺州南河县人氏何田儿，祖孙三代常年服用交藤，他的孙子名叫何首乌，“年百三十岁，发犹黑”。于是人们便将交藤称为何首乌。具有活血通经功效的刘寄奴也是一种以人得名的药草。寄奴原为南朝宋高祖刘裕的小名。据《南史·宋武帝纪》载，刘裕首得此草，曾用以治愈金疮，后人因称之为“刘寄奴”。

以人得名的物，最典型的要数“杜康”。曹操《短歌行》：“何以解忧？唯有杜康。”为何酒以“杜康”为名？传说，杜康是我国最早酿酒的人。《鄉嬛记》上说：“杜康造酒，因称酒为杜康。”《说文》也有：“古者少康初作箕帚、秫酒。少康，杜康也。”意思是古代有叫少康的人最先制作了箕帚，还有用黏高粱酿成的酒，少康就是杜康。

学林

凌晨三点，昨夜？今晨？

◎宗守云　陆晶晶

先看几个例子：

（1）一个说："昨夜三点，我在床上足足听了二十分钟轰炸声，为什么一声警报也没放？"（萧乾《银风筝下的伦敦》）

（2）"老李被枪毙了，昨夜三点钟！"莫大年哭的放了声，再说不出来话。（老舍《赵子曰》）

（3）范英明真的站了起来，"上报协调委，我与刘政委今晨三点被狐狸部队救回，现已回到指挥岗位。仲民，一团、炮轩和步团情况怎么样？"（柳建伟《突出重围》）

（4）从爸爸的一则日记中可以窥见他从事家务劳动的一斑："今晨三时许醒来，后又睡，但已不酣……"（韦韬、陈小曼《茅盾任文化部长始末》）

例（1）—（4）事件都发生在凌晨三点，但例（1）（2）说"昨夜"，例（3）（4）说"今晨"。我们不能简单地说哪个是正确的，哪个是错误的，这两种表达其实和复杂的计时方式有关。

计时方式可分为制度性计时和民俗性计时两种。

制度性计时是由政府、组织、机构等设立的，具有权威性和标准性特征，世界通行的公历纪年、纪月、纪日、纪时，中国古代的干支纪年、纪月、纪日、纪时，都是制度性计时，有严格的计时标准。制度性计时有时会因场合的不同而不同，比如下午三点，在庄重场合需要说成十五点，但在随意性场合不需要。按照这个标准，例（3）（4）是正确的，因为从零点开始，就是新的一天的开始，零点前是昨天，零点后是今天，凌晨三点当然是今晨。

民俗性计时是由民众规约的，一般以日出、日落等天象为参照而设定。比如，白天是从日出到日落的时间，黑夜是从日落到日出的时间；上午是从日出到日中的时间，下午是从日中到日落的时间。民俗性计时同时也考虑人的作息习惯，一般把日出前后起床作为新的一天的开始，把日落之后的入睡作为旧的一天的结束，这样，起床前的时间都是昨天，起床后就是今天。例(1)(2)说“昨夜”，就是起床前的时间，这是民俗性计时。严格说，例(1)(2)是制度性计时和民俗性计时的混合，“昨夜”是民俗性计时，“三点”是制度性计时。

区分制度性计时和民俗性计时，可以解决一些语言问题。一般认为，词义具有模糊性，尤其是时间词语，模糊性比较明显。实际上，制度性计时并不模糊，“2018 年、4 月、10 日、上午 8 点、12 分 30 秒”等，都非常明确；民俗性计时则是模糊的，“白天、黑夜、上午、下午、早晨、傍晚、黄昏”等，都不是泾渭分明的，没有严格的界限。“昨天”有两种不同的计时标准，制度性计时的“昨天”是明确的，民俗性计时的“昨天”是模糊的，比如六点起床，很难说五点半是“昨天”。

制度性计时和民俗性计时各有其用，各有其利。制度性计时为社会成员的工作、生活、学习、娱乐等提供了计时标准，使社会成员可以有计划地从事社会活动。民俗性计时具有经济性特征，虽然表达的是一段模糊的时间，但可以有效地反映事件发生的时间背景。

《火眼金睛》提示

图 1，“橹起袖子”应为“撸起袖子”。
图 2，“租凭”应为“租赁”。
图 3，“喜迅”应为“喜讯”。
图 4，“泛善可陈”应为“乏善可陈”。

形近字辨析二则

◎苏培成

一、“冃”和“日”

本文所说的形近字包括形近部件。

冒、帽、瑁、冕等字的上部写作冃的是“冃(mào)”，暑、昙、晕、曩等字的上部写作曰的是“日”。“冃”与“日”是形音义不同的两个字，容易相混，要注意区分。

冃在商周金文作冃，小篆作冃。《说文·冃部》说：冃是小儿和蛮夷等少数民族戴的便帽。从冂(jiǒng)，从两个横画。冂是帽子的象形，两个横画是帽子上的装饰物。《广韵·号韵》冃是莫报切，今读mào。《说文》冃部有冃、冕、胄、冒、最5个字，其中的胄和最后来字形发生改变不再从冃。由冒派生的字有帽、瑁等。现代汉字里从冃的字主要有冒、帽、冕、瑁。上部要写作冃，不能写作曰，写作曰是错字。

冒：是古帽字，后来表示覆盖。现代表示冒犯、冒充、冒昧等义。从冃，从目，是会意字。读mào。

帽：指帽子。从巾，冒声，是形声字。读mào。

冕：古代帝王、诸侯及卿大夫戴的礼帽，后来专指帝王的礼帽。从冃，免声，是形声字。读miǎn。

瑁：古代诸侯拿着圭玉来朝拜天子，天子拿瑁玉覆盖在诸侯圭玉的头部，如二者相符，证明圭玉为天子所赐。现代用于“玳瑁”这个词中。“玳瑁”是爬行动物，外形像龟。读mào。

暑、昙、晕、曩等字的上部从日。为了布局美观而压扁，写作曰，字义与日有关。这个日不能写作冃，写作冃是错字。

暑：炎热。从日，者声，是形声字。读 shǔ。

昙：密布的云气。从日，从云，是会意字。读 tán。

晕：本指太阳周围的光圈，现在指昏眩。从日，军声，是形声字。读 yùn。

曩：从前，过去。从日，襄声，是形声字。读 nǎng。

二、“市”与“巿”

现代汉字里的“市”与“巿(fú)”，是形音义不同的两个字。因为字形相似容易写错，由它们组成的字也容易写错。

先说“市”字。“市”甲骨文作[illegible]。从丂，止声，是形声字。其中的丂和止合用一个横画，而周围有点状笔画。本义不明。小篆作[illegible]。《说文》分析为从冂、从乛，之省声，是形声字。冂读 jiǒng，象集市的围墙；乛在下部的中间，是古文及字，表示集市上的物品相连及；上部的中间是之字的省略，表示这个字的读音。“市”的本义是买卖物品的处所。《广韵·止韵》市读时止切，读 shì。演变到现代汉字的“市”字 5 笔，上半部是亠，下半部是巾。现代“市”常用的意义是：①市场：超市。②都市：北京市、市政府。③古代有购买义。如《木兰辞》：“愿为市鞍马，从此替爷征。”由市组成的字，常用的有两个：

柿：柿子树，落叶乔木。也指柿子树结的果实。读 shì。

铈：金属元素。符号 Ce。读 shì。

下面说“巿”字。“巿”周代金文作[illegible]，是在巾上加一横，是会意字。“巿”字的本义是蔽膝，即遮挡下身前面的皮革类物品，一横象系皮革带子。小篆作[illegible]，继承了金文的结构。《广韵·物韵》巿读分勿切，读 fú。演变到现代汉字的“巿”字 4 笔，笔顺是横、竖、横折竖钩、贯通上下的竖。“巿”字现代不单用，下面给出由它组成的9个合体字，前5个用于现代，后4个用于文言。字里面的“巿”都不能写成市，写作市就是错字。

肺：指人和某些高等动物的呼吸器官。从月(肉)，巿声，是形声字。读 fèi。

沛：本为水名。现指盛大：充沛，丰沛。从水，巿声，是形声字。读 pèi。

霈：雨多的样子，如油然作云，霈然下雨。从雨，沛声，是形声字。读 pèi。

芾：草木茂盛。从艹(草)，巿声，是形声字。“米芾”是北宋书画家。读 fú。

旆：旗帜。[旆旌]泛指旗帜。读 pèi。《诗经·小雅·车攻》：“萧萧马鸣，悠悠旆旌。”

柿：〈文〉削木片，砍削木材。读 fèi。

怖：[怖怖]〈文〉愤怒。读 pèi。

伂：〈文〉同沛。《广韵·泰韵》：“伂，颠伂。本亦作沛。”读 pèi。

犻：〈文〉(狗)违逆不顺。读 bó。

微语录·趣闻

一位老大娘在菜市场买菜，挑了三个西红柿给摊主。摊主称了下，说：“一斤半三块七。”大娘扫了一眼，似乎觉得被“坑”了，但没有声张，说：“做汤不用那么多。”于是拿出最大的一个。摊主又称了下，说：“一斤二两，三块。”显然“坑”得更厉害。老大娘还是不声张，她拿起刚刚拿出的一个，递给摊主七毛钱，说：“这个就够了。”

(乔　桥/辑)

“我是你的粉丝”有“毛病”

◎石毓智

“粉丝”现在已成为了一个高频词，到处可以听到，但是很少人知道这句话其实是有“毛病”的。这小小的一个词折射出英汉两种语言的一个重要语法差别，值得国人注意，而且这也是一个有趣的翻译现象。

“粉丝”这个词来自英语的 fans 的音译。我们知道，英语是分单复数的，fans 是复数，其单数形式或者基本形式是 fan (粉)。显然，汉语这个音译是对应于英语的复数，而单数形式则是“粉”。按照英语的语法来说，“我是你的粉丝”这样的说法并不准确，因为这是单数，本应该说成是“我是你的粉”才对。可是汉语语法不分单复数，就用复数形式的音译来代替单复数。

通常汉语音译英语词，是取其单数形式，在需要用到复数的语境中也不例外。比如我们只说“沙发(sofa)”，没人说“沙发丝”，尽管英语有关复数是 sofas。如果有人说“沙发丝”，别人可能还以为是破沙发掉下的一根毛。再者，“沙发丝”是三音节的，也不符合汉语崇尚双音节的习惯。

此外，汉语偏爱双音节词，加上“丝”又给人一个细小、柔软、缠绕等蕴含义，与现实中的追星族有某种程度上的相似，所以人们就选用了“粉丝”这个词。

“散馆编修”是官职吗

◎赵婷婷

《文史知识》2018年第1期中《前清翰林的侧影：蔡元培的生活、趣味与旧体诗》一文，详细介绍了蔡元培旧体诗作的三个时期，再现了一个前清翰林的生活侧影。其中说蔡元培“1894年，授散馆编修”。文章显然把“散馆编修”当作了官职，这不对。

清朝时，科举考试分三级：乡试、会试、殿试。殿试是皇帝主试的考试，考策问，取中后统称进士。殿试分三甲录取，第一甲赐进士及第，第二甲赐进士出身，第三甲赐同进士出身，第一甲录取三名，依次称状元、榜眼、探花。殿试后，状元授翰林院修撰，榜眼、探花授翰林院编修；其余诸进士再参加朝考，选擅长文学书法者为庶吉士。庶吉士要在翰林院特设的教习馆（也叫庶常馆）学习三年。

而“散馆”，其实是翰林院庶吉士在教习馆学习期满后举行的甄别考试，因为翰林官相当于唐、宋馆职，又庶吉士所在的教习馆也称“庶常馆”，所以这个考试称为“散馆”考试。考试后，庶吉士中成绩优良者“留馆”，分别授翰林院编修、翰林院检讨之职，其余分发各部为给事中、御史、主事，或出为州县官。

据《蔡元培年谱》（中华书局1980年出版），1892年（清光绪十八年），蔡元培26岁，“春，去北京，补复试，在保和殿应殿试，被取为第二甲第三十四名进士，被点为翰林院庶吉士”。

《入若耶溪》是张籍的诗吗

◎贾清妍

中华书局2011年5月出版有《基础汉字形义释源——〈说文〉部首今读本义》（修订本）一书，全书以繁体字排印，在解释“幽”字的意义时写道：“……‘幽’又有‘清静’的意思，如张籍《入若耶溪》：‘蝉噪林逾静，鸟鸣山更幽。’”（第115页）此说有误，《入若耶溪》的作者是南朝梁诗人王籍，而不是书中所说的张籍。

王籍，字文海，南朝梁诗人，琅玡临沂（今山东临沂市北）人。有文才，不得志。若耶溪是溪名，出浙江省绍兴市若耶山，北流入运河，相传为西施浣纱之所。《入若耶溪》写王籍泛舟览若耶溪时所见之景，其中“蝉噪林逾静，鸟鸣山更幽”用“蝉噪”“鸟鸣”的声音来衬托树林的寂静、山谷的幽静，为写景名句。

而张籍（约767—约830），字文昌，唐代诗人，苏州（今属江苏）人，少时侨寓和州乌江（今安徽和县乌江镇）。历任太常寺太祝、水部员外郎、国子司业等职，故世称“张水部”“张司业”。其诗语言凝练而平易自然，代表作有《秋思》《节妇吟》《塞下曲》等。与王建齐名，并称“张王”。有《张司业集》。

1894年，蔡元培“由广东回绍兴，转往北京，应散馆考试。授职翰林院编修”。

可见引文中“授散馆编修”改为“应散馆考试，授翰林院编修”才准确。

种地要“起晆”？

◎盛祖杰

《中国电视报》2018年第3期A18版《中药创新　变废为宝》一文中写道：“他们两年前与中科院植物研究所合作，研发出了巴戟天的‘起晆法’种植。……起晆高90厘米，宽150厘米，镂空的砖有利于根须呼吸”。巴戟天是一种药用植物，此文介绍的是科技人员研制的新的巴戟天种植技术。引文中的两个“晆”字都应该为“畦”。

“畦”本义是古代土地面积的单位，读作qí，一畦通常为50亩。后指有一定界限的栽植农作物的田块。起畦即在畦的周围挖沟或者筑埂，便于排水或者蓄水灌溉。在上述文章介绍的种植巴戟天的大棚里，畦的四周是用空心砖砌成的围墙，围墙的高，就是起畦的高（90厘米），所围范围的宽就是起畦的宽（150厘米），这是特为种植巴戟天而设计的。巴戟天用作药材的是其根茎，种植5年后才能挖取，为此需要高起畦，形成足够深厚的土层，以利根茎充分生长。

“晆”读音为kuí，是生僻字，如今已经不太使用，汉语中没有“起晆”的说法。

朱棣编撰了《救荒本草》？

◎李华山

《北京晚报》2018 年 3 月 23 日第 37 版《野菜：家乡的滋味》一文中写道："平民百姓对野菜的感情要深得多，对他们来说不仅仅是'菜'，更是青黄不接时候的备用粮食……历代官府和文人也对此多有关注……明太祖第五子朱棣曾主持考校各地可食的野生植物编成《救荒本草》一书，给 414 种植物绘图注疏，方便人们按图索骥。"这里把《救荒本草》的作者弄错了，不是朱棣，而是朱橚。

朱橚（1361—1425），明太祖朱元璋的第五子。青年时期就对医药有浓厚的兴趣，先后组织参与编撰了《保生余录》《袖珍方》《普济方》《救荒本草》等著作，其中以初刊于永乐四年（1406）的《救荒本草》最有影响力。《救荒本草》是一部以救荒为宗旨的农学、植物学专著，分上下两卷，共记录植物 414 种，其中多数都是朱橚在自家园圃中栽种、观察、研究过的。该书图文并茂，每种植物都配有插图，并有文字说明其产地、形态、性味，以及加工处理烹调方法等，至今仍有一定的参考价值。

朱棣（1360—1424），是朱元璋的第四子，也是朱橚一奶同胞的亲哥哥。初封燕王，建文元年（1399），以"清君侧"为名起兵"靖难"，四年后夺得帝位，改年号为永乐，故后人称其为永乐大帝。朱棣与朱橚虽是一母所生，但是性格和人生经历却相去甚远，朱棣从未编撰过《救荒本草》。

“神农轩辕氏”是谁

◎厉国轩

《益寿文摘》2018年1月24日7版《食借药之力 药助食之功》一文有这样一段话：“药物和食物的渊源，尤其反映在‘神农尝百草’的典故上，中华民族的农耕文化历史悠久，相传神农轩辕氏即中华民族农耕文化的始祖……”这里的“神农轩辕氏”有误，应是“炎帝神农氏”。

炎帝，传说中上古姜姓部族的首领，号烈山氏，一说即神农氏。司马迁《史记·五帝本纪》：“炎帝欲侵陵诸侯，诸侯咸归轩辕。”张守节正义引《帝王世纪》：“神农氏，姜姓也……以火德王，故号炎帝。”传说中神农教民为耒耜，务农业，又说他曾尝百草，发现药材，教人治病，有托其名而作的《神农本草经》传世。

而轩辕氏是传说中的黄帝。黄帝为少典之子，姓公孙，居轩辕之丘，故号轩辕氏。又居姬水，因改姓姬。东汉班固《东都赋》有云：“分州土，立市朝，作舟舆，造器械，斯乃轩辕氏之所以开帝功也。”世传其在算数、音律、医学方面也多有建树，有托其名而著的《素问》（系《黄帝内经》的一部分）传世。

在中国的传统文化中，炎帝和黄帝同为中华民族的人文始祖，中华儿女常自称“炎黄子孙”。炎帝神农氏与黄帝轩辕氏实为两人，不能混为一谈。

敲黑板！划重点！

◎郭文静

在网络社交文化蓬勃发展的今天，很多网络平台都成为了网络语言生长的温床。仔细观察，我们会发现其中有一部分网络用语有着明显的“校园”特点，从去年冬天在朋友圈疯传的“我可能复习到了假书”，到后来的“请课代表出来解释一下”，无一例外地与我们的校园生活有着密切的关系。今天所说的“敲黑板划重点”就是校园文化与网络语言相结合的典型例子。

“敲黑板划重点”最早出现在微博中，当有人发表晦涩或者冗长的言论时，一些阅读理解满分的网友就会在评论里很精练地为大家总结出内容梗概或者言外之意，开头总会带一句“敲黑板划重点”。它的主要功能是提醒大家注意后面紧接着作者想要强调的信息，这些信息将言简意赅地为大家整理出重点内容，与学校中老师“敲黑板”和“划重点”所要达到的效果类似。这种用法早期多见于微博、微信、豆瓣等具有娱乐性质的平台中，例如近来比较火的科普类公众号“博物”就经常在微信推送中用“下面开始划重点”来标识重要的科普知识。后来这个说法也渐渐出现在了一些比较正式的场合中，例如“敲黑板，划重点！北京副中心详规通过审议，运河盛世执梦前行”。甚至在《人民日报》微博关于十九大的新闻报道中也频频出现，例如“敲黑板！十九大报告中40个‘前所未闻’”。

那么作为一个新近出现的网络用语，“敲黑板划重点”何以能够这么快就“占领”各大社交平台甚至新闻标题呢？首先，少不了各大微博的推广。既然这个说法最早出现在微博中，那么最早接触它的人便是那些微博po主了（微博po主指一群以在网络上发布文字、视频或图片为生的人）。与我们单纯刷微博娱乐不同，微博是他们的工作平台，对他们而言，话题是灵魂，流量是生命，只有能创造相当的点击率，才能够在日益激烈的竞争中生存下来。因此，如何创建一个引人注目的话题就成为他们绞尽脑汁也要解决的问题。标题党的方法很有效却也容易引起人的厌恶，因此很多po主更愿意采用一些比较温和的方法，比如说在自己的标题里加一些能引人注意的词，而“注意”或“请注意”这样的老词显得太土，显然不能满足当下的需要，这时“敲黑板！划重点！”的产生无疑迎合了这些人的需要。

其次，几乎我们每个人都有过上学的经历，从小到大也不知经历了多少次被期末考试和考试重点支配的恐惧。因而当看到“敲黑板划重点”时，很多人都可能会条件反射地产生一种警醒甚至于恐惧的感觉，就会自然而然地对这句话后面的文字加强注意。而且随着生活节奏的加快，人们在沉重的生活压力下就会不由得去追忆学生时代的美好，再加之近年来怀旧风的盛行，因此许多与学生生活有关的东西都会受到人们的欢迎。类似“敲黑板划重点”这样的用语能够勾起人们对学生时代的回忆，不管这些经历是不是美好的，现在看来都有一种亲切感，容易引起广大网友的共鸣，因而能够迅速地流行起来。

最后，就这个网络用语本身来说，“敲黑板划重点”既可以把“敲黑板”和“划重点”分开来用，也可以合起来用，这就增加了使用的灵活性，降低了对字数的依赖性。随着语言的发展，人们也开始把这个流行语与其他流行语连用，以增强表

"萌新"面面观

◎成亚男

"萌新"这个词,如今非常流行,大致可理解为"萌萌的新人",常用于新手在贴吧或者论坛上自称,还有刚刚加群的新人,表示自己初来乍到时也会使用。在动漫圈和游戏圈,"萌新"也常作为新手玩家的代称,而且往往用来指女玩家。那么,新人为什么叫"萌新"?"萌"的意义,又是怎样与"新人"联系在一起的呢?

"萌"的原义是"萌发、萌芽",与日本动漫中表示"狂热喜爱"的意义相互融合,成了一个广为使用的网络流行语。而"萌新"最早出自游戏圈中,指代在网络游戏里对各种操作都一知半解的新手。"萌新"中的"萌"有多重含义。首先,"萌"给人以可爱、单纯的感觉,让人觉得纯真无邪、天真烂漫。新人由于刚刚进入一个新环境,对许多事情都不了解,很容易给人以傻傻的可爱的感觉,于是面对天真的萌新,大家常常乐于施以援手,为他们解除困惑,帮助他们融入到新的环境中。其次,"萌新"这个称呼十分可爱生动,又能表达谦虚的态度,萌新本人也愿意使用它来指代自己。还衍生出一些固定句式的网络流行语的用法,

---

达效果。一个典型的例子就是把"敲黑板划重点"与"高能预警"放在一起使用,例如"前方高能预警请注意!敲黑板!"。"高能预警"本来就是一个带有提示意味的词语,这样使用既可以增加强调语气,也进一步体现出了语言的趣味性。

例如“萌新瑟瑟发抖”，意思为萌新被吓得直发抖，浑身哆哆嗦嗦，形象地表达了天真的萌新因为不了解新环境的规则而受到惊吓后的可怜状态。此外，作为新人，萌新还有一种“年轻、带有青春活力”的感觉，这也使很多人感叹“连萌新都这么厉害啦，真是自愧弗如！”

然而，为什么很多人提起萌新的时候，语气里常常包含无奈、奚落甚至嘲讽呢？例如面对游戏中啥都不懂、坑死队友的“菜鸟”新手，有人感叹：“和萌新一起打游戏，干脆不要理他们吧！”萌新不是很可爱吗，为什么有时会带有贬义色彩呢？因为有些新人，不仅傻里傻气、什么都不懂，而且自己不思考、不求上进，一有不懂就发问，不愿意自己思考，喜欢抱别人的大腿。面对这些总指望大佬“带自己飞”的萌新们，大家当然不会觉得他们可爱，反而会觉得他们卖萌的样子有些做作，让人讨厌。因此，人们谈到萌新有时便会带上无奈、埋怨和讽刺的语气，用于批评那些不动脑筋、凡事依赖的人。不过，也有些人对这些萌新持包容的态度：“大家都是这么过来的，多关心一下他们吧！”表现了他们宽大包容的胸怀。

萌新既有可爱单纯、朝气蓬勃的一面，有时也有不思进取、依靠他人的一面。所以，萌新们在请教大佬、适应新环境的时候，不要忘记自力更生、积极进取，只有这样才能尽快融入新的集体哦！

微语录·趣闻

孩子不愿做爸爸布置的课外作业。爸爸灵机一动，说：儿子，我来做，你来检查、批改如何？孩子高兴极了。爸爸做好后，儿子认真地检查起来，他发现爸爸许多地方都没做对，于是写出步骤，详细地给爸爸讲解了一遍。末了，儿子对爸爸说，你怎么错了这么多？爸爸笑了，儿子也笑了。（曹梦洁/辑）

趣谈“又双叒叕”

◎闫艺暄

如果你是一个热衷刷朋友圈、刷微博的人，那么以下这样的话语你一定不会陌生：

“《神雕侠侣》又双叒叕翻拍！谁是你心目中的杨过小龙女？”

“我最近又双叒叕水逆了！”

“某某影星又双叒叕上热搜了！”

读完之后，我们大致能懂得这些话大体要表达的意思，是想说这些事情怎么又发生了。但这“又双叒叕”到底什么来头？

“又”字在现代汉语中常作为频度副词放置在动词前，言说过程中常附带表达说话人的轻度不耐烦情绪，比如“你怎么又来了？”但是当人们想表达更加不耐烦的情绪时，口头的表达方法可能是会将“又”换成“总是”“老是”，除此之外，还必须要附带上着重的语气、语调，以追求充分的表达效果。而随着网络媒体、社交平台的快速发展，人们的表达交流也日益网络化，不能使用语气语调的网络交流为了将这种语气程度上的深化表现出来，于是就选用了构字上的形态叠加来强调语气。“又”本义是手，是一个象形字，现在常用的是其假借义，表示动作的重复或继续，是一个副词，如“说了又说”。巧妙地将“双”“叒”“叕”三字通过会意的用法新解为加重语气，也是副词的用法。其实，“双”本表示“两个”；“叒”古同“若”，“叒木”同“若木”，即古代神话中的木名“榑桑(扶桑)”，据说太阳初升，登上此木；“叕”有四个音，分别是“zhuó、yǐ、lì、jué”，本义为“连缀”。可以看出，这三个字在网语“又双叒叕”中表达的意义与其本义并无直接联系，只是网民为求加重语气而为其添加的一层新义。

实际上，“又双叒叕”早在2012年就已经被媒体使用。2012年12月18日晚间，日本的朝日新闻中文网发布了一条微博——“我们又双叒叕要换首相了”。简单的一句话在网上瞬间走红，两个小时就被转发了9 000多次。这句话的关键其实在“又”这个部件，四个汉字拆开就是10个“又”字，可以用来形容事物变化更替或重复出现相当频繁。朝日新闻正是巧妙地利用了汉字中会意字的构造方法，为“双叒叕”添加了新的语言意义，表达了对日本频繁更换首相的无奈情绪。

在后续用法中，“又双叒叕”也为人们的交际话语增添了一些调侃的意味，削弱了其本身带有的消极和不耐烦的情绪，使说话人和听者在心理层面上都更易于接受。比如自我调侃的“我又双叒叕忘带钥匙了！”和嗔怪他人的“你怎么又双叒叕迟到了！”都相较于直接用“总是”“老是”增添了表达上的趣味性，体现出说话人的幽默感。

这样的表达方式也引起了一波对于汉字中“重叠字”新用法的模仿热潮，表达的范畴也不限于副词语气程度上的加深，还扩展到了名词数量上的增多和形容词的夸张用法等等。比如网友“千寻白马”曾发过一条评论，可以说将汉字中“重叠字”的会意用法展现到了极致：“这条微博要火炎焱燚了。朝日昌晶君终于改口吅品说自家事了。六年七相，这真是一方水林淼土圭垚养一方人从众啊！”由于这些重叠字本身有许多是并不常用的生僻字，其大规模的复归也引起许多网友的感叹，比如网友“哔哔哔四两”就说：“噗！我是个读了十几年书的文盲！”

当然，网络语言对于古字新用有其临时活用一面，我们在日常用字中还是应当注意规范，切莫因为网络用语的频繁使用而忽略了这些汉字本身的意义。

从"屎蛤"谈起

[马来西亚]林国安

"鲜蚶炒粿条"是马来西亚一道家喻户晓的美食,最近却有人在面书(Facebook)上把"蚶"叫作"屎蛤":"屎蛤多过粿条。这就是芙蓉沉香品香楼著名的炒粿条,好料!"于是引发网友议论纷纷。然而论者或评论作者语文素养,或借题大谈海产名称规范,都没有触及问题的本质。

面书中所说的"蛤",指的是新马潮汕方言所谓 siham 或 ham, siham 或 ham 是一种食用海贝,即"蚶"(hān)。但是本地华人圈长期以来以"蛤"为"蚶"。这是对物品名称的误用。

上图为"蚶",下图为"蛤"

"蛤"(gé)是"蛤蜊"(gélí)的简称(见《辞海》第6版),"蛤蜊"是"软体动物,壳卵圆形或三角形。生活在浅海泥沙中。肉鲜美"(见《现代汉语规范词典》第3版)。《辞海》收"蚶",释义是"双壳纲,蚶科。壳两枚,相等或不等,卵圆形或微带方形,后部稍伸出,表面有自壳顶发出的放射肋,数目因种而异，状如瓦楞，故亦称‘瓦楞子’。铰合部有很多小齿突。肉足短，大部分有足丝。产于海底泥沙或岩礁隙缝中……肉味鲜美……著名食用贝类之一”。可见，“蛤”“蚶”各有所指，并非同一海产。长期以来，siham / ham 被误称为“蛤”，应当正名，叫作“蚶”，或用美称“鲜蚶”。

还有人说 siham / ham 可称为“螄(sī)蚶”，这可能出于谐音。更重要的是“螄蚶”不见于一般通用辞书，而“螄”跟“螺”组合构成“螺螄”，螺螄属田螺科动物，显然有别于“蛤”和“蚶”。因此，用“螄蚶”指称 siham / ham 是缺乏理据的。

“屎蛤”用“屎”字对音 siham 之 si，极为不雅。如此美食，谁还敢吃！面书作者全然不顾及字词的含义及其典雅与否，结果表达很不得体，为人诟病，自讨没趣。

“屎蛤”问题评论的重点不应仅聚焦于作者的语文素养，还涉及语用的深层次探讨，包括物品指称的细微辨析、长期误用词语的纠错与规范、音译用字的得体性等。

（作者是本刊特约编委）

僭越和僭建

[中国香港]田小琳

“僭越”是一个书面语词，表示超越本分，冒用地位在上者的名分、礼仪或器物等。《魏书·清河王怿传》：“谅以天尊地卑，君臣道别，宜杜渐防萌，无相僭越。”

随着封建社会的远去，在现代汉语里，这个词已经很少用了。“僭”作为构词语素，还见于“僭号、僭居、僭礼、僭拟、僭位”这些文言语词，不见用来组造新词了。

但是在香港地区，近年媒体上常常出现“僭建”一词，市民均十分熟悉。原来香港高官和议员里，有些人有僭建问题。特别是在特首竞选及高官任命时，如果有人出现僭建问题，那更是被媒体毫不放松地天天追问，直到将该人的僭建问题搞得水落石出。“僭建”一词便频频出现在报端，成为热词。

僭建，僭建物，即违例建筑工程的简称，英文为 Unauthorized Building Works（UBW）。内地叫违章建筑。在香港，僭建问题由政府屋宇署规管，其实法例是订得十分明确的，任何建筑工程，如建造、修葺、拆卸、改动及渠务工程，都要遵守《建筑物条例》。屋宇署还印有《什么是僭建物》的通俗小册子，里面说，僭建物包括“未经建筑事务监督事先批准和同意而建行的楼宇外部的建筑工程”，还有“楼宇内部而涉及建筑物结构的加建或改动的工程”。举例来说，像檐篷，像悬挂在外墙的铁笼，大型招牌；天台、平台、地下天井上加盖的建筑，违规的密封露台等等，都是僭建物。

僭建问题之所以严重，是因为它可能危害原先建筑的力学平衡，形成危楼，造成不可弥补的损失。如果业主在自己的物业上有僭建物，一旦被发现，屋宇署可发出清拆令，拒不清拆的会受到法律制裁，判监或罚款。

《全球华语大词典》收有“僭建”“僭建物”两个词条，指出“用于港澳等地”，实际上这两个词是港澳地区的社区词，有时也见诸新马报端。

这两个词的特点是采用了文言语素“僭”作为构词成分，“僭”就是超越本分、超越规则了。总之，用上了“僭”就把“违例建筑工程”六个音节的短语，缩减为大家习用的双音节词或三音节词。而且，“僭建”“僭建物”在修辞上具有书面语色彩，显得严肃而庄重。

在目前使用文言语素组造新词不多的情形下，“僭建”一词很值得我们留意呢！

（作者是本刊特约编委）

告别式与告别仪式

[中国台湾]竺家宁

有一次访大陆,大陆友人告知,他要去参加晚上的告别式,我问是哪一位过世? 他马上摇手,说是有朋友应聘出国半年,他们为他举办的一场辞行活动。我很惊讶他把这种场合称为"告别式",因为我们从小在台湾所用的这个词,只有一个义项,就是追悼死者,不会用在一般和朋友的辞行、饯行场合。

为了具体求证两岸的这项差异,回去立刻翻阅北京商务印书馆出版的《全球华语大词典》501页"告"字条,显然"告别式"作为追悼死者,是台湾特有的义项,明确注明"用于台湾等地"。这个义项,台湾的宗教界会说"追思礼拜"。台湾的某研究院平衡语料库提供了用法例句,如:既然在府城的殡仪馆举行了告别式,在殡仪馆火化,不是顺理成章吗? | 昨天下午还在丧宅,为杨昆举办一场相当风光的告别式。

《全球华语大词典》另收有"告别仪式"一词,台湾很少使用,在大陆指的才是"告别死者的仪式"。方知大陆的"告别式"和"告别仪式"用法有别。《全球华语大词典》里明确说:"告别仪式"表追悼,"用于大陆等地"。再查大陆的《现代汉语词典》《汉语大词典》,都没有收这个词。台湾最大的辞典《中文大辞典》和三民书局的《新辞典》也都没收这个词。至于网络的"维基百科",也强调了"告别式"在台湾的使用状况:"告别式是台湾丧葬的一部分,是表达向死者告别的仪式,举办完之后,通常将棺木运到墓地埋葬,或移到某个地方暂时安厝,又或者火葬,即出殡。"又"百度百科"解释说:"告别式一词是日本语，台湾在日据时代即使用此一称呼，也因此而沿用至今。”说明了两岸差异的原因。

有鉴于此，这两个词在两岸交流当中，还须谨慎使用，否则生死殊途便混为一谈了。从网络上使用的状况看，表追悼意义时，大陆一般都会说“告别仪式”，引用台湾资料时，会说“告别式”。但是我们也看到大陆越来越多的用例，也用“告别式”来表追悼了。这应该是两岸语言逐渐融合的现象吧。

（作者是台湾政治大学中文系教授）

台湾口语的“LKK”

［中国台湾］高婉瑜

LKK是台湾的社区词。口语常说LKK，报章也频频使用LKK。如：“有一阵子大家很喜欢说LKK（闽南语“老抠抠”），长辈总是抢着自嘲：‘年轻人都要嫌我们LKK啰。’”根据上下文，不难判断LKK指年老之意。

LKK怎么来的呢？它是台湾闽南语谐音字母词，转成字母词后没有统一念法，有人念汉化的字母音，首音节声调先降后升，第二、三音节读平声调。有人直接念成“老叩叩”“老扣扣”或“老抠抠”。其实，报章上除了用LKK之外，也写成同义的谐音词“老叩叩”，如：“垂降锯墙劫94亿，逮9老叩叩神偷。”

LKK的典型用法是形容人年纪很大，亦可延伸至事物、思想、行为的落伍，如：“这里的菜肴不会LKK，蒜蓉蒸鲍加了剁椒提味，萝卜糕搭配炒银芽和XO酱，老味道中有新意，让人不得不佩服，姜还是老的辣！”“LUXGEN（纳智捷）不再LKK了”。

LKK本是形容词,亦可当名词用,表示老人之义,其后可加"们",如:"连平日不上电影院的LKK们,也不免'从善如流'地向年轻人看齐。"或加上表人的类后缀"族""级",如:"BURBERRY(博柏利)、DAKS(达克斯)与AQUASCUTUM(雅格诗丹),这3个过去是LKK级才会青睐的格子品牌。"或前加副词"太""很""有点"修饰,如:"不要嫌Dr.B很LKK。"这些现象其实是台湾闽语词(方言)结合国语(普通话)的语法规则。当LKK可以与汉语普通话规则结合在一起,组成新的词或词组时,它的规范程度就已经比较高了。

比较字母词LKK与同义的"老叩叩"等词,后者在媒体上的使用频率较低,与汉语语法规则结合的能力较弱,反观融入汉语圈的LKK则居于上风,成为使用频率较高、稳定流通的社区词。

(作者是高雄师范大学国文学系副教授)

借自汉语的马来词语

[马来西亚]杨欣儒

马来西亚的国语是马来语。据专家研究,马来语的基本词汇有50%多的词语是外来语,其中不乏汉语,包括南方的方言,如闽南话、广州话、潮州话与客家话等。本文谈谈马来语中音译自汉语的词语。

先说食品。华裔的食品马来人也喜欢,所以马来语大量借用了汉语的食物名称,从原材料的豆芽(tauge)到制成品的豆腐(tauhu),都是借自汉语的词语。其他如豆腐干(taukua)、豆乳(tauci)、白菜(pecai)、韭菜(kucai)、芥蓝(kalian)、荔枝(laici)、高粱

(kaoliang)、瓜子(kuaci)、面条(mi)、米粉(mihun)、包子(pau)、粽子(cang)、薄饼(popia)、糕饼(kuih)、酿豆腐(yong tauhu)、面线(misoa)、粿条(koay teow)、肉骨茶(ba kut teh)、三蒸酒(samsu,一种米酒)、茶(teh)等。由上述词语衍生出来的还有炒面(mi goreng)、海南面(mi Hainan)、炒粿条(char koay teow)、粿条汤(koay teow t'ng)等。

日常用品也有不少借自汉语。例如漆(cat)、畚箕(pengki)、抹布(topo,桌布)、膏药(koyok)、茶壶(teko)、算盘(sempoa)、灯笼(tanglung)、荷包(opau)、茶杯、茶碗(cawan)、毛笔(mopit)、红包(angpau)、象棋(congki)。三轮车马来语叫 beca,它源自闽南语的“马车”。lanca 也是借自闽南话的人力车。其他的借用语还有楼顶(loteng、laoteng)、公馆(konkoan)、咖啡店(kopitiam)、板厂(panglong 板廊)、舢板(sampan)、唐山(tongsan)、清明节(cembeng)、元宵节(cap goh mei,闽南语“十五冥”,意即十五的晚上)、龙(liong)、伯公神像(pekong)、大伯公/庙(tokong)、功夫(kungfu)、太极(taici)、麻风(taiko)等。kongsi 借自闽南话的“公司”,一进入马来语,除了指机构、会社,还产生了享用、联合、合伙等派生义。

Tauke 借自汉语的“头家”,也指老板与雇主。中医师的马来语是 singse,师父叫 sifu。保姆的口语是“阿妈”,成了马来话的 amah。舵工的马来语叫 tekong,也指船长。apek 是老伯。流氓、无赖借自广州话的“三星头”,马来语叫 samseng 。along 指大耳窿(放高利贷者)。

方言词语有些有音无字,但还是给马来语借去了,例如 ngam,指对劲儿的或合得来的。马来语中的 kiasee 和 kiasu 是闽南话“怕死”和“怕输”的音译;kautau 和 kamsia/kamsiah 则是“叩头”和“感谢”的音译。

研究马来语里的汉语借词是一门学问,尚待专家学者们深入研究。

(作者是马来西亚华语规范理事会副主席)

英语世界中的“小康”与“大同”

◎陆建非

党的十八大以来，习近平总书记多次谈及“大道之行也，天下为公”。此语出自儒家经典文献《礼记·礼运》篇，是孔子在阐述自己的社会政治理想时提出的，描绘了最理想而崇高的政治目标，最远大而美好的社会愿景，这就是中国人熟知的“大同”理想。“大同”译成英语一般有两种说法：一是Great Harmony，二是Great Unity，首字母需大写，表示特殊概念，即指代一种“完美的社会”（an ideal or perfect society）。在《礼记·礼运》中，紧接着“大同”理想，孔子还阐述了他对于“小康”社会的理解。“小康”作为一个单独词语的英译一般有四种：well-to-do; fairly well-off; comparatively well-off; comfortably off。可见“大同”理想与“小康”社会是紧密相关的。

在十九大报告英译本中，“小康”也出现了其他的英译选项。如：

“小康社会”被译成“a moderately prosperous society in all respects”。“moderately prosperous”是“中等富裕”的意思。“in all respects”义为“在各个方面”。

“决胜全面建成小康社会”被译为“secure a decisive

victory in building a moderately prosperous society in all respects"。

"建成小康社会"则被译为"bring the building of a moderately prosperous society to a successful completion"。

"总体上实现小康"被译成"has basically made it possible for people to live decent lives",此处"小康"又变通为"decent lives",义为"体面的生活"。

"解决人民温饱问题,人民生活总体上达到小康水平"的英译文为"ensure that people' s basic needs are met and that their lives are generally decent"。

"小康"可以说是较次一级的政治目标和社会理想,但也更加接近现实,具有实现的可能性。"小康"源于《诗经·大雅》"民亦劳止,汔可小康",意思是说老百姓太劳苦,也该稍稍得到安乐了,代表着辛勤劳作的百姓对安定幸福生活的守望和梦想。

除了"小康"之外,作为"大同"理想的延展表达"大道之行也,天下为公"也已成为流行语,常为海内外媒体引用。在大道施行之时,天下为人们所共有,讲求诚信,团结和睦,敬老携幼,帮困扶贫,夜不闭户,路不拾遗。

一般有以下几种译法:

We should pursue a just cause for common good. 意为"我们应该为共同(公共)的利益追求一个正义的事业"。

When the great way prevails, the world is equally shared by all. 意为"当(光明)大道盛行时,世界是被所有的人分享的"。

A public spirit will rule all under the heaven when the great way prevails. 意为"当大道盛行时,一种公共精神统领天下"。

The highest ideal of politics, is that the world is fair. 意为"最理想的政治,便是世界公平"。

"大道"可大写,突出它的普遍性和重要性。"天下"也可译成"under the sky"。如:

A public spirit will rule all under the sky when the Great Way prevails.

甚至也可直接用汉语拼音来指“道”,并借用“联邦”“共同体”“联合体”(commonwealth)的译法。如:

While the perfect order called the Great Dao prevails, the world is like a commonwealth shared by all.(当称之为“大道”的理想秩序盛行之时,世界如同人类共享的联合体。)

“大道之行也,天下为公”的核心要素是公平正义,这是世界各国人民在国际关系领域追求的崇高目标。在当今国际关系中,公平正义还远远没有实现,所以习近平在国际政治场合多次引用这一至理名言。1998年,美国总统克林顿访问西安时,在演讲中也引用“大道之行也,天下为公”,当时的译文为“When the great way is followed, all under heaven will be equal”。

这些词句在英语世界已被逐步认知并广泛传播,它们成为当代中国社会价值观的标志性声音。

《霍金为何没获诺贝尔奖》参考答案

1. 零晨——凌晨
2. 斯蒂芬.霍金——斯蒂芬·霍金
3. 做为——作为
4. 毌庸置疑——毋庸置疑
5. 引人触目——引人注目
6. 任何物质、包括光——任何物质,包括光
7. 速律——速率
8. 试验——实验
9. 手屈一指——首屈一指
10. 身誉——声誉

谈联说谜

含有『数字』的灯谜(下)

◎江更生

除了谜面上展示数字外,尚有仅在谜底上隐含数字的“数字灯谜”。通常我们遇到谜面上出现数目字的灯谜,还比较容易对付,因为可以根据这些数字信息,或运算,或换算,或按数序等方法直探谜底。相对而言,那些只在谜底里隐含数字的灯谜,猜射起来就得多费点心思了。你得仔细琢磨谜面,看看能不能找出匿藏数字的线索,从而循迹而入,破解含有数字的谜底。

一般说来,只要你在谜面上见到蕴含时间元素的词语,如岁时、佳节、纪念日或年龄等,就该想到谜底中可能会有数字躲着。请看下列两谜:第一条谜面为“上灯日已过”,要求猜一种古籍的合称。众所周知,自古以来,农历新年的元宵期间,我国民间有大放花灯的习俗,故元宵节又有“灯节”之称。千百年来,相沿成俗,正月十三为“上灯”之日,十八为“落灯”之日,十五元宵节则为灯节正日。谜面上的“上灯日”暗示数字“十三”,“已过”则作“经过”解,故谜底为《十三经》。第二条为“元宵节通车”打昆剧《十五贯》。“元宵节”寓意“十五”,“贯”作“贯通”解,与“通车”相扣。也有将传统佳节稍作变化隐含数字的,例如以“重阳佳节人皆晓”打政治用语“九二共识”。大家知道,重阳佳节是农历九月初九,因而在此扣合“九二”,“人皆晓”切合“共识”二字,故而相扣。又如以“字据写于除夕”打成语“三十而立”。“除夕”俗呼“大年三十”,正切数字“三十”,“写字据”又叫“立字据”,所以谜底为“三十而立”。在面句上设置纪念日引出数字的也颇有趣,如以“妇女节前夕”打中药名“三七”,因为每年的三月八日为国际劳动妇女节，“三八”前夕则无疑便是“三七”了。

还有一类灯谜，作者以“合称”为掩护，悄悄地把数字纳入谜底之中，猜谜者得多加小心才是。例如有一条脍炙人口的旧谜，谜面为“何仙姑守洞”，打《三字经》一句，谜底为“七雄出”。何仙姑是传说“八仙”中唯一一位女性，她在看守仙洞，换言之，即另外七位男性仙人已外出，因此谜底为“七雄出”（注：雄作男性解）。又如以“梁山聚义”，卷帘格，打电影名《八百罗汉》。按格法，谜底须逆读作“汉罗百八”，别解为“好汉罗列了一百零八位”之意。这里以“梁山聚义”引出“一百零八将”合称数目，再巧用“卷帘”倒挂亮出“八百”之数，颇具巧思。

在众多的数字灯谜中，有一种“明修栈道，暗度陈仓”式的灯谜，最为爱谜者所称道。谜作者不露声色地遣词造句，经营谜面，巧妙地将数目字嵌进谜底中，让猜者防不胜防，一旦揭晓才恍然大悟，不禁拍案叫绝。例如有人以古典小说《三国演义》中，应邀过江的诸葛亮探望病中的周瑜时写的“药方”——“欲破曹公，须用火攻，万事俱备，只欠东风”为谜面，打词牌名二。谜底为《十六字令》《满江红》（注：别解为“这十六个字让曹操的战船烧得满江通红”）。狡黠的谜作者在此将谜面的字数悄无声息地塞进谜底，真是妙不可言。笔者曾效颦做了一则谜，谜面为“威名赫赫刘志丹，战功赫赫朱老总”，要求打慈善组织一。细心的读者会发现谜面上藏着十个表示红色的字：两个“赫赫”（可视作八个赤），一个“丹”，一个“朱”，加起来一共十个，所以谜底是“红十字会”。这种利用谜面字词数目来扣合的灯谜，还得提防它用大写与小写互扣的障眼手法。如以“上海、海上、沪渎、歇浦、魔都”打京剧名《伍申会》，谜底别解为“五个申地名字相会了”，“伍”作数字“五”的大写解，“申”是上海的别称。这出戏是高（庆奎）派老生戏《哭秦庭》的别称。

张之洞猜谜制谜

◎刘茂业

晚清名臣、洋务派代表人物张之洞善于猜谜。武汉文史学家徐明庭在《老武汉丛谈》一书中介绍，光绪末年，武汉的文人墨客竞尚灯谜之戏，新春元宵，常在江夏县闹市(今武昌司门口一带)设谜。张之洞每天公退余暇，辄派人将谜条悉数抄回，片刻后，又命人将所猜谜底送去，命中率甚高。所得的纸墨笔砚等奖品随即分赠僚属，并相与品评各谜之精当与否。

张之洞也擅长制谜。他有一灯谜名作："夜来风雨声，花落知多少"打《易经》句"中心疑者其辞枝"，谜面摭自妇孺皆知的五绝《春晓》，谜底"中心"即"内心"，"辞枝"意谓"花朵离枝凋谢"，全句以"内心疑惑不知又有多少花朵凋谢"之意契合谜面，隐秀曲折，不蔓不枝。民国谜圣张起南称此谜为"神传阿堵，余味盎然，是为神品"。

张之洞传世的谜作约有十余条，又如："两朝开济老臣心"打中药名"卧龙丹"，谜面是杜甫咏颂诸葛亮的《蜀相》诗中句，谜底释意为"卧龙诸葛亮一片丹心"；"初三初四蛾眉月"打唐诗句"此曲只应天上有"，谜面是一句谚语，"蛾眉月"就是像蛾眉一样弯曲的月亮，谜底见杜甫七绝《赠花卿》，"曲"本意是"乐曲"，现别解作"弯曲"，弯曲的月亮当然只应该天上才有，想象奇特。

每月二谜

1.“昭和棋圣”称雄棋坛(打电影导演一)

2.“鉴湖女侠”华夏英烈(打四字节令誉称一)

上期答案

1. 恨无刘伯温(打四字常言一)

谜底：缺乏诚意

2. 庞士元献策赚曹操(打机构名称一)

谜底：统计局

霍金为何没获诺贝尔奖

（文中有十处差错，你能找出来吗？答案在本期找）

◎梁北夕 设计

2018年3月14日零晨，世界著名物理学家斯蒂芬.霍金在英国剑桥的家中去世，享年76岁。霍金的离去，不仅让世界失去了一名天才型的科学家，也让他生前的研究与故事，再次成为世界关注的焦点。做为现代最伟大的物理学家，霍金的成就毋庸置疑，但他为何未获得过诺贝尔奖呢？

在霍金众多研究成果中，最引人触目的无疑是“霍金辐射”。在天体物理学领域，黑洞是一个极端的天体，任何物质、包括光一旦进入它的引力范围，就无法逃脱出去，只有进没有出。霍金在广义相对论及量子力学的理论基础上，做了一个数学推导，认为：黑洞是会不断地向外发出辐射的，并非只进不出。如果黑洞辐射大于黑洞吸收周围物质的速律，黑洞的质量和表面积就会随着时间的推移而逐渐减小。也就是说，黑洞可能越来越小，直至最终消失。

在理论物理学中，霍金的理论已被广泛接受，许多人甚至认为，他是继爱因斯坦后世界上最伟大的物理学家。然而，他并没有因此获得诺贝尔物理学奖。因为按照惯例，诺贝尔物理学奖必须授予获得试验或观察数据支持的科研成果，而霍金的“黑洞理论”虽然打开了宇宙科学的探索之门，但人们目前还没有办法验证它。

爱因斯坦因广义相对论成为世界手屈一指的物理巨星，但他并未因此获诺贝尔奖。因为在他有生之年，广义相对论也没有得到有效验证。爱因斯坦身誉如日中天，授予他诺贝尔奖的呼声很高，瑞典皇家科学院无法一直把他排除在“诺奖”的大门之外。1922年，爱因斯坦因对光电效应的成功解释而获诺贝尔奖。

看图说话

“毒品价更高”？

李传新

菏泽市天香公园里有一块禁毒宣传牌。“珍爱生命，远离毒品”给人警醒，让人深思，宣传效果不容低估。

然而，其下面印着的“生命诚可贵，毒品价更高”是值得一议的。明眼人一看就知道，这两句宣传语化用了匈牙利诗人裴多菲创作、左联作家殷夫（白莽）翻译的《自由与爱情》中的前两句：“生命诚可贵，爱情价更高。”这明显是个很蹩脚的化用。

命没了，什么都结束了，“生命”对于一个人来说无疑是最“可贵”的。裴多菲这两句诗把“生命”和“爱情”置于同一维度进行比较，从而说明“爱情”的价值高于“生命”的价值，为了“爱情”愿意牺牲“生命”。如果按照这一思路理解，“生命诚可贵，毒品价更高”的意思就是，“毒品”的价值高于“生命”的价值，为了“毒品”愿意牺牲“生命”。

这是哪儿对哪儿啊，是在做“禁毒”宣传吗？

火眼金睛

图中差错知多少？

（答案在本期找）

杨西仑　张万礼　徐海旭　盛祖杰　提供

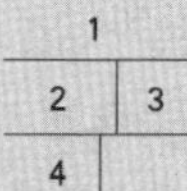

ISSN 1009-2390

2017年度向全国少年儿童推荐的百种优秀报刊

YAOWEN-JIAOZI

咬文嚼字®

07
2018

鹦鹉

鸟纲，鹦鹉科。头圆，上嘴大，呈钩状，下嘴短小。羽毛色彩华丽，有白、赤、黄、绿等色。舌大而软，经训练，能模仿人说话的声音。据《本草纲目》，鹦鹉原作“鹦䳇”，“鹦䳇如婴儿之学母语，故字从婴、母”。

上海世纪出版集团

欢迎至邮局订阅本刊 邮发代号 4-641
国内统一连续出版物号 CN 31-1801/G
定价：5.00 元

识文断字

这是山东青岛市城阳区夏庄街道的一块景观石。左边的“第一樱桃谷”及右边的“峪”大家一望即识，右边第一个字是啥字，你能认出读出吗？（你可用电子邮件或信件方式将答案发送或寄送给本刊编辑部，本刊将在下期择优登出）

照片提供者 姚仁和

书窗

餐桌上的故事

《庭院里的西洋菜——中国的外来植物·蔬菜》

蒋逸征 / 著　定价 /38 元

黄瓜、茄子、菠菜、辣椒、番茄、胡萝卜……
今天我们吃惯了的许多蔬菜，
原本始自遥远的他乡。
外来蔬菜改变了我们的口味，
同样影响着我们的文化。
这本书图文并茂，
详细介绍不同时期传入中国的蔬菜，丰富有趣。

明星上的微尘　我愿帮您拭去

冯盛夏 / 文　臧田心 / 画

陈景润研读华罗庚的名著《堆垒素数论》后发现了一个小问题，于是写成一篇论文，附上一封信寄给华罗庚。在信中，陈景润谦虚地说："明星上的微尘，我愿帮您拭去。"华罗庚读完后拍案叫绝。很快，数学大师和这位"晚辈"结成了忘年之交。

咬文嚼字®

2018年7月1日出版

7

总第283期

主管：上海世纪出版集团
主办：上海咬文嚼字文化传播有限公司
编辑、出版：《咬文嚼字》杂志社
集团网站：http://www.shwenyi.com
E-mail：yaowenjiaozi2 @ 163.com
官方微博：
http://weibo.com/yaowenjiaozish
电话传真：021-64330669
发行电话：021-64674759
邮购电话：021-64372608-243
地址：上海市绍兴路7号
邮政编码：200020
发行：上海市报刊发行局
发行范围：国内外公开
订阅处：全国各地邮局
邮发代号：4-641
ISSN 1009-2390
CN 31-1801 / G
印刷：上海中华印刷有限公司
印厂电话：021-60829062
021-60299079
广告经营许可证：沪工商广字
3100320050020号
定价：5.00元

顾　　问
濮之珍　何伟渔
陈必祥　金文明
姚以恩
名誉主编　郝铭鉴
主　　编　黄安靖
副 主 编　王　敏
特约编委
汪惠迪(中国香港)
田小琳(中国香港)
林国安(马来西亚)
吴英成(新加坡)
责任编辑　何中辰
发稿编辑　施隽南
朱恺迪
通　　联　张　炜
封面设计　王怡君
特约审校
蔡维藩　陈以鸿
李光羽　王中原
张献通　黄殿容

从"鸿鹄"的错读谈到语言规范的时代性问题

◎施南仁

今年上半年,最引人关注的文化新闻,恐怕要数北大校长林建华在北京大学120周年校庆致辞中把"鸿鹄"错读成hónghào。作为北大校长,在这么重要的场合犯下这么低级的差错,确实出乎人们的意料,也确实不应该。

林校长随即发表公开信承认了错读,并做出了诚恳道歉,他在信中说:"很抱歉,在校庆大会的致辞中读错了'鸿鹄'的发音。……说实话,我的文字功底的确不好,这次出错是把这个问题暴露了出来……"

"人非圣贤,孰能无过。"况且,汉语是个博大精深的系统,要想不读错一个音,不写错一个字,不用错一个词,不说错一句话,几乎没有人能做到。林校长的态度,还是值得肯定的。

然而,网络上的一些铁杆"林粉",似乎并不愿接受林校长读错音的事实。有人旁征博引,从古文字学、文献学、音韵学角度进行"考证",最后得出结论:鹄在古代就读hào,林校长读的是古音,他并没有读错!后来有学者指出:类似"考证"漏洞百出,并不可靠,为了证明鹄读hào音,甚至有人割裂、曲解文献材料!

其实,"鹄"在古代读什么音并不重要,我们也不想下功夫对此进行"考证",就算它在古代读hào,林校长也应该读hú,而不能读hào。现代人用普通话致辞,当然应该都读现代音,怎么能把其中一个字临时读成古音呢?

由此，我们想到了语言规范的时代性问题。

语言规范是指运用语言所应遵守的文字、语音、词汇、语法等方面的标准。语言规范具有时代性，不同时代有不同的语言规范；甚至在同一时代的不同阶段，也有不同的语言规范。据学者研究，籀文是先秦的字形规范。秦始皇统一六国后推行“书同文”，小篆成为秦代官方规范文字。汉灵帝熹平年间，蔡邕等正定“六经”文字，用隶书镌刻四十六碑，立于太学门外，这被后人特称为“汉隶”的文字，遂成当时的规范文字。唐代宗时国子监司业张参撰《五经文字》，唐文宗时翰林院待诏唐玄度撰《九经字样》，都奉诏刻石立于国子监，奠定了楷书的规范字形地位，并一直延续至今。在不同的历史发展时期，同样也有不同的语音规范。《切韵》基本代表隋唐时期的语音规范，《广韵》基本代表宋代的语音规范，《中原音韵》基本代表元代的语音规范，《洪武正韵》基本代表明代的语音规范，《音韵阐微》基本代表清代的语音规范。汉语词汇、语法规范，同样经历了不同的发展阶段。

就构成语言系统的具体要素而言，同样如此，不同时期有不同的规范。比如在唐代的语言生活中，既有“況”“恙”“洒”“句”“妬”“弔”“曜”，也有“况”“恙”“洗”“勾”“妒”“吊”“耀”，但标准字形（正体）是前者，而非后者。（据《干禄字书》）显然有别于现今的用字规范。

语言规范具有时代性，本是一个显而易见的常识问题。然而，在当下的语言生活中，似乎还有许多人对此认识不足。

再来说说曾引起社会广泛关注的故宫“日历门”吧。故宫出版社每一年都要出一版日历书《故宫日历》。封面、书脊上的书名是用隶书书写的繁体字，“历”写作了“歴”（“歷”的异体字）。社会上一直有人质疑，“日历”的“历”的繁体字是“曆”而非“歴”。但故宫出版社及故宫博物院的有关人员并不认可这一质疑。他们认为：秦汉时期通用“歷”字，后来从“歷”分化出“曆”字专表“历法”之意，但也可用“歷”表示“历法”。在汉唐之间，“歷”常写为“歴”。所以，“日历”的“历”写成“歴”“是不错的”。这种说法，显然忽略了语言规范的时代性特征。在表示“历法”的意思时，“歷”可以视为秦汉时的规范字形，但自从“曆”分化出来后，规范字形无疑是“曆”而非“歷”，更不是作“异体字”而非“正体字”用的“歴”。尽管在古代一直有人用“歷”或“歴”等来表示“历法”，但不是规范写法。根据《国家通用语言文字法》，繁体字还可以在一定场合使用，《故宫日历》书名用繁体字书写无可非议，但用“曆”无疑更符合繁体字的用字规范。不论是故宫还是故宫出版社，都是全国重要的文化单位，一举一动都会产生“示范”作用，在这件事情上一再“硬拗”，显然是不可取的。

《咬文嚼字》在编刊的同时，几乎每一年都受新闻出版及语言文字管理部门的委托，进行书报刊编校质量的检查。在此工作中常发现，一些出版单位同样对语言规范的时代性特征认识不足。比如，前几年曾发现一本图书将“瞭望”的“瞭”误成“了”。出版社却不认账，申辩说，在上世纪六七十年代权威出版物中都写作“了望”，并且在当时的《简化字总表》中，“了”是“瞭”的简化字。“了”确实一度作为“瞭”的简化字，但从1986年10月重新公布《简化字总表》起，“瞭”已恢复使用，不再简化为“了”。2013年6月公布的《通用规范汉字表》做了同样的处理。可见，自1986年10月以后，“瞭望”的“瞭”就不能写作“了”了。类似情况非常普遍，常常有人以“古代或过去能用”作为否定差错事实的申辩理由。殊不知，古代或过去跟现在不是同一时期，执行的是不同的语言规范。

唐玄宗下令“大哺三日”？

◎王纪波

央视科教频道2018年2月13日播出的《百家讲坛》节目中，主讲人在讲到唐朝正月十五的风俗时，这样说：“观花灯的这一天，唐玄宗特地下令，城市不要宵禁，另外一个，赐天下大哺三日。”（字幕同步显示）其中“大哺三日”应是“大酺三日”。

酺，读作pú，从酉，甫声，指特许的大聚饮。《史记·孝文本纪》：“朕初即位，其赦天下，赐民爵一级，女子百户牛酒，酺五日。”司马贞索隐：“《说文》云：‘酺，王者布德，大饮酒也。’出钱为醵，出食为酺。又按：赵武灵王灭中山，酺五日，是其所起也。”按照《汉律》，三人以上无故聚饮就要处以罚金，所以特许聚饮便成了君王施恩德的一种方式。唐张祜《大酺乐》诗之一：“车驾东来值太平，大酺三日洛阳城。”上述节目讲的正是唐玄宗在正月十五时下令“大酺三日”，以示举国庆贺。

哺，读作bǔ，本义为咀嚼，泛指吃喝。也有喂食（幼儿）、咀嚼着的食物等义。“大哺”或可解释为大吃大喝，但这并不是需要君王下诏许可的事，不符合上述语境。将“酺”误为“哺”，可能是由于音、形相近所致。

特朗普希望“重演”“覆辙”？

◎杨公平

(2017年的罗伯特.莱特希泽)

希望能够重演《广场协议》的覆辙

2018年4月16日广东卫视播出的《财经郎眼》第16期中，嘉宾以当时的中美贸易摩擦作为话题，在谈到特朗普提名30多年前签订《广场协议》时曾任美国贸易副代表的罗伯特·莱特希泽为新的美国贸易代表时，嘉宾解释说，特朗普此举是“希望能够重演《广场协议》的覆辙……”这里的“覆辙”用错了，如用“故技”庶几可通。

故技，指老花招、老手法，也作“故伎”。有成语“故技重演”，谓再度玩弄老花招。1985年9月22日，美国、日本、联邦德国、法国和英国的财政部门官员和中央银行行长等在纽约的广场饭店举行会议，并最终签署了一份五国联合干预外汇市场的协议，因签署地点而被称为《广场协议(Plaza Accord)》。这份协议促使美元对其他主要货币的汇率稳步下跌，从而解决当时美国的巨额贸易赤字问题，莱特希泽被很多人认为暗中推动了此协议的签署。美国总统特朗普提名莱特希泽为美国贸易代表，同样是想借助他解决美国贸易逆差问题，这无疑是“希望能够重演《广场协议》的故技”。

何来“琰国”

◎林建平

电视剧《孔子》第8集中，饰演孔子的演员有这样一句台词：“琰国之君琰子，学识渊博，天地之间，无所不知……”“琰国之君琰子”错了，应是“郯国之君郯子”。

郯，读作tán，古国名，国君相传为少皞（hào）的后裔，战国初被越国所灭。郯国的位置在如今的山东省郯城县北。《说文·邑部》：“郯，东海县，帝少昊（即少皞）之后所封。”郯子是春秋时郯国的国君，相传孔子曾经向他请教学问。唐韩愈《师说》：“圣人无常师，孔子师郯子、苌弘、师襄、老聃。”

琰，从玉，炎声，读作yǎn，剧中演员读的也是这个音。“琰”为美玉名，通称“琬琰”。《说文·玉部》：“琰，璧上起美色也。”我国古代并未有过“琰国”，自也没有“琰国之君琰子”。

覆辙，即翻车的轨迹，比喻招致失败的教训。《广场协议》对当时的美国财政起到了一定积极作用，达到了预定目的，结果是成功的。所以“覆辙”用在上述语境中说不通。况且，“覆辙”与前面的“演”字也是不能搭配的。

误说“连中三元”

◎邵 慧

央视综合频道2018年2月16日播出的《经典咏流传》节目中，一位嘉宾在介绍《明日歌》作者钱福时，说到了科举制度的“连中三元”。他说：“中国古代的考试，明清的时候它有几道关口，第一道就是考中举人，叫作解元，解放的解，解元。举人再往上考，有个名头叫贡士，贡献的贡，这次叫会元。最后一次是殿试，皇上亲自主持，这考中了大家都知道叫状元。”

嘉宾对“连中三元”的解释不够准确：并非考中举人就叫解元，考上贡士就称会元，殿试考中的也并非都叫状元。“元”的本义是头，“解元”“会元”“状元”中的“元”表示“第一、居首位的”。以清代科举为例，乡试考中者为举人，第一名为“解元”。参加会试考中者为贡士，第一名为“会元”。到了殿试，则分为三甲，通称进士：一甲三名赐进士及第，第一名状元，第二名榜眼，第三名探花；二甲赐进士出身；三甲赐同进士出身。所以乡试、会试、殿试的第一名分别为解元、会元、状元，合称“三元”。接连在乡试、会试、殿试中考中了第一名，称“连中三元”。

另外，嘉宾将“解元”的“解”

“玄黄子孙”是谁的子孙

◎王树凡

2018年4月22日，央视财经频道重播了《魅力中国城》节目，其中一位嘉宾说了这样一段话：“不管是黄河水养大的黄河鲤鱼，还是黄河水灌溉的麦子做成的花馍、锅盔、油泼面，咱们这韩城人的大碗里，装的是敬天爱人，装的是玄黄子孙。”这里“玄黄子孙”应是“炎黄子孙”。

“炎黄”即炎帝神农氏和黄帝轩辕氏的并称，他们是我国古代传说中的两个帝王。后世常称“炎黄”为中华民族的始祖，如今中华民族也以“炎黄子孙”自称。上述节目中想要表达的正是这个意思。

玄黄，本义为天地的颜色，玄为天色，黄为地色，后用作天地的代称。除此以外，玄黄还有彩色的丝织物、疾病名、炼丹原料等多种义项。“玄黄子孙”令人费解，汉语中没有这种说法。

读成了 xiè 也不对，正确的读音为 jiè。

解，是一个多音字。读为 jiě，表示分开、解除、解释、明白等义。读为 xiè，可作姓氏、古地名和武术架势名称用字等。读为 jiè 时，指古代下级向上级行文报告。唐宋时凡举进士者，皆由州县地方推荐发送入京，故也称为“解”。《续资治通鉴·宋高宗绍兴十二年》：“是举，两浙转运司秋试举人，凡解二百八人。”“解元”的“解”字就来源于此，故此处“解”应读为 jiè。读为 jiè 的“解”还引申表押送之义，如押解。

明代没有《唐诗三百首》

◎李可钦

央视综合频道 2018 年 3 月 17 日播出的《经典咏流传》中，在谈到李白的《静夜思》时，嘉宾说了这样一段话：“这个版本是什么版本呢？是明代的版本。在明代有一本书很有名，叫《唐诗三百首》，是蘅塘退士编的……”（字幕同步显示）《唐诗三百首》是在清代由蘅塘退士选编的，而非明代。

蘅塘退士，即孙洙（zhū），字临西，无锡（今属江苏）人。他所选编的《唐诗三百首》按照诗体编排，作为家塾课本，虽然名为“三百首”，其实选有三百一十首，后来四藤吟社本又增补杜甫《咏怀古迹》三首。孙洙在序中称“专就唐诗中脍炙人口之作，择其尤要者”录之，所选的诗大多是唐诗中的名篇。

孙洙生于清朝康熙五十年（1711），是乾隆年间进士，曾做过知县，卒于乾隆四十三年（1778）。他是清朝人，所选编的诗集自然不如嘉宾所言是“在明代”就有的。

古人的发式与年龄

◎陈运舟

古人一般蓄发，对发式颇为讲究。各个时期，人们以自己对美的理解，创造了多姿多彩的发型。不仅如此，与今天不同的是，古人的发型还与年龄有着密切的关联。

少年儿童的发式有“垂髫（tiáo）”“总角”等。髫，古代指儿童的下垂的头发。垂髫，即头发下垂。古籍中常以垂髫、髫岁、髫年、髫龄、髫龀（chèn，儿童换齿）等指幼年或儿童。晋陶渊明《桃花源记》：“黄发垂髫，并怡然自乐。”

《诗经·卫风·氓》写了一个遭遗弃的女子，回忆夫妻儿时的友情欢乐，无限感慨：“总角之宴，言笑晏晏。信誓旦旦，不思其反。”意思是想起童年时的欢乐，天天是欢声笑语。当初信誓旦旦，不想今日会反悔。其中的“总角”就是把头发分两边向上束成羊角状，后因称童年时代为“总角”。《诗经·齐风·甫田》：“婉兮娈兮，总角丱（guàn）兮。”“总”是束发的意思。丱，《字汇》：“丱，束发如两角貌。”《礼记·内则》中写了周朝少年儿童清晨起床时的活动：“男女未冠笄者，鸡初鸣，咸盥漱，栉縰（xǐ，同“纚”，古代束发的布帛），拂髦总角……”髦，古代儿童头发下垂至眉的额发。拂髦总角，即拂去额头髦上的灰尘、整理好髦，缠束好头发。

古代一般称十五岁以上为“成童”。《礼记·内则》：“成童，舞象，学射御。”郑玄注：“成童，十五以上。”或谓八岁以上。《穀梁传·昭公十九年》：“羁贯成童，不就师傅，父之罪也。”

范宁注："成童，八岁以上。"束发，即束扎发髻，古代男孩成童时束发为髻，于是就以"束发"代指成童之年。明归有光："余自束发，读书轩中。"是说十五岁起在轩中读书。

古代男子二十岁，女子十五岁就表示成年了。成年的男子要行冠礼，就是把头发在头顶上结成一个锥形的髻子，戴上冠。弱冠，《释名·释长幼》："二十曰弱，言柔弱也。"《礼记·曲礼上》："二十曰弱，冠。"冠、弱冠、弱岁、弱年都是古代男子约二十岁时的称呼。袁枚《祭妹文》："予弱冠粤行。"即是说我二十岁（弱冠之年）去了广东。女子成年时要行及笄礼，《礼记·内则》："女子……十有五年而笄。"笄是簪子。行笄礼后的女子，把头发结成髻，用簪子插住。

《识文断字》解疑

第6期《识文断字》图片上的文字（从右至左）是：千古雄觀（今简化为观）。

前三字"千""古""雄"容易识别，不必细说，重点介绍最后一字：觀。觀，古亦作雚。雚，甲骨文作，金文作，隶变后作"雚"。有学者说，"雚"的甲骨文、金文象猫头鹰之形，突出两眼，故其本义为看，可引申指景象、景观。可备一说。

金山寺位于镇江市区西北的金山上，亭台楼阁层层相接，慈寿塔耸立于金山之巅，直插云天。把金山寺景观称为"千古雄观"，一点也不为过。（石近贤）

青年应远离“佛系”

◎刘冰鑫

不久前，一篇博文《第一批90后已经出家了》刷爆网络。文中反复出现的新词“佛系”广为传播，朋友圈、微博被各式“佛系”霸屏，许多报纸杂志也出现了“佛系”的身影。例如：

（1）我们关注“秃头”，担心“油腻”，自称“佛系”，咆哮着“我们是谁”……唯独少了些与历史勾连的基因，缺了些和时代同频共振的鼓点。（《人民日报》2018年1月2日）

（2）你的努力配得上你的梦想吗？一个不努力的人没有资格讲“努力了也没有结果”，永远都不要做那个自以为看破一切的“过来人”，你以为别人是“佛系”，其实别人奋斗在路上。（《北京青年报》2017年12月29日）

对于新词“佛系”，许多读者可能不知所云。该词从日文借入。早在2014年，日本杂志就曾把喜欢独处，将自己的兴趣爱好放在首位，不想在交朋友、恋爱上花费时间的男性称为“佛系男子”。

为什么要用“佛系”形容这些男性呢？首先，达到心如止水、六根清净、四大皆空的至高境界是佛教徒所追求的。其次，人们印象中的佛教高僧多是看破红尘、淡泊名利的隐世高人。于是，人们将佛教无欲无求的处世态度加以引申，借助“佛系”这样一个语言符号，表达一种“怎么都行、看淡一切、随遇而安”的生活理念和生活方式。

2017年年末，“佛系”突然在中国网络平台上流行起来。而今，它已融入我们生活的方方面面。“佛系人生”“佛系青年”“佛系90后”“佛系父母”“佛系乘客”

等新词语层出不穷，显示出新词“佛系”的强大搭配能力。请看：

（3）前段时间，“低欲望社会”的探讨与“佛系人生”的戏谑让人看到，持续激发社会的活力，仍是至关重要的问题。（《人民日报》2018 年 1 月 2 日）

（4）丧文化某种程度上反映出当下一些青年人在现实问题面前的焦虑、失落和无奈，而“佛系青年”一定程度上是对丧文化的延续，表面上是对一种颓废状态的“诗意拯救”，但本质上还是一种“犬儒化生存”。（《中国教育报》2017 年 12 月 29 日）

“佛系”不但常与名词搭配，也可以与动词搭配，组成偏正结构，像“佛系养生”“佛系追星”“佛系考研”“佛系恋爱”等。例如：

（5）网络蹿红的“保温杯”“佛系养生”等 90 后“标配词语”，也能从文化层面反映，2017 年度，大多数年轻人除了吃饱，还想吃得营养，吃得有味道，吃得养生而健康。（《中国青年报》2017 年 12 月 26 日）

例（5）中，名词“佛系”作状语修饰动词“养生”。“佛系养生”可解释为年轻人以无所谓、不走心的方式养生，反映了 90 后随性的生活状态。

如今，“佛系”日益流行，单一的“佛系”似乎难以满足人们个性化的要求。于是又衍生出“道系”“法系”“儒系”等词，通过“仿词”的修辞手段，以诙谐的手法呈现当代青年各式各样的生活方式，也体现了新词语系列化的特征。

越来越多的青年人以“佛系”自嘲，表现出一种求之不得干脆退而求其次的无奈。然而，新时代的青年不应随大流，淹没于人潮中，应该有抱负、有理想、有斗志、有担当，以昂扬的姿态在人生道路上砥砺前行。正如一位解放军战士所说：作为一名跨入新时代的革命军人，钢枪在握，戎装在身，责任在肩，就要远离与世无争的“佛系”状态，斗志昂扬干事业，顽强拼搏建功业。（参见《人民日报》2018 年 1 月 14 日）

“开挂”从网络游戏中走来

◎徐靖怡

“开挂”，原为网络游戏用语，由“开外挂”缩略而来。一开始人们在游戏中作弊的行为都是通过Hook技术实现的。“Hook”是挂钩的意思，因而这种作弊程序就被称为“外挂”；“开”是打开，“开外挂”就是指在玩游戏时作弊。随着网游的普及，“开挂”成为网络中的常用语，其使用范围不断扩大，各种场合的作弊都可以称作“开挂”。例如：

（1）春运购票：在线一亿人，开挂很重要。（《扬子晚报》2013年1月19日）

人们往往在游戏中通过“开挂”（即作弊）达到普通玩家难以企及的通关速度，获得好成绩。由此，“开挂”的新用法是指动漫、电视剧中人物成长迅猛、际遇非凡、表现优异，让人感到不可思议，“如同作弊一般”。例如：

（2）在残酷的游戏规则中，凯妮丝凭借一流的箭术、过人的智慧，以及强大的后援团队，博得观众的喜爱和赞助商的支持，观众不禁调侃：“女主角一路光环，开挂到底！”（《环球时报》2012年6月19日）

（3）卡维泽所饰演的角色名叫里斯，他在秘密行动中所受的特殊培训，得到了芬奇的注意。芬奇是一名软件天才，他发明了一种可以识别即将行使暴力的犯罪族群的机器。凭借着这最先进的“机器”和芬奇富可敌国的财富，里斯以一种开挂的状态在犯罪分子中横冲直撞。（《今日早报》2012年11月2日）

所谓“如同作弊一般”，意思是好像“作弊”了，实质上并没有“作弊”。因为例（2）、（3）

中的主角都拥有超越凡人的综合素质、配合默契的伙伴以及良好的运气，日益强大，从而完成了故事中所设定的难以实现的最终目标，令人惊异。

此后，“开挂”的使用频率不断提升，并且成为一个多义词，引申出表现优异、精彩的意思。例如：

(4)虽然在娱乐圈里浸淫多年，但42岁的钟汉良在今年却演技开挂，一连在三部作品里塑造了极为突出的三个角色。(《广州日报》2016年7月26日)

(5)一个月内先夺得世锦赛男单冠军，再成为世界头号男单，安赛龙的“开挂”节奏甚至赶超了当年的林丹。(《广州日报》2017年10月1日)

(6)他的经历可以成为当代最为励志的故事：毕业卖保险，足疗店打工，闯进阿里，一路开挂。(《北京晨报》2016年8月8日)

例(4)的“开挂”指演员演技了得，例(5)的“开挂”指运动员实力过人、状态极佳，例(6)的“开挂”则是指创业者经历非凡。

除了描述人的令人震惊的超常发挥，“开挂”也可以用来强调事物的令人惊叹、不可思议。例如：

(7)基于自主品牌车的放量，多家相关汽车零部件企业的业绩也进入“开挂”模式。(《上海证券报》2017年8月10日)

(8)我印象中印度是一个开挂的国家：妇女用脑袋瓜子顶着很大一捆柴，也不掉下来；一个车上十几个人，挂在外面，太开挂了。(《北京晨报》2017年1月23日)

新词“开挂”，何以能成为一个流行词语呢？首先，“开×”是现代汉语中的一种常见结构(比如开播、开场、开冻、开户、开犁、开课、开心、开战等)，人们容易接受“开挂”，乐于传播“开挂”。再者，网络游戏的风靡兴盛、玩游戏的青少年群体的壮大，给“开挂”的流行提供了客观条件。

"大专学位"从何来

◎周　振

2018年2月14日《报刊文摘》5版刊有《81岁本科毕业学霸奶奶是这样炼成的》一文，文中有这样一句话："2013年，从中央广播电视大学电子商务专业毕业，获得大专学位。"其中的"大专学位"说法有误。

学位，是由高等学校、科学研究机构等授予的表明专业学术水平的称号。起源于欧洲中世纪大学，现代多数国家的学位有学士、硕士、博士三个等级。有的国家只设二级或一级。根据1981年开始施行、2004年修正的《中华人民共和国学位条例》中的第三条，我国学位分为学士、硕士、博士三级。而上述文章中的"大专"即高等专科学校，从大专毕业并不能获得学位。如将"大专学位"改为"大专学历"就对了。学历，指求学的经历，包括曾在某类或某级学校肄业或毕业并获得某种学位或证书。所以从大专毕业可以说是获得了"大专学历"。

"不世出"与"不出世"

◎汤青武

2018年第3期《章回小说》中刊载了小说《金马奇案》，其中提到一个叫白秋雁的人物时这样写道："他是近年崛起于六扇门，被天下所有名捕大盗公认为不出世的奇才。"此处的"不出世"应改为"不世出"。

汉语中有"不世出"（省称"不世"）的说法，谓不是每代都有，极言非凡、杰出。《新唐书·韩愈传》："每言文章，自汉司马相如、太史公、刘向、扬雄后，作者不世出。"上述引文显然就是要表达这个意思。

汉语中也有"出世"一词，有多个义项，通常可以表示出生、产生、超脱人世等。加上否定词"不"组成"不出世"，并没有非凡、杰出的意思，也不适用于上述引文语境。

"午时"何时

◎屠林明

2017年12月15日《益寿文摘》上刊载了《吃斋和吃素是两回事》，其中写道："关键就是'过午不食'，即过了'午时(大约是下午2时)'到第二天早上天亮之前都不准进食……"这里括号中的注解有误，午时指的并非"下午2时"。

中国古代的计时法是将一昼夜分为十二时辰，并用十二地支命名。午时，指的是上午十一点至下午一点的这个时间段，也可用来泛指中午。唐白居易《昼寝》诗："不作午时眠，日长安可度？""过午不食"是一种佛教戒律，要求教徒每日一餐，过了中午就不可再进食了。这里的"午"即中午，解作午时当然也可以。"下午2时"已经到未时了。

何来"舞樗台"

◎杨昌俊

2018年3月7日《羊城晚报》的A15版上载文《仁者之乐》，其中写道："曾点说，我的志向与他们三位不同：暮春时节，春天的衣服穿好了，我同五六位成人、六七个童子一起，到沂水河里洗洗澡，到舞樗台上吹吹风，然后唱着歌儿回家。"此处的"舞樗台"应为"舞雩台"。

雩，读yú，从雨，于(亏)声。古代为求雨而举行的祭祀称"雩祭"，因伴有乐舞，又称"舞雩"。上述引文内容出自《论语·先进》，讲的是孔子和四个弟子就志向问题展开的讨论。其中曾点(曾参之父)所说原话为："莫春者，春服既成。冠者五六人，童子六七人，浴乎沂，风乎舞雩，咏而归。"孔子对此表示赞赏和认同。"舞雩"在这里指"舞雩台"，即举行舞雩祭的高台。

“樗”读作chū，木名，指樗树，即臭椿树，常用来比喻无用之材。从古至今从未有什么“舞樗台”。

不知所云的“侩子手”

◎阎德喜

2018年第1期《黑龙江广播电视报》第11版上刊载了《鸭子》一文，其中写道：“再说说宰鸭子的事。侩子手是我妈，她一边默念……一边手起刀落。”这里的“侩子手”一词应改为“刽子手”。

刽，读guì，从刀，会声，义为砍断。“刽子手”指的是旧时执行死刑的人，也泛指以各种方式杀人的凶手。郭沫若《洪波曲》第九章三：“于是一时的‘抗战将军’显出了青年刽子手的本来面目。”“刽子手”杀害的对象通常是人，而上述引文说的是宰鸭子的事情，这可视为修辞手段。

“侩”读作kuài，旧时指以拉拢买卖从中取利为职业的人，如市侩、牙侩。汉语中没有“侩子手”的说法。

“慈嬉”应为“慈禧”

◎方必成

2017年11月14日《文化快报》A10版载文章《中国历史上的十大憾事》，其中第十大憾事是“慈嬉受宠”。这里的“慈嬉”应为“慈禧”。

慈禧(1835—1908)是清代咸丰皇帝的妃子，同治皇帝的生母，她是晚清重要政治人物。根据《清史稿》，慈禧来自叶赫那拉氏，是安徽徽宁池广太道惠徵女，1856年生皇长子爱新觉罗·载淳(同治)。1861年咸丰病死后，其子即位，她与孝贞皇后并尊，称为圣母皇太后，徽号为慈禧，世称西太后。禧，义为吉祥、幸福，如：恭贺新禧。而嬉，义为游戏、玩耍，如嬉闹、嬉笑，上述文章中的“慈嬉”显然是形似致误。

“口角(jiǎo)”不是争吵

◎余培英

2018年2月15日中央电视台春节联欢晚会上有一个小品《真假老师》,其中老师家访时对学生家长说:“小明在学校和同学发生了一点口角……”饰演老师的演员错将“口角”说成了“口 jiǎo”。

角是个多音字。读成 jiǎo 时,可指牛、羊、鹿等兽类头顶或吻前突生的坚硬骨状物,如牛角;引申指形状像兽角的东西,如皂角;又引申指物体两个边沿相接的地方,如墙角。读为“口 jiǎo”时,“口角”是嘴边的意思。茅盾《锻炼》三:“苏太太就两眼发直,口角抽搐,似乎想说话而又说不出。”这义项显然不符合上述小品中的语境。

角,还可以读作 jué,有角色、演员之义,如主角、名角;也可表示竞赛、斗争的意思,如角斗;还可指古代盛酒的器具;等等。在小品中,小明在学校里和同学发生争吵,“角”取争斗之义,应该读为“口 jué”。

“先天下之忧而忧”的著作权

◎得　喜

2017年第50期《黑龙江广播电视报》第8版刊文《65岁老人的“爱心商摊”感动冰城》,其中一段写道:“看到社会上的新闻事件,他念欧阳修的‘先天下之忧而忧,后天下之乐而乐’……”这里有个常识性错误,写出“先天下之忧而忧,后天下之乐而乐”的不是欧阳修,而是范仲淹。

范仲淹(989—1052),字希文,北宋政治家、文学家。“先天下之忧而忧,后天下之乐而乐”是范仲淹《岳阳楼记》中的名句。欧阳修(1007—1072),字永叔,北宋文学家、史学家。欧阳修和范仲淹都有文名,更是曾同朝为官的好友,这可能是上述引文搞错作者的原因。

乐器分类要准确

◎新　德

2018年4月11日《益寿文摘》第13版刊发《弹拨类乐器更好学》一文，文中写道："相比之下，弹拨类乐器对老年朋友来说更好，比如西洋乐器中的钢琴和中国传统乐器二胡等。"这里举了两个例子，比较尴尬的是它们都不靠弹拨来演奏。

现代乐器分类学对中外各种乐器都进行了分类，上述引文中说的钢琴和二胡，都归属于弦鸣乐器。弦鸣乐器是靠弦振动来发音的乐器统称，并可按策动方式不同分为擦奏弦鸣乐器、拨奏弦鸣乐器和击奏弦鸣乐器等。钢琴是典型的击奏弦鸣乐器，演奏时敲击琴上设置的键盘，利用键盘带动琴内包有绒毡的木槌敲击钢丝弦来发音。击奏弦鸣乐器还有扬琴等。二胡属于擦奏弦鸣乐器，靠的是拉动琴弓使其和琴弦摩擦来发音。擦奏弦鸣乐器还有提琴、马头琴等。

所谓"弹拨类乐器"，应指拨奏弦鸣乐器，即靠用手或拨子拨动琴弦来发音，有筝、琵琶、吉他等。

此"因缘"不可为"姻缘"

◎辜良仲

2018年1月13日《人民日报》第12版上刊有《老宅文韵》一文，其中写道："后来，我也会唱上几句，知道他们表演的书目，并对《三笑》《珍珠塔》《白蛇传》《狸猫换太子》《啼笑姻缘》等故事梗概也能说上一二。"这里最后一个书名错了，应为《啼笑因缘》。

因缘，机会、缘分之义。姻缘，指的是结婚的缘分。从词义上就能看出，"因缘"的涵盖面要比"姻缘"来得广。《啼笑因缘》是著名作家张恨水（1895—1967）在1929年发表的章回体小说，在社会上引起过巨大反响。关于书名中的“因缘”为何不是“姻缘”，《回忆我的父亲张恨水》一书中曾有过解释，这里取的是“各有因缘莫羡人”之意。

如何“砥柱行”

◎张骏鹏

2017年第15期《老同志之友》第38页上刊有《颂南昌起义将士》一诗，末尾写道：“江山今日云舒卷，勿忘前贤砥柱行。”这里的“砥柱行”语义难解，改成“砥砺行”庶几可通。

砥，细磨刀石；砺，粗磨刀石。砥砺，本义即磨刀石，引申出磨炼、锻炼的意思。所谓“砥砺行”，可以理解为磨炼自我不断前行，代入诗中符合语境意思。

砥柱，山名，位于河南省三门峡市北的黄河中，因在激流当中矗立如柱而得名。后用来比喻能负起重任、起到支柱作用的人或集体。“砥柱行”让人莫名其妙。

“数不甚数”？

◎周平果

2018年3月2日《报刊文摘》第5版刊有《一个乡镇的赌博业调查》一文，文中有这样一句话：“至于赌博闹出的家庭纠纷，则数不甚数。”其中“数不甚数”的说法有误，正确的表达应为“数不胜数”。

“胜”的一个义项是尽、完全，读为shèng。成语“数不胜数”，义为数也数不完，形容数量很多。闻一多《文艺与爱国》：“爱国精神之表现于中外文学里已经是层出不穷，数不胜数了。”

甚，本义为特别安乐，引申为盛、厉害、过分等义，还可表示程度深，相当于“很”“非常”。

做动词则表示超过，如：日甚一日；爱人甚于爱己。在方言中还表示什么，如：“他有甚心事？”但无论是哪个义项，“数不甚数”都是说不通的。

弄错了“子虚乌有”

◎江城子

电视剧《悬崖》第26集中，随着滚动字幕，荧屏上出现了这样一句台词：“可是也总不能拿这子乌虚有的东西吓唬人吧？”这里的“子乌虚有”应是“子虚乌有”。

汉代的司马相如作有《子虚赋》，假托子虚、乌有先生和亡（wú，古同“无”）是公三人互相问答，以此向君主晓以大义。由于这三个人都是不存在的、虚构出来的，后世便以“子虚”“子虚乌有”来指代虚构的或不真实的事情。茅盾《爱读的书》：“所以我们的‘兴趣’，有时会从现代转到古代，乃至子虚乌有的幻想的世界。”了解了成语的出典，即可知“子乌虚有”是个错误组合。

“殷红”不能读“yīnhóng”

◎温世江

电视连续剧《猎豺狼》第28集中，特务苏晨将李玉花按倒，拿碎玻璃瓶抵在她脸上威胁道：“只要我轻轻一用力，殷红的鲜血就会从你漂亮的脸蛋渗出。”演员将“殷红”误读成了“yīnhóng”。

殷是一个多音字。读为yīn时，表示丰盛、深厚、殷勤等义，还是朝代名，也可作姓；读作yǐn时，为拟声词，形容雷声；读作yān时，义为深红或赤黑色，叶圣陶《多收了三五斗》中有：“酱赤的脸受着太阳光，又加上酒力，个个难看不过，像会有殷红的血从皮肤里迸出来似的。”可见，“殷红”应读为“yānhóng”。

刀部字例释

◎苏培成

《说文·刀部》有单字62字，重文9字，其中现代常用字大约有28个。大徐本《说文新附》字4个：刎、剜、剧、刹。“大徐”指南唐至宋初的文字学家徐铉。其后又产生了一批新字，如刨、剁、剃、剩、劁等。这些刀部字其中有的构形理据不详，如《说文新附》字“剧”“刹”大徐本就注明：“从刀未详”。下面我们选择14个含有字符刀或与刀有关的字略作解说，从中可以说明汉字演变的一些规律，供读者参考。

1. 刀。甲骨文刀象刀形，是象形字。自古至今，刀字的结构未变。为了便于书写，隶书刀演变为刂。《说文·刀部》：“刀，兵也。象形。”指一种兵器，泛指切割的工具。刀作意符构成的字，多数是动词，指切割一类的动作。如：刎、割、创、刺、剑、剃、刻、剖、剥、削、分、切。用刀作音符构成的字很少，常用的只有到字。

2. 剔。《说文·刀部》：“剔，解骨也。从刀易声。”解骨：分解骨肉。许慎《说文》里本来没有这个字，这是徐铉增补到正文里的。

3. 初。《说文·刀部》：“初，始也。从刀从衣。裁衣之始也。”吴其昌《金文铭象疏证》：“初民无衣，大抵皆兽皮以刀割裁而成，衣之新出于刀，是初义也，故初确系从刀。”初字的构字反映了先民的衣着文化。

4. 前。小篆歬字的意思是前进。《说文·止部》：“歬，不行而进谓之歬。从止在舟上。”

徐灏《段注笺》:“人不行而能进者,唯居于舟为然,故从舟。止者,人所止也。”是会意字。小篆前字的意思是剪断。《说文·刀部》:“前,齐断也,从刀歬声。”刀是意符。齐断:整齐地剪断。用歬表示前进比较费解,从止从舟容易理解为停止。为了避免误解,后来就借用前(jiǎn)字来代替,这是假借。前被借用表示前进,不再表示剪断,剪断的意思就要另想办法。于是前字加意符刀造出剪字表示剪断。剪是形声字,从刀前声。这个例子说明,表示某个意义的用字是可以改变的。歬字本来表示前进,前字本来表示剪断;后来前字表示前进,剪字表示剪断,歬字不再使用。

5. 切。《说文·刀部》:“切,刌(cǔn)也。从刀七声。”刌:切断。丁山《数名古谊》:“七之见于卜辞、金文者通作十。……本象当中切断形,自借为七数专名,不得不加刀于七,以为切断专字。”这就是说,在商周古文字中,由横画与竖画相交组成了两个字:一个是横画略长竖画稍短,表示某物被工具切断,是切开的切字;另一个是横画与竖画长短相近,是甲胄的甲字。这两个字形体相似容易相混,后来就把切的竖画的下端改为右弯,就变成了七。七字本来是切断的切,假借为数字的七。为了区分本义切与假借义七,就给表示本义的七加上意符刀组成了切。切字是形声字,从刀七声。

6. 分。古文字中有八字。《说文·八部》:“八,别也。象分别相背之形。”八是表义字,表示分别。八又假借为数字八。为了区分表示分别的八与数字八,给表示分别的八加上刀成为分字。《说文·八部》:“分,别也。从八从刀,刀以分别物也。”高鸿缙《中国字例》:“八之意本为分,取假象分背之形,指事字,动词,后世(殷代已然)借用为数目八九之八。久而不返,乃加刀为意符(言刀所以分也)作分,以还其原。殷以来两字分行,鲜知其本为一字矣。”

上古八与分本来是一个字，后来分化为八与分两个字。这两个字在古代声母相同，都是双唇不送气清塞音，读为汉语拼音的b，韵母相近，后世读音才变得不同。

7. 刚。《说文·刀部》："刚，彊，断也。从刀冈声。"彊：指硬弓，表示强有力。《说文》认为刚是从刀冈声的形声字。林义光《文源》以为是以刀断网，是会意字。由此知道刚本来是会意字，后来变为形声字。一个字的造字类型也是发展的。刚字的本义是坚硬、坚利。《诗经·小雅·采薇》："采薇采薇，薇亦刚止。"引申为强劲、坚毅，与"柔"相对。《孙子·九地》："刚柔皆得，地之理也。"唐宋以来词义虚化，引申为副词，有多种意义。如表示行动或情况发生在不久以前。苏轼《花影》："刚被太阳收拾去，却教明月送将来。"

8. 刻。《说文·刀部》："刻，镂也。从刀亥声。"本义是雕刻，引申为时刻。这个引申义来自古代的铜壶滴漏。《华严经音义下》引《文字集略》："漏刻，谓以筒受水，刻节，昼夜百刻也。"铜壶滴漏是古代的计时器，用铜壶盛水，中间插入一根标杆，浮在水面上。随着水的多少，标杆上下浮动。铜壶有刻度，一昼夜分为百刻，用标杆上下指示不同的刻度以显示时间。

9. 刊。《说文·刀部》："刊，剟（duō）也。从刀干声。"剟：删削。段玉裁《说文解字注》："凡有所削去谓之刊。"《广雅·释诂三》："刊，削也。"《书·禹贡》："随山刊木。"引申为刻、雕刻。班固《封燕然山铭》："乃遂封山刊石，昭明上德。"引申为订正、修正。《晋书·孙绰传》："就人借书，必手刊其谬，然后反之。"再引申为印行、刊登。魏源《〈圣武记〉目录》："索观者众，随作随刊，未遑精审。"

10. 利。《说文·刀部》："利，铦（xiān）也，从刀。"铦：锋利、锐利。古文字利字是会意字，从禾从刀，有的有小点。张亚初《商周古文字源流疏证》:“利字从刀从禾,是以刀刈禾的会意字。刈禾以食,是利之大而重者。禾、刀间数小点象谷实形。利字本义是收获之利益。”“锐利是利字的又一层字义。顺利是这一字义的引申。”“利字本义有两种,这种情况可以看作是双义字。”“利”是会意字,这个会意字有两个本义。一个本义指利益。殷商卜辞:“无灾,利。”《诅楚文》:“世万子孙毋相为不利。”另一个本义指锐利。《孟子·公孙丑下》:“威天下不以兵革之利。”

11. 刃。《说文·刃部》:“刃,刀坚也。象刀有刃之形。”刃是指事字,它的构成是在刀字的刃部加一短横指示号,表明这个字是指刀刃。《庄子·养生主》:“今臣之刀十九年矣,所解数千牛矣,而刀刃若新发于硎。”

12. 到。《说文·至部》:“到,至也。从至刀声。”金文到字从人从至,表示人来到,是会意字。后来人讹变为刀,成为从至刀声的形声字。由会意字演变为形声字,是汉字形声化的表现。

13. 刁。《玉篇·刀部》:“刀,又丁幺切。《庄子》:‘刀刀乎。’亦姓,俗作刁。”《史记·李将军列传》:“人人自便,不击刀斗以自卫。”司马贞《索隐》:“刀,音貂。”上述资料说明刁字是从刀字分化出来的。古代刀字又用作刁斗的刁,后来把刀字的撇改为提就成为刁。

14. 刘。《说文·金部》:“鐂,杀也。”《说文》鐂字下,徐锴注:“《说文》无劉字,偏旁有之。此字又史传所不见,疑此即劉字也。从金,从丣。刀字屈曲传写误作田尔。”段玉裁《说文解字注》:“鐂,从金刀,丣声。”“古书罕用,古未有姓鐂者,且与杀义不协。其义训杀,则其文定当作劉。”劉本义是杀。现代劉简化为刘,用作姓氏。姓氏刘的刀不表义。

常比喻，病比喻，非比喻

◎宗守云　陆晶晶

贾平凹在《相思》中写道：

二十年的帐篷，在沙山沙海里，犹如一叶小舟，冷月弯弯地照着，苏州城外的寒山寺的钟声，是能“夜半到客船”吗？

这里作者用到一个比喻，把二十年的帐篷比作一叶小舟，其文学意味浓厚，话语含义丰富，被选入上海 2017 年高考语文试题。从内容看，比喻必须包括四个要素：本体、喻体、相似点、相异点。拿上面例子来说，本体是二十年的帐篷，喻体是一叶小舟，相似点是用来临时栖居的狭小容身之所，相异点是分别用于地面和行于水中。这是常规比喻，可以称为“常比喻”，其内容完全符合比喻的要求：相似点适宜，相异点明显。作为典范的文学作品用例，其相似点巧妙而丰富，包含着栖居主体的孤独、想象、思念等多重含义，而高考命题者正是抓住这一点来测试考生水平的。

相似点不适宜，是病比喻，就是传统所谓的比喻不当。黄伯荣、廖序东主编的《现代汉语》教材有这样一个例子：“那一棵一棵的大树，像我们的俘虏似的狼狈地躺在工地上。”教材分析说，把放倒的大树比作俘虏，很难想出它们的相似点。其实这个用例并不是没有相似点，而是相似点不适宜而已。大树和俘虏都是被动的处置对象，它们之间有相似点，但这样的相似点是不适宜的：大树没有意志，无法反抗，俘虏有意志，可以反抗，二者在认知上无法建立起有效的比喻关联。相似点不适宜，有时和感情色彩有关。曹禺《雷雨》中有一段话，原来是："她会爱你如同一只饿了三天的狗咬着它最喜欢的骨头，她恨起你来也会像只恶狗狺狺地，不，多不声不响地恨恨地吃了你的。"女主人公繁漪并不是反面人物，把她比作恶狗是不适宜的，是病比喻。曹禺后来改为："她爱起人来像一团火那样热烈；恨起人来也会像一团火，把人烧毁。"这个修改后的比喻就是常比喻了。

相异点不明显，不是比喻，即非比喻。比如："这张桌子很像那张桌子。"这不是真正意义的比喻，尽管二者也不相同，但其相异点不明显，认知上作为相同的事物看待。这是相同比较，不是比喻，可以说："这张桌子和那张桌子相同。"有的用例，传统认为没有喻体，比如朱自清《荷塘月色》："叶子和花仿佛在牛乳中洗过一样；又像笼着轻纱的梦。"前面一句，一般认为不是比喻，因为没有喻体；后面一句是比喻，是常比喻。其实，前面一句与其说是没有喻体，不如说是相异点不明显，作者描写的是眼前的叶子和花，想象的是牛乳中洗过的叶子和花，二者相异点不明显，因此不能构成比喻。相异点明显不明显，往往并没有客观的标准，主要是认知上的判断。鲁迅《故乡》写道："（闰土）眼睛也像他父亲一样，周围都肿得通红。"闰土的眼睛和他父亲的眼睛，在认知上相异点并不明显，虽然用"像"连接，但并不是比喻，是相同比较，即"闰土的眼睛和他父亲的眼睛相同"。丁春林《清新纯真的孟庭苇》写道："自从剪了一头清爽的短发，她便整日被人拿着她那'月亮头'开玩笑，说她像娃娃。"孟庭苇是成年人，娃娃是未成年人，在认知上相异点明显，因此这是常比喻，不能说"孟庭苇和娃娃相同"。

比喻形式多样，用法复杂，有时不容易判断。但只要我们抓住比喻的基本构成要素分析，就可以化繁为简，理清关系，从而正确区分比喻和非比喻、常比喻和病比喻。

西湖里的“无头虫”

◎石毓智

上个周末到杭州开会，顺路又逛了西湖。我的一个生活理念是，再匆忙也不能辜负了美景。西湖我已经到过多次了，她的美算不上震撼，但可称得上细腻耐看，如同淡妆的西施，浓抹的贵妃。离开的时候，她就一直萦绕在我的脑海中，让人时时体验距离产生美这句话的道理。什么是真正的美？那就是让你看了还想再看的。

这次跟以前一样，又体验了一次泛舟西湖的感觉。船经过一个小岛“湖心亭”时，船夫提醒我看岛上的一块“石碑”，上面镌刻着“虫二”两个红色大字。我以前没有注意到这个，还来不及思索，船夫就给津津有味地解释开来。传说这是御笔，当年乾隆下江南时，一次泛舟西湖，只见皓月当空，凉风习习，望着湖光山色，情不自禁地写了“虫二”这两个字。跟随的大臣百思不得其解，站在一边的纪晓岚则说道，皇上的意思是“风月无边”，众臣连声称“妙”。

我向来对这些穿凿附会的美丽传说都是一笑置之，但是这次则多想了一下。“风月无边”是个诗情画意的表达，第一个造句者确实有才华，传说这是出自李白之手，李白游岳阳楼时，写下这副对联：“水天一色，风月无边”。这两句话很有气势，确实有诗仙的风韵，道出了岳阳楼之大观。

拆字是一种传统修辞手法，是汉字这种象形符号系统所独有的。有人能把“风月无边”用这种修辞手法表达出来，也算是文字游戏玩家中的高手。泰山上的石刻“虫二”就是个完美的案例。传说为清光绪二十五年（1899）历下（今属山东济南）才子刘廷桂题写的。上世纪50年代末，一些日本友人登临泰山，见到石壁上刻着“虫二”二字，就问此二字是什么意思。当时的陪同人员中没有人能解答。后来有人想到郭沫若多识博学，便向他请教，郭老沉思片刻，提笔在“虫二”外边各加两笔，便成了“風月”，“虫二”这两个字即“風月无边”，“風”是“风”的繁体字。去掉“風月”外边的框，就得“虫二”二字，但是别忘了，“風”字里边的“虫”字上头还有一撇，去掉这一撇就不是任何一个汉字啦。

西湖上的“虫二”出自乾隆御笔云云，当是附会之说，绝不可信。它很可能是今人山寨泰山的“虫二”，可是由于模仿者粗心而导致失真。因为这个山寨版的拆字修辞手法忘记了那重要的一撇，结果就成了“无头虫两只”。

到过西湖者无数，有谁想过这个美丽传说背后的另两种文化素质：山寨与失真？不管做什么事情，都要讲究一个创意与求真，只有这样才能把事情做好。细小之处见功夫，只有创意和精工精神相结合，方能个人出彩和民族振兴。

2018年5月28日

金国首都并非“五国城”

◎李景祥

2017年3月12日《辽沈晚报》A05版刊有《镌刻在心底的故乡》一文，其中写道：“胜利者带着无以数计的财富，掳着二位皇帝及嫔妃、大臣们向着金国的首都五国城进发。”这里将“五国城”当作金国首都，是犯了常识性错误。

五国城是个古城名。辽时今黑龙江省依兰以东至乌苏里江口的松花江两岸有五个源于黑水靺鞨的部落，分别为剖阿里国、盆奴里国、奥里米国、越里笃国和越里吉国。辽圣宗时五部附辽，后设节度使领之，称五国城。其中越里吉即今依兰，盆奴里即今汤原，奥里米即今绥滨，越里笃在今桦川东北，剖阿里即今俄罗斯哈巴罗夫斯克（伯力）。1125年辽被金所灭，五国城便成了金国领土。

上述引文说的应是“靖康之变”。靖康元年闰十一月二十五日（1127年1月9日），北宋都城东京（今河南开封市）被金军攻破，北宋灭亡。金军在大肆掠夺后，俘徽宗、钦宗二帝和宗室、后妃等数千人离京。他们确实是向金国首都进发，不过去的是会宁。1115年完颜阿骨打建金时便定都会宁（今黑龙江哈尔滨市阿城区南），后加号上京。此后金国虽有数次迁都，但从未迁都至五国城。宋徽宗先被掳到会宁，后被金人迁至五国城囚禁，金天会十三年（1135）在那里驾崩，上文可能是因此生误。

“侨住新居”？

◎程奕凌

在一片拆迁区的墙上挂着一条横幅，上面写道：“搬迁过渡艰苦一时，侨住新居幸福一生。”有了“新居”却只能“侨住”，这真能“幸福一生”吗？这里的“侨住”应改为“乔迁”。

乔迁，语出《诗经·小雅·伐木》：“伐木丁丁，鸟鸣嘤嘤。出自幽谷，迁于乔木。”“乔”义为高，“乔木”即高的树木，引申为好的地方。后以“乔迁”“迁乔”来指人搬到好的地方住或升迁高职。这条横幅要宣传的是：虽然搬迁的过程很艰苦，但之后的住处会更好。“乔迁”一词正符合语境。

“侨”有客居异地的意思。“侨住”即侨居，寄居（他乡）的意思。《太平广记》卷二七六引南朝宋刘义庆《幽明录·张甲》：“张甲者，与司徒蔡谟有亲，侨住谟家。”经过了艰苦的搬迁，新房竟只能寄居其中，“幸福一生”的愿景要如何保证？这显然不会是横幅上宣传语的本意。

当是"守其雌"

◎孙 凯

人民教育出版社2012年2月出版的《语文(选修)〈先秦诸子选读〉教师教学用书》在介绍老子时，有这样一段文字："'知常曰明'之人，'知其雄，守其慈'，常处于'合'，故能'殁身不殆'矣。"（第123页）这里的"守其慈"是"守其雌"之误。

守其雌，典出《老子》第二十八章："知其雄，守其雌，为天下溪。"吴澄注："雄，谓刚强；雌，谓柔弱。"就是说内心虽然刚强，外表却要柔弱而不与人争，这是道家提倡的一种韬晦自处的处世哲学。后以"守雌"指以柔弱的态度处世，如鲁迅《坟·文化偏至论》："夫安弱守雌，笃于旧习，固无以争存于天下。""守雌"是老子哲学思想上的一个重要概念。

慈，《说文·心部》："慈，爱也。从心，兹声。"本义为上对下、长对幼仁爱、怜爱，引申泛指慈爱等义。"守其慈"显然不能表达"守其雌"的意思。

《幸运的人》参考答案

1. 派住——派驻
2. 新泽西洲——新泽西州
3. 安渡晚年——安度晚年
4. 竞竞业业——兢兢业业
5. 10几——十几
6. 畴集——筹集
7. （工人一天的工资。）——（工人一天的工资）。
8. 界时——届时
9. 欢欣鹊跃——欢欣雀跃
10. 慢不经心——漫不经心

星宿有“箕”没有“萁”

◎姚海涛

青岛国学公园内有一个以四大发明为主题的景区，其中的指南针（司南）主题景点设有一个大型司南雕塑。此雕塑柄指向南方，雕塑的台阶上刻有天干地支、二十八星宿等图案。令人遗憾的是，二十八星宿的浮雕名称里出了个别字，其中的“萁”应为“箕”。

“箕”读作jī，本义为簸箕，一种扬米去糠的器具。也作星宿名，为二十八星宿之一。《尔雅·释天》：“箕斗之间，汉津也。”郭璞注：“箕，龙尾。”东方苍龙七宿为角、亢、氐、房、心、尾、箕。“箕”作为东方苍龙七宿的末一宿，有四颗星。

萁，从草，其声，读qí，义为豆秆。《说文·艸部》：“萁，豆茎也。”也可读jī，作草木名。“萁”和星宿没有任何关系，误“箕”为“萁”，可能因字形相近所致。

吃包子，饱肚子

◎汪惠迪

包：象形字，篆体象胎儿在胎衣内，引申指裹起来的东西，如“包子”“菜肉包”。饱：形声字，左形右声，食字旁表示字义跟食物或吃有关。吃东西时食量得到满足叫“饱”，跟“饿”相对，如“我饱了，吃不下了”。“包”读 bāo，是名词；“饱”读 bǎo，是形容词。“包”和“饱”的形音义都不相同。

在我国大陆，也有人将“包”误写为“饱”，《咬文嚼字》在 2006 年第 5 期封四《有照为证》栏就曾刊登过《“饱子”为何物》一文，不过这种错误并不多见。可是在境外和海外，比如新加坡、马来西亚、澳大利亚和中国香港则常见将“包”误作“饱”。

记住“吃包子，饱肚子”，或许就不会出错了。

谁识"毒奶"新面目

◎王晓曼

提起"毒奶",不少人第一时间想到的都是曾经轰动全国的三鹿毒奶粉和随之曝光的一系列"毒奶门"事件。随着网络用语的流行,"毒奶"也以全新的内涵出现在了我们的视野中,当你真诚祝贺他人取得好成绩却被一句"你快别毒奶了"打断时,这个和毒奶粉无关的说法,是不是让你一头雾水了呢?

事实上,要理解"毒奶",我们就要先来谈谈"奶妈"这个词的语义变化。在现实生活中,奶妈指负责哺乳和照顾儿童的专职人员。在网络游戏中,与奶妈照顾小孩子类似,可以利用技能恢复玩家生命值、保证队友存活、照顾受伤队友的治疗辅助类角色就被广大游戏玩家亲切地称呼为"奶妈"。又因为"奶"作为动词可指喂奶的行为,玩家又戏称"奶妈"治疗队友为"奶队友",相当于奶妈奶孩子。于是,游戏战况激烈的时候,队伍里总是会传来一阵阵"奶一口""快奶我"的叫喊,其实就是"快治疗我"的意思。被"奶"之后,玩家生命值恢复,对扭转局势、取得胜利能起到重大作用。随着电子竞技赛事的风靡,"奶"也不仅仅局限于"治疗"这种直接的帮助,对于不能直接参与游戏的观众来说,通过"哇!这个操作太帅了!这一分肯定拿下了!""A队加油啊!"之类夸赞和声援来为看好的队伍呐喊、加油,这种间接的帮助也被称为"奶"。这样一来,比赛的成败同时牵动着玩家和观众,游戏中玩家用"奶"来治疗,游戏外观众用"奶"来加油,这个说法更能够让观众有一种代入感和参与感。

那么“毒奶”又是怎么一回事呢？我们都知道，比赛的输赢往往是有很大的不确定性的，我们常常倾向于“奶”那些实力强劲、更有希望夺冠的队伍，但是这些队伍也可能状态失常输掉比赛。难道这时候“奶”没有起作用吗？善于自我安慰的网友们会告诉你，并不是“奶”没有用，而是被“毒奶”了。既然“奶”起到了一种正向的、积极的加油作用，那么致命的“毒奶”起的就是一种反向的、消极的作用，就像“乌鸦嘴”一样，在比赛中看好某方并大力称赞（奶）后，该方却出现严重失误输掉比赛（被毒死了）。例如，一场比赛中观众喊破喉咙加油鼓劲：“A 队最强！ A 队必胜！”结果却是 B 队翻盘获胜，这个时候也只能叹息：“这肯定是被毒奶了啊！”

而“毒奶”能从电竞圈进入到生活中也绝非偶然。“毒奶”日常化的过程也就是“奶”语义泛化的过程。首先，由于“毒奶”特有的竞技语境及其产生的“几乎不可能发生的事情发生了”的戏剧效果，它最先从电子竞技赛事扩展到各种比赛。回过头来看看之前举过的例子，你会发现它对于所有比赛都是适用的——我们往往会在比赛结束之前对冠军有所猜测并为那个看好的队伍 / 选手摇旗呐喊，若是这个队伍 / 选手马失前蹄输了比赛，就是被“毒奶”了。甚至你去参加一个小型的朗诵比赛，你的老师、家长、同学都看好你，你却无缘冠军，也可以说是被“毒奶”了。其次，由于“毒奶”还带有一种心理暗示的效果，暗含着“事情的结果和预料中的不同”的意思，这使“毒奶”进一步普及到日常生活中。“我做的策划很用心绝不可能被刷下来”——结果被刷下来了；“这道题这么简单我不可能做错”——结果做错了；“今天天气这么好不可能下雨”——结果下雨了……这种“说啥啥不准，嫌啥啥偏来”的事都可以用“毒奶”来安慰自己：并不是我水平不够，全都是“毒奶”的错！在这一层面，“毒奶”行为与竞

说“摸鱼”

◎李　玮

说到“摸鱼”，很容易在脑海里唤起一幅画面：卷起裤腿，踏入清亮的溪水或者池塘，在水中捉鱼。或者，会联想起成语“浑水摸鱼”，比喻在混乱时捞取利益。但是，网络用语中常常出现的“摸鱼”并不是这种含义。网络平台上广为使用的“摸鱼”，很多时候更加接近“偷懒”的意味，往往是指不干正事而去干别的事情。例如：

明明已经要接近期末了，我却还在摸鱼。

书看久了就会想摸鱼。

这时候“摸鱼”的意思是做一些与当前要务无关的事情，具体指的可能是刷微信、玩游戏或者打瞌睡等等。这种语境下的“摸鱼”有着很深的自嘲意味，有一种明明有正经事情要做但是却无法集中精力的无力感。在“拖延症”盛行的今天，这样的心境想必很多人都有体会。

这个“偷懒”的意味延伸下

技无关也可以。此外，随着语义的进一步变化，还引申出了一种别出心裁的“毒奶”方式——既然“毒奶”的结果和预期总是相反的，那不如反其道而行之。说“我肯定不会暴富”能不能暴富？说“我明天演讲肯定会忘词”能不能就不忘词了？语义变化到这里，“毒奶”成为了一种调侃和娱乐的方式。

说到底，“毒奶”也只是一个无伤大雅的玄学梗，适当利用这种戏剧性的落差和心理暗示娱乐一下就好，迷信“毒奶”可以改变一切、重写命运的做法是万万不可取的。

去，“摸鱼”的含义向着另一个方向也有衍生：很多时候专指那些“浅尝辄止”的行为，不太认真地做，没有付出太多心血。例如，一位画师在发布一张随手拈来的习作时就可以使用“摸鱼”这个词。

在“摸鱼”的使用过程中，“摸”和“鱼”之间还可以插入其他成分，“摸鱼”从一个整体的比喻意义也变得可以独立理解和使用了。例如：

闲着没事，来摸条鱼吧！

我今天又摸了一天的鱼。

这是“摸鱼”从一个词变成了述宾短语，在使用的时候变得更加灵活。“摸”也具有了一种“轻微的、随性的”含义，甚至可以看到有这样的用法：

今天突然有了灵感，赶紧摸一摸。

这部作品真好看啊，摸个里面的角色。

这里的“摸一摸”不是真的用手触摸，而是用“摸”来表达“摸鱼”的意义。

与此同时，“鱼”在很多时候也变得可以替换。例如，一位画师发布了自己的写生练习作品并且配字“摸鱼”，而这位画师的小练习在粉丝看来已经具有非常高的质量，在下面就会有这样的评论：“这哪里是摸鱼，简直是摸鲸”或者“简直是摸鲲”。这里的“鱼”已经被替换成“鲸”或“鲲”，显然比一般的“鱼”要大出很多，仿佛摸的“鱼”的大小可以代表“摸鱼”作品的水平高低一般。这样的用法十分活泼，能够让人体会到语言的魅力。

就用法而言，前文中提到的两种“摸鱼”常常有不同的指向：在表达“偷懒”意味的时候，“摸鱼”往往是用于自嘲，例如“我怎么又摸了一天的鱼”；而如果是指自己做的程度不那么深的事情，则是自谦的用法，意在表明自己的水平还不够，还在努力练习。

从在浑水里“摸鱼”到在偷懒的时候“摸鱼”，“摸鱼”一发而不可收。今天，你摸的又是什么“鱼”呢？

花式说“侠”

◎李佳琪

你是否看过这类带“侠”的标题：

外国小哥沉迷仙侠小说戒掉毒瘾，外国游戏运用中国元素的脑洞更惊人！

巴西清洁工扮蜘蛛侠与病童有爱互动

吴青峰再发文痛斥键盘侠：不要对别人的事指手画脚

如今，网络上各式各样的“侠”层出不穷，你是为此感到眼花缭乱，不知所云，还是早已投身花式说“侠”的网络浪潮之中了呢？你又是否注意到了各路“侠者”之间的区别呢？

“侠”古已有之，本指有武艺、见义勇为、舍己为人的人，以“侠”为词根就构成了各路“侠者”。其中好交游、闯四方的叫“游侠”，处事豪迈不羁的叫“豪侠”，精通剑术的叫“剑侠”，文化水平高的叫“儒侠”……于是“侠”也用来称呼这类人的这种精神、性格和行为，如侠骨、侠义、任侠等。

近年来随着一系列国外“超级英雄”的动漫作品传入中国，“侠”字被广泛使用于人名翻译，指的是这类漫画和电影中拥有超能力、能够除暴安良、维护正义和平的虚拟英雄角色，如一袭黑袍的蝙蝠侠（Batman），靠着蛛丝飞檐走壁的蜘蛛侠（Spider-Man），全身铠甲武装的钢铁侠（Iron Man），号称“世界上最快的人”的闪电侠（The Flash），等等。这类“侠”依靠超能力对抗恶势力、维护社会秩序，可以说是他们特殊身份所赋予他们的责任，这就与“侠”本义强调的个人自发性的见义勇为、舍己为人的行为有所区别，说明“侠”的语义已经发生了轻微虚化，呈现出类词缀化的趋势。

如今，一批“新侠”又在网络上冒泡。“究竟是谁烧了阿房宫：项羽竟真的是背锅侠吗？”那些为他人承担过错的人被戏称为“背锅侠”。“美媒：中国不要洋垃圾，日本或当接盘侠。”那些被迫接受别人留下的烂摊子的人被调侃为“接盘侠”。“当键盘侠走上街头：公益广告斥网络欺凌呼唤同理心。”“键盘侠”用来讽刺那些实际上胆小怕事、无所作为但在网络上恶意攻击他人以抒发“个人正义感”的人群……在这些新词里，“侠”可以用来指具有正义感、慷慨奉献精神等特点的人，但往往带有调侃或反讽的意味。至此，“侠”的意义进一步虚化，语义更为概括，适用范围更广。但相较其本义，依然保留了行为的正义感、慷慨性等实在内涵，尽管大多表现为戏谑和讽刺的语体色彩。

在这些新词中，“侠”始终后置，定位性极强，多与双音节词构成“××侠”，是构成名词的标志。如“背锅”和“键盘”，前者是动词性，后者是名词性，但最终成词都是名词性的。我们可以看到“侠”的类词缀程度正在不断加深。我们甚至可以大胆预测，未来会有更多的“侠者”涌现，并且因为满足了人们复杂感情表达的需要，其戏谑嘲讽的贬义色彩可能会进一步强化。哪路“侠者”能够再一次在网络的江湖上掀起风浪，让我们拭目以待！

微语录·家庭

夫妻俩过日子要像一双筷子：一是谁也离不开谁；二是什么酸甜苦辣都能一起尝。

（陈盛男／辑）

“你好，我是64330669……”（58）

◎姚博士

“头昏脑涨”还是“头昏脑胀”？

问：词典有“头昏脑涨”，也有“头昏脑胀”，究竟该用哪一种写法？它们能否通用？

——江苏连云港　张骏鹏

答：“头昏脑涨”与“头昏脑胀”是一组异形词，我们推荐使用“头昏脑胀”。

涨，《广韵·漾韵》：“涨，大水。”本义为水位升高。读为zhǎng时，表示（水位、物价等）上涨。读为zhàng时，大致有以下几个义项：表示（固体）吸收水分后体积增大，如木耳泡涨了；表示充满，特指（头部）充血，如脸上涨得通红；表示超出（原来的数目），如钱花涨了。“头昏脑涨”的“涨”取“充满，特指（头部）充血”之义，音zhàng；“头昏脑涨”即头部昏晕，头部充血。

胀，读为zhàng，《广韵·漾韵》：“胀，胀满。”指身体器官内壁受到压迫而产生的不适之感，如肚子胀。引申表示物体体积变大，如膨胀。“头昏脑胀”即头部昏晕，头部有膨胀不适之感。

“头昏脑zhàng”一般可用在以下两种语境：

一是表达生理上感到头晕、头部不适。“最可怕的是，美国中情局特工几乎每天都向我牢房里吹几种气体。有一种气体使我呼吸困难……有一种气体使我手脚麻木，头昏脑涨。”（新华社 2004 年 7 月 20 日报道）“一个叫刘伯林的农民，平日身体挺壮实，一天，吃过晚饭，突然感到头昏脑胀，肚子疼得厉害，接着手足痉挛，呕吐不停，发起了高烧，不一会儿，就气绝身亡。”（《人民日报》1997 年 1 月 5 日报道）

另一种是表达心理上的，工作或其他事务头绪过多或持续时间过长而导致精神上的疲乏。例如：“这番话如果是说在会议的开头，肯定会引起纷争。现在的时机正好，大家争得头昏脑涨，谁也拿不出可能通过的具体方案。”（陆文夫《围墙》）“尤其是古代汉语，听得我头昏脑胀，理不清头绪。”（《读者 200 期合订本》）

可见，“头昏脑涨”与“头昏脑胀”表义基本一致，读音相同，使用语境相同，可视作一组异形词。作为异形词，我们认为使用“头昏脑胀”更好。主要有以下理由。

分析“头昏脑 zhàng”出现语境不难发现，这个词主要表示因为“头昏”而引起的生理上的不适或心理上的不爽，“胀”比“涨”更能表达这一意思。“胀”常与表示身体不适之感的语词共现，如《百喻经》：“医未至顷，便取服之，腹胀欲死，不能自胜。”《醒世姻缘传》：“直到那掌灯的时节，渐渐的省来，浑身就如捆绑了一月，打了几千的一般痛楚，那脸上胀痛得难受。”这两句中的“欲死”和“痛得难受”，都是人的不适感的体现，说明“胀”也带有“不适”之义。而这种含义“涨”是不具备的。

我们在国家语委现代汉语语料库和北京大学 CCL 现代汉语语料库中进行检索，国家语委语料库中使用“头昏脑涨”的仅有 1 条，而“头昏脑胀”则有 8 条；北大现代汉语语料库中“头昏脑涨”为 41 条，而“头昏脑胀”为 113 条。从语料库数据可以看出，“头昏脑胀”的使用频率远高于“头昏脑涨”。所以从使用习惯的角度来说，也是写成“头昏脑胀”更合适。

沉、沈、瀋、渖

问： 在阅读古籍的时候常看到把“沉”字写作“沈”，请问“沈”是“沉”的繁体字吗？还有，“瀋”“渖”这两个字和“沈”又是什么关系呢？

——辽宁大连 白敏男

答： 沈，小篆写作𣴈。《说文》：“从水，冘声。”甲骨文象投牛羊于水中之形，本义为沈祭（古代一种祭祀水神的仪式，以向水中投祭品而得名），音chén。后表沉没、程度深、分量重等义，如《诗经·小雅·菁菁者莪》：“泛泛杨舟，载沈载浮。”元刘壎《隐居通议·诗歌二》：“以上诸篇，或豪宕悲壮，或深沈感慨，有无穷义味。”俗又讹变为“沉”，如《易林·贲之乾》：“八口九头，长舌破家，帝辛沉湎，商灭其墟。”后来表示沉没等义的“沈”逐渐统一写作“沉”。所以，说“沈”是“沉”的繁体字是不准确的，表示沉没等义的“沈”可视为“沉”的通用字。

尽管表示沉没等义的“沈”字现写作“沉”，但“沈”这个字形并没有停止使用。“沈”字可读为shěn，即我们常见的“沈”姓。另一方面“沈”现在被借用作为“瀋”的简化字。瀋，形声字，从水審声，读shěn。可指汁，清蒋士铨《一片石·梦楼》：“墨瀋淋漓，哀音繁促。”其中的“墨瀋”，现在写作“墨沈”，意思是墨汁。“瀋”还是水名，在今辽宁省沈阳市南，沈阳市就得名于此。其实，古代“沈”就与“瀋”相通，《集韵·寝韵》：“瀋，《说文》：‘汁也。’或作沈。”清段玉裁《说文解字注·水部》：“沈，或借为瀋字。”

最后来说一下“渖”字。因为“審”被简化为“审”，“嬸”被简化为“婶”，故有人将“瀋”也类推简化，从而产生了“渖”字。1964年与1986年版《简化字总表》以及2013年发布的《通用规范汉字表》中均未收录该字。故“渖”是一种不规范的写法。

“行百里者半九十”的原义及英译

◎陆建非

习近平总书记在十九大报告中指出：“行百里者半九十。中华民族伟大复兴，绝不是轻轻松松、敲锣打鼓就能实现的。”在《中国共产党第十九次全国代表大会报告摘编》一书的英文版中，“行百里者半九十”是这样翻译的：

As the Chinese saying goes, the last leg of a journey marks the halfway point.

从字面上来看，“the last leg of a journey marks the halfway point”义为“(要迈出)行程中的最后一脚象征着到了路途过半的点”，从而表达出“行百里者半九十”。

“行百里者半九十”出自西汉刘向《战国策·秦策五·谓秦王》，“诗云：‘行百里者半于九十。’此言末路之难也。”意思是：一百里的路程，走到九十里也只能算是才开始一半而已。比喻做事愈接近成功愈困难。此语激励人们在做事的时候须一鼓作气，善始善终，决不可半途而废。

其实早在2013年5月4日，习近平同各界优秀青年代表座谈时就曾说道：“行百里者半九十。距离实现中华民族伟大复兴的目标越近，我们越不能懈怠，越要加倍努力，越要动员广大青年为之奋斗。”习近平借用这一古语，是想表达我们距离实现中华民族伟大复兴的目标越近，越不能懈怠，越要加倍努力地坚持。当时的《China

Daily (中国日报)》在报道时对“行百里者半九十”的翻译是:

On reaching the last leg of a journey, you are only half way there.

意思是“在你迈出旅途的最后一步前,你只是到了中途而已”。这个翻译同样也是适合的,契合语境的。

对这句脍炙人口的古谚,不恰当的翻译也曾有过。2010 年 3 月 14 日上午,第十一届全国人民代表大会第三次会议胜利闭幕。会后,温家宝总理与中外记者见面并回答记者提问。记者会一开始他就说道:“今后几年,道路依然不平坦,甚至充满荆棘,但是我们应该记住这样一条古训:行百里者半九十。不可有任何松懈、麻痹和动摇。”当时的现场译员对“行百里者半九十”这句是这样翻译的:

Half of the people who have embarked on a one hundred mile journey may fall by the way side.

这句英文的意思是“在百里旅程中,有一半的人会中途放弃”。这条古训被这样解释,很大程度上偏离了本义,令人遗憾。后来这甚至成了翻译界经常引用的一个典型案例,用来提醒外语工作者须高度重视中国古代典故的研习和积累,尤其在翻译时,千万不能望文生义,以致闹出笑话。

如果对西方文化有较深的了解,可知英语中本来就有类似的说法。例如:

1. The going is toughest towards the end of a journey. (越是接近终点,行走就越是艰辛。)

2. The last part of an endeavor is the hardest to finish. (整个努力中的最后一部分最难完成。)

上述的英文谚语也能较好地表达意思。如果想尽量保持这一古典语句中的数字,以期取得原汁原味效果,也可译成:

1. The ninety miles is only half of a hundred miles journey. (九十里仅是百里旅途的一半。)

2. Covering ninety miles is still half way to a one-hundred-mile journey. (对百里行程而言,走完九十里就像是完成了一半。)

马来西亚地名中的“港”

[马来西亚]邓月璇

马来西亚很多地名都有“港”字，以柔佛州最多，例如丰盛港、利丰港、三合港等，据统计，大约有近百个以“港”为地名的乡镇。

说到“港”，《新华字典》的释义有3个义项。①江河的支流。②可以停泊大船的江海口岸：军～|商～|不冻～。③指香港：～人治～。一般人看到“港”字，想到的多半是第二个义项，而马新的这些地名所指却是第一个义项，用潮州话或闽南话念成“Kang”。

柔佛州以“港”为地名的历史源于“港主”制度（Kang-Chu System）时代所形成的独特的地名文化。19世纪马来亚柔佛苏丹招揽华人垦荒种植，开发港区的华人可获得“港契”，成为港主（Tuan Sungai），并种植胡椒和甘蜜，其中以潮籍人士为多。由于一般开垦的地区多数是在河口或支流的沿岸地区，港主把开港之辖地，称为“港脚”，潮语叫Kangkar。打开柔佛州的地图，还可以找到不少以“港脚”为名的地方。柔佛州的港主制度始于19世纪40年代，到1917年才被废止，前后实行了近80年。

虽然其他州属并无港主制，但是以“港”作为“溪流”之通名，在本地闽、客语方言群中亦常见，客家人聚居地或锡矿区地名也多有“港”字。“港”在客家话念kong，如森美兰州有个地方叫作“知知港”，马来文为Titi，是小桥、木桥之意，因为那里是一个小河川盆地，当地客家人就叫它titi kong。

在马来语里，这些“港”就是

sungai,即"河",所以好多带"港"的地名,在马来文里都有 sungai,例如:中林港(Sungai Tiram)、巫许后港(Sungai Melayu)、利丰港(Sungai Mati)。

带"港"的地名遍布全马,有 Kang 也有 kong,这一条一条的"港",都是早期南来的潮州、福建或客家族群,在区域开发过程中,在各自聚居区里用自家方言去命名的,所以才有这些独特的带"港"字的地名。

(作者是马来西亚《中国报》助理编辑主任)

台湾的"陈抗"

[中国台湾]高婉瑜

"百度百科"收了两个"陈抗",都是人名,一个是经济学家,一个是外交官。台湾也有个"陈抗",经常上新闻,十分红火。例如:"地方官员任期短,面对陈抗事件与本身仕途的抉择,就希望以'大事化小、小事化无'的方式处理。"见诸媒体的还有"陈抗须守法""陈抗变暴徒""陈抗不能瘫痪交通",等等。

这些例句中的"陈抗"看似指人,此人可能做了什么不好的事儿,因此被告诫"须守法",或指他已经"变成暴徒",提醒他"不能如何如何"。其实这个"陈抗"并不是指某个特定的人,而是"陈情抗议"的缩略。

"陈情抗议"是由两个动词构成的连动结构,缩略后成为双音词,仍当动词用,如"军公教反年金改革团体不断陈抗"。"陈抗"也可做一个句子的主语,如上举"陈抗须守法"等例中的"陈抗"。

"陈抗"一词约可溯源至2013年11月的报章。当时,高雄报上的一则新闻曾提到，最高行政机构南部办公室25日将有陈情抗议活动，当局担忧陈抗活动对周遭安全有影响。同一篇文章，前面用“陈情抗议”，后面则缩略为“陈抗”，前后照应，不致误解。

近年来，台湾的“陈抗”行动愈来愈多，使这个词频繁地出现在各种媒体上，成为台湾家喻户晓的热词。除单独使用外，亦可与其他词语组成短语，如“陈抗区”“陈抗团体”“陈抗群众”“陈抗权利”“陈抗活动”等等。

《重编国语辞典修订本》对“陈情”的解释是陈述衷情之意，“抗议”则解释为对他方的意见或措施作反对的表示。两者都是古语词。“陈情抗议”合乎事理发展的逻辑顺序，反映在语用中，则是“陈情”与“抗议”成为常见的组合，与其缩略语“陈抗”成为高频词语。反观“抗议陈情”的组合，数量少，缩略为“抗陈”更为罕见。因此，“抗陈”无法与“陈抗”抗衡。

（作者是高雄师范大学国文学系副教授）

咖啡乌

[马来西亚]杜忠全

外地游客来到马来西亚或新加坡，如果走进“咖啡店”（类似香港的茶餐厅），要是不熟悉店里伙计的一套惯用语，或许会显出一副无法点饮料的窘态。即使看了饮品单上罗列的一系列特有符号，也可能丈二金刚摸不着头脑。

上咖啡店喝咖啡，别小看一杯咖啡，叫起来可大有学问呢。几番比画而叫不出名堂，就会惹来伙计和周遭食客的讪笑。

咖啡就是咖啡，但是如若你真的点一杯“咖啡”，伙计送来的，可是一杯加了炼乳的褐色饮料。你争辩说不对不对，你要的是纯咖啡，不是加奶的咖啡。不说还好，一说，伙计就正色地瞪着你调教起来了：不要奶的叫什么“咖啡”？那得叫“咖啡乌”！瞧，错的是你！

所谓“咖啡乌”，乌者，黑也。顾名思义，“咖啡乌”就是黑咖啡了。管黑咖啡叫“咖啡乌”，恐怕是闽系方言的影响了：马新早期的咖啡店，经营者多是福州人、闽南人乃至海南人，以闽系方言群为主。影响所及，马来话也管黑咖啡叫 kopi O，O 即乌。

马新华人市井所说的“咖啡乌”，发音即 kopi O，kopi 是马来音，而 O 是闽方言“乌”的罗马字母化。华人接受了马来音的 kopi，马来人也自然不过地接受了华人方音的 O，民族语言的市井交融，于此可见。

在口头与书写上接受华巫（马来语的简缩音译）混合词的，不只上述的 kopi O，晚近以来，kopi kao、kopi C，或者把 kopi 换成 teh（茶），说 teh O、teh kao、teh C，乃至马新极为普遍的可可类饮料美禄（Milo），说 Milo O、Milo Kao、Milo C 等等，都是马来西亚多元民族的市井社会广泛使用的。这里头，O 即前述闽语的“乌”；kao 即闽南语“厚”，意思是“浓”；而 C 则是闽语“淡”，也就是浓度较低的意思了。

在马新市井社会，不管是华人咖啡店还是马来人、“嘛嘛（指印裔穆斯林族群）”经营的铺子或食摊，只要是点咖啡、茶或美禄，凡不加词缀的，都是加奶的饮料。不加奶，要来个纯的，那就得加个词缀“乌”或 O。要尝一杯浓浓的饮料，就加个 kao；淡一点儿的，就加个 C，准不会错。若想品尝一杯咖啡与茶混合的饮料（加奶），只消用闽南音说一声 tsham[1]（掺），就搞定了。

（作者是马来西亚拉曼大学金宝校区中文系主任）

“饭盒”“盒饭”与“便当”

［中国香港］汪惠迪

先说一段往事。

1998年6月25日晚7时14分，美国时任总统克林顿飞抵我国故都西安。次日，他去参观兵马俑，中午跟大家一起吃“便当”。新加坡一家晚报的编辑在转发台湾媒体所发的这则消息时，考虑到“便当”在新加坡并不流行，就把它改为“饭盒”。下午报纸发行后，编辑部立刻收到读者的电话，批评说，“饭盒”怎么能吃呢？克林顿吃的是“盒饭”，报纸错了。

那时，我在新加坡报业控股华文报集团工作。编辑同事问我，克林顿吃“饭盒”吃错了吗？我说没有，接着便写了一则《克林顿吃饭盒》的语文小品，发表在《联合早报》上。谁知拙文见报后招来更多批评，从日、美、澳大利亚等地发来的电邮都说“饭盒”不能吃，只能吃“盒饭”。

我国自1955年8月25日实施《市镇粮食定量供应暂行办法》，至1993年2月18日取消。近40年中，在以大米为主粮的地区，吃商品粮的人，凡在本单位食堂用膳，就得用铝制的饭盒装了淘好的米，交食堂蒸熟，用餐时就“吃饭盒”。于是“饭盒”和“吃饭盒”成为高频词语。改革开放后，“盒饭”随着快餐业兴起而进入我们的语文生活，成为热词。

《现代汉语词典》从第1版（1978年12月出版）到第7版（2016年9月出版）都收“饭盒”，释义是“用来装饭菜的盒子，用铝、不锈钢等制成”；1996年7月修订第3版增收“盒饭”，释义是“装在盒子里出售的份儿饭”。闵家骥等编的《汉语新词词典》(1987年出版)收录“盒饭”,比《现代汉语词典》早9年。

香港特区居民“饭盒”和“盒饭”都说,以说“饭盒”为多。台湾无“盒饭”之说,所以《重编国语辞典修订本》只收“饭盒”,释义是①盛饭装菜的盒子,②携带方便的餐盒,也叫“便当”。“便当(dāng)”即“饭盒”,是日语べんとう的音译。

新加坡华人大多说“饭盒”,而近年移居该国的中国人则说“盒饭”,新加坡本土年轻人则爱用“便当”。马来西亚也用“便当”,多半指盛了自己在家准备的饭菜,带往工作地点自用的餐盒,而在茶餐室、快餐店等处买的“打包”的餐盒叫“饭盒”。

“饭盒”“盒饭”“便当”这一组词,各地的使用习惯不同,应该受到尊重。

(作者是本刊特约编委)

“城管”和“市议会”

[马来西亚]杨欣儒

“城管”是中国的常用词,相信没有几个马来西亚人了解它的职能,不过你一说“市议会”,人们就立刻明白了。原来在马来西亚,它是管理城市的机构。举凡商贩申领营业执照,新居落成后申请“入伙纸”(入住证),缴交门牌税和地税,都需要在“市议会”的有关部门办理,其他如交通设施、道路维修、市容市貌、公共停车、园林管理等等事务都归市议会管。市议会主要设置在大城镇,小市镇都没有。

除了“市议会”,马中两国同物异名的词语还真不少。中国的高速公路沿线设有“服务区”,提供停车、餐饮、购物、休闲娱乐、加油、汽修甚至住宿等服务，马来西亚叫“休息站”，十多公里就有一处，有些间隔二三十公里。

中国的小型出租车（的士/计程车），我们叫“德士（taxi）”。我们的“罗厘（lorry）”，中国叫卡车。中国的“面包车”，我们叫“货车（van）”。我们的“巴士”中国多数叫“公共汽车”或“公交车”。中国城市随处可见到的高架路，我们叫“高架公路”。中国的“路霸”跟马来西亚的不同：中国的路霸指“非法在路上拦截过往车辆和行人强行收费的人”，马来西亚的“路霸”是指在交通肇事后，单方面采取暴力行动来解决问题的人。

中国的城市里有很多“小区”，我们管它叫“住宅区”，这些住宅区的名称大多叫“××园”，例如“湖花园”“海景园”“胡椒园”等。这些“园”有的可是连一草一木都没有。我们到中国旅游，看到警察，却不见“警察局”，原来中国的警察是归公安局或其基层组织派出所管的。

马来西亚有很多“女佣”，多数来自印度尼西亚和菲律宾。我们的“女佣”不叫“保姆”，“保姆”专指照顾小孩的仆人。中国人结婚要去“民政局”领证，我们是到“国民注册局”去领结婚证书，并且需要两位亲友陪同签字。在马来西亚，夫妻离异须通过律师向法院申请，或通过国民注册局申请，呈上离婚协议书后，还须经过3个月的“冷静期”，如果夫妻双方并无悔意，法院才宣判离婚生效。

（作者是马来西亚华语规范理事会副主席）

《火眼金睛》提示

图1，“营养囊”应为“营养馕”。

图2，“瓦乡”应为“佤乡”。

图3，“引亢高歌”应为“引吭高歌”。

图4，“进界”应为“境界”。

“方位”灯谜纵横谈(上)

◎江更生

经常接触灯谜的朋友,一定对利用文字笔画的部位进行扣合的“方位法”灯谜并不陌生。我们猜射这些灯谜时,往往按照约定俗成的地图方向标示习惯,即“上北下南,左西右东”的方法,当然还包括那些“前后”“内外”或“高低”等方位加以思考,从而求出谜底。例如有这么一条谜,谜面为“北宋虽灭南宋建”,要求打一个字。此谜可依循“方位法”中“上北下南”规则剖解题面:“宋”之北为“宀”(俗称“宝盖头”),而“宋”之南则为“木”;“北宋虽灭”可别解为“宋”字北部(即“宀”)消除之义,那么只剩下一个“木”字了。“南宋建”当作“将‘宋’字的南部,即‘木’字加上去”解,所以谜底应为“林”字。又如有人以“东半部与西半部对调”打一个“陪”字,很显然此谜用了“左西右东”的方位标示法。

有时候,我们还会碰到一些将谜面上文字的笔画或结构所处的方位入谜的作品,这就要求射谜者能识破个中玄机,瞅准其笔画或结构所处的方位,再加以联想找出谜底。例如以“克”字为面,要求打六字俗语一句。我们观察谜面,不难发现“克”字的上方为“古”字,其下面则为“儿”字。“古”可作“古老”解,而“儿”则有“小孩”或“小辈”之义。如此一解,谜底“上有老,下有小”便昭然了。又如有人以“鸡雏”为面,要求打四字成语一句。倘若我们仔细端详谜面的话,可以看出这两个字皆为左右结构，如果将其左右两侧结构（即“又”和“隹”）相拼，恰好是个“难”字，不正是谜底“左右为难”吗？

也许是受到以文字结构方位入谜的启发，有人就打起谜条书写格式与词语在谜条上所处部位等的主意来，创造出隐形的“方位”灯谜。现据谜条书写格式的不同分述于下。先介绍纵式谜条，也就是从上到下（也可视作自北往南）地书写。例如有条灯谜，谜面借用了已故世界拳王“阿里”的大名，要求打半个世纪前的四字流行语。谜面里的上一个字为“阿”，在此作“山阿”解，可扣“山”，而下一个字乃“里”，现作“乡里”解，能扣“乡”，故谜底为“上山下乡”。再看下面一条，谜条仍是纵向书写，它以“红日、皓月”为面，打三字比赛用语二。谜底为“上一轮、下一轮”（注：上一词别解为“一轮红日”，下一词则别解为“一轮皓月”。“一轮”均作数量词，指代太阳与月亮）。自上而下的书写，在解谜时也可当作由北向南。例如下述之谜，谜面用的是西安的名胜“曲江”二字，要求打四字水利工程名。因为面句是自上而下排列的，换言之，也就是从北往南地呈现着。其北面的那字是“曲”，此处作“曲调”解，以扣合“调”字；南面的则为“江”字，有“水流”之义，能扣“水”字；暗寓方位“南北”以后，便得出谜底“南水北调”。当然，纵向谜条文字位置的上面和下面，也可称为高处和低处。如以金融机构的简称“建行”为谜面，打四字股市用语“高开低走”。这儿的“开”别解为“创建”之义，如“开国大典”中的“开”，与“建”相合；“行”则作“行走”解，与“走”贴切；面句上的文字位置，隐示一高一低，故而谜底为“高开低走”。由此可见，纵向书写的谜条中所藏匿位置的名称，既可“上、下”，也可“南、北”，甚至还有“高、低”等，不一而足。得因谜而异，无须拘泥。

说说“离合音字谜”

◎刘茂业

在2016年7月的《咬文嚼字》上，我曾介绍过一种新的文义字谜——“离合字谜”，今天再说说与之有异曲同工之妙的“离合音字谜”。“离合字谜”从字形入手，着眼于拆字，所以又可称“离合形字谜”。而“离合音字谜”则是通过分解字音，将拼音中声母和韵母的音素，用汉字表示读音，加上拼合而成的字的声音，共同组成谜底来扣合谜面，和过去的反切法颇有几分相似。

比如：“造福上海”打离合音字“施恩申”，谜底就是拼音的读法，“施”“恩”分别作声母sh及韵母en的代音字，拼成“申(shen)”音，“施恩”从字意上别解为“施予恩情”，“申”即上海，与谜面之意吻合。又如：“通宵备课”打离合音字“师未睡”，谜底也如同是拼音，解释作“老师通宵没睡”。再如：“老婆爱打扮”打离合音字“妻要俏”，谜底解释作“妻子希望美丽”；“兄长去了羊城”打离合音字“哥往广”，谜底解释作“哥哥去往广州”；等等。

“离合音字谜”是谜界近年开创的新谜种，它扩大了谜底的素材，为字谜的创作和猜射另辟出新的途径。因连缀组成的谜底短语别具意味，生动有趣，所以很受欢迎。

每月二谜

1. 任渭长生卒年(打国产动画片一)
2. 定是皇叔访贤能(打家庭计划一)

上期答案

1. “昭和棋圣”称雄棋坛(打电影导演一)
   谜底：吴子牛
2. “鉴湖女侠”华夏英烈(打四字节令誉称一)
   谜底：中秋佳节

幸运的人

（文中有十处差错，你能找出来吗？答案在本期找）

◎伯　淮　设计

威廉修士被派住到新泽西洲教会的一个移民服务站工作。服务对象来自波多黎各，他们大多供职于当地的罐头工厂。这些打工者拖家带口远道而来，都梦想着有朝一日挣够了钱，可以回老家盖上一栋大房子，安渡晚年。

威廉来到罐头厂，领班鲍勃热情接待了他。鲍勃已在此工作了数十年，他关心同事，工作竞竞业业，很受人们爱戴。但他已有10几年没有回过家了。

教会有一项传统活动，叫作“回乡之旅”。为了畴集一大笔钱，在教区每年12月为波多黎各移民家庭举办的年终聚会上，每位工人捐出5美元(工人一天的工资。)同时，每位工人都将自已名字写在一张纸条上，然后把纸条投入一个箱子里。一个人蒙上眼睛，伸手从箱子里抽出一张纸条，被抽到的人将获得这笔钱，回老家探亲数周。

“马上就到12月了，您来为我们抽奖吧，”鲍勃向威廉提议，“界时我把您介绍给大家。”

到了活动那天，主持人先把鲍勃请上台，代表工厂所有工人颁给他一块光荣匾，并对他的辛勤工作表达谢意。众人热烈鼓掌。到威廉登台时，他蒙上双眼，从箱子里摸出一张纸条。取下眼罩一看，他大声宣布：“鲍勃先生！”顿时，场下欢欣鹊跃。威廉看着大家，也为幸运的鲍勃高兴，同时慢不经心地又从箱子里摸出一张纸条，只见上面还是写着：鲍勃。威廉再拿出一张，两张，三张……上面全写着：鲍勃。

“欲仁斯仁”？

孙 页

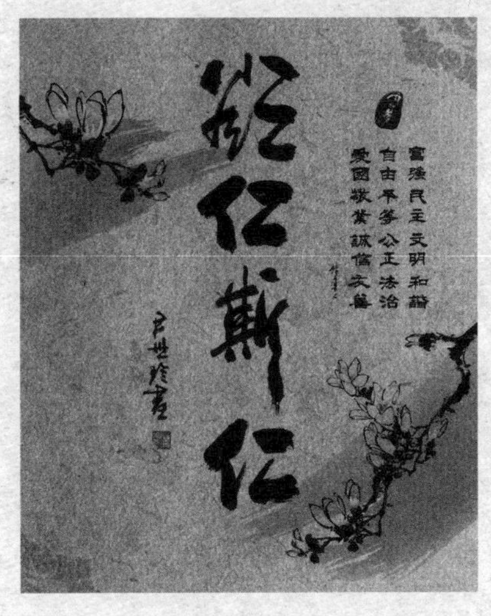

笔者在浏览央视网时偶见一则公益宣传广告，“欲仁斯仁”四个大字醒目显眼。它到底是啥意思呢？

“仁”是我国传统文化中重要的道德范畴，特别为儒家所推崇。“欲仁斯仁”当源自《论语·述而》：“仁远乎哉？我欲仁，斯仁至矣。”意思是：仁难道离开（我们）很远吗？我想追求仁，那么仁就到了。“欲仁”即追求仁。“斯”是虚词，相当于“那么”“于是”“则”。“至”是动词，“到达”的意思。孔子表达的是仁就在我们身边，只要追求就可得到，以此劝人向仁。

后人在引用时，《论语·述而》中的这几句话有时被简化为“我欲仁斯仁至”“欲仁斯仁至”，甚至是“欲仁仁至”，都保留了原文的关键词“欲仁”“仁至”，所以理解起来都没有什么障碍。

而上述广告保留虚词“斯”，漏掉关键词“至”，“欲仁斯仁”怎么理解呢？是“我想追求仁，那么仁就到了”，还是“我想追求仁，那么仁就远离了”，或者是其他什么别的意思？简化，一定不要漏掉关键词呀。

火眼金睛

图中差错知多少？

杨昌俊　张仙权　盛祖杰　李再兴　提供

（答案在本期找）

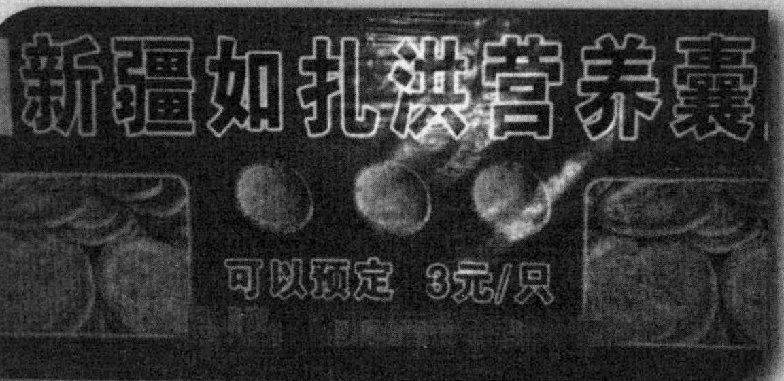

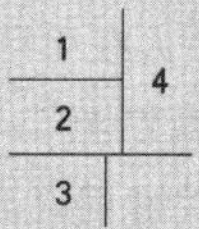

ISSN 1009-2390

YAOWEN-JIAOZI

咬文嚼字®

08
2018

形似鸽，灰褐色，颈后有白色或黄褐色斑点，叫声似“鸠”，故名“斑鸠”。古时又称斑隹、锦鸠、鹁鸠等。《本草纲目》云：“鸠也，……其声也。斑也，……其色也。”

海世纪出版集团

至邮局订阅本刊 邮发代号 4-641
统一连续出版物号 CN 31-1801/G
价 .00 元

雾里看花

“水”怎么“抬价”

孙帆

这是某饭店的一页菜单，上面罗列的是各种海鲜菜品，中间绿色色块上印着三个字“水抬价”。“水抬价”是什么意思？答案本期找。

书窗

餐桌上的故事

《庭院里的西洋菜——中国的外来植物·蔬菜》

蒋逸征/著　定价/38元

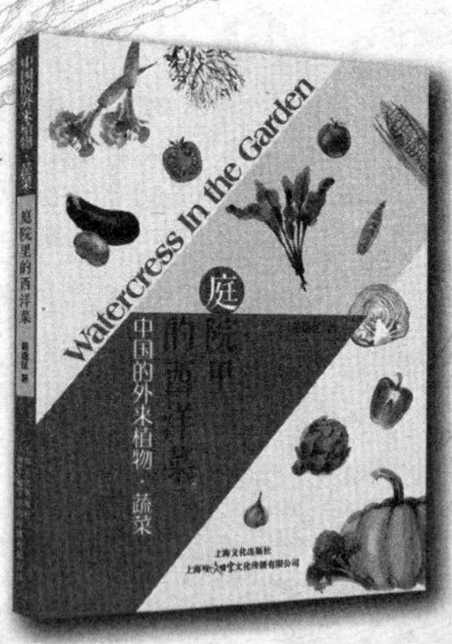

黄瓜、茄子、菠菜、辣椒、番茄、胡萝卜……
今天我们吃惯了的许多蔬菜，
原本始自遥远的他乡。
外来蔬菜改变了我们的口味，
同样影响着我们的文化。
这本书图文并茂，
详细介绍不同时期传入中国的蔬菜，丰富有趣。

邮购电话：021-64370935
邮购地址：上海市绍兴路7号2楼《咬文嚼字》编辑部
邮政编码：200020
更多优惠请登录：http://yaowenjiaozi.taobao.com

“怎么能拖上一年呢?”

冯盛夏 / 文　臧田心 / 画

著名导演严寄洲曾率文艺界同仁到郭沫若家中拜年。将要告辞时，严寄洲对郭老说：“您有空的时候，请随便给我写几个字作纪念吧！”郭沫若爽快地说：“行！我马上就写！”严寄洲倒不好意思起来，连忙说：“那怎么行，已经这么晚了！”郭沫若看了看表，说：“如果再拖一小时，就是新年了。写几个字怎么能拖上一年呢？”众人无不鼓掌叫好。

咬文嚼字®

2018年8月1日出版

8

总第284期

主管：上海世纪出版集团
主办：上海咬文嚼字文化传播有限公司
编辑、出版：《咬文嚼字》杂志社
集团网站：http://www.shwenyi.com
E-mail：yaowenjiaozi2@163.com
官方微博：
http://weibo.com/yaowenjiaozish
电话传真：021-64330669
发行电话：021-64674759
邮购电话：021-64372608-243
地址：上海市绍兴路7号
邮政编码：200020
发行：上海市报刊发行局
发行范围：国内外公开
订阅处：全国各地邮局
邮发代号：4-641
ISSN 1009-2390
CN 31-1801/G
印刷：上海中华印刷有限公司
印厂电话：021-60829062
021-60299079
广告经营许可证：沪工商广字
3100320050020号
定价：5.00元

语林漫步

从“外婆”“姥姥”谈起

◎狮子坡

上海小学二年级语文课本，将一篇选文中的“外婆”改成了“姥姥”。有人爆料，修改的原因为，“外婆”是方言而“姥姥”是普通话。舆论一片哗然，社会议论纷纷。有人议论方言与普通话的关系问题；有人议论教材选文的原则问题；有人议论著作权的保护问题；等等。事件极具“话题性”，不管从哪个角度议，触及的都是社会高度关注的问题。开始是社交媒体在议，紧接着，新华社、中央电视台、《人民日报》等传统主流媒体也纷纷参与其中。

此事已经过去一段时间了，社会关注的“热度”，也已经渐渐降了下来。基于语言文字工作者的职业特点，我们认为，还很有必要就此事所引出的语言问题做进一步的“冷静”思考。

据说，相关人员是根据《现代汉语词典》将“外婆”标注为“方言”而做的改动。查阅《现代汉语词典》，发现“外婆”词条后，确实用尖括号标注了个“方”字。根源原来在这里！看来，上海教材把“外婆”改成“姥姥”是参考过权威工具书的。媒体一边倒地批评、指责，一定程度上让有关方“背锅”了。

那么，“外婆”真的是方言，而“姥姥”才是普通话吗？

通用语不断地吸收方言的有用成分，以丰富、发展自己。可以说，现代汉语通用语，是在历朝历代通用语不断吸收方言（还包括其他民族语言）的基础上形成的。现代汉语普通话中的大量成分,都来自方言。比如,称呼父亲,上古时常用“父”;而“爸”大概三国时才出现,“爸”很可能就来自方言。方言一旦进入通用语系统,在全国范围内普遍运用,就成为了通用语中的一员,不宜再视为方言。

查阅文献,“外婆”早在唐代就出现了。唐代道世所著《法苑珠林》中就用“外婆”指外祖母。后世,“外婆”一直在文献中出现。“姥姥”可能是在明代出现的。明代沈榜所著《宛署杂记》中有用“姥姥”指外祖母的用例。后世,“姥姥”也一直在文献中出现。老舍先生还曾在一篇文章里“外婆”“姥姥”两词并用:“母亲的娘家是在北平德胜门外……对于姥姥家,我只知道上述的一点。外公外婆是什么样子,我就不知道了。”(《我的母亲》)“外婆”和“姥姥”可能都来自方言;但它们早已在全国范围内普遍使用,早就进入通用语词汇系统了,应该都是普通话词汇系统中的成员。可见,《现代汉语词典》在近几版中为“外婆”标注“方言”属性,是不恰当的。

我们查阅了1973年9月出版的《现代汉语词典》试用本(利用1965年排印的《现代汉语词典》试用本送审稿本的原纸型印制),发现其中也有许多词条标“方”,但“外婆”词条并未做如此标注。看来,并非所有《现代汉语词典》版本都认定“外婆”是方言。

《现代汉语词典》后期版本将“外婆”标注“方言”属性,可能是没有认识到,语用中某些同义结构在不同的地域存在选择差异,并且还把这种差异当成了方言差异。比如,作为对母亲的称呼语,既有“妈”,也有“娘”;在全国范围内,有的地方习惯称“妈”,有的地方习惯称“娘”。“妈”和“娘”都是普通话词汇系统中的成员。它们之间的语用差异,是同义结构的地域选择差异,而非方言差异。因此,不能认定其中一个是方言另一个是普通话。作为对外祖母的称呼语，北方人多称“姥姥”，南方人多称“外婆”。“姥姥”和“外婆”的语用差异，也是同义结构的地域选择差异，而非方言差异。也不能认定，一个是方言一个是普通话。它们都是普通话词汇系统中的成员。

就算“外婆”是方言而“姥姥”是普通话，也不宜将“外婆”改成“姥姥”。方言是一种历史记忆，是地域文化符号，在作品中有特殊的表达作用，如果随便改动，无论在语言表达上还是内容价值上，都有可能打折扣。比如金宇澄的《繁花》运用了大量沪语，如果都改掉，还是《繁花》吗？

走笔至此，我们又想起了以下问题。

我们查阅《现代汉语词典》，发现还有很多早已进入普通话词汇系统的词，也被标上了“方”。就以“买单”为例吧。这个词来自粤语，现在在全国范围使用，几乎“凡有餐饮处，皆知买单义”。并且，这个词原叫“埋单”，进入普通话以后经过了适当的通用语性质的改造，而写成了“买单”。还把这个词标注“方”，还把它定性为“方言”，还不承认它作为普通话词汇成员的身份，是否合适？

自最早版本开始，《现代汉语词典》就在“一般语汇之外，也收了一些常见的方言词语、方言意义”。在当时，这个收词标准无疑是合理的，且具有重要意义。然而，就编纂时间来说，《现代汉语词典》已经过了花甲之年，60多岁了。现在语文生态、传播方式都发生了翻天覆地的变化。在新时代，像《现代汉语词典》这类“为推广普通话、促进汉语规范化服务”的通用语词典，到底应该确立什么样的收词原则？要不要收方言词，如果要收的话，如何界定方言词，收什么样的方言词？

诸如此类的问题，恐怕还需语言学界及辞书界进一步探讨。

构建“人类命运共同体”

◎何俊萍

作为新时代中国外交的全新理念，习近平总书记近年来在不同场合反复强调构建“人类命运共同体”，得到国际社会普遍认同。2017年12月11日，“人类命运共同体”和“十九大”“新时代”等一起入选“2017年度中国媒体十大流行语”。

从语言角度讲，“人类命运共同体”是个偏正短语。先说中心语“共同体”。所谓“共同体”是指人们在共同条件下结成的集体，或由若干国家在某一方面组成的集体组织。（参见《现代汉语词典》第7版）

马克思在其著作中使用过多种“共同体”概念，如现实共同体、共产制共同体、部落共同体、民族共同体、社会共同体、货币共同体等。在马克思那里，这些概念的划分标准和使用语境各不相同。

社会学中，“共同体”一词最早由德国社会学家滕尼斯在其《共同体与社会》中引入，滕尼斯将“共同体”分为：血缘共同体、地缘共同体、精神共同体。滕尼斯的“共同体”概念引入中国后，由费孝通等人翻译为“社区”，与“社会”一词相对应。

从范围来讲，组成“共同体”的范畴可大可小，小到由家庭、单位、社区等组成。例如：

（1）构建为民服务的“社区共同体”（《苏州日报》2016年1月27日）

（2）完善“家庭共同体”，学

校家长共成长(《文汇报》2017年10月12日)

也可扩大到由若干个地区或国家组成：大西洋共同体、欧洲共同体、东非共同体、东盟共同体等。例如：

(3)特朗普“撕裂”大西洋共同体？(《新京报》2017年5月30日)

(4)在东非共同体内将率先完全实现电视数字化(《人民日报》2016年12月26日)

甚至是包括全球国家在内的一个广大范围的集体：全球共同体、世界共同体。例如：

(5)《全球共同体：国际组织在当代世界形成中的角色》(社会科学文献出版社,2009年,[美]入江昭著)

(6)《建构世界共同体》(江苏教育出版社,[美]雅克布道著)

从组成部分来讲,“共同体”可以由个人、国家、地区或国际组织组成,也可以是某一领域各个体结成的集体。如社区文化共同体、数字生态共同体、网络共同体、经济共同体、科学共同体、法律共同体、教育共同体、医疗共同体等。例如：

(7)教育部：构建“一带一路”教育共同体(《中国教育报》2016年8月12日)

(8)锦屏18家公立医院“医疗共同体”挂牌成立(《黔东南日报》2018年4月18日)

再说“命运共同体”。“命运”比喻事物发展变化的趋向及结局,“命运共同体”是指为了让事物的发展变化有一个良好的趋向或结局而组成的一个集体。

2011年《中国的和平发展》白皮书提出“命运共同体”的概念：“不同制度、不同类型、不同发展阶段的国家相互依存、利益交融,形成‘你中有我、我中有你’的命运共同体。”

“命运共同体”指不同主体之间利益各不相同,组合到一起可放大利益,互利共赢,实现“1+1 > 2”的效益。例如：

(9)迈向命运共同体　开创亚洲新未来(《人民日报》

2015年3月29日)

(10)"命运共同体":一种新的国际观(《学习时报》2015年6月8日)

再回到"人类命运共同体"。"人类命运共同体"最早出现于2007年9月7日,为了迎接亚太经合组织第15次领导人非正式会议,《人民日报》发表了题为《人类"命运共同体"意味凸显 APEC采用"大家庭"观念》的评论:"气候无国界,人类必须以'无国界'行动予以应对。在这一问题上,人类'命运共同体'的意味更加凸显,人类'大家庭'的观念势必进一步强化。"

2012年,在第十八次全国代表大会报告中,中国共产党正式向世界提出"人类命运共同体"的外交方略:"合作共赢,就是要倡导人类命运共同体意识"。

此后,在不同的场合,从国与国的命运共同体到区域内命运共同体,再到人类命运共同体,习近平一次次地深入阐述这一主张。他先后提出过"中巴(巴基斯坦)命运共同体""周边命运共同体""亚洲命运共同体""中非命运共同体"等。以建设"一带一路"为具体抓手,"人类命运共同体"从局部走向整体,传遍全世界。

"人类命运共同体"深深植根于五千多年的中华文明土壤之中,和中华民族历来追求和睦、爱好和平、倡导和谐的"天下一家、天下大同"思想一脉相承,是中华文明智慧的创新和发展。

"人类命运共同体"的主体是全人类,和每一个人、每一个地区、每一个国家的命运都休戚相关,相比"全球共同体""世界共同体"的说法更具体、更醒目,更易引起共鸣,因而得到国际社会的极大关注和广泛认同。

可以说,"人类命运共同体"是习近平外交语言中最重要的关键词之一。从语言角度讲,它展现了中国话语的创新能力和独特魅力。

从『北雁云依』案说『公序良俗』

◎高丕永

2009年1月，济南某市民给女儿起名，不随父姓也不随母姓，自创姓氏“北雁”，名“云依”。当地公安机关认为“北雁云依”名字不符合户口登记条件，拒绝办理户口。2009年12月，该市民以被监护人名义向地方法院提起姓名权行政诉讼。2010年3月，因案件涉及法律适用问题，法院裁定中止审理。2015年4月，案件恢复审理，一审驳回原告诉讼请求，依据是仅凭个人喜好和愿望在父姓、母姓之外选取其他姓氏或创设新的姓氏，不属于有关法律规定的“有不违反公序良俗的其他正当理由”。该姓名权行政诉讼案在重新审理和一审判决后，新媒体和传统媒体争相报道。与此同时，讨论“公序良俗”的法律专业文章大量出现，因而“公序良俗”这个词语逐渐走红。

“公序良俗”，一般认为是“公共秩序”与“善良风俗”各自缩略后并列构成的四字格词语。请先看上世纪90年代末的用例：

（1）新《合同法》的基本原则是合同自由、平等、公平、诚实信用、公序良俗(指合同的内容及目的不得违反公共秩序或善良风俗)，因此，它为消费者在《消法》和《产品质量法》之外，又提供了一种新的维权武器。(《人民日报》1999年4月5日)

（2）公共秩序和善良风俗，合称公序良俗，是现代民法一项重要的基本原则。(《九届全国人大常委会法制讲座第十讲》1999年8月)

“公序良俗”的构成方式符合汉语使用习惯，意义也没有什么陌生感，所以不大会想到它是汉语中的新成员，更不会想到还是“舶来品”。实际上，“公序良俗”是我国改革开放初期从日语借入的，起先主要出现在从日语翻译过来的法律条文或法学文献中。例如：

（3）在不作为犯中，犯罪构成的积极要件里加入了所谓公序良俗的实质性标准，因而同罪刑法定主义的传统思想发生了矛盾。（《国外法学》1981 年第 9 期）

（4）这些"一般条款"，例如"诚信原则""公序良俗"，虽然早已存在，从前却较少运用。（《国外法学》1983 年第 3 期）

日语的"公序良俗"则是意译英语法律术语"public policy or good morals"而来。（参见《現代用語の基礎知識》2000 年版）刚从英语借入时，汉字与假名混搭，写为"公の秩序・善良の風俗"，后来简化为"公序良俗"。（参见《日本大百科全书》2001 年版）

当年，"北雁云依"姓名权行政诉讼案裁定中止审理后，提交至最高人民法院，后又提交至全国人大常委会。为此，2014 年 11 月，全国人大常委会通过了《关于〈中华人民共和国民法〉通则第九十九条第一款、〈中华人民共和国婚姻法〉第二十二条的解释》。汉语新词语"公序良俗"，两次出现在该解释中。

从此，新词语"公序良俗"的使用量快速增大。2017 年 3 月，第十二届全国人民代表大会第五次会议通过《中华人民共和国民法总则》。《民法总则》中，新词语"公序良俗"先后用到四次。通俗易懂的"公序良俗"写入《民法总则》，具备了成为汉语常用词语的条件。

2017 年 11 月，最高人民法院审判委员会发布新一批指导案例，"北雁云依"姓名权行政诉讼案入选。这意味着以后姓名权行政诉讼案将按此审判：公民享有姓名权，但必须符合公序良俗。该案被选为指导案例，传统媒体和新媒体再一次纷纷报道，新词语"公序良俗"又来了一次全国普及。

如今，我们不妨将"公序良俗"看作一个新成语，《现代汉语词典》（第 6 版）已经把它列入词目了。

"囤兵"还是"屯兵"?

◎李景祥

明天出版社2017年12月出版的语文课外读物《大语文·黑夜里的灯塔》的前言里有这么一段话:"如果语文课本是一座山头,那么,若要攻克这座山头,就必须调集其他山头的力量。而这里所说的其他山头,就是指广泛的课外阅读。一本本书,就是一座座山头,这些山头囤兵百万,只有调集这些力量,语文这座山头才能最终被拿下。"在这段话中,把语文课本和课外读物比喻为"山头",当然没有问题;若说在山头上"囤兵",就值得商榷了。

"囤"有两个读音。读dùn时,义为盛放粮食的器具,通常用竹篾、荆条、稻草等材料编成,或用席箔等围成的,一般作名词用,如粮囤、囤子。读tún时,义为贮积、储存,常用作动词,所囤之物一般为粮食、货品等物资,如囤货、囤粮。"兵"即军队,"囤兵"即"把军队贮积或储存起来"的意思,似乎难以说通。其实,此处应用"屯兵"。

"屯"也可读tún,本义为聚集、积聚。后又有戍守、驻扎的义项。屯兵,即驻扎军队,与前文语境是相符合的。

风云怎能"济会"

◎阎德喜

《随笔》2005年第5期刊有《哀李白》一文,文章在描述大诗人李白怀才不遇时,说他"相信自己如得遇明主,风云济会,必能成就经邦济世、治国平天下的大业"。这里的"风云济会"当是误用,正确的用法应是"风云际会"。

风云,本义为风和云。《易·乾》中有云:"云从龙,风从虎,圣人作而万物睹。"意谓同类相感应。后因以"风云"比喻遇合、相从。际,指碰上、遇到;际会,义为聚首、聚会,引申为配合呼应。风云际会，即遭逢好的际遇，也指君臣遇合。元代耶律楚材《次云卿见赠》诗："风云际会千年少，天地恩私四海均。"也作"际会风云""风云会合"等。上述引文中说的是李白在宫廷里受到杨国忠、高力士等人的排挤，郁郁不得志，心中愤愤不平。因此他渴望能遇到赏识自己的明主，从而得到施展才华、建功立业的机会。此处用"风云际会"是十分恰当的。

"济"是个多音字，读jǐ时，常用作地名，也作姓。读jì时，有渡河、度过、救助、弥补等义。无论从哪个义项讲，"风云济会"都难以索解。

北大校训是什么

◎王宗祥

2018年1月31日《新民晚报》第20版刊登有《魂要附体——从高中语文课本的新篇目谈起》："这次新课标的修改，还有一个亮点，就是'加强革命传统教育'。……'自强不息''厚德载物'传了几千年，进入了北大和清华的校训，形成了新的传统，对我们广大学子灵魂的冲击能低估吗？""自强不息，厚德载物"是清华校训，而非北大校训。

"自强不息，厚德载物"语出《周易》："天行健，君子以自强不息。""地势坤，君子以厚德载物。"大意是说：天的运行，昼夜不息，周而复始；君子应当像天一样刚健不已，努力向上，永不停息。地具广厚之德，故能载生万物；君子应增厚美德，容载万物。清华大学就是取了其中的"自强不息，厚德载物"作为校训。

而北大校训则无统一的说法，在不同的场合大致出现过三种提法，有说"科学、民主、爱国、进步"，也有说"思想自由，兼容并包"，还有说是"勤奋、严谨、求实、创新"，由于一直没有形成共识，至今未形成明确的校训。

何来“汀驷桥战役”

◎厉国轩

《文汇报》2018年5月9日3版《卢德铭：秋收起义筑丰碑》一文中有这样一段话：“在平江、汀驷桥、贺胜桥等战役中，卢德铭身先士卒，屡建战功，晋升为第一营营长。”历史上哪有“汀驷桥战役”？此处应为“汀泗桥战役”。

汀泗桥位于湖北省咸宁市境内，始建于南宋淳祐年间，是湖北省境内现存最古老的石拱桥。据说该桥原名“丁四桥”，因一位叫丁四的老人捐资修建而得名，后正式编入县志时改名“汀泗桥”。这座桥之所以出名，与北伐战争中一次著名的战役有关。1926年8月，军阀吴佩孚纠集主力扼守于此，企图阻止国民革命军向武汉挺进。是月26日，国民革命军第四军向汀泗桥发起进攻，遭到吴军的顽抗。27日，叶挺率领第四军独立团再次发起猛攻，最终占领了汀泗桥，为国民革命军夺取武汉创造了有利的条件。这就是历史上著名的“汀泗桥战役”。当时，卢德铭在叶挺独立团中担任重要职务，参与汀泗桥战役是符合史实的。

在我国著名的桥梁中并未听闻有“汀驷桥”，历史上也未曾有“汀驷桥战役”。

“衰”和“裒”岂可不分

◎阎南岗

《梁实秋读书札记》（当代世界出版社2007年5月出版）中提到明代古籍《词林摘艳》时，有这样一句话：“正德间衰而辑之为卷，名之曰《盛世新声》……”“衰而辑之”是什么意思呢？琢磨了半天，发现“衰”乃“裒”之误。

裒，读音为póu，本义为聚集。《诗经·小雅·常棣》：“原隰裒矣，兄弟求矣。”毛传：“裒，聚也。”后又引申有聚敛、众多等义。裒辑，即收集辑录，宋代程大昌《考古编·诗论》：“是故《诗》之作也……及其裒辑既成，部位已定，圣人因焉定之。”《词林摘艳》是明代张禄选辑的，他不满前人于正德年间辑成的散曲戏曲选集《盛世新声》贪广求全，不择精粗，不考讹舛，因之作了增删、订正，并更名为《词林摘艳》。此处用“裒而辑之”是符合文意的。

“衰”即衰弱，衰微，“衰而辑之”难以索解，与文章所表达的意思也不相符合。

仓颉观察“蹄远之迹”？

◎杨西仑

2018 年 5 月 23 日《平顶山日报》第 6 版《祭文祖仓颉 触文脉之根》一文在序言中谈到仓颉造字时说：“据史书记载，仓颉面长四目，天生睿德，常观奎星圆曲之势、察鸟兽蹄远之迹……”引文中的“蹄远”应为“蹄迒”。

迒，读作 háng，本义为兽迹，后也有车轮的痕迹、道路等义。蹄迒，即蹄爪的痕迹。汉代许慎在《〈说文解字〉叙》中写道：“黄帝之史仓颉，见鸟兽蹄迒之迹，知分理之可相别异也，初造书契。”说的是仓颉通过观察鸟兽蹄爪的痕迹，从而依类象之形首创文字。

汉语中没有“蹄远”一词，误“蹄迒”为“蹄远”应是形近致误。

不可乱“拜”

◎得　喜

《书屋》2018 年第 2 期文章《“满街都是小便池”与“五气建筑”》中这样写道：“眼下只好把研究生毕业后第一次返回母校的议论拿出来，供诸位拜读和批评。”能说“供诸位拜读”吗？当然不能。

拜，是表示恭敬的一种礼节。行礼时下跪，低头与腰平，两手至地，后用为行礼的通称。

用作敬辞，用在自己的动作前表示对对方的尊敬，如拜托、拜读等。“拜读”指自己阅读别人的作品或书信，含有对他人的尊敬之情。冰心《晚晴集·悼郭老》：“我在二十年代，就拜读过郭老的新诗。”

将自己在某个座谈会上的发言整理成文，而让他人“拜读”，这显然不明“拜读”的意思和用法。

同甘共苦应是“休戚与共”

◎杨昌俊

《扬子晚报》2018 年 4 月 3 日 B4 版刊有《告别错爱》一文，其中写道：“小歌回到自己的公寓，把属于画家的东西都清理干净之后……仿佛也一下子明白了画家的逻辑：既然没有那一纸证书，当然是不可能忧戚与共的……”引文中的“忧戚与共”应写为“休戚与共”。

休，有吉庆、喜悦、欢乐、美善、福禄之义；戚，有忧愁、悲伤之义。休戚，即喜乐和忧虑，泛指有利的和不利的遭遇。成语“休戚相关”，表示彼此之间的喜忧、祸福都相互关联。“休戚与共”，义为幸福和祸患共同承受，形容同甘共苦。

“忧”与“戚”都是忧愁、悲伤的意思。而以上引文想表达的是，小歌与画家可以共甘，然而，在遇到意外事件后却难以共苦，这显然是两人不能“休戚与共”，而非不能“忧戚与共”。

阿坝州的州府不是阿坝

◎李华山

2018 年 5 月 15 日《沈阳日报》第 10 版《追思汶川地震救灾往事》一文，作者写 10 年前在汶川大地震之后奔赴灾区救灾，“成为一名押运物资的志愿者”的往事。文中有句话写道：“6 月 5 日，押运物资前往震中汶川县的州府阿坝。”此处“汶川县的州府阿坝”之说有误，“阿坝”既是州名，又是县名，却不是“州府”。

汶川县在四川省阿坝藏族羌族自治州内，该州位于四川省西北部，藏族和羌族为主要民族。该州原为1953年1月1日建立的四川省藏族自治区，1955年11月28日改为阿坝藏族自治州，1987年7月24日改为阿坝藏族羌族自治州。该州下辖1市12县，汶川县为其中之一。“州府”通常指民族自治州的州政府所在地，是自治州的中心城市。阿坝州有个阿坝县，但是，州府却不是阿坝，而是马尔康。马尔康，原称“玛康”，为藏语音译，义为火苗旺盛。该地1956年设县，2015年11月4日撤县建立马尔康市。

1911年哪有中山县

◎赵礼胭

《名人传记》2017年第10期上刊有《黄绍芬：不尽形象，更重心灵》一文，里面有这么一句：“1911年5月，正是辛亥革命掀起波澜壮阔的革命大潮之时，清朝正处于覆灭的风口浪尖，在广东中山县(今中山市)孙中山先生的家乡，有一户处于没落的黄姓小官吏家庭，女主人生了一个胖墩墩的男孩子。”辛亥年有“中山县”吗？没有，当时只有“香山县”。

香山县为广东古县，位于广东省南部。清代顾祖禹《读史方舆纪要》：“香山县府南百五十里。东至东莞县三百里。唐为东莞县之香山镇。宋因之。绍兴三十二年(1162)，升为香山县，仍割南海、番禺、新会三县滨海地益之。”香山县自古人才辈出，也是著名的侨乡。我国伟大的革命先行者孙中山，就诞生于香山县的翠亨村。1925年，当时的国民政府为了纪念逝世的孙中山，将“香山县”更名为“中山县”。1983年，改中山县为中山市，1988年升设地级市。

“兔狲”长着兔耳吗

◎王　洁

《月光下的白马》是当代作家鲍尔吉·原野的一部以动物为题材的散文集。在文集中作者以博大的生命意识关注动物，用妙趣横生的文笔谈论动物，读来令人兴味盎然。其中在《兔子杂说》这篇文章里，有这样一段文字：“有一种猫科动物兔逊（当为“兔狲”），又名帕拉斯猫，也长着一双兔耳。它尾长，目亮，浑身都如猫，却顶着兔的长耳行走，十分好笑。”实际上，兔狲并非长着兔子一样的长耳。《辞海》中“兔狲”条的释语和图片都明确：兔狲“耳朵短而圆”。那么，“兔狲”是如何得名的？它与“兔”又有何关联呢？

兔狲，哺乳纲食肉目猫科动物，体粗壮而短，形似家猫。兔狲学名为Otocolobus manul，其中“Otocolobus”和“manul”分别源自希腊语和蒙古语，连在一起可解释为“长着丑陋耳朵的小山猫”。关于“兔狲”的得名之由，《汉语动物命名考释》（巴蜀书社2005年出版）进行了简要说明：“捕食鼠兔（啼兔），形似猞猁狲，故拆猞猁狲组词。”猞猁狲就是我们今天说的猞猁。这个观点确实有一定的道理，但是笔者认为，“兔狲”中的“狲”固然提示“猞猁狲”，而“兔”提示捕食对象“鼠兔”还值得商榷。

捕食对象是动物命名的角度之一。指称捕食对象的语素在动物名称中多出现在定语位置上，如“鱼鹰”“蛇鹫”“雀鹰”等。查阅《辞海》等多种百科辞书，当中都提及兔狲主食为旱獭和鼠类，而鼠兔只是其食谱中的一种。另外，尽管鼠兔属兔形目，但大部分鼠兔外形和神态更接近鼠，并且在很长一段时间里还被误以为是老鼠的一种。因此，兔狲的“兔”提示捕食对象似乎并不那么可靠。兔狲的得名应该还是因为其形态与兔有相似之处。

在古籍中难以找到“兔狲”这个语料，但我们在一些清代和民国文献中，发现了“兔儿狲”的用例，如：

（1）兔儿狲二张，每张价银五钱，共该银一两。（《川陕总督查郎阿等为准部贡使额尔沁由京回肃贸易等事奏折》乾隆元年四月初一日，引自《乾隆前期准噶尔部与内地的贸易史料（上）》，《历史档案》1992年第2期，第39页）

（2）生、熟犊皮，熟斜皮，生熟驴、马、猪皮，沙鱼皮，银鼠皮，兔儿狲皮，蛇皮，野猫皮，每张四厘。（《北新关志》，[清]许梦闳，转引自孙忠焕主编《杭州运河文献集成1》，杭州出版社，2009年，第182页）

（3）兔儿狲与猞猁狲，其形相似，皮毛各别，分贵贱兔儿狲，其毛粉红色，不值钱。（《当谱》写本之三，清同治十一年，即1872年立，转引自《当铺鉴别珠宝文玩秘诀》，赵金敏点校整理，北京燕山出版社，1991年，第99页）

（4）兔儿狲　套料一件，银十两。（《当行杂记》，[清]佚名，转引自庄建平主编《近代史资料文库　第10卷》，上海书店出版社，2009年，第250页）

这些语例多出现于贸易、典当及物产介绍等领域，说明过去人们常将“兔儿狲”作为猎取对象以获取其毛皮。现存猫科动物中兔狲的毛皮是厚实的,其毛浓密细长,体色棕黄,与兔的毛皮非常相近。另外,兔狲的身体和四肢都很粗短,和兔一样体态圆胖。因此“兔狲”的命名理据应是“兔儿般体胖身小的猞猁”。在维吾尔语中,“猞猁”叫“سۈلەيسۈن”,“兔子”叫“توشقان”,而“兔狲”叫“توشقانسىمان سۈلەيسۈن”,即“兔形的猞猁”(据《汉维生物词典》),这一点也可以证明兔狲中的“兔”指的是形态似兔。此外,《昭乌达风情》一书中关于兔狲的描述也可作为佐证:“(兔狲)体形大小似野兔,周身呈青橙色,毛绒基部呈浅灰。”

将“兔狲”与“猞猁”的异名“羊猞猁”“马猞猁”联系起来考察,不难发现,这些名称的共同理据是:以人们非常熟悉的草食动物之体形比拟较陌生的猫科动物之体形,其中的“兔”“羊”“马”均为喻体性质的构词成分,而“猞猁”“狲”是本体性质的构词成分。当然,从生物学角度看,兔狲和猞猁同科不同属,并且从谱系上追溯,兔狲属豹猫谱系,猞猁属猞猁谱系,尽管外形有一定的相似之处,兔狲却并不能算猞猁的一种。但“兔狲”一词的确反映了造词初始人们将该物种归为“猞猁”的认知心理。

《“因为我是个医生”》参考答案

1. 五胡十六国——五代十国
2. 频仞——频仍
3. 饿俘遍野——饿殍遍野
4. 凭藉——凭借
5. 困绕——困扰
6. 救死抚伤——救死扶伤
7. 心中的节——心中的结
8. 无赖——无奈
9. 在高僧——高僧
10. 振动——震动

“从小教我下棋”，并非“从小就有儿子”

◎宗守云

《咬文嚼字》2015年第8期有丁益先生的文章《“从小”就有儿子？》，作者认为，广告里说“老爸从小就教我下棋”“老爸没有别的爱好，从小就教我下棋”是不对的，因为老爸“从小”的时期还没有“我”，怎么可能“教我下棋”呢？所以广告里的话应该改为“从小老爸就教我下棋”“老爸没有别的爱好，我从小他就教我下棋”。

“老爸从小就教我下棋”，错了吗？我们先看几个具体书面用例：

（1）姑娘笑道：“你只管放心，上次我骗了你，只因为你还是个陌生人，奶奶从小就告诉我，千万不能对陌生人说老实话，否则也许就会被人拐走。”（古龙《小李飞刀》）

（2）但对于李文秀，她爹爹妈妈从小连重话也不对她说一句，只要脸上少了一丝笑容，少了一些爱抚，那便是痛苦的惩罚了。（金庸《白马啸西风》）

（3）孙正义的经历非常曲折，小时候曾四处从垃圾箱中寻找垃圾养猪为生，父亲却从小鼓励他“你是个天才”。（翟明磊《马云：像阿甘一样简单》）

上述各例中包含“从小”的句子在语法性质上都和“老爸从小就教我下棋”相同，表面上看似乎是不合理的，实际上是可以接受的。

首先，“从小”是句子状语，句子状语可以关联主语、动词、宾语。比如，“他高兴地喝了一杯水”，“高兴地”关联主语“他”，是“他高兴”；“他飞快地喝了一杯水”，“飞快地”关联动词“喝”，是“喝得飞快”；“他热热地喝了一杯水”，“热热地”关联宾语“水”，是“水热热的”。“从小”作为状语，可以关联宾语，例（1）关联“我”，例（2）关联“她”，例（3）关联“他”，这都是符合语法规律的。

其次，“从小”意义上是“从小时候”，更进一步说是“从某个人小的时候”，某个人可以是长辈一方，也可以是晚辈一方，“老爸从小就教我下棋”是晚辈一方，是“老爸从我小的时候就教我下棋”。上述各例也是如此，例（1）是“奶奶从我小的时候就告诉我”，例（2）是“她爹爹妈妈从她小的时候连重话也不对她说一句”，例（3）是“父亲从他小的时候就鼓励他‘你是个天才’”。

再次，“从小”的使用和语境有关。如果语境中只有一方，“从小”就只能关联这仅有的一方；如果语境中有两方，而且两方为长辈和晚辈的关系，长辈在句子中出现在晚辈前面，“从小”往往关联宾语，意义上指向晚辈。例如：

（4）妈妈从小有一个梦幻，就是当她长大结婚以后，她要做一家之主，每个人都要服从她。（李敖《妈妈的梦幻》）

（5）头发美不美，对于女孩子而言是至关重要的——妈妈从小就给我灌输这样的观念，让我始终很在乎自己的头发。（南丘阳《从头到脚要美丽》）

例（4）语境中只有“妈妈”一方，“从小”只关联这一方；例（5）语境中有两方，是长辈和晚辈的关系，长辈“妈妈”在句子中出现在晚辈“我”前面，“从小”关联“我”。

如果认为“从小”只能关联主语，那么“老爸从小就教我下棋”就是有毛病的。事实上“从小”不仅可以关联主语，也可以关联宾语。在“老爸从小就教我下棋”这句话中，“从小”关联的是“我”而不是“老爸”，因此谈不上“从小就有儿子”。“老

“门”如何“倒插”

——说说“倒插门”

◎王启立　黄丽晓

“倒插门”，可理解为“上门女婿”“入赘”，指男方到女方家成婚，并成为女方家庭的成员。这个意思大家都明白，但如果本着咬文嚼字的精神，从这个词的本义入手去理解，就不禁要问了，“门”是怎么“倒插”的？“插门”好理解，用插销锁门或者把门闩插到插孔里，用其他各类锁具锁门也可以在日常用语中通称“插门”。“倒”作为修饰“插门”的副词，组合成“倒插门”就不好理解了。并且不论如何想象“倒插门”的字面意思，都难以找到这个词跟男方到女方家成亲之间的联系，为什么这个词被用于指代男方到女方家成亲这件事呢？

中国传统婚姻观念认为男女成亲，女方应该进男方的“门”，这属于正常情况，也叫“进门”“过门”；男人在女方家就亲，属于个别现象，是把女方进男方的门这个顺序颠倒过来了，于是一些方言中称之为“倒踏门”。“蹅”读作 chǎ 时义为踩，踏。“蹅门”即“踏门”，可解释为进门。“倒蹅门”本义就是

爸从小就教我下棋”这样的句子在口语和书面语中都不乏用例，而且其存在也可以得到合理的解释，因此不能算作有毛病的句子。而修改后的句子要么没有实质性的变化，如“从小老爸就教我下棋”；要么不够简洁，如“老爸没有别的爱好，我从小他就教我下棋”。都还不如直接使用原句。

倒着进门,引申为“入赘”非常形象,也比较容易理解。这个用法在明清一些文学作品中是比较常见的。比如明代吴承恩的《西游记》,在第八回《我佛造经传极乐　观音奉旨上长安》中观音菩萨奉如来佛祖的法旨到长安寻找取经人,路上遇到猪八戒,猪八戒自我介绍时说:“(福陵)山中有一洞,叫做云栈洞。洞里原有个卵二姐。他见我有些武艺,招我做了家长,又唤做‘倒蹅门’。”(人民文学出版社 1985 年出版)编辑对“倒蹅门”做的脚注是:“倒蹅门——男人在女家就亲。今淮安方言叫倒站门。”

除了“倒蹅门”,“倒踏门”也可以用来表示“入赘”的意思。在《西游记》中还出现了两种词形混用的现象。《西游记》第二十三回《三藏不忘本 四圣试禅心》中,面对财富和美色的考验,孙悟空调侃猪八戒说:“计较甚的?你要肯,便就教师父与那妇人做个亲家,你就做个倒踏门的女婿。”“倒踏门”在《金瓶梅》《侠女奇缘》等小说中也可找到用例。《金瓶梅词话》第十七回:“到次日,就使冯妈妈通信过去,择六月十八日大好日期,把蒋竹山倒踏门招进来,成其夫妇。”

“倒插门”这个词形,在古籍中难觅其踪,但在现代汉语使用中却占有巨大的优势。在现代汉语中,“倒蹅门”几不可见,而“倒踏门”也只能在杨绛、孙犁等老一辈的文学家的作品中找到用例,大量书面都写成“倒插门”。这极有可能是方言的“倒蹅门”的词义在传播和运用过程中被人们广为接受,而方言词通常以记音为主,“蹅”与“插”读音相似,且“蹅”的写法不常见而“插”的写法常见,于是以讹传讹就将“倒蹅门”写成了“倒插门”,并且最终成为了首选词形。

“嵌甲”误为“崁甲”

◎盛祖杰

北京卫视2018年4月3日播出的《养生堂》节目中，主讲医生说：“很多缺血、营养不良的脚都有一个特点，还是讲就是崁甲，崁甲他会发现这个肉就会把趾甲给包在里面。”（字幕同步显示）其实没有“崁甲”之说，正确的说法是“嵌甲”。

崁，音kàn，在闽南方言中，有山崖、山谷之义。如“崁脚”指断崖之下，“崁顶”指山崖之上。常用于地名，如台湾省台南市一带的赤崁。

嵌，本义为山深。“嵌”是个多音字。读qiàn时，表示把较小的东西卡进较大东西上面的凹处，如巴金在《家》中描写琴表姐：“在两道修眉和一根略略高的鼻子的中间，不高不低地嵌着一对大眼。”读为kàn，同“崁”，“赤崁”也作“赤嵌”。

“嵌甲”是医学名词，是指（趾）甲的侧缘包埋在邻近的软组织之中，可导致甲沟炎等疾病，严重时会影响患者的日常生活，此时的“嵌”应读为qiàn。节目中主讲医生把“嵌甲”读作了“kànjiǎ”，字幕或许因此而用“崁”，但医学术语中并无“崁甲”一词。

问君可识“您小女”

◎孟凌玲

电视剧《那年花开月正圆》第6集中，胡咏梅决定嫁入吴家东院，在迎亲队伍出发之际，隆升和老板杜明礼拿出三份“贺礼”送给胡老板。当拿出皇太后常用的东阿阿胶时，杜老板说：“这是东阿阿胶，这乃是贡品，我特意给您小女带来……”此处“小女”使用不当。

中国古代的称谓语丰富多样，有谦称、敬称、雅称、俗称等。交际中称谓很重要，一般对别人用敬称，对自己用谦称。

小女，是对他人称自己的女儿的谦词。如《红楼梦》第三回：“如海又说：‘择了出月初二日小女入都，吾兄即同路而往，岂不两便。’”也可指女儿中之年龄最小者或年幼的女儿等。晋干宝《搜神记》卷十六：“吴王夫差小女名曰紫玉，年十八，才貌俱美。”还可以是女儿对父母尊长自称。《西游记》第九四回：“那公主走近前，倒身下拜，奏道：‘父王，乞赦小女万千之罪。’”

令爱，是称对方女儿的敬词。茅盾《林家铺子》五：“镇上的卜局长不知在哪里见过令爱

说错了东坡故事

◎木　子

央视中文国际频道2018年3月4日播出的《快乐汉语》中，导师解释“落叶归根”时这样说道：“苏东坡当年被发配到岭南，这时候他的妾，一个女孩子朝云，这个女孩子就跟着他一起到了南方。回来的时候，就有人问她，你跟着苏东坡去了那么老远的地方，那么艰苦的地方，那个地方又不是你的故乡，你是什么样的感受？于是，她就用一首词来讲了这样的话：‘万里归来颜愈少，微笑，笑时犹带岭梅香。试问岭

来，极为中意。”也作“令嫒”，曹禺《北京人》第一幕：“我这小孙儿年幼无知，说是在令嫒头上泼了一桶水。”

胡咏梅是胡家的独女，正要出嫁，不是最小的女儿，也并非年幼的女儿。杜老板送“贺礼”，竟称呼她为“小女”，实为不妥。将其中的“您小女”改为“令爱”或“令嫒”就妥帖了。

南应不好，却道，此心安处是吾乡。’”（字幕同步显示）这首词并非朝云之作，朝云并未能“万里归来”，她死在了惠州。

节目中提到的这首词是《定风波·南海归赠王定国侍人寓娘》，作者是苏轼。词题下有小序：“王定国歌儿曰柔奴，姓宇文氏，眉目娟丽，善应对，家世住京师。定国南迁归，余问柔：‘广南风土，应是不好？’柔对曰：‘此心安处，便是吾乡。’因为缀词云。”导师所引的词句正是该词的下片。王定国是苏轼的好友，名巩，字定国。宋神宗元丰二年（1079），受到苏轼乌台诗案牵连，时任秘书省正字的王巩被贬到宾州（今广西宾阳）监督盐酒税。其歌姬柔奴（寓娘）随行。苏轼《王定国诗集叙》说他“贬海上三年，一子死贬所，一子死于家，定国亦病几死”。元丰八年（1085）宋哲宗即位，后王巩遇赦北归。

元丰二年（1079）八月，苏轼在湖州任上被捕，押往御史台囚禁，罪名是作诗“谤讪朝廷”，这就是“乌台诗案”。十二月，苏轼免死被贬至黄州，任黄州团练副使。到元丰七年（1084）改去汝州。途中，他要求常住常州。元丰八年（1085），宋哲宗继位，高太后临朝听政，苏轼知登州，十月以礼部侍郎召还汴京，后出知杭州、颍州、扬州、定州等地。绍圣元年（1094）政局变动，命运多舛的苏轼被贬至惠阳（今广东惠州市），侍妾王朝云随苏轼去到惠阳，于绍圣三年（1096）病逝，葬于惠州西湖孤山。第二年苏轼再贬儋州，到元符三年（1100）遇赦，苏轼复任朝奉郎，但这次北归苏轼未能回到汴京，他最后于建中靖国元年（1101）在常州逝世。

朝云死后，苏轼为朝云撰墓志铭，并写下《西江月·梅花》《雨中花慢》和《悼朝云》等诗词。朝云是“跟着苏东坡去了南方”，可是却未能“万里归来”。

“慌腔走板”？ “荒腔走板”！

◎高良槐

电视连续剧《铁齿铜牙纪晓岚》第2部第37集中，皇帝让纪晓岚唱一段戏，纪晓岚说自己：“慌腔走板，尚不成调儿。”（字幕同步显示）这里的“慌腔走板”应为“荒腔走板”。

荒，有乱、不合情理之义。荒腔，在戏曲上指演员唱戏时腔调不标准，或作“黄腔”。走板也是戏曲用词，指演唱戏曲不合板眼（我国传统音乐和传统戏曲唱腔的节拍。每一小节中的强拍，多以鼓板敲击按拍，称“板”；次强拍及弱拍，则以鼓签或手指按拍，称“眼”。合称“板眼”），亦用以比喻言行失当。荒腔走板，即演唱戏曲时腔调不准，不合板眼。《清代燕都梨园史料正编》：“内行中谓必先学昆曲，后习二黄，自然字正腔圆，板槽结实，无荒腔走板之弊。”也泛指不合曲调。老舍《鼓书艺人》：“音乐又算得了什么！她的鼓点敲得很响，荒腔走板，合不上弦。”慌，可表示害怕、忙乱等义，汉语中无“慌腔走板”之说，“荒腔走板”不应写作“慌腔走板”。

形近字的分化

◎苏培成

形近字指形体相似的字。汉字是个大字符集,字数很多,历代都有一定数量的形近字。有些形近字在使用时依靠上下文就能区分,不至于造成混淆,可是有些形近字单靠上下文难于区分,就可能造成理解的困难,影响交际的进行。为了解决这方面的问题,语言社会对这样的形近字要设法加以分化,下面举出几组例字加以说明:

一、甲骨文区分"十"和"七"。甲骨文十作"丨",七作"十",这两个字有明显的分别。作为十的"丨"和构字的竖有时容易混淆,于是人们就在表示十的"丨"的中间加上一个点,作出区别。为了使这个区别更明显,这个点逐渐向左右延伸成为了横。这个字就变为了"十",又与作七的"十"相混。为了区分这两个字,表示七的"十"字的竖笔向右弯曲成为"七",最后形成了后世的"十"和"七"。

二、小篆区分"皇"和"辠"。小篆罪字本作"辠",上面是自下面是辛。汉代文字学家许慎著的《说文》里说:"秦以罪为辠字。"意思是秦把"罪"字作为"辠"字。这是为什么?公元前221年秦统一六国,秦王嬴政自称为始皇帝。他认为"辠"字与"皇"相似,"皇"字容易被误认为"辠",于是把"辠"改为"罪",使"辠"字与"皇"字有明显的区别。"罪"本来是捕鱼的竹网,从网非声,自秦以后用为"罪",直至今日。

三、隶书楷书区分"王"和"玉"。甲骨文的王作 ,象斧钺,表示王有威权;玉作 ,象成串的玉:二者区别明显,不会混淆。发展到了小篆，王作王，横画间的距离上面的短下面的长；玉作“王”，三个横画间的距离相等。这两个字成为形近字，区别不明显。到了隶书楷书，把“王”和“玉”所从的三横画都改为距离相等，而在玉字的下面两个横画中间偏右的地方加个点作为区别，成为“玉”。这两个字的形体沿用至今。

四、隶书楷书区分“券”和“劵”。“券”和“劵”是形、音、义都不同的两个形近字。《说文·刀部》：“券，契也。从刀，𢍏声。券别之书。以刀判契其旁，故曰契券。”意思是说：券指契据。从刀，𢍏声。指契约类的文书。契据用刀分刻契券的旁边，所以叫契券。古代的契券是把一块简牍分为两半，用刀在两半刻上可以对合的缺口，双方各执一半，作为凭证。《说文·力部》：“劵，劳也。从力，𢍏声。”劵本指劳倦。《通用规范汉字字典》把“劵”作为“券”的异体字（见该书第310页），是不正确的。券和劵形体相近，容易混淆。汉代已经把劵改为倦。清代文字学家段玉裁《说文解字注·劵》说：“（劵）今皆作倦，盖由与契券从刀相似而避之也。”

五、楷书区分“陝”和“陜”。小篆的“陝”和“陜”是形、音、义都不同的两个字。《说文·阜部》：“陝，弘农陝也。古虢国，王季之子所封也。从阜，夾声。”从二人，读shǎn。《说文·阜部》：“陜，隘也。从阜，夾声。”从二人，读xiá。“陜”后改作“狹”。“陝”和“狹”现在分别简化为“陕”和“狭”。

汉字简化主要是要减少笔画，同时也适当地控制字数，着眼点不在分化形近字。可是从分化形近字角度来审视，减少了一些形近字。例如，“畫”和“晝”是形近字，“畫”简化为画，“晝”简化为昼，变为非形近字。同时也增加了一些形近字。例如：“倉”和“侖”不是形近字，简化为“仓”和“仑”，变成为形近字。据估计，增加的要多于减少的。如果再加上由形近字作为部件组成的一大批字，例如，

我国古代的邮驿

◎陈运舟

“邮(郵)”字出现甚早,两千年前的春秋战国时代,已见它的身影。“孔子曰:‘德之流行,速于置邮而传命。’”(《孟子·公孙丑》)是说德政的推行,比那邮舍传递王命还要迅速。“邮(郵)”字的篆文形体作[illegible]。《说文》:“邮,境上行书舍。从邑、垂。垂,边也。”意思是,邮是边境上的传递文书的处所。垂,同“陲”,边陲、边境。邑,住人的地方。“行书”指传递文书,《汉书·京房传》颜师古注:“邮,行书者也。”

最初的邮,主要与战事有关。边境设有邮的机构,里面有专人接受王的指令,并把它传递给前线指挥官。有人认为商代已经建立“驲(rì)传(zhuàn)”制度,《六书故》:“以车曰传,以驿曰驲。”秦汉时期邮驿制度已健全成熟,云梦睡虎地秦简《田律》:“近县令轻足行其书,远县令邮行之。”当时规定天气及谷物生长情况,要及时向上报告,距离近的县,文书由人步行递送,距离远的县则邮驿送达。睡虎地秦简中还发现两封信,用竹片写成,这是秦军中名叫黑夫和惊的兄弟俩写给他们母亲的。当时兄

由“弋”组成的“式试拭弑栻轼”和由“戈”组成的“戒或戗戟战戮戳”,那么形近字的总数量十分庞大。完全消除形近字是无法做到的,能够分化的形近字只有很少的一部分。面对形近字很多这个事实,我们在使用汉字时,对形近字的区分要多加注意,努力避免读错用错,贯彻汉字现有的规范。

弟二人在淮阳为秦军作战，信里向他们在湖北安陆的母亲要钱要衣，信中有“急急急”的字样。说明秦时的邮已具有今日邮政的某些功能。

邮起初只是作信吏邮卒歇息之处，后也作过往官员食宿、换骑之所及来往行人的旅舍。它有许多别名：置、驿、传、传舍。《广雅·释诂》：“邮，驿也。”“置，驿也。”《古今韵会举要》引《增韵》：“驿，传舍也。”

置，就是邮，也就是孔子说的置邮。《汉书·文帝纪》：“太仆见马遗财足，余皆以给传置。”颜师古注：“置者，置传驿之所，因名置也。”苏轼《荔枝叹》：“十里一置飞尘灰，五里一堠（hòu，古代记里程或分界的土坛）兵火催……宫中美人一破颜，惊尘溅血流千载。”这也令人想起杜牧的《过华清宫》：“一骑红尘妃子笑，无人知是荔枝来。”“置传驿之所”中“传驿”又称“传遽”，是邮卒联络、通信的两种工具。“驿”与“马”有关，清钱坫《说文解字斠诠》：“置骑之所曰驿。”驿，古代又作驿馆、驿楼、驿舍、邮驿等。“传”本指传达命令消息的传车。传车和驿马，周时由“行夫”的小官掌管，《周礼·秋官·行夫》：“行夫掌邦国传遽之小事。”

《“水”怎么“抬价”》解疑

菜单写了别字，“水抬价”应是“水台价”。“水台”是中餐厨房的工种（炉头、砧板、上什、烧腊、点心、打荷、水台）之一，主要负责河鲜、海鲜等水产品的宰杀、清洗等工作。因为受到生长周期、禁渔、关税等因素的影响，部分水产品的价格不稳定，甚至大起大落。有鉴于此，餐馆会以“水台价”为水产品定价。“水台价”相当于时价，即以水产品到达“水台”的时间为准，当时是什么价格就是什么价格。

咬嚼日记摘钞(19)

◎郝铭鉴

“本邦菜”和“本帮菜”

大概在20年前，本人曾以出版社工作人员的身份，参加过《中国食经》的编写工作。当时接触过一批全国知名烹饪专家。谈到地方风味流派，无论是扬帮菜、苏帮菜，还是京帮菜、鲁帮菜，专家用的都是“帮”字。我在最后读稿时，没有看到一个人用“邦”。“本帮菜”也不例外。

“本帮菜”指的是上海菜。为什么用“本帮”不用“沪帮”呢？我猜想和上海的身份有关。上海是全国的经济文化中心，苏帮、扬帮，锡帮、杭帮，早就在上海拥有一席之地，随着上海地位的提升，京帮、广帮、鲁帮、徽帮也纷纷涌入，形成了百花齐放的局面。在吸收各地特色的基础上面，上海菜也逐渐成形，为了有别于其他菜系，特地用“本帮”命名，无非是强调自己的主人身份。

地方风味菜之所以用“帮”字，《中国食经》中倒是有一段阐述的：民国时期，随着不同地方风味餐馆在大城市的设置，餐饮业中出现了“帮口”的称谓。一种菜肴风味的形成，说到底首先反映的是厨师的烹饪特色。这些“帮口”自然具有“行帮”的特点，同时又会逐渐影响地方餐饮习惯，形成独特的地方饮食文化。它是近代中国城市发展的重要特征，也是中国烹饪繁荣的显著标志。地方菜称“帮”而不称“邦”，应该与此有关。

《现代汉语词典》是从第6版开始收入“本邦菜”这一词条的。“本邦菜”即本地菜，应该说没有说错；但从餐饮文化的角度来看，还是有值得推敲之处。第一，这种写法在民国以来的烹饪史料中找不到依据；第二，扬帮菜、杭帮菜等都已定型，“本邦菜”的写法违背了词语的系统性原则；第三，最重要的，是抹杀了这个词语本应有的“行帮”色彩。

三思而后“仿”

仿词，是一种常用的修辞手法。什么是仿词呢？说得简单一点，就是根据表达的需要，在原有词语的基础上，改动个别的语素，创造出新的词语。比如，鲁迅先生曾经根据“公理”，仿造出了一个“婆理”，“公说公有理，婆说婆有理”。作家王蒙根据“入木三分”，仿造出了一个“入木三寸”，寸自然比分程度更深。这就是仿词。

仿造出来的词语，一般都是新鲜、生动的，就好像一位老朋友，突然之间换了打扮。看上去也许有点突兀，却显出机智，有点儿无厘头，却耐人寻味，所以往往能够收到出人意料的表达效果。然而，仿词也有仿词的规矩。万一仿得不得法，那完全可能弄巧成拙，得不偿失。这样的例子在媒体上经常可以见到。

比如，有一篇游记，写一行人从山顶上下来，作者仿造“拾级而上”，造了一个“拾级而下”。有上自然会有下，这个道理是不错的，但是在“拾级”这个词中，却是只能上不能下。所谓“拾级”，就是沿着台阶，低着头，弓着腰，两眼向下，双足发力，向上登一步，等到站稳之后，再向上登一步。这是向上攀登的一种特定动作。如果你下山的时候，也是这个样子，那不从山上栽下来才怪呢。这是生活常识。

比如,有一家报纸报道足球比赛,当一个队员进球的时候,记者称他是“先拔头筹”。这是体育报道中的常用语。随后没几分钟,这个队员又攻进一球。记者仿造“先拔头筹”,造出一个“再拔头筹”。一而再,再而三。如果是第三次进球,大概就是“三拔头筹”了。“先拔头筹”中规中矩,“再拔头筹”则不伦不类。为什么这么说呢?因为“头筹”只有一支。既然已经有人拔得头筹了,后面的人水平再高,踢得再好,也是与头筹无缘的。即便是同一个人,他也不能两次拔得头筹。所以记者在报道时,如果是同一个人进球,第一次用“先拔头筹”,第二次改用“梅开二度”,第三次便是“连中三元”,或是“帽子戏法”——变戏法的时候,帽子常常一连变出三顶。同样描写进球,可以用不同的词语,有不同的表达方式。

再举一个例子,这个用法最近十分流行。当表扬一个人或者一个单位的时候,有人习惯用一个词语,叫“荣誉等身”。不用怀疑,这个词语肯定是从“著作等身”仿来的。什么叫“等身”?就是和身体一样高。一个人如果能够写出“等身书”,其创作力是不容小觑的。所以,我们可以用“著作等身”来称颂一位作家、一位学者,称颂他不同寻常的创作能力、研究能力。可是,荣誉和著作不是一回事。著作是具体的,物质的,一本书有一本书的厚度,荣誉却是一个抽象概念。你能想象出“荣誉等身”是一种什么景象吗?试问,一个“文明单位”的称号,到底是高一寸还是高一尺?“优秀党员”和“劳动模范”,到底是前者高还是后者高?一个人到底获得多少荣誉,才能够称之为“等身”呢?这个问题恐怕永远也找不到答案。

可见,仿词不仅要仿得巧妙,更要仿得合理。要貌似出乎意料之外,其实还在情理之中。所以一定要三思而后“仿”。“三思”的前提就是,把原词的意思弄清楚!否则是会出洋相的。

莫把“徽音”作“徵音”

◎何啟昭

在江西南昌市街头不少公交车站，都可以看到“图说我们的价值观”的系列宣传图，其中有一幅主题为“乐善好施”的画上写着：“西汉·司马迁《史记·乐书二》：闻徽音，使人乐善而好施……”这里的“徽音”当为“徵音”。

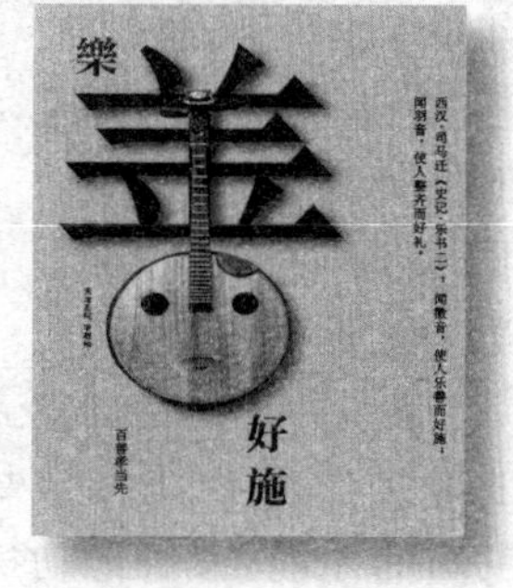

徵，读作 zhǐ，是古代五声音阶的第四音，相当于西乐音阶中的sol、简谱中的“5”。我国古代五声音阶有五个音级，分别为宫、商、角、徵、羽，对应现代简谱中的1、2、3、5、6。在古代，人们常把五音与五行、五脏、五性等对应起来，用来解释一些自然与社会的哲学问题。宣传画中引文即出自司马迁的《史记·乐书》：“故闻宫音，使人温舒而广大；闻商音，使人方正而好义；闻角音，使人恻隐而爱人；闻徵音，使人乐善而好施；闻羽音，使人整齐而好礼。”司马迁通过这样的对应关系来论述乐音有益于修德养性。

徽，读作 huī，有美好、善之义。徽音，可指美誉，佳讯，也可指优美的乐声。“闻徵音”和“闻徽音”单独使用均可说通，但是在上述语境中，“闻徽音”缺少了五音的对应关系，同时也与司马迁的原文不符。

认错了『孝武帝』

◎董寅生

《世说新语·谗险》有这样一条：

“孝武甚亲敬王国宝、王雅。雅荐王珣于帝，帝欲见之。尝夜与国宝、雅相对，帝微有酒色，令唤珣。垂至，已闻卒传声，国宝自知才出珣下，恐倾夺要宠，因曰：‘王珣当今名流，陛下不宜有酒色见之，自可别诏也。’帝然其言，心以为忠，遂不见珣。”

这条说的是王雅向孝武推荐王珣这个人才，王国宝却忌惮王珣的才能，害怕他动摇自己的权力和地位，极力阻止孝武召见王珣。这其中的孝武、王国宝、王雅、王珣，都是晋人。近日读金城出版社2017年出版的《世说新语》，书中在575页竟将这一条中的“孝武”注成了汉孝武帝刘彻。《世说新语》是南朝刘义庆组织编写的，记载东汉后期到晋宋间一些名士言行与轶事的志人小说集，其中为何会出现汉朝的皇帝？这条注释将晋孝武帝司马曜与汉孝武帝刘彻混为一谈了。

孝武，算得上一个美谥。不少皇帝曾得这样的谥号，如汉孝武帝刘彻、东晋孝武帝司马曜、南朝宋孝武帝刘骏、北魏孝武帝元修等等。其中，尽管刘彻的名气最大，但东晋孝武帝司马曜也不是泛泛之辈。他生于362年，是东晋第九个皇帝，在位时期(372—396)，精明干练，颇有作为。公元383年，前秦出动百万大军进攻东晋，司马曜对谢安叔侄委以重任，在淝水一战中，晋军击败秦军，东晋王朝由此转危为安。淝水之战以后，司马曜力图恢复司马氏皇权，于是架空谢安，改以其弟司马道子执政，成为东晋开国以来最有实权的皇帝。司马曜死后，庙号为烈宗，谥号为孝武皇帝。

汉孝武帝刘彻生活的年代与《世说新语》中人物所处时代相去甚远，将“晋孝武帝”误注为“汉孝武帝”，大约是刘彻名气太大，让人们在没有仔细核实的情况下，闻“孝武”便只知刘彻吧。

气活欧阳修

◎廖　宁

2018年3月6日《辽宁老年报》第3版有《元宵节：中国最早的“情人节”》一文，文中有这样几句话：“北宋著名文学家欧阳修在《生查子》一词中写道：‘今年元夜时，月与灯依旧。不见去年人，泪湿春衫袖。’讲述的是青年男女在元宵节上没有寻到昔日情人的惆怅心情……欧阳修的另一首诗词：‘去年元夜时，花市灯如昼。月上柳梢头，人约黄昏后。’则讲述了一则元宵节一对有情人‘约会成功’的故事。”作者所讲的《生查子》和“另一首诗词”，实际是欧阳修《生查子·元夕》的两片，并不是两首诗词。

《生查子·元夕》共40字，全词如下：

去年元夜时，花市灯如昼。月上柳梢头，人约黄昏后。

今年元夜时，月与灯依旧。不见去年人，泪湿春衫袖。

上片写“去年”，下片写“今年”。去年是“花市灯如昼”，今年是“月与灯依旧”，元宵节的夜晚灯月交辉，今年去年没有不同；不同的是人，去年是“人约黄昏后”，今年却是“不见去年人”。上片写欢乐，下片述忧伤，形成对比。本是一首词，上述文章却把它拆开来讲，硬是把连续发生的“约会成功”与“没有寻到昔日情人”说成是发生在不同人身上，欧阳先生若地下有知，大概会被直接气得活过来吧。

包衣不是“皇家亲族”

◎晋　相

广西师范大学出版社2007年11月出版的《青花帝国》一书中说:“唐英不是那种……平庸之辈,在远在两千里之外的北京皇宫里的雍正皇帝眼里,十六岁时因正白旗包衣旗鼓人(也就是皇家亲族)身份进入皇宫内务府养心殿并供职三十年的唐英,已经成为可以为他分忧,替他解愁的人了。”其中对“包衣旗鼓人”的解释有误,“包衣旗鼓人”并非“皇家亲族”。

包衣,是满语“包衣阿哈”的简称,亦简称为“阿哈”。“包衣”的意思是“家的”,“阿哈”即“奴隶”。包衣为满族贵族所占有,没有人身自由,被迫从事各种生产劳动。来源有战俘、罪犯、负债破产者和包衣所生的子女等。包衣分属八旗:镶黄、正黄、正白上三旗隶属内务府,充骁骑、护军、前锋等营兵卒;属下五旗则分隶王府,为私家世仆。如《红楼梦》的作者曹雪芹就是正白旗包衣人,自其曾祖起,三代任江宁织造,其祖曹寅尤为康熙帝所信用。

包衣佐领(满语为“牛录”,清代八旗组织基本单位名称,掌管所属户口、田宅、兵籍、诉讼等,其长也称“佐领”),根据其属成员的民族,又分为满族包衣佐领和汉人包衣佐领,后者通常称为“旗鼓佐领”,也写作“齐固佐领”。清初,旗鼓仪仗之事一般由诸王贝勒家下汉人担当,“旗鼓”之名可能就是来源于此。上述文章中提到的“包衣旗鼓人”就是旗鼓佐领的成员,他们是满族贵族的奴仆,而非皇家亲族。

七月十三非中元

◎沈阳仁

2018年5月16日《辽沈晚报》第11版刊出的《盛行朝野的大辽酒风》中，有这样一段文字："契丹每逢节日都要饮酒祝兴。……七月十三日中元，'国主离行宫，向西三十里卓帐宿。先于彼处造酒食'。"其中有两处错误：一是把"饮酒助兴"，误写成"饮酒祝兴"；二是误说"七月十三日"那天是中元节。

道教有三元、三官之说。以夏历正月十五为上元节，七月十五为中元节，十月十五为下元节。又以三官配三元，传说天官赐福，地官赦罪，水官解厄，谓上元天官正月十五日生，中元地官七月十五日生，下元水官十月十五日生。《唐六典》卷四"祠部郎中"："(道士有)三元斋：正月十五日天官为上元，七月十五日地官为中元，十月十五日水官为下元，皆法身自忏愆罪焉。"赵翼《陔余丛考》卷三十五："其以正月、七月、十月之望(十五日)为三元日，则自元魏始。"部分地区也有以农历七月十四为中元节的。

具体到辽国的风俗，《辽史·礼志六·岁时杂仪》有记载："七月十三日，夜，天子于宫西三十里卓帐宿焉。前期，备酒馔。翼日，诸军部落从者皆动蕃乐，饮宴至暮，乃归行宫，谓之'迎节'。十五日中元，动汉乐，大宴。十六日昧爽，复往西方，随行诸军部落大噪三，谓之'送节'。"可见，在辽国中元节也是七月十五日，而非七月十三日。

还有这种"操作"

◎吴　霜

近段时间，网络上开始流行一种"操作"体，"操作"一词也作为口头禅被许多人挂在嘴边。由该词语组成的网络用语大概有这几个相对流行的句式，分别是"这是什么操作""还有这种操作""令人窒息的操作"等。在网络上搜索，可以发现很多套用此流行用语的条目，该句式在网民中也得到了极广泛的运用。如：

居然还有这种操作?? 你们见过有20袋调料包但是没有面饼的方便面吗哈哈哈哈!!!

忽然发现输入法还有这种操作，都是套路。

那些令人窒息的操作，简直生无可恋啊。

那么，上面例子中的"操作"一词是否仍然保持着本义，又是什么导致了如今"操作"体的流行呢?

对"操作"一词追根溯源可以发现，该词原来一般用在两个方面。一是"劳动劳作"，如李纲在《题〈邵平种瓜图〉》诗中的"儿童玉立形骨清，挈笠携筐助操作"；二是"按规范和要领操纵动作"，如靳以在《跟着老马转》中写道："你自己就违反了操作规程。"《现代汉语词典》对"操作"一词的解释是"按照一定的程序和技术要求进行活动或工作"。由此可知，"劳动劳作"的意思主要用于古代，这一用法在现如今已相对少见。而近段时间流行起来的"操作"体，其"操作"的词义又与《现代汉语词典》中的本义有了一定的不同，即失去了本义中"按照一定的程序和技术要求"这一定语，转而将"操作"的词义扩大到了一切的活动或工作的范围。

细究“操作”在网络语言中的演变发展,大概可以分为三个阶段。第一个阶段是从“按照一定的程序和技术要求的行为”向专指游戏技术转变。“操作”的流行是从“还有这种操作”这个句型开始的,该词的出现原本是用来吐槽或者赞扬一些让人大跌眼镜的游戏操作方式。这里的“操作”指的是电子竞技中的游戏操作,所以该词在最初流行的时候还是比较贴近本义中“按照一定的程序和技术要求”。这一用法在今天仍然随处可见,如“王者荣耀最恶心的控制英雄,令人窒息的操作只需要一个技能”。后来,“操作”从游戏领域开始逐渐应用到大众场合,“操作”不再仅仅局限于有程序和技术要求的活动,转而指向一切可以观察的行为。因此,在网上出现了将任何令人惊讶的行为都冠以“操作”的现象,如“一主人发现,她家的短腿猫有着特别的跳跃姿势,这是什么操作”,将短腿猫的跳跃姿势称为一种“操作”,这显然与“操作”的本义不符。网络上还大量存在着诸如“拔河比赛居然还有这种操作”以及“影视剧中还有哪些令人窒息的操作合集”等等,这些例句都可以看出,这里面的“操作”意思已经延伸到了所有的行为上。因此“操作”的词义变化进入了第二个阶段,即从“游戏技术”到“泛指一切的行为动作”。而到后来,连“操作”的行为意义都逐渐淡化,“操作”应用时所处的震惊状态渐渐占据了意义的主导地位。于是,词义的变化就进入了第三个阶段,也就是从“指代行为动作”向“泛指一切令人震惊的事物或场景”转化。例如“活动那么多成绩还那么好,这是什么操作?”该句中“操作”指代的是“活动那么多成绩还那么好”,这是一种令人震惊或大跌眼镜的状态。类似的例子还有“令人窒息的操作,七月最佳新番(动画)竟然是这部?!”“还有这种操作?电视剧里那些意想不到的台词”等,不胜枚举。

至于“还有这种操作”句式

嘿，老铁

◎邵瑞祥

2016年末2017年初，宋小宝春晚小品《吃面》引申出的“老铁，没毛病”，以及在斗鱼贴吧出现的“扎心了，老铁”（表示“走心了，兄弟”或“痛心啊，哥们”）在各大直播平台的走红，衍生出各类表情包风靡网络，更是成为众多媒体评选的2017年十大网络流行语之一。随后，“抱拳了，老铁”“老铁双击666”等网络语也不断涌现，“老铁”一词被逐渐广泛使用。

“老铁”本属于北方方言词汇，常出现于东北话中。基本上是形容关系好或关系亲密的兄弟哥们，也有“情侣”“小三”这样的释义，用这个词来含蓄地表达不正当关系，但这层释义在流行语的衍化中基本消失。

“老铁”本来是一句东北俗语，但和“扎心了”“没毛病”这类东北方言结合后形成了奇妙的化学反应，显得日常和亲切。这个北方方言词现在被更多人使用和喜爱，甚至成为很多年轻人的口头禅。“老铁”的适用

流行之后衍生出的诸如“这是什么操作”“竟然还有这种操作”“就是有这种操作”“已经没有这种操作了”以及“令人窒息的操作”等变体，这些句式是对“操作”的进一步发展。在这几个句式中，“操作”的词义与“还有这种操作”中的意思并没有太大差别，只是出现了句式和情感上的变化。通过加上“竟然”以及“令人窒息”这种表示出乎意料的词语，使“还有这种操作”中隐含的对于某行为或事物的震惊状态更加突出。

领域扩大了，随之其分布范围也不断扩大。原本只是一个东北方言词，走红后更多人开始使用这个词，不过使用时多半带有玩笑的意思。进而，“老铁”也并不再局限于表达哥们和兄弟，一些聊得来的网友、直播平台上刷礼物的金主、捧人气的铁粉、不明真相的吃瓜群众等，只要关系到了一定程度都可以被称为“老铁”。“老铁”成了一种表达亲热情绪的称呼语，深受年轻人喜爱。如：

新片《拆弹专家》破两亿！刘德华谢票：感谢老铁（捧人气的铁粉），我会越来越好。

各位老铁（有经验的网友朋友），下周我要去拉萨，去过的给我说说需要准备啥啊。

而与“老铁”同义或近义的“朋友”“哥们”“兄弟”“亲故”等慢慢在流行词的不断更迭中失去了竞争力。“亲故”现在用得比较少，这是一个外来词，也是指朋友，在流行词的竞争中已经不太常用。而“朋友”“哥们”“兄弟”这样的词虽然依然在使用，但是出现频率也在逐渐下降。“老铁”作为一种通俗的口语化语言相对于“朋友”“兄弟”更加生活化，更加亲切，也更“接地气”。对于非东北方言区的人来说，“老铁”一词还具有语言形式上的新奇性。“老铁”从兄弟、哥们中脱颖而出，被当作新的时髦，这与现代人求新求异的语言使用心态有关系。

无独有偶，“蓝瘦，香菇”正是由于浓厚的广西南宁口音而流行开来；“撩妹”一词的“撩”很早便在粤语、客家话等方言中存在；西北方言“额滴神啊”、山东枣庄方言“肿么了”、台湾方言“我宣你”等等都是由方言词引申而来。方言中的一些新词，或是旧词新义，往往被现代人接受，很快在全社会扩散。

可见，方言词“老铁”的走红并非一种偶然，方言词是网络热词的重要来源。流行就是竞争，正是这种挑战使我们的语言始终鲜活着，有着旺盛的生命力，也正是这种挑战使得方言词不同程度地被保留和流传着。

『盗图』有道

◎颜鑫渝

不知从什么时候开始，“盗图”一词已经进入人们的日常生活。“盗”是“偷窃、用不正当手段谋取”的意思，而“图”经常指图画，尤其是实体的画作，“盗图”就是“偷画”。但是，随着互联网的普及，这个“图”逐渐由实体变为了网页上的电子图片，也就是网页、网店中用到的各类配图，其中图片更以照片为主。

正是“图”这样的语义变迁使得“盗图”成为可能——不再是将实体的画作偷窃走，而是复制他人的网络图片，人人轻点鼠标便可操作，更有甚者还抹掉表示版权的水印，打上新的水印，佯装自己拍摄的美图。有些网店更是通过盗取别人的图片省下了大笔模特拍摄费用。此类行为实际上是对他人劳动成果的窃取，所以，“盗图”在本质上仍是“盗”，是被法律所认定的一种违法行为——主要涉嫌侵犯著作权人的署名权、复制权和信息网络传播权。在同样的语境下，仿照“盗图”的用法还产生了相关的其他词语，如“盗画”——盗取别人创作的电子画作，“盗文”——盗取别人的文案等。

因此，网络上有对“盗图”行为的严厉谴责，如“实物拍摄，严禁盗图”“盗图必究”等等。这是人们维权意识的体现。但是“盗图”一词是否就一定被理解为贬义呢？并不是。在上述“盗图”的描述中，可以看到一个由于被盗图而利益受损的受害方，盗图方与被盗方存在利益之争，且盗图方式是不告而取。但是在现实生活的社交圈中，未必存在如此利益之争，这时的“盗图”不光不表示贬义，更因为贬词褒用而带上了幽默感。

例如在都是熟人好友的微博、朋友圈中，有人发了最近参与相关活动的美图，这时候就会有人在下面评论“你照得真好看，盗图盗图！”“我盗图啦！”这显然不是告诉他“我将偷窃你作为劳动成果的图片”，由于这里不存在上述尖锐的利益之争，故此处仅是亲昵热情、颇带自我调侃之意地表示“你的图真好看，我‘盗’用你的图你不介意吧”——回答当然是“好呀好呀”。这样一个语境中，朋友们在分享一种喜悦，在共享一种欢乐的时光。这种行为与其说是盗，不如说是取，先告后取比不告而取更多了温情和体谅。

盗图之道，在于坚持版权意识，和朋友小打小闹无伤大雅。但是借用他人劳动成果，还是要有尊重之心，带上版权，联系作者，才算“盗亦有道”。

《识文断字》解疑

岉峪（见第7期《识文断字》）位于青岛市城阳区夏庄街道东部山区。岉峪是一条狭长的山谷，谷中广植樱桃，有“齐鲁第一樱桃谷”之称。

当地人读“岉”为“shuǐ”，也有径写成“水”的，但以写“岉”居多。查古今汉语词典，都未见有“岉”字，它究竟来自何处，是何意思？

传说，明代永乐年间（1403—1424），有人自云南而来，他们见此地沟谷纵横，景色宜人，便定居下来，并将其命名为“岉峪”。如果这个说法成立，“岉”字似可解释了。云南也是部分壮族民众的家乡，而“岉”正是古代壮族古文字。壮族古文字始出于唐代，是壮族人借助汉字或汉字偏旁创造而成。在古壮语里，“岉”义为“塞”“堵”。“峪”义“山谷”。“岉峪”可释为四面环山的山谷。似可备一说。（黄乐天）

白色的诱惑

[中国香港]田小琳

中国香港、台湾地区及新加坡、马来西亚、泰国的社区词里，有一些用“白”作语素的词，洁白的外表下蕴含着引申的意思。

白马王子，大家耳熟能详，已经成为华语的共有词语。骑着白马的英俊王子，演变为少女们梦中情人的代名词。那么，白武士呢？一定会有人以为是身着白色戎装佩带刀剑的英气勃勃的武士，又是一个梦中情人的代号。

白武士是英语 white knight 的意译，指在一家公司面临破产或被敌意收购时出手援助的个人或机构。武士是侠义之士，故用以借指。白武士救援陷入困境的公司，或加以重组，或与之合并，都得冒一定风险。而那乘人之危敌意收购的公司，则被戴上“黑武士”的帽子。白武士一词常见于财经新闻。

接着介绍白手套，英语写作 white gloves。词面看来很平常，却有个特别的意思，指隐藏在这副手套中的是一双肮脏的手，以洁白的手套做掩护，从事非法的勾当，因此白手套是利用合法身份或手段，使非法事物合法化的中间人或机构。“白手套”可能充当“洗黑钱”的中间人，他们的高明之处在善于钻法律的空子，因此含贬义。“白手套”也泛指中间人或中介机构，是中性词。“白手套”源于台湾，港澳特区和新马泰等国都用，内地媒体目前也用这个词了。

最后说说白象。白象指耗资巨大但毫无用处的，多用来比喻这样的工程、建筑或设施等，因此常跟工程组合,说成大白象、白象工程或大/小白象工程。白象是英语 white elephant 的意译,多见于新马,香港等地也用。

为什么用白象来借喻构词呢? 传说,在东南亚一些国家,白象是神圣的象征,拥有白象代表拥有权势。君王如赐白象给大臣,大臣要耗费巨资饲养,不得遗弃和宰杀,昂贵又没用。由此引申出上面所说的意思。这个借喻造词符合比喻的规定:喻体和本体在本质上极相似,而在外形上极不相似。

白色可以表示纯净纯洁,既可以引申表示美好的人和事物,含褒义;也可被比喻为不好的人和事物,含贬义。褒贬色彩的变换,要在交际语境中确认,如白手套,在拍卖行业里指拍卖师,含褒义,是行话。

(作者是本刊特约编委)

说"打脸"

[中国台湾]高婉瑜

《汉语大词典》词目"打脸"是戏剧的行业语,指"演员按照脸谱勾脸",如"台南县新化山脚里的'宋江阵'不但保有逐渐失传的'打脸'特色,而且为了防止大热天游街时脸上的妆脱落,特别用油漆来化妆"。

如今人们常见的"打脸"是大陆和台湾都流行的网络用语,而且在台湾报刊上频繁地使用,是众所周知的新词。新兴的"打脸"指"对别人的说法给予有力的回击、反驳,如同打耳光",例如"郝龙斌说法惨遭国民党打脸"。

"打脸"的变化很有趣。一开始,"打脸"是述宾式短语,指"以手掌掴打脸颊","打"的动作是具体的,相当于打耳光。说"打某人的脸",意即"打某人耳光”。

新兴流行的“打脸”是述宾式合成词，“打”不是实际上有掌掴的动作，而是一种比喻，反驳别人之见，如同打了人家一记耳光一样。

就语法来看，新兴的“打脸”与短语“打脸”亦有分别。第一，新兴的“打脸”中间不可插入其他成分，不说“打某某的脸”或“打两下脸”。第二，短语“打脸”的主语通常是人，后面不可接宾语；新兴“打脸”的主语未必是人，后面可接受事宾语，如“核二重启打脸非核家园决议”，“核二重启”是事件，“非核家园决议”也是事件，据此可知此处的“打脸”并非实质的掌掴动作，而是反驳某种说法之意。类似的例子还有“彰检打脸县府，建商拆杜锡圭故居获不起诉”，意思是彰化县检察官反驳县政府的说法。又如“川普（特朗普）宣称国情咨文收视破纪录，数据打脸”，“打脸”的主语是“数据”，意即透过数据反驳川普的宣称。

“百度百科”提到“现实中的打脸通常是被否定者通过努力改变现状从而给否定者一个有力的回击”，此说尚可斟酌。因为许多纸质媒体的语用实例显示被打脸的人往往是言行武断或流于片面，才遭到其他人以强力的证据反驳的。

（作者是高雄师范大学国文学系教授）

大马大选海报用语小议

[马来西亚]林国安

2018年5月9日，马来西亚举行第14届全国大选。4月28日，各参选政党完成候选人提名之后，即展开为期11天的竞选活动。张挂党旗和海报是各政党的主要宣传方式。竞选海报都是塑料布电脑彩绘印制，上有政党党徽、候选人照片和姓名，并配上多语种的标语。

标语内容多为中选许诺之类，一般言简意赅，颇收宣导之效。像“贪官无法无天，人民叫苦连天”“大选投票标准：谁撑国阵，我们就倒谁；谁倒国阵，我们就撑谁”，巧用对仗、反复等修辞手法，还押韵，起到一定动员作用。再如，马华公会讥讽公正党“蓝眼（该党党徽，借代公正党）中选议员玩失踪，选民投诉无门！（怎么酱的？）”，对方回应说“蓝眼议员没失踪，就在选民的心中，服务中心天天开，马华可以天天来。（就是酱咯！）”双方运用网络潮语（酱，这样）互呛，诙谐有趣，让人会心一笑。

但是，也有海报因语用失误而影响表达的。下面举两个比较典型的例子略加评述。

声称代表华人社会的马华公会在本届大选中大打中国牌，争取华人支持。竞选大海报上印着该党总会长廖中莱跟中共中央总书记习近平握手的照片，并附标语：“马华中共建交，一带一路造福人民”。“建交”是指两国之间建立外交关系，马华公会和中国共产党都是政党，不是国家，何来“建交”？“建交”显然是误用。

再看某候选人的寄语：“希望你以后 / 不会后悔 / 没选择我”。候选人引用的是流行情歌《毕竟深爱过》的歌词，意思是希望分手的恋人以后不会后悔没选择他，而候选人的本意是希望选民选择他，但是字面上连用两个否定词“不”和“没”，负负得正，适得其反，变成“选择我，你会后悔”。奈何？

最令人尴尬的是一位产褥期未满的年轻女候选人的标语：“大着肚子也服务，坐着月子也出战，××× 敢敢做，我们敢敢投选她。”由于语焉不详，衍生歧义，结果被选民抓住“服务”“出战”“敢敢做”等词语，转换语境，调侃一番，为紧张严肃的竞选氛围平添谈助与笑料。

（作者是本刊特约编委）

“干话”和“干话王”

［中国香港］汪惠迪

最近，看央视中文国际频道（CCTV4）播出的《海峡两岸》节目，不止一次听到主持人和受访嘉宾说gànhuà，字幕显示“干话”二字。分别查了大陆和台湾出版的《全球华语大词典》与《重编国语辞典》（修订本），均未见收录。猜想，“干话”很可能是台湾地区新近产生的流行语。

看节目时倒也不难从语境中推测“干话”的意思。郃文欣说“干话有点类似于‘假大空话’”（《干话（台湾热词）》，2017年6月10日《人民日报海外版》）。“假大空”是大陆特有词语，《现代汉语词典》和《全球华语大词典》都收录，释义分别是“指假话、大话、空话”和“虚假，夸大，空洞”。《重编国语辞典》（修订本）和作为沟通两岸语文桥梁的《两岸常用词典》都未收。

“干话”到底是什么意思呢？笔者请教了台湾学者，承告是“听起来很有道理，但是讲了等于没讲的言辞，可又不完全等于废话”。例如台湾地区行政部门最高领导人曾说“低薪就当作做功德”，这个“金句”拔了2017年度台湾“干话排行榜”的头筹，说这句话的人被老百姓封为“干话王”。“王”者，“同类中居首位或特别大的”之谓也。

据说，“干话王”讲起“干话”来，炉火纯青，每日一干。台湾媒体报道，今年台北街头的“五一”游行，劳工阶层揭晓了“干话王排行榜”，五个头面人物包揽了前五名。此处不便一一指名道姓。

台湾地区不通行简化字。大陆的规范字“干”对应繁体

"乾"（gān）和"幹"（gàn），"干话"之"干"，台湾写成"幹"，所以"干话"应读成gànhuà。那么"幹话"（gànhuà）从何而来的呢？有二说。一说是与闽南语"讲古"（说故事）有关，因为"讲古"老说些遥远的、难以置信、听起来空泛的话，加之"干""讲"音近，于是衍生出"干话"。另一说是那些讲了等于没讲的话教人一听就来气，憋不住要用闽南詈辞骂一声"幹"，"干话"就是让人听了就想骂"幹"的"话"；"幹"来自闽南语的"姦(奸的异体字)"。

"干话"产生于2016年，2017年5月，因一则新闻报道中有"脸书内容那是我爸爸在讲干话，因为我爸爸是讲干话之王"等语，就广为流传，如今高频使用。

（作者是本刊特约编委）

霸　凌

[马来西亚]杜忠全

最近十来年，智能手机日益普及，就连中学生也都人手一机。他们随时随地拍摄视频，上载网路，广为传播，以期引起网民的"围观"与点赞、点评。于是，一起并不新鲜的校园欺凌事件却因通过手机视频发布，并在优管（YouTube）、脸书（Facebook）等社交媒体上广为传播，因而引起媒体与社会大众的关注。

"霸凌"一词，就在接连不断的校园欺凌视频的报道中，频繁地占据报章版面，隔三岔五地出现，甚至成为社会新闻的大标题，因而人们对它绝不陌生。

"霸凌"原即欺凌，直接音译自英文bullying。欺凌而另音译为"霸凌"，既呼应英文的发音，也反映了欺凌者之恶霸行为，音义兼顾并且传神，故而虽为一时之新词，却沿用不辍，成为近年来马来西亚华人广泛使用的热词儿。

“霸凌”原本就有恃强凌弱，威吓、欺侮他人之意。而在校园霸凌事件中，欺侮人者往往是多数，遭威吓者往往落单，碍于寡不敌众而屈服。因此，“霸凌”也含有以众欺寡、以势压人的贬义。

霸凌事件因肇事一方将视频上载到网路，从而对遭欺辱者形成一种延续性的精神凌辱，而且事件延烧到纸媒，引起社会广泛关注。据此，我们不妨说，“霸凌”一词是因网路世界而产生的。

如今人们几乎无时无刻不盯着社交平台追踪即时的社会脉动，有时偶尔写上几行字抒发自己对某一事件的看法，却有可能招致朋友或陌生人的“围观”，进而七嘴八舌地加以评论，一些贬斥乃至辱骂之辞拍面而来，每每使发文者莫可奈何。数码平台上敲击键盘之手何其多也，发文者在按下发布键的那一刻，其后果是始料不及的。这种一个人的帖子遭众人不断转载与辱骂的情形，也被说成“网路霸凌”了。

这样，“霸凌”一词源自网路平台，也在网路平台发酵、延烧、扎根，人们无论霸凌他人或遭人霸凌，即使足不出户，都可能随时陷身霸凌事件。

“霸凌”这个词儿，如今因人人无不在现实世界与虚拟世界之间穿梭而越发显现其强大的生命力。这样的网路生态，是谁也不希望看到的。

［作者是马来西亚拉曼大学（金宝校区）中文系主任］

《火眼金睛》提示

图 1，“众志成诚”应为“众志成城”。

图 2，“一丝不拘”应为“一丝不苟”。

图 3，“淑盐”应为“椒盐”。

图 4，“脉博”应为“脉搏”。

难倒双语专家的“不折腾”

◎陆建非

2008年12月18日，纪念改革开放30周年大会在人民大会堂召开，时任总书记胡锦涛在表明中国走社会主义道路坚定不移的决心时，连续用了三个“不”：“只要我们不动摇、不懈怠、不折腾，坚定不移地推进改革开放，坚定不移地走中国特色社会主义道路，就一定能够胜利实现这一宏伟蓝图和奋斗目标。”“不折腾”三个字刚落音，听报告者们就发出会心的笑声。在正式场合宣示重大发展方向时，突然冒出一句口语化的表达，让大家觉得十分亲切；但这也难倒了国内外媒体界的“双语”精英。“不折腾”三个字如何翻译呢？即刻网上出现了五花八门的译法，像“不翻来倒去”（don't flip flop），“别走岔路”（don't get sidetracked），“别误入歧途”（don't go astray），“别反复”（don't sway back and forth），“不踌躇”（no dithering），还有翻译成“没有重大变化”（no major changes）的，等等。这些译法总觉得不够精彩，没把“折腾”中含有的“混乱不堪”“自我消耗”“翻来覆去的无用功”等含义彰显出来。

有趣的是，在当年12月30日国务院新闻办的发布会上，当有记者问到与“不折腾”相关问题时，现场翻译干脆用汉语拼音念出“bu zheteng”三个字，顿时引起全场一片笑声。事后，有媒体赞扬说“bu zheteng”或将成为英语中的专属名词。其实，现代中国人为英语增加词汇早有先例。如“宇航员”这个新词，美国人叫“astronaut”，当时的苏联人叫“cosmonaut”。2003年之后，航天词库又新增了“taikonaut”（源自“太空”的汉语拼音taikong），指的是中国宇航员。一个国家国力强大了，或受关注的程度提升了，就有机会和理由为外语词库添砖加瓦。

这些年新增的两万个英语单词中，20%来自中式英语，对英语词库的贡献率不可小觑：shuanggui（双规）、chengguan（城管）、don' train（动车）、Chimerica（中美国）等等。其中，取自汉语拼音的英语单词频频亮相海外媒体，成为一道独特的风景线。例如，英美国家的商学院教材《Rules and Networks》中收录了“guanxi”（关系）一词。不同于英语中的“relationship”，“guanxi”特用来描绘中国社会独特而复杂的关系文化。又如，为了报道中国大妈带动金价上涨，《华尔街日报》特地创造了“dama”（大妈）；英国《经济学人》把中国未婚男士译成“guanggun”（光棍）；《纽约客》把中国激进年轻人译为“fenqing”（愤青）……中国制造的英语单词，正越来越多地融入国际生活的方方面面。全球语言监测机构（Global Language Monitor）从全球视野和英语语言发展的角度给予了中式英语高度评价，认为中式英语是一种“可喜的混合体”。

语言贡献彰显国力，中式英语走向全球，表层原因是反映当代中国社会文化现象的词汇在英语里是无法对译的，即缺乏等量价值的表达形式。从深层次看，则反映了中外语言文化交流的加速，中国正在融入全球化进程。对此，我们应当乐于接受，静观其变，因为语言永远是在变化之中的。然而，针对“bu zheteng”，代表官方的权威解释依然缺席，似乎是预留出模糊空间让各家解读。最近笔者又看到一流行的“折腾”新版本：“zig-turn”，“zig”来自“zigzag”（之字形；Z字形；曲折的）的前半段，“turn”是“转弯”的意思。这个新词别致且形象。

“方位”灯谜纵横谈(下)

◎江更生

前面谈过了纵向书写的“方位”灯谜，接着聊聊横向书写谜条的作品，借以切合拙文的“纵横谈”题意。

横写的谜面文字一般自左至右，也可看作从西向东，这类灯谜自然会将“左”“右”“东”“西”等方位名词藏于底中。首先来看一条“独字谜”，谜面为一个“炫”字，要求打一句七字俗语。因是单字作面，且为左右结构之字，从其笔画结构分析，其右方(即“东方”)为“玄”字，可作不明亮的“黑色”解，其左方(即“西方”)系“火”字，火光有明亮的意思。照此想去，谜底无疑应为“东方不亮西方亮”。下面再介绍一条，谜面借用哲学规律“否定之否定”，要求打八字常言一句。谜面左右两边均出现“否定”一词，都可作“不是”解。根据这些便可求出“左也不是，右也不是”的谜底。

不过，横写的谜条中隐含的方位词语，也并非只有“左右”或“东西”两种，有时还会因字词位置的不同而有所变化。例如以“甲子”为面，打成语“首鼠两端”。它以“天干”的首位“甲”扣合“首”字；以“地支”中的“子”与生肖中的“鼠”互扣；“两端”作“两边”解。又如以“圄”为谜面，打葡萄牙首都“里斯本”(注：“里”，指“吾”在方框之中；“斯”，作指示代词“这”解；“吾”与“本”均作“自己”解，故可互扣)。

“方位”灯谜中，最为有趣

的当推那些深藏“方位”而不露者。如宋人诗话里所说的“羚羊挂角,无迹可寻”那样,将面句巧行掩饰,故布疑阵,以与猜者斗智周旋。现举数谜如下。第一条,谜面为食品名“精白面粉”,要求打四字医疗用语一。审视谜面时,千万别拢意寻思,应独具只眼地瞩目于中间两字“白面”,将其拈出后别解为毒品“海洛因”(俗称“白粉”)的别名。整个谜面是一种“食物”,其中间二字作毒品名解,因此谜底可猜作“食物中毒”。第二条的谜面,采用中医术语“精气神”(横写),要求打五字常言二。细察三字的位置,便知左方为“精”字,可作“精怪”解;右方则为“神”字,能当“神仙”解;中心的那个字是“气”,有“气恼发火”的意思。循着这个思路,谜底似已跃然而出,它是“左右不是人、心里窝着火”。以“精”与“神”反扣“不是人”,以“气”扣“火”;“左右”及“心里”均别解为方位,“窝”仍作动词解。第三条的谜面比较简单,为食品名“圆子”二字,要求打古代官名一。这谜需瞄准突破口发力,其关键字为“圆”,应视作“员”字被方框框(指“囗”)关在里面,而在被关的“员”外有个“子”字,“子”作“儿郎”解,扣“郎”,所以谜底可猜为“员外郎”。

最后再推荐一条别开生面的“方位”趣谜,撰谜者撷用清末维新运动失败后,“戊戌变法”的主角康有为流亡海外的史实制成面句:“康有为身居域外,其心系华夏”,要求打水域名一。康有为,广东南海人,世称“康南海”,这是人们对他的尊称。“华夏”是“中国”的别称。经此剖解,再领会谜面的含意,便可得出下面的意思:“南海”在外面,“中国”在中央,这么一来,谜底便呼之欲出了,它就是“南中国海”(注:面句中的“域外”别解为“中国”二字外侧;“心系”别解为“中心是”之意)。这里的“外”与“心”全别解为方位所在,即“外面”和“中间”之意,故而相扣。

郑逸梅耽好灯谜

◎刘茂业

文史掌故专家、有"补白大王"雅衔的郑逸梅先生喜好颇多,灯谜亦是其中的一项。民国初年,他就与苏州西亭谜社及上海萍社的诸多谜家相熟稔,"一·二八"事变后,原著名谜社萍社成员、报人施济群在沪上慈安里成立"金刚钻报谜社",适值郑逸梅在《金刚钻报》任编辑,谜社常有活动,他也得以和一众灯谜虎将切磋谜艺,成为乐事。他还写过两篇灯谜谜话。一篇是介绍和朱庭筠、周鸡晨等友人在半淞园猜谜游乐的《淞园射虎记》,刊载于 1937 年 7 月的《新闻报》上。另一篇《春灯谜话》,收入 1947 年日新出版社出版的掌故小品《淞云闲话》里。《春灯谜话》中云:"承平之世,文人雅士,辄以隐语粘于灯上,名之曰灯谜,此风由来已久。"他对当时的射虎健将及猜谜轶闻等均有涉笔,并选录了十五条平日所见"谜语之佳者",称之为"皆灵心四映,妙到毫巅之作。在此春夜张灯之候,殊堪玩索者也"。

平素见到佳谜,郑逸梅辄录存于册,凡若干本,不料十年浩劫来临,付诸荡然。他自已创制的灯谜现在能见到的已不多,有"勾践被困于会稽"猜同事名"吴师猛",解释为"吴国的军队威猛","王安石变法"猜同事名"宋一新",解释为"宋朝面貌焕然一新"等。这仅是偶试牛刀,却出手不凡,谜味醇厚,允称妙作。

每月二谜

1. 都是同龄"单身狗"(打成语一)
2. 袍泽(打成语一)

上期答案

1. 任渭长生卒年(打国产动画片一)
   答案:《熊出没》
2. 定是皇叔访贤能(打家庭计划一)
   答案:准备造人

“因为我是个医生”

（文中有十处差错，你能找出来吗？答案在本期找）

◎梁北夕　设计

在唐以后的五胡十六国时期，战乱频仞，饿俘遍野，人民处在水深火热之中。

一个名叫李莫的军医，凭藕高明的医术，在军队服役十几年，一次次把伤员从死亡的边缘拉回。可是，一个问题一直困绕着他——医生不断地解救伤员，然后他们又不断地重新走向战场，最后还是免不了死在沙场上。既然死亡是战士的宿命，在战场上救死抚伤又有什么意义？

李莫被这个问题折磨得夜不能寐，日不能食，觉得人生毫无意义。如果继续下去，他一定会崩溃！

李莫想方设法离开了军队。他逃到一座深山里，整日冥思苦想，思考人生的价值及意义。没有了经济来源，又缺乏耕猎技能，李莫饿得皮包骨头，形如槁木。心中的节也始终无法解开，无赖之下，他去请教一位得道高僧。

在高僧听了李莫的困惑后，手拈长须，微微一笑：“因为你是个医生！”然后，便缄口不语。这句看似简单平凡的话，却如同晴天霹雳，剧烈地振动着李莫的心灵。他似乎忽然彻悟了，立马向高僧辞行：“我要回去。”

“为何要回去？”高僧问。

“因为我是个医生！”李莫答。

咬文嚼字讲习所第二十二期剪影

2018 年 6 月 11 日至 6 月 15 日，咬文嚼字讲习所第二十二期在上海朵云轩艺术中心成功举办。本期学员共有 77 人，来自 11 个省、市的 31 家新闻出版、文化教育单位（编 者）

讲习所开班典礼

教师深度讲解

学员踊跃互动

学员“携一堆问号过来”

甘为他人做嫁衣

——“咬文嚼字讲习所”培训总结

学员发来培训总结

火眼金睛

图中差错知多少？

唐晓春　龙启群　韦　全　胡礼湘　提供

（答案在本期找）

	1
2	4
3	

ISSN 1009-2390

YAOWEN-JIAOZI

咬文嚼字®

09
2018

火鸡

体高大，头上有珊瑚状皮瘤，喉下有肉垂。胸饱突，背宽长。明马欢《瀛涯胜览·旧港国》：“又出一等火鸡，大如仙鹤，圆身簇颈，比鹤颈更长，头上有软红冠，似红帽之状……好吃炔炭（fūtàn，即木炭），遂名火鸡。”

上海世纪出版集团

欢迎至邮局订阅本刊邮发代号4-641
国内统一连续出版物号CN31-1801/G
定价：5.00元

雾里看花

『庖汤晏』是啥

杨学波

这是某个古镇上拉出的一条横幅。“庖汤晏”是什么意思？某种特产？猜猜看，答案见本期。

广角镜

《咬文嚼字》连获殊荣

第三届全国“百强报刊”入选名单公布，《咬文嚼字》名列其中。“百强报刊”是国家重大文化工程，自2013年起，每两年推荐一次。《咬文嚼字》曾于2013年、2015年两次进入推荐名单，这是第三次荣获殊荣。

柳青找骂

钱宇星/文　臧田心/画

一天傍晚，一个妇女一手叉腰，一手指着柳青破口大骂，双脚跺得咚咚响。邻居们连推带搡地把她拉走了。有人劝慰柳青，说此人是有名的泼妇，不该去招惹她。柳青笑了笑，说："我正想被她骂呢。"原来，柳青正在创作一部作品，要写一个村妇骂街的场面，但写了几次，都不满意。有了这次体验，柳青笔下的村妇骂人形象，便栩栩如生了。

咬文嚼字®

2018年9月1日出版

9

总第285期

主管：上海世纪出版集团
主办：上海咬文嚼字文化传播有限公司
编辑、出版：《咬文嚼字》杂志社
集团网站：http://www.shwenyi.com
E-mail：yaowenjiaozi2@163.com
官方微博：
http://weibo.com/yaowenjiaozish
电话传真：021-64330669
发行电话：021-64674759
邮购电话：021-64372608-243
地址：上海市绍兴路7号
邮政编码：200020
发行：上海市报刊发行局
发行范围：国内外公开
订阅处：全国各地邮局
邮发代号：4-641
ISSN 1009-2390
CN 31-1801/G
印刷：上海中华印刷有限公司
印厂电话：021-60829062
021-60299079
广告经营许可证：沪工商广字
3100320050020号
定价：5.00元

语林漫步

由“圈圈红”引起的思考

◎白岩尖

2018年北京市中考语文试卷，现代文阅读的第二部分以陕西作家刘成章的《信天游》为材料。其中一题(21题)为：

啊，陕北，生我养我的这片厚土啊，我愿像这信天游一样高高飞起，化作装饰你的夜空的月晕，绕着月亮转____。

根据作者所表达的情感，从下面三个短语中选择一个填入文章结尾的横线处，最恰当的一项是

[甲]红圈圈

[乙]一圈红

[丙]圈圈红

题目所用材料是《信天游》的最后一段，相关处原文作“圈圈红”。因此，标准答案为“丙”。

此事被媒体披露后，社会各界一片哗然。大多数人认为：刘成章是延安人，其《信天游》带有浓厚的方言色彩，“绕着月亮转圈圈红”是句特色鲜明的陕西话，用陕西方言考北京考生，是不适当的。还有人说：分析语法，“绕着月亮转圈圈红”根本就不通，拿一个病句去考学生，简直莫名其妙！

稍后，刘成章先生做了一个解释，他说：“‘绕着月亮转圈圈红’，主语是上句的‘月晕’，在这儿省略了。谓语呢，是形容词变动词的‘红’字。而‘绕着月亮转圈圈’，这七个字共同组成了状语。哪里有一丁点儿不符合语法，不通，有语病的影子？”

再后来，有学者对“转圈圈红”做出了进一步解释：“转圈圈红”是延安话中的说法，意思是“一圈一圈地变红”，在成熟季，人们常用来指红枣从枣蒂处开始一圈一圈地由青变红。

其结构是"(转＋圈圈)＋红",状中关系;"转圈圈"是动词＋重叠名词,修饰中心语"红"(变红)。这种结构在陕北方言中很普遍,如"转圈圈走"(一圈接着一圈地走)、"转边边跑"(沿着地块儿或山崖的边儿跑)、"转弯弯说"(拐弯抹角地说)等等。在陕北话中,"动词＋重叠名词"除了修饰动词外,还可以修饰名词,如"拐肠肠路"(羊肠小路)、"拐弯弯路"(拐弯较多的路)等等。

根据这种解释,"绕着月亮转圈圈红"不仅在语法上没有问题,而且灵动活泼,充分展现了作家独到的语言驾驭能力。刘成章自己说:"这是我的一句很得意的句子。因为它很有动感,很有味道;因为它诗意地透露出我对陕北的无比热爱。"这个评价基本上是符合事实的。

那么,此题是不是就没有问题了呢?有人说,只要句子没有语病,考题就没有问题。方言也是汉语,考考方言有何不妥?北京教育考试院很可能就持此观点,因为他们回应称,该题符合相关要求,"并未超纲"。

在这里,我们还得谈谈与此相关的语言学原理。

语文考试中的阅读理解题,是对考生捕获文本(语句)信息能力的考查。我们知道,语言既是人类交流信息的工具,也是人类最基本的思维工具。语言反映了人类感知世界、认知世界的方式。理解语句信息,其实也是对说话人思维方式的理解,对说话人感知世界、认知世界方式的理解。

说不同语言的人,其思维方式是不一样的。如果不理解蕴藏在一种语言背后的思维方式,是很难理解这种语言的。吕叔湘写有《由"rose"译为"玫瑰"引起的感想》一文,文中有这样一段话:"如果你翻译一本小说,遇到主人公有一位 cousin,你把它译作'表弟',后来发现他是女性(代词用 she),就改作'表妹',后来又发现她年纪比主人公大,又改作'表姐',再翻下去又发现她还比主人公长一辈，又改作‘远房姨妈’，再到后头又发现她不是主人公母亲一边的亲戚而是父亲一边的，又只好改作‘远房姑妈’。其实这也靠不住，她也有可能是主人公的‘远房婶娘’。”吕先生在这里提到的翻译“难题”，其实就是我们与西方人（特指以英语为母语的西方人）不同的思维方式造成的。也许是中国重视亲情吧，汉语对亲属关系有很细致的区分，是近亲还是远亲，是父亲一方的还是母亲一方的，是比自己年轻的还是比自己年长的，是男的还是女的，是哪个辈分的，等等，回答不同称呼也不一样。而说英语的西方人多不管这些，都叫 cousin。如果要准确理解对方语言中的亲属词，不管是中国人还是西方人，都要先理解对方的思维方式，理解对方对亲属关系的认知。

思维差异，不仅存在于不同的语言之间，也存在于同一种语言的不同方言之间，或同一种语言的通用语和方言之间。方言之所以是方言，就是因为其中有一部分成分不同于通用语或其他方言。而这部分独特成分的背后，往往蕴藏着方言区人们独特的思维方式或认知方式，方言区以外的人，很难理解。比如山茶花鲜艳美丽，令人喜爱，有人还把心爱的姑娘比喻成山茶花。邓丽君唱过的一首情歌就叫《山茶花》，其中这样唱道：“他说你美丽就像一朵花，他希望总有一天把你摘回家，村里姑娘也会羡慕……”你可能不知，在云南大理人们有时用山茶花骂人，用它来形容爱多管闲事、爱惹是非的人。

刘成章《信天游》中的“（月晕）绕着月亮转圈圈红”，是陕西方言中的独特表达，是陕西人独特的思维方式或认知方式在语言层面的折射。如果没经过“学习”的过程，其他地方的人是没办法理解的。北京学生，不可能理解这个结构独特的句子。考生如选对，多半是瞎蒙的！这样的“考题”，真的没超纲吗？

新时代的“家国情怀”

◎刘冰鑫

北宋末年，金兵入侵，国难当头，岳飞决心从军报国。传说临行前母亲姚氏命岳飞脱去上衣，取一银针在岳飞背上刺下“精忠报国”四字（据《宋史》，岳飞背上刺的是“尽忠报国”）。后来，岳飞成为流芳千古的民族英雄，岳母刺字的故事也传为千古佳话。这个故事淋漓尽致地表现了慈母送儿子上战场前的悲壮，更体现了岳母姚氏将家族命运与国家兴亡紧密结合的“家国情怀”。

正如一首歌所唱“家是最小国，国是千万家”，“小家”是“大国”之本，“大国”是“小家”的基础，每个人的生活都与家国紧密相连，“家国一体”的思想孕育出中华文明长河中的“家国情怀”。实际上，“情怀”是一种感情、一种寄托，“家国情怀”则指个人将家庭情感与爱国之情融为一体，是对国家的认同感和归属感，对人民的使命感和责任感。

2017 年 9 月 23 日，习近平总书记在给南开大学 8 名新入伍大学生的回信中写道：“自古以来，我国文人志士多有投笔从戎的家国情怀……如今，你们响应祖国召唤参军入伍，把爱国之心化为报国之行，为广大有志青年树立了新的榜样。”一时间，“家国情怀”成为热词，报纸上、杂志上，处处可见“家国情怀”的身影。例如：

（1）青年人要把报国之志化为报国之行，学习习近平总

书记的家国情怀和为民情怀，要坚定理想信念，一定要系好人生的第一粒纽扣。(《人民日报》2017 年 12 月 27 日)

(2)能够担当民族复兴大任的时代新人，需要有处于时代前沿的知识准备、能力训练，需要有不可移易的家国情怀、创造锐气。(《经济日报》2017 年 12 月 14 日)

(3)为什么要在“六一”，将家国情怀传递给孩子？可以从这个时代我们要为孩子立什么德说起。(《人民政协报》2018 年 5 月 31 日)

“家国情怀”在句中可以与“弘扬”“培育”“筑牢”“激荡”等许多动词搭配。请看：

(4)节目以家风为展示主体，以人物为承载对象，通过 50 位不同行业的嘉宾讲述家庭故事和个人成长经历，寻根民族文化，弘扬家国情怀。(《中国新闻出版广电报》2018 年 4 月 18 日)

(5)广大市民以多种形式缅怀革命先烈，铭记英雄事迹，筑牢家国情怀，表示要为实现中华民族伟大复兴的中国梦努力奋进。(《人民日报》2018 年 4 月 6 日)

由此可见“家国情怀”传递着正能量，蕴含着建设幸福家庭，促进社会和谐，增强民族凝聚力的时代内涵。

如今，“家国情怀”响彻祖国大江南北。究其盛行原因，主要有以下三点：一是“家国情怀”是中国优秀民族文化的一部分，植根于国人的精神生活中，容易引起共鸣；二是习近平总书记多次使用，电视、报纸等媒体广泛使用；三是“家国情怀”由四个常用语素组成，简明扼要，朗朗上口，便于记忆使用。

在“情怀”盛行的年代，生活中除了“家国情怀”，还有“民族情怀”“人民情怀”“人文情怀”“军旅情怀”“济世情怀”等。通过词语模“××情怀”类推造词，呈现了当代人积极向上的精神文化追求。

“王师北定中原日，家祭无

“对表”的新义新用法

◎徐靖怡

“对表”，乃是生活中的寻常事。比如，听到广播中传来“嘟、嘟、嘟……嘀，刚才最后一响，北京时间 × 点整”，许多人都会下意识地看一看自己的手表，是不是正好 × 点整，这就是“对表”。又如，不少军事题材的影片常有这样的“桥段”：上级指挥员布置完战斗任务，决定第二天拂晓 × 点发起全线总攻，接着就跟参战的下属军官“对表”。

以上两种情况，均属“对表”的本义，指钟表的计时与一个标准时间保持一致。

如今流行的热词“对表”则是引申义的“对表”，与时间无关，它表示遵循标准、遵循规范的意思。

且说说共产党员吧，法律法规、党章党纪就如同他们的“北京时间”，是他们检查自身、校正误差的标准。因此，例（1）中的“对对表”就是指共产党员要用《党章》和国家的法律法规来检查、约束自己，按标准来规范言行，保持党的先进性。

（1）无论是配备班子、谋

忘告乃翁。”古代战乱，国破家亡，骨肉分离，“家国情怀”成为当时有志之士的精神支柱。今天，中国迎来盛世，在新时代，身为华夏子孙，更应将自己与国家融为一体，把“家国情怀”融入到个人奋斗中，从而助力民族梦想，实现伟大中国梦。

划工作，还是议事决策、监督追责，各级党委（党组）都应当与条例对对表，以条例为准绳。（《人民日报》2016年2月29日）

近年来，热词“对表”的使用范围越来越广，涉及各行各业、各个领域：

（2）与国家10%目标对表，为了避免“超支”，一些地方的医院出现了年底“突击控费”的情况，通过限制使用药品和耗材等方式控制医疗费用增长幅度。（《经济参考报》2018年1月12日）

（3）与新一代民兵军事训练大纲认真对表后，确定以城市反恐维稳为重点的10个训练内容，并与地域特点相衔接，与担负任务相匹配。（《中国国防报》2018年5月14日）

（4）只有将改革对准瓶颈和短板，新理念才能真正在发展中落地；也只有在与新发展理念的不断对表中，改革才能找准抓手、坚持正确的方向。（《新疆日报》2018年2月5日）

例（2）是与国家规定的目标“对表”，例（3）是与军事训练大纲“对表”，例（4）是与新发展理念“对表”。由此可见，“对表”的新义新用法已经渗透到经济、军事、政治等许多领域。

当下，“对表”还可以指双方通过沟通、对照来建立某种联系，协调一些关系。例如：

（5）专业服务机构既要了解投资者风险承担能力，又要讲明白投资产品的风险程度，实现投资者与投资风险“对表”，从而构筑起保护投资者的第一道防线。（《证券日报》2018年3月8日）

（6）这就是印尼的《国际时报》，该报从3月1日起，每天用一个整版详细报道中国两会进程，第一时间与中国两会“对表”。（《人民日报》2018年3月5日）

无论是机关、团体、单位，还是普通民众，都需要时时“对表”，消除误差，朝着正确的方向前行。对于我们个人来说，“对表”有助于自省自励，是必不可少的功课。

“洗”的泛用

◎高丕永

2017年6月16日,《人民日报》的第5版发表《向“洗稿式原创”说不》一文,全国各大门户网站纷纷转载。新词“洗稿”迅速变为“网红”。所谓“洗稿”,是指侵权媒体用各种手段把其他媒体发表的原创文稿“洗”成自己的“原创”再发表。“洗稿”的手段千变万化,但其本质仍然是“抄袭”。例如:

(1)许多媒体由于时间、经济和人力方面的原因,不能得到自己想要的稿件,在稿源缺乏的情况下就会对其他媒体的稿件进行“洗稿”,这样既可以以自己媒体的名义刊登稿件,又可以避免抄袭的指斥,减少版权纠纷。随着自媒体的发展,许多自媒体都出现了无米下锅的窘境,于是,“洗稿”就成了自媒体侵害著作权的重要形式。(《青年记者》2017年2月下)

(2)市场竞争日益激烈,商业模式更加多元,“洗稿”“伪原创”等打擦边球的侵权行为不时出现,对于这样隐蔽性强、取证难的侵权行为又该如何处理?(《人民日报》2018年6月5日)

“洗稿”,参照“洗钱”仿造而来。“洗钱”被收入《辞海》等工具书已有多年,指通过各种手段将非法所得合法化。(“洗钱”的来历和演变,参见本刊2001年第10期)“洗稿”,就是通过各种手段非法占有别人的原创内容并获利。可见,“洗稿”高仿“洗钱”,不但构词方式一样,表示意义的“套路”也一样,唯一不同就是“洗”的对象不一样。汉语新词语里,高仿“洗钱”而来的,除了“洗稿”,还有

"洗权"和"洗档案"等。

"洗权",《2015汉语新词语》释义为:"通过一定程序,将不正当途径获得的权力、利益和机会合法化。"例如:

(3)我想既然"反洗钱"如今已经有法可依,那么"反洗权"的立法一定也指日可待。我在这里所指的"洗权",是指通过不正当的手段谋取权力又利用合法的形式洗去权杖上的血污,使其变得光彩夺目堂而皇之。(《中华魂》2004年第10期)

(4)如果说,通过各种手段将非法所得资产和资金合法化的行为是"洗钱"行为的话,借用这个概念就可以说,通过各种程序将不正当途径获得的权力、利益和机会合法化则是一种"洗权"行为。(《上海教育评估研究》2015年第2期)

"洗档案",《2015汉语新词语》释义为"涂改、伪造人事档案的造假行为",也就是"通过各种手段把自己或别人档案中不利的材料篡改成有利材料的行为"。例如:

(5)有基层干部说,当前,组织部门对领导干部的选拔任用,在年龄、学历、工作经历等多方面都有了更加明确和具体的要求,有些条件不够的干部为了"占位子""争帽子",即便明知有暴露和被查处的风险,却依然将"洗档案"当成火线上位的"临门一脚"。(《新华每日电讯》2015年2月26日)

2018年5月28日,《人民日报》在第5版上发表评论《呵护原创精神的火花》,再次抨击"洗稿"行为,并开出了有效治理的药方:"法律持续释放威力,无论洗稿者还是抄袭者都会受到触动,心生忌惮;公众日益凝聚共识,对洗稿零容忍,不沉默,更不纵容,它的生存空间就会更加逼仄。"显然,这同样适用于有效治理"洗钱、洗权、洗档案"行为。

"洗稿、洗权、洗档案"均属不正之风,都是违法乱纪之行为,应当批评和谴责,并立即纠正,涉及违法的则依法惩处。

棺材不称“灵梓”

◎李景祥

2018年3月29日《北京晚报》第39版刊载了《碧云寺路为何称“煤厂街”》,其中一段写道:“5月22日,在碧云寺举行了孙中山先生遗体改殓仪式。……2时30分,孙中山灵梓出碧云寺大门,沿煤厂街缓缓而行,沿街商铺再次纷纷悬挂白花、黑幛子为其送行。”这里的“灵梓”应改“灵榇”。

榇,读作chèn,古称空棺为榇,后用来泛指棺材。因古时多用梧桐木做棺材,也作梧桐的别称。所谓“灵榇”,即灵柩。瞿秋白《赤都心史》二:“我远望着克氏的灵榇抬出来,面色还蔼然含笑似的。”上述引文描述的是将孙中山的棺材从香山碧云寺移往南京中山陵一事,自可用“灵榇”。

“梓”读zǐ,木名,落叶乔木。嫩叶可食,皮可入药,木材可供建筑及制作家具、乐器等用。古时确有用梓木制作棺材的,但没有将棺材称为“灵梓”的说法。

是“长干里”非“长千里”

◎国　轩

2018年6月10日《每周文摘》第15版刊有《航海家郑和也是建筑工程专家》一文,其中写道:“大报恩寺为明代南京名刹,位于中华门外一华里的古长千里。”这里的“长千里”错了,应是“长干里”。

长干,古建康的里巷名,其故址在今江苏省南京市南。《文选·左思〈吴都赋〉》:“长干延属,飞甍(méng)舛互。”刘逵注:“江东谓山冈间为‘干’。建邺之南有山,其间平地,吏民居之,故号为‘干’。中有大长干、小长干,皆相属。”宋王相之《舆地纪胜》卷十七:“长干是秣陵县东里巷名。”后人也会用“长干”来借指南京。三国时期,东吴政权在秦淮区建造了建初寺,后毁于战火,之后历代曾于此多次重建佛寺，如长干寺、报恩寺、天禧寺等。明永乐十年（1412），朱棣下令在建初寺原址上修建大报恩寺，工程历时近二十年。大报恩寺是中国历史上规模最大的寺院。

南京中华门外并没有一处叫“长千里”的地方，大报恩寺自也不在那里。

“轻尘”可“浥”不可“悒”

◎阎德喜

2018年第1期《书屋》中刊载了《宋版〈王右丞文集〉经眼录》一文，其中写道：“此外，王维还写过一些著名的赠别朋友的抒情绝句，如‘渭城朝雨悒轻尘，客舍青青柳色新……’，早已成为脍炙人口的名篇。”这里错引了诗句，“悒轻尘”应为“浥轻尘”。

浥，读yì，《说文》：“浥，湿也。从水，邑声。”本义为湿润，引申指沾湿、浸润。上述引文中的诗句出自《送元二使安西》：“渭城朝雨浥轻尘，客舍青青柳色新。”意思是清晨的雨水浸润了渭城地面的尘土，旅舍前的柳树枝叶青嫩仿佛焕然一新。

“悒”读作yì，指忧愁不安，如忧悒、悒悒不乐。“悒轻尘”无法说通，误“浥”为“悒”应是音同形似所致。

难以理解的“尽猝”

◎陈福季

《书屋》2018年第6期刊有《北赵南陈挺秀书林》一文，其中说：“赵万里尽猝图书馆事业，其立志之坚，肆力之勤足为学林楷模。”此句中的“尽猝”难以理解。

猝，音cù，本义为犬从草丛中突然冲出来追赶人，引申为突然、立即之义，如猝然、猝不及防。上述文章中的“尽猝”不知何义。按上下文，文章是想表达赵万里其人尽自己之力于图书馆事业，是献上自己的一切力量，应用“尽瘁”吧。

瘁，音 cuì，有劳累、忧愁等意义。有成语“鞠躬尽瘁”，是说恭敬谨慎，竭尽心力。“尽瘁”就是竭尽心力之义，代入上述引文中恰如其分。

何来“靡子”

◎得　喜

2018 年 1 月 15—21 日《黑龙江广播电视报》的 06 版上刊文《哈尔滨，从“屯子”走来的现代化大都市》，其中说：“过去在牛房屯，大家都说山东话，生活是山东人的习惯，东北人去了，他们会说你是‘臭靡子’。”此处的“靡子”应为“糜子”。

“糜”是个多音字，可以读 mí，指稠粥或像粥一样的事物，也可读 méi，指糜子。糜子又称“穄（jì）子”，是黍的一种，禾本科一年生草本。现今通常将黍中粳者称“稷子”“糜子”，糯者称“黍子”“黄粟”。糜子是东北人的主食之一，因此有时会被看作东北人的象征。

“靡”也是个多音字。读 mí 时表示浪费、奢侈，读 mǐ 时则有倒下、美好、没有等义项。汉语中没有“靡子”之说。

“求签”后才有“奇验”

陈关春

学林出版社 2016 年 1 月出版《上海乡绅李待问》一书，书中第 113 页如此写道：“相传，某日松江府城隍庙发出文告，盖威灵公李待问的大印。竹冈李氏族人纷纷前去祈祷，发现求韱所示大多奇验。”此处应用“求签”，却讹为了“求韱”。

韱，音 xiān，《说文·韭部》：“山韭也。”山韭是一种多年生草本，具平伸的粗壮根茎，数枚聚生，鳞茎外皮红褐色或灰白色，膜质。《本草纲目·菜部·山韭》：“苏颂曰：韱，山韭也。形性亦与家韭相类，但根白，叶如灯心苗耳。”也叫山葱。“韱”字可通假为“纤（纖）”，有细、少的意思。

“签”是“籤”的简体写法。

籤，本指削尖了的小竹片，有标识、书签、抓捕犯人的凭证等义，也指民间或寺庙中供求神佛卜问吉凶所用的卜具，多是竹制，常刻或写有文字符号或诗句。冰心《我的故乡》：“家里有人还到庙里去替我母亲求签。”

上述引文中是说所求到的“签”大多是特别灵验的，与“籤”没有关系。

“归宿”是“茔”不是“莹”

◎杨昌俊

2017年3月18日《人民日报海外版》第11版刊有《回家》一文，其中写道：“父母先祖的坟莹似乎是家的归宿，但那已然是死魂灵了。”此处的“坟莹”有误，应是“坟茔”。

茔，读作yíng，从土，荧省声。本义是墓地，也指坟墓，清刘献廷《广阳杂记》卷五：“《方言》：凡葬无坟者谓之墓，有坟者谓之茔。”“坟茔”也就是坟墓、坟地的意思，上述引文中即为此义。

“莹”也读yíng，本义是像玉的石头，也指光洁明亮的色泽，如晶莹、莹润。汉语中没有“坟莹”一词。

“护士节”并非中国设立的

毛纬武

2018年6月20日《都市快报》A13版《谁是您心目中的好医生？》一文说：“……我国以医师为代表的1100多万卫生与健康工作者将迎来自己的节日——首个‘中国医师节’，这也是继护士节、教师节、记者节之后，我国设立的第四个行业性节日。”然而，护士节并非中国设立的节日。

护士节，即国际护士节，是为纪念近代护理学和护理教育的创始人弗洛伦斯·南丁格尔（1820—1910）而设立的。弗洛伦斯·南丁格尔是英国的一位女护士。在1854年到1856年的克里米亚战争中，她率领护理人员赴前线参加伤病员护理工作，建立医院管理员制度，提高护理质量，使伤员死亡率迅速下降。1860 年 6 月 15 日，她在伦敦创建了英国第一所护士学校，使护理事业逐步走向专业化、科学化，并且推动了西欧各国以及世界各地的护理工作和护士教育的发展。1912 年，为纪念南丁格尔对护理工作做出的贡献，国际护士理事会将其诞辰日 5 月 12 日定为国际护士节，它就成为全世界护士的共同节日。

莫把“间架”作“肩架”

◎阎心士

2017 年第 12 期《书屋》上刊有《禅治文的“儒生”风范》一文，其中写道：“主体汉字的下方特别提示学生要掌握汉字肩架结构的特点……”这里的“肩架”应为“间架”。

间架，本指房屋的结构形式，常用来比喻文章、方案等的结构、布局。后也借指汉字书写的笔画结构。

在摄像器材中，有种和摄像机组合在一起后可用肩驮起的支架，被称作“肩架”。

“掺和”莫作“参合”

◎龙启群

电视连续剧《新警事》第 8 集中有句台词：“跟你说了多少次了，我的事儿你别参合！”（字幕同步显示）此处“参合”应为“掺和”。

参合，音 cānhé，表示参考并综合。在古书中，“参合”一词还有验证相合、符合、并列、综合观察等含义。但这些含义都与上述台词所说意思不相符。

掺和，音 chānhuo，其含义有二：一是掺杂混合在一起，如把黄土和石灰掺和起来。二是参加进去（多指搅乱、添麻烦），如杜澎《双窝车》：“这牲口交到我手归我管，我的事儿不用你掺和。”第二种含义正合上述台词的意思。

浅谈古今字

◎苏培成

《说文·齿部》:“齧,噬也。从齿㓞(qià)声。”读 niè。这个字后来写作囓,现在简化作啮。齧和啮读音和意义相同,只是写法不同。这样的一组字叫作古今字。清代文字学家段玉裁说:“凡读经传者,不可不知古今字。古今无定时,周为古则汉为今,汉为古则晋宋为今,随时异用者谓之古今字。”为什么古字“齧”要改为“啮”呢?主要是为了使用方便。下面举出几组不同类型的古今字,供学习时参考:

亖与四。甲骨文的一二三四都是由等长的横画组成,一个横画是一字,两个横画是二字,三个横画是三字,四个横画是亖字。一、二、三沿用至今,亖后来改为四,因为亖书写不便。古文字四字本指呼吸,假借为数字四,这样一来四字一身二用,既表示本义呼吸,又表示假借义数字四。为了避免相混,于是给表示本义的四字加上偏旁口组成呬字。《说文·口部》:“呬,东夷谓息为呬(东齐地方叫呼吸作四)。从口四声。”读为 xì。亖与四是古今字。

丨与十,十与七,七与切。甲骨文数字十作丨,是一竖画,而数字一是一横画,二者的区别只是竖画与横画的不同。为了加大二者的区别避免相混,于是在表示十的竖画中间加上一个点。后来这个点向左右扩展成为一横,这个字变为十。就数字十来说,丨与十是古今字。甲骨文数字十由丨演变为十,和数字一不会相混,可是和甲骨文数字七形体相同。甲骨文数字七本来作十,为了避免与数字十相混，古人就把作为数字七的十字稍加改变，把它中间竖画的下端向右转折，变为了七。就数字七来说，十与七是古今字。甲骨文数字七本来作十，是一个横画被一个竖画断开，它的本义是切开。为了把七的本义与假借义区分开来，免得混淆，就给七字增加了偏旁刀成为了切。就切字来说，七与切是古今字。上面介绍的三组古今字，可以总结如下：

	古字	今字
数字十	丨	十
数字七	十	七
切字	七	切

讼与颂。《说文·言部》："讼，争也。从言（讠）公声。一曰歌讼。"讼的本义是争辩，成语"聚讼纷纭"里的讼就是这个意思。引申为诉讼。《论衡·物势》："讼必有曲直，论必有是非。"讼字的另外一个意义是歌颂。《韩非子·孤愤》："是以诸侯不因则事不应，故敌国为之讼。"这句话的大意是：邻国诸侯如果不通过这些人，所求必不见回应，所以就为他们歌颂。讼字既表示争辩又表示歌颂，使用时容易造成歧义，需要分化。《说文·页部》："颂，皃（貌）也。从页公声。"本义是指容貌，后来假借颂字表示歌颂。《荀子·天论》："从天而颂之，孰与制天命而用之。"就歌颂的意思说，讼与颂是古今字。

莫与暮。古文字莫是会意字，从日从茻（mǎng），表示日在草莽之中。从字形上看，日在草莽之中既可以指早晨也可以指傍晚，语言社会约定俗成为暮，表示傍晚。这个字假借为否定性无定代词莫，意思是没有谁或没有什么。《论语·里仁》："不患莫己知，求为可知也。"大意是不怕没有人知道自己，去追求使别人知道的本领好了。为了区分本义与假借义，给字形莫加意符日组成了从日莫声的暮，表示本义傍晚。莫与暮是古今字。

说与悦。《说文》："说，说释也。从言（讠）兑声。一曰谈说。"说释即悦怿（yì），指欢乐，愉快。《论语·学而》："学而时习之，不亦说(yuè)乎。"这个义项后世写作悦。说(yuè)与悦是古今字。说字还表示谈说，读 shuō。《论语·八佾》："成事不说。"后世仍用说，字形没有改变。

责与债。责在古代是多音多义字。《说文·贝部》："责，求也。从贝朿(cì)声。"本义是索取。《左传·桓公十三年》："宋多责赂于郑。"意思是宋国多次向郑国索取财货。责在古代还表示要求。《论语·卫灵公》："躬自厚而薄责于人，则远怨矣。"何晏《集解》引孔安国的话："责己厚，责人薄，所以远怨咎也。"还表示责任。《韩非子·南面》："主道者，使人臣有必言之责，又有不言之责。"责的这几个义项现在都读 zé，用字没有改变。另外，责在古籍里还读 zhài，假借为债务。《战国策·齐策》："谁习计会，能为文收责于薛者乎？"文指田文，即孟尝君。这个责后世改为债。在债务这个意义上，责与债是古今字。

醋与酢互为古今字。《说文·酉部》："酢，醶也。从酉乍声。"读 cù。醶(yàn)的意思是酱醋的醋。清代文字学家桂馥所著《说文义证》指出："《齐民要术》有作酢(cù)法，云：'酢者，今醋也。'"《隋书·酷吏传·崔弘度》："宁饮三升酢(cù)，不见崔弘度。"后世酢用为酬酢字，指客人用酒回敬主人。《说文·酉部》："醋，客酌主人也。从酉昔声。"读 zuò。《仪礼·特牲馈食礼》："祝酌授尸，尸以醋(zuò)主人。"尸指古代祭祀时代表死者受祭的活人。醋(zuò)后世用为酱醋字，读 cù。徐锴《说文解字系传》说："今人以此(指酢字)为酬醋(zuò)字，反以醋为酒酢(cù)。时俗相承之变也。"就酬酢的意思说，醋与酢是古今字；就醋的意思说，酢与醋是古今字。

僮与童互为古今字。《说文·人部》："僮，未冠(读 guàn，指行冠礼)也，从人童声。"读 tóng。本义指未成年的男子。《论衡·偶会》："僮谣之语当验。"

与植物有关的词

◎陈运舟

在缤纷的词语世界里，你可知道，有些词与植物之间有千丝万缕的联系？

古代乐府民歌《孔雀东南飞》中，刘兰芝在告别丈夫时说道：“妾有绣腰襦，葳蕤（wēiruí）自生光。”诗句用了“葳蕤”一词形容刘兰芝腰襦上刺绣的华美。葳蕤本指草木茂盛枝叶下垂的样子，宋代黄公绍《古今韵会》说：“葳蕤，草木叶垂之貌。”历代诗人描写草木枝叶繁茂而下垂时往往用上这一词语，如唐人张九龄《感遇》：“兰叶春葳蕤，桂华秋皎洁。……草木有本心，何求美人折？”兰草的叶子下垂而美，诗句用葳蕤形容它。诗人以春兰秋桂自喻，表达了洁身自好，不与奸佞同流合污的情怀。“葳蕤”由茂盛引申为华美，如“葳蕤自生光”中的“葳蕤”，又如《文选·左思〈蜀都赋〉》：“敷蕊葳蕤，落英飘飖。”张铣注：“葳蕤，花鲜好貌。”又由下垂义引申指柔弱貌或人的精神萎靡不振。清代和邦额《夜谭随录·章佖》：“儿家小娘子葳蕤之质，年十六，孤处无依，欲求人家兰玉而伉俪之。”此处“葳蕤”即柔弱之义。《红楼梦》：“袭人道：‘你出去就好了，只管这么葳蕤，越发心里腻烦了。’”

僮后世表示仆人。《说文·辛（qiān）部》：“童，男有罪曰奴，奴曰童，女曰妾。”童本义指仆人，特指未成年的奴仆。《汉书·货殖传》：“牛千足，羊彘千双，童手指千。”颜师古注引孟康说：“童，奴婢也。”童后世表示幼童。段玉裁《说文解字注·童》：“今人童仆字作僮，以此为僮子字，盖经典皆汉以后所改。”就幼童义说，僮童为古今字；就仆人义说，童僮为古今字。

不了解古今字阅读古籍往往出错。古今字是汉字字形演变的一条规律，弄明白这条规律有助于阅读古典文献。

清代忧患余生《邻女语》:“我的父亲何等激昂,难道我就是这样的葳蕤不成?”此二句中的“葳蕤”都是萎靡之义。

“兔丝”常用以指妻室。明代屠隆《昙花记·超度沉迷》:“托身在烟峦霞峤,那管你风情月调,既撇却兔丝了,岂复惹闲花草!”兔丝其实是一种草,即菟丝子,一年生草本植物,蔓生,茎呈丝状。菟丝子多缠络于其他植物上,故用以比喻妻子。明代高明《琵琶记·官媒议婚》:“闲藤野蔓休缠也。俺自有正兔丝,亲瓜葛。”其中的“兔丝”是妻室。

葛,多年生草本植物,茎蔓生;瓜也是蔓生植物。瓜和葛能缠绕或攀附在别的物体上,故用作比喻辗转相连的关系或泛指牵连相关。清代李渔《玉搔头·得像》:“只是这支簪子既在奴家头上顶戴多时,也就有些瓜葛了。”这里的“瓜葛”就表示相关、牵连。“瓜葛”也用来喻夫妻。三国魏曹叡《种瓜篇》:“与君新为婚,瓜葛相结连。”

现在,人们用“豆蔻年华”称美好的少女时代,这始自唐朝杜牧《赠别》一诗:“娉娉袅袅十三余,豆蔻梢头二月初。春风十里扬州路,卷上珠帘总不如。”杜牧形容这位婀娜多姿的少女,像那早春二月枝头待放的豆蔻花,春风十里的扬州城里没有哪个姑娘比得上她。豆蔻,属多年生草本植物,有红豆蔻、肉豆蔻等多种。南方人取其尚未大开的,称为含胎花,以其形如怀孕之身。杜牧诗中应是指红豆蔻。据宋人范成大《桂海虞衡志》记述,红豆蔻叶如芦苇,色绿,花丛生,春末始开花,每一花实有数蕊,蕊下垂如葡萄,或如缨络,或如剪彩,煞是好看。“二月初”时,豆蔻花蕊含苞待放,诗人把它比作十三四岁未成年少女是恰当的。因古代女子十五岁为成年,称为“笄年”或“及笄”。此外,红豆蔻花蕊,每蕊有心两瓣相对,人们把它作为爱情的象征。杜牧《赠别》诗独写此花,绝非偶然。

误读“令狐”

◎盛祖杰

央视科教频道 2018 年 3 月 26 日播出的《中国诗词大会》中，一位嘉宾点评李商隐的诗《锦瑟》时这样说道：“他能不难受吗？他的老师令狐楚，这算是牛党，唐代是牛李党争，他自己的岳父算是李党，他一辈子夹在牛党和李党中间……”嘉宾把“令狐”读成了 lìnghú，其实应该读 Línghú。

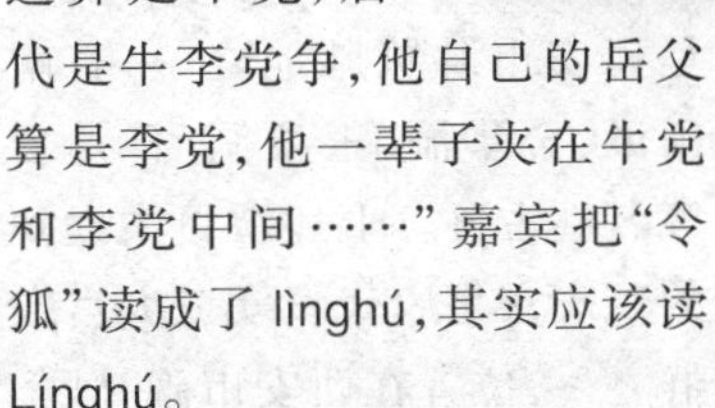

“令狐”本是古代地名，在今山西临猗一带。相传春秋时期晋国的魏颗封于令狐，别为令狐氏，后世因以为姓。“令”有三个读音。读 lìng 时，表示命令、时节、美好等。读 lǐng 时，是英文 ream 的音译，以规定尺寸裁切的平板纸每五百张为一令。复姓“令狐”的“令”则读 líng。嘉宾提到的令狐楚是唐代京兆华原（今陕西铜川）人，他对李商隐的赏识、提携，史书多有记载，如《新唐书·列传第一百二十八》：“商隐初为文瑰迈奇古，及在令狐楚府，楚本工章奏，因授其学。商隐俪偶长短，而繁缛过之。”

此“南山”非彼“南山”

◎禾　宝

央视综合频道2018年5月19日播出的《开讲啦》节目中，主讲嘉宾出示了一张1955年5月交通大学校长彭康带领一批教职员工到西安踏勘校址的照片，他说：“当走到原兴庆宫附近遗址的时候，抬头远望一抹微云，zhōng南山隐约可见……”后句字幕同步显示的是“钟南山隐约可见”。这里搞错了山名，“钟南山”应为“终南山”。

终南山是山名，位于陕西省西安市南，是秦岭山峰之一。也称南山。古时又名太一山、地肺山、中南山、周南山等。相传道教全真道创始人王重阳，北五祖中的钟离权、吕洞宾、刘海蟾，曾修道于此。终南山是西安市游览胜地之一，有南山湫、金华洞、玉泉洞、日月岩等名胜古迹。上述节目中提到的兴庆宫是唐代长安三大宫殿群之一，位置在西安市碑林区。1955年交通大学准备西迁时，西安市政府决定将校址选在兴庆宫遗址的南面，并在遗址上修建了兴庆公园。从兴庆宫遗址应是能眺望到终南山的。

查阅资料，未见有叫“钟南

畅观楼不称观畅楼

◎蔡维藩

电视剧《东方》第34集中，为欢迎西藏代表团来京参加第一届全国人民代表大会，邓小平等一行代表党中央检查接待准备工作，来到十世班禅即将下榻处。其中一位问道："这楼有名字没有啊？"工作人员回答："有啊，这楼叫观畅楼。"（字幕同步显示）其实这楼的名字叫畅观楼，而不是观畅楼。

畅观楼原为清末皇室行宫，位于现在的北京动物园西北部，建成于光绪三十四年（1908）初，为欧式建筑。正门处有珐琅镶嵌匾额，上书"暢觀樓"（畅观楼）。1912年，孙中山先生曾三次到此参加会议。

1954年9月，进京参加第一届全国人民代表大会的十世班禅大师就住在畅观楼。1955年3月，班禅离京返藏前夕，毛泽东还曾亲自到畅观楼看望他。

山"的地名，不过人名倒是有的。中国工程院有位叫钟南山的院士，是呼吸病学专家，曾在2003年全国抗击重症急性呼吸综合征（SARS）时做出过重大贡献。

“自戗伏法”？

◎欧阳昌宏

电视连续剧《九州海上牧云记》第74集中，黑衣侍卫奉虞心忌之命前来客栈捉拿南枯月漓。看到南枯月漓已经自杀，躺倒在地，一个黑衣侍卫说：“南枯月漓已自戗伏法。”（字幕同步显示）这里有两处错误。“伏法”是指依法被处死刑，而南枯月漓是自杀的，故此处“伏法”不当。另外，字幕将“自戕”误成“自戗”了，

戕，qiāng，有残杀、杀害的意思。自戕，就是自杀、自己伤残自己。《红楼梦》第九十回：“却说黛玉自立意自戕之后，渐渐不支，一日竟至绝粒。”

“戗”是个多音字。读qiāng时，有反方向、言语冲突的意思。吴祖光《闯江湖》第二幕：“对付这样的脾气，不能戗着来。”读qiàng时，是支撑的意思。老舍《龙须沟》第三幕：“刚一修沟的时候，工程处就想得很周到，下边用板子顶住沟梆子，上边用柱子戗住了墙。”

剧中南枯月漓得知牧云合戈与皇后皆已落败，便直奔向墙壁，撞墙而死，是自杀，故应该用“自戕”。

卢沟桥事变发生在“七夕”？

◎邹亨昌

电视剧《心如铁》第27集中有一个片段为1937年卢沟桥事变的影像资料，旁白介绍道：“一九三七年七月七日，日军炮轰宛平城，中国守军奋勇抵抗，抗日战争全面爆发。”让人感到奇怪的是，画面的右上角有一个提示“1937年七夕之夜”。

七夕是中国传统节日，是指农历七月七日晚上。相传牛郎织女会在天河相会。此夜古代妇女也会在庭院向织女星乞求智巧。认为卢沟桥事变发生在七夕之夜，显然是将农历与公历搞混了。

卢沟桥事变，亦称“七七事变”。日本侵略军借口在演习中失踪一名士兵，要求进宛平城搜查，遭中国守军拒绝，日军当夜炮击宛平城和卢沟桥。中国守军奋起抵抗。中国共产党立即通电全国号召全民族抗战。这次事变是中国全国性的抗日战争的开始。卢沟桥事变发生在1937年7月7日，这里的“7月7日”不是农历七月七日，而是公历7月7日，因此不可以用“七夕”这个专用名词。

“你好，我是64330669……”（59）

◎姚博士

“弹幕”的“弹”怎么读

问：现在在网上看视频时可以发“弹幕”，请问这个“弹幕”怎么读？是“dàn幕”还是“tán幕”？

——四川　王　君

答：弹，有两个读音。一是dàn，指可以用力发射出去的小丸，还指装有爆炸物可以攻击人、物的武器，如枪弹、炮弹。古代指以竹为弦的弓，如“左挟弹，右摄丸”。二是tán，由于一物的弹性作用使另一物射出去，亦指用手指拨弄，如：弹射、弹冠相庆，还可指检举违法失职的官吏等等。

要说视频网站的“弹幕”，先要了解“弹幕”的原义。弹幕，与“烟幕”“雨幕”一样，以“幕”作比喻，是说子弹、炮弹等密集得像幕布一样遮蔽视线，指密集的炮火射击。如《二战全景纪实》：“这时空军也开始轰炸和扫射，海军则实施徐进弹幕射击，这在太平洋上还是第一次。”“弹幕”的“弹”取“子弹”之义，应读为“dàn”。

现在常说的“弹幕”是指一些视频网站上可以出现在视频上的评论，一般从右往左划过视频。这些评论如同子弹一样“飞过”视频上方，过于密集时也会导致无法看清视频，故也称之为“弹幕”，用的是“弹幕”的比喻义，其读音应该与原义保持一致，读dàn。如读为“tán”，“弹幕”则应解释为“因弹性而发射出来的幕布”，显然不是要表达的意思。

是“叫花子”还是“叫化子”？

问：老师您好！“叫花子”能不能写成“叫化子”？如果能的话，为什么有两种写法？

——大连 白敏男

答：“叫花子”和“叫化子”是一组异形词，“叫花子”来源于“叫化子”，而现在的推荐词形是“叫花子”。下面来介绍一下“叫花子”的词形变化。

表示乞丐的“叫花子”可以追溯到“教化”一词。教化，原指政教风化、教育感化。《诗·周南·关雎序》：“美教化，移风俗。”其中的“教化”即政教风化。《礼记·经解》：“故礼之教化也微，其止邪也于未形。”句中“教化”指教育感化。佛教传入中国后，“教化”也用来指传扬佛教、劝人向善。汉代康孟详《修行本起经》卷上：“教化五浊世人，度脱十方。”而佛教教化的一个重要内容是劝人布施，所以“教化”可指劝人布施。北魏吉迦夜与昙耀合译的《杂宝藏经》卷六：“须达长者欲劝化乞索供养三宝……善业值须达长者教化乞索，心生欢喜……”唐宋时期，“教化”可表示佛教徒向人乞索财物。《太平广记》卷一一六：“常教化钱物，称供养菩萨圣像。”

到了元代，“教化”则不再仅限于佛教徒，世人乞讨也能称为“教化”。元郑廷玉《看钱奴》第三折：“大清早起，利市也不曾发，这两个老的就来教化酒吃，被我支他对门讨药去了。”此时，“教化”开始写作“叫化”。元关汉卿《蝴蝶梦》：“我叫化了些纸钱，将着柴火燃埋孩儿去呵！”宋代以前还未见“叫化”，元代“教化”与“叫化”两种写法均很常见，到了明代大多写作“叫化”。

“教化”和“叫化”本指乞讨这一行为，后也指以乞讨为生的人。宋无名氏《张协状元》戏文第三九出：“教化归乡为没钱。”关汉卿《四春园》第一折：“在城有一人，也是个财主，姓李……他如今消乏了也，都唤他做叫化李家。”这些人也被称为“教化头”“叫化子”“叫化头”“叫化的”等。《元曲选·灰阑记》一折：“呀！怎么我家解典库门首，立着个教化头？”《元曲选·忍字记》一折：“哥哥，门首有那叫化头刘九儿，说哥哥少他一贯钱。”其中“叫化子”最为常用。《元曲选·东堂老》三折：“柳隆卿云：‘赶出这叫化子去。’扬州奴云：‘我不是叫化的，我是赵小哥。’”

至于为什么“叫化子”会变成“叫花子”，有学者推测，是表示骗子的“花子”与“叫化子”互相影响，从而产生了新的词形。“花”有虚浮不实之义，元明时“花子”有骗子之义。《醒世恒言》卷三十六：“逐日东走西撞，与一班京花子合了伙计，骗人财物。”而明清时称乞丐的“叫化子”可缩略成“化子”。如《醒世恒言》卷二十七：“这个小化子，一日倒讨得许多钱。”乞丐和骗子都属于社会底层，有一定的相似性，所以“化子”与“花子”相混，“花子”也可以指乞丐。清代，“花子”多指乞丐，“叫化子”中的“化”也写成了“花”。《醒世姻缘传》第八回：“（珍哥）还说：‘……这要是我做了这事，可实实的剪了头发，剥了衣裳，赏与叫花子去了，还待留我口气哩！’”

现代汉语中“叫花子”与“叫化子”同音，都读为jiàohuāzi，两者又同义，故是一组异形词。2001年《第一批异形词整理表》中对“叫花子”与“叫化子”进行了整理，“叫花子”是推荐词形，而“叫化子”是非推荐词形，据此应该写成“叫花子”。

是"土官"非"士官"

◎周　振

2018年第5期《老年知音》上刊文《说说广西子弟的爱国刚强》，其中写道："早年明朝年间，一位名垂青史的抗倭女英雄瓦氏夫人，就出生在我们广西山清水秀的靖西旧州。她本姓岑，是旧州士官知州岑璋之女……"句中的"士官"应为"土官"。

土官原是我国古代的官名，负责管理有关土地的事务。元朝以前，中原封建王朝就采取"以土官治土民"的统治方针。南宋开始，在部分少数民族地区分封各族首领世袭官爵，以此来进行统治。元朝授各族首领以宣慰使、宣抚使、安抚使、招讨使、长官等官职，又在各族聚居的府、州、县设立土官，"土官"便成了这些少数民族地区世袭地方官的统称，也称"土司"。明朝基本沿袭此制，以宣慰使、宣抚使、安抚使等武官隶兵部，土知府、土知州、土知县等文官隶吏部，皆世袭其职。土官对中央政权负担有规定的贡赋和征发，在辖区内则保存了传统的统治机构和权力。由于土官世袭容易形成割据势力，明清两代逐步废除此制。查阅资料，上述引文中瓦氏夫人的父亲是归顺（治今广西靖西之南旧州）土知州岑璋，称其"旧州土官知州"是合适的。

士官，原为我国古代掌刑狱的官职，也作监狱的别名。现多作士兵军衔，中国人民解放军士官授予志愿兵役制士兵。将词义代入，"士官知州"显然说不通。

《牡丹亭》不是元杂剧

◎沈阳仁

2018年6月9日《北京晚报》第19版刊出《思情筑梦甘为牛》一文，其中说：“他想改编元杂剧《牡丹亭》，把一向以昆曲著称的折子戏，搬上银幕。”这里将《牡丹亭》说成元杂剧、折子戏都是错误的。

《牡丹亭》亦称《还魂记》，是明代汤显祖所作传奇剧本。传奇是明清时期以唱南曲为主的长篇戏曲，是宋元南戏的进一步发展，昆腔、弋阳腔、青阳腔等剧种都以演唱传奇剧本为主，《牡丹亭》就以昆剧演出居多。《牡丹亭》讲述了南安太守之女杜丽娘在梦中与书生柳梦梅相爱，之后感伤而死。三年后柳梦梅到南安养病，见丽娘画像而生爱慕，丽娘感而复生，两人最后结为夫妻。汤显祖（1550—1616）是明代戏曲家，作有传奇《紫箫记》《紫钗记》《牡丹亭》《南柯记》《邯郸记》五种，其中以《牡丹亭》最为著名。

元杂剧是以北曲演唱的戏曲形式，金末元初产生于我国北方。著名作品有《窦娥冤》《西厢记》等。折子戏，指的是在全本戏中情节相对完整、可独立演出的某一折（出）戏曲。《牡丹亭》全剧共55出，如果只演其中的某一出，如《春香闹学》《游园惊梦》，那就可称折子戏。但整本《牡丹亭》不可称折子戏，曲种上也不属元杂剧。

欧阳修『每日吃粥』？

◎阿福

2017年11月10日《青岛日报》第16版上刊文《粥品如人品》，其中写道："盛传的典故就是欧阳修以粥养廉——出身贫寒但勤奋好学的欧阳修，一日三餐都食粥。……有人看不下去，就送了一些好吃的东西给他。他虽然把东西接受了，但照样每日吃粥。有人问其何以如此，他说：多年吃粥，已经习惯了，艰苦的环境能够磨炼人，如果现在改吃好东西，以后没好东西吃了又吃不了苦该怎么办？"这段典故读来有趣，但恐怕搞错了故事的主角。

汉语中有成语"断齑（jī）画粥"，典出《五朝名臣言行录·参政范文正公》引宋魏泰《东轩笔录》："公少与刘某上长白僧舍修学，惟煮粟米二升，作粥一器，经宿遂凝，以刀画为四块，早晚取二块，断齑数十茎……入少盐，暖而啖之。"齑，指用酱拌细切的菜或肉，也泛指酱菜。这则故事的主人公是北宋名臣范仲淹（989—1052），说的是他求学时甘于贫苦的经历。他每天用两升粟米煮粥，待粥凝住后切成四块，早晚各取两块，再切一些酱菜相佐为食。后世便用"断齑画粥"来形容贫苦力学。

这个"断齑画粥"的故事其实还有后续，同样是出在范仲淹身上。明代郑瑄的《昨非庵日纂》上记载，在范仲淹求学的南都学舍，有人见他每日吃粥过得贫苦，便以美食相赠。范仲淹放着送来的美食不吃继续吃粥，赠食的人问他缘由，他回答："非不感厚意，盖食粥安之已久，今遽享盛馔，后日岂能复啖此粥乎？"意思是范仲淹怕享受奢侈后会难回节俭，情愿安于清贫。这段故事和上述引文的内容庶几相同。查阅典

苏冠辛戴

◎晋　相

2018年6月8日《光明日报》第13版上刊文《行进在前辈的大道上——拜谒胡愈之故居》，其中一段写道："滚滚高天尽管清明澄澈，但有了苏东坡，才能唱出'我欲乘风归去'的豪放；莽莽大地虽然葱郁葳蕤，但有了辛弃疾，才有了'倾城随太守'去观猎的老百姓……"这里提到让百姓"倾城"观猎的那位太守，其实并不是辛弃疾，而是苏轼。

苏轼(1037—1101)，字子瞻，号东坡居士，"唐宋八大家"之一。文汪洋恣肆，诗清新豪健，词则开豪放一派，对后世影响很大。上述引文中前一个分句中的"我欲乘风归去"出自苏轼的词《水调歌头·明月几时有》。而后一个分句中的"倾城随太守"典出苏轼任密州知州时写下的《江城子·密州出猎》："为报倾城随太守，亲射虎，看孙郎。"满城百姓都跟随苏轼一同出猎，体现了百姓对他的爱戴之情。

辛弃疾(1140—1207)，字幼安，号稼轩，和苏轼同为豪放派词人，二人被世人合称为"苏辛"。"太守"在宋朝常作知州、知府的别称，曾任绍兴、镇江等地知府的辛弃疾也是"太守"。但"倾城随太守"，与辛弃疾无关。

籍，未见欧阳修"每日吃粥"的记载，恐怕是因生活的年代相近，将范仲淹的事迹附会到了他身上。

不是《水调歌头》是《念奴娇》

◎汤生根

四川人民出版社 2017 年 5 月出版的长篇历史小说《苏东坡》第 251 页写道："他(苏东坡)曾与友人两次游览赤壁,写下脍炙人口的两篇《赤壁赋》,又留下千古名词《水调歌头》: 大江东去,浪淘尽,千古风流人物……"这里说错了,这首词的词牌不是"水调歌头",而是"念奴娇"。

"念奴娇"又名"百字令""酹江月"等。念奴本为唐天宝年间著名歌女,其音调高亢,"声出于朝霞之上,虽钟鼓笙竽嘈杂而莫能遏"。后来,"念奴娇"就成为词牌名。宋词中以苏轼所填《念奴娇·赤壁怀古》最著名,词的开头就是上述文章中所引的"大江东去,浪淘尽,千古风流人物"。

"水调歌头"源于《水调歌》。相传隋炀帝开汴河时曾制《水调歌》,唐人演为大曲。大曲有散序、中序、入破三部分,"歌头"当为中序的第一章。"水调歌头"就是截取《水调歌》的开头一段另创的新调。宋词中亦是以苏东坡的《水调歌头·明月几时有》最为经典。

《"庖汤晏"是啥》解疑

"晏"应改成"宴"。"庖"指厨师,"庖汤"即厨师调制的菜肴。现在的一些农村地区,宰杀年猪时,主人家常会邀请亲朋好友及街坊邻居参与,同时用丰盛的菜肴招待大家。其主菜用新鲜猪肉、猪下水等烹制而成,俗称"庖汤"。如果摆酒宴,可称"庖汤宴"。

赵匡胤“在澶州发动兵变”？

◎木　子

2017年4月6日《北京晚报》第38版刊文《古人为什么青睐数字“一”》，其中这样写道：“古人的重大活动，往往都选在元月进行，如北宋，便选择在一月诞生。开国皇帝赵匡胤于后周显德七年（960）元月，在澶州发动兵变，黄袍加身，改元‘建隆’。”这里犯了个常识性错误，“澶州”应为“陈桥”。

“陈桥兵变”是我国历史上的重要事件。后周显德六年（959），周世宗病故，其子柴宗训年幼即位。次年，掌握兵权的赵匡胤（927—976）乘着主少国疑之机，在赵普、石守信等策划下，借口北汉和辽一同南侵，率军北上御敌。当军队行至陈桥驿（今河南封丘东南陈桥镇）时，赵匡胤授意将士给他穿上黄袍，拥立为帝，改国号为宋，后为宋太祖。之后将各地割据政权逐一击破，统一全国大部分地区，结束了五代十国的战乱局面。

历史上确实也存在“澶州兵变”。后汉乾祐三年（950），即陈桥兵变十年前，时任邺城留守的郭威（904—954）以“清君侧”之名杀后汉隐帝刘承祐。年末，郭威接到契丹南侵的报告，遂率军北上御敌。途经澶州（今河南濮阳一带）时，士兵为郭威穿上黄袍，史称“澶州兵变”。次年郭威称帝，建立后周，后为后周太祖。后周始于澶州兵变，终于陈桥兵变，两次事件有不少相似之处，但不可搞错了地点。

我差不多是一条“咸鱼”了

◎宋垚珺

面对学习的压力，你可能会高喊“我差不多是一条咸鱼了”；面对工作的挫败，你可能会感叹“咸鱼翻身还是一条咸鱼啊”；面对不那么明朗的未来，你可能会勉强自勖“要做一条有梦想的咸鱼”……就这样，咸鱼从人类餐桌上的美食变成了人类进行自我指称的修辞。事实上，有不少学者已经指出：动物王国是语言隐喻涉及最广、最能产的地带之一，且与动物相关的隐喻大多都是影射到人类的行为或品质等概念范畴。比如早年的“害群之马”“地头蛇”“蠢猪”，又比如当下流行的“单身狗”“鸡汤”“熊样”。那么究竟为什么“咸鱼”可以从众多的动物意象中脱颖而出，变成了不做事、不想动、失去梦想的人的比喻呢？

首先来说说“咸鱼”一词的起源。第一，“咸鱼”的流行可能是方言词的普用现象，即从方言词转变为普通话中的词语。咸鱼在粤语中早有“死尸”的引申义，后因电影《少林足球》中周星驰的一句台词“做人如果没有梦想，和咸鱼有什么区别呢？”与五月天（台湾一知名乐团）的励志歌曲《咸鱼》而走红。网络同时异地的性质使得五湖四海的朋友们可以尽情地沟通交流，方言的地域壁垒被取消，咸鱼也因此从方言变为一个在普通话中尤其是网络上使用频率高且稳定的词语，而其本来的地方色彩渐渐被淡化甚至取消（不再是粤语中“死尸”的意义）。第二，我们也可以将咸鱼的词义再生看成是对之前已经被广泛使用的俗语——咸鱼翻身的一种改编。网络用语往往力求一种新鲜感，在我们日常熟悉的语料上动点手脚、创造新意是其惯用的伎俩。以往我们追求的都是咸鱼翻身、出人头地，网友们就趁机打破这个传统认知，开始追问咸鱼何苦要翻身，甚至为不能翻身的咸鱼翻案，人人都戏谑着要做一条咸鱼。第三，“咸鱼”之“咸”在发音上恰巧与“悠闲”之“闲”相同，所以前者很容易被混淆为后者的能指，咸鱼也由此承载了悠闲的、无所事事的人的所指。

我们来考察一下人们通常在使用“咸鱼”时所处的情境。从指称的对象来看，“咸鱼”更多是用在关系亲密的朋友或是自己的身上，是一种谦称，却不够典雅庄重，是一种讽刺，却又营造出轻松的氛围，反映了一种“亲则狎”的语用习惯。换句话说，倘若不小心将咸鱼用在长辈或其他身份地位尊贵的对象身上，那么对方很容易将其作为一种侮辱。从使用的场合来看，“咸鱼”还是符合其作为网络用语的性质，一是需要置于一种非正式、非严肃的场合之中使用，二是其用法常常突破一般的语法规则，如“别咸鱼了”“做人不能太咸鱼”。

最后我们来谈谈“咸鱼”背后蕴藏的文化意义。要知道，咸鱼原来多用于指摘与谴责。如西汉刘向编纂的《说苑》中最早的咸鱼形象，即与“兰芷之室”形成鲜明对比的“鲍鱼之肆”，后者常常指小人聚集的地方而多含贬义。又如五月天歌词中“我是只咸鱼，不想承认”。但随着“咸鱼”的走红（包括语言与表情包的使用），咸鱼原来的贬义性质被不断削弱，当下的年轻人往往并不在意被调侃为“咸鱼”，甚至还热衷于自比为咸鱼。这是因为，咸鱼的使用能够帮助人们实现缓解压力、自我宽慰的效果——通过降低自身的主观能动性，即从人的身份降级为动物的身份，并以此获得逃避压力的借口，实现负面情绪的宣泄。但同时，

认清『流量』真面目

◎徐婷

过去看一个明星艺人“红”的程度，取决于他的歌唱作品或影视作品的流行度和作品销售额，而在如今的互联网大数据时代下，即使没有出色的代表作，只要能带来巨大的“流量”，一样能进入大众视线，成为商业活动、娱乐传媒的“座上客”。

流量原是物理学名词，指单位时间内流经封闭管道或明渠有效截面的流体量。随着手机上网技术的发展，“流量”也用来指手机的移动数据。而目前网络上常说的“流量”是指网站的访问量，用来描述访问一个网站的用户数量以及用户所浏览的网页数量等指标，常用的统计指标包括网站的独立用户数量、总用户数量、网页浏览数量、每个用户的页面浏览数量、用户在网站的平均停留时间等。

随着“流量”而出现的流行词语有“流量IP”“流量担当”“流量话题”等等。如今影视圈、游戏圈、文学圈无不觊觎“流量IP”。所谓“IP”，就是“知识财产”（Intellectual Property），目前多指适合二次或多次改编开发的网络文学、游戏动漫等。国内影视界近年来被一大批IP持续席卷，如《盗墓笔记》《花千骨》《琅琊榜》《微微一笑很倾城》，其背后支撑的是成千上万的狂热粉丝和他们不容小觑的

又以幽默而生动的形象使人不至于太绝望，暗示着这种焦虑是可以通过回归原来的人的身份——即“不做一条咸鱼”而消除的。“咸鱼”作为人消极状态的隐喻，实际上标志着“丧文化”对当下年轻群体的影响越来越大，并借助网络这一平台，使人们可以抒发内心深处真实的情感。

消费能力。

“流量担当”则是指能带来网站访问量的明星或者偶像。“流量担当”的走红仰仗于互联网时代下传统行业的边界被打破，娱乐圈和互联网圈结合得越来越紧密。这些“流量担当”一开始受到一部分青少年的喜爱，后来随着出众的样貌，加上公司团队的经营运作，粉丝效应的传播，使得他们在年轻人当中拥有了高知名度。早在几年前，就有明星凭借微博上“最多评论的博文”“转发最多的一条微博信息”获得吉尼斯世界纪录。传统的音像制品的销量和电影票房已经不够表现人气，微博转发评论量、微信公众号阅读量、百度搜索指数、豆瓣评分、新闻评论等等的互联网大数据成为代表明星或者影视作品的人气指数的重要参考。

而巨大的流量背后，又涉及代言、演出等商业活动的资源分配，因此在互联网上“炒热度”成为如今明星宣传活动的方式之一。“炒热度”即通过炒作某一话题，来获得热度，带动流量，是一种营销推广手段。如微博的“热搜”排行榜反映了最近时间段内最热门、点击率最高的话题，有些营销团队就通过“买热搜”“请水军”的方式出现在排行榜上，增加流量。

不仅娱乐圈与互联网圈紧密结合，餐饮行业、时尚行业、金融行业等传统线下行业也开始与互联网结合，打造出了“网红餐厅”“网红服装”等。通过微信公众号、微博等社交平台，在推广标题中加入热度词，在内容中涉及“流量话题”，不用花多大力气就能吸引大众眼球，打造免费广告。这种“抢镜”的行为就是“蹭热度”。在自媒体时代，个人也会通过原创内容，如在社交平台发表关于对“人工智能”“二胎政策”“网约车”等“流量话题”的观点和看法，来提升自我关注度。

越来越多的“流量担当”走入大众媒体，有着“高起点”身份的他们面临的是更严格的评价和巨大的争议，娱乐行业

从『吃土』到『剁手』

◎毛惟

在网购逐渐普及的今天，商家营销的力度也越来越大。当然，网购的方便性也充分助长了消费者的购物欲。随时随地刷淘宝的频率几乎可以和微信等社交软件相媲美，甚至有一部分年轻人特别是年轻女性把逛淘宝、海淘等等各种形式的网络购物当作一种娱乐消遣。在这种大的消费背景下，网络购物的主要群体——年轻人的实际经济收入显然是无法满足日益膨胀的消费欲望的。在这种通过“双十一”“双十二”“周年庆”等等大型购物狂欢节包装的时段，网民被各种商家抢钱，“吃土”“剁手”这类反映因购物而缺钱的词语也是风头正盛。

“吃土”，顾名思义就是穷到没钱吃饭只能吃土，后来引申到网络购物后发生的缺钱窘境，常被用来形容购物的疯狂程度——网友们常在过度购物后自嘲花销太大下个月“吃土”。“买买买”到超预算，网友自嘲语“吃土”也成为网络热词。“拒

的投资者和大众开始考量这些“流量担当”真正的实力和潜力。而餐饮业的“网红餐厅”，在网络上以高格调的照片和精美的点评文案宣传，却在现实中连连被曝出食品安全问题。

在蹭“流量话题”的热度时，也需要有所选择，不能盲目跟风。如果触及时政类、灾难类话题，就需要慎重。如靠“××明星妻子出轨”话题借势营销同款眼镜、同款车、理财产品等，用这样的热点给自己和商品贴金，虽说不触及法律底线，但落井下石的姿态令人反感。更有甚者违背的是社会公序良俗，挑战的是社会公德。他们是真的“流量担当”还是通过“炒热度”的形式推广而来，还需要网民们擦亮双眼，理智“蹭热度”。

绝烂大街，今年秋冬这2款香水我吃土也要买！”“找到平价替代唇膏的我终于不用再吃土”，类似的用法到处可见。

“吃土”真正被推广到全民，是在2015年双十一购物狂欢节之际，随着集中出现的疯狂购物活动，“吃土”一词从网友自嘲推广为全民自嘲。后来有网友为了表示比“吃土”更穷的状况就衍生出了“吃沙”，因为网友们发现用于栽培的花园土价格仍然不菲，于是就有了比“吃土”更廉价的“吃沙”。无论是“吃土”还是“吃沙”，其词语的本身意义已经被弱化，引申出的“贫穷”意义在不断地被加强，并且语用范围也在逐渐扩大，由原先疯狂购物后的资金短缺扩大到几乎任何原因导致的贫穷。

如果说“吃土”是通过省吃俭用来应对购物花费太大的办法，那么“剁手”就是从根本上切断消费的手段。“剁手”的出处“剁手党”是《咬文嚼字》发布的2015年度“十大流行语”之一。“剁手”指的是通过强行断绝购物方式来控制自己的消费。用普通的话来说就是消费者(大部分为女性)在冷静之后也会意识到冲动消费的问题所在，想要管好自己的手，别让它买买买，产生剁手明志的冲动。因为手是挑选商品、付款、在网上商城刷刷的主要器官，网友们认为只要“失去”了手这一工具就能够控制自己的购物欲。其实从古至今都有做了事情后悔了，然后砍掉手指以明志的过激做法，如剁去手指以戒赌、戒偷等。那么在购物欲爆棚的今天，出现由砍手指“升级”而成的“剁手”，也是有历史渊源的了。

分析这两个和消费有关的网络热词可以发现，有些网络词语的词义虽然看上去仍然保持着字面意义，但是事实上词义还是虚化了，被网友们用来夸张地表达一些特殊心理。

网购少任性，“剁手”不“吃土”。希望广大消费者不要轻易被那些光怪陆离的营销策略煽动而头脑发热，从根本上管住自己的“手”，理性消费。

"打铁还需自身硬"怎么译才过硬

◎陆建非

党的十九大报告指出:"中国特色社会主义进入新时代,我们党一定要有新气象新作为。打铁必须自身硬。党要团结带领人民进行伟大斗争、推进伟大事业、实现伟大梦想,必须毫不动摇坚持和完善党的领导,毫不动摇把党建设得更加坚强有力。"

最近一段时间,"打铁必须自身硬"这一新提法经常见诸报端和党的相关文件,引起海内外媒体和翻译界的关注。习近平在公开场合使用此语最早可追溯到2012年11月15日新一届政治局常委与媒体见面会上,他提出:"全党必须警醒起来。打铁还需自身硬。我们的责任,就是同全党同志一道,坚持党要管党、从严治党,切实解决自身存在的突出问题,切实改进工作作风,密切联系群众,使我们党始终成为中国特色社会主义事业的坚强领导核心。"从"打铁还需自身硬"到"打铁必须自身硬",两字之差,其中的变和不变,不难体味。

中国另有一个和打铁有关的成语"趁热打铁",英语中恰巧有类似的对应俗语,即"Make hay(晒干草)while the sun shines",意思是"趁太阳还在的时候晒干草",比喻要抓紧时间。当然,你也可根据中文直译成"Strike while the iron is hot."但是前者更为传神,而且符合英语民族的表达习惯。说回“打铁还需自身硬”,在英语里没有与这一俗语对应的表达形式,《中国共产党第十九次全国代表大会报告摘编》的英语版中把这句译为“It takes a good blacksmith to make good steel”。blacksmith 即“铁匠”,字面上看此句义为“要锻打出好钢,就要有一个好铁匠”。也就是说铁匠的手艺和锻打出的产品质量密切相关。

有趣的是,英国《每日电讯 报(The Daily Telegraph)》并没有照搬中方译本,此报引用这句俗语时给出的翻译是“To forge iron, you need a strong hammer”,即“为了打铁,你的铁锤得硬”。而美国 CNN(Cable News Network,美国有线电视新闻网)以及《纽约时报(The New York Times)》的翻译是“To forge iron, one must be strong”,意思是“为了打铁,打铁的人得强壮”。以上国外媒体翻译的视角都不够精准,锤子硬,铁砧不硬也不行;人强壮,打铁技术不高也不叫“硬”。“打铁还需自身硬”一句在特定语境中的核心蕴意是强调对“自身硬”的“需求”,而“需求”是一种欲望,这个“硬”还有着“没有最硬,只有更硬”的要求。官方翻译的“It takes a good blacksmith to make good steel.”就译得比较到位,且用上“It takes … to do …”句型,表现出了“需求”。

除了上面几家外媒的例子,也有人将此俗语译成“To be turned into iron, the metal itself must be strong”,义为“如要变成铁,金属本身必须过硬”。这种译法喻体有些错位。还有人用释义的方法译成“To address these problems, we must first of all conduct ourselves honorably”,义为“要面对这些问题,我们首先得体面地管好自己”。尽管这一译文多多少少传递了表述者的原意,但在文采上大打折扣。

一地两检

[中国香港]汪惠迪

自2017年7月香港特区政府宣布将在高铁香港段西九龙站实施“一地两检”以来，屡经波折，《广深港高铁(一地两检)条例草案》终于在2018年6月14日晚立法会三读通过。“一地两检”(One ground two inspections)在香港的本地立法程序基本完成。“一地两检”落实后，香港将融入国家2.5万公里的高铁网络，迎来“高铁时代”。

所谓“一地两检”就是在两个国家(或地区)的边境口岸，在同一个地点对出入境人员、交通工具和货物完成边检、海关与检验检疫手续，两地出入境管理人员，按各自查验程序独立运作，互不隶属。“一地两检”又称“并置边境管制”(juxtaposed border control)，是一种“一站式”的通关模式。现时，内地同胞和老外在深圳从陆路进入香港，有6个口岸，其中深圳湾口岸属于“一地两检”，其他5个口岸都是“两地两检”。跟深圳湾口岸不同的是，在西九龙站实施“一地两检”，无可避免的是必须容许内地人员到香港执法。

所谓“两地两检”是指在两个国家(或地区)的边境口岸，出入境人员、交通工具和货物须先后在一方和另一方口岸完成边检、海关与检验检疫手续。现时，内地同胞和老外在深圳从陆路经由罗湖、福田、皇岗、文锦渡或沙头角5个口岸出入香港，都是“两地两检”。

港珠澳大桥(Hong Kong-

Zhuhai-Macao Bridge）启用后采取“三地三检”的通关模式。三地口岸均位于各自属地内，由香港、珠海和澳门三地政府各自负责设立、管理和执行边检任务，因此采用“三地三检”的通关模式，但是其中珠澳之间采取“合作查验、一次放行”的新模式，这种新的通关方式也叫“两地一检”。

（作者是本刊特约编委）

勿再滥用谐音窜改成语

［马来西亚］林国安

2018年世界杯足球赛来了，这是国际体坛的一件盛事，各语文报章体育版皆图文并茂大篇幅地报道一番。笔者注意到本地华文报报道世界杯足球赛新闻的大标题有一特殊语用现象。请看：

① 40年首场不胜，巴西“瑞”气不足；

② 南美劲旅拦路，东洋军四面楚“哥”；

③ “熊”心万丈吐“乌”气争盟主；

④ 末轮拼16强胜路一条，阿根廷“尼”死我活；

⑤ 乘胜追击晋16强，乌拉圭披“沙”炼金。

我们的中小学生看了这样的新闻标题，一定狐疑：怎么成语写错字了？一般读者也莫名其妙。细读新闻内容，才知原来是这么一回事：

①是说巴西首场锐气不足，没有战胜瑞士；②指日本遇上哥伦比亚，战情危急，陷于四面楚歌之境；③以北极熊指代俄罗斯，说其雄心万丈可挫乌拉圭扬眉吐气；④说阿根廷末轮迎来生死战，只有大胜尼日利亚才能挺进16强；⑤指乌拉

圭乘胜追击"沙漠绿鹰"沙特阿拉伯以晋级16强。

这些都是以球队国名谐音改造成语作为新闻标题，运用了谐音双关的修辞手法，但是窜改了成语的固定形式，让人莫明其妙，是不可取的。而且例⑤还误用了成语"披沙拣金"，更是不伦不类！因为"披沙拣金"意思是"拨开沙子来挑选金子，比喻从大量的东西中选取精华"，无关"炼金"。

上述语用现象，或源自十多年前中国内地盛行的以谐音改换成语用字而成的广告文案，如"默默无蚊"（电蚊香广告）、"骑乐无穷"（摩托车广告）、"咳不容缓"（咳嗽药广告）、"随心所浴"（浴缸广告）。这类广告用语，语义双关，吸引眼球，给消费者留下深刻印象。但是，耳濡目染，让学生写错成语，误解成语，干扰了语文教学，也扰乱了语言应用规范；而蓄意变更成语固定形式，肢解其文化意涵，是对传统文化的亵渎。

据说，中国语言文字工作单位和工商管理部门已经发文，对乱用谐音的异类广告进行专项整治，避免其负面影响进一步扩大。我想马来西亚华文报社的记者、编辑们也应有这方面的认知，不要再玩这类标新立异却没有内涵的文字游戏了，以免贻害莘莘学子，割裂、破坏传统文化。

（作者是本刊特约编委）

沙央，爱你哟

[马来西亚]邓月璇

马来西亚有一首很动听的马来民谣叫《Rasa Sayang》，意思是"感觉爱"。华语音译为"拉沙沙央"。

很多人因这首歌而认识马来西亚。在很多场合，一听此曲，大家就会一边随曲哼唱，一边起舞，瞬间，周围的气氛和情调就热烈起来了。

马来西亚华语是多姿多彩的，华人身处以马来人为主的生活环境里，在日常交往中语言的接触与碰撞是司空见惯的现象。一般的情形是从方言口语开始，最后是两种语言彼此吸收所需要的词语，以丰富自己的词汇。

Sayang便是各方言群都借用的马来词，因尚未规范，所以音译的写法五花八门，有沙洋、莎扬、沙央、撒洋等。不过，使用率最高的是“沙央”，其次是“沙洋”。

Sayang多义，表示“疼爱、爱惜、可怜、浪费、宝贝或亲爱的”。

华人也将此词活用得淋漓尽致，既可以做动词，也可以做名词或形容词。请看用例：

小孩因跌倒而哭得唏里哗啦的，做母亲的会这样哄他：“沙央，别哭。妈妈沙央你呵。”意思是“宝贝，别哭。妈妈疼你呵”。这个句子两次用“沙央”，但前者是名词，后者是动词。

“沙央”也是情侣之间亲昵的称呼，意思是“亲爱的”。

“沙央”也有可惜或遗憾之意。例如“他这么年轻又有才华，却遭遇车祸去世了，很沙央啊”。“沙央”前用程度副词“很”修饰。

“沙央”含有“浪费”之意，例如许多人在谈话中常不经意地溜出口说：“吃不完的食物可以打包回去，可别沙央。”

“沙央”在马来西亚华人社交圈中，使用频率很高，算是一个经得起时间考验的经典借词，虽多用于口语，但大大小小的酒店、度假村、民宿等冠上Sayang之名的更不胜枚举，所以在翻译成华文时，“沙央”也派上用场了。

（作者是马来西亚《中国报》助理编辑主任）

蛇王和蛇头是同义词吗

[中国香港]田小琳

蛇王和蛇头，从构词语素"王"和"头"来看，都是首领的意思。但是它们却不是同义词。区别在哪里呢？

"蛇王"是粤方言常用词。由于粤方言分布在广东、广西，两广是产蛇之地，所以蛇王是指捉蛇拿手之人。据说，一位庞姓蛇王，曾为警察专门聘用，一年捕蛇两千条，保一方百姓平安。

蛇可供食用。在广东、香港、澳门一带，凡售卖蛇羹的店铺，则用"蛇王 ×"作为招牌名称，例如"蛇王良""蛇王业""蛇王福""蛇王二"等，后面一字都和东主的姓名有关。餐馆的箱柜里储有活蛇，随时用来烹调。

上面说的"蛇王"都是名词，意思和蛇有具体联系。

"蛇王"在港澳有另一个意思，是由蛇的特点比喻而来。可以用为名词，表示偷懒的人。形容人偷懒好像蛇一样盘在那里不想动弹，蛇中之王应该是体态肥大，更不想动弹。在香港报刊上出现的"蛇王公仆"一词，就是讽喻个别偷懒的公务员。例如上班时间擅自离开或借故离开工作岗位的公务员，多指外勤人员。"蛇王文化"则指某些公务员中上班偷懒，工作不认真的不良风气。"蛇王"还可用为动词，表示偷懒。例如可以说"他经常蛇王，被炒鱿鱼了"；还可以说"蛇下王"。

"蛇头"是从事贩卖人口，组织偷渡等非法活动的犯罪集团头子。构词语素"头"是头子的意思，不是头部的意思。在有关偷渡的一族词里，都有

“蛇”这个语素，取蛇容易钻营之义。“蛇客”指非法入境者，根据年龄、性别的不同，还有“小人蛇”“女人蛇”“老人蛇”的说法。此外，“蛇船”指运载偷渡者的船只，“蛇窦”是窝藏非法入境者的地方，“蛇匪”指非法入境中的犯罪匪徒等。

因为有“蛇王”一词在先，所以组织偷渡的首领不能再冠以“王”了。汉语的同义语素多，再组“蛇头”一词，和“蛇王”就区别开了。且“王”可以偷懒，讽喻义浓；而“头”的贬斥义就重了。汉语构词之缜密可见一斑。

“蛇王”一词的比喻用法不仅流通于港澳，还流通于新加坡、马来西亚等地。“蛇头”一词随着偷渡现象的普遍则早在世界华人圈中广泛使用了。《现代汉语词典》第7版只收“蛇头”一词，标注来自方言。

（作者是本刊特约编委）

咖啡钱

[马来西亚]杜忠全

5月份的第14届大选，马来西亚实现第一次政党轮替。新政府新作风，逐步落实新政策，其中成为全民话题的，就是交通部长新官上任发布的第一道指令。他说，今后报考驾照，绝不允许“包”的情况。一时让很多人心有戚戚焉。

考驾照之所谓“包”，就是驾驶学院收取的费用中，含“包”给考官的小钱，让考官对学员的小失误不予计较并放行。

这种“包”，就是所谓的“咖啡钱”了。

《全球华语大词典》收有“咖啡钱”词条，谓“称给对方请求其行方便的小钱，带有贿赂性质。用于新马等地。”（第840页）

这一解释相当精确，“咖啡钱”的确是指小额贿金，源自马新社会广泛流行的闽南方言。人们之所以将小额贿金称作“咖啡钱”，与当地长期养成的喝咖啡习惯有关。在晚近外国连锁咖啡名店进驻前，人们在路边摊或传统咖啡店喝上一杯咖啡，所需费用一般不高，任何人都喝得起。按此引申，“咖啡钱”就只是小额金钱。暂且把手边的工作放下了喝杯咖啡，本就有解疲和提神作用，所以也算是给对方的关照及感谢了。

小额贿金与“咖啡钱”，两者具有明言与暗喻之别，而这暗喻词之出现，与当地一百多年来的英国殖民统治背景有关。马新两地的多元民族社会，深受英人喝咖啡之休闲习惯影响，不分种族与阶层，忙累了或穷极无聊，都会喝一杯咖啡来解疲提神或消磨时间。这样，“喝咖啡”就有休息或消闲的意思，要向协助自己的人表达谢意，也说请对方喝咖啡，表示对其出力帮忙有所体恤与感激。

即使有体恤与感激的动机，“咖啡钱”依然是一种贿金，在对方使力之前塞到对方口袋里，以换取他在自己的权限内行使方便，自己的事情也就办成了。这种以“咖啡钱”来换取便利的做法当然是走偏门，是需要纠正的歪风。

眼下政府换届，主管部门的部长革故鼎新，兴利除弊，声言杜绝此事，当然是好事一桩，既可匡正社会风气，也能杜绝“咖啡钱驾照”，让所有开车上路的司机都凭真本事来考取资格，对道路使用者的人身安全，更是一大保障。

（作者是马来西亚拉曼大学金宝校区中文系主任）

《火眼金睛》提示

图1，“一颗”应为“一棵”。
图2，“蜂媒碟使”应为“蜂媒蝶使”。
图3，“温謦”应为“温馨”。
图4，“若水三千”应为“弱水三千”。

揽入人名谜趣增(上)

◎江更生

在灯谜界有个有趣的现象,似乎灯谜作者特别爱将人们熟知的各种人名进行别解后缀入谜中,创制出一条条谐趣盎然的作品来,其数量之多令人惊叹。我想大概是这类灯谜所涉及的人物,多为猜谜者耳熟能详,猜将起来容易入手,相对来说,命中率就高,所以在谜事活动中,撰者喜爱制作、猜者乐意猜射。

将人名植入谜内,当推历史人物名为最多。前人所作的脍炙人口的作品屡见不鲜,内中有一条佳构尤为后学所津津乐道。那就是将《史记·淮阴侯列传》中名臣萧何举荐良将韩信时的赞语"国士无双"作为谜面,要求打《孟子》中一句,谜底为"何谓信"。谜底见《孟子·尽心下》,其本义为"什么叫'信'"。"信"特指孟子思想中的人生价值观之一。释谜时,当别解为"萧何在称道韩信"之意。这里的"何"与"信"均作人名解,经此转义,谜趣顿生。另外,还见有人以唐代白居易《长恨歌》中的名句"春寒赐浴华清池"为谜面,打东晋人名别称"温太真"(注:东晋名将温峤,字太真,世称"温太真")。谜面诗句是说唐玄宗李隆基怕爱妃杨玉环春寒伤身,特恩赐她在骊山(在今陕西临潼)华清宫中的温泉浴池里沐浴祛寒。谜底应作"使得杨太真获得温暖"解,"太真"在此当作杨玉环当女道士时的法号解。人们一般爱将人物的大名与别号入谜，可是也有人别出心裁地搬出历史名人的乳名(俗称小名)来设计谜条。例如以北宋苏轼《前赤壁赋》中颂扬三国时曹操的文句“固一世之雄也”打英国的别称“英吉利”。据《三国志》载，曹操有两个小名，一个是大家熟知的“阿瞒”，另一个即为人们较为生疏的“吉利”，因此谜底“英吉利”可别解为“英雄为曹操”，适与谜面意思吻合。

除了采用古典诗文名句作为谜面之外，尚有大量自行撰拟面句的灯谜出现。例如以“周武王继位”打美容项目俗称“做头发”(注：别解为“做首领的是姬发”。头，首领；发，周武王姓姬名发)；又如以“门下一大将，有人说楚霸王，有人说关云长”打一个“扇”字(注：户，门；羽，既可指楚霸王项羽，也可指三国关羽，其字为云长)等。甚至还有巧妙地利用人物亲属关系进行扣合的趣谜。如有人请出三国时魏文帝昆仲，以“曹丕为兄，曹植为弟”为谜面，打当代作家“迟子建”(注：别解为“迟出生的乃曹子建”。曹植，字子建)；无独有偶，也有人曲折地动用了三国时蜀汉张飞、刘阿斗的翁婿关系，以“赐张飞谥号为桓侯”为谜面，打古代祭祀大典“封禅泰山”。根据《三国志》记载，张飞之女嫁与蜀汉后主刘禅为皇后，故张飞为刘禅岳父。泰山，在此作岳父尊称解。整个谜底别解为“谥号乃封赠刘禅岳父(泰山)的”。

其实，在猜谜活动中，最受群众欢迎的当数隐含现代或当今人名的灯谜，因为它们更接地气。例如有这么一条谜：“汉语拼音之父”桂冠属于谁，打明代文学家，谜底为“归有光”(注：别解为“应归于周有光”)；还有一条，谜面为“梁实秋晚年情书”，要求打一出京剧。大家知道，散文家梁实秋黄昏恋的对象为歌星韩菁清女士，“情书”则为追求心上人的信件，因而谜底为《追韩信》，这里就以姓氏指代人名了。

新加坡的灯谜

◎刘茂业

新加坡华人众多,热爱中华传统文化的不乏其人,灯谜活动亦颇盛行。上世纪八十年代起,狮城每年春节举行"春到河畔迎新年"活动,当地谜人都主桴猜谜"射虎台"。新加坡谜家还经常参与中国谜事,与大陆谜人交流切磋谜艺。不久前在石狮第五届中华灯谜文化节上,我幸遇新加坡灯谜协会会长黄玉兰女士,承蒙其赠送谜刊《谜岛众生》,使我们能有幸获睹星岛谜家新近的妙构佳作,兹摘录书中几条灯谜。

如"经冬犹绿林",打《聊斋》的篇目二"橘树、冷生",谜面出自唐张九龄的《感遇》诗"江南有丹橘,经冬犹绿林",以承上启下法成谜,谜底解释作"橘树在寒冷的冬季生长";"抱明月而长终"打武器名"死光",谜面见苏轼的《前赤壁赋》,"死光"即"激光武器","死"扣谜面上的"终","光"扣"明月";"两袖清风近白头"打辛弃疾词句"廉颇老矣",谜底别解作"廉洁的人已颇老了";"中医坐左边"打一字"矬",将"医"字中间的"矢"放到"坐"的左边,遂合成谜底;"故乡保持原貌"打首都名"里斯本","里"解释为"故里","本"解释为"原本"。这些谜作扣合浑成,饶有谐趣,可见新加坡谜家谜学底蕴之一斑。

每月二谜

1. 扶贫基金(打古文篇目一)
2. 老师休产假(打《三字经》一句)

上期答案

1. 都是同龄"单身狗"(打成语一)
   谜底:齐大非偶
2. 袍泽(打成语一)
   谜底:一衣带水

汉语规范化工作中的思想障碍

◎王　力

在开展汉语规范化工作过程中,我们可能遇到一些思想障碍。现在举出几种比较普遍的思想来谈一谈。

第一种思想障碍是怕吃亏。一个广东小孩说:“为什么不要北京人学广东话,而要广东人学北京话呢?”这个小孩心直口快,说出了他的真心话。实际上有不少人也这样想,以为提倡北京音的普通话是北方人上算,特别是北京人上算,南方人吃亏。同时也确实有一些语言学者强调不折不扣的北京话,令人误会标准的现代汉语就是地方色彩很浓的北京土话。我们认为北京音的普通话应该是一种规范化了的文学语言,因为它不可能是不折不扣的北京话。如果把地方色彩很重的北京土话拿来作普通话的标准,那就犯了语言上的自然主义的毛病了。但是普通话的标准也不可能是凭空杜撰出来的,必须有一种活生生的方言作为基础。从政治、经济、文化各方面的条件来说,北京话都足够具备基础方言的资格,而从几百年的事实特别是近几十年的客观事实看,汉民族共同语的形成也已经确定无疑地走上了这一条道路。广播、电影、话剧的用语,字典的注音,很多小学校的汉语教学,都早已采用北京话作标准。除非我们不要求语言统一,否则各地的方言必须向北京话看齐。这上头没有吃亏不吃亏的问题，有的只是要不要统一语言的问题。

第二种思想障碍是怕行不通。怀着这种思想的人们错误地以为将来会用强迫命令的方式来实行汉语规范化的工作。其实这种顾虑是多余的。所谓规范化，决不是强迫人们说话都死板地遵守一定的格式，说错了要处罚；它只是采取潜移默化的方式，通过学校教育，通过广播、电影、话剧来扩大影响，逐渐收到规范化的效果。拿书面语言来说，也应该只要求最重要的书籍、报纸、杂志在语言的运用上起示范作用，并不能限制每一个写文章的人非依照某一个格式不可，至于修辞和文体上的一切优良的个人特点，那更是应当提倡而不应当限制的了。总之，我们必须把标准和要求区别开来。把全体汉族人民的语言训练得一模一样，那不但永远不可能，而且丝毫不必要。但是我们的共同语言必须有一个明确的规范，使人民大众有所遵循。随着政治、经济、文化的发展，交通一天比一天便利，地域的限制一天比一天减少，语言的统一是完全可能的。汉语规范化的工作，不是由少数人主观地规定某些格式，而是有计划地顺着语言发展的内部规律来引导汉语走上统一的道路，所谓约定俗成，因势利导，那绝对是行得通的。

第三种思想障碍是怕妨碍语言的发展。这种顾虑也是多余的。本来，语言自身就有它的约束性。全社会都这样说，你就不能不这样说，否则你的话别人就不了解，丧失了交际工具的作用。赵高曾经指鹿为马，但是直到今天，鹿还是鹿，马还是马。这种社会约束性也就是天然的规范。同时，世界上一切事物都是发展的，语言也不能例外；社会的约束决不能妨碍语言的发展。上古时代汉族人民把鸭子叫作“鹜”。当时假使有人说成了“鸭子”，当然大家都不懂；然而随着社会的发展，汉语由于某种原因（例如吸收方言或外来语），终于不能不让“鹜”变成了“鸭子”。语言是稳固的，同时又是发展的，这是马克思主义语言学对于语言的辩证看法。片面地一口咬定语言的稳定性，否定了它的发展，那当然是错误的；但是，如果只看见语言的可变性，因而否定了它的规范，不注重语言的纯洁和健康，那同样也是错误的。文学语言在一定的意义上是和方言、俗话对立的；但是它又不断地吸收方言、俗话来丰富自己。这也是矛盾的统一。中国历代的语言巨匠们曾经创造性地运用明确的、生动的、典型的语言手段来丰富并且发展我们的语言；但是我们必须把语言巨匠们对语言的丰富和发展所作出的贡献，和不受约束的无缰之马在语言使用上的捣乱行为严格地区别开来。我们不能同意借口关心语言的发展来反对语言的规范化。

（选自《现代汉语规范问题学术会议文件汇编》，科学出版社1956年7月出版。文章有删节，原标题为《论汉语规范化》）

《成功的奥秘》参考答案

1. 胜卷在握——胜券在握
2. 蟾宫折桂——夺得桂冠
3. 秘决——秘诀
4. 是什么？——是什么。
5. 故弄悬虚——故弄玄虚
6. 在自传中——自传
7. 批露——披露
8. 化整为〇——化整为零
9. 力所不迨——力所不逮
10. 事倍功半——事半功倍

一只烤羊能吃几个人

◎石毓智

八面来风

记得以前我们的家属区刚建了一个游泳池，还添了不少其他体育设施。投入使用前，整个社区举行了一个庆典，每个人都可享受一顿免费晚餐。最受欢迎的是几只烤全羊，排着长龙，每个人手里都拿着一个纸盘子，等师傅用刀一片一片切下来，放在你的盘子里。

我六岁的女儿站在我后面。轮到我的时候，我好奇地问："师傅，一只烤羊能吃几个人？"

师傅回答："一只烤羊大概能吃三十个人。"

然后，我端着盘子到一边吃去了。跟在我后边的女儿，紧张地拉了拉我的衣服，小声地说："爸爸，爸爸，你是不是说错了，烤羊怎么能够吃人呢？"啊，这时我才觉察到这句是有些特殊。女儿晶晶生在美国，长在新加坡，虽然家里说的都是汉语，毕竟外边都是英语世界，对这些习以为常的现象，她却觉得很奇怪。

的确，汉语的这种现象很奇特。更奇特的是，这个句子颠倒主宾语，意思都差不多，不仅可以说"一只烤羊大概能吃三十个人"，而且也可以说"三十个人吃一只烤羊"。类似的现象还很多："一锅饭吃十个人"——"十个人吃一锅饭"，"一张板凳坐两个人"——"两个人坐一张板凳"，"电视机盖着布"——"布盖着电视机"，等等。

著名笑星冯巩，每年春晚都少不了他。他真正做到了一句话，一辈子，出场时总是那句话："亲爱的观众朋友们，我想死你们啦！"用郭冬临的话说，"其实，他一点儿都不想。"且不管冯巩是真想还是假想，这句话在语法上很有特点，颠倒主宾语，意思基本不变。不管是"我想死你们啦"，还是"你们想死我啦"，意思都一样，都是冯巩想观众。可是一般的动词，如果颠倒主宾语的话，意思就完全反了，“冯巩撞倒了郭冬临”与“郭冬临撞倒了冯巩”，他们的意思可就完全不一样了。

烹调方面的很多用语，也是可以颠倒主宾语而意思基本不变的，只是习惯上某一种用法更常见而已。比如，“小葱拌豆腐”——“豆腐拌小葱”，“蘑菇炖土鸡”——“土鸡炖蘑菇”，“韭菜炒鸡蛋”——“鸡蛋炒韭菜”。这种现象很普遍，大家稍一留意，就会想到很多很多。

这些用法，其他语言是很少见的，起码英语是没有的。

汉语很简洁，富于表现力，还表现在方方面面。

老王说“我去看电影”，那就是用自己的眼睛观看欣赏电影。老王说“我去看牙齿”，那意思可全变了，不是照着镜子欣赏自己的牙齿有多白，而是到医院里，让医生用各种仪器，看老王他的牙齿，检查他的牙齿有没有问题。这要搁英语，不仅动词要变，而且语法形式也会不一样，可繁琐了。

类似的，“我去看父母”，我是动作的主体，“探望”父母。然而，“我去看医生”，医生则成了动作的主体，就是“我去接受医生的检查”，或者说“我被医生检查”。

现在不管大人小孩过生日，都少不了吹蜡烛吃蛋糕的节目。“冬冬吹蜡烛”，那是冬冬鼓着腮帮子，从嘴巴里呼出气流，尝试吹灭蜡烛。然而，大夏天的，冬冬从外边打篮球回来，“冬冬吹电扇”，那就不是冬冬鼓着腮帮子吹，而是电扇转动，发出风来吹冬冬。按理说，应该是“电扇吹冬冬”，可是很少会有人这样说。

“妈妈在晒衣服”，那是妈妈把衣服搭在太阳底下，让太阳把衣服晒干。然而，“王大爷在晒太阳”，那就是“让太阳晒”或者“被太阳晒”。按理也应该说成“太阳晒王大爷”，可是从来不会有人这样说。

（原载《汉语春秋——中国人的思维软件》第81—82页，江西教育出版社2015年出版。）

成功的奥秘

（文中有十处差错，你能找出来吗？答案在本期找）

◎伯　淮　设计

北京国际马拉松赛开幕前，舆论普遍认为，来自非洲的选手胜卷在握，定将蟾宫折桂。出乎所有人预料的是，个子矮小的亚裔选手儿玉泰介力压群雄，捧得了冠军奖杯！不仅如此，他甚至还创造了这项赛事的最好成绩——2 小时 7 分 35 秒。

有记者采访儿玉泰介，问他取胜的秘决是什么？儿玉泰介不假思索，脱口而出："我靠智慧获得成功。"长跑向来靠体能，和智慧搭什么界？记者一脸茫然，觉得儿玉泰介在故弄悬虚。

多年过后，儿玉泰介出版了一部自传。在自传中批露了他跑马拉松时所用的智慧："跑马拉松，我会提前几天踩点，反复确认整条路线，并记下沿途的醒目标志。我将那些标志当作一个个终点，以此将整个赛程切分开，化整为○。起跑后，我先奋力往第一个终点冲去；成功到达后，再向第二个终点冲刺；然后是第三个、第四个……每到达一个目标，我就觉得离最后的胜利近了一步，就更加坚信，最后的成功必将属于我！就这样，我成功了！"

我们不能成功的原因，很多时候，并非力所不迨，而是因为感觉成功遥不可及而中途放弃。如果将大目标拆解成若干小目标，每达成一次小目标，就会获得一次成功的体验。成功常相伴，在走向最后成功的途中，会获得事倍功半的效果。

火眼金睛

图中差错知多少？

（答案在本期找）

林万树　曹忠杰
郭宝龙　姚海涛　提供

一颗大树
可造万根火柴

蜂媒碟使

形象的蜜蜂、蝴蝶组合，栩栩如生。蝴蝶对
于梁祝文化的宁波而言，是爱情的缩影；而
历来是勤劳的写照。整组动物造型立体绿雕
勤劳勇敢的精神。

交警温磬提醒：
村庄路口多
请减速慢行

1
2　4
3

ISSN 1009-2390

YAOWEN-JIAOZI

咬文嚼字®

10
2018

叫声凄厉，性情凶猛，能击杀比自身体形大得多的鸟类和兽类，古代被视为“恶鸟”。传说，周宣王时贤臣尹吉甫听信继室的谗言，误杀前妻之子伯奇，伯奇死后，其魂魄化作了伯劳。不过，后世多认为，伯劳因其叫声而得名。《本草纲目》：“伯劳，象其声也。”

海世纪出版集团
迎至邮局订阅本刊 邮发代号 4-641
内统一连续出版物号 CN 31-1801/G
价：5.00 元

雾里看花

“脱辩”？

徐红燕

曾在杭州街头发现一块路标，上面写着“脱辩行驶”。“脱辩”是什么意思？辩，辩论的意思，这和行车有什么关系？猜猜看，答案本期找。

假白菜换真白菜

钱宇星 / 文　臧田心 / 画

一次，一辆菜车经过国画大师齐白石先生家门口。齐白石听到吆喝声，便走出家门，向菜商表示愿意给他画一幅白菜图，换他一车白菜。这个菜商对画一窍不通，也不认识站在他面前的这位名家，更不知道齐白石一幅画究竟值多少钱。齐白石话音刚落，他就气冲冲地说道："你这老头儿真不懂道理，居然想拿假白菜换我的真白菜！"

咬文嚼字®

2018年10月1日出版

10

总第286期

主管：上海世纪出版集团
主办：上海咬文嚼字文化传播有限公司
编辑、出版：《咬文嚼字》杂志社
集团网站：http://www.shwenyi.com
E-mail：yaowenjiaozi2@163.com
官方微博：
http://weibo.com/yaowenjiaozish
电话传真：021-64330669
发行电话：021-64674759
邮购电话：021-64372608-243
地址：上海市绍兴路7号
邮政编码：200020
发行：上海市报刊发行局
发行范围：国内外公开
订阅处：全国各地邮局
邮发代号：4-641
ISSN 1009-2390
CN 31-1801/G
印刷：上海中华印刷有限公司
印厂电话：021-60829062
021-60299079
广告经营许可证：沪工商广字
3100320050020号
定价：5.00元

顾　问

濮之珍　何伟渔

陈必祥　金文明

姚以恩

名誉主编　郝铭鉴

主　编　黄安靖

副主编　王　敏

特约编委

汪惠迪(中国香港)

田小琳(中国香港)

林国安(马来西亚)

吴英成(新加坡)

责任编辑　施隽南

何中辰

朱恺迪

通　联　张　炜

封面设计　王怡君

特约审校

蔡维藩　陈以鸿

李光羽　王中原

张献通　黄殿容

由“小冰”作曲谈到语言创新思维

◎施南仁

上周周末，闲来无事打开电视，央视综艺频道正在播《机智过人》。节目中，知名音乐制作人李泉和黄国伦正在与智能机器人小冰同台竞技：在2小时内为苏轼《念奴娇·赤壁怀古》谱曲。两位音乐人还未正式开始，小冰就把曲子谱成了，用了不到30秒时间。现场一片惊呼。全部完成后，年轻歌手黄龄逐一演唱，让现场嘉宾识别哪支曲子是机器人小冰所作。

我兴趣盎然，仔细辨听。很高兴，我很快就识别出了小冰的曲子。现场观众也一样，大都能顺利识别出。有人是因为小冰的作品缺乏情感而识别出的，有人是因为小冰作品中有几个乐句衔接生硬而识别出的。

我虽然喜欢听歌，但毕竟是“圈外人”，对乐曲的敏感度也有限，不能从专业角度辨听。我是通过什么辨识的呢？在听其中一个作品时，觉得乐句都“似曾相识”，好像都听过，太熟悉了。而在听另外两个作品时，陌生感明显增多，有些乐句还很特别，似乎很少听到。我认为，“熟悉”的可能是机器人的作品，而“陌生”的可能是作曲家的作品。为什么？

这涉及艺术创作中的创新思维。我们知道，艺术创作的灵魂是创新。创作曲谱时，作曲家可能会继承传统曲谱的精华，但也一定会在此基础上有所创新。如果只有继承而没有创新，不是真正的曲谱创作。两只曲谱给我的“陌生感”，其实就是谱曲人自觉融进曲谱中的创新元素所致。

小冰是微软（亚洲）互联

网工程院研发的智能机器人，是用计算机和大数据技术开发出来的。理论上讲，用计算机技术可以对所有存世曲谱进行穷尽性的数据"计算"，精确地分析出构成乐曲的基本元素，并分门别类地对其进行系统整理。用计算机技术，也可以把乐曲的创作规律，精确地编写成乐曲生成程序。只要把乐曲元素及生成程序，按照计算机运行逻辑存放在机器人的"大脑"里，机器人便可以按要求"创作"出曲谱来。然而，不管功能如何强大，不管数据如何庞大，计算机"计算"的都是固有曲谱数据，分析出的乐曲元素只能是固有曲谱的乐曲元素。乐曲生成程序，是按固有的乐曲创作规律编写而成的，也只能按照固有的创作规律生成曲谱。用固有的乐曲元素，按固有的创作规律，显然只能"创作"出与固有曲谱相似的曲谱来，很难出现"创新"元素。这就是小冰的作品听起来"似曾相识"的原因。

其实，语言学领域，同样面临着类似挑战。

网上有好些诗词自动生成软件。只要按照要求输入一些关键词，软件便能瞬间"创作"出一首首满足各种需要的诗词。前些年，这类软件刚面世的时候，曾引起社会广泛关注，有人甚至惊呼：连诗词都能用软件"创作"，作家要失业了。这类软件的设计原理，与小冰的设计原理一样。不同的是，所用素材是用《全唐诗》《全宋词》等等分析出的诗词素材，生成程序是据诗词创作规律编写的诗词生成程序。用这种软件，显然也只能"创作"出"似曾相识"的诗词句子来。许多朋友都用过这种软件，但大都出于娱乐目的，没有当成真正的诗词创作。

文学创作同音乐创作一样，其灵魂是创新。没有创新的作品，不是真正的作品，不可能被世人接受，更不可能流传后世。

文学是语言的艺术，而诗词是语言艺术的最高形式。文学创作的创新，在一定程度上就是语言创新。考察历史，历朝历代的经典作品，无不是语言创新的典范。以语词创新为例。《楚辞》就给后世“贡献”了大量语词，“颠倒黑白”“短兵相接”“何去何从”“一概而论”“瞻前顾后”“心烦意乱”“尺短寸长”“不知所从”“犹豫狐疑”“黄钟毁弃”等等，都出自这部诗集。一部《史记》究竟有多少语词留给后世，恐怕很难统计清楚，“熙熙攘攘”“一钱不值”“一鸣惊人”“万无一失”“一意孤行”“一日千里”“不得要领”“一言九鼎”“一诺千金”“负荆请罪”“丧家之犬”等等，都出自其中。再如：“一泻千里”“别有天地”“刻骨铭心”“扬眉吐气”“摧眉折腰”“直上青云”“笔走龙蛇”“大块文章”“两小无猜”“青梅竹马”等等，就出自李白的诗文；“水落石出”“取之不尽”“雪泥鸿爪”“如泣如诉”“沧海一粟”“胸有成竹”“坚忍不拔”等等，就出自苏轼的诗文。历史上的文学大家，几乎都为后世留有丰富的语言资产；他们是推动汉语演变、发展的重要动力源。

语言创新，是对固有的语言材料、规则的“合理”突破，是作家对语言的创造性运用，往往源自作家的创作灵感。灵感是人脑的特有功能，真正的创新也只有人类才能做到。机器人是按照人为设定的“逻辑”运行的，不能背离此“逻辑”。机器人不可能有人脑一样的灵感，不可能实现真正的创新功能。因此，不必担忧，机器人不可能抢作家的饭碗！不仅如此，凡是对灵感有高要求、对创新思维有高要求的行业，都不必担忧机器人抢饭碗。

最后，还想提一下曾轰动一时的智能机器人阿尔法狗（AlphaGo）战胜围棋职业选手事件。围棋的棋具、规则是固定的，从理论上讲，只要有足够强大的功能，只要不怕费电，用计算机技术可以把围棋的所有“赢法”计算出来；而人脑是绝不可能做到的。阿尔法狗战胜人类职业选手，是理所当然的事情。

一褒一贬的两个“教科书式”

◎高丕永

2018年5月中旬，一段“教科书式执法”的视频在网上热传。“教科书式”一词随之走红，但有不少人并不了解这个词的确切意义。5月25日《人民日报》发表评论，为视频中的“教科书式执法”点赞：“从社会管理的角度讲，所谓教科书式执法，其实就是在流程上一丝不苟，不随意增添和忽略，行必有据。不光有维护正义的立场，而且符合程序正义。……教科书式管理还有一样好处：更有力量。”可见，这儿的“教科书式”含有“规范的、典范的”等意思。

“教科书式执法”“教科书式管理”中的“教科书式”（以下称为“教科书式①”），是上世纪八十年代初汉语意译英语形容词“textbook（由名词textbook转化为形容词）”的借词，有“规范的、典范的、经典的、示范的、完美的、齐备的”等意义，语义色彩为褒义。英语的形容词“textbook”，只能放在名词前作修饰语，借入汉语后大多数情况下也是放在名词性成分前作修饰语。又如：

（1）作为中国企业发展“教科书式”的标杆，联想值得研究。（《商界评论》2012年第1期）

（2）北京、天津、青岛，一天跨三地。6月8日，可以称为习近平主席繁忙外交日程“教科书式”的一页。（《人民日报》2018年6月12日）

但是，有时我们用“教科书式①”的意义解释不了另外一些含“教科书式”的句子。比如：“相比教科书式的口头灌输，‘儿童驾校’用更加直观和有趣的方式，让孩子们更容易接受交通法规。”(《人民公安报》2018年4月3日)为什么？原来，汉语里还有一个比“教科书式①”的借入早得多的借词“教科书式②”。

一百多年前，汉语先从日语直接借入“教科书”一词。日语意译英语名词“textbook”，用汉字写作“教科書”。后来，日语又意译英语形容词“textbookish”，用汉字写为“教科書的”（此处日语的“的”，意义相当于汉语的“……式、……般、……似的”等）。这个日语词同样被借入，并根据汉语特点，被改写为“教科书式”，这便是“教科书式②”。其意义有“繁琐的、老套的、难懂的、不实用的、不实际的、死板的、枯燥的”等，语义色彩为贬义。例如：

(3)作者文笔极好，没有论文腔，也不是教科书式的冗繁陈述。(《书城》2013年第10期)

(4)教科书式的术前谈话虽无过错，却在医患之间垒起一道墙。(《人民日报》2017年6月2日)

我们找到的“教科书式②”的最早例句，出自1953年11月3日的《人民日报》。现在，“教科书式②”的使用数量比“教科书式①”要少许多。两个“教科书式”，有时可写为“教科书般、教科书似的”等。

“教科书式①”和“教科书式②”，一褒一贬两个词，读者如何分辨？一般情况下，如例(3)“教科书式”修饰的名词性成分是贬义的，那么该词是“教科书式②”；再如例(4)根据上下文，“教科书式＋名词性成分”所指的是作者要“否定的、避免的、改变的、去除的”等，那么该词也是“教科书式②”。除了这两种情况，多数句子中所使用的均为“教科书式①”，如例(1)(2)。

不过，语言的表达是丰富多样、变化多端的。在“教科书式”的使用上，也会有修辞特

另眼相看『店小二』

◎徐靖怡

近来，各级政府官员在会议中常说要发扬“店小二”精神，“店小二”一词成了当今新闻媒体的热词。例如：

（1）服务企业，政府做好“店小二”（标题，《人民日报》2018年3月9日）

（2）“政府公务员要强化服务意识，当好服务企业的‘店小二’，做到有求必应、无事不扰。”唱响“店小二精神”，已成强力推动上海新一轮改革开放的突破口。（《人民日报》2018年3月6日）

“店小二”是古汉语中就有的词，多出现于古代话本小说和戏剧中，指旧时驿站、茶馆、酒肆、旅店等处负责侍应的人。在旧社会，底层百姓往往会取一个数字符号来称呼彼此，当家老板理所当然是“店老大”，负责侍应的服务人员位居“第二”，被尊称为“店小二”或“小二”。例如：

（3）（周舍同店小二上，诗云）万事分已定，浮生空自忙；无非花共酒，恼乱我心肠。（《赵盼儿风月救风尘》第三折）

在现代汉语中，“店小二”已经成了历史词语，现实生活中不再使用。前几年，“店小二”的称谓首先在网购业“复活”。随着淘宝网购的普及，淘宝网对其网络管理服务人员的称谓“店小二”也流传开来，只要是在网店工作的服务人员，都可

例。比如，2017年11月下旬，河北唐山交通事故肇事者黄某进行“教科书式耍赖”拒不赔偿的视频，在网上引起广泛关注。11月30日和12月13日，《人民日报》两次发表评论，抨击黄某的“教科书式耍赖”。这里用“教科书式①”修饰贬义的“耍赖”，是反话正说，表达了强烈的讽刺。这是修辞手法的妙用。

以称为“店小二”。例如：

（4）安全专家提示，有些网店经营者对电脑网络的使用经验并不老到，而骗子、小偷更擅长伪装，他们一会儿冒充买家，一会儿冒充厂商，利用聊天工具传送钓鱼网址或网购木马将店小二引入骗局，伺机盗号，进而得到网店控制权，然后其他访问这个网店的买家就会受害。（《深圳特区报》2011 年 12 月 18 日）

（5）“亲，请问有什么可以帮到你？”如果店小二的这句开场白你已经再熟悉不过，那么恭喜你，你已经成功跟上淘宝大军，成为一名网购达人了。（《中国质量报》2013 年 5 月 31 日）

凭借着热情的态度、周到的服务，作为一个小角色的“店小二”却往往给人留下良好的印象。从 2013 年起，浙江的领导干部提出要发扬“店小二”精神，“店小二”渐渐成了官方话语体系中的特色词。由此，“店小二”除了指民间职业，也可以指向政府部门的服务精神。例如：

（6）如今“店小二”旧词新用，借以形象生动地比喻政府的服务功能。官员的角色定位，赋予其时代气息，呼唤公仆精神。（《新民晚报》2018 年 3 月 7 日）

（7）他们由此前的“铁老大”变成了“店小二”，通过整合铁路运输资源，主动对接客户，实行货运列车一日一图，开行货运班列、“点到点”快速货物列车、快运货物列车和特需列车，大大提高了铁路运输的服务质量和供给有效性。（《经济参考报》2016 年 9 月 13 日）

（8）高站位与低身段——“大上海”甘当“店小二”（标题，《解放日报》2018 年 3 月 2 日）

“店小二”作为社会中普通的一员，却具备着有求必应、活力充沛、热情洋溢等特质。正因为如此，政府部门幽默形象地用“店小二”精神概括为人民服务的信念，并努力打造更美好的社会。

误用“歆享”

◎王晓晗

2018年6月8日《潍坊晚报》A03版刊发的《让我走远了来看你》一文中这样写道：“而我们每个人身处其中，既歆享着时代的福利，又成为这个时代不可或缺的造就者。”此处“歆享”一词属误用。

歆，读音为xīn，本义为古代祭祀时鬼神享受祭品的香气，《说文·欠部》：“歆，神食气也。”《诗经·大雅·生民》：“其香始升，上帝居歆。”陈奂毛氏传疏：“歆，飨也。”享，本义也和祭祀有关，指供祭品奉祀祖先，后泛指祭祀。引申有受用、享受等义。“歆享”特指鬼神享受供物，例如鲁迅《祝福》中写道：“只觉得天地圣众歆享了牲醴和香烟，都醉醺醺的在空中蹒跚，预备给鲁镇的人们以无限的幸福。”

而前文想表达的是每个人享受着时代的福利，同时也是时代的创造者。用“歆享”来搭配生活在人世的“我们”，显然是不合适的。

莫名其妙的“根祗”

◎阎心士

《书屋》2017年第12期所刊《稼轩词英雄梦》一文中有对英雄的论述：“在根祗深厚、基脉久远的中华优秀传统文化里，追念英雄、礼赞英雄、褒扬英雄、膜拜英雄、敬重英雄成为文学创作的永恒主题。”这段话中的“根祗”应改为“根柢”。

柢，读作dǐ，本义为树根，后可喻指事物的本源或基础。根柢，即草木的根，也用来比喻事物的根基。另有成语“根深柢固”，与我们常用的“根深蒂固”为一组异形词，义为根基深厚牢固，不可动摇。上述引文中说的是中华优秀传统文化基础深厚，源远流长，用“根柢”来比喻文化的根基是十分恰当的。

祗，读作dī，义为贴身穿的短衣。关于“祗”字，《咬文嚼字》2017 年第 3 期有比较详细的介绍。“根柢”一词难以索解。

“土基”还是“土墼”?

◎裴　伟

2018 年 7 月 20 日《镇江日报》第 11 版《脱土基》说:“买不起砖头,用土基。……模子平放地上,和好的泥慢慢倒入模子中。泥土有柔性,脱土基人要再加工,边边角角,拍打,抹平,填满。土基得周正。然后,轻轻提起模子。模子起处,一块长方形的土基业已做成。”标题和正文都出现了“土基”,但是按文中意思,应是“土墼”之误。

墼,音 jī,指砖或未烧的砖坯,也指用泥土或炭屑团成的圆块。土墼指砖坯,也指石灰窑中烧结的土渣。在方言中还指土坯,就是把黏土和成泥放在模子里制成的土块,可以用来盘灶、盘炕、砌墙。上述文章中说的就是这种土块。而土基,指用土筑成的台基。上述文章显然说的不是此物。

“工蜂”不是“公蜂”

◎龙启群

2017 年 11 月 21 日《永州日报》第 5 版上有篇题为《深山挖蜂人》的报道,文中说:“毒蜂是胡蜂的俗称,公蜂每天外出寻找食物,用来喂养幼虫。”这里说“公蜂”承担觅食喂养幼虫的职责,与胡蜂的生活习性是不相符的。

在动物界,公往往与母相对,用来表示不同的性别,但是在胡蜂群体中,我们更多用“雌”“雄”来称呼。胡蜂是社会性昆虫,蜂群由蜂王、雄蜂和工蜂组成,各自有明确的分工。蜂王为胡蜂群体中具有生育能力的雌蜂,也称母蜂、蜂后,通常每个蜂群只有一至数只。雄蜂的职责是与蜂王交配以繁殖后代,每个蜂群往往只有少量的雄蜂。工蜂则是缺乏生殖能力的雌性蜂,负责筑巢和外出觅食饲育幼虫,又称职蜂。

因此,胡蜂中,“每天外出寻找食物”的是“工蜂”而非“公蜂”,“工蜂”可是雌性呢!

“脸上泅着一坨坨红晕”?

◎江城子

2018年7月10日《扬子晚报》B3版刊有《收山之作》一文,其中有这样一段描写:“这个时候立在锅台旁的妻子,脸上泅着一坨坨红晕,锅里的热气散发到她身上每一寸皮肤里,溢着满满的嫩光。”引文中的“泅着”,应写为“洇着”。

洇,读作yīn,指液体在纸、布等物体上向四周散开或渗透。如,用这种纸写字会洇。泅,读作qiú,本义是游水。如泅渡,义为游泳而过(江、河、湖、海);泅儿,指擅长游水的少年。

红晕,本义指中心浓而四周渐淡的一团红色。人的脸上泛着红晕,有如血液漾在脸上,典型的原因是由于面部皮肤下毛细血管扩张造成的,说“脸上洇着一坨坨红晕”,生动形象。而把它说成“脸上泅着一坨坨红晕”,则是不成话的。

诗歌“含蕴丰瞻”?

◎得　喜

《文艺报》2017年9月20日第5版刊载了《针尖与眼神:时空裂变中的大创造——王久辛长诗〈蹈海索马里〉赏析》,其中有这样一段评论:“王久辛的抒情长诗不但在思想上追求神思高远,含蕴丰瞻,而且呼应这种思想上的裂变……”这里“丰瞻”错了,改用“丰赡”才对。

赡,音shàn,本义为供给、供养,后又有充足、足够之义。丰赡,即丰富、充足。上述文章中称赞王久辛的抒情长诗在思想上追求高境界,内涵丰富,称其“含蕴丰赡”恰如其分。

瞻,音zhān,义为看、望,后引申有尊仰、敬视的意思。“瞻”与丰富、充足无关。误“赡”为

“瞻”，应是形似致误。

何来“堰蜓座”

◎许天勤

《梦天新集：星星离我们有多远》（人民教育出版社 2017 年 9 月出版）在介绍“大麦云”与“小麦云”在星空中的位置时有一幅图（第 94 页），图中标出了诸多星座的位置，其中有一处写的是“堰蜓座”。其实，正确的写法是“蝘蜓座”。

“蝘蜓”是个联绵词，读作 yǎntíng，即指壁虎，古籍中多与蜥蜴、蝾螈等相混。星座的概念是由西方引入中国的，前述文章中提到的“蝘蜓座”，其英文原名为 Chamaeleon，是 16 世纪末荷兰航海家皮特·凯泽和豪特曼共同命名的。在英文中，Chamaeleon 指的是“变色龙”。变色龙与壁虎同属爬行纲有鳞目，外形也比较相似，中文便用“蝘蜓座”来翻译这个星座名。

堰，指较低的挡水构筑物，后在地名中多有使用，如四川的都江堰。“蜓”字从虫，本身并无具体的含义，常与其他虫字旁的字构成联绵词，如蜻蜓、蝘蜓、螟蜓、蜓蚞等。汉语中没有“堰蜓”一词。

襄阳有岘山，无砚山

◎王宗祥

2018 年 7 月 14 日《新民晚报》刊有《人事有代谢　往来成古今》一文，文中写道：“故乡襄阳的唐代诗人孟浩然被誉为‘田园诗人’，但他在登砚山时所写《与诸子登砚山》，登高望远，笔涉古今，堪称千古绝句。”孟浩然当年登的是岘山，不是砚山，所写的诗是《与诸子登岘山》，文章标题“人事有代谢　往来成古今”就出自这首诗。

岘山，又名南岘或岘首山，在湖北省襄阳市南，东临汉水，为襄阳南面的要塞。岘，音 xiàn，义为小而高的山岭。岘山上有岘山碑，或称堕泪碑。据

《晋书·羊祜(hù)传》,羊祜任襄阳太守时,常去岘山饮酒赋诗,羊祜死后,襄阳百姓怀念他,在岘山立庙树碑,"望其碑者莫不流泪,杜预因名为'堕泪碑'"。

砚山,县名,在云南省东南部,属文山壮族苗族自治州。因境内维摩山巅有方池,形如端砚,水色深黝如墨,故谓之砚山。

应是"断烂朝报"

◎阎德喜

《曹聚仁散文选集》(百花文艺出版社 1991 年 6 月出版)中的《谈谈古文》一文中有这样一句话:"该说到《春秋》了;前人也不会有人读那部断栏朝报的。"这里的"断栏朝报"误矣,正确的应是"断烂朝报"。

"断烂朝报"是一个成语,本是王安石对《春秋》的贬称,语出《宋史·王安石传》:"先儒传注,一切废不用。黜《春秋》之书,不使列于学官,至戏目为断烂朝报。"王安石认为《春秋》的残缺过多,解经者在遇有解释不通的地方,便认为此处文字有脱阙,故称《春秋》为"断烂朝报"。断烂,义为残缺不全(古书以简牍为之,断、烂指断简、烂简);朝报,即政府公告,古代传抄皇帝诏令和官员奏章之类的文件。后世也用"断烂朝报"指残缺杂乱、缺少参考价值的历史记载。

前述文章中,曹聚仁先生也应是受王安石的影响,视《春秋》为"断烂朝报",表达了曹先生对古文的一种态度。汉语中没有"断栏朝报"的说法。

鼻孔朝天怎么说

◎浦东轩

"一·二八"淞沪抗战时,左联成员穆木天的妻子因找不到丈夫,带着孩子到也是左联成员的姚蓬子家中寻找,但并未找到。姚蓬子于是陪同他们一起到鲁迅住所寻找,也没有找到。鲁迅后来根据此事写了一首名为《赠蓬子》的诗。2018年2月28日《文汇报》11版《鲁迅旧体诗中的谑语》就提到了这首诗：

鲁迅另有一首《赠蓬子》，亦谑人之貌："蓦地飞仙降碧空，云车双辆挈灵童。可怜蓬子非天子，逃去逃来吸北风。"据云姚的鼻孔很大，并且朝天（借用古语，可云"鼻鄡劓而刺天"），末句谓此。

文章对这首诗的最后一句作了解释，认为是在说姚蓬子的鼻子大且朝天，故会"吸北风"，并引了"鼻鄡劓而刺天"来说明。然而，此句中的"鄡劓"应是"鼷劓"。

鼻鼷劓而刺天，语出晋王沈《释时论》。鼷劓，音liàoyào，仰鼻的样子。"鼻鼷劓而刺天"就是说鼻子仰起，直入云天。"鄡"在古今辞书中均不见其身影。

此"董"非彼"董"

◎居容人

2018年6月30日《团结报》第8版《古代的超级"足球明星"》一文说道："他（汉武帝）的宠臣董贤为了迎合其心思，在家中养了一批专职'足球明星'，经常带到宫中为汉武帝表演精彩赛事。"姑且不论汉武帝是否在宫中看足球赛，此处把汉武帝宠臣董偃说成是董贤，就不合史实。

董偃，西汉人。十三岁随母亲进入汉武帝姑母馆陶公主家。馆陶公主寡居，董偃受其宠爱。董偃因公主得见汉武帝，大受帝宠。后东方朔奏董偃有斩罪三，斥他为"淫首"，由此宠爱日衰，三十而终。

董贤也是西汉人。董贤为汉哀帝所宠幸，二十二岁官至大司马，操纵朝政。《汉书》中记载：有一天汉哀帝与董贤同床睡觉，汉哀帝醒来要走，但衣袖被董贤压住不能离开。见董贤还在睡觉，不忍吵醒他，汉哀帝就将自己的衣袖割断。后就以"断袖之好"指称男子之间的同性恋。

汉武帝与汉哀帝相隔好几代，如此张冠李戴，让人糊涂。

咬嚼日记摘钞（20）

◎郝铭鉴

『对错与否』对不对

在一个学术研讨会上，主持人说了这样一段话：“不论这一观点对错与否，作为一个尊重学术民主的会议，我们首先要维护每一位与会者表达自己观点的权利。”这里想讨论的，就是这个“对错与否”的用法。

这是个习惯用法，因为不仅在这个会议上，在其他会议上，或者是报纸刊物上，广播电视上，我们经常可以听到或见到类似的说法。比如“不论改革成败与否，首先要有一往无前的勇气”“不论关系亲疏与否，在这样的时刻都应该伸出援手”……这些句子中的“成败与否”“亲疏与否”，和一开始提到的“对错与否”，它们所指称的对象，可能各有不同，但结构形式却是完全一样的。

那么这种形式对不对呢？

先来看一下“否”字。否，下面一个口，上面一个不，口中说不，言下之意就是不同意、不接受、不承认。单看“否”的字形，它的否定意味可以说是不言自明。在汉字运用中，“否”可以和前面的词语结合，构成肯定否定关系，前面肯定，后面否定。比如：“是否、可否、能否……”这样的结构能否成立，有一个很简单的验证方法，就是看它能否转换成“某不某”的格式。“是否”可以转换成“是不是”，“可否”可以转换成“可不可”，“能否”可以转换成“能不能”……这些都是符合“某不某”的格式的。平时还经常可以看到“有否”，这种搭配能不能成立呢？“有否”只能转换成“有不有”，但是在汉语中,没有“有不有”的说法,只有“有没有”的说法。所以说“有否”是一个不规范的搭配形式。

“否”的前面如果是两字词,为了保持结构的平稳,我们通常是加上一个连词“与”,以“与否”的形式出现。但不论是“否”还是“与否”,在它们的前面都是只能一面讲,不能两面讲。否则,这个“否”就不能和前面构成肯定否定关系。以我们前面所举的例子来说,“不论成功与否”是正确的,“不论失败与否”也是正确的,但是“不论成败与否”是错误的。同样,“不论亲近与否”是正确的,“不论疏远与否”也是正确的,“不论亲疏与否”就是错误的。

回到前面提出的问题,“不论对错与否”对不对呢?肯定不对。因为“对错”是两面讲的,后面再加“与否”,就成了叠床架屋。既然“对”和“错”都讲到了,“与否”还有什么意义呢?

『大约』和『概数』搭不搭

本人加入的微信群,最热闹的大概要数编辑这个圈子。整天人头攒动,话题不断,议论风生。昨天群管转发了一份材料,是关于图书质检工作的。材料中既有关于质检程序的介绍,如“三审三核一反馈”;也有质检中发现的典型差错,从错别字一直谈到数字用法。关于数字用法,举了一个例子:“约六~七厘米”。材料上说,多了一个“约”字,“约”和概数不能同时使用,可以说“六~七厘米”,不可以说“约六~七厘米”。有群友质疑:为什么非去掉“约”字不可呢?《现代汉语词典》中就有相似的用例。

比如《现汉》第6版的第55页,“北京猿人”词条的释义是:“中国猿人的一种,生活在距今约70万—23万年。”第6版第353页,“法螺”词条的释义是:“软体动物……长约三四十厘米……。”“70万—23万年”,

"三四十厘米",都是典型的概数表述,在它们的前面都有一个"约"字。到底是《现汉》的释义错了,还是质检的判断错了?面对质疑,群管有点无奈,只能实话实说:"总局质检是将此种情况判作错的。"

其实,这是一个老问题。将近20年前,《咬文嚼字》就开展过讨论。在现实生活中,这一类的表述其实是随时可以听到的。比如,"年龄大约在50岁上下","离开学校大概有10公里左右","飞机约莫要飞两个多小时"。这类表述,不少评改病句的书籍,确实都认定是差错,理由是表义重复。但是《咬文嚼字》的专家持有不同的看法。他们认为以"大约"为代表的这一类词语,既不是数字,也不是概数词,而是副词。它们可以和确数结合,使确数概数化,为表述留有余地;也可以和概数结合,使概数情理化,强化概数的估计色彩。"六～七厘米"当然是正确的,"约六～七厘米"难道就错了吗?"大约"和"概数",在这个句子中,可以说是各司其职。"大约"强调的是主观上的一种估计,"概数"是客观上对数字的一种描述。两者相互照应,没有任何的违和感。它们是并不矛盾的。当然,这只是一家之言,在实际运用中,还没有形成共识,哪怕《现代汉语词典》中有这样的用例。

现在谈这个问题,只是想强调一点:语言生活是复杂的。有些语言现象,此亦一是非,彼亦一是非,长期存在争议。作为质检部门、质检专家,承担着为语言文字把关的重任,遇到这一类的疑难杂症,首先,应该抱积极的态度。比如,可以组织专家、同行会诊,通过学术探讨和经验交流,解决编校工作中的疑难问题。其次,在处理、判断上一定要慎之又慎。凡是存在争议的问题,我的想法是:不妨高抬贵手,网开一面。不要只按照传统的理论,或者一己之经验,轻率判为差错,否则是很可能造成冤案的。"约六～七厘米",就是眼前的一个例子。

学林

汉字字形与本义的联系

◎苏培成

汉字与拼音文字不同，汉字记录的是汉语的语素，拼音文字记录的是语言的音素或音节。语素是最小的音义结合体。例如书这个汉字记录的是书这个汉语语素。书这个汉语语素的读音是 shū，意思是成本的著作。汉字记录汉语语素以后，汉语语素的音和义就转化为汉字的音和义，所以我们说汉字是形、音、义的统一体。从造字说，字形表示的意义是这个字的本义。随后在应用中，本义时常孳乳出一些引申义、比喻义、假借义等等。学习汉字，了解它的本义，是掌握该字语义系统的关键，可以提纲挈领，以简驭繁。《说文》这部经典，从原则说它是通过解析小篆的字形说明本义，所以我们可以通过《说文》了解字的构形理据及其本义。例如：

口。《说文》："口，人所以言食也。象形。"口是象形字，本义是用来说话和饮食的器官。

蠢。《说文》："蠢，虫动也。从䖵（kūn），春声。"蠢是形声字，意符是䖵，本义是虫的蠕动。

当然，研究字的本义只根据小篆的字形是不够的，往往还要追溯到甲骨文和金文。因为小篆的字形有的已经发生了讹变，失去了字形与本义的联系。汉字历史这么长，分布地区这么广，在长期流传过程中发生讹变是很容易理解的。有时为了减省笔画，也不得不改变某些字形，也会造成讹变。经过讹变，字形与本义已失去联系。下面是讹变的例字：

为。甲骨文作[illegible]，象以手牵象形，是会意字。古人役使大象帮助劳动。小篆讹为[illegible]，《说文》根据讹变的字形误释为母猴（即猕猴），解释错了。为的本义不是母猴，是做什么事，字形与本义失去联系。

长。甲骨文作[illegible]，象人有长发形，是象形字。本义为长短的长。小篆讹为[illegible]。《说文》分析为从兀（wù），从匕（huà），亡声。兀指字的下部，意思是又高又远。兀里面是匕，表示发生变化。亡指字的上部，是倒着写的。整个字的意思是久远，讹变的字形和本义失去联系。久远是长的引申义，不是本义。

寒。小篆寒作[illegible]。《说文》："[illegible]，冻也。从人在宀下，以茻荐覆之，下有仌（冰）。"是会意字。隶书讹变为寒，沿用至今。隶书的结构比小篆减省，但是失去了与本义的联系。

卧。小篆卧作臥，从臣从人。古文字的臣指人目。人和目横列，指人伏着休息，是会意字。杨树达《积微居小学述林》："古文臣与目同形，卧当从人从目。"《说文》："臥，休也。从人臣，取其伏也。"隶书把人讹变为卜，整字作卧，沿用至今。其中的卜与本义失去联系。

赤。甲骨文作[illegible]，从大从火，是会意字。小篆结构相同。本义为赤色。隶书讹变为赤，大讹变为土，火讹变为亦的下部。字形不再表义。

斗。甲骨文作[illegible]，象有长柄的舀东西的勺形，是象形字。小篆将勺形部分讹为三撇，柄又穿透其中而成[illegible]。楷书讹变为斗，与本义失去了联系。

奔。金文作[illegible]，从夭从三止。夭象人奔跑时两臂摆动之形，止是趾的象形，指脚。三个止为了突出脚的功能。奔的本义是快跑，是会意字。止在金文中已有讹为屮（chè），三止讹为卉，[illegible]讹变为奔。

折。甲骨文作[illegible]，象以斤（斧类工具）断木，是会意字。金文中木讹变为两个屮，两个屮又讹为手。整字变为从手从斤。

射。甲骨文作，象弯弓射箭形。金文里有的加手作，是会意字。小篆弓讹为身，手讹为寸，整字讹为，从身从寸。

得。甲骨文作，从手持贝，表示得到。或加彳作，表示从行动中得到，都是会意字。小篆贝讹为见，整字作，变为现在楷书的得。

除了讹变，假借字的使用也会造成字形与本义失去联系。先秦字少，要完整记录语言必须使用假借。另外，有些表示抽象意义的语素很难用表义的方法造出字来，也只得用假借字。研究汉字字形与本义的联系时要分辨假借。假借义与它所从出的字只有语音上的联系——语音要相同或相近，没有字形上的联系。假借分两类：一类是本无其字的假借，指狭义的假借；一类是本有其字的假借，也叫通假。一个字的假借义不限一项，有些字可以有多项假借义。下列例字里为了讨论的方便，只列出本文讨论的假借义，其它假借义从略：

氏。甲骨文作，象人提着东西。为提之本字，是象形字。后来才改用提字。表示提的氏字假借为姓氏之氏。上古姓和氏不同。每一个氏族或部落有自己的姓，同姓不得通婚。氏是姓的分支，同一个姓下可以有不同的氏。最初的氏是男性部落首领的称号，如黄帝号轩辕氏，炎帝号神农氏。

亡。小篆作。《说文》："亡，逃也。从入从乚。"本义为逃走。《史记·项羽本纪》："是时桓楚亡在泽中。"假借为有无的无。《汉书·贾谊传》："万物变化，固亡（wú）休息。"在上古，亡字为明母阳韵，无字为明母鱼韵。亡和无声母相同，韵部相近。鱼韵和阳韵阴阳对转。

我。甲骨文作，象兵器形。假借为第一人称代词。《诗·邶风·静女》："静女其姝，俟我于城隅。"

专，繁体作專。甲骨文作，象用手转动纺专（纺专：收丝用具）纺线形。假借为专

『囷』与『廪』

◎陈运舟

《诗经·伐檀》是一首古代劳动人民反抗压迫者的诗，诗中义正辞严地斥责了不劳而获的剥削者："不稼不穑，胡取禾三百囷（qūn）兮？"是说你们这些贵族老爷们不干活，不播种也不收割，为何却能得到三百囷这么多的粮食啊？东汉高诱解释说："方曰仓，圆曰囷。"原来，囷是古代一种圆形的粮仓。陕西临潼上焦村秦墓出土的圆形陶仓，门上刻有一个"囷"字；西安东郊汉

一。《易·系辞上》："其静也专，其动也直。"王弼注："专，专一也。"

久。小篆作[illegible]，为灸之初文。象生病的人躺着，后面用艾熏烤。假借为长久之久。《论语·述而》："久矣，吾不复梦见周公。"

豆。豆为古代盛放食物的高足盘，是象形字。《说文》："豆，古食肉器也。"《徐霞客游记》："瓶无余粟，豆无余蔬。"假借为豆类作物名。杨恽《报孙会宗书》："种一顷豆，落而为萁。"

羊。甲骨文作[illegible]，象正面羊头及两角两耳之形。假借为吉祥的祥。徐灏《段注笺》："古无祥字，假羊为之。钟鼎款识多有'大吉羊'之文。"孙诒让《墨子间诂》："《说文》云：'羊，祥也。'秦汉金石多以羊为祥。"后加示旁作祥，为吉祥的祥的专字。

斤。甲骨文作[illegible]，是砍物的工具，与斧相似，是象形字。《孟子·梁惠王上》："斧斤以时入山林，材木不可胜用也。"假借为斤两的斤。《汉书·律历志上》："十六两为斤。"

草。花草的草小篆作艸。小篆的草指草斗（栎树的果实），从艸早声，读 zào，是形声字。假借草（zào）为草木的艸（cǎo），艸字不用。《论语·阳货》："多识于鸟兽草木之名。"这是有本字的假借。

陕西出土的陶囷

墓中也出土有圆形的陶仓，仓身有“白米囷”“小麦囷”等字。可见，“囷”确是当时圆形粮仓的名称。

囷这种圆形粮仓，被用来指许多类似形状的事物。《山海经·中山经》：“又东五十里，曰少室之山，百草木成囷。”郝懿行笺注：“言草木屯聚如仓囷之形也。”唐代诗人杜牧《阿房宫赋》中有：“盘盘焉，囷囷焉，蜂房水涡，矗不知其几千万落！”以“囷囷”形容秦朝阿房宫宏伟的建筑群曲折回旋的样子，真是十分形象！“囷”还用来泛指积聚、聚拢。清魏源《城守篇·守备下》：“其有大树及竹木囷积者，皆攻城之具也。”

《诗经·野有死麕(jūn)》：“野有死麕，白茅包之。有女怀春，吉士诱之。”为获得女子的芳心，男子把捕获的麕用茅草包上送给她。麕，又写作麇。《说文·鹿部》：“麇，麞(同“獐”)也。从鹿，囷省声。籀文不省。”麕，形状似鹿而小，无角，毛粗长，背部黄褐色，腹部白色，这种动物人们习称为獐子。獐子与鹿十分形似，人们有时很难把它们区分开来。这里有一则趣闻，北宋沈括《梦溪笔谈·权智》载：“元泽(王安石之子王雱，字元泽)数岁时，客有以一獐一鹿同笼以问雱：‘何者是獐，何者是鹿？’雱实未识，良久对曰：‘獐边者是鹿，鹿边者是獐。’客大奇之。”

獐，之所以又名麕，李时珍《本草纲目》说是因其“善聚散”。麕常爱聚集在一起，就如粮食集于囷中。麕、麇表示聚集时，要读 qún。《左传·昭公五年》：“求诸侯而麇至。”杜预注：“麇，群也。”吴沃尧《二十年目睹之怪现状》：“上海地方，为商贾麕集之区。”

“你好，我是64330669……”（60）

◎姚博士

是“一摊血”还是“一滩血”？

问：老师，您好！请问“地上有一 tān 血”中的“tān”是写成“摊”还是“滩”？

——上海　张　轩

答：“地上有一 tān 血”的“tān”推荐使用“摊”字。

摊，本义是平铺。周立波《卜春秀》：“小脚婆子走出来，把两手一摊。”“摊”还指设在路旁、广场等处的简易售货处，因为这种售货处最早多把货物平铺在货台或地上。把柔软或糊状食物铺成片状进行煎烤的烹饪方法也叫摊，比如摊煎饼。“摊”用作量词时与其本义也存在关联，用于摊开的糊状物，如一摊血、一摊稀泥。钱锺书《围城》：“我只怕他整个胖身体全化在汗里，像洋蜡烛化成一摊油。”所以，“地上有一 tān 血”可以写成“地上有一摊血”。

那么，“一 tān 血”可否写作“一滩血”呢？查阅相关资料，确有使用“滩”字作为“血”的量词的用例。如杨朔《乱人坑》：“正干着活忽然就得了血伤寒，鼻子流出一大滩血。”但是，我们不推荐使用“滩”字。

滩，本指江河中水浅多沙石而流急之处。《陈书·高祖纪上》：“南康赣石旧有二十四滩，滩多巨石，行旅者以为难。”引申指滩头，即江、河、湖、海边水涨淹没、水退露出的淤积平地，如沙滩、海滩。还可引申泛指荒野的平地，如戈壁滩。可知，“滩”字虽从水，本义也与水有关，但语用中指的往往是沙石、土地等，甚至可以用在“戈壁滩”中。戈壁滩尽是沙子和石块，地面上缺水，植物稀少，是一种荒漠地貌。将“滩”用作描述血等液体或糊状物的量词，语义关联较弱，故不推荐使用“滩”字。

“有失偏颇”与“失之偏颇”

问：您好！看书的时候，看到一段话：“她有才华，然而才华不能算太高。人们对她赞扬得多，批评得少，实在有失偏颇。”可以说“有失偏颇”吗？

——北京　张　舟

答：这种说法存在语病。

“有失偏颇”中的“失”是失去之义，“有”字无实意，“有失”即失去。“有失”一般后跟褒义词，是指失去某种好的事物，带有遗憾、可惜之情，如有失庄重、有失体面。而“偏颇”是偏向一方、不公平，语出《书·洪范》：“无偏无颇，遵王之义。”孔传：“偏，不正；颇，不平。”“偏颇”是贬义词，“有失偏颇”难以讲通。问题中提到的“有失偏颇”可以改为“有失公允”，表示人们对“她”的评价是不公正的，这样语句就通顺了。

如果要使用“偏颇”一词，则可改为“失之偏颇”。“失”是失误之义，“之”是介词，引进方式、方法、原因等。“失之偏颇”，“之”后所跟的“偏颇”就是“失”的原因。失之偏颇，即失误的原因是不公正，与上述语句的语意是相符的。与“失之偏颇”类似的，还有“失之草率”“失之过宽”等。在这类结构中，“失之”后的词语是失误的原因，一般是贬义的，正与“有失”后的词语相反。

『祼飨』岂能裸体

◎杨昌俊

2018年7月15日的《西安晚报》第6版刊有《六月六》一文，文章在介绍农历六月六的传说时这样写道："唐皇甫谧在《帝王世纪》中说：'鲧纳有羊氏，臆胸拆而生禹于石纽。郡人以禹六月六日生，是日熏修裸飨，岁以为常。'这个祭禹的仪式一直到宋朝还在举行着，宫廷将这一天定为'天贶节'。"祭禹的仪式距今久远，今人非常陌生，此处，作者引用资料做专门的介绍确有必要。遗憾的是，错把"祼飨"写成了"裸飨"。

祼，读作guàn，是一种祭祀仪式，即用香酒灌地而求神。《书·洛诰》："王入太室祼。"亦指对朝见的诸侯行祼礼，即以爵酌香酒而敬宾客。"祼飨"，也写作"祼享"，是古代帝王宗庙祭礼，即用灌香酒于地的方法来求神降福。也指具有祼的仪式的飨礼（古代隆重的宴饮宾客之礼）。禹是我国传说中上古时代与尧、舜齐名的贤圣帝王，古代有以"祼飨"之仪祭禹的习俗。

裸，读作luǒ，本义指赤身露体，引申为无遮盖、无包裹之义。祼与裸，这两个字都是形声字。祼字的形符为礻（示），表示其含义与神灵鬼怪等有关；裸字的形符为衤（衣），表示其含义与衣服有关。两字仅"一点"之差，而读音和词义却差之甚远，用之不可不慎。

《"脱辫"？》解疑

"脱辩行驶"是"脱辫行驶"之误。过去，在许多城市都能看到拖着"辫子"的无轨电车，车顶上的"辫子"是集电杆，用以接触沿路架空电缆而获取电源。在城市化进程中，因道路拓宽、线路改造等等原因，无轨电车的空中电缆难免不能正常使用。因此，新型的无轨电车装备了蓄电池，能在一定里程内"脱辫行驶"。

八里桥何来“长鬣密麟”的“戗兽”

◎高良槐

2018年6月20日《新京报》A11版上的《古桥保护升级　桥南仍有字母涂鸦》一文说：“八里桥与卢沟桥齐名，是北京三大古桥之一，也是昔日通州八景之一‘长桥映月’所在地。……桥东西两端各有一对戗兽，长鬣密麟，昂首挺胸。”这句话中有两处文字差错，一是将桥上的石兽误称作“戗兽”，二是将“长鬣密鳞”误写成了“长鬣密麟”。

戗兽是古代中国建筑戗脊上的兽件。戗脊，亦称“斜脊”，指四坡屋顶的斜向屋脊，或歇山屋顶在山面侧边垂脊下端处的斜向屋脊。戗，意思是“支撑”。戗脊下的斜梁起支撑作用。可见，戗兽是指斜向屋脊上的兽件，桥梁上的石兽显然不应称为“戗兽”。

再说“长鬣密鳞”。鬣，读音为liè，本义指头发上指的样子，引申指动物头、颈上的毛，如“狮鬣”“鬣鬃”等。“长鬣”可指动物身上长长的鬣毛。鳞是鱼类、爬行类和少数哺乳类动物密排于身体表层的衍生物，一般呈薄片状，具有保护作用。长鬣密鳞，即身上长着长长的鬣毛并且有密集的鳞片，正可以用来形容八里桥上的石兽。

麒麟是古代传说中的一种动物，古人把雄麒麟称麒，雌麒麟称麟。形状像鹿，头上有角，全身有鳞甲，尾像牛尾。古人认为麒麟是仁兽、瑞兽，拿它象征祥瑞。“长鬣密麟”显然是说不通的。

宋代参知政事相当于现在的省长吗

◎史宗义

2018年5月30日《山西妇女报》第9版有一篇《成大事者从不随便给自己树敌》，其中说："吕蒙正中进士后没几年就当上了参知政事，等于现在三十几岁就当了省长。"北宋时期的参知政事相当于现在的省长？此说有误。

参知政事，是一个官名。唐代初期实际任宰相者偶尔称"参知政事"。宋代的参知政事始设于宋太祖乾德二年（964），以同中书门下平章事为宰相，以参知政事为副相。当时参知政事虽然参与国家政务，但百官朝会时不领班，处理政务时不主持用印，也没有资格到政事堂与宰相议事。到了宋太宗至道元年（995），赵光义提高了参知政事的地位，不仅允许他们与宰相轮流主持用印，而且允许他们到政事堂与宰相一同议事。宋神宗元丰改制后，废掉了参知政事这一官职，以门下侍郎、中书侍郎、尚书左右丞代替了参知政事的职权。南宋建炎三年（1129），宋高宗又将门下侍郎和中书侍郎恢复为参知政事，直到南宋灭亡，这一官职一直存在。

所以，宋代的参知政事是副宰相，是国家级别的官员，而现在的省长是地方官员，两者并不能等同。吕蒙正（944或946—1011）是北宋河南（今河南洛阳）人，太宗、真宗时三度为相，以敢言著称。如果要把他担任过的职务参知政事拿到今天来比较，大致相当于国务院副总理吧。

说说“紫菀”与“香橼”

◎厉国轩

《医药养生保健报》2018年6月20日登载的《上海梨膏糖止咳润肺》一文中提到了梨膏糖的配方：“梨膏糖的配方有川贝、茯苓、紫苑、制半夏、冬瓜子、苦杏仁、香椽片、款冬花等十多味中药。”在这列举的八味中药中，竟然有两种都用错了字。一个是“紫苑”应为“紫菀”，一个是“香椽片”应为“香橼片”。

上图为紫菀，下图为香橼

先来说“紫菀（wǎn）”。紫菀是菊科多年生草本植物，李时珍在《本草纲目》中说紫菀“其根色紫而柔宛，故名”。它的根和根状茎都可入药，有润肺、消痰、止咳的功效。“苑”读作yuàn，一指养禽兽种林木的地方，也指学术、文化荟萃之地。“紫苑”讲不通。

再来说“香橼（yuán）片”。香橼属芸香科柑橘属，在中国已经有两千多年的栽培历史，东汉杨孚《异物志》称之为“枸橼”，并说它的果实“皮有香，味不美”。果皮可以入药，其干片有清香气，有下气除痰的功效。古代多将香橼和佛手柑归为一样东西，事实上佛手是香橼的变种，两者虽然有一定的相似之处，但是佛手的香气比香

“话痨”别错成“话唠”

◎阎南岗

2017年第39期《黑龙江广播电视报》第7版《轰动全国的“富二代”杀女友案幕后调查》有这样一句话：“可林梦却发现，平时在网上话唠一样的陈文，见了面却完全变成另一个人。”其中的“话唠”应是“话痨”。

话痨，《现代汉语词典》解释为：“指话特别多的人(含讥讽或诙谐意)。”痨，音 láo，是结核病的俗称，多指肺结核，中医中也指积劳损削之病。为什么将话特别多的人称为“话痨”呢？其实，汉语中还有“钱痨”“馋痨”等词。“钱痨”即指贪财狂。明冯梦龙《古今谭概·贪秽·钱痨》：“严相嵩父子聚贿，满百万，辄置酒一高会。凡五高会矣，而渔猎犹不止。京师名之曰‘钱痨’。”“馋痨”则指贪吃的人。张天翼《春风》一：“邱老师烦躁地想：‘哼，这个馋痨鬼！’”“话痨”和“钱痨”“馋痨”的构词理据一样，其意思是话特别多，好像得了病一般。

唠，可用在“唠(láo)叨”中，表示说话没完没了；用在方言中，表示说、谈，如“唠(lào)嗑”。大概就是因为“唠”的含义与说话有关，才会把“话痨”误为“话唠”的吧。

椽浓，久置更香。而“椽”读作 chuán，是放在檩子上架着屋面板和瓦的木条，有一句俗语叫“出头的椽子先烂”，与中药毫无关联。梨膏糖的配方里不可能有“香椽片”。

“太平洋”的中间是什么

◎宗守云

有个脑筋急转弯，问：“太平洋的中间是什么？”有人答某个岛屿，有人答某个海域，有人答某个经纬度。结果答案是“平”，“太平洋”三个字中间是“平”字。

这其实涉及了元语言和对象语言的问题。元语言是关于符号本身的语言(包括文字)，对象语言是关于代表对象的语言。比如“桌子”，如果说“桌子是一个名词”，这里的“桌子”是就符号本身而言的，跟代表对象无关，这是元语言的用法；如果说“桌子是一种家具”，这里的桌子是就代表对象而言的，不涉及符号本身，这是对象语言的用法。在交际中，人们一般只注重对象语言的用法，很少想到元语言用法，因此，当听到“太平洋的中间是什么”这样的问题时，首先想到这个问句的代表对象，想到岛屿、海域、经纬度等等，很难想到“太平洋”这三个字的中间是什么。而设计问题的人正是抓住人们的这一普遍心理共性来设计问题的。

元语言可用于科技语体，说写者对符号本身做出解释，不涉及代表对象。比如“桌子是一个名词”“桌子是一个双音节词”“桌子是两个汉字”“桌子不是语言学术语”等等。元语言还用于语言游戏的场合，包括猜谜、学话、脑筋急转弯等等，这在相声、小品等艺术领域经常用到。比如，有个谜语，谜面是“上头去下头，下头去上头，两头去中间，中间去两头”，谜底是“至”。这是利用“去”的元语言用法设计的谜面，意思是“上头是‘去’字的下头，下头是‘去’字的上头，两头是‘去’字的中间，中间是‘去’字的两头”。由于人们在理解谜面时，一般都把“去”理解为对象语言的用法，认为是“上头走向下头”等，这就很难猜出谜底。再比如小品《卖车》，有个学话的片段，赵某要求范某向高某学话，高某说什么，范某学什么，对话如下：

高某：准备好了吗？

范某：好了。

赵某：错。我媳妇儿说“准备好了吗”，你也得说“准备好了吗”。

范某：这句就开始了？

赵某：什么叫学话？

范某：行，明白了。

赵某：重来。

高某：准备好了吗？

范某：准备好了吗？

高某：老头子他又错了。

范某：没错。

赵某：错！错错！我媳妇儿说“老头子他又错了”，你也得说“老头子他又错了”。

学话游戏要求学话者机械模仿说话者的原话，实际上就是话语的元语言用法，但由于思维习惯的影响，学话者不自觉地理解为对象语言的用法，而按照对象语言理解并应答，就违反了学话游戏的规则。范某正是受到思维习惯的影响而违反了学话游戏的规则，从而钻进赵某和高某的圈套。通过故意混淆元语言和对象语言造成语言冲突，正是相声、小品等艺术形式实现冲突的方式之一。

区分元语言和对象语言，可以认清不同层面的语言现象。笔者在北方某高校工作时，有一位教授兴冲冲地告诉我，他有个重大发现，不仅名词可以当主语，所有词类都可以当主语，比如“‘关于’是个介词”，这就是介词“关于”当主语。这就是没有区分元语言和对象语言的缘故，“‘关于’是个介词”是元语言用法，不是对象语言的用法，因此根本不能参与语法分析，只有对象语言的用法才能用于语法分析。

“回忆杀”，到底“杀”了谁

◎闫艺暄

“回忆杀！《炊事班的故事》十五年后再相聚！”

“看到TFBOYS和小虎队隔空对唱，竟然泪目，满满一波回忆杀……”

经常上网的朋友对“回忆杀”这个词应该都不陌生，但对普通人来说，“杀”这个语素往往和血腥、暴力、犯罪等联系在一起，乍见之时难免引起人们的种种联想。那么“回忆杀”究竟“杀”了谁呢？

作为兴起于动漫文化的“回忆杀”，最早见于对日本动漫《火影忍者》剧情的吐槽：在这部动漫中，只要出现了关于某一人物在前集中的回忆性剧情，那么这个人物在绝大多数情况下最终都难逃被杀害的命运。其实，这种回忆性情节在其他日本动漫中也屡见不鲜，被多数网友质疑是作者有意拖延剧情的一种惯用手法。比如类似的还有《海贼王》中为救主人公“罗宾”的众人跳下火车时，每个人物都至少有一集的回忆性剧情，故而有“回忆者必被杀”这样的总结。简而言之，某动漫人物在临死之前，眼前浮现出往昔的景象或走马灯式的回忆，就被称为“回忆杀”。

由于动漫迷们在看到这种回忆性情节时，往往将往昔的美好与故事中人物将面临的悲惨的死亡命运联系在一起，从而产生悲伤、失落的情绪，“杀”这一语素的指向就发生了转移，从指称故事人物的死亡，转向描述观众们因为看到悲剧性情节而产生的失落、伤感等消极情绪，“回忆杀”也从一种特定的动漫叙述方式转而指向动漫迷们的内心活动。其实这一有趣的转向和“杀”本身的字义引申也有很大关系。早在唐代,李商隐《赠荷花》中就有“此花此叶常相映,翠减红衰愁杀人”,这里的“杀”是说荷花衰败的景象引起的愁绪令人倍感神伤。再如孟浩然的《凉州词》“坐看今夜关山月,思杀边城游侠儿”,即是说对家乡的思念如利刃般折磨着边塞的游子。这些诗句里的“杀”字都是一种隐喻和象征,是指情感意义上的黯然销魂。基于此,“回忆杀”这一带有文言色彩的词语也就自然而然地取得了描述人的心理活动和情感方面的引申含义。

留心观察网络中的流行语,其实“× 杀”格式的语词还有不少,如“秒杀”“背杀”“摸头杀”等,这些语词中“杀”的含义则更接近于竞技比赛中的“战胜”“击杀”义。如“秒杀”来源于网络游戏中快速战胜对手的含义,后引申到网上竞拍、体育运动等诸多领域;“背杀”是“背影杀手”的简称,多指一些从背后看起来身材出众、气质脱俗,能引起人们对其容貌的遐想的人;“摸头杀”则多见于男女之间,一方将手放置于另一方头顶,起到安慰的作用,由于这样的做法极容易“俘获”异性芳心,因而也顺理成章地套用了“× 杀”的格式。

值得注意的是,“秒杀”“摸头杀”的“杀”取自英语的“kill(杀死)”的含义,在许多网络游戏中,“kill”就意味着赢得比赛,类似的还有“double kill(双杀:同时战胜两名对手)”。“背杀”作为一个缩略词,其中的“杀”取自同样有竞技中“获胜者”含义的“杀手”。而本文所讨论的“回忆杀”中的“杀”无关竞技比赛中成王败寇的“战胜”义,是与中国传统“愁思”情感一脉相承,并体现在如今的网络文化中的新型用法。

“回忆杀”虽然是网友某种程度上的吐槽,但其侧面反映出人们对于昔日美好的无限眷恋;但我们的生活也不能总是沉浸于“回忆杀”,已往不谏而来者可追,让我们学会珍惜当下吧。

实锤打脸，疼吗

◎杨　岚

每天打开手机或者电脑，无论是刷微博或是浏览网页，总是有大大小小的论争在发生，引来吃瓜群众的“围追堵截”。而在唇枪舌剑中，总会有一些“实锤”蹦出来，如：“人红是非多？‘跳一跳’被人实锤！”“2017年你觉得哪个实锤来得不可思议？”“实锤！苹果新款iPhone X曝光：销量必火。”……有些人的脸被“实锤”打肿尴尬退场，有些人却为姗姗来迟的“实锤”鼓掌喝彩，可以说几家欢喜几家愁。

那么什么是实锤呢？其实指的是对澄清事件真相有帮助的确凿证据，所谓眼见为实，“实锤”大多以图片、视频或音频等第一手现场证据为主。该词最早出现于2014年的娱乐圈，从明星的各种八卦消息中演变而来。这是一个消费明星的时代，网民们乐于把明星八卦当作饭后的谈资。同时，媒体和运营商为了迎合大众的口味，纵容娱乐圈各种小道消息满天飞，不曾有片刻的停歇。在各种眼花缭乱的信息中，有不少消息只是放出风声便再无下文，引起一番争议之后便不了了之。不少爆料没有任何的证据支撑，发布者也不免有诽谤的嫌疑。每每看到这种情景，网友们通常都会大呼：“坚决抵制没有实锤乱说话的行为！”这时如果消息是确实的，便会有知情人附上图片、视频等各式各样的证据，以证实这件事的可信性，这种行为便被称为“实锤打脸”。

除“实锤”之外，还有“石锤”“铁锤”等相关的说法，如：

"石锤！微软研发折叠手机：APP都做好了。""四波铁锤证据让你认清他是多么的秀。"不难发现，这些词都是以"锤"字为基础，然后不断发展衍生出来的。"锤"的基本义是一种器具，也是古代的一种兵器。而在网络文化盛行的当下，"锤"似乎成了证据的代名词。"锤"作为"证据"的用法最早是出现在方言中，即针对只有文字的信息发表评论"没图说个锤子"，意思是没有图片就不要乱说。后来又逐渐出现了"没锤子说个图"的变体，于是就有人开始回应"等着我们给你上锤子"，这个时候"锤"就初步具有了"证据"的意思。那些真正能说明问题的"切实的证据"就被叫作"实锤"，谐音之后被说成"石锤"，进一步衍生出铁证如山就是"铁锤"，相对没什么说服力也可以说"木锤"或者"纸锤"。

随着前段时间薛之谦、李雨桐事件的不断发酵，"实锤"一词又在网民中间掀起一番热议。同时还发展出一个新词"求锤得锤"，指网友认为爆料虚假，没有证据，然后爆料人应此要求，不断放出实锤打脸网友，这个过程就叫作"求锤得锤"，如"薛之谦人设崩塌，粉丝求锤得锤太坑爹！"在一波接着一波的重磅实锤之下，先前叫嚣着拿出实证的网友们被打肿脸，于是又被吃瓜群众戏称为"锤成渣"。后来人们在聊天时，就直接简化为"今天，你被锤了吗"，也就是说今天你被证据打脸了吗。

"实锤"一词的兴起在一定程度上是对网络恶意攻击、谣言泛滥等不良现象的抵制，同时也反映出网友们对网络信息真假更为理智的判断，在吃瓜的同时也更看重瓜的"质量"。但是，即使有所谓的"实锤"，也不一定就能还原事情的真相，因为在科技发达的今天，"实锤"也可能是被"制作"出来的，证据也有可能是杜撰的，真相只有当事人才真正了解。但不论真假，"实锤"都比流言蜚语强大，被"实锤"打脸还是蛮疼的。

人设该不该有

◎邵瑞祥

“人设”是“人物设定”的缩略语，原本指漫画、动画等领域中对登场角色的人物设计，包括外貌、造型、身材、服饰等，更重要的还有角色的性格特征、个性特点等。简单来说“人设”就是设定角色是怎样的一个形象。“人设”在2016年左右开始出现，在2017年作为网络热词被人们熟知并广泛运用，“靳东人设崩塌”“关晓彤人设”“薛之谦深情人设”等几个高搜索关键词记录的都是大家津津乐道的关于大众明星的娱乐事件。

现在作为网络流行语的“人设”大多是指公众人物在大众面前设定的形象，如吃货人设、女汉子人设、老干部人设等。从“人设”还衍生出许多与之相关的网络流行语。比如：

立/凹人设——树立某种形象。

“林允现身时装周不忘晒美食，凹人设还是真吃货？”

卖人设——通过作品、宣传还有爆料等手段，在现实中树立一个受人喜爱的形象，让人因对他的某种印象而产生好感，带来商业价值。

“好莱坞性别歧视严重：男星卖人设狂吸粉，女星不堪重负息影六年”

人设崩塌——一方面指人物形象没有设计好，多指经纪人给明星设定公众形象不到位；另一方面就是指某人的形象因为某件事情而声名俱毁，颠覆了之前留给大家的印象，也被称为“人设崩了”或者是“人设已崩”等等。

“王者荣耀张大仙被曝拖欠

员工工资，这是第几次人设崩塌了？”

“人设”会出现是一个很有意思的社会现象。网络的发达、电视电影的表现形式多样化，让更多人尤其是公众人物不再仅限于本职的发展，而有了更多途径可以走进大众的视野。有时候人设确实会增加好感，合理运用符合本人特质的人设可以更方便地让受众了解并喜爱自己。从经济方面来说，人设有利于品牌创设和活动推广。运动品牌耐克旗下的代言人多数是迈克尔·乔丹、C·罗纳尔多等世界闻名的体育明星及体坛健将；央视推出的大型文博类探索节目《国家宝藏》选择稳重幽默并曾饰演过多位帝王的张国立先生来主持，守护宝藏的嘉宾也多数是口碑较好、形象健康的明星，这使得历史文物和传统文化可以走向更大更年轻的市场。

人设可以方便商业市场，但是强立人设则终会露出马脚，引起反感。这也反映了群众希望看到更真实的形象而非由公司打造出的一个设定。适合并符合自己的性格展示未必不好，但如果不合适自己而硬卖终会形成反噬，要想让人记住最终还是要靠实力和作品说话。单一的人设也无法概括一个人的全貌，作为受众，以人设来给一个人完全打上标签也是不合适的。

现在，“人设”一词并不仅限于公众人物，生活中人们也慢慢开始运用人设一词，比如“我才不要随随便便就答应这件事，这和我高冷而严谨的人设不符”“这件衣服很适合你御姐的人设”等等。这种用法相较公众人物的“人设”而言，用于一些更轻松的语境，普通人不需要在这么多人面前展示自己，也不可能如虚拟角色一样具有单一或是完美的人设。真实的性格是生活中自然而然显现出来的，不需要设定更无需强立。当然，如果你希望通过设立勤奋的人设来改掉懒惰的习惯，变成一种自我鼓励，又何尝不是件好事呢？

中国词儿　世界范儿

◎陆建非

今年正月初二，中国外文局首次发布《中国话语海外认知度调研报告》。这项调研从拼音外译为切入点，选取了美国、英国、澳大利亚、菲律宾、南非、加拿大、新加坡和印度等8个英语圈国家的民众作为调研对象，从一个侧面探究中国话语在英语世界主要国家民众间的认知状况以及中国话语在世界的认知走势，形成了进入英语话语体系的汉语拼音词汇认知度前100位总榜。报告中，上榜汉语拼音词汇数量占榜单近五成，这意味着，过去不少翻译成英文的中国词，开始直接被汉语拼音替代。另据全球语言监测机构的报告显示：从1994年以来加入英语的新词汇中，“中文借用词”数量独占鳌头，以5%到20%的比例超过任何其他语言，“东语西渐”势不可当。可见，随着中国越来越深刻地影响世界，中国人的生活方式、思考方式和话语方式也正在悄然影响着域外民众。

代表中国传统文化的词汇，一如既往深深吸引着西方人的眼球，“西进”势头尤为强劲。“八卦”“孟子”这两个词早已以拼音的方式被收进了《牛津英语词典》(Oxford English Dictionary, OED)，这次理所当然地进入榜单。后面紧跟着的是“长城”“故宫”“兵马俑”“熊猫”等词。“春节”也早就以汉语拼音形式进入在英国备受尊崇的《柯林斯英语词典》(Collins English Dictionary, CED)，这次同样榜上有名。并且，“重阳”“清明”“元宵”“端午”“中秋”等节庆名悉数登榜。就连与其有些关联的“红包”“春联”“春运”“灯笼”“烟花爆竹”等也未落榜。

中国美食,世界热爱。有8个中国美食名词登上榜单,其中国外民众认知度最高的是“饺子”,在榜单中排名第28位。除此之外,“豆腐”“火锅”“枸杞”“馒头”“煎饼”等词,也榜上有名。其中,“枸杞”的入选有些出乎意料,竟然跻身榜单第71位,这应该和一段时间枸杞风靡欧美有很大关系。在海外社交平台Instagram上搜索“Goji”,可以搜到超过20万条有关枸杞的帖子。

在经济类词汇中,“人民币”“元”的知晓度最高,RMB和yuan双双被收录进《牛津英语词典》,这次位居这类词汇前列。“央行”紧追其后。无论在美国纽约股交所,还是英国伦敦金融城,“人民币”“元”都是必修中文词,位居经济类词汇前列也在意料之中。

“网购”和“支付宝”携手入选榜单,这无疑与以电商和移动支付为代表的中国互联网经济的快速崛起有关。出人意料的是,“十三五”一词也引起海外公众的浓厚兴趣,进入了榜单。也许外国朋友认为,中国坚持不懈地每隔五年制定一个恢宏的发展规划,是中国成为经济巨龙的秘诀之一。

《“不淋一人”淋几人》参考答案

1. 一颗——一棵
2. 不淋一人。’——不淋一人’。
3. 无畏——无谓
4. 唇枪舌战——唇枪舌剑
5. 既然——即便
6. 难道可以——难道不可以
7. 面面相虚——面面相觑
8. 切记——切忌
9. 遮敝——遮蔽
10. 真像——真相

辜　加

[中国香港]汪惠迪

2018年6月12日上午9点，朝鲜最高领导人金正恩与美国总统特朗普在离新加坡本岛南端约800米的小岛圣淘沙(马来语Sentosa的音译)的嘉佩乐酒店(Capella Hotel)会晤。

为了确保这场举世瞩目的峰会顺利进行，新加坡政府对安保工作非常重视。官方除派军人和新加坡籍警察执勤外，据英国媒体报道说，还出动了神秘的“辜加警察团”(Gurkha Contingent)。“辜加”武装人员均佩带尼泊尔传统的库克利弯刀(KUKRI)，故而俗称“弯刀部队”。

英国媒体用“神秘的”形容辜加警察团，其实，在新加坡，辜加警察并不神秘，老百姓习惯上叫他们“辜加兵”。“辜加兵”都是从尼泊尔山区招募来的雇佣兵，说他们是“兵”，其实不是“兵”，他们到新加坡是当警察的。“辜加警察团”成立于1949年，当时只有百余人，目前据说有1800人。“辜加警察团”不归国防部，而由内政部管辖。辜加警察坚韧不拔，警惕性高，是新加坡的精锐警力。在新加坡，出动“辜加警察团”属于顶级安保规格。

1769年，源于尼泊尔西北部的一个名为辜加的小王国统一了尼泊尔。1814年英国对尼泊尔宣战，两年后，英方获胜，但是伤亡惨重，辜加人的英勇征服了他们的敌人。此后，辜加兵以纪律严明、英勇善战闻名于世。新加坡警方每年都到尼泊尔招募体格强健的辜加青年，先在当地经过严格挑选和训练,然后到新加坡服役。这种做法是从英国殖民时期延续下来的。

在新加坡,廓加警察不准跟当地女性结婚,所以只能回乡娶妻,妻儿均可住在营区内,但不得随便外出。廓加警察平时相当低调,只有当政府举办重大国际活动时,老百姓才有机会见到他们的身影。例如一年一度在新加坡举行的香格里拉对话会,负责安保工作的就是廓加警察团。此外,新加坡国家领导人和政府重要部门的保安任务,也由他们担任。廓加警察45岁退役,届时必须举家返回尼泊尔。

Gurkha新加坡音译为"廓加",马来西亚音译为"廓卡",香港音译为"啹喀",我国大陆音译为"廓尔喀"。

(作者是本刊特约编委)

谈"市议会""路霸""高架桥"

[中国台湾]高婉瑜

《咬文嚼字》2018年7月号刊登《"城管"和"市议会"》一文,旨在比较中国与马来西亚几个词语的不同。阅后,发现文中所提的一些概念,在中国台湾地区也有不同的表达方式,或者说同一个词,台湾所指意涵有别。

例如中国大陆的"城管",马来西亚叫"市议会","市议会"是管理城市的机构,主要设置在大城镇,小城镇没有。有趣的是,中国台湾地区负责这些业务的机关称为"公所",依照区域划分,有"市公所""区公所""乡公所""镇公所"。

再如中国大陆所谓"高架路",马国称"高架公路",而中国台湾地区称"高架道路",命名理据与中国大陆、马来西亚相似，考量道路是以“高架”支撑。除了“高架道路”外，亦可叫作“快速道路”，着眼于此道路不设置红绿灯号志，能“快速通行”。还可称为“高架桥”，着眼于“桥”有突出高起之意，命名理据接近于“天桥”“陆桥”，跨越的通常不是水道，而是交通要道。

最后，中国大陆的“路霸”指非法在路上拦截过往车辆和行人强行收费的人，马国的“路霸”是指在交通肇事后，单方面采取暴力行动来解决问题的人。中、马的“路霸”均指“某种人”，但是中国台湾所谓“路霸”是一种违法行为，指以物品、障碍物占据道路，妨害人车通行或停车权益的行为。不过，一般人也将做此行为的人称为“路霸”，他们往往以盆栽、废弃物、告示、家具、活动车棚将道路据为己用。

（作者是高雄师范大学国文学系教授）

穿梭巴士——Shuttle bus

[中国香港]田小琳

很多年前，我在福州教书，曾经带一班中学生到福州丝绸厂参观和劳动。到织布大车间参观时，看到几百部织布机同时开工，梭子在机器上飞快地左右往返穿动，车间里的机器声震耳欲聋！由此，学生们明白了什么叫“日月如梭”，深入理解要珍惜光阴的道理。

梭，或称梭子，就是织布机上牵引纬线（横线）在经线中来回穿行的机件，两头尖，中间粗，形状似枣核儿。最早用硬质木料制成。

在香港、澳门地区，“穿梭”是一个构词的动宾语素组，利用梭子来回穿行的特点，比喻在短程来回往返的交通工具。最常用的就是“穿梭巴士”。例如从中环半山某小区到市区中心地带中环或铜锣湾的往返巴士，一般只允许该小区的居民乘坐，方便他们往工作地点或去商场购物。在香港各区都有穿梭巴士。穿梭巴士多为小型车或中型车。香港人不仅说穿梭巴士，更喜欢直接说英语Shuttle bus。英语Shuttle，就是梭子。可见这个词是从英语意译而来。

免费接载香港各酒店的住客到机场的往返巴士，也是穿梭巴士，还可以形象地称为“通天巴士”。从澳门码头接载乘客到各大博彩酒店的巴士，也是穿梭巴士，不过澳门人还给它起了个漂亮名字“发财车”，博个好彩头。

跟随“穿梭巴士”这个词，当上世纪八十年代美国发射新航天器时，港澳地区便产生了新词“太空穿梭机”（简称“穿梭机”）。台湾地区及新加坡、马来西亚叫“太空梭”。这几个词都是英文Space shuttle的意译。Space是太空的意思，shuttle就用来比喻穿梭机。译为“太空梭”则和英文原词更加对称，更加直白。普通话没有选择英文意译，而是叫“航天飞机”。

那么，有人问，从机场闸口载乘客去停机坪上飞机的巴士，也是穿梭巴士吗？那不叫“穿梭巴士”，香港叫“接驳巴士”，内地多叫“摆渡车”。

查《现代汉语词典》第7版，“摆渡车”也还有“穿梭巴士”的意思：“泛指在几个站点之间往来接送换乘乘客的汽车”。随着内地城市交通的发展，服务的多样化，建议可以引进“穿梭巴士”一词，这个比喻造词形象，一看就明白，比“摆渡车”要好。“摆渡”首先给人坐船的印象，而“穿梭”的来回往返的比喻义十分明确。

（作者是本刊特约编委）

穿热裤？过电门？进班房？

［中国香港］李 斐

今年夏天，有位学生跟我说，早晨她看到一个女生穿着背心和热裤，穿过教学楼的电门，就直接进了班房。“穿热裤”“过电门”“进班房”，这都是在说什么呢？

其实我也曾经有过这样的疑问。还记得十多年前初到香港工作时，课间休息结束，学生总跟我说：“老师，我们该进班房了。”当时我听得一头雾水，心想干吗要进监狱啊，而且还要跟学生一起进？原来“班房”是classroom在香港地区的意译，是按逐词对应的方式翻译而来的，class译为“班”，room为“房”，二者结合就成了“班房”一词。当然，此“班房”和表示监狱的“班房”，意义毫不相干。“教室”一词在香港多出现在书面语中，口语则较少人说。

穿过教学楼的“电门”又是怎么回事呢？“电门”在通用中文中表示用以接通或截断电路的装置，也就是“开关”，人显然是无法穿过的。究其来源，又是跟英文有关。香港地区所说的“电门”是英文electric door的逐词翻译，electric翻成“电”，door翻成“门”。其实说的就是“电动门”。看下面这个香港报纸上的例子更容易明白：“当警员到达新蒲岗崇龄街永隆银行时，便见银行大门卷闸被拉高升起，玻璃电门打开，认为事态严重，立即通知上级。”（《都市日报》2005年7月28日）

至于“热裤”，依然是由英文逐词翻译来的，“热”译自hot，“裤”译自pants，二者结合为“热裤”。英文中的hot pants在内地译为“超短裤”，夏天穿的确很凉快。香港地区的用词从字面上看,更给人一种火辣辣的感觉,也许年轻人就喜欢这种热力四射的青春感吧。

上述三例在语言学上都属"意译词",就是按照汉语的构词方式及构词成分构造出的新词,用以表达外来概念。在香港地区有些意译词和内地所用的语素不同,这是由香港特殊的历史背景造成的。香港市民整体英文程度相对较高,所以这种逐词翻译的方式可被广泛接受。人们在使用这类词时,也许会想到其英文源头,或者就约定俗成地这么用了。但若和内地及台湾地区的朋友交流,这类词就会给沟通造成一点小小的"麻烦"啦。

(作者是香港岭南大学中国语文教学与测试中心博士、高级讲师)

嘛嘛档

[马来西亚]杜忠全

马来西亚有一种特殊的市井饮食风景线,叫作"嘛嘛档"(mámádàng),不论华、巫、印等民族,都喜欢这样的饮食氛围,去国在外,尤其引为乡愁。(编者按:巫族,马来族;印族,印度族。)

《全球华语大词典》收录"嘛嘛档"词条,谓"印裔穆斯林经营的价位较低的餐饮档,有的通宵营业"。(1011页)此说大致不差,但内里文章或许更活色生香,故予一说。

所谓"嘛嘛档",源自"嘛嘛"族群。如词典所说,"嘛嘛"即印裔穆斯林,取马来语Mamak的音译,可能源自该族群社会称呼之拼音化,被外族借为对该族群的俗称。印裔穆斯林的原乡在南印度,他们辗转来到这里，因具备穆斯林的宗教身份，在马来西亚特有的政治社会中，自然跟非伊斯兰教的印裔有所区别。

印裔穆斯林大多经商，他们的饮食摊尤具特色。早期挑担做流动小贩，后来在路边设摊定点摆卖。其买卖文化是，一桌人点了餐饮，侍者就把价钱写在条子上，食客吃饱喝足后就拿着条子到柜台结账。

嘛嘛档大多营业到凌晨，夜猫族到深夜无去处，就聚集在嘛嘛档消磨。嘛嘛档有什么好消磨的？不少的嘛嘛档会架起大银幕投影播放电视节目，尤其是足球赛直播。一些人即使家里有电视，也喜欢到嘛嘛档凑热闹，因为在那里看球，有一群人一起紧张，一起呐喊，一起兴奋，一起欢呼，一起叹息，一起丧气，直到球赛结束，才摸着夜色回家……

马来西亚公立或私立大学所在的社区，都少不了嘛嘛档。学生们课业繁忙，做作业读资料到深夜饿了，饮食店都已打烊，没关系，只消透过手机呼朋唤友，不一会儿，大家都到熟悉的嘛嘛档集合，消磨或解压。

大学生大概很难想象，假如没有嘛嘛档，他们到哪里找"深夜食堂"呢！

嘛嘛档夜越深越热闹，是人们宵夜的唯一去处，生意总是红红火火的。不少嘛嘛档升格成嘛嘛店，但食物照旧，买卖文化照旧，电视节目照旧，无论档店，氛围一样。

在一水之隔的新加坡，管嘛嘛档叫 Mamak Shop（嘛嘛店）或 Halal Shop（清真店），穆斯林经营的餐饮店，售卖的当然都是清真食物了。

〔作者是马来西亚拉曼大学（金宝校区）中文系主任〕

《火眼金睛》提示

图 1，"财务"应为"财物"。
图 2，"正试"应为"正式"。
图 3，"丁优"应为"丁忧"。
图 4，"尽在"应为"近在"。

揽入人名谜趣增(下)

◎江更生

在揽入人名元素的灯谜中，谜作者非但十分留意真名实姓的历史或现代人物，同时也特别关注出现于文学艺术作品中的各色人等。内中又推“四大古典小说”和传统戏曲中的人物名字最为制谜者所垂青，正是因为那里拥有数以千计、众所周知的人物可供撰谜人构思灯谜，这才赢得了谜家们的青睐。

“四大古典小说”是指《三国演义》《水浒传》《西游记》和《红楼梦》。利用这些小说人物名字构成的佳谜不胜枚举，今限于篇幅，只能略举几例以见一斑。例如以“七擒七纵，南人归心”打网络新词“获得感”。谜底里的“获”应别解为《三国演义》中被诸葛亮七擒七纵后心悦诚服归顺蜀汉的西南少数民族首领孟获的大名，全底则作“孟获得以感动”解，以此扣合谜面。又如以“金眼彪复夺快活林”打成语“恩将仇报”。《水浒传》中梁山好汉金眼彪施恩上山前，曾开设“快活林”酒楼，被恶霸蒋忠(蒋门神)强占，后经武松出手相助夺回。照此，谜底应别解为“施恩把酒楼被夺的仇给报了”之意，与谜面切合。还有如以《西游记》中罗刹女(铁扇公主)儿子的名字“红孩儿”为谜面，打《水浒传》里宋清的诨号“铁扇子”(注：别解为“铁扇公主之子”)，此谜以人名扣诨号，倒也别有情趣。再来看一条巧用《红楼梦》里三个人名的好谜：“吓坏珍珠，惊呆琥珀”打《诗经》一句，谜底为出自《小雅 · 甫田之什》的“鸳鸯在梁”。谜面系采用了该书中贾母死后，其身边大丫头鸳鸯绝望后悬梁自尽，被同房的丫环珍珠与琥珀发现的情景设面，隐示“鸳鸯悬在梁间”，以此扣底，将本义为“鸳鸯鸟相偕在鱼梁(一种水中设施，以木桩或篱笆构成)”的原诗转义为丫环自缢，可谓出人意料。作者将鸟名别解为人名，把鱼梁转义成屋梁，其巧思妙绪，令人叫绝。

此外，影剧戏曲人物之名摄入谜中的佳作更是层出不穷。例如以电影或歌剧《白毛女》中男女主人公之名制成的，谜面为“喜儿见到心上人”，要求打台湾作家名一，谜底为“张大春”，喜儿的恋人叫“大春”，“张”在此别解为“看”，故而相扣。使用传统戏曲中观众喜闻乐见的剧中人名那就更多了，例如以京剧《刘唐下书》为面，打京剧武生流派名“盖派”。原来此剧演梁山好汉刘唐受头领晁盖派遣，送信向宋江致谢的故事。这里的“盖派”已由武生泰斗盖叫天所创的流派名称别解为“受晁盖派遣”之意了。又如以地方戏《宝莲灯》中的人名入谜的谜面：“三圣母思儿掉泪”，要求打苏州弹词开篇名一，谜底为《女哭沉香》，解谜时谜底应别解为“仙女在哭思儿子沉香”，开篇名中的“沉香”本义为一种木料，今则转义为后来“劈山救母”的孝子之名了。笔者最近还见到过一条巧借戏曲剧中人名制成的趣谜，谜面是“《双珠凤》女主角未选定”，要求打已故外国科学家一，谜底为“霍金”。看过这出戏的人，一定知道该剧的女主角为一位尚书千金，她的芳名叫“霍定金”，再结合谜面中“未选定”三字的别解之意，即“‘霍定金’三字中不去选‘定’这个字”，如此一来，便只剩了“霍金”二字，那就是谜底了。

通过上述的介绍，我们可以从中窥见灯谜作者谋面切底制谜手法的多样和匠心各具，即使是极为常见的人物名字，他们也能本着“不薄今人爱古人”(杜甫诗句)的宗旨，广搜博采地将各种人名元素撷作谜料，创造出充满谐趣的灯谜作品。

『老年节』灯谜

◎刘茂业

九九重阳将至，重阳佳节又是"老年节"，让我们来猜射、赏析一些和尊老敬老有关的灯谜。

如："笑口常开"打四字敬老用语"老有所乐"，"老"本指"年老"，这里别解作"一直、老是"的意思，谜底以"一直很快乐"来契合谜面；"古稀之年，幸福门第"打四字礼貌用语"老人家好"，此谜用分扣法，"古稀之年"是年纪大的人，所以猜"老人"，"幸福门第"指家庭好，所以猜"家好"；"敬老公约"打四字尊称"令尊大人"，"令"别解为"使、让"，谜底诠释谜面之意是"让人尊敬年长者"；"银发公寓"打现代作家名"老舍"，谜底解释作"老年人的房舍"；"百岁老人会"打喜庆食品名"长寿面"，"百岁老人"是长寿者，"面"别解成动词"见面、会面"；"心系孤老"打一字"恅(lǎo)"，谜面意谓用"心(忄)"联系着孤(一个)"老"组合成字谜谜底；"高龄津贴"打四字称谓"银发老人"，"银"有"金钱"的意思，"高龄津贴"是说"钱是发给老年人的"，故扣。

值此我国第六个法定"老年节"来临之际，谨以上述一束"老"谜恭贺广大老年朋友，也可谓新颖别致。

每月二谜

1. 村长种啥俺种啥(打三字常言一)
2. 新患厌食症(打成语一)

上期答案

1. 扶贫基金(打古文篇目一)
   谜底:《送穷文》(注：文，作"钱文"解)
2. 老师休产假(打《三字经》一句)
   谜底：养不教

编者按

知名语言学家程祥徽、田小琳教授(本刊特约编委)合著的《现代汉语(修订版)》教材,今年6月由北京师范大学出版社出版。这本教材1989年由香港三联书店出版社初版;随即,台湾书林出版社购买版权,在台湾地区发行。港澳台地区及海外华文教学纷纷用作教材。2013年,香港三联书店出版社出版修订版;今年出版的是修订版的简化字版。吕叔湘先生曾评价说:"无论从时代性或者针对性方面看,这本《现代汉语》都有它独到之处。"我们相信,阅读这本教材,广大读者一定会深受启发。下面两文节选自这本教材的两个章节,谨以此与读者诸君共赏。

汉字的功绩

◎程祥徽　田小琳

一、统一书面语

从文字与语言的关系上着眼,汉字适应汉语的特点,是一种好文字;从文字与社会的关系上看,汉字弥补了汉语方言分歧严重的"缺陷",给世世代代中国人提供了统一的书面交际工具,为民族的团结、国家的统一发挥了积极的作用。

汉语方言分歧现象十分严重,几种大方言的差异超越了欧洲有些语言之间的差异。一个上海人、一个厦门人、一个广州人相遇,倘若他们使用各自的方言,语言交流是无法实现的。汉字不是表音文字,所以不同方言区的人尽可以用自己的方音去读它，比如同一个“人”字，北京人读 ren，上海人读 nin，福建人读 lang，广州人读 yan，还有读 yin（东北）、nen（武汉）等音的。听不懂不要紧，看得懂就行了。所以，北方人来香港购物，售货员不懂北方话，北方人不懂广州话，但可以通过交换字条的方式做成买卖。这就是说，在相互不能沟通的方言口语之外存在一种超方言的交际工具，这就是用汉字书写下来的汉语书面语。匈牙利人巴拉奇·代内什说：“来自不同地方的中国人见面谈话，如果听不懂对方的话，就用手指在空中比画，或者写在手掌上，画在沙土上。如果没有方块字作桥梁，他们只能是四川人、河南人、广东人；有了方块字，他们才都是中国人，不仅是同一个国家的公民，而且是同一个伟大文化的主人。”

汉语的方言分歧已有很长历史了。孔子没有明说方言的存在，但《论语》记载孔子提倡“雅言”，即共同语，如果没有方言的分歧，何来提倡雅言的必要。孟子在书里明明白白记载了学习方言的方法，即到该方言流通的地方去学习。两三千年来，方言分歧现象并没有消除，可是超方言性质的书面语在这段历史时期一直连绵地被使用下来，补充了口头的共同语尚未最终形成的不足。从历史的横断面看，每个时期不同方言区的人民通过汉字交流，维系一个统一的社会；每个时期的政府与民众之间亦用汉字取得沟通，使政令下达、民意上通。从历史的纵线看，中华民族的历史及古代文化靠汉字记写的文献典籍流传了下来；古代的经济生活、社会制度，民族的性格、心理、思维方法、审美观念以及汉语的发展演变，都可以在汉字上得到反映。

二、蕴含历史文化信息

汉字和中华文化具有互相印证、互相解释、互相依存的关系。

文字是用形体或形象表现出来的书面符号。汉字构形，就是对形象或形体的选择。我们把这个选择形象生成字元的做法称作取象，把取象所表达出的构字意图称作构意。构意和取象都要受到造字者和用字者文化环境和文化心理的影响，因而汉字的原始构形理据中必然带有一定的历史文化信息。

甲骨文中，手牵象作“為”（为），写作，表示在古代中国社会，人们曾以“象”作耕畜，用于农业生产。这也说明至少在两千年前的甲骨文时代，中国就已经进入农业社会。

汉字中有不少“女”作部件的字。“女”字是个象形字，是对实体进行描绘；“婦”（妇）字主要是描述家庭的分工，如：“婦，服也。从女持帚洒扫也。”（《说文解字》）其他如“奴、妒（妬）、妨、妄、婪、奸（姦）”等，则说明在一段历史时期内中国妇女的社会地位比较低下。

三、反映古人的生活和思维方法

许许多多会意字反映古人的构思方法、心理状态以及哲学信念。例如，古人以“三”表示多：三车为轰（轟），三水为淼，三金为鑫，三口为品，三日为晶，三鹿为粗（麤），三人为众，三木为森，三只鸟在树上为集（雧）。“古人数字的观念以三为最多，三为最神秘（三光、三才、三纲、三宝、三元、三官大帝、三身、三世等）。由一阴一阳的一画错综重叠而成三，刚好可以得出八种不同的方式。这和《洛书》的由一二三四五六七八九配合而成魔术方乘一样。这种偶然的发现，而且十二分的凑巧，在古人看来是怎样的神奇，怎样的神秘哟。”（郭沫若《中国古代社会研究》）许多形声字表现了古代人民对客观事物类属的观念。例如，与鱼有关的都加上“鱼”（魚）旁，鲂、鱿、鲅、鳆、鲫、鲐、鲗、鲟、鲨、鲢、鲫、鲣、鲋、鲤、鲸、鲳、鳊、鲽、鳄、鳇、鳈、鳒、鳙、鳕、鱀、鳘、鳝、鳟、鲶、鲩、鳜、鳖、鳌，等等；与鹿有关的都加上“鹿”旁，麂、麅、麃、麋、麆、麈、麖、麝、麌、麙、麑、麒、麟、麙、麢、麤，等等。是否从“鱼”的字都属鱼类？不是，鳄、鱀、鳖、鳌就不属鱼类，其中“鳄”属爬虫类；“鱀字从鱼者，古人以其形似鱼，误为鱼类也”；“鳌”，是“大鳖”，属爬虫类。是否从“鹿”的字都属鹿类？也不是。例如，“麙，山羊之大者，细角，见《说文》；熊虎之子绝有力者名”。麙与鹿无关。与鱼无关的东西用鱼旁字表示，与鹿无关的东西用鹿旁字表示，不过反映了古人的认识水准与类属观念。此外，象形字突出事物的某个部分或角度。例如，“鹿”字强调角和目，；“马”字突出马鬃，；“人”字取其侧面，。还有：

象 虎 豕 犬 鼠 牛 羊

象突出长鼻，虎突出身上的花纹和张开的虎口，豕（猪）突出大腹，犬（狗）突出向上卷起的尾巴，鼠以碎食物突出其觅食的行为。牛羊描绘头部，为了区别，牛角向上翘起，羊角向下弯曲。在甲骨文中，取象于动物的形体的字十分丰富，这显然是狩猎生活在文字构形上的反映。指事字以某个部分作为示意的集中点（如“刃”字将指示性符号加于刀口，“甘”字将指示性符号画入口中），也都反映了古代人民的审美观念与理解事物的方法。

四、反映语音和词义发展变化

汉语语音、词义的发展亦都可以从汉字身上找到依据。例如，“古无轻唇（即 f）”，现代的轻唇（f）在古代是重唇（b 或 p）；“古无舌上（即 zh、ch）”，现代的舌上（zh、ch）在古代是舌头(d、t)。这两条规律在汉字中体现得很明显。古时声符相同的字必同音。据此,凡含“反”的字读音必定相同,“返、贩、饭”读 fan,但“扳、板、坂、阪、版”却读 ban,“叛、鋬”读 pan。这种现象至少说明古代 f 与 b、p 不分,然后再参考其他资料,如方言材料等,我们可以证实古代有 b、p 无 f。“古无舌上”的现象也可从汉字身上得到说明。例如,现在包含“者”的字中,“猪、诸、煮、渚、箸、著”读 zhu,“褚、储、躇”读 chu,但“都、堵、睹、赌”读 du,“屠”读 tu。参照其他资料,我们可知原来古代有 d、t 而无 zh、ch。

汉语词义的演变发展也可以从汉字上看出。例如,“枕”曾经是“木”制的,“碗”曾经是“石”制的,“纸”曾经是“丝”制的。时代变迁了,物质生活与文化生活发展了,但汉字却记载了过往历史阶段的陈迹,具有生动的认识意义与永恒的历史意义。

汉字的孳乳在形声字中可以找到一些标记,那就是前人所说的“右文说”。古人曾经看到,形声字的有些声符具有提示孳乳字来源的作用,可以用来把同源字联系在一起。这里我们来联系几个以“肖”为声符的字。

第一组是名词:

艄,船尾。船尾渐小处是船艄。

霄,云端。云的最高、最远的顶端,看起来越来越小,所以叫云霄。

鞘,鞭头。皮鞭的顶端细小,称鞭鞘。

梢,树端。树木枝条的末端渐小处称树梢。

这组名词共同的特点是,它们表示的都是在末端逐渐细小的部位。

第二组是动词:

消,水消减。也就是使水渐渐少起来。

销,金消减。也就是使金属渐渐消融。

削,用刀使被削的东西渐渐减少。

这组动词共同的特点都是使一种东西渐渐消融或减少。

字母词

◎程祥徽　田小琳

字母词是将外来词的拉丁字母写法(一般是缩写)直接书写引入,或将拉丁字母和汉语语素组合成词,也是外来词的一种类型。这种类型早年已有,如阿Q、A城、B君、X光。这类词开始数量很少,因为人们不习惯看方块汉字中夹杂着外来字母,或者说不愿意外文字母破坏中文书写的美观。字母词大量出现在中文的书写中大概也就是近几十年的事。改革开放使中国和世界接轨,信息技术突飞猛进,在电视、广播、报纸和网络等媒体上,字母词已经大量涌现。有的词典收字母词在两千个以上。例如,香港人熟悉的CEPA,中文意思是内地与香港"关于建立更紧密经贸关系的安排",来自英文"Closer Economic Partnership Arrangement"的缩写。这个字母词更方便大家互相交流。如果完全不接受字母词,一来不符合字母词存在的客观实际,二来也缺乏相对开阔的语言观。

一、字母词的类型

1. 字母＋汉语语素

在构词中,汉语语素多在后面,如"A股、B股、AA制、B超、U盘、SIM卡、VISA卡(香港用"VISA咭")、SOHO族、T恤衫、AB型血、T型台、TT产业、K房、X染色体、Y染色体、SOS儿童村"等。也有汉语语素在前面的,如"阿Q"。还有字母在汉语语素中间的,如"三K党"(美国的一个种族主义仇恨组织,"三K"是英文"Ku Klux Klan"的缩写)。

2. 汉字＋字母

"卡拉OK"是20世纪70年代日本发明的一种音响设备,日语是"无人乐队"的意思,可以供人在该机的伴奏下演唱。“卡拉”音译自日语，“OK”来自英语“orchestra”。上面举的“阿Q”“三K党”的例子，其中“阿”“三”均有语素义，“卡拉”则无语素义。

3. 纯字母词

例如：WTO、WHO、APEC、CEPA、AIDS、GDP、VIP、DNA、ISO、VCD、DVD、UFO、KTV（卡拉OK和TV组合的缩写）、SPA、GRE、GPS、MBA、SARS、CEO、TOEFL、OL、NG、QQ、IQ、EQ、IT、USB、Wi-Fi。这类词很多同时用中文意译词，如WTO同时用“世界贸易组织”“世贸组织”“世贸”。也有纯字母词和中文意译词同时并用的，如WTO(世界贸易组织)、WHO(世界卫生组织)、APEC（亚太经济合作组织）、SARS（非典型肺炎）、UFO(不明飞行物)、GPS(全球定位系统)。这种形式较好，特别在开始使用的时候，便于其他人理解。

4. 汉语拼音缩写字母词

《汉语拼音方案》采用通用的拉丁字母，为国际接受，因而也有汉语拼音缩写字母词，例如：GB（国家标准）、RMB（人民币）、PSC（普通话水平测试）、HSK（汉语水平考试）、WSK（外语水平考试）。

5. 数字＋字母

例如：18K（金）、24K（金）、14K（香港某黑社会组织名称）、F-15（战机）、3D（三维，D代表“dimensional”）、MP3、3G等。

6. 数字＋英文

例如：7-Eleven（24小时开业的便利店）、3＋X（中国内地高考曾用词，表示考生要应试的科目数，“3”表示三门均要应试的大科，即语文、外语、数学，“X”则是可自选的小科，由应试专业而定，代表未知数）。

《现代汉语词典》第7版正文的最后，附有“西文字母开头的词语”，收录有外来借词、外语缩略语，共230个。尽管数目不多，但这也值得我们重视和研究。

二、运用字母词应注意的问题

1. 需有限度地使用

汉字是方块字体系，横平竖

直，而字母词由拉丁字母组成，或有拉丁字母在其中，两种文字形体很难融合。字母词在书面语中偶一用之尚可，如果过多，会破坏中文书写的和谐，不易被读者接受。但也不必完全反对禁止，因为字母词的出现有它在交际使用中的合理性。例如，中央电视台以“CCTV”作为台标，已流传至全世界。我们也可将字母词看作中西文化交融在文字当中的体现，从语言文字多元化的角度来看这个现象。

2. 需在适合的文体中使用

字母词常见于报刊文章、科技作品和网络文章，如果是用于正式场合的报告、讲话、政府公文等，则不大适合。例如，可用“世界贸易组织”表达时，不一定非要用“WTO”。在报刊文章中使用时，为了便于读者理解，有时可在字母词后加括号做注释。因为有的字母词是英文缩略语，许多读者不一定理解。

3. 防止滥用字母词

为了防止滥用字母词，从根本上说，还需要做好西文字母词的翻译工作。例如，对于iPad，我们至今没有合适的音译或意译的汉语词。有的虽有相应的汉语词，但太长或太专业。例如，DNA 的译词为“脱氧核糖核酸”，一般人要记清楚说出来并不容易，不如 DNA 好记好说。成功的例子则有“飞碟”，有了“飞碟”的说法，很多人就不用UFO 了。又像 SARS 有“严重呼吸综合征”和“非典型肺炎”的译法，还有“非典”的简易说法。人们习惯了用“非典”，也就不一定用字母词了。

有的新概念在不同地区译法不同，这就需要一段时间整合。例如，字母词“USB”“U盘”，内地的规范用词是“闪盘”“快闪记忆体盘”。利用快闪记忆体制造的袖珍型移动记忆体，又可叫“优盘”，香港叫作“手指”，台湾叫作“记忆棒”。一个概念有七种名称，沟通起来会有障碍，而经过一段时间的使用，约定俗成的规则就会起作用，名称自然就会减少。

"不淋一人"淋几人

(文中有十处差错,你能找出来吗?答案在本期找)

◎梁北夕　设计

一个夏日的夜晚,尚须禅师和两个弟子坐在一颗繁茂的大树下乘凉。尚须说:"有这样两句诗,'绵绵阴雨二人行,奈知天不淋一人。'你们说说看,是什么道理呢?"

两个弟子正值争强好胜的年纪,常为一些无畏的小事争论不休。二人兴奋起来,立刻唇枪舌战地争辩起来:

"因为两人当中有一个穿了蓑衣,另一个没有穿。"

"既然穿了蓑衣,走在雨中也还是会被淋,'不淋一人'应该是说一个人走在房檐下无雨之处,另一个走在道路中间有雨之处。"

"有风的时候,房檐下也未必就无雨,你的解释也太缺乏常识了!"

"那穿了蓑衣就更不对了,蓑衣、布衣都是衣,为什么穿了蓑衣就不会被淋呢?"

"蓑衣跟布衣怎么会一样呢?蓑衣……"

"好了,"尚须禅师制止道,"看看自己争执到何处去了,还有,你们为何非要执着于'一人'呢,这句难道可以理解成'二人都未被淋雨'吗?"

听了禅师的话,两个弟子面面相虚,顿时若有所悟。

切记执着于一言一词或者概念的论辩,这样会在不知不觉中迷失自我。更为重要的是,会遮敝事实的真像,毫无意义。

火眼金睛

图中差错知多少？

韩立民 郑 冬 林启蒙 龙启群 提供

（答案在本期找）

请妥善保管好
自己的财务，小心被盗

1
2 4
3

ISSN 1009-2390

YAOWEN-JIAOZI

咬文嚼字®

11
2018

朱鹮

鸟纲，鹮(huán)科，全身羽毛白色，颈项部有柳叶形羽毛，额、眼周呈红色，喙细长而弯曲，黑色，腿及爪均为红色。此鸟为什么叫“朱鹮”呢？色红，故曰“朱”；目旁毛长而旋，故名“鹮”。鹮，古又读xuán，义同“旋”。

上海世纪出版集团

欢迎至邮局订阅本刊 邮发代号 4-641
国内统一连续出版物号 CN 31-1801/G
定价：5.00 元

雾里看花

何为“署格”

余亚斌

曾和几位朋友到北京某餐厅喝咖啡，其广告牌上的“一元喝咖啡，署格买一赠一”引起了我们的注意。什么意思？有位朋友脑洞大开，说：在表格上署下大名，喝咖啡便可买一赠一。真是这个意思吗？猜猜看，答案见本期。

书窗

学海无涯，文字有味

《字雨词风》有语言生活中的热点话题，有语文学习中的独家秘诀，有编校工作中的典型案例。

每篇文章讨论语言中的一个知识点。

它能让你在语文学习中，不但知其然，而且知其所以然；它能让你读一遍，记一生，不在同一个地方第二次摔跤；它能让你盘旋在心头的一个个问号迎刃而解，豁然开朗。

《字雨词风》
郝铭鉴 著
定价：35.00 元

购买请扫二维码

“第一人有什么了不起！”

宦　梅/文　臧田心/画

一次，黄宾虹到李瑞清家观赏石涛的画。黄宾虹十分推崇石涛，称他是画坛“三百年来第一人”。同在一旁的张大千不以为然，说：“第一人有什么了不起！”黄宾虹扫了张大千一眼，心想这小子不知天高地厚！张大千被黄宾虹的眼神激怒了，下功夫临摹起石涛的画来，还拿到市场上去卖。又一天，黄宾虹来到李瑞清家，说自己买了一幅石涛的真品。张大千一见，不由乐了，原来正是自己的“杰作”。

2018年11月1日出版

11
总第287期

主管：上海世纪出版集团
主办：上海咬文嚼字文化传播有限公司
编辑、出版：《咬文嚼字》杂志社
集团网站：http://www.shwenyi.com
E-mail：yaowenjiaozi2@163.com
官方微博：
http://weibo.com/yaowenjiaozish
电话传真：021-64330669
发行电话：021-64674759
邮购电话：021-64372608-243
地址：上海市绍兴路7号
邮政编码：200020
发行：上海市报刊发行局
发行范围：国内外公开
订阅处：全国各地邮局
邮发代号：4-641
ISSN 1009-2390
CN 31-1801/G
印刷：上海中华印刷有限公司
印厂电话：021-60829062
021-60299079
广告经营许可证：沪工商广字
3100320050020号
定价：5.00元

如发现本刊有装印质量上的问题，请在当月与承印公司联系调换。

顾　　问
濮之珍　何伟渔
陈必祥　金文明
姚以恩

名誉主编　郝铭鉴

主　　编　黄安靖

副 主 编　王　敏

特约编委
汪惠迪(中国香港)
田小琳(中国香港)
林国安(马来西亚)
吴英成(新加坡)

责任编辑　何中辰
施隽南
朱恺迪

通　　联　张　炜

封面设计　王怡君

特约审校
蔡维藩　陈以鸿
李光羽　王中原
张献通　黄殿容

语言中的“性别歧视”

◎狮子坡

今年9月初,有这样一则消息在新旧媒体上“热传”:在韩语中,妻子称呼丈夫家族成员用尊称;丈夫称呼妻子家族成员,却不对等使用。甚至,妻子称呼丈夫要在其名字后加上表示尊敬色彩的词尾,而丈夫称呼妻子不必如此。为了“改善家庭制度和文化”,韩国女性家庭部于8月31日发布了《第三次健康家庭基本计划》,决定纠正这种涉及“性别歧视”的称谓习俗。

许多朋友都看过韩剧,一些家庭剧中“妻子对丈夫毕恭毕敬,丈夫对妻子颐指气使”,大家一定深有印象。古朝鲜是个“夫权”社会,女性的地位低下。这种社会观念至今仍未根除,还深深地影响着现代韩国社会的方方面面。韩语中的亲属称谓习俗,就是“男尊女卑”观在语言层面的投影。

古代中国同样是个“夫权”社会,女性的地位同样低下;然而,汉语中似乎没有类似前述韩语的称谓习俗。这可能和中国传统家庭结构有关。

中国古代,女性被视为丈夫的家族成员。女性成年后嫁人,被称为“归”,即“回家”。有学者说,嫁人的“嫁”,意思就是“回家”。(《说文》桂馥义证:“嫁者,家也。”)女子嫁人后,要从夫姓,李姓人家的女子嫁给王姓人家的男子后称“王李氏”。正因为如此,在汉语的亲属称谓语里,没有类似韩语专用于女性称呼丈夫家族成员的称谓。女性常跟丈夫称呼夫家的家族成员,即丈夫怎么叫就怎么叫。明代沈榜的史志著作《宛署杂记》就讨论过这个称谓习惯:“父曰爹,母曰妈……儿妇称翁(公公)曰爹,姑(婆婆)曰妈。”也有跟子女叫的。比如“叔”原本是儿子对父亲弟弟的称呼,后来儿子的母亲也跟着叫,用“叔”来称呼丈夫的弟弟。再如,本来孙辈称呼祖母为“婆婆”,后来其母跟着叫,“婆婆”便成为女性对丈夫母亲的称呼了。跟子女称呼亲属的习惯,现在还普遍存在。

韩语中,妻子称呼丈夫家族中的同辈亲属时,常用自己的年龄为比较对象,据结果而采用不同的称呼。而在汉语中,妻子称呼丈夫家族中的同辈亲属,常以丈夫的年龄为比较对象。女子嫁给比自己年龄小的丈夫,如果丈夫的哥哥也比自己小的话,也得叫哥。这也说明,在中国的家庭结构中,妻子依附丈夫而成为夫家的家族成员。

既然是一家人,就不必太客气,如用尊称就见“外”了。在现代中国的一般家庭中,如果某个女性像韩国妻子一样一本正经地用尊称称呼其丈夫,人们一定会犯嘀咕,认为他们感情出了问题。再如,第二人称代词敬称“您”,一般也不用于夫妻间的日常交流中。

汉语中,明显涉及“性别歧视”的亲属称谓语很少见。在我国,也未见有要“纠正”涉嫌“性别歧视”的亲属称谓的呼声,政府更是从未有过针对亲属称谓的“政府计划”。

不过,跳出亲属称谓,着眼于汉语的整体系统,“性别歧视”还是存在的。在文字系统中,有许多含贬义的字以“女”字为偏旁,如“妒”“嫉”“嫌”“婪”“妄”“娼”“妨”等等,一般认为,这就是“性别歧视”在构字思维中的折射。在词汇系统中,也能找到“性别歧视”的痕迹。比如俗语“女子无才便是德”,便透露出古代轻视妇女的恶习。某人(特别是名声显赫的人)去世后,他的妻子常被称为他的“遗孀”。民国时期的著名外交家顾维钧妻子严幼韵女士 2017 年 5 月 25 日在纽约家中去世,享年 112 岁,有媒体就以《外交家顾维钧遗孀去世》为标题报道新闻。有学者指出,“遗孀”涉嫌“性别歧视”:“孀”从女从霜,霜兼表音义。在男尊女卑的古代社会里,丈夫去世后,妻子要“守节”,不可再嫁,要保持“霜”一样的“冰清玉洁”。这是“遗孀”的构词理据。“遗孀”明显带有“性别歧视”的封建意识。

在我国,也一直有人呼吁,对涉“性别歧视”用语进行“纠正”。据媒体报道,在2016年全国“两会”上,有政协委员建议相关部门将涉“性别歧视”的语词列为“新闻信息报道中的禁用词和慎用词”。2017年《中国妇女报》还向社会发布了建议禁用词表,表中收入了34个涉嫌“性别歧视”的用语。

借政府的“行政”优势,借媒体的“宣传”优势,去清除残留在语言中的不符合现代文明规范的现象,无疑能取得比较理想的效果。然而,如果不采取这样的“强制”方式,也未尝不可。

语言是符号系统。从本质上说,符号本身没有任何含义,其含义是通过“约定”的方式附加上去的。什么样的符号“约定”什么样的含义,由社会现实及思想观念决定。时空的转移,可能引起社会现实和思想观念的改变,“约定”也可能随之发生变化。古人据古人的社会现实、思想观念“约定”语言符号的含义,今人据今人的社会现实、思想观念“约定”语言符号的含义。同一个语言符号,其代表的含义,反映的社会现实,蕴含的思想观念,古今可以完全不一样。比如,“取”在甲骨文中可表示“娶”,有学者认为,这一含义是在远古时期的抢婚习俗中“约定”而成的。后世,“取”还是“取”,但“娶”的含义逐渐消失。现在,有多少人能从“取”想到上古时期野蛮的婚姻习俗?只要社会现实足够进步,只要思想观念足够文明,新的“约定”必然产生,“性别歧视”等不符合现代文明规范的陈腐意识,必然远离语言符号而去。

应是“云想衣裳”

◎梁德祥

2018年8月8日中央电视台戏曲频道的《空中剧院》栏目播出了京剧《汉明妃》。剧中，王昭君照着镜子画自画像，边画边唱：“先写就玉精神似花模样，再画那俏娉婷云 xiǎng 衣裳。”“云 xiǎng 衣裳”字幕显示的是“云祥衣裳”，应改为“云想衣裳”。

“云想衣裳”出自李白的一首《清平调》。相传唐开元中，李白供翰林，时逢宫中木芍药盛开，唐玄宗在月夜赏花，召杨贵妃侍酒。席上玄宗赐李白金花笺，让他进新辞《清平调》。李白在酒醉中作了三首《清平调》，都是描写杨贵妃的。第一首的第一句便是“云想衣裳花想容”，意思是如同云彩一般的衣裳，如同花朵一般的容颜。这里的“想”义为如同、好像。上引《汉明妃》中的那两句唱词便是对“云想衣裳花想容”的化用。

祥，义为吉利。云祥，即“祥云”，表示吉利的云彩。清顾炎武《感事》诗之三：“日气生玄甲，云祥下赤幢。”“云祥衣裳”似可解释成有祥云图案的衣裳，但不合唱词的原意。

心跳骤停口唇“紫干”？

◎盛祖杰

央视新闻频道《共同关注》栏目2018年5月11日报道了一则发生在浙江磐安的事件。一位老人在路边晕倒，四名护士轮番施救，最终老人转危为安。一位参与急救的护士在事后接受采访时说：“叫他没有反应，面色口唇紫干。”（字幕同步显示）这里的“紫干”应是“紫绀”。

绀，读gàn，是微呈红色的深青色。《说文》：“绀，帛深青扬赤色。”紫绀，即一种接近赤红的紫色。《太平御览》卷七〇二引晋代陆翙《邺中记》：“（石虎）用象牙桃枝扇，其上竹或绿沉色，或木兰色，或作紫绀色，或作郁金色。”在医学领域，血液中还原血红蛋白增多，使皮肤和黏膜呈青紫色改变的现象称为紫绀，也叫发绀。通常这种现象在皮肤较薄、色素较少和毛细血管比较丰富的部位更容易观察到，如口唇、甲床等处。新闻报道中，那位护士确认老人心跳骤停的依据之一便是“面色口唇紫绀”，于是当机立断采取对应的急救措施。

“干”主要用作表达缺少水分的状态，并没有表颜色的义项，医学术语中也没有“紫干”一说。

哪有“傻孢子”

◎李　军

电视剧《面具》第6集中有这样一句台词：“大学化学系毕业，工资要求也不高，我就把他留下了，我要是不留下他呀，我就是傻孢子呀。”（字幕同步显示）这里的字幕出现一个错误，演员说的是“傻狍子”而不是“傻孢子”。

狍（páo）子是东北地区常见的野生鹿科动物。过去猎人们长期观察这种动物的习性，归纳出有利于捕猎的各种经验，诸如：狍子对不断更新的陷阱总是好奇，会自投罗网；逃跑时会把头钻进雪地里，竟自以为安全；逃离遇险的地方后，居然折返回来“旧地重游”；在同伴被猎杀后不思逃逸，反而聚众围观……据此种种，狍子便被冠以“傻”字。

东北方言中的“傻狍子”可泛指待人接物缺欠机灵者，机遇临门茫然不知者，为人处世不善心计者，乃至身处险境不知趋利避害者，等等。前文提到的电视剧台词说的就是：求职者中有质优价廉的人才，如果不录用岂非“傻狍子”。

孢（bāo）子是某些低等动物、植物或真菌产生的单细胞或少数细胞的繁殖体。“孢”与“狍”音形相近，义大不同。

为何叫“犬”？为何叫“狗”？

◎黄乐天

狗，又称“犬”。狗是从狼驯化而来，这已经达成共识。但围绕着狗的具体的发源地及驯化时间，则众说纷纭。有科学家认为，可能在16 000年前的亚洲东南部，野狼已经被人类驯化为家畜。也有人认为，狗起源于欧洲，因为最早的狗化石是来自德国的一块狗下颌骨化石，距今14 000年。还有人根据不同品种的狗在形态上极富多样性，认为狗起源于不同地方不同种类的狼。争论在继续，在没有确切证据前，不可能得出确切的结论。

我现在想要讨论的是，汉语中为什么称“犬”，为什么还称“狗”呢？这还得慢慢说起。

据《后汉书》记载：高辛氏有狗叫槃瓠。当时犬戎兵力强大，高辛氏于是颁令寻找能取犬戎吴将军首级的人，并许赐以少女。最后槃瓠完成了任务，于是少女随槃瓠到了南山，生男女十二，相为夫妻，后代繁衍生息。《搜神记》中也有相似的内容。高辛氏是上古时代的部落首领，被列为“三皇五帝”中“五帝”序列的第三位。故事是个神话传说，不足为信。但把“狗”这种动物与我国先民的关系远推于史前的远古时代，这是符合事实的。

关于“狗”的最早确切记载，见于商代甲骨文中。不过当时叫“犬”而不叫“狗”。在甲骨文中，犬作“[illegible]”“[illegible]”，均象其侧面之形。主要有两义：一指用于祭祀的祭牲(《甲骨文合集》14316),一指职官之名,似为管理猎犬参与田猎及战争的武官(《甲骨文合集》4630)。祭祀、田猎、战争,都是古代社会的大事,而犬都参与其中,并扮演着重要角色。“犬”的重要性,可见一斑。侯马盟书中已有“狗”,作“狗”。可见“狗”名可能出现在战国时代,并且“狗”也出现在成书于同时期的《左传》。此后,“狗”频繁见于历代文献中。

对“犬”“狗”名称的探讨,始于汉代。《尔雅》中说“犬……未成毫,狗”,“毫”指“长毛”,意思是还没有长长毛的小犬称“狗”。郝懿行《尔雅义疏》:“狗、犬通名,若对文则大者名犬,小者名狗。”然而,这只是分析“犬”与“狗”的区别,并没有说明究竟为何叫“犬”为何叫“狗”,还不算真正的探名分析。东汉的《说文解字》开始了“犬”“狗”命名缘由的探讨,其中说“犬,狗之有悬蹄者也”;“狗,孔子曰:狗,叩也,叩气吠以守”。清代段玉裁注:“有悬蹄谓之犬,叩气吠谓之狗,皆于音得义。”可见,《说文》的意思是:因为犬有“悬蹄”,故名“犬”,“犬”者“悬”也;因为狗叫如同“叩气”,故名“狗”,“狗”者“叩”也。“犬”与“狗”都“于音得义”。“悬蹄”是什么意思,有人说,就是把腿悬起来,指的是犬小便时的动作。问题是,并不是所有的狗在任何时候都以这种姿势小便,专家说,不同年龄、不同性别的狗,小便的姿势会有区别。所有的狗都是狗,仅以部分狗的特征为所有的狗命名,似乎不合理。把狗汪汪叫,说成“叩气”而吠,似乎比较牵强。至少这不是狗的“显著特征”,而“显著特征”才是上古时代的命名依据。因此,《说文》的解释虽可备一说,但还欠顺畅,应该不是“犬”“狗”得名的真正原因。

“犬”“狗”得名的真正原因到底是什么呢?我先讲一个故事。古时候,有一尚书与一侍郎同署办事,但素不和睦,常拌嘴斗气。一天，尚书见一只狗窜入大堂，于是假装问侍郎：“是狼（谐音侍郎）是狗？”侍郎知道尚书在骂自己，于是机警地答道：“狼与狗的区别在于尾巴：上竖（谐音尚书）为狗，下垂为狼。”二人都没占到便宜，相视而笑。故事中的侍郎，道出了狼和狗的区别，即狗的尾巴上竖而狼的尾巴下垂。这是“犬”或“狗”的显著特征，观察“犬”的甲骨文形体，尾巴都是向上弯曲着的，显然上古时代的先民，也是这样认识狼和狗的区别的。并且，狗从狼驯化而来，古人以其与狼的区别性特征命名，是最自然、最有可能的。

上图为狼，下图为狗

因此我认为：犬者，卷也；狗者，勾也。都得名于其尾巴向上弯曲的特征。

犬，上古音在溪母元部；卷，上古音在见母元部。见母和溪母同属同系牙音，理当可通；而韵母都在元部，完全相同。可见，在语音上，“犬”与“卷”非常接近，在没有文字的远古时代可能完全相同。卷，即卷曲，在语义上正符合犬尾巴向上弯曲的意思。狗，是个形声字，以句（后写作勾）为声符，说明“狗”“勾”同声韵，读音一样。在语义上，勾也是卷曲的意思，也可表示狗尾巴向上弯曲之意。

这仅是我的一家之言，大家可以继续讨论。

没有“燕领格”

◎王树凡

2018年8月17日《中国楹联报》第3版刊有《有趣的镶嵌格》一文，文中介绍了楹联的联格，其中有个标题是“二、燕颌(叶底)格”。这里的“燕颌格”应改为“燕颔格”。

燕颔格，又称玉颈格、鹤颈格，是联格中嵌字格的一种。楹联中经常会嵌入特别的字(如人名、地名等)，燕颔格就是把要嵌的字分嵌在上下联第二个字的位置。如上述文章中就举有一个采用燕颔格的例子——“白丁有志须求学，黑丑逢春尚著花”，此联嵌入了表示年份的“丁丑”二字。颔，从页，含声，本义为脸面黄瘦，也指下巴。律诗中第一联称首联，第二联称颔联，第三联称颈联，第四联称尾联，将要嵌的字嵌入第二个字位置的联格称燕颔格也源于此。

颌，从页，合声，指构成口腔上下部的骨骼和肌肉组织。联格中并没有叫“燕颌格”的。

“画坛”的“巨臂”?

◎阎德喜

2016年第9期《书屋》杂志刊有《冈仓天心的〈茶之书〉》一文，在谈到日本东京美术学校出过的中国高材生时，文章这样写道：“其中大器晚成者除何香凝之外，还有陈师曾、李叔同、李海树、高剑父、傅抱石等画坛巨臂。”“画坛巨臂”显然是“画坛巨擘”之误。

擘，读作bò，从手，辟声，本义为分开、剖裂。“擘”还可以表示大拇指，也称“巨擘”，常比喻某一个领域的杰出人物。如臧克家《往事忆来多》：“我崇拜鲁迅、郭老、茅盾先生，因为他们是万众景仰的革命先进，文坛巨擘。”上述文章列举的陈师曾、李叔同等都是书画领域的大家，可称“画坛巨擘”。

臂，义为胳膊，即肩以下手腕以上的部分。“画坛巨臂”讲不通。

中药名无“褚实子”

◎新　德

2018年第1期《生活与健康》杂志上有一篇文章《草药优劣　水来鉴别》，说草药品质的优劣影响药效，而常见的鉴别法中有将草药投入水中观察的方法，称水试法。文中列举了多种可用水试鉴别的草药，其中提到一味叫“褚实子”的草药，称“此果实之外表皮为红棕色，投之入水中，水染成淡红色……”这里的草药名“褚实子”错了，应是“楮实子”。

楮，读作chǔ，木名，桑科落叶乔木。楮实子，也称“楮实”，就是楮树的果实，成熟后呈红色，可以入药。上述文章中说的便是它。

褚，从衣，者声，通常读zhǔ，指用丝绵铺装衣服，也指囊、袋。“褚”也可读Chǔ，作姓氏。没有一味叫“褚实子”的草药。

“年过八轶”为何意

◎国　轩

“丁公景唐先生设宴梅园邨，邀请老友相聚。……蔡耕老、观泉先生和夫人鲁秀珍女士都年过八轶，可谓寿星聚会。”这是2018年7月30日《文汇读书周报》第3版《纪念丁景唐先生》中的一段话。这里的“八轶”是“八秩”之误。

轶，读yì，可表示超过之义，如轶伦(超出一般)；也可表示散失之义，如轶事(不见于正式记载的事迹)。“年过八轶”说不通。

秩，十年可称为一秩，如“七秩”即七十。前引文字是说席中蔡耕老等人都年过八十岁，应是“年过八秩”。

“剑步”如何走

◎严志清

2018年7月1日《上海民防之声报》第2版上有一篇

文章《五角场防空洞的前生今世》，其中写道："说时迟，那时快，只见男的将手中尚在冒着烟的烟蒂朝地上一扔，一个剑步冲上前去，将小女孩扶起后紧紧地抱在怀中。"这里的"剑步"应改为"箭步"。

箭，即离弦而出的箭矢，速度很快。因此人们用"箭步"来形容飞快跃出，一下蹿出很远的脚步。巴金《春》九："接着三房的仆人文德用一个箭步从门房里跳了出来，直往花厅奔去。"而剑是握在手中的武器，使用时不离手，与"步"不搭配。古今汉语中都没有"剑步"的说法。

"栉"字怎么读

◎阎南岗

央视15套2017年12月19日播出的《记住经典》中，一位嘉宾推荐的经典是流传在四川省阿坝藏族羌族自治州的《五匠歌》。他在推荐词中盛赞羌族建筑技术之精湛，说道："在他们生活的地方，索桥栈道鳞次栉比的石碉楼，石砌房屋闻名于世……"（字幕同步显示）遗憾的是，嘉宾将"鳞次栉比"的"栉"错读成了jié。

栉，音zhì，指梳子、篦子等梳发用具；也作动词用，即梳理头发，如栉风沐雨。"鳞次栉比"是个成语。"次"即依次，"比"义为排列。鳞次栉比，就是形容房屋等建筑物像梳子的齿和鱼的鳞那样密密地排列。

甘之如"怡"非真味

◎李可钦

《中华读书报》2018年5月30日4版刊有《从五十年前震耳欲聋的怨诉，到临终时刻大批出现的女友》，其中写道："我们现在迎来了一个真真切切、震耳欲聋的新声音，还有一种全新的幽默方式——冒犯，刻薄，又在喜剧中带着某种甘之如怡的味道。"这里"甘之如怡"

写错了,应是“甘之如饴”。

“饴”指饴糖或糖浆。“甘之如饴”的意思是感到像糖一样甜,形容甘愿承受艰难、痛苦。宋真德秀《送周天骥序》:“非义之富贵,远之如垢污;不幸而贱贫,甘之如饴蜜。”而“怡”是快乐、愉快的意思,“甘之如怡”意思不通。

国画技法无“浚染”

◎得 喜

2017 年第 10 期《书屋》刊登有《画事二题》一文,对国画的作画过程进行了生动描绘:“(他)神情专注,一笔一笔一遍又一遍地在他后来的成名作《黄帝战蚩尤》上染色,那是在绢上浚染。”其中的“浚染”是“皴染”之误。

皴染,就是中国画技法中的皴法和渲染。皴(cūn)法是表现山石、峰峦和树身表皮的脉络纹理的画法。画时先勾出轮廓,为显示山石的纹理和阴阳面,再用淡干墨侧笔而画。渲染,是指以水墨或淡彩涂染画面,以烘染物像,增强艺术效果的一种技法。

浚,音 jùn,义为深挖、疏通,如疏浚、浚流等。作地名时,音 Xùn。“浚”和国画技法没有关系。

“肯肇”有误

◎阎心士

《书屋》2017 年第 7 期文章《古典文学“辣”范畴探析》中写道:“庄子文风汪洋恣肆,其嬉笑怒骂之笔于议论世道人心尤其切中肯肇、辛辣警辟……”其中“肯肇”是“肯綮”的误写。

肯,是指附着在骨头上的肉。綮,读 qìng,筋骨结合处。肯綮,是筋骨结合的地方,常用以比喻事物的关键。明代宋濂《故奉训大夫王府君墓志铭》:“为定远县吏,出谋发虑,皆中肯綮。”其中的“皆中肯綮”就是说其谋虑都能切中要害。上述文章是说庄子文章在议论世道人心方面十分深刻，往往一下子就抓住事物的关键，所以应是“切中肯綮”。

肇，有发生、开始等义，如肇事、肇始等，汉语中无“肯肇”的说法。

戏园中唱的是“落子”

◎李景祥

父亲的另一篇小说《小城神丑》写的是小县城里戏园子的故事。他对落自园名角的介绍是这样写的：这里到底有多少名角更记不清了。不过倒有三位演员是在这儿唱红的，这就是窦家爷儿仨。

这段话出自2018年7月29日《沈阳日报》A03版《父亲的歌》，其中的“落自园”应为“落子园”。

落（lào）子，为北方曲艺莲花落的俗称。清代张焘《津门杂记·唱落子》：“北方之唱莲花落者，谓之落子，即如南方之花鼓戏也。”旧时北方许多地方也用“落子”泛指各种曲艺杂耍。早期评剧也叫落子，流行于华北、东北等地，以莲花落、蹦蹦戏为基础，先后吸收河北梆子、京剧等音乐和表演艺术发展演变而成。

上引文字中写的是“小县城里戏园子”，故应是与戏曲有关的“落子园”，而非难解其意的“落自园”。

引用诗句须谨慎

◎李光羽

2018年4月24日《新民晚报》第18版上刊载了《活得有趣》一文，其中写道：“我的晋朝同乡陶渊明受了官场的窝囊气，撂下县令的大印就回了老家，一面做他的老农民‘晨兴理荒秽，荷锄带月归’……”这里对诗文的引用有误，第二句应是“带月荷锄归”。

上述文章所引诗句，出自陶渊明的《归园田居·其三》，原诗为：“晨兴理荒秽，带月荷锄归。”

意思是早晨起床去田里除杂草，月夜里扛着锄头回家。“带月”即披戴月色，和上句“晨兴”相对，交代了时间背景。既然是引用古诗，那就不该随意改动诗句。

无法担当的“笔式贴”

◎沈阳仁

2018 年 8 月 30 日《沈阳晚报》第 17 版刊有《“十全帝王”建造的精神故乡（三）》一文，其中写道：“对于住在盛京城里的宗室与觉罗们，这无疑是一条通向北京、通向官场的捷径，专攻满文的学员可以担当笔式贴，精通骑射的学员可以担任护卫，这些人将与北京的觉罗学、宗室学毕业生统一分配。”此处出现的“笔式贴”一词乃“笔帖式”之误。

笔帖式，清朝官名，为满语音译，意思是办理文书、文件的人。原称“巴克什”，义为熟悉事务、有学问的人，后金天聪五年（1631）设六部，改称“笔帖式”。清政府的重要文件都要求用满、汉两种文字书写，笔帖式就是配置在各衙署掌理翻译满、汉章奏文书的低级官员。笔帖式通过考选、调补，从八旗满、蒙、汉军人员内任用，品级通常不高，但很容易升迁。

“散弹枪”？“霰弹枪”！

◎姚海涛

电视剧《终极证据》第 8 集中，法医在检查死者尸体时说道：“散弹枪，一枪毙命。”（字幕同步显示）其中“散弹枪”当为“霰弹枪”。

霰，音 xiàn，是指白色不透明的小冰粒，常为球形或圆锥形，在下雪时或下雪前降落，下降时多呈阵性。“霰”也称软雹，有些地区也叫雪子、雪糁。霰弹枪，简称“霰枪”，是一种能将许多弹子（或小箭）成束射向目标的后装滑膛枪，能进行不需精确瞄准的喷撒式射击。汉语中无“散弹枪”之说。

“洗绿”的来历和演变

◎高丕永

上世纪八十年代中期,美国一些企业为了掩盖其对生态环境造成的不良影响,为了获取更大的利润,表面上大力倡导绿色环保,实际上没有采取任何具体措施。纽约的环境保护主义者杰·韦斯特维尔特自创英语单词“greenwash”,对这种行为或行动加以批评嘲讽。“greenwash”,由“green(环保低碳)”加“brainwash(洗脑)”的后半部分组成,后来,有人把它意译成“洗绿”借入汉语。

十年前,“洗绿”在汉语媒体上的使用逐渐增加。当时,批评奢侈品“洗绿”的文章比较多,以致有人误以为其使用范围局限于奢侈品行业,如《2008汉语新词语》里定义为“指奢侈品制造者(如皮草商)为了获得利润,消除对其破坏环境生态的道德指控而鼓吹环保的行为”(第267页)。实际上,任何企业在绿色环保方面“口惠而实不至”的行为或行动,都可以称为“洗绿”。例如:

(1)奢侈正在“洗绿”的路上(标题,《21世纪经济报道》2007年3月19日)

(2)在政府强制要求做绿色建筑的氛围下,少部分企业缺乏技术积累,缺乏专业人才的支持,也缺乏对绿色建筑发展趋势的正确认识,缺乏对环境和未来的敬畏,不得已采取了“洗绿”的做法。(《中国房地产报》2014年9月8日)

近年来,借词“洗绿”演变出了一个新义项,用于金融行业,指“把本该用于绿色(环保低碳）建设的资金挪用于非绿色项目或套利的项目”。例如：

（3）绿色债券发行主体应该充分披露项目的资金投向等信息，监管部门需要预防绿色债券发行主体改变资金用途的“洗绿”行为。（《金融经济》2018年第2期）

另外，有些“洗绿”的意义却是本义的大反转，指“采取具体措施向环保低碳转型（的行为）”。例如：

（4）2000年，BP发起了一场耗资2亿美元的著名公关运动，使用“超越石油”（Beyond Petroleum）来宣传业务，希望借此从一家石油公司转型为一家综合性能源公司，尤其是加强可再生能源领域的发展把自己“洗绿”。（《中国石油报》2013年5月3日）

（5）不单是Chanel，众多奢侈品也纷纷加入“洗绿潮”，从原料到工艺，逐渐向低碳环保靠拢。（《电动车》2013年第4期）

造成借词“洗绿”意义大反转的原因是因为它开始了“本土化”进程。英语中的“greenwash”像“brainwash”一样，带有贬义色彩，但是译成汉语的“洗绿”后，其贬义色彩已不复存在。熟悉“洗绿”来源的，也许能按“greenwash”的本义和附加色彩来理解使用。但是，并非人人都熟悉其来源，再加上中国人对“洗＋绿”组合有自己的固有理解模式（动补关系，“绿”是结果，如“一夜春雨洗绿了牧场草原”），所以出现了与本义大反转的现象。再看看“greenwash”的来源之一“brainwash”，意译为“洗脑”借入后，至今“本土化”效果也很明显。最新版《Longman Dictionary of Comtemporary English》，“brainwash”定义里有“to make someone believe something that is not true（强制让人相信不真实的东西）”，明显带有贬义色彩。《现代汉语词典》第7版则把“洗脑”定义为“指向人强制灌输某种思想观念以改变其原有的思想观念”，

破壁而出的『二次元』

◎刘冰鑫

“二次元”这个新词，对于大多数青少年来说，已经是耳熟能详了；然而对于中老年人而言，却可能不甚了了。今年春天，东方卫视新设一档节目《中国新相亲》，特邀资深影视明星张国立主持。节目中，面对前来相亲的男女青年以及他们的父母，张国立善解人意，幽默风趣，应对自如，左右逢源，深受广大观众的喜爱。有一次，一位女青年自称喜欢“二次元”，倒让张国立丈二和尚摸不着头脑。好在他十分机警，马上转向在场的“小红娘”们，谦虚地说：“我真的不懂‘二次元’。哪位小红娘帮我解释一下，什么叫‘二次元’？”问题迅速得以解决，节目又进行下去了。

“二次元”源自日语，本义是“2D、二维、平面”，是一个空间维度概念。早期日本的动画、漫画作品都是由二维图像构成，画面是一个平面，所以这

相比之下，借词“洗脑”的贬义色彩也“洗”得差不多了。

以上谈到的“洗绿”，使用过程中演变出了新义项，也演变出了意义与本义相反的用例，但构词成分“绿（环保低碳）”的意思不变。近年来，又出现了另一种“洗绿”，其中的“绿”不是“环保”而是“台湾民进党，或以民进党为首的泛绿联盟（俗称‘绿营’）”，因为民进党党旗为绿颜色。这个“洗绿”，意思是“（由、受）绿营控制”。例如：

（6）民进党很想借这次执政彻底把台湾洗绿，但他们慑于大陆的立场，不敢一下子翻脸，因此要一招一招地往外使“台独”动作。（《环球时报》2016年5月25日）

些作品被动漫爱好者称为“二次元”。随着“二次元”文化的发展，“二次元”词义扩大了，可以泛指动画、漫画、游戏、小说、虚拟偶像等。如今，“二次元”文化又在中国快速传播，《2017微博二次元发展报告》显示，微博泛二次元用户总数达到1.53亿人，占全国网民人数的20.9%。同时，“二次元”也受到报纸媒体的宠爱。例如：

（1）二次元热和20世纪初的话剧热、七八十年代的摇滚热，还有90年代兴起的游戏文化一样，都反映了当时青年对新文化、新生活的需求。（《光明日报》2016年1月28日）

（2）各种数据显示，00后观众正在崛起，互联网思维渗透并且影响了他们的生活方式、行为方式和思维方式；伴随他们成长的游戏、动漫电影、二次元文化也在很大程度上影响乃至建构了他们的趣味、价值观。（《光明日报》2018年4月19日）

“二次元”在中文语境下不仅可以作名词，还可以作形容词，表示某事物具有“二次元”特征。如里约奥运会闭幕式结尾，2020年奥运会举办城市东京创造性地将科技、动漫、游戏结合，为观众带来一场视觉盛宴，众多网络媒体评论称“东京八分钟很二次元”。“二次元”甚至也可以形容人，如“某某很二次元”（某人很喜欢动漫产品，我们常常会说“他很二次元”）。

“二次元”被越来越多的人熟知之后，它逐渐变成某一类人的统称，如“二次元少女”“二次元男孩”“二次元人群”等。请看：

（3）目前《中餐厅》播出几期，周冬雨的综艺感渐渐显露，展示出小迷糊、呆萌吃货、二次元少女等属性，还变身小迷妹与赵薇深情演唱《小冤家》。（《广州日报》2017年8月16日）

（4）为了更大程度地吸引95后的二次元人群，节目还引入直播点评的方式，由网络主播王尼玛担任“鲜看团”团长，并加强真人秀的属性。（《北京日报》2017年5月18日）

不能随便“领”的“盒饭”

◎杨　琦

如果你常在网络上观看视频且习惯浏览上面的弹幕评论,那么你对“领盒饭”一定不陌生。网络上流行的“领盒饭”是什么意思呢?先来看几个例子:

(1)秦岚虽然在《延禧攻略》中贵为皇后,但早早就领了

这一类人的共性是:以95后为主,多为年轻、时尚的在校学生;沉浸于虚拟世界;热爱动漫,经常参加漫展;追求个性表达;具有排他性,即拥有共同爱好的人群更容易聚集。

受“二次元”影响,还出现了一系列“次元”词语。比如“三次元”指与“二次元”世界相对应的现实世界;“四次元”指包含时间轴的时空,常常用来形容人跳跃的思维方式;“2.5次元”则介于“二次元”和“三次元”之间,是真人表演与动漫作品等相结合的产物,cosplay是其主要表现形式;另有“异次元”,是“时空隧道”的代名词,广泛应用于小说和影视作品中。“次元”文化的盛行,体现了人们对未知时空的好奇与探索。

当下,人们对“二次元”褒贬不一。有人将“二次元”与“萌”“宅”“腐”联系,认为“二次元”是对现实的逃避。也有人认为“二次元”热反映了当代青年对新文化、新生活的需求,值得提倡。总的来说,要理性看待“二次元”文化,尊重并正确引导“二次元”,让破壁而出的“二次元”凝聚时代正能量,对当代文化产生积极作用。

盒饭。(《郑州晚报》2018 年 8 月 15 日)

(2)老戏骨们往往是一出场就立刻为了女主而牺牲,领盒饭的效率也是堪称一绝。(《深圳晚报》2016 年 11 月 14 日)

(3)眼看着"大暖男"吴聘离开人世,观众似乎比剧中人物还伤感。何润东自己也说,不忍心看到吴聘"领盒饭"(角色去世)。(《北京日报》2017 年 9 月 7 日)

单看例(1)可能会不明白"领盒饭"是何意,例(2)从上下文语境中得知"领盒饭"是角色牺牲了,例(3)更直接将其解释附在词语之后。

"领盒饭"是一个典型的从周星驰的电影里"走出来"的网络流行语。在电影《喜剧之王》中,星爷扮演的小演员一心想实现自己的演员梦,却总是演一些譬如死尸的小角色。因为微不足道,所以拍摄结束后剧组常以一盒盒饭草草将他打发。剧组中演员领了盒饭就意味着要收工了,如果永远收工就代表自己的戏份演完了,戏份演完常常是所饰演的角色在剧中已经死亡。所以"领盒饭"多用来表示某一角色在戏中死亡。

"领盒饭"一般来说都具有[+虚拟人物]和[+死亡]的语义特征。除了电影和电视剧,"领盒饭"一词也活跃在动漫和电子游戏中,游戏中被别人灭了叫"领盒饭",灭了别人叫"发盒饭"。随着使用频率的增加,"领盒饭"的使用范围有所扩大,语义也有所变化。

首先,"领盒饭"不一定指死亡。例如:

(4)"都是女主拖垮了整部剧,你怎么看?""网友强烈要求女主领盒饭"……该剧的女主角、缉毒女警察江伊楠受到诸多诟病。(《扬子晚报》2018 年 7 月 13 日)

例(4)中网友因对女主表演不满,所以要求该角色下线、退出,"领盒饭"不一定非死不可,可以是失踪、出走或其他形式的退出,总之不要再在剧中出现即可。

（5）青女（陈紫函饰）和龟仙童（关智斌饰）不仅没有神仙高大上的仙法，反而具备迅速领盒饭技能，被贬下凡只因受了二郎神一掌，观众第一次知道，原来下凡是不需要玉帝审批的。（《京华时报》2016年2月1日）

上例中的“神仙”轻易地由仙变成了人，“领盒饭”是对其法力低下、轻易失败的一种嘲讽和戏谑。

其次，“领盒饭”也不一定用于虚拟人物。请看：

（6）至于巴西足球名宿济科、前特立尼达和多巴哥中场纳吉德、南非政客赛克斯维尔以及前亚足联主席萨尔曼等只传过参选风声的角色，可想而知，多半只有“领盒饭”的可能。（《法制日报》2015年10月10日）

（7）国产片领便当的另一原因，也在于对手太强大，根本分不到排片。（《深圳晚报》2013年11月12日）

例（6）中的“领盒饭”扩展到了体育领域，主体就不是虚拟人物，而是现实中的人；例（7）的主体是国产片。两例意思可理解为参与某一事件失败。

由表示“死亡”引申到表示“失败”“能力下降”等意思，“领盒饭”词义的程度发生了由重到轻的变化。

“领盒饭”也可以说成“领便当”〔如例（7）〕，“便当”一词是由日语“弁当”（bento）音译而来，受日语或日本文化影响的人或地区常用“便当”一词，而内地往往用本土词替代外来的音译词，所以我们习惯使用意为“装在盒子里的份儿饭”的偏正式名词“盒饭”。

用“领盒饭”来表达“角色死亡”为何会流行开来？如果换成“去世”“离世”“牺牲”等，显得太过庄重；如果换成“死掉了”，一方面显得太随意，另一方面觉得有点不吉利，人们往往避讳这么说。而“领盒饭”这种风趣、新颖而又婉转的表达形式满足了人们多样化的表达需求。

异体字的分化

◎苏培成

本文所说的异体字指的是音义相同而形体不同的一组字。从用法上说，有的异体字用法完全相同，这是严格意义上的异体字，可以称为狭义异体字；有的只有部分用法相同，这可以叫部分异体字。二者合在一起就是广义的异体字。汉字这样的文字很容易产生异体字。异体字的存在对汉字的学习和应用有害无利，因而需要规范。规范异体字用的主要是取舍法。取舍法就是在一组异体字中，确定一个形体为规范字予以保留，其他的形体淘汰。例如，“酬酧詶醻”是一组异体字，根据约定俗成的原则确定“酬”为规范字，其余的三个是不规范字，停止使用。此外，也还有少数异体字用分化法进行规范。分化法就是使几个异体字的意义或者连同读音发生分化，变成不同的字。这种方法可以把淘汰的死字变为活字，节省汉字字数。阅读古籍时遇到这样的异体字，要分清分化前后不同的意义，有的还要连同读音。本文举出十组异体字说明分化法的使用。

讷，呐。《玉篇·口部》：“呐，奴骨切。《论语》曰：‘君子欲讷於言。’讷，迟钝也。或作呐。”奴骨切，读 nè。君子欲讷於言：见《论语·里仁》，意思是君子对于言语要谨慎，反应要缓慢。讷与呐音义相同，是异体字。《史记·李将军列传》：“广讷口少言。”《汉书·李广传》：“广呐口少言。”呐的音义后来发生改变，读 nà，意思是大声呼喊，与讷变为不同的字。《三国演义》第四十五回：“来日四更造饭，五更开船，鸣鼓呐喊而进。”

唁，喭。《玉篇·口部》：“唁，宜箭切。《穀梁传》云：‘弔（吊）失国曰唁。’”宜箭切，读yàn。弔失国：对丧失国家的人进行慰问。《玉篇·口部》：“喭，同上。又鱼旰切。《论语》曰：‘由也喭。’”同上：在《玉篇》里，喭字紧接在唁的后面，音义与唁相同。二者是异体字。又鱼旰切，又读àn。由也喭：出自《论语·先进》。由：孔子的学生仲由，字子路。喭：鲁莽。“又”后面部分是喭分化后的音义。

讶，迓。《说文·言部》：“讶，相迎也。从言，牙声。《周礼》曰：‘诸侯有卿讶也。’迓，讶或从辵。”讶，《广韵》吾驾切，读yà。《仪礼·聘礼》：“厥明，讶宾于馆。”迓，讶或从辵：讶把讠改为辵就成为迓。迓与讶是异体字。段玉裁《说文解字注·讶》：“铉增迓字，云：‘讶或从辵。’按：迓俗字，出于许后。”铉增迓字：《说文》里的迓字是南唐人徐铉增加的。迓俗字，出于许后：迓是俗字，产生在许慎之后。《集韵·祃韵》：“讶，疑也。”意思是惊奇、诧异。这是讶的后起的意义。梁简文帝《采桑》：“寄语采桑伴，讶今春日短。”分化后，“迓”表示迎接，“讶”表示惊奇、诧异。

御，驭。《说文·彳部》：“御，使马也。从彳，从卸。驭，古文御从又从马。”御，《广韵》牛倨切，读yù。使马也：驱使车马。《韩非子·难三》：“知伯出，魏宣子驭。”御与驭是异体字。后来二字分化。御字常用义指与帝王有关的事物。《春秋·桓公十四年》：“秋八月壬申，御廪灾。”白居易《长恨歌》：“汉皇重色思倾国，御宇多年求不得。”驱使车马义用驭。

常，裳。《说文·巾部》：“常，下帬（裙）也。从巾，尚声。裳，常或从衣。”常，《广韵》市羊切，读cháng。《诗·邶风·绿衣》：“绿兮衣兮，绿衣黄裳。”毛传：“上曰衣，下曰裳（cháng）。”后二字分化。常假借为常规、常法。《国语·越语下》:“无忘国常。”又表示纲常。《白虎通·三纲六纪》:“人皆怀五常之性。”又表示时常、经常。韩愈《杂说》:“千里马常有而伯乐不常有。”读 cháng。裳由指下身衣服扩大指衣服。《水经注·江水》:“巴东三峡巫峡长,猿鸣三声泪沾裳。”“衣裳”是合成词,指衣服。陶渊明《桃花源诗》:“俎豆犹古法,衣裳无新制。”衣裳的裳后改读为 shāng,口语或读轻声 shang。

球,璆。《说文·玉部》:“球,玉声也。从玉,求声。璆,球或从翏。”球,《广韵》巨鸠切,读 qiú。玉声也:徐灏《段注笺》认为应改为“玉也”。后球与璆意义分化:球假借为圆形的立体物,如篮球、月球;璆表示美玉。

氛,雰。《说文·气部》:“氛,祥气也。从气,分声。雰,氛或从雨。”氛,《广韵》抚文切,读 fēn。祥气:体现吉凶的云气。分开说,祥指吉气,氛指凶气。《左传·襄公二十七年》:“楚氛甚恶,惧难。”后雰指雾气。《素问·六元正纪大论》:“川泽严凝,寒雰结为霜雪。”雰雰:形容霜雪很盛的样子。《诗·小雅·信南山》:“上天同云,雨雪雰雰。”同云:阴云密布。雨雪:下雪。雨是动词。雰雰:形容雪花飘落的样子。也作“纷纷”。

冰,凝。《说文·仌部》:“冰,水坚也。从仌,从水。凝,俗冰从疑。”冰,《广韵》鱼陵切,读 níng。水坚:水凝结。《逸周书·时训》:“立冬之日,水始冰。又五日,地始冻。”水始冰:水开始凝结为冰。《说文·仌部》:“仌,冻也。象水凝之形。”仌,《广韵》笔陵切,读 bīng。名词,即后世的冰。桂馥《说文解字义证》:“顾炎武曰:‘仌于隶、楷不能独成文,故后人加水焉。’”冰与凝是异体字,读 níng,指水凝结。后来用冰代替仌,改读为 bīng,与凝分化为不同的字。

欧,呕。《说文·欠部》:“欧,吐也。从欠,区声。”欧,

说“寻”

◎陈运舟

《山海经·海外南经》中有“长臂国”：“长臂国在其东，捕鱼水中，两手各操一鱼。一曰在焦侥东，捕鱼海中。”喻权中《中国上古文化的新大陆》中认为长臂国就是商代的寻国。能得出此结论，与“寻”字的本义有密不可分的联系。

寻，是现代汉语中的一个常用字。早在三千多年前的商朝甲骨文中就有了它：（《甲骨文合集》16070），字形为伸开双手量席子长短。字的左边为殷商时代席子的形象，右为双

《广韵》乌后切，读 ǒu。《汉书·丙吉传》：“吉驭吏嗜酒，数（shuò）逋（bū）荡，尝从吉出，醉欧丞相车上。”驭吏：驾驶车马的用人。数：屡次。逋荡：离职游荡。从吉出：跟随丞相丙吉外出。《广韵·厚韵》：“欧，吐也。或作呕。”欧与呕是异体字。《醒世恒言·张廷秀逃生救父》：“烧起热汤灌了几口，那孩子渐渐醒转，呕出许多清水。”在近代，欧作为音译用字，读 ōu，为欧洲的简称。欧与呕分化为形音义都不同的两个字。

黏，粘。《说文·黍部》：“黏，相箸也。从黍，占声。”黏，《广韵》女廉切，读 nián。指有黏性。韩愈《苦寒》：“雪霜顿销释，土脉膏且黏。”《玉篇·米部》：“粘与黏同。”白居易《朱藤谣》：“泥粘（nián）雪滑，足力不堪。”粘后读 zhān，动词，意思是用黏的物体使胶合在一起。杜甫《独酌》：“仰蜂粘落絮，行蚁上枯梨。”黏与粘分化为形音义都不同的两个字。

手。，甲骨文中习见，如“坐”字，《甲骨文合集》5357写作，为人坐在席子上；又如“宿”字，《小屯南地甲骨》2152作，为屋内人睡在席上。

要问古人为何要用双手量席的长度，这得说说那时人们的饮食起居。原来，商周时代，席子与人们的生活息息相关，坐卧宴饮均在席子上进行。据《仪礼·公食大夫礼》载，周代大夫宴饮时地上要铺两层席子，下面一层为筵，上面一层为席：“司宫具几，与蒲筵常，缁布纯，加萑席寻，玄帛纯。”“蒲筵”即用蒲叶编的筵，“蒲筵常”的意思即蒲筵的长度是“常”。“缁”为黑，“纯”是边，“缁布纯”的意思是黑布作边。“萑”是细苇，“萑席寻”的意思即萑席的长度是“寻”。“玄”为黑，“帛”即丝织品，“玄帛纯”的意思是用黑色的丝织品作边。引文整句话的意思就是，司宫准备好用具几，还有长度为“常”的蒲筵，用黑布镶边，其上加长度为“寻”的萑席，用黑色丝织品镶边。

那么“寻”“常”有多长呢？郑玄注：“丈六尺曰常，半常曰寻。”意思是“常”为一丈六，“寻”为八尺。《说文》：“度人之两臂为寻，八尺也。”也有说“寻”为七尺、六尺的。司马贞索隐：“七尺曰寻。”《广韵·平侵》：“六尺曰寻。”从古籍记载来看，古人量长短最初不是用尺，是用手。《大戴礼记·主言》：“布（展开）指知寸，布手知尺，舒（伸展）肘知寻。”意思是伸展手指就知道寸有多长，张开手就知道尺有多长，伸出手臂就知道寻有多长。

“寻”字本义是用手量席，由此而产生了探寻、探求、探索、研究诸义项。清代朱骏声《说文通训定声》：“寻所以度物，故揣度以求物谓之寻。”寻找、寻求、寻觅等都是现代汉语中常见的。而“寻常”是普通的意思，则是因八尺为寻，一丈六尺为常，皆平常的长度。刘禹锡《乌衣巷》：“旧时王谢堂前燕，飞入寻常百姓家。”

一个“星期”是从哪一天到哪一天

◎石毓智

这个问题看起来十分简单，但是能搞清楚的不会有几个人。

“星期”是来自西方的一个时间概念，本来的定义是从这个星期六的夜间12点到下个星期六的夜间同一个时间，即一个星期是从星期日算起，到星期六结束。英语中一个星期的每一天都有特殊的名称，而不是靠数字排序的，它们为Sunday, Monday, Tuesday, Wednesday, Thursday, Friday, Saturday等，所以不容易误解。

然而，汉语则是按照数字排序的：星期一、星期二、星期三、星期四、星期五、星期六、星期日。因为惯性思维的缘故，这个“星期日”很容易被理解成一周的“第七天”，毕竟不会在“星期一”之前再生出一个“星期〇”吧。《应用汉语词典》等辞书也是这样注解“星期”的，所以大多数国人都会理解错。

“星期”又叫作“礼拜”，两者意思相同，很多时候可以互换，比如“今天是星期三”又可以说成“今天是礼拜三”，“开

回到“长臂国”与“寻国”。喻权中认为《山海经》中的长臂国就是寻国，依据之一就是“寻”字与手臂的关系，他认为“长臂国是金、甲骨‘寻’之文字画”，“‘寻’字正是以两臂长展为其会意，合于经文‘长臂国’图像之隐喻”。长臂国究竟是不是寻国，我们不做讨论，不过“寻”字确实是与“臂”有关系的。

学已经三个星期了”也可以说“开学已经三个礼拜了”。可见，在表达同一时间概念时，汉语用了两种说法。其实，两者的来源不同，用法也不完全一样。“星期”一词来自中国古代的历法，根据星象来计算时间，那时人们把二十八宿按日、月、火、水、木、金、土的次序排列，七日一周，周而复始，称为“七曜”。而“礼拜”的概念则是来自宗教。根据《圣经》记载，上帝在六日内创造天地万物，第七日完工休息。犹太教以日落为一天的开始，所以将星期五日落到星期六日落的一昼夜时间尊为圣日，名叫安息日。这一天礼拜上帝，不做工作。基督教中大多数教派根据耶稣在星期日复活的故事，以星期日为安息日，又称主日。虽然欧美以基督教为主，但是在计算“星期”的周期上则采用犹太教的方式。正是这种来源差别，所以有“做礼拜”“礼拜堂”等词语来描写宗教活动与场所，而“星期”则没有相应的说法。

如果只在国内生活，按照咱们“约定俗成”来理解“一个星期”，那没有什么问题。然而到国外读书、工作或者旅游，就要特别注意这个差别，否则会造成问题。我在国外就遇到过因误解而带来的麻烦。

微语录·趣闻

一个聊天群里有人提问：一滴水从很高很高的地方自由落体下来，砸到人会不会砸伤或砸死？群里一下热闹起来，有人提出各种假设，有人讨论计算公式、重力、阻力、加速度等等。大家就这样讨论了近一个小时。后来，一个进错群的人弱弱地问了一句：你们没有淋过雨吗？顿时，群里死一样的寂静。

（刘　芳/辑）

“服箱”不是拿箱子

◎晋　相

《博览群书》2018年第8期《七夕总在诗意中》一文中有这样一段话：

“牵牛”“织女”之称，最早见于《诗经·小雅·大东》：“跂彼织女，终日七襄。虽则七襄，不成报章。睆彼牵牛，不以服箱。”用戏谑的口吻说织女星一天七趟忙如穿梭，却织不出一匹绸缎来，以致对岸的牛郎只能拿着空箱子干等。

这段话讲牵牛织女，出现了两处错误：一是所引《大东》诗句中的“皖”系“睆”之误。睆，读huǎn，明亮的样子。二是牛郎织女的神话故事，有许多版本，其情节大同小异，但未见有牛郎在银河对岸“拿着空箱子干等”，应该是文章把“不以服箱”误解为“拿着空箱子”了。

上文所引的诗句写的是对织女牵牛二星的想象。“七”是指从早晨卯时到傍晚酉时的七个时辰；襄，更移。“终日七襄”是说织女每个时辰都在移动位置，从旦至暮忙碌着。“报”有往来之义，“章”为花纹，“报章”即杼柚往复，织成花纹。“不成报章”是说，没有织成有花纹的布匹。织女忙碌却没有成果，那明亮的牵牛星呢？“不以服箱”。“服”读fù，朱熹注：“服，驾也，箱，车箱也。”服箱，即驾车。韩愈《三星行》有“牛不见服箱，斗不挹酒浆”之句。“不以服箱”是说牵牛星没有驾车。可见，那“箱”不可理解为箱子，“服箱”不是“拿着空箱子”。

赵尔巽未编《清实录》

◎木　子

2018年8月6日《沈阳晚报》第14版上刊载有《百年前的沈阳为了发行纸币曾大费周章》一文，其中写道：“赵尔巽是翰林院编修出身，25史《清实录》主编之一，他不仅文章写得好，数学也不差。”这里有两处谬误：说赵尔巽是《清实录》的主编；把《清实录》列入二十五史。

“实录”是我国封建时期编年史的一种，专记某一皇帝统治时期的大事。最早见于记载的有南朝周兴嗣编纂的《梁皇帝实录》，记录了梁武帝的政事。唐代开始由史臣撰写已故皇帝一朝的政事，成为制度，后世沿之。《清实录》的全名为《清历朝实录》，是清代官修编年体史料长编，清历朝皆有增修。赵尔巽（1844—1927）是清末同治年间进士，授翰林院编修。他不曾参与过《清实录》的撰写。北洋政府时期，赵尔巽被任命为清史馆馆长，主持纂修《清史》，并于1927年完成了一部536卷的未定稿。未定稿缺陷不少，但因时局动荡和赵身体不佳等原因，最后以《清史稿》为名出版。

上述文章所说的“25史”，其由来与二十四史有关。二十四史指的是二十四部纪传体史书。明代有二十一史之目，分别是《史记》《汉书》《后汉书》《三国志》《晋书》《宋书》《南齐书》《梁书》《陈书》《魏书》《北齐书》《周书》《隋书》《南史》《北史》《新唐书》《新五代史》《宋史》《辽史》《金史》《元史》，清乾隆四年又增列了

“修楔”？“修禊”！

◎杨昌俊

2018年7月27日《新华日报》第13版刊有《王羲之为何被称为书圣》一文，其中写道：“让他在历史上不朽的是353年，永和九年，51岁的王羲之作为会稽父母官，于这年三月上巳节，请了孙统、谢安等名士四十多人，在会稽山兰亭修楔，王羲之等26人写了诗四十多首，15人不会写诗被罚酒。”这里的“修楔”应为“修禊”。

禊，读作xì，是古人于春秋两季在水边举行的一种祭礼，分为春禊和秋禊，以春禊为流行。古代民俗于农历三月上旬的巳日（三国魏以后开始固定在三月三日）或者七月十四日到水边祭祀并嬉戏，以祓除不祥，称为“修禊”。“修”在这里同“脩”，举办的意思。王羲之最著名的作品《兰亭序》，便是上述文章中他与友人在绍兴兰亭修禊时所作诗序，故称为“禊帖”“禊序”。

楔，读作xiē，一般指楔子，也可以引申为用楔形物插入。“修楔”从字面上看似指修理楔子，显然不符文意。

《明史》《旧唐书》《旧五代史》，合称“二十四史”，一般被认为是我国的正史。1921年徐世昌以北洋军阀政府大总统名义下令把《新元史》列入“正史”，如此便有“二十五史”之目。后来在出版《二十五史》时，有些版本未收《新元史》而收《清史稿》。《清史稿》可算作二十五史之一，但《清实录》不可。

不是“棋坪”是“棋枰”

◎赵永成

2018年8月14日《老年周报》第7版《乐在棋中》有一处说：“下中国象棋是离退休老人极喜欢的一项娱乐活动。在小区门口、街头巷尾，几位老者手捧一杯清茶，围绕尺幅棋坪，指指戳戳，乐在棋中。”其中“棋坪”应是“棋枰”。

棋枰，指棋盘、棋局。其中的“枰”就是棋盘、棋局的意思。郭沫若《王昭君》：“正中炉火一盆，炭火熊熊。炉旁置茶档棋枰、湘妃椅诸事。”

坪，指平地，如草坪，也可作为土地、房屋的面积单位。还用于地名，如茨坪（在江西井冈山）。“棋坪”是个地名，江西铜鼓县有棋坪镇。

引文中说的是下棋之事，并有“尺幅”二字，自然只能是指棋盘，应写作“棋枰”。“棋坪”与“棋枰”词形相近，读音相同，但意义和用法相去甚远，不可混淆。

《“关门困狮”》参考答案

1. 落慌而逃——落荒而逃
2. 裹腹——果腹
3. 走头无路——走投无路
4. 尸首——尸体
5. 狼籍——狼藉
6. 报怨——抱怨
7. 自怨自哀——自怨自艾
8. 说道：——说道，
9. 枉想——妄想
10. 负出——付出

C位、抢C位和C位出道

◎徐默凡

在今天的新闻中,“C位”一词随处可见,如“鲜花礼包助你抢占情场C位”“说错话王牌主持人C位不保”。那什么是C位呢?为什么要“抢C位”呢?这还要从词源说起。

C是英语单词的缩写,有两个可能的来源。一个是center的首字母,是“中心”意思,这时的“C位”就是“中心位置”。另一个是carry的首字母,carry的本义是“携带、运输”,但是在英雄联盟、王者荣耀等团战游戏中变成了一个术语,专门用来指高输出的位置,如游戏中的射手、法师等游戏角色。carry位置能够在游戏中带领全队赢得胜利,这时就称为“carry全场”,就是“带动全场节奏赢得胜利”的意思。这个由“carry位置”简化而来的“C位”具有全队核心的意思。

不管是哪一个来源,“C位”都有“中心”“核心”的意思。这个“C位”引申以后,可以是空间上的“中心”,如拍照时候的中间位置;也可以是重要性上的“中心”,如一个演唱组合中的领唱位置。

“C位”这个词语虽新,中心位置却早已存在,只不过早先人们低调谦虚,避之唯恐不及。以前拍集体照的时候,合影者率先抢占的都是靠边的位置,中心位置总要谦让再三,最后才由德高望重的前辈坐下。现在的风气则大不相同,“抢C位”成为娱乐圈的一个流行语,不论是拍集体照,还是制作海报,不论是走红地毯,还是接受采访,不少明星都明争暗斗憋着劲儿抢C位。而且手段花样百出，抢占中心位置当然是“抢C位”，抢不到中心位置，就摆出各种夸张的动作或者表情来抢镜头，人为制造一个“C位”来抢占。而粉丝们也在“抢C位”的战斗中推波助澜，他们虽然不能亲临现场去抢C位，但是在网上纷纷为自己的偶像“抢C位”摇旗呐喊，而对抢了C位的别人家偶像冷嘲热讽。

“C位出道”这个短语的流行，更反映了竞争的激烈性。“出道”原意是“初次登场演出”，引申为演艺界人士由此开始职业生涯。近年来，电视节目中流行集体养成类节目，通过海选竞争挑选优异者组成团队，然后再走上职业组合的道路。“C位出道”就是指在一个偶像团队出道的时候，某个歌手得票第一占据了中心位置。其实，“C位出道”这个说法是和传统的团队精神相违背的。在传统的歌手组合中，虽然也有灵魂人物的存在，但大家都不会刻意强调其作用，因为作为组合，其优势就在于“集体大于个人之和”，需要大家互相配合才能赢得观众。而到了现在“C位出道”的年代，初次出场已经定好了“C位”，但组合里并不是人人都服气，于是难免貌合神离，明争暗斗，为今后的分崩离析埋下了隐患。

“抢C位”和“C位出道”的流行，一方面是个人意识和竞争意识的张扬。集体主义的时代已经过去，大家都信奉“我就是我，是颜色不一样的花火”，人人都要竞争第一，最大化自己的人生价值。另一方面，当今的娱乐文化和眼球经济也是幕后推手。C位意味着关注度，关注度意味着流量，有流量就能成就“明星”，就能带来巨大的名利。而演艺圈的新陈代谢实在太快，只要稍有懈怠，就会丢失C位，“青春”还远未过去就已经吃不了青春饭了。

不过话又说回来，虽然我们理解那些孜孜不倦抢C位的明星们，但还是更相信真正的C位靠抢是不会长久的。只要一个人真正有实力，他站在哪里，C位就在哪里！

“肥宅”漫谈

◎索绪

“肥宅”这个称谓对于如今的年轻人来说并不陌生,网上可以看到这样的标题:“过于励志?36岁家里蹲肥宅大叔变身偶像出道!”“盘点动漫里那些真实的肥宅,网友:最后一个简直是人生赢家!”还经常有人调侃说“‘肥宅’九〇后,‘油腻’八〇后”。那么“肥宅”到底是什么意思?

“肥宅”一词源于日本动漫界,是对痴迷于日本流行文化尤其是二次元文化的肥胖者的讽刺性称呼。其最初出现时用作贬义,如今也可以用作无恶意的嘲讽;随着含义的泛化,如今人们也用这个词来调侃实际并不肥胖的人。

“肥宅”中的“宅”来源于日本词语“御宅族”(おたく)的罗马音“otaku”,这个词本属于日语里不常用的敬语,相当于中文的“您家”“府上”之类的用法;最初被用于人的代称,是缘于动漫《超时空要塞》中的角色中林明美和一条辉常常互相使用“御宅”来寒暄。这一称谓被众多动漫爱好者模仿,从而逐渐演变成了“动漫爱好者群体”的代表词。“御宅族”一词本来指代的是多种人群,如铁道宅、军事宅、摄影宅、动漫宅、游戏宅等,但传入中国之后,则多用于指称热衷于动画、漫画、游戏等所构成的“ACG”次文化的群体。

值得注意的是,这里的“宅”与汉语中的网络流行语“宅男”“宅女”所表示的喜爱居家或不愿就业的含义并不相同;但由于这两种群体都使用了“宅”这一词项作为代称,且喜爱ACG文化的年轻人又往往具有居家的属性,“宅”的意义便被混用了,在使用“御宅族”时人们也往往觉得“宅”就是“窝在家里”的意思。

但好好的居家族或者御宅

族为什么会被冠以“肥”这样的语素，成为一种戏谑的称谓呢？这还要从“宅”的污名化说起。

在十多年前，网络的普及率急剧升高，“宅男”一词出现在各种社交平台和媒体中，其时泛指喜欢动漫、网络游戏等次文化，且往往欠缺社交能力、只能从虚拟世界寻找心灵慰藉的男性。然而经过一些网络媒体的渲染，尤其是其常常将杀人犯、强奸犯、性骚扰者统统贴上“宅男”的标签，“宅男”一词俨然变成了反社会人格者的代名词。“宅”也逐渐从中性的、只用于描述某一群体的特征属性的词，变成了对这一群体的负面性的称谓。且由于这些“宅”们多数喜爱快餐速食类的高热量食物，平时不喜出门、不爱好运动，肥胖也就成为他们中一些个体的典型特征，因而在各种动漫、游戏网站上也常常成为人们调侃逗趣的对象，“肥宅”一词应运而生。

“肥宅”虽然缺乏现实世界中的社交热情，但往往在由网络构筑的虚拟空间中拥有众多朋友与伴侣，且他们通常比普通人要更精通信息技术和网络文化。随着网络词语使用的泛化，如今的“肥宅”早已不只是针对身体肥胖的人而言的，这些喜爱 ACG 文化，倾向于从网络世界寻找交际可能的御宅族们被人们通称为“肥宅”，他们自己也常常以“肥宅”自我嘲解。社会对于“肥宅”的评价也正在由负面和消极转向宽容和理解。

“肥宅”并非是社交封闭型人格的代名词，他们也有自己在现实世界中的社交需求，如线下的网友见面会、联谊会等等。许多“肥宅”还因其对各种信息技术的精通而受到人们的崇拜和喜爱。作为网络时代的新兴群体，“肥宅”们以其特有的方式平衡着现实世界与虚拟世界的极差，追求着他们特有的社会价值与地位，也日益受到人们的关注和尊重。

“社会我大哥，人狠话不多”

◎闫艺暄

“社会”原指在特定环境下共同生活的人群，是共同生活的个体通过各种各样关系联合起来的集合。从词的情感色彩上来说，“社会”也应属于一个中性词。然而，自2017年起，流行于网络语境的“社会我大哥”“社会人”等语汇，却为“社会”一词增添了许多带有调侃意蕴的衍生含义。

要追溯“社会(人)”来源，就得先说说“混社会”。“混社会”的说法，最早来源于民间，指的是社会中的部分个体，整日无所事事，没有正当工作，唯一喜欢做的就是到处拉帮结派、广结人脉，并引以为傲，也因此喜欢自称“社会人(儿)”。有些地方也称这些人为“社会青年”。混社会的青年人跟人聊天时，常常拍着胸脯自报家门：“我大哥混社会如何如何”，意思就是——我背后有靠山，我大哥是社会上有头有脸的人物，一般人惹不起。

进入到网络语境之后，“社会人”也由在社会上混迹、有头有脸的人物引申为在某一领域的技能十分厉害、地位较高的人。在一次电子竞技比赛中，就有选手对EHOME战队的代号为“老鸡”的选手进行调侃：“社会我鸡哥，人狠话不多。”随之，“社会我(你)××”体，凭借其干净利落脆的气势和富有节奏感的句式，快速走红于各大网络平台。

渐渐地，“社会你(我)××”开始成为一个带有讽刺意味的称呼，用来形容那些社会气息太重或是谈吐举止比较粗俗的人。在电视节目《变形记》中，人们形容其中一期里气哭城市孩子、不走寻常路的乡下孩子张水丽为“社会我丽姐”。不仅如此，某些明星们一旦被曝出脾气差、素质低，或是行事作风太张扬，也会立刻被冠上“社会哥”“社会姐”的称号。比如在一次直播活动中，杨幂三次故意打翻工作人员手里的手机，事后还解释说自己是“开玩笑”。网友们认为这个表现实在是有失教养，于是送给她“社会你幂姐”的称号。

随着使用频率的升高，“社会”逐渐脱离其语境，成为一个独立使用的形容词，单纯表示某人或某事物很厉害的意思。比如某公众号刊文的标题为《第一次看到这么奇葩的英语翻译，社会社会！》在面对很厉害的人时，也可以对对方说：“失敬失敬，社会社会！”这样的用法已经削弱了“社会”一词针对某一特定群体的讽刺意味，只表示说话人的一种或感叹或敬佩的内心情感，在这个意义上与此前流行的“666”“牛×”等词类同。

最近，英国动画片《小猪佩奇》的主人公——那只名为“佩奇”的粉红色小猪竟然也被贴上了“社会人”的标签，其呆傻低幼的形象与“社会人”所代表的世故圆滑、混迹社会的“大佬”形象被强行粘贴在一起，形成某种由“语义蒙太奇”造成的反差效果。这种反差也从侧面体现出网友们在底层心理上对如今所谓“社会人”抱有的某种蔑视和调侃，在他们看来，整日标榜自己为“社会人”的那些人也不过是徒有其表、外强中干的社会底层个体而已。从这个角度来说，“社会社会”也可以看作网友们对某些华而不实的人或现象表达不屑与反讽的手段。

《火眼金睛》提示

图 1，“洒精”应为“酒精”。

图 2，“铁碗”应为“铁腕”。

图 3，“拖塔”应为“托塔”。

图 4，“参于”应为“参与”。

“新鲜鸡蛋在此销售”

◎宗守云

许靖然在《谁来做主》(《今晚报》2016年1月23日)中讲了这样一个小故事：

甲到市场卖鸡蛋，他在广告牌上写着醒目的大字：新鲜鸡蛋在此销售。路人看到后，陆陆续续来买鸡蛋。其中有四人对他的广告提出意见。第一人说：何必加“新鲜”两字，难道鸡蛋不新鲜吗？他认为有理，涂掉这两字。第二人说：为何加“在此”？你不在这里卖，还会去哪儿？他觉得也对，又把“在此”擦掉。第三人说：“销售”二字是多余的，不是卖的，难道会是送的？于是他又涂掉“销售”。第四人说：一看就知是鸡蛋，何必再写上“鸡蛋”？真是多此一举！结果他擦掉所有字。然后……他卖掉的鸡蛋不如之前多了。

应该说，四个人所提的意见都是有道理的。“新鲜”多少还有点新信息的意味，因为鸡蛋也可能是不新鲜的，卖鸡蛋的人说鸡蛋是新鲜的，可以认为是传递新信息给买鸡蛋的人。当然，一般情况下卖鸡蛋都应该卖新鲜鸡蛋，卖不新鲜的鸡蛋就是销售劣质商品了，因此“新鲜”的确有一定的多余色彩。而“鸡蛋”“在此”“销售”则纯粹是多余信息。这样，“新鲜”“鸡蛋”“在此”“销售”都或多或少是多余的，换句话说，它们都是废话；因此从理论上说，去掉这些多余的信息，去掉这些废话，应该是理所当然的事情，对交际不会造成影响。可问题是，卖鸡蛋的人擦掉了所有的字，没有了多余信息，为什么所卖的鸡蛋不如之前多了呢？

原来，看上去像是废话的

内容,其实并不是废话,它们在交际中有着特定的功能。

语言是交际的工具,具有多种功能,包括信息功能和行为功能等等。信息功能旨在叙事,说话人传递给听话人新的信息,听话人从说话人那里获得新的知识。行为功能旨在影响听话人,说话人说出一句话或一段话,实际上是在实施一个行为,说话本身就是一种行为,这就是语用学所讲的“言语行为”。比如“谢谢”是一个致谢言语行为,说话人说出“谢谢”这句话,就是在实施致谢的行为,因为前面听话人对自己有过帮助,说话人的致谢目的在于影响听话人,使听话人心理得到满足。再比如“对不起”是一个道歉言语行为,说话人说出“对不起”这句话,就是在实施道歉的行为,因为前面自己伤害过听话人。说话人道歉的目的在于影响听话人,使听话人能够谅解自己。

回到上面的小故事上来,“新鲜鸡蛋在此销售”其实并不是一个传递信息的句子,而是一个用言语来实施行为的句子,卖鸡蛋的人打广告的目的显然不是传递新信息,而是在实施“告知”的言语行为,其目的在于影响买鸡蛋的人,使他们受到言语行为的影响来买自己的鸡蛋。当卖鸡蛋的人擦掉了所有的字,这个言语行为就不存在了,没有“告知”的行为,买鸡蛋的人当然会减少了。“新鲜鸡蛋在此销售”,从传递信息的角度看,是废话;从言语行为的角度看,不是废话,是具有“告知”行为功能的话语。

在日常生活中,这种“废话不废”的例子俯拾皆是。比如早晨出门遇见朋友,朋友问:“您起来了?”这显然是废话,不起来两人能见面吗?其实这是问候言语行为,朋友说这句话的目的并不是询问对方,要求对方提供新信息,而是为了影响对方,使对方感受到关爱,从而使交际能够顺利进行下去。分清语言的信息功能和行为功能,就可以很好地解释这些现象。

香港之“铁”

[中国香港]汪惠迪

香港的轨道交通非常发达，除有轨电车外，主要有地铁、东铁、西铁、马铁、机铁、高铁（香港段）和轻铁，均由“港铁”经营。

“港铁”是香港铁路有限公司的简称，它是在 2007 年 12 月 2 日由九广铁路公司和香港地下铁路公司合并而成的，企业形象标志为 MTR（Mass Transit Railway）。“港铁”被公认为世界级的公共交通运输机构，服务水准一直保持在国际最高水平。下面就相关情况作一简要介绍。

地铁：地下铁道的简称。香港是座水泥森林城市，所以地铁大多在地下行驶，仅少数路段在地面、高架桥上或海底隧道中。线路有观塘线、荃湾线、港岛线、东涌线、将军澳线、迪士尼线等。

东铁：始于“九广铁路”，1910 年 10 月 1 日通车，是香港最早的一条铁路，从红磡到罗湖／落马洲，出关就进入深圳。全线有 3 个转车站，分别接驳观塘线、西铁线和马鞍山线。

西铁：从红磡到屯门，连接九龙西及新界西，全线有 6 个转车站。东铁线和西铁线是港铁的主力线。

马铁：马鞍山线铁路的简称，始于东铁线上的大围站，向东北方向行驶，经新市镇马鞍山，以乌溪沙为终点。

机铁：机场快线（Airport Express），俗称机场铁路，简称机铁，全程 5 站：香港、九龙、青衣、香港国际机场和博览馆，以特快形式运行。

高铁： 广深港高速铁路香港段，从香港西九龙站到与深圳接壤的边境，长26公里，沿途不设车站，可与内地将近两万公里的高铁网络相连。从香港西九龙到广州，全程行车时间约为30分钟。

轻铁： 香港唯一的轻型铁路系统，行驶于新界西北部的屯门码头与元朗之间，共有68个车站，其中4个跟西铁连接。车站月台全部开放，自动售票，分区收费。

有轨电车： 1904年7月投入服务，现为全世界独有的双层有轨电车交通，干线自港岛东的筲箕湾到港岛西的坚尼地城，全长13公里，车站大多设于马路中央，站间平均距离约250米，日载客量24万人次，现由香港电车有限公司经营。

电车启动时或途中会发出“叮叮、叮叮”的警示声音，因此又叫“叮叮车”，它已成为香港一个重要的文化符号，深受港人喜爱。

八达通： 香港的一种电子收费系统，使用时把储值卡片放在接收器上（俗称拍卡）即能完成付款过程。

（作者是本刊特约编委）

香港的“纪律部队”

［中国香港］田小琳

“纪律部队”是香港的一个专名，包括八支队伍：警务处、民众安全服务队、政府飞行服务队、海关、消防处、入境事务处、惩教署和医疗辅助队。它们是维持社会治安和提供紧急救援及消防的队伍，均属保安局领导。这些队伍的招募、训练、工作都与军队有些类似，故称“部队”。用“纪律”来限制

“部队”一词,再恰当不过了,部队就是要严守纪律。

在香港警务处里,有一支“警察机动部队”,又称“蓝帽子机动部队”,因成员头戴蓝色软边帽而得名,帽子上的警徽有红黄黑三色标志。他们的职责是平息社会骚乱和暴动等重大破坏社会治安的事件,所以又称“防暴部队”。这支队伍装备精良,训练有素,确保香港社会的安全与稳定。

在“警察机动部队”里还有一支最精锐的队伍,叫“特别任务连”,俗称“飞虎队”。他们的任务是保护来港访问的国内外政要的安全,防范和对付恐怖活动及重大持枪抢劫事件。飞虎队队员经过严格遴选、严格训练,总共百多人,个个年轻英武,身手不凡。

《华语圈》栏曾介绍过,香港也用“警察”一词,但港人习惯上称警察为“差佬”(含方言色彩)、“差人”(含文言色彩)或“阿 Sir”(含外来语色彩)。同一词语有“普—方—古—外”四种表达方式,令人大开眼界,折射出香港是一个包容性极强的多元语言社会。

“惩教署”是对各类罪犯进行惩罚和教育的机构,原名“监狱署”,现名改得好,既凸显了它的职能,又体现了惩罚与教育相结合的精神。惩教署下属惩教院所、中途宿舍、更生中心、羁留病房、劳教中心(收留违反《入境条例》的羁留者)等。惩教采取监管、善后辅导(教育罪犯认罪并改过自新)、工业教育和职业训练等方法。对刑满释放者,则不能再叫“犯人”,而称他们为“更生人士”或“更新人士”。这两个婉称体现了社会对他们的包容,使他们能够自信,重新投入社会。

“纪律部队”成员必须坚决服从命令听指挥,并具有勇于牺牲的精神,若在执行任务时牺牲,则称为烈士,当局会以最高规格为他们举行葬礼,将他们安葬在“浩园”——烈士陵园。“浩气长存”便是“浩园”命名之源。

(作者是本刊特约编委)

脸　友

［马来西亚］杜忠全

近十几年来，中国大陆以外最热门的网路社交平台，大概就数脸书（Facebook）了。

脸书是美国人架设的社交平台，“脸书”乃意译自英文的中文词。早期马新多作“面子书”，中国台湾则作“脸书”，而中国大陆则一般作“脸谱”；就外来词翻译而言，“脸谱”是音义兼顾的了。只是，中国民众自有类似的微博平台，中国以外的华人社群，则多数是脸书的拥趸。最近几年，马新、中国台湾华人社群各行其是的外来词翻译，大致都统一到“脸书”了，也因此派生了一个新词儿，曰“脸友”。

所谓的“脸友”，即透过脸书互加的“朋友”，它是“脸书朋友”的缩略。

现在是人人都使用智能手机的时代，大家都同时在现实与虚拟两个世界穿梭。日常生活中遇到人，或者参加什么活动跟某个人谈得合拍了，就会随口问一句：“有没有脸书？”有的话，其中一方就当场上脸书搜一搜，找到后加起来，现实生活的短暂碰头，也就延续成脸书的长期关注与追踪、互动了。这一情况，跟眼下的微信使用者相识后为方便日后联系，掏出手机当面“扫一扫”互加微信，是同一个模式。

由于人手一机，也几乎不分老幼地人人“上脸”，经由脸书联系之后，也就有了“脸友”。“脸友”可能原本就是现实生活中的亲友或社交圈的群体，也可能碰面聊起来了互加，更可能纯粹是脸书的朋友群之间因“转帖”看得合眼而追随的。比起现实生活中的朋友，不少人的“脸友”数量，都要庞大得多。除了确实是朋友而互加脸书随时互动的，纯粹的“脸友”往往都是虚拟的交情，甚至都谈不上什么交情，就是脸书上一加（add）一批（accept），就建立起这一虚拟的联系了，连对方是何许人都不甚了了。

“脸友”的上限是五千，有人严控“脸友”，非朋友而不加，自己发布的状态与心声，只让熟悉的朋友读到。有人来者不拒，只要不是来卖保险或直销的，都能收纳网中。到了顶限，就删掉一些长期缺乏互动者，腾出空间来继续加“脸友”。

有些现实生活中的伦理或层级关系，来到脸书，都一概为“友”了！也有人在现实生活中很熟悉，就是不在脸书互加，因此确实是朋友而不是“脸友”。这就是互联网时代人们生活的新形态。

（作者是马来西亚拉曼大学金宝校区中文系主任）

“主理”与“主礼”不能混用

［马来西亚］林国安

近年，中国驻马来西亚大使馆与当地华人社会关系良好，交往密切。华人社团有重大庆典或活动，一般都邀请中国大使或领事参赞为座上宾。今年7月31日，马来西亚《星洲日报》报道，马来西亚深圳总商会定于8月26日举行成立大会暨首届理事就职宣誓典礼，邀请中国驻马大使白天先生莅临主持开幕并担任监誓人。

好事一桩。可惜新闻报道的题文都把“主礼嘉宾”误作

“主理嘉宾”。

“主理”与“主礼”是音同义异的同音词，二者不能混用。“主理”有两个意思：一个是“主持料理”，如厨师“操勺主理”，为餐饮界常用语；另一个是“主持处理”，如“主理日常事务”（参见《现代汉语词典》第7版）。“主礼”的意思是“主持典礼”（参见《全球华语大词典》，北京商务印书馆2016年4月出版）。上述新闻报道的是邀请中国驻马大使白天先生主持就职典礼并担任监誓人，正合“主持典礼”义，因此只能用“主礼”。

附带一提，《现代汉语词典》和《现代汉语规范词典》只收“主理”，未收“主礼”，《全球华语大词典》二者兼收，而且注明“主礼”用于港澳等地，这说明它是个社区词。此外，“主礼嘉宾”也频见于网络，英文翻译为 officiating guest of the ceremony 。

（作者是本刊特约编委）

谈“佛系”

［中国台湾］高婉瑜

“佛”（梵语 Buddha）是外来的音译词，指福德、智慧修行圆满的人，是佛门修行者追求的最高果位。近些年来，这个古老的外来词有了新的生命力。

2014年，日本出现一个词“仏男子”（佛男子），指爱独处，专注于自己的兴趣，依自己的节奏行动，不想花时间与异性交往的男人。2017年底，“佛系男”成为当红网络流行语。

有趣的是，“佛系”传入中国大陆和港台地区之后，产生新的意思，指一种不追求、不在乎、不计较的心态。“佛系”具有很强的组合能力，构成“佛系青年”“佛系世代”“佛系生活”“佛系恋爱”“佛系养鱼”“佛系购物”等短语。“佛系”还可当动词，如“今天你佛系了吗？”

就宗教而言，降低物欲、不计较，有助于修行；用在处世，亦是值得鼓励。《咬》刊2018年第7期刊有《青年应远离“佛系”》一文，作者对“佛系”抱持负面看法。看起来“佛系”不是个好词，事实也不尽然。语用实例证明，“佛系＋某种人”多倾向贬义，“佛系＋某事物”则褒贬未定。

在中国台湾，有些“佛系＋事物”属于褒义，如“佛系好车全新上市”，强调车子便宜，质量好；“佛系小桌数婚宴”，强调以少少的桌数，花费便宜的预算，就能举办婚宴，并获得超值好礼。又如“佛系工厂，员工想上班才来，想休就休，老板赞工作更有效率”，能随心所欲决定上班、休假，是多好的一件事啊！

贬义的“佛系＋事物”如目前最热门的“佛系选举”。操作选举的手法多元，包括制造话题、造势晚会、扫街拜票、经营社群媒体等等。无论怎么操作，都是积极投入，为的是争取最多选票。今年出现的“佛系选举”是负面义，如“佛系战法民调下滑”。某人若被说成“佛系候选人”，总是急忙撇清：“我不是佛系选举，而是深入基层。”

令人莞尔的是，“佛系候选人”的对手是“禅系打法民调低迷”。看来，对选举而言，“佛系”与“禅系”都不是好方法！

（作者是高雄师范大学国文学系教授）

《何为“署格”》解疑

经打听，“署”是“薯”字之误，“薯格”是一种油炸食品。制作时，先将马铃薯切出平面，再用棱状刀刃的刨削刀具纵横切削，直到切出网格状的薯片，再涂上淀粉，放入油锅煎炸，最后调味。

量词灯谜趣谈(上)

◎江更生

汉语中用来表示人、事物或动作单位的量词,由于它的内容丰富,名目繁多,常常被灯谜撰制者视为极佳的谜材,予以充分利用,巧行别称后缀入谜中,编造出众多谐趣横生的量词灯谜。

通常见到的是带有数目字的量词灯谜。例如有这么一条谜,谜面为“吉他没琴弦”,要求打一句四字成语。音乐爱好者多半知道,吉他有六根琴弦,所以又叫“六弦琴”。根据面句的意思,可以悟出谜底当为“六根清净”。谜底的“六根”显然别解作琴弦的数量词了。再看一条,谜面是“此锅不错”,要求打一句四字常言。从谜面上的“锅”字,经常猜谜的立马会联想到它的量词“一口”二字,再从“不错”中寻思出“好”之意,最后将指示代词“此”置换成同义的“这”,这么一来,谜底便呼之而出了,那便是形容人喜好某事物的话语“好这一口”。“好”在此已由动词“喜好”别解为形容词“好”,而那“一口”二字虽说仍作数量词解,但表示的对象却已由爱好之事物转成锅了。笔者还见过一条甚有味的量词灯谜。其谜面为“此药材由外国传入”,也打一句四字常言,谜底为“一味胡来”。“味”在这里别解作药材的量词;“胡”则别解为泛指外国,如“胡椒”“胡萝卜”等的“胡”。

还有一种叠用量词的灯谜,则更为有趣。例如以“鞋袜皆为北京货”打词牌名《双双燕》(注:别解为“一双双鞋和袜皆为燕地货物”之意;燕,作北京的旧称解)。又如以“各式镜子全送达”打四字成语“面面俱到”（注：别解为“一面面镜子俱已送到”之意）。上述二谜中的“双”与“面”均已别解为量词。上海某谜家曾以粤闽两省的方言量词入谜，创作了一条别开生面的佳构：“足球赛双方进球均不易”打五言唐诗名句“粒粒皆辛苦”。这是因为粤闽二省称圆形物体的量词单位为“粒”，如“一粒苹果”“一粒西瓜”“进了一粒球”，等等。至今两省超市对圆形水果等商品仍以“粒”计价。此谜别出心裁地拈出易让猜者忽略的量词入谜，有出其不意之妙。

也有一些量词灯谜故意在谜面上亮出数量词，对此，猜谜者就要格外留心谜面、谜底中数字间的关系及量词的用法了。往往关键的别解字（谜界称之为“谜眼”）就藏身于此。例如有人以“纸数超过2令”打已故国画家“张大千”。因为谜面上有“纸”，猜的人自然会想到谜底中很可能会出现它的量词“张”。至于题面上的“令”字，已明确提示是个印刷用纸的计量单位，按有关规定，一令为500张，2令为1 000张。所以谜底为“张大千”（注：作“纸的张数大于一千”解）。还有人以“七趟以上”打三字地理名词“次大陆”。这条谜底应别解为“次数大于六次”，“次”在此已作为量词，而“陆”也已被作者别解为数字“六”的大写了。从上述两谜的扣合中，我们可以体会到量词和数字搭配后，可以产生出许多耐人寻味的谐趣灯谜来。

每月二谜

1. 秋后相逢维也纳（打体育盛事简称一）
2. 申诉期已过（打《水浒传》人名二）

上期答案

1. 村长种啥俺种啥（打三字常言一）

   谜底：栽跟头
2. 新患厌食症（打成语一）

   谜底：无欲则刚（注：欲，食欲；刚，刚刚）

《风月鉴》中的花色灯谜

◎刘茂业

清代小说中不乏有描写猜谜情景并留下有趣谜作的桥段，而在吴贻棠所著的名为《风月鉴》的小说里，更是出现了与众不同的花色灯谜。所谓“花色灯谜”，是指从文义谜中派生出来，谜面已非纯文字构成的各类谜作的总称。

请看此书第十回《谜骂·春愁》中的两条灯谜：一、贴个白纸条，没有字，打《西厢》二句。谜面上空无一字，灯谜术语叫“无字谜”。比如，用一张空白的谜笺打一味中药，谜底可猜“文无”（当归的别名），意思就是说“没有文字”。这条《西厢》的谜底是“你不言，我已省”，解释作“你没有说，我也已明白”。二、画了一个似龟非龟的东西，驮着一个碑，那驮碑的前爪拿着一面大锣，打《诗经》一句。这是个画谜，谜底为“其乐只且”，出自《王风·君子阳阳》。“乐”在诗中本是“快乐”之意，这里须另读为“乐器”的“乐”（yuè），以照应画中的“锣”（一种乐器），“只、且”两字都用作象形，一个像龟，一个就像似龟非龟的东西驮着碑。诚如小说中拾香所言：“这个谜真真有些意思。”

上述的无字谜和画谜，其谜面完全有别于常见的汉字形式。这类谜作能被收入清人小说，当时猜谜风气之兴盛，灯谜制作手法之创新，于此略见一斑。花色灯谜亦为谜史增添了宝贵的资料。

中国儿童学习词汇的优势

◎石毓智

咱们中国的小孩，三四岁就上幼儿园开始学写字，小手在纸上一笔一画地学写汉字，大人看着他们挺吃力的，不免心疼，而且他们每学习一个新字都要反复练习多次。这不禁让人联想，如果汉语也采用拼音文字该多好呀，只用学会26个字母就行了。

这种想法有些道理，但是只看到了问题的一面。

就掌握自己母语的书写系统而言，我们的小孩确实要比学英语的小孩付出更多的努力，需要更多的练习、更多的记忆。中国小孩大概需要2000个左右的常用汉字，就可以阅读理解90%以上的报刊文献。这大概在小学三四年级的时候就可以掌握。而且汉字也不像表面上看起来那么难，它们的结构组织也是有规律的，小孩掌握了一定数量的基本汉字和偏旁之后，就可以通过组合排列这些汉字或者偏旁，很快掌握新的汉字。所以对于中国小孩来说，汉字的学习是一个加速度的过程。

此外小孩的记忆潜能远远被成人低估了。从五六岁开始，一年记住三五百个汉字，根本就不是什么负担。

跟英文字母非常不一样，汉字是汉语的意义单位，一个汉字往往有意思，要么代表一个概念，要么代表一种语法意义。所以说，小孩学习汉字的过程，也就是在学习语言单位的过程，当他们掌握一定数量的汉字的时候，也就意味着掌握了这种语言的词汇,可以直接用来交际。更重要的是,无论是汉语的词汇还是语法,都是靠这种意义单位(汉字)排列组合而成的。

然而,英语的26个字母,只是书写符号而已,跟词汇和语法没有任何关系,一个学生要一个一个词去学,一个一个语法点去掌握,所以学英语的小孩后期学习语言的记忆负担远远大于学汉语的儿童。下面我们以两组词为例来说明这一点。

羊羔 lamb　山羊 goat

绵羊 sheep　羚羊 antelope

公羊 ram　母羊 ewe

岩羊 burhel

黄羊 Monglian gazelle

奶羊 milk goat

头羊 bellwether

汉族的小孩,只要掌握了一个"羊"字,几乎就掌握了各种羊的名称。当遇到"公羊""母羊"这些词的时候,根本不用去查字典,就可以准确知道它们的意思,看到"岩羊""黄羊"这些词时也能猜个八九不离十,起码可以知道它们是羊中的一个类属,因为字面已经透露了这种信息。然而说英语的小孩,学了 sheep、goat,还是不知道 ewe、ram、antelope、lamb 等是什么东西,遇到它们就得查词典,分别记忆,负担大多了。

从记忆负担的角度来讲,学汉语的小孩一旦掌握了一定数量的汉字,词汇量就会迅速膨胀,很多可以无师自通,远远比学英语小孩的记忆负担轻。这就是中国小孩学习语言的巨大优势。

不光是学习名词如此,在掌握动词系统上也是一样的。拿汉语的"吃"为例,它可以表示丰富而复杂的概念。相对的,英语则用不同的概念来表示。

吃利息 live on interest

吃不得 be not edible

吃不开 be unpopular

吃素 be a vegetarian

吃不来 not be fond of

吃得消 can endure or stand

吃苦头 suffer

吃得上 be available on the market

吃红牌 get a red card

吃零嘴 take snacks between meals

吃回扣 accept a commission

学汉语的小孩一旦掌握了"吃",就可以推知上述汉语词语的大致意思。而英语的相关表达,谁跟谁都不一样,没有什么规律可循,一个人要长期泡在这种语言里,长期观摩,反复练习,才能掌握。

古今汉语也有差别,古代的动词系统也比今天的复杂。在古代汉语里,行为和其结果,往往是用独立的动词来表达的。比如,"吃"的行为是"食","吃饱"则是"厌";"看"的行为是"视","看见"则是"见";"听"的行为是"听","听见"则是"闻"。有的时候分得就更细了,比如"向前倒"是"仆","垂直倒"是"毙","向后倒"是"偃"。古汉语的词汇系统比今天繁琐多了。

古时的人要一个个记住这些汉字才行。现在咱们就幸运多了,简单多了,只要掌握一个关键字,就可以通过与其他词的搭配,表达各种各样的意思。比如一旦掌握了"吃",下面这些词就是小菜一碟儿:吃饱、吃撑、吃胖、吃瘦、吃病、吃圆、吃死、吃穷、吃光、吃掉等等,不用人教就知道它们的意思。

相信大多数的中国人都有这种感觉,小学学习汉字的时候确实还要费点儿劲儿,然而一旦掌握一定数量的汉字后,一般没人觉得掌握汉语词汇是个负担,人们甚至可以创造性地排列组合,造出非常具有表现力的句子。比如赵本山、宋丹丹、牛群的小品《策划》,赵本山家的公鸡下了蛋以后有句台词:"你说丢人不丢人?以后还怎么在文艺界混呢!不是,在鸡界,也不是,在家禽界。"对很多人来说,"鸡界""家禽界"可能是第一次听说,然而谁都不会觉得费解,因为它是仿造"文艺界"这个现成的词而来的。

总之,汉字确实比字母难

“啤”字何来

◎周振鹤

一般人都知道“啤酒”一词是将德语 bier 译音为啤，再加“酒”字而成的。但“啤”字本身又从何而来恐怕了然的人就不多了。汉字中以口为偏旁的字本已不少，清代中期以来，更是大有增加，这种情况的发生是与西力东渐密切相关的。旧时中国人向来以天朝大国自居，不但以周边国家为外夷，即看西洋人亦是犬羊之性，满怀鄙视之意，所以将西洋的地名、人名的中文译音都加上口字偏旁，以示其不屑。如将英吉利写作𠸄咭唎，米利坚写成咪喇𡂿；又将英国使节璞鼎查写为噗鼎喳，翻译马礼逊写为吗礼逊。这从《道光朝筹办夷务始末》一类书中都可以一一见到，今天的读者大体能估摸出原意来。但也有难懂的，如嗹（与《玉篇》的“嗹”字不同）国，指丹麦，恐怕今天知道的人就少了。用这种方法来表示鄙夷，不但无异于阿Q风范，而且还真是地道的国粹，西洋的文字是没有类似的功能的。

原本好端端的字凭空多了个口字偏旁，巫蛊的作用没起到，倒给自己增添了不便。过去是用笔写，多一个口字还不犯难，三画而已，今天铸铅字、电脑

………………………………………………………………

学一些，然而每个汉字的含金量非常高，一旦掌握了一定数量的汉字，就可以迅速地掌握庞大的词汇量。这也是我们的母语为每个人提供的学习便利。

（选自《汉语春秋》，江西教育出版社 2015 年 1 月出版。）

造字就麻烦了，相信编辑为了用不用我这篇文章也一定考虑再三的。其实当时人也不见得就都愿意这样写，但碍于朝廷的面子不得不尔。后来洋人越来越多，洋地名也日见其夥，大家也就见怪不怪，把人名、地名中的口字偏旁都省掉了。

除了地名人名之外，国人还用口字作偏旁来造字，以表示西洋事物名称的译音，“啤”字就是这样造出来的。从口的地名和人名用字大都只见于一时，旋造旋弃，虽然数量不小，但都没有进入字书。而表示西洋事物名称的从口字却固定下来，成为字书的新内容。除了“啤”字以外，还有尚在使用的“噸”（已简作“吨”）、“咖啡”、“吗啡”，现已明令不用的“哩”（英里，与口语语气词的“哩”字不同）、“呎”、“吋”（《字汇》亦有“吋”，同“叱”，与此字为两字），早已不用的“哘”、“吩”（吋的八分之一，与吩咐的“吩”不同）、“唡”（今为“盎司”），还有过去本为方言字，现在却大行其道的“唛”（mark 的音译，也有写作“嘜”的）。

为什么从口字可以用来表示鄙视的意思呢？这是因为“口”在某些场合含有下贱的意味。本来“口”与“人”同义，又表示人的计量单位，如《孟子》就有“数口之家”的说法。但后来又衍生了其他意思，如作俘虏解的生口，作奴婢解的女口，与牲畜有关的牲口、头口等等，这些意思都不大妙，这大概就是清代以从口字作为与西洋蕞尔小夷的名称、事物有关的译音字的原因。

不过，用从口字来表示外来语，并不自清代始，魏晋南北朝翻译佛经时已有。因为用梵语表达的某些宗教概念很难意译为汉语，有时就新造从口字译其音，如“啝”字，其意为顺，读音则为和。《正字通》云：“佛经真言弹短舌者，多非本音，皆取声近者，从口以识之，啝音和，特其一耳。故梵字皆不必泥。”

（选自《逸言殊语》，上海人民出版社 2008 年 8 月出版。）

“关门困狮”

（文中有十处差错，你能找出来吗？答案在本期找）

◎伯　淮　设计

一天，一头狮子闯入了一个农场。

农场主大喜过望，心想：以前我望见你就吓得落慌而逃，现在风水轮流转，非得还你点颜色看看。于是关上大门，准备来个“关门困狮”。

狮子在农场里转圈，找不到出口出去。忽然，一只小山羊闯了过来，正想裹腹的狮子毫不客气，张口就咬。吃饱喝足后，狮子又开始寻找出口，可绕了半天都出不去。意识到自己被关了起来，走头无路的狮子怒吼一声，开始发狂。它咬死了所有牲畜，糟蹋了所有庄稼，把农场闹了个天翻地覆。

躲在屋子里的农场主见到此景象，吓得浑身直打哆嗦。如果再闹下去，后果不堪设想。他赶紧找机会打开大门，把狮子放了出去。等到一切平静下来，农场主走出屋子，看着满地的牛羊尸首，以及一片狼籍的庄稼，不禁捶胸顿足，痛哭失声。他还一边哭一边报怨，怪自已没把狮子给捆起来。

农场主的妻子走了过来，看他自怨自哀的样子，又好气又好笑。“这难道不是你自找的吗？”她指着农场主说道：“事已至此，你不但不知反悔，还说应该把狮子捆起来，难道你想‘落入狮口’吗？”

凡事都应量力而为！如果不自量力，枉想做些不切实际的事，非但不能成功，还会负出惨痛的代价！

火眼金睛

图中差错知多少？

应若萱 张凤山 尚景友 赵 星 提供

（答案在本期找）

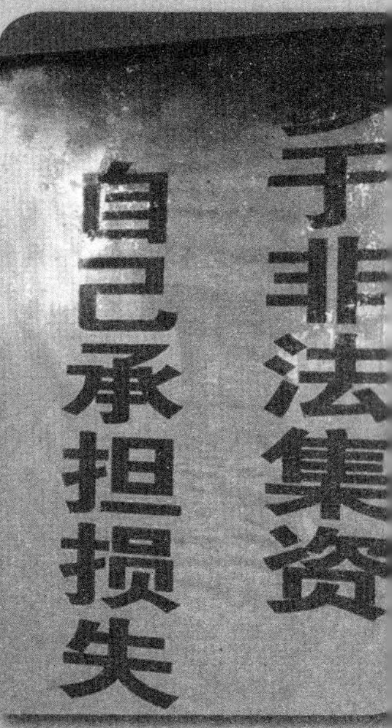

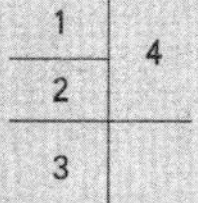

ISSN 1009-2390

YAOWEN-JIAOZI

咬文嚼字®

12
2018

鸣
鸣

鸡形目，雉科。形似母鸡，得名于其鸣叫声。《禽经》张华注云：“鹧鸪其名自呼。”

海世纪出版集团

迎至邮局订阅本刊 邮发代号 4-641
内统一连续出版物号 CN 31-1801/G
价：5.00 元

雾里看花

䐃是何物

杨东辉

这是武汉某街头一家火锅店。䐃是啥字？“小䐃肝”是何物？猜猜看，答案见本期。

书窗

经典再现：“汉字里的中国”

《汉字的故事》
龙子仲 著，定价：48元
《汉字的味道》
陈文波 著，定价：35元

“汉字里的中国”是一套深受读者欢迎的经典丛书，也是优秀的汉字启蒙读物。无人不识字，但人们未必“知字”。汉字保留了最直观、最悠久、最丰富的民族文化内容。读了“汉字里的中国”，一个个字有了生动的故事，一串串文化密码被我们看透。

扫码购买可享 

优惠

从“蹭饭”到“写情书”

宦 梅/文 臧田心/画

朋友们见老舍先生与胡絜青女士有相互倾慕之意，就轮流请他们俩吃饭，以便为他们创造更多的交流机会。两人心领神会。一天，老舍终于给胡絜青写出了第一封信，信中说：我们不能总靠吃人家饭的办法说话，你和我手中都有一支笔，就利用它把心里想说的话都写出来吧。从此，他们不再蹭人家饭了，每天给对方写一封信。

咬文嚼字®

2018年12月1日出版

12

总第288期

主管：上海世纪出版集团
主办：上海咬文嚼字文化传播有限公司
编辑、出版：《咬文嚼字》杂志社
集团网站：http://www.shwenyi.com
E-mail：yaowenjiaozi2@163.com
官方微博：
http://weibo.com/yaowenjiaozish
电话传真：021-64330669
发行电话：021-64674759
邮购电话：021-64372608-243
地址：上海市绍兴路7号
邮政编码：200020
发行：上海市报刊发行局
发行范围：国内外公开
订阅处：全国各地邮局
邮发代号：4-641
ISSN 1009-2390
CN 31-1801/G
印刷：上海中华印刷有限公司
印厂电话：021-60829062
021-60299079
广告经营许可证：沪工商广字
3100320050020号
定价：5.00元

从“四”字的写法谈起

◎陈　彦

魏女士大学毕业后一直从事语言文字工作，其丈夫余先生高中时曾是语文学科的学霸。不过，两人都被上小学一年级的女儿的一道语文题难住了：“旦”字的第二笔和“旧”字的第三笔是“横折”还是“横折钩”？魏女士认为是“横折”，而余先生认为是“横折钩”。两人争执不下，去翻女儿的语文书：“白”字第三笔、“明”字第二笔、“四”字第二笔均为“横折钩”。他们又去网上查，而百度百科显示的是“横折”。

余先生到自己的微信朋友圈求助，问：“四”字的第二笔是“横折钩”还是“横折”？没想到的是，此问居然引爆网络，引起社会广泛议论。有人说是“横折钩”，有人说是“横折”，双方你来我往，各不相让。主张“横折钩”者，拿出小学语文教材做依据；而主张“横折”者，搬出了国家标准性文件《现代汉语通用字笔顺规范》，其中“口”“西”“四”“国”等字相应的笔画就是“横折”。还有人指出，小学语文教材用的是楷体，而《现代汉语通用字笔顺规范》以宋体为标准，“横折钩”和“横折”的不同，是楷体和宋体的差异。网友纷纷发问：到底该听谁的？语文课堂中的识字教学，究竟应该以楷体为准还是以宋体为准？

于是，有媒体去请教权威专家。人民教育出版社小学语文教材编辑室的有关专家说：

统编教材中“四”字的第二笔是“横折”,应与《现代汉语通用字笔顺规范》保持一致。考虑到楷体更接近手写体,小学语文低年级教材采用楷体印刷,楷体字和宋体字的字形存在个别的差异。如在通行的楷体字库中,“四”字的第二笔往往带有一个钩。但是,这一笔并不是横折钩,而是横折。这一情况,已在2016年出版的小学语文统编教材配套材料《教师教学用书》中做了说明,其中说:“‘目’字的第二笔是横折,但是看起来与横折钩有些类似。这里的钩,是书写的时候笔锋自然带出的钩,是笔意相连的结果,与‘月、包’等字横折钩中的钩是不同的。与‘目’类似的字还有‘四、田、回、国’等,这些字的第二笔也是横折,而不是横折钩。这类字在书写的时候,下面不用刻意出钩。”

教材编者的回答,无疑具有一定的权威性,然而,这个回答把问题说清楚了吗?

汉字有宋体和楷体的区别,这是客观事实。“四”及“目”“田”“回”“国”等字第二笔,楷体是“横折钩”,宋体是“横折”,这也是客观事实。既然教材用楷体印刷,这些字的第二笔就是“横折钩”,怎么会是“横折”呢?在笔形上,用楷体印刷的教材,能与以宋体为标准的《现代汉语通用字笔顺规范》保持一致吗?既然承认“四”字等字楷体的第二笔有“钩”,“是书写的时候笔锋自然带出的钩,是笔意相连的结果”,为什么又要让人“书写的时候,下面不用刻意出钩”?这是不是有点“扯”,没说“圆”?

深究原因不难发现,这看似“语无伦次”的说法,其实源自一个“言之有序”的逻辑。《现代汉语通用字笔顺规范》是国家标准,相关人员认为,语文教学及语文教材的编写应执行、遵循这个国家标准。“小语室”专家及《教师教学用书》不愿涉嫌“违法”,于是强行让楷体与宋体保持一致,硬说“四”字等字楷体的第二笔是“横折”

而不是“横折钩”。真是难为专家了!

这件事过去快一年了,社会上的各种议论也渐渐平息了下来。然而,我们认为,对其做进一步思考,更清晰地认识其背后所隐藏的问题,还是有意义的。

1965年1月,文化部、中国文字改革委员会发布了《印刷通用汉字字形表》,收录6196字。1988年3月,国家语委、新闻出版署发布《现代汉语通用字表》,收录7000字。1997年4月,国家语委、新闻出版署发布《现代汉语通用字笔顺规范》,逐字列出了7000个通用汉字的跟随式笔顺。这三个规范性文件,都以宋体字发布,宋体字的字形结构及其笔形、笔顺标准,得以确立。现在,我国出版印刷、辞书编纂以及汉字信息处理等事业长足发展,语言文字、新闻出版领域的这些工作无疑起到了推动作用。

书写是语文课识字教学的重要环节,而书写常用楷体。语文课不要求学生写宋体字,宋体字也不适合书写。正因为如此,在识字教学最重要的小学低年级,语文课本一般用楷体印刷。宋体字、楷体字在笔形上存在明显差异。《现代汉语通用字笔顺规范》等文件以宋体字为标准,不能反映楷体字的笔形实际。不能用宋体字的笔形标准,去规范楷体字的笔形。语文课应该教授汉字楷体和宋体的有关知识,让学生明白,“四”字等字的相关笔画宋体是“横折”,而楷体是“横折钩”,不能强行让二者保持一致。

为了推进汉字教学,为了切实提升学生的汉字书写能力,国家有关部门应该出台以楷体为标准的汉字书写规范。听说,国家有关部门正在研制《通用规范汉字笔顺表》。我们认为,既然是“笔顺表”,就要对汉字书写起指导、规范作用。如果仅以宋体字为标准,不考虑楷体字因素,是难以达成这一目的的。我们希望研制者全面考虑,找出解决之道。

借题发挥

师旷劝晋平公“秉烛而学”？

◎姚海涛

南京大学出版社2017年5月出版的《中国古代寓言故事》中讲到师旷劝学晋平公的故事，起的题目是《秉烛而学》。其实，正确的写法应该是《炳烛而学》。

“炳烛而学”见于汉代刘向所编的《说苑·建本》。晋平公在老年时萌发了学习的念头，又担心现在开始学习为时已晚，于是，师旷打了一系列关于学习的比喻：“少而好学，如日出之阳；壮而好学，如日中之光；老而好学，如炳烛之明。炳烛之明，孰与昧行乎？”意思是说，年轻时喜欢学习，好像初升的太阳，前途无限；壮年时喜欢学习，好像中午的阳光，光芒万丈；老年时喜欢学习，好像点燃蜡烛的光亮。蜡烛的光亮虽然不如太阳，但不也比黑暗中走路强吗？“炳”的本义为明亮，引申作动词，义为点燃。“炳烛”即点燃蜡烛，后因师旷劝学晋平公的故事深入人心，“炳烛”可用来比喻老而好学。

“秉”有“拿，手持”之义，“秉烛”即拿着蜡烛照明。《古诗十九首·生年不满百》中有“昼短苦夜长，何不秉烛游”之句。脱离了语境，“秉烛而学”也未必讲不通，但是在师旷劝晋平公这个故事里，一定要用“炳烛”。

bǐng zhú ér xué
秉烛而学

chūn qiū shí qī jìn guó yuán shì yí gè qiáng dà de guó jiā
春秋时期，晋国原是一个强大的国家，
yǔ qí sòng qín chǔ hé chēng chūn qiū wǔ bà děng jìn píng
与齐、宋、秦、楚合称“春秋五霸”。等晋平
gōng jī biāo zuò le guó jūn hòu jìn guó fā shēng le hěn dà de biàn
公姬彪做了国君后，晋国发生了很大的变

形容精湛应用"粹"

◎贾　凯

2018年3月7日《今晚报》第2版刊有《打造德高医萃人民满意队伍》一文,标题和正文中出现了"德高医萃"的说法,其中的"萃"改为"粹"才恰当。

粹,从米,卒声,本义为纯净无杂质的米。《说文·米部》:"粹,不杂也。"段玉裁注:"粹,本是精米之称。"引申有纯而不杂、纯美、精华、精通、擅长等义。德高医粹,即品德高尚,医术精湛,常常用来赞美医生的医德医术。天津医科大学就把"行知合一,德高医粹"作为校训。《今晚报》的这篇关于天津市卫生计生工作会议的报道,说到要在推动人才强医上下功夫,加强医风医德建设,用"德高医粹"是非常恰当的。

萃,本义形容草丛生的样子,引申为聚集(如荟萃),或聚集在一起的人或物(如出类拔萃)。"德高医萃"难以说通。

市卫生计生工作会议召开

打造德高医萃人民满意队伍

本报讯 (记者黄建高)6日下午,我市召开卫生计生工作会议,学习贯彻习近平新时代中国特色社会主义思想,总结去年工作,部署今年任务,着力提升医疗卫生服务水平和人民群众健康水平。市委常委、市委教育工委书记程丽华出席并讲话。

程丽华强调,要牢固树立以人民为中动,深化公立医院改革、建立现代医院管理制度,推进分级诊疗、努力形成服务责任利益管理共司体,完善药品供应保障制度。在医疗卫生服务提质增效上下功夫,改善医疗环境、提高诊疗技术、筑牢基层网底,提高群众就医体验满意度。在推动京津冀卫生协同发展上下功夫,引进一批优质医疗资源,实现卫生应急一体化,深化医疗服务协作,

永远“在路上”

◎何俊萍

“在路上”，形简意明，通俗易懂，是一个既普通又常用的词语。它最初进入主流话语体系，是因为美国知名作家杰克·凯鲁亚克创作于1957年的小说《在路上》。这部小说反映了战后美国青年的精神和生活状态，是美国文学“垮掉的一代”的代表作，对美国的文化艺术和价值观念都产生了不小的影响。同时，它也被翻译成多种语言在世界范围内广为流传。不过，“在路上”近两年的走红并非与这部文学经典有关，而是和众多“习氏用语”一样，由于领导层倡导、公众喜用，于短时间内迅速蹿红。

2014年1月20日，习近平同志《在党的群众路线教育实践活动第一批总结暨第二批部署会议上的讲话》中指出：“教育实践活动有期限，但贯彻群众路线没有休止符，作风建设永远在路上。”从此，“在路上”被媒体和公众广泛使用。特别是大型反腐专题片《永远在路上》的热播，让“在路上”热度不减。

从语义上讲，“在路上”有三层意思：

一是表明一种行进的状态，类似日语的“……中”（营业中、休息中、清理中）和英语的“……ing”（walking、fighting、studying），既有动作上的进行，又有时间上的持续。例如：

（1）新年新气象！第一波冷空气已经在路上了（《清远日报》2018年1月3日）

例（1）“在路上”指的是冷空气的生成和行进的状态。

二是“在路上”展现的是一

个过程，且这个过程只有起点，没有终点；只有进行曲，没有休止符；只有持久战，没有完成时。例如：

（2）追求优秀一直在路上（《农村大众》2016年7月29日）

例（2）“在路上”指兰陵县卞庄街道代村社区村委会主任王传喜，不忘初心，坚持信念，学习无止境，干事创业无终点，带领全村干部群众，一步一个坚实的脚印，奔向文明小康。

三是“在路上”前面加上“一直”“永远”“还是”“总是”“始终”等副词，更体现出一种态度、一种精神，一种驰而不息、锲而不舍、坚持奋斗、勇往直前、永无尽头的坚韧精神。例如：

（3）新气象新作为，全面从严治党永远在路上（《人民日报》2018年1月14日）

（4）海南二中院助残关爱一直在路上（法制网2016年10月20日）

例（3）“在路上”强调全面从严治党必须常抓不懈，一以贯之。立场坚定，态度坚决。例（4）“在路上”表明海南二中院对残疾人帮助关爱的始终如一、永不停止。

“在路上”的“路”可以延伸指各种“路”。可指实际的道路。例如：

（5）清运车司机负气将垃圾倒在路上（《楚天都市报》2016年10月25日）

也可指各种抽象的路。例如：

（6）扶老助老，市军休一所一直在路上（《镇江日报》2016年10月25日）

（7）太康：脱贫攻坚，奔跑在路上（《河南日报》2016年10月20日）

例（6）指的是扶老助老之路，例（7）指脱贫之路。“路”的内涵之丰富，不一而足。

从结构上看，“在路上”有两种用法。一是介词结构，作句子的状语或补语，其中间可适当地插入一些修饰性或限制性的词语，使“路”的内涵更加明确。如：在作风建设的路

“政治正确”和“政治不正确”

◎高丕永

2015 年 8 月 6 日，美国房地产商人唐纳德·特朗普参加共和党党内预选首场辩论。当问及他在推特上对女性恶言相加的“政治不正确”之事，特朗普直言不讳：“这个国家的大麻烦一直是‘政治正确’。就为这个，那么多人跟我过不去。老实说，我没时间做到完全‘政治正确’，我们国家也没时间这样做。”这场辩论的视频在中国网上流传，有些观众十分困惑，因为不了解“政治正确 / 政治不正确”的确切意思。

“政治正确（politically correct/ political correctness）”，作为二十世纪六十年代美国民权运动成果之一，七十年代进入主流话

上、在反腐的路上等。二是动宾短语，充当句子的谓语，其前可加上“一直”“永远”等词，使语气更显坚定。如：作风建设永远在路上、反腐永远在路上等。当下流行语“在路上”多特指第二种用法。

以上两种情况不只是用法不同，所表达的意思也不一样。比如，“在作风建设的路上”说的是一个过程，而“作风建设永远在路上”除了表现一个过程外，更强调了一种决心和意志，一种不达目的不罢休的态度。“在反腐的路上”与“反腐永远在路上”等，同样如此。

茫茫之“路”，前途漫漫，我们一直“在路上”，永远“在路上”。我们要不松劲、不停步，朝着目标，踏实、稳健、勇敢、坚毅地走下去，迎接光明美好的明天。

语体系，九十年代流行。"对不同的人，'政治正确'可能指不同的内容，但下面的几条似乎是得到较普遍认同的：支持女权、福利社会、支持少数民族平等权利、容忍同性恋、堕胎权、艾滋病人权、环境保护等等"。(《外国文学评论》1996 年第 2 期)能够做到这几条，就是"政治正确"；不这样做就是"政治不正确(politically incorrect/ political incorrectness)"，就会受到舆论谴责甚至法律制裁。美国的"政治正确"，对保护弱势群体权益有积极意义，但矫枉过正造成了一些不良后果，比如有关弱势群体的话题变得过于敏感而形成不少新的"禁区"，对弱势群体提供"特别关爱"引发了比较严重的反向歧视等，不少美国民众开始怀疑甚至反对"政治正确"。竞选过程中，特朗普频频"政治不正确"，就是为了迎合这部分选民。

上世纪九十年代，英语的形容词性固定词组"politically correct/ politically incorrect"和名词性固定词组"political correctness/ political incorrectness"通过意译借入汉语。形容词性固定词组，起先曾译为"政治上正确的 / 政治上不正确的"，可是为了避免与汉语中非固定词组"政治上正确的 / 政治上不正确的"混淆，很快就改写为"政治正确 / 政治不正确"。同样，名词性固定词组刚开始曾译为"政治上正确 / 政治上不正确"，也是为了避免与汉语中非固定词组"政治上正确 / 政治上不正确"混淆，很快改写成与形容词性固定词组译文一样的"政治正确 / 政治不正确"。

二十多年来，"政治正确 / 政治不正确"的本义基本不变，比如，"歧视河南人是政治不正确"(标题，《中国新闻周刊》2017 年第 27 期)。值得关注的是，在使用中，还逐渐产生了三个引申义。第一个引申义，"政治正确"可以指"符合国际、国家(往往指西方国家)、地区、政党意识形态或价值体系的（言语、行为等）”，否则就是“政治不正确”。例如：

（1）在特朗普看来，“美国第一”和“美国优先”是新的“政治正确”，超出了传统的以价值观为核心的“政治正确”。（《当代世界》2017年第5期）

（2）事实上，西方国家是非常重视意识形态的，只是不明说。……凡不符合其主流意识形态的就被视为“政治不正确”……（《人民日报》2013年9月12日）

第二个引申义，“政治正确”指“顺应压倒性舆论、话语权持有者意见的（言语、行为等）”，否则就是“政治不正确”。例如：

（3）当下，“互联网金融业”已然成为一种“政治正确”，很少有人会直接说它的坏话。（《南风窗》2014年第6期）

（4）主张适度体罚（不论学校还是家长）无疑是政治不正确的，被群殴完全可以想象。（解放日报网2016年4月15日）

第三个引申义，“政治正确”指“拥护中国共产党的路线、方针和政策的（言语、行为等）”，否则就是“政治不正确”。这种引申义与汉语中非固定词组“政治上正确（的）/政治上不正确（的）”意义相近似。例如：

（5）文山会海并不是新问题，可很多时候，它总是摆出一副“政治正确”的样子，嘴上讲起中央的精神和要求滔滔不绝，落实起来却轮子空转……（《人民日报》2017年1月19日）

（6）但我们必须指出，形式主义是最大的政治不正确，它不仅有名无实，还会让一切工作走样变味。（《人民日报》2016年5月26日）

《腒是何物》解疑

经打听，原来“腒”就是“肫”。肫，读作zhūn，义为禽类的胃。腒是使用于西南方言区的一个俗字。

“同理心”与换位思考

◎徐靖怡

“同理心”原本是心理学中的专有名词，源自希腊文 empatheia，也有人称作“神入”“共感”“共情”。人们一般将其理解为心理换位、将心比心，即设身处地地对他人的情绪和情感的理解。近年来，“同理心”成了新闻媒体常常使用的热词。例如：

（1）“GENIUS”是几个印尼单词的首字母缩写，代表了“活泼”“同理心”“勇敢”“优秀”和“健康”，表达了对印尼青少年的美好祝愿。（《光明日报》2018 年 8 月 1 日）

（2）这会让孩子有机会转换自己，建立同理心，运用沟通技巧，锻炼团队精神……相对于让他们沉溺于冰冷电子设备的屏幕前，给他们一袋书、蜡笔和益智操纵玩具才是更好的选择。（《环球时报》2018 年 8 月 24 日）

例（1）中拥有“同理心”是对印尼青少年的美好祝愿，例（2）中心理学家、教育学家们呼吁应该让孩子建立“同理心”。可见“同理心”是可以培养并且应当具备的。“同理心”不仅可以用来指一个人或一群人，还可以用来指角色群体甚至政治群体的双方。例如：

（3）“医患双方都要换位思考，这样我们才会有一个正常的医患关系。”张国强说。正是这份同理心，让医护人员的“忍功”修炼得越来越好。（《人民日报》2015 年 7 月 23 日）

（4）民进党最大的问题是把“恻隐之心”加上了不该有的

"疏远元素"。是不是应该先照顾好两岸自家人,行有余力再去管其他人的事,如果更加有几分同理心,大陆也会感受得到。(《环球时报》2018 年 7 月 12 日)

随着科技的飞速发展,人工智能也逐渐走进人们的生活中,人们在创造过程中力求赋予智能机器以人类的思维、情感,"同理心"也成为研究的课题:

(5)京东智能客服已服务上亿客户,"她们"的回复可以说是礼貌、周到和温柔。你很有可能已经与情感智能 AI 客服接洽过,还私下感叹这位"小姐姐"性格好好。因为"她"能感知用户情绪,回答问题时还带着情感和同理心。(《科技日报》2018 年 7 月 10 日)

"京东智能客服"等高情商机器人的出现,使得"同理心"这一词语的使用范围再一次扩大,也可以用于具备这一功能的智能机器。

此外,人们常常会把"同理心"和"同情心"联系在一起。例如:

(6)黄进和陈楚珩为当代人摆脱精神困境寻找到的方法,是同理心,而非同情心。同情心很方便很廉价,同理心是换位思考,是从内心生长出来的。(《深圳特区报》2017 年 3 月 31 日)

"同情心"是对他人的不幸遭遇产生怜悯,"同理心"不仅仅是对他人的不幸产生怜悯和悲哀,而且是把自己和他人换位,用他人的视角去理解他人的处境。这种换位思考的能力,比"同情心"更难达到,是一种关心和爱的艺术。所谓"己所不欲,勿施于人",我们每个人都应该拥有"同理心"。

《火眼金睛》提示

图 1,"锥物" 应为 "堆物"。

图 2,"闲内助"应为"贤内助"。

图 3,"栓马桩"应为"拴马桩"。

图 4,"老面膜"应为"老面馍"。

“迳渭”岂能合流

◎得　喜

《书屋》2017年第8期刊登有《文学与思想关系的历史观察》一文，其中有这样一段论述：“当修辞与文体形式触碰人的‘心声’的时候，它必然是相互混杂的，不过轻重浓淡如同迳渭合流有所偏重而已。”其中的“迳渭合流”乃“泾渭合流”之误。

泾和渭分别指泾水、渭水两条河，古人认为泾水浊，渭水清（实为泾清渭浊），两水合流汇聚，却清浊分明，一望可辨。因而人们常用“泾渭”比喻人品的优劣清浊，事物的真伪是非。上述引文中所言，修辞与文体形式在发生作用时，是相互混杂的，各自的作用也是不一样的，就如泾水渭水合流之后依然清浊可辨一样。此处用“泾渭合流”作譬，是比较妥当的。

根据《通用规范汉字表》，“迳”为规范汉字，仅用于姓氏人名、地名，如广东清远市佛冈县的迳头镇。“迳渭合流”说不通。

“钉耙”与“竹筢”

◎杨昌俊

2018年7月31日《扬子晚报》B3版刊登有《印度同行》一文，其中写道：“一个大男人（指印度同行），用一个多小时，倒打一筢，痛哭流涕地诉说我给他带来的难堪。”这里的“倒打一筢”显然是“倒打一耙”的误写。

“倒打一耙”这个词语与猪八戒有关。在《西游记》中，猪八戒以九齿钉耙为武器，此物是太上老君用神冰铁锻造的，小说中猪八戒常用回身倒打一耙的战术打败对手。后来民间俗语就有“猪八戒倒打一耙”的说法，亦省称“倒打一耙”，多指不仅不接受对方的意见，反而反咬一口指摘对方。杨沫的《青春之歌》中，白莉苹在林道静面前调侃余永泽时遭到林道静的回击，无奈之下说：“得啦，你不要倒打一耙！我真是为你好。你看他那酸溜溜的样儿有什么爱头呢？”

筢，是搂柴草等的器具，多用竹子制成，一般有五齿。竹筢固然可以用来打人，但其威力与猪八戒用的钉耙相比，差距岂可以道里计哉？

《列女传》不是《烈女传》

◎李景祥

著名作家王充闾先生的《三味书屋》（辽宁少年儿童出版社 2017 年 8 月出版）中有这样一段文字：“……就记诵了‘昔孟母，择邻处；子不学，断机杼’的词句，后来，读西汉两位学者所写的《烈女传》和《韩诗外传》，细致地了解到这位古代贤母‘三迁择邻’‘断织励学’和‘买肉立信’等故事内容。”其中罗列的书名中，《烈女传》当系《列女传》之误。

《列女传》也称《古列女传》，为西汉著名经学家、文学家刘向所撰，是一部介绍中国古代妇女事迹的传记性史书。内容多歌颂妇女高尚品德、聪明才智等，展示了上古至西汉的女性风采。

“列”为众多、各之义，与“列国”“列位”之“列”同义。宋明以后理学盛行，对女性提倡贞节观，赞扬妇女美德多把注意力放在贞烈上面，于是《列女传》常讹为《烈女传》，实乃大谬。

“麻生蓬中”？“蓬生麻中”！

◎贾清妍　王　佳

蒙曼主编的《了不起的中华文明》（化学工业出版社 2018 年 6 月出版）中谈到了孟母三迁的故事，其中有这样一段话：“古人对环境影响人这一点有许多形象的比喻，如‘近朱者赤，近墨者黑’‘麻生蓬中，不扶自直；白沙在涅，与之俱黑’‘入芝兰之室久染其香，入鲍鱼之肆久沾其臭’等，所以我们要多接触美好的事物和品行优秀的人，让自己也变得更优秀。”其中“麻生蓬中”说错了，正确的应是“蓬生麻中”。

“蓬生麻中，不扶自直；白沙在涅，与之俱黑”出自《荀子·劝学》。说的是蓬草长在麻地里，由于麻秆是直立生长的，蓬草不用扶持也能挺立住；白沙混进了黑泥里，就会变得和黑泥一样黑。比喻生活在好的环境中能够让人健康成长，而好人长期处于不好的环境中，也会随之变坏，荀子用这样的比喻强调了环境对人的重要影响，以此告诫君子要选择好的环境，结交正直的人，这样才能接近正道。

“仨个”里多了“个”

◎达式东

2018年9月25日《中老年时报》所刊《八年梦魇》一文有这样一段话：“我媳妇一听想动，还没起了，把头就用被窝盖上了，进来仨个兵鬼儿。”句中的“个”字多余，应该删去。

仨，是口语词，表示“三个”，后面不再接“个”或其他量词，如：仨苹果。上述引文中的“进来仨个兵鬼儿”，从字面上讲就是“进来三个个兵鬼儿”，画蛇添足了，正确表述应为“进来仨兵鬼儿”。

“乾祐”不是“乾祜”

◎尹圣梦

《国宝盗案之谜》（中国铁道出版社2016年9月出版）中在介绍《番汉合时掌中珠》时有这样的句子：“《番汉合时掌中珠》是西夏人骨勒茂才编写的一部西夏文、汉文词语对照集，刊于夏仁宗乾祜二十一年（1190）。”句中提及的年号应为“乾祐”，而非“乾祜（hù）”。

《番汉合时掌中珠》是一部为了便于党项（西夏）人、汉人相互学习对方语言而编纂的辞书。书中每一词语都并列四项，分别是西夏文、对应的汉译文，以及西夏文注音与汉译文注音。这部辞书由西夏人骨勒茂才编于西夏乾祐二十一年。

“乾祐”是西夏仁宗李仁孝在位时使用的第四个年号，《宋史·外国二》：“绍熙四年九月二十日，仁孝殂，年七十。在位五十五年，改元大庆四年，人庆五年，天盛二十一年，乾祐二十四年。”西夏历史上没有“乾祜”这一年号。

“零零总总”是多还是少？

◎阎心士

《俄罗斯共产主义的悲剧》（新华出版社2004年1月出版）的《译后记》中这样写道：“苏联——这个世界上第二个超级大国居然在很短的时间里轰然倒塌……对此的解释零零总总，但总不能让人信服。”其中的“零零总总”应写为“林林总总”。

“林林总总”是个状态词，语本唐代柳宗元《贞符》：“惟人之初，总总而生，林林而群。”说的是人类在原始阶段群居杂处的状态。“林林”和“总总”都是众多的意思。后即用“林林总总”形容事物众多、繁多。上述引文中说，苏联这个世界强国为何在短时间内分崩离析，人们做出了各种各样的解释，用“林林总总”恰如其分。

“零”形容零碎、小数目的，“零零总总”难以索解。

“诏安”应改“招安”

◎梁卓尧

2018年9月24日《南宁晚报》刊有《精彩的是局，抓人的是“意”》一文。该文说：“《水浒猎人》的故事，从接受诏安前夜写起，梁山忠义堂内，一首表达愿被诏安的词曲唱罢，直接导致了一场纷争。”这一段话中两次出现“诏安”，实在不知所云。

诏，可表示告诉、宣告。龚自珍《病梅馆记》：“此文人画士心知其意，未可明诏大号以绳天下之梅也。”其中“明诏”即公开宣告。“诏”也可指诏书。汉语中确实有“诏安”，但“诏安”是县名，在福建省南部，与上引句的文意不符。从引句上下文看，两处“诏安”都应改为“招安”。

招，有招抚、招收之义。招安，即旧时统治者诱使武装反抗的人或盗匪归降。《水浒传》第七一回：“只见武松叫道：‘今日也要招安，明日也要招安去，冷了弟兄们的心！’”“招安”正符合文意。

“绝壁千韧”说不通

◎居容人

2018 年 9 月 14 日的《云南日报》第 10 版《巴拉格宗记》一文中写道：“进了山门，沿着岗曲河，汽车行驶在宽敞的公路上。这公路是在山如斧削、绝壁千韧的悬崖上开出来的。”这里的“绝壁千韧”应写为“绝壁千仞”。

“仞”是古代长度单位，《说文·人部》：“仞，伸臂一寻，八尺。”据陶方琦《说文仞字八尺考》中说，“仞”周制为八尺，汉制为七尺，东汉末则为五尺六寸。“千仞”在数量上是一个虚指，形容极高或极深。

“韧”义为柔软结实而不易折断，与“脆”相对。常用来形容人意志坚忍，顽强持久。“绝壁千韧”说不通。

是“殚精”非“惮精”

◎阎德喜

2018 年第 6 期《书屋》杂志上刊载了《北赵南陈　挺秀书林》一文，其中讲到王国维对赵万里的悉心教导，说“得此厚赐，赵万里潜心攻研，如渴骥得饮，惮精积力，为日后大展骥足打下坚实基础”。这里的“惮精”应为“殚精”。

殚，读 dān，竭尽之义。殚精，义为竭尽精思。上述文章是想用“殚精”表达赵万里尽心竭力地钻研学习,为日后开展事业积累实力。“惮”读作 dàn,有畏惧、忌恨等义。汉语里没有“惮精”这种说法。

是“岷江”不是“泯江”

◎江城子

2018 年 8 月 9 日《春城晚报》第 14 版《喝早酒》一文写道:“站在屋里的窗前,泯江风貌便可尽收眼底。抬头远眺,乐山大佛的身影也在缥缈的薄暮中,时隐时现。”其中“泯江”应为“岷江”。

岷,音 mín,本指岷山。岷山在四川省北部,绵延于四川、甘肃两省交界的地方。岷江源出于岷山南麓,是长江上游的支流,东源出岷山山系弓杠岭,西源出岷山山系郎架岭,南流到都江堰市出峡。自此以下分内外两江,到江口复合,经乐山纳入大渡河,到宜宾入长江。文中提到的“乐山大佛”在四川省乐山东面的凌云山前,正面临岷江与大渡河、青衣江汇流处。

泯,读作 mǐn,是消灭、除尽之义。如“泯灭”义为消失、灭绝,“泯没”义为埋没、死亡。

把“岷江”误写成“泯江”,除了“岷”与“泯”音近形似的原因外,还因为人们潜意识中认为河流的名字理应是水字旁。

“北茫”应是“北邙”

◎邹身坊

2018 年 9 月 12 日上海电视台新闻综合频道《上海早晨》节目播送著名评书艺术家单田芳逝世的消息时,播放了单先生的一段录音,其中有这样几句:“青史几行名姓,北茫无数荒丘。前人撒种后人收,无非是龙争虎斗。”(字幕同步显示)字幕中的“北茫”让人困惑,“北”是方位,“茫”有广阔无边、无所知等义,“北茫”意思难解,应该是“北邙”吧。

“邙(máng)”即邙山,在洛

阳之北，故名“北邙”。因东汉和魏晋的王侯公卿多葬于此，古人的诗作中有将其作为坟地的代称的。如陶渊明的一首《拟古》有：“一旦百岁后，相与还北邙。”唐朝沈佺期《邙山》诗：“北邙山上列坟茔，万古千秋对洛城。”诗句中的“北邙”都代称坟地。“青史几行名姓，北邙无数荒丘”，大意是说青史上只有几行姓名，却留下了无数墓地坟冢。

秤上学问须“权衡”

◎姜　燕

电视剧《一代大商孟洛川》第二十四集中一位老者说道：“这秤杆叫‘权’，这秤砣叫‘衡’，‘权衡’一词就是打这来的。手拿这杆秤，要懂得权衡之道……”其实，古代称秤杆为“衡”，秤砣为“权”，这段话刚好把“权”“衡”的意思弄反了。

权，本是树木名。《说文》：“权，黄华木。”后假借为秤锤，也指秤。唐代陆贽《论替换李楚琳状》：“夫权之为义，取类权衡。衡者，称也，权者，锤也。”

衡，本义是防牛角触人而设置的横木，引申为车辕前端的横木，后引申为秤、秤杆。《国语·周语下》：“先王之制钟也，大不出钧，重不过石，律度量衡，于是乎生。”韦昭注：“衡，称上衡。衡有斤两之数。”

所以，“权衡”本指秤锤和秤杆，“权”是秤锤，“衡”是秤杆，不可弄混。

是“畏隹”还是“畏佳”？

◎范　艳

2018年第2期《文艺争鸣》刊载了《作为悖论的“〈庄子〉美学”》一文，其中写道：“山林之畏佳，大木百围之窍穴，似鼻，似口，似耳……”句中的“山林之畏佳”应为“山林之畏隹”。

畏隹（wěicuī），是崔巍的反读，形容山势的高耸。山林之畏隹，即高峻的山上长满了大树。

《庄子·齐物论》:“夫大块噫气,其名为风。是唯无作,作则万窍怒呺。而独不闻之翏翏乎?山林之畏佳,大木百围之窍穴,似鼻,似口,似耳……”其意思是,大地仿佛饱食一般发出来的气,就叫作风。此风不刮起则已,一刮起就会让大地千万个孔穴都怒吼起来。你没有听到那长风呼啸的声音吗?山林高耸,百围大木上大大小小的孔穴,形状有两孔并列如鼻的,有扁孔横生如口的,有旋孔斜穿如耳的……

将“畏隹”误写成“畏佳”应是“隹”与“佳”形似致误。

“忽闻海上有仙山”非李白诗句

◎李华山

2018年6月4日《北京晚报》35版《〈着色山水图〉是王维的画作吗》中说道:“中国早期山水画是有宗教信仰背景的,但不同的宗教表现也不一样。……李白的‘忽闻海上有仙山,山在虚无缥缈中’,这是道教的山水理解。”文中引用的两句诗并不属于李白,是白居易《长恨歌》中的句子,且“山在虚无缥缈中”应是“山在虚无缥缈间”。

李白崇道,他“五岳寻仙不辞远,一生好入名山游”,并且还去齐州紫极宫接受了天师高如贵授予的道箓。李白也写过许多游仙之句,如“素手把芙蓉,虚步蹑太清”,这类诗句可以说是不胜枚举。不过,上述引文中提到的两句诗并非出自他的诗歌。

白居易曾拜如满禅师(又号佛光和尚)为师,自号香山居士。崇佛的同时还读道教的《南华经》,他自称“身着居士衣,手把南华篇”。他的长篇叙事诗《长恨歌》写唐玄宗与杨贵妃生死离别,思而不能相见,爱而不能复聚,“悠悠生死别经年,魂魄不曾来入梦”,后派方士去海外仙山寻访杨贵妃等,正是受到了道教的影响。“忽闻海上有仙山,山在虚无缥缈间”就出自这首《长恨歌》。

学林

字义古今不同的常用字示例

◎苏培成

汉字有悠久的历史，许多字的形、音、义随着历史的发展而发生变化。本文单说字义的演变。下面这些常用字，我相信大家对它们的现代意义都很熟悉。人们在阅读古代文献时，自然就用现代意义去理解，可是这样做时常就会出现差错。因为许多字的现代意义与古代不同，而人们对这些字的古代意义并不了解。写这篇短文，就是要告诉读者许多常用字的字义古今不同。我们要想读懂古代文献，对这些似乎很熟悉的字也要注意学习它们的古代意义。自然，要能读懂古代文献，也不是只学会常用字的古代意义就够了，还要学习古代语法、语音、文化知识等，这些问题以后有机会再谈。还要说明的是，在这篇短文里，我们也不是全面讨论这些字的字义，而是重点说明那些古今意义不同而又容易弄错的常用字，避免用今义去解读古代的典籍。下面举出十个常用字：

池。池是形声字，从水也声。在上古，也和池的读音十分接近。《说文》："隍，城池也。有水曰池，无水曰隍。"段玉裁《说文解字注·池》："池之在城外者也。"池的本义是护城河。《诗经·陈风·东门之池》："东门之池，可以沤麻。"毛传："池，城池也。"《左传·僖公四年》："楚国方城以为城，汉水以为池。"汉水以为池：以汉水为护城河。"城门失火，殃及池鱼"这个熟语里的池指的就是护城河。池后转指水塘，即积水的坑，沿用至今。谢灵运《登池上楼》："池塘生春草，园柳变鸣禽。"

除。《说文》："除，殿陛（bì）也。从阜，余声。"殿陛：宫殿的台阶。除的古义为台阶。《史记·魏公子列传》："赵王扫除自迎，执主人之礼。"扫除：打扫台阶。曹植《赠丁仪》："凝霜依玉除，清风飘飞阁。"又指去掉、清除，沿用至今。《汉书·高帝纪上》："凡吾所以来，为父兄除害，非有所侵暴，毋恐。"杜甫《述古三首》之二："农人望岁稔（rěn），相率除蓬蒿。"稔：庄稼成熟。除在文言中还指任命官员、拜官。《汉书·景帝纪》颜师古注引如淳曰："凡言除者，除旧官就新官也。"文天祥《指南录后序》："德祐二年正月十九日，予除右丞相兼枢密使，都督诸路军马。"这个意义现代也不用。

粪。繁体作糞。《说文》："粪，弃除也。"粪本是动词，指丢弃、扫除。《荀子·强国》："堂上不粪，则郊草不芸。"《左传·昭公三年》："小人粪除先人之敝庐。"敝庐：破败的房舍。引申为名词，指粪便等污物。《资治通鉴·后唐明宗长兴元年》："朕昔为小校，家贫，赖此小儿拾马粪自赡。"段玉裁《说文解字注·粪》："古谓除秽曰粪，今人直谓秽曰粪。此古义今义之别也。"

红。繁体作紅。《说文》："红，帛赤白色。从糸，工声。"段玉裁《说文解字注·红》："此今人所谓粉红、桃红也。"红的本义是粉红。《论语·乡党》："红紫不以为亵服。"意思是粉红色紫色不能做平日穿的内衣。《文心雕龙·情采》："正采耀乎朱蓝，间色屏于红紫。"在古代汉语里，表示红的颜色有五个字，按照颜色由深到浅排列是：绛、朱、赤、丹、红。现代赤只用在成语里，如赤胆忠心、面红耳赤。后来红表示大红，与赤相同，沿用至今。杜牧《山行》："停车坐爱枫林晚，霜叶红于二月花。"白居易《忆江南》："日出江花红胜火，春来江水绿如蓝。"

颇。繁体作頗。《说文》："颇，头偏也。从页，皮声。"颇的本义是头偏，假借为副词表示稍微。《广雅·释诂三》："颇，少也。"王念孙《广雅疏证》："颇者，略之少也。"《说文解字·序》："（李）斯作《仓颉篇》，中车府令赵高作《爰历篇》，太史令胡毋敬作《博学篇》，皆取史籀大篆，或颇省改，所谓小篆者也。"或颇省改：有的字稍微作了减省和修改。柳宗元《愚溪诗序》："余虽不合于俗，亦颇以文墨自慰。"颇以文墨自慰：稍微用文墨自慰。副词颇在汉代以后表示程度深，同很，沿用至今。《三国志·魏书·曹仁传》："太祖之破袁术，（曹）仁所斩获颇多。"李白《猛虎行》："颇似楚汉时，翻覆无定止。"颇似：很像。颇的这两个副词意义，使用的语境类似，要注意分辨。

劝。繁体作勸。《说文》："劝，勉也。从力，雚声。"段玉裁《说文解字注·劝》："勉之而悦从亦曰劝。"劝的古义是勉励，这个意义后世少用。《汉书·艺文志》："播百谷，劝耕桑，以足衣食。"劝又指劝说，讲明事理使人听从，沿用至今。《史记·高祖本纪》："亚父劝项羽击沛公。"亚父：范增。沛公：刘邦。《荀子》有《劝学》篇，意思是勉励人们为学，而不是劝说人们为学。有些城市有"劝业场"，"劝业"意思是勉励人们从事实业，也不是劝说人们去从事某些事业。

汤。繁体作湯。《说文》："汤，热水。从水，昜声。"《论语·季氏》："见善如不及，见不善如探汤。"刘宝楠《论语正义》："探汤者以手探热。"《史记·廉颇蔺相如列传》："臣知欺大王之罪当诛，臣请就汤镬。"成语有：扬汤止沸、金城汤池、赴汤蹈火。后转指菜汤，沿用至今。王建《新嫁娘》："三日入厨下，洗手作羹汤。"《水浒全传》第九回："柴进亲自举杯，把了三巡，坐下叫道：'且将汤来吃。'"

谢。繁体作謝。《说文》："谢，辞，去也。从言，射声。"

辞指辞去官职。《礼记·曲礼上》:“大夫七十而致事,若不得谢,则必赐之几杖。”致事:辞官。几杖:坐几和手杖。赐几杖表示敬老。张居正《学农园记》:“嘉靖甲寅,以病谢。”又指离开、避开。《古诗为焦仲卿妻作》:“往昔初阳岁,谢家来贵门。”陆游《独坐闲咏》之二:“深掩柴荆谢世纷,南山时看起孤云。”又表示告诉。《古诗为焦仲卿妻作》:“多谢后世人,戒之慎勿忘。”谢还表示感谢,沿用至今。《史记·项羽本纪》:“哙拜谢,起,立而饮之。”哙:樊哙。《汉书·张安世传》:“尝有所荐,其人来谢。安世大恨,以为举贤达能,岂有私谢邪?”恨:遗憾。

走。《说文》:“走,趋也。从夭、止。”段玉裁《说文解字注·走》:“《释名》曰:‘徐行曰步,疾行曰趋,疾趋曰走。’此析言之,浑言不别也。”浑言、析言是训诂学术语。浑言指笼统地说,析言指分开地说。分开地说,走的古义是跑。《韩非子·五蠹》:“田中有株。兔走触株,折颈而死。”株:树桩。颈:脖子。《新五代史·王进传》:“(进)为人勇悍,走及奔马。”成语有“走马观花”。走后来表示步行,沿用至今。《礼记·玉藻》:“走而不趋。”《新编五代史平话·汉史上》:“归家泣告父亲道:‘孩儿每出外闲走,被军人笑骂。’”

属。繁体作屬。《说文》:“属,连也。从尾,蜀声。”之欲切,读zhǔ。属古代指连接。《史记·孟子荀卿列传》:“荀卿嫉浊世之政,亡国乱君相属。”苏轼《再论积欠六事四事札子》:“累岁灾伤,流殍相属。”累岁:连年。流殍:灾民流亡而饿死。属字后来还有另外的音义。《广韵·烛韵》:“属,附也。”指隶属、归属。市玉切,读shǔ,沿用至今。《三国志·吴书·吴主传》:“遂分荆州、长沙、江夏、桂阳以东属权。”权:孙权。关汉卿《单刀会》:“那时节,天下荒荒,恰周秦早属了刘项。”刘项:刘邦、项羽。

瞿·懼·矍

◎陈运舟

"草枯鹰眼疾,雪尽马蹄轻。"这是唐代诗人王维《观猎》中的名句。鹰的眼睛敏锐,视野开阔,能在两三千米的高空清楚地发现地面上的小兔小鸡。李时珍在《本草纲目》中说它"盘旋空中,无细不睹"。

"瞿(jù)"字正与鹰的眼睛有关。《说文》:"瞿,鹰隼之视也。从隹从䀠(jù)。"《说文》中"䀠"的解释是:"䀠,左右视也。"徐灏《说文解字注笺》:"左右视者,惊顾之状。"故"䀠"的意思是惊视。而"瞿"字"从隹从䀠",本指像鹰隼一样惊视。《礼记·檀弓上》:"曾子闻之,瞿然曰:'呼!'"《诗经·东方未明》中写了一个农民对繁重劳役的不满,天还没亮,公家就派人来催,他穿衣忙乱中颠倒了衣裳,"折柳樊圃,狂夫瞿瞿",即他为公家折柳枝围菜园,监工还在一旁瞪着眼。

古文中"瞿"和"懼(jù)"常相通。《说文》:"懼,恐也。从心瞿声。""懼"表恐惧,是"惧"的繁体写法。《汉书·惠帝纪》:"闻叔孙通之谏则懼然。"颜师古注:"懼读曰瞿。"即"懼"是"瞿"之同音假借字。《尸子》卷上:"听言,耳目不瞿,视听不深,则善言不往焉。"孙星衍校:"瞿字,《长短经·钓情篇》引作'懼'。"

矍,《说文》:"隹欲逸走也。从又,持之矍矍也。"王筠《说文句读》:"谓人持欲逸之隹,惊顾瞿瞿也。"也就是说"矍"之本义应是手抓鸟,鸟惊视的样子,后指人之惊视貌。班固《东都赋》:"主人之辞未终,西都宾矍然失容。"也许是惊视状态下,总是目光炯炯,精神振奋,故而"矍铄"一词形容老人目光灼灼、非常有精神的样子。范晔《后汉书·马援传》中记有一件趣事。62岁的马援,人老不服老,一次作战中主动向皇帝请战,说:不要看我偌大年纪,我还能披甲上阵呢!说罢立刻翻身上马,左右环顾。皇帝看了大笑说:"矍铄哉,是翁也。"

李白写过“凤凰台上忆吹箫”？

◎李可钦

河北卫视2018年7月28日播出的《中华好诗词大学季》中，郦波教授说了这样一段话：“我就从南京来，就在李白写‘凤凰台上忆吹箫’的那个地方凤凰台上，就住在他写‘总为浮云能蔽日，长安不见使人愁’的地方……”李白并未写过“凤凰台上忆吹箫”。

“凤凰台上忆吹箫”是词牌名，据萧史、弄玉两人吹箫引凤的传说故事而得名。此词牌名最早见于北宋《晁氏琴趣外篇》，以李清照的《凤凰台上忆吹箫·香冷金猊》为代表。李白是不可能写过“凤凰台上忆吹箫”的。

不过，李白的确有与“凤凰台上忆吹箫”相似的诗句，他的《登金陵凤凰台》中有一句“凤凰台上凤凰游”，吟咏的确是凤凰台。郦波教授后面提到的两句诗也是出自此诗。全诗为：“凤凰台上凤凰游，凤去台空江自流。吴宫花草埋幽径，晋代衣冠成古丘。三山半落青天外，二水中分白鹭洲。总为浮云能蔽日，长安不见使人愁。”

“棺樽”是什么

◎王长民

电视连续剧《如懿传》第30集中，皇后说：“臣妾听说，阿箬的棺樽，在火场焚化时，传言有所异象，引得宫人惊慌。”（字幕同步显示）其中的“棺樽”当为“棺椁”。

棺，即棺材，《说文解字》：“棺，关也，所以掩尸。”椁，音guǒ。《论语·先进》“颜路请子之车以为之椁”，朱熹注“椁，外棺也”。可见，椁就是套在棺材外面的大棺材。棺椁，指棺材和套在棺材外的大棺材，泛指棺材。

樽，音zūn，指盛酒器。《庄子·逍遥游》“尸祝不越樽俎而代之矣”，成玄英注“樽，酒器也”。也泛指杯盏。“樽”与“棺”无关，“棺椁”不可写作“棺樽”。

查电视剧《如懿传》的原著《后宫·如懿传3》（中国华侨出版社2013年出版），书中皇后提到阿箬被焚化时突现蓝色焰火，也两次写作“棺樽”。书中的“棺樽”也是“棺椁”之误，希望重印时能予以纠正。

雁门关在西域吗

◎彭　飞

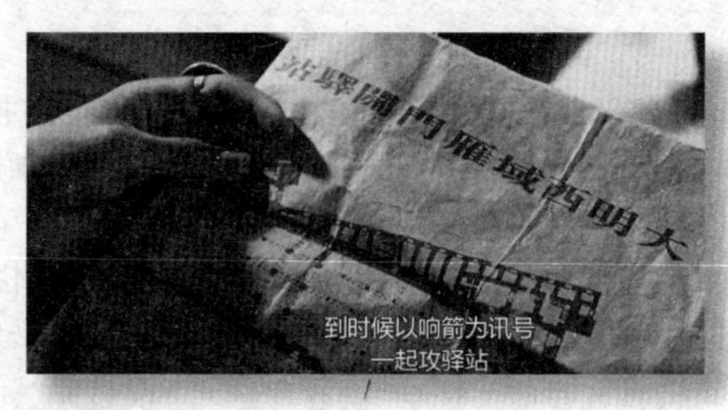

电影《锦衣卫》中，甄子丹饰演的锦衣卫高手青龙拿出一份图卷递给吴尊饰演的大漠判官，后者打开图卷，上面赫然写着“大明西域雁门关驿站”。雁门关在西域吗？

雁门关，在今山西省忻州市代县县城西北方向的雁门山中。雁门关以山得名，是长城的要口之一，自古以来就是扼守中原与蒙古高原往来要道的著名关隘，为兵家必争之地。千百年来，关于雁门关的故事屡屡见诸史书与文人墨客的诗词中，留下了李牧、卫青、霍去病、李广、王昭君、杨家将等种种传奇故事。

西域，自西汉张骞出使以来，逐渐为中原人所了解，有广狭两义。狭义的西域指玉门关、阳关以西，巴尔喀什湖和葱岭以东，准噶尔沙漠以南，青藏高原以北的广大地区。广义的西域，则指通过狭义西域所能到达的西方地区，包括中亚、西亚乃至南亚等地区。据清朝官修《明史·西域传》，西域还包括乌斯藏（即今中国西藏）、尼八剌国（即今尼泊尔）等地区。可见，无论是哪个意义上的西域，都不曾包含雁门关。

“你好，我是64330669……”(61)

◎姚博士

“以兹鼓励”与“以资鼓励”

问：请问奖状上的“特颁此状，以zī鼓励”，这个“以zī鼓励”应该写成“以资鼓励”还是“以兹鼓励”？

——山西　李　连

答：奖状可视为公文的一类，其文本的最后一句通常是“特颁此状，以资鼓励”，或“特发此奖，以资鼓励”。然而，我们也常看到有人把“以资鼓励”写作“以兹鼓励”。到底是“以资鼓励”还是“以兹鼓励”？抑或两者皆可？

资，本义指钱财，引申指提供；“资鼓励”即提供鼓励。以，连词，连接前后两项，表示前项是后项的手段，后项是前项的目的，可释为“来”“用来”。“特颁此状（特发此奖），以资鼓励”，即“特此颁发此奖状，来提供鼓励”，“颁发奖状”是手段，“提供鼓励”是目的。也有人认为，“以”是介词，其后省略了一个指示代词“此”（指代“特颁此状或特发此奖”）。“以资鼓励”就相当于“以此资鼓励”，即“用特颁此状或特发此奖的方式，来提供鼓励”。同样，“颁发奖状”是手段，“提供鼓励”是目的。二者均可说通。

查阅文献，“以资鼓励”在清末民初的文献中大量出现。如“奏请奖叙，以资鼓励”（《皇朝经世文四编》）、“着优加犒赏，以资鼓励”（《清实录·宣统政纪》）、“请优奖以资鼓励”（《清史稿》）等等。“以资鼓励”同样出现在前后两项（前项是手段，后项是目的）的后项位置上，即“资鼓励”是目的，“奏请奖叙”“着优加犒赏”“请优奖”是手段。奖状中“以资鼓励”，应当来源于文献中的这种用法。

兹，本义指增益、增加，即“滋”的本字。也用作指示代词，相当于“此”“这”。还可以指“今”“现在”。

“以兹鼓励”即用此来鼓励，“兹”用作指示代词。“特颁此状（特发此奖），以兹鼓励”，即“特此颁发此奖状，用此来鼓励”。同样，“颁发奖状”是手段，“鼓励”是目的。可以说通。

然而，查阅文献，我们并没有发现“以兹鼓励”的用例。在公文用语中，“兹”倒是经常出现，但多用作通知、邀请函、请柬、介绍信等文本的开头语，如“兹定于”“兹因”“兹悉”“兹有”等等。其“兹”均作“今”“现在”解，而非指示代词。在公文文本的结尾用语中，也常用到指示代词，如“特此报告”“特此公告（通知、通告、布告）”“特此批复”“特此函达”“特先函商”“特此函复”以及“此布”“此复”“此令”等等。用的多是“此”，而非“兹”。总之，在公文文本中，也很少见到用作指示代词的“兹”。

因此，我们认为，在奖状文本的结尾语中，最规范的用法是“以资鼓励”，而非“以兹鼓励”。我们也建议大家用“以资鼓励”，尽量不用“以兹鼓励”。不过，我们也不把“以兹鼓励”当成差错，而把它当成“以资鼓励”的变体。

“秘语”与“密语”

问：在网上常看到“秘语”，如“星座秘语”，但是查词典却没有“秘语”，只有“密语”。请问能说“秘语”吗？如果可以的话，“秘语”和“密语”的区别是什么？

——北京　王　景

答：可以说“秘语”，“秘

语”与“密语”的含义不同。

先说“密语”。“密”从山，本指像堂屋一样的山。段玉裁《说文解字注》：“谓山。假为精密字而本义废矣。”“密”字被假借以表隐秘之事、慎密、秘密等义。词典中收录有“密语”一词，义为说秘密的话、秘密交谈、暗语等等。如《三国演义》第三十四回回目《蔡夫人隔屏听密语　刘皇叔跃马过檀溪》，“隔屏听密语”听的就是秘密交谈的话语。又如王在邦《一个意志一条心》：“接着，团长便用密语命令我们，晚上十一点，向‘五三七·七’高地四号阵地举行反击。”这里的“密语”相当于“暗语”，即隐秘的通信用语。

再来说“秘语”。“秘”表示不可测知的、神秘的。“秘语”一词就是指神奇的、含义深奥的话语。如问题中提到的“星座秘语”，就是说与星座有关的、一般不公开的话语。网络媒体谈论有关星座的相关话题，如以星座测运势、分析性格时，会使用“星座秘语”一词来指分析结果、规律等。尽管“秘语”未被词典收录，但从语义上可以理解，实际生活中也常有使用。所以，说“秘语”是没有问题的。

“秘语”与“密语”在语义上是存在区别的。二者的区别，其实就是“秘”与“密”的区别。《咬文嚼字》2005年第10期曾刊登过一篇《说“秘”道“密”》，对“秘”与“密”的语义做了辨析。文章认为“秘”“密”二字在指隐蔽性上，意义相近，侧重点不同：“秘”是与鬼神之事相关，强调不可知，内容本身有神秘感，别人不容易发觉、洞察；“密”则是隐蔽内容，有意隐瞒。比较“密语”和“秘语”，“秘语”指带有神秘色彩的话语，有不可测知性，如“星座秘语”就带有神秘色彩，是不可知的，暗含着与星座有关的话语内容是人们难以发觉、了解的；而“密语”则是说话人有意不让人知道，如“密语”可表示暗语义，即以数字、字母、单词等代替真实的通信内容，使用“密语”的人是有意不让人了解说话内容。

说“振”道“震”

◎王每文

经常有人分不清“振”与“震”的区别，本文尝试从以下五个方面进行区分。

一、从手与从雨

“振”与“震”都是形声字，声旁都是“辰”。

《说文解字》释“振”：“举救也。”“振”的本义是救济、赈济，出手相救，因此“振”的形旁是手（“扌”）。《广雅》则释“振”为“动也”，这是认为其本义是抖动、挥动，这个动作也与手有关，如“振臂一呼”。

《说文解字》释“震”：“劈历，振物者。”“震”的本义是“劈历”（霹雳），是迅疾的雷，能够使物体动荡。雷和雨常常并作，因此“震”的形旁是雨。

二、物理与心理

这个角度，区分的是“振动”与“震动”。

现代汉语中，“振动”是一个物理学词语，只能用于物理世界，指的是物体以某一空间位置为中点不断往复运动，如钟摆、音叉、琴弦的运动。而“震动”则既能用于物理世界，如“春雷震动着山谷”，也能用于心理世界，如“改革开放的巨大成果，震动了全世界”。

留守儿童惨死的悲剧，（　　）了全国。

上面括号中只能填“震动”，因为这个事件是在人们的内心世界产生了强烈的影响，掀起了巨大的情感波澜。

要注意，“振动”与“震动”的这一区别在现代汉语中才形成。古汉语中，两者经常混用，因为当时尚未形成像今天这样的学科分类。具体例子就不列举了。

三、有常与无常

在物理世界中，“振动”与“震动”的运动形态是不同的。

“振动”很多是有规律的，往往会延续比较长的时间，可以测量出振幅、周期等指标，因而是可以预测的，甚至可以有效利用，比如振动打桩机、振动压路机。

而“震动”则很难把握，往往突然爆发，瞬间达到峰值，虽动能惊人，但难以预测，更不用说加以利用了，比如地震。

简单说，“振动”有常，“震动”无常。

（　　）性疾病，是由机械（　　）作用于人的全身或局部而引起的疾病。

上面括号中只能填“振动”，这种疾病是由于振动源（振动车辆、振动工具等）强烈作用于人体而造成的。

四、有利与不利

在物理世界中，“振动性疾病”的例子说明，“振动工具”是于人有利的，但使用时也可能造成不利影响。还有些“振动”则完全是于人无利的，比如“船体振动学要研究船体的防振、测振和减振”。

看到“减振”，有人问，难道不是“减震”吗？

其实，不利于人的既有振动，也有震动，因此“减振”与“减震”都有。

减振：使用手持振动工具时应注意采取减振措施。

减震：超高建筑物要采取减震措施。

《现代汉语规范词典》有“减震器”：“车辆悬挂装置或飞机起落架上的一种减震部件。有摩擦式和液压式两种。”而全国科学技术名词审定委员会公布的科技名词中，还有“减振器”。

遗憾的是，科技名词委似乎把“减振器”与“减震器”的英语译名混为一谈了。比如，1998 年公布的电气工程名词既有“减震器”又有“减振器”，其英文名都是 vibration absorber。再比如，2003 年公布的航空科学技术名词“减震器”（吸收飞机着陆时撞击动能，减少飞机滑跑时结构振动载荷的承载装置）和 2013 年公布的机械工程名词“减振器”（使振动衰减的装置），两者英文名都是 shock absorber。

其实，“震动”应用 shock，“振动”则是 vibration。

五、积极与消极

虽然现在“振动”与心理世界无关，但“振”和“震”都能产生心理影响。当然，它们的影响是不同的。

“振”是有节奏地抖动、挥动，其结果往往是积极向上的，比如“振翅高飞、振作精神”。而“震”则是迅速而剧烈地动荡，其发生往往是突如其来的，给人带来的是压力甚至灾难，如“震惊、震慑”等。

这一差别，在下面两词中表现明显。“振聋发聩”是一个褒义词，意思是发出很大的响声，使耳聋的人也能听到，比喻用语言文字唤醒糊涂的人。“震耳欲聋”也形容声音很大，但其效果却是负面的，耳朵都快震聋了，强调的是不适感。

霹雳(　)耳

上面括号中只能填“震”，因为这是人们不喜欢的，不能用“振”。

但是，在这一点上，“振”与“震”的区别并不绝对。请看下面的例子：

名(　)天下

上面括号中“振”与“震”都能用，而且含义都是正面的。这是因为古汉语中，“振”与“震”常通用，“名震/振天下、名震/振四海、名震/振宇内”等说法古已有之，难分彼此。然而，如果翻译成白话，两者还是有区别的：“名震天下”可译为“声名震动天下”，“震”即“震动”；“名振天下”则应译为“声名扬于天下”，其中的“振”不是“振动”，而应理解为“兴起、显扬”。从结构上看，“名震天下”等于“名动天下”，“震天下”是动宾关系；而“名振天下”等于“名扬天下”，“振天下”是“振于天下”的缩略。

“名声大震/振”，与此类似。古汉语中，两者难辨。但就今天的语感来看，“名声大振”的结构要比“名声大震”完整，因为“震”后面没有跟宾语，总让人感觉少了点什么。不知读者诸君以为然否。

“纳矿”是什么意思

◎李光羽

徐光启墓在上海徐家汇，是全国重点文物保护单位。墓区中有一个十字架，十字架基座上刻有马相伯《徐文定公墓前十字记》，其中有这样一段话：

今岁癸卯，距公受洗三百周，江南教众输资，建十字石于肇嘉浜北原之故阡，取潘国光书旌纳矿之文，演以为颂……

这里的“纳矿”让人难以理解。矿有矿石、矿床等义，与徐光启的墓有什么关系呢？应是“纳圹”吧。

圹是墓穴。《花月痕》第五一回：“奉老夫人命，将秋痕灵柩随蒨雯附入左圹，奉主于家。”“圹”也指开掘墓地，在书面语中还指原野。《孟子·离娄上》：“民之归仁也，犹水之就下，兽之走圹也。”

“纳圹”就是放入墓穴中，正与上引刻文语境相符合。刻文的大意是：今年是癸卯年（1903），徐光启受洗礼三百周年，江南教众捐钱，建十字石，位置在肇嘉浜北面的旧墓（“阡”义为墓），取用潘国光书写的表彰（“旌”义为表彰）徐光启、放入墓穴中的文字，改为颂词。

查阅相关资料可知，现在的徐光启墓是近年来根据历史资料修复的，查《徐汇区志》（上海社会科学院出版社1997年出版），其上所记载的是“取潘国光书旌纳圹之文”（第850页）。可见，是在修复过程中错刻了“圹”字。

蒙曼误说《唐才子传》

◎晋　相

《辽沈晚报》2018 年 7 月 16 日 15 版刊出《蒙曼：保持一颗诗心永远不会错》一文，这是该报记者与蒙曼教授的对话记录。文中，蒙曼教授有这样一段话："其实读唐诗搭配一本《唐才子传》挺好的，《唐才子传》是一本能够讲到好多诗人的书。而且你看一看，也可以知道，唐朝人写传记的时候一般怎么写。"但是，看《唐才子传》并不会知道唐朝人怎么写传记，因为《唐才子传》的作者并不是唐朝人。

《唐才子传》是一部简要评介唐、五代诗人及其作品的书，成书于元代大德八年（1304）。作者是辛文房，字良史。书中评述唐至五代诗人共有三百九十八人。该书是辛文房博采群书而写成的，传文一般采自后晋时刘昫监修，张昭远、贾纬等编修的《旧唐书》及宋时欧阳修、宋祁等编撰的《新唐书》，间有采自唐人或五代人的著作及宋代文献者，保存了不少珍贵资料。书中对各家诗歌也有评论。但所述事迹，间有讹误不实之处。

我们今天学唐诗当然可以看《唐才子传》中唐代诗人的传和辛文房对其诗的评价，但却无法看出唐人是如何写传记的。《唐才子传》并不是唐朝人写的传记，内容也与"唐朝人怎么写传记"无关。

李光耀没有当过“总统”

◎杨西仑

2018 年 9 月 11 日《平顶山日报》第 6 版上的《有阳光就够了》中有这样一段话:“1972 年,新加坡旅游局给总统李光耀打了一份报告,主要内容是,我们新加坡不像埃及有金字塔,也不像中国有长城,更不像日本有富士山,也不像夏威夷有十几米的海浪。”李光耀担任过新加坡的“总统”吗?

新加坡是东南亚的一个岛国。曾长期作为殖民地隶属英国统治,后加入马来西亚联邦。1965 年,新加坡脱离马来西亚,成立新加坡共和国,正式成为一个主权、民主和独立的国家。根据《新加坡宪法》,新加坡实行议会共和制,总统为国家名义元首,总统委任议会多数党领袖为总理,总理为政府首脑。除新加坡外,实行议会共和制的国家还有意大利、德国、芬兰、奥地利、印度等。

李光耀出生于 1923 年,祖籍广东,是新加坡人民行动党首任秘书长,也是 1965 年新加坡独立后的第一任总理。此后,李光耀长期担任新加坡总理,直至 1990 年辞去总理职务。2015 年 3 月 23 日,李光耀因病逝世。在李光耀一生中,从未担任过“总统”一职。

勿将“木茹”作“木薯”

◎周　振

《老年知音》2018年第7期载有《覃应机主席调研记》一文，文中说：“……同时发展牛、猪、鸡、鸭、狗、长毛兔以及搞茶叶、木茹、栲胶、木耳等多种经营，为供应市场和产品加工提供原料。”其中的“木茹”为何物？正确的应写作“木薯”。

“茹”义为吃、吞咽，常见有茹毛饮血、茹素等词，引申义有忍受，接受，柔软，根互相牵连的样子等。木茹，义为以树木果实充饥。《后汉书·崔骃传》：“故士或掩目而潜渊，或盥耳而山栖，或草耕而仅饱，或木茹而长饥。”

“薯”指山药，也可用作薯类植物的通称。木薯，也称为“树薯”，多年生半灌木，原产于热带美洲，其块根富含淀粉，可供食用，或作饲料及提取淀粉，是世界三大薯类（马铃薯、甘薯、木薯）之一。我国南方如广东、广西等地多有种植，是改革开放之前两广地区农民的主要粮食之一。将“木薯”误写成“木茹”，源自上世纪六七十年代滥造“简化字”之潮。当时有人认为“薯”笔画多，写起来麻烦，便用笔画少、读音近、容易写的“茹”字将其取代。其他人盲目跟风，以为“茹”是“薯”的简化字，照样画葫芦，“木薯”便成了“木茹”。至今在生活中依旧可以看到“木茹粉”“木茹饽”这样以讹传讹的写法。“木茹”和“木薯”，词形、词性、词义完全不同，不能把“木薯”写成“木茹”。

京剧艺术有“羚子功”吗

◎刘曰建

京剧是我国传统文化艺术的瑰宝。2018年9月5日《北京晚报》刊有《朝阳门地区的名人轶事》一文，其中说马玉琪“是京剧表演艺术家叶盛兰先生的入室弟子，深受叶先生的喜爱，把自己的绝活小嗓和大嗓的转换、扇子功、羚子功……”京剧的表演艺术中哪有“羚子功”？正确的说法应为“翎子功”。

“翎”的本义是鸟的羽毛。传统戏曲中，一些英武的武将角色盔头上通常会装饰雉羽，如穆桂英、周瑜、梁红玉、孙悟空等，这种羽毛的装饰物叫作翎子。翎子长的可超过2米，除起到装饰美观作用外，还通过舞动翎子，加强表演的舞蹈性，借以表现人物的心情、神态。“翎子功”即舞动翎子的技巧、功夫，俗称“耍翎子”，是京剧表演的基本功。有摆翎、甩翎、竖翎、旋翎、扫脸翎子、缠腰打灯花等。

“羚”指羚羊，外形和山羊相似。将京剧中的“翎子功”误为“羚子功”，当是音同形近致误。

"皮"这一下很开心

◎闫艺暄

近来,"皮"这个词越来越多地出现在网络用语中,一时间成为人们的交际热词。不论你是热衷网络游戏,还是经常游走在微信、微博等社交平台,都能时常看到以下这样的话语:

"皮这一下你快乐吗?"

"皮这一下真的很开心!"

"你不是人造革,你是真的'皮'!"

这"皮"是什么意思?为什么"皮"一下会很开心呢?这还要从"皮"的来源说起。

"皮"本是方言,取的是"调皮""顽皮"中的"皮"字,指人狡猾、不驯顺、耍花招。近代燕北闲人的小说《儿女英雄传》第21回有:"这褚大娘子本就有些顽皮,不免要耍笑他。""皮"在方言文化里一直表示顽劣、乖张的意义,人们在使用时多取其消极义,常形容孩童不懂事,也见用于谦辞。

皮这一下你快乐吗

自2017年下半年"皮"进入网络语境,随即走红于游戏解说,尤其是英雄联盟游戏主播"大司马"在其直播中经常使用"皮"来形容对方游戏打得花招频出、让人防不胜防,如"你是真的皮""皮这一下你开心吗?"等。这一新鲜的表达使得该词最早在电竞圈中流行。后来随着使用范围逐步扩大,"皮"成为十分常见的吐槽类网络流行语。该词走红之后,也旋即被网友们制作成相关的“皮一下”表情包，并受到了热烈追捧。

虽然“皮”这一词在方言中原是贬义，但因其在网络大环境下出现的频度日趋升高，加之人们娱乐心理的影响和发酵，“皮”一词的消极和批评意味逐渐淡化，转而变为能够体现说话人幽默风趣和紧跟网语潮流的吐槽、调侃类词语。比如有小编为一段四川卧龙熊猫基地的熊猫宝宝与饲养员打闹的视频起了这样的标题：“身为国宝这么皮真的好吗？”再如张学友与张家辉一同参加周杰伦的演唱会，作为二人曾经的粉丝的周董现场弹唱了几句偶像的歌，有网友评论：“现场撩偶像，你很皮哦！”

有趣的是，“皮”在汉语中还是一个“同音异义词”。所谓“同音异义”，指的是声、韵、调完全相同，而意义完全不同的词。比如，在上述的语境中，“皮”都是作为形容词出现的；而“皮”字还有名词义，指“皮革”。这样的同音异义现象也为其在网络语境中的表达增添了许多趣味性，例如“你不是人造革，你是真的皮”“真皮沙发”等等。“真（的）皮”字面上指相对于人造皮革的牛羊等动物的皮毛，在网络交际的使用中又产生了“调皮、顽皮”的特定含义，达到了一语双关的修辞效果。同一时间流行的网络热语“李时珍的皮”也正是取“你是真的皮”的谐音说法，这种陌生化的处理一方面体现出网络词语善于恶搞的无厘头风格，另一方面也能够为其增添表达的新鲜感，满足网友求新求异的心理需求，从而延长这一热词在飞速变换的网络语境中的停留时间。

一个简单的“皮”字，或蕴含着人们不满的吐槽，或传递出对言行异乎寻常的惊讶，又或是以其调侃式的表达暗含了人们对某一景况的赞叹；网友为其增添的多样化表达体现出网络空间下语言使用的新鲜化需求和娱乐心态。

你是一股清流吗

◎邵瑞祥

"哇！看完网红直播才发现，在一堆锥子脸、大浓妆的网红里，papi 酱真可谓是一股清流了！"在 2016 年 5 月的微博红人节中，短视频博主 papi 酱因其与众不同、清新自然的相貌和风格，被网友们称为"网红界的一股清流"。然后在该年里约奥运会中，因可爱的性格和颇高的颜值，运动员宁泽涛被赞为"清流"。在网友的热烈讨论和传播中，清流作为网络流行词正式被人们熟知。

那么究竟什么是清流？怎样才称得上是清流呢？

清流原指清澈的流水，在古代汉语中还喻指负有时望、清高的士大夫或政治清明等，如在欧阳修《朋党论》中就有"或投之黄河，曰：'此辈清流，可投浊流'"，用清流来喻士大夫。在清朝时，也指统治阶级内部一个政治派别的名称。在慈禧和奕䜣的权力斗争中，晚清出现了一批学问渊博的名士，"以敢于弹劾大臣为贵"，形成了与洋务派相对的"清流派"，主张广开言路、揭露弊政、反对外来侵略。

而作为网络热词的清流指的是在某个复杂环境下或某种领域中，显得与众不同、使人耳目一新的事物或人，比如"学生刮蹭百万豪车车主不索赔还主动奖励　简直是土豪界的清流""假期哪里都是人？合肥有个地方简直就是一股'清流'，来了的人都不想走"。

显然，流行语义与原义之间有着一定的相似性，将清流清澈、不染污浊的特性赋予事件及人物，通过隐喻的方式给予词语新的意义，词义更容易拓展，且能衍生出更多用法。“清流”除了网络流行初期的名词性隐喻外，也延伸出形容词性用法，可以用它来形容与众不同，如“这部剧男主长得也太清流了吧”，“《向往的生活》很清流，但总觉得好像有点山寨？”不仅如此，它还带动了其他流行语的出现，如“如果宁泽涛是游泳界的一股清流，那么傅园慧就是一股泥石流”，泥石流一词原指因自然灾害引发的山体滑坡并携带有大量泥沙以及石块的特殊洪流，现在与清流相对，大多指画风突变、异于常人的行为或人。

如今流行的“清流”产生于何时？在纷繁复杂的网络世界中，很难找到一个确切的时间节点。据观察，这样的用法早在2015年就已在天涯论坛出现。诸如“台湾的杨世光，台湾名嘴主持人中的清流”等帖，当时还有众多以“八组清流”为副标题的帖子，即八卦讨论组中的非小生帖非掐架帖均属清流。可见，清流这样的流行义并非完全新造，其流行经历了一个时间较长的演变和传播过程。

清流一词简单形象，却折射出了现代人对盲目跟风的行为的反感。做好自己、尊重真情实感、展现本真自我，这些内涵大概是如今这股清流的价值所在吧。

微语录·趣闻

自从女儿到外地上大学以后，妈妈就常常一个人去商场。但往往什么都不买，空着两手回家。有人问妈妈究竟为啥去商场。妈妈说：“去看衣服。看着那些漂亮的衣服，我就想象女儿穿在身上的样子。这样，我就不觉得孤单，就快乐了。”

（刘　芳／辑）

说说字母词 BB

[中国香港]李　斐

香港有一个较为特别的字母词BB，它是英文baby的缩写，意思是“婴儿”“宝贝”。Baby的英语发音为[beibi]，两个音节均以字母b开头，香港人将之缩略为两个字母，就成了BB一词了。BB广泛用于口语和书面语之中，例如广告里常有“新生BB”“可爱BB”之类的说法。BB不仅指人类的婴儿，还可以指动物的幼崽，如“海豚BB”“熊猫BB”等。

BB发音简单，易书写，常与其他词一起构成常用短语，如“BB车”“BB凳”等。“BB车”在通用中文中对应为“婴儿车”，“BB凳”则用“儿童椅”一词。BB除了指婴儿、儿童之外，在香港的书面中文里还产生了新的用法，可用如形容词，表示“如婴儿般的”，现在大家常说的“BB霜”可作一例。“BB霜”的“BB”原本为英文Blemish Balm的缩写，意思是伤痕保养霜，最初是德国人为接受镭射治疗病人设计的医美产品。后在韩国几经改良，成为一种集润肤、遮瑕、改善肤色等多功能于一体的化妆品。“BB霜”在中文语境中一听其名，即会让人联想到用了这款产品之后，人的肌肤就如同婴儿般的嫩滑。同时，在“BB”和“霜”之间还能加上不同的定语，构成新的短语，如“BB水凝底霜”等。“BB霜”作为一种美容产品的类别名称，进入了通用中文，成为大家常说的词语。BB的这种用法和英文中作为形容词性的baby一词有相似之处，baby当形容词时表示“儿童似的”“小型的”，和香港书面中文的“婴儿般的”意思接近。

此外在香港BB还发展出新的用法，将之用来修饰形容词，例如：“任何食材都劲玩麻辣汁或麻辣粉，BB辣小辣中辣大辣劲辣，悉随尊便。”(《2014之100街头小食生还战》，《饮食男女》2013–11–29)

所谓“BB辣”和通用中文中的“微辣”稍有不同。通用中文中的“微辣”在香港通常用“小辣”一词表达，而“BB辣”比“小辣”(“微辣”)其辣的程度更低，表示“似乎就连儿童都能接受的辣的程度”，可以说非常形象。

从BB一词的分析可以看出，字母词能进入人们日常使用的词汇系统当中，必须具备易读、易写、具有修辞的形象性等不同特点。正是因为BB具备了这些特点，所以才能逐渐成为常用词，并且不断发展出新的意思和用法。

(作者是香港岭南大学中国语文教学与测试中心博士、高级语言导师)

台湾选举语言的隐喻系统

[中国台湾]高婉瑜

隐喻是人类共通的思维方式，日常生活充满隐喻，隐喻具有系统性，例如“时间就是金钱”的隐喻里，我们说“浪费/节省时间”“给我几分钟”“一寸光阴一寸金”，均是以金钱的概念去思考时间。

对于选举活动，我们是以“选举即战争”作隐喻的。

选举如同作战，所以台湾人把选举称为“打选战”，呼吁不要打“口水战”，网络宣传是“决战六都，谁是霸主”。

候选人会成立“竞选总部”，

是指挥作战的基地,有些还成立“助选团”,四处宣传拉票。将竞选对手视为“军队”,因此有“蓝军/营”“绿军/营”“橘军/营”“柯家军”等各路人马,各阵营有支持者(如柯粉、丁粉)与反对者(柯黑)。选战一路打到网络上,组织“网军”为特定人选发声或攻击对手,称散播不实消息者为“暗黑军团”,欺压人者为“暗黑力量”。

选战的目的是要获得胜利,台湾候选人的选举手法、策略十分多元,常见的如“插旗”做宣传,如军队对峙,旗海飘扬;或者做“合体广告牌”,展现团队合作的强大力量。候选人想尽办法“抢攻”妇女票,不断跟对手“喊话”。时时“力拼”选战,假日举办“造势”晚会,找人“相挺”或“站台”,显示高人气。并且要懂得与人“结盟”,互相“拉抬”声势,争取更多的支持。

选战倒数时,候选人会不定时“扫街”“拜票”“催票”,务必“固桩”(桩即桩脚,指在基层为候选人拉票的人)、“绑桩”,防止敌方“拔桩”。如果选情持续不乐观,可能会采取“抹黑”或“出奥步”的负面策略,“炮火”四射,试图“翻转”“救选情”。

选举就是战争,以战争的概念去思考选举活动,建构出一系列丰富的选举语言,处处流露隐喻的思维,展现了隐喻的力量。

(作者是高雄师范大学国文学系教授)

香港“临时庇护中心”尽显爱心

[中国香港]田小琳

今年9月16日,第22号超强台风“山竹”登陆香港。得知“山竹”来势凶猛，特区政府和全体市民早已严阵以待。15日下午天文台挂起3号风球，香港政府民政事务总署打破惯例，立即开放48个“临时庇护中心”，招呼有需要的市民入住。当16日凌晨9号和10号风球相继挂起，红色暴雨信号同时生效时，已经有近千市民住进了“临时庇护中心”。

所谓“临时庇护中心”，就是当天灾来临时，香港政府为有需要的人士或疏散的灾民等提供的临时住所，隶属香港民政事务总署，宗旨就是保护有需要的市民。“中心”免费为避难的居民提供被褥、毛毯、饮水、食物及其他生活用品，尽显对入住市民的关爱。这次“山竹”来袭，延续10个小时，狂风大作，暴雨倾盆，海水倒灌，街道水浸（淹水），大树连根拔起，大厦玻璃破碎，但是香港无一人死亡，受伤市民也都及时得到救治。而住进“庇护中心”的市民个个安全地度过了这场天灾。“中心”跟“庇护”组合，非常确切，比“避难中心”好听多了。“庇”有遮蔽义，“庇护”就是“保护”，且带有书面语色彩。“临时庇护中心”名副其实，是得力的安保措施之一。

以往每当8号或以上热带气旋警告，或山泥倾泻警告，或红色/黑色暴雨警告生效时，香港民政事务总署照例会按需要开放合适的“临时庇护中心”。政府通过媒体不断呼吁住在低洼地区或山崖旁的居民，到“临时庇护中心”暂避。这次台风“山竹”来袭之前，我们在电视上看到，公务员和义工在鲤鱼门、大澳等傍海或低洼地区挨户探访，动员居民前往“临时庇护中心”，免生意外。

本栏曾陆续介绍过香港的气象社区词：挂风球、8号风球，黑色暴雨警告信号、红色暴雨警告信号，山泥倾泻、水浸等等。这些都是香港常用的词语，均有特定含义。外地人到香港，也要了解这些词语的意思，方便自己的工作和生活。

（作者是本刊特约编委）

一条石与一个字

[马来西亚]邓月璇

马来西亚是个多元种族、多元文化的国家，所以虽然华人使用华语的机会很多，但是在语用上不但掺杂一些方言，也融入不少英语及马来语。其中时间、距离、面积的计量法，本地华语用词便让许多外国人如鸭子听雷。

虽然公制是国际上普遍采用的标准度量制度，但是马来西亚曾被英国殖民过，一些计量单位仍采用英制。例如英殖民时代以英里（mile）计算路程，每一英里路都竖一块石碑作标志，马来语把英里（mile）称为batu（“石头”之义），于是一英里就是satu batu，即“一块石头”。而华人以方言计量，“石碑”可称一条或一支，于是一英里叫作“一条石”或“一支碑”，甚至简称为“一支”。有趣的是，这些“石”“支”“碑”，后来都成了许多大城小镇的地名，例如：十五碑、蕉赖二条石、丰盛港路廿二支等等，甚至连校名也有“蕉赖九支华文小学”“美罗十二碑华文小学”。

由于以前的土地登记与测量皆以英亩计算，马来文将英文acre音译为ekar，华文则取其“依格”之音，以至这个音译词至今仍不时出现在华文媒体上，使用频率比公顷（hectares）还高。

其实，在马来西亚很多计量单位也是英制与公制并存的，为了区别，就在单位前加“英”字或口字旁，如英里（哩）、英尺（呎）、英寸（吋）。

除了用“一条石”或“一支碑”作为距离的计量单位外，还可听到有趣的时间表示法。钟表表面上有12个示时数字，相邻两个数字之间的时差就称为“一个字”，“10点3个字”就是10点15分，也可简称10点3。我“5个字”可到某地，意即我25分钟会到。8点8个字是几点几分，各位一算就清楚了。这种称说时间的习惯是受粤语影响所致，香港人讲时间都这么说。

（作者是马来西亚《中国报》助理编辑主任）

大马华教文献常用略语

［马来西亚］林国安

20多年前，笔者参与学校对外募款活动，有群众问：“你们华教拜什么神？”原来他把华教等同佛教、基督教等宗教，而不知“华教”是“华文教育”的简称。近年，随着马中文化交流密切，“华教”一词亦见于中国大陆教育文献。

还有一个美丽的误会，年前华人圈盛传大马有一位姓董的热心教育公益事业的慈善家，人称“董总”。原来是不知“董总”乃大马华文教育领导机构“华校董事联合会总会”之简称。

大马还有另一个华教领导机构——“华校教师会总会”，简称“教总”。董总和教总都成立于上世纪50年代华教风雨如晦的时代，60多年来，董总和教总并肩抗衡一元化统合国民教育政策，共同维护与发展马来西亚华文教育事业，两个机构合称“董教总”。

另还有一个常见于大马华教文献、具有特定意义的词语“华社”，它是“华人社会”或“华人社群”的简称，并非指称“华人社团”。在马来西亚，华人社团简称“华团”。

马来西亚华文教育发轫于

1819年，迄今快200年了，具有完整的教育体系，目前维系着1298所华文小学、60所民办华文独立中学和3所民办华文高等学府，是中国大陆及港澳台地区以外，海外最大规模的民族语文教育群体。

大马的华文小学由国家教育部主管的，叫“国民型华文小学”，简称“华小”，采用华语文为主要教学媒介语。同属教育部主管的还有“国民型淡米尔文小学”（简称“淡小”）、“国民小学”（简称“国小”）和国民中学（简称“国中”）。淡小的教学媒介语是淡米尔语（Tamil），国小和国中则是以马来语（大马的国语）教学。

华文独立中学简称“独中”或“华文独中”。其“独立”一词曾被海外华教界误以为与国家独立有关，其实主要含义是表示学校属民办性质：办学经费来自华社的资助和捐赠；办学独立自主，拥有本身的课程、教学、考试体系，可以采用华语文为主要教学媒介，以承传华族语言文化。

上文提及的3所民办华文高等学府是南方大学学院、新纪元大学学院、韩江传媒大学学院，分别简称“南院”“新院”“韩院”。

（作者是本刊特约编委）

《老铁匠》参考答案

1. 紫沙壶——紫砂壶
2. 慌腔走板——荒腔走板
3. 让文物商人——文物商人
4. 楞——愣
5. 讯问——询问
6. 鬼鬼崇崇——鬼鬼祟祟
7. 左临右舍——左邻右舍
8. 塘瓷——搪瓷
9. 超过一百多岁了——一百多岁了，或超过一百岁了
10. 硬朗的很——硬朗得很

量词灯谜趣谈(下)

◎江更生

在量词灯谜中，比较雅致的，当推采撷脍炙人口的诗词文句或戏曲剧词等制成谜面的作品了。例如有人以传统京剧《李陵碑》中杨老令公的唱词“金乌坠，玉兔升”为谜面，要求打三字比赛用语二，谜底为“下一轮、上一轮”。原来谜面的意思是“一轮红日（金乌乃太阳的别名）已落下，一轮圆月（玉兔为月亮的代称）正上升”，故扣谜底。此处“一轮”虽然仍作数量词，但已由循环比赛的次数别解作红日圆月的数量词，那“上”和“下”也由表次序的方位词别解成动词了，深得《文心雕龙·谐隐》里所说的“回互其辞”之三昧。笔者在学谜时，曾见过一条运用古诗成句的人名谜。它以宋代诗人叶绍翁《游园不值》中的名句“春色满园关不住”为谜面，要求打古典小说《水浒传》中的人物诨号二，谜底为“一枝花、没遮拦”。这条谜采用了“承上启下法”扣合。猜射时，应根据其下一句诗的意思去破解谜底。读过此诗的一定知道，其下句为“一枝红杏出墙来”，由此及彼，谜底便迎刃而解。“一枝”乃花的数量词，显然指那“红杏”；“出墙来”，隐示毫无遮拦，故而相扣。此谜浑成贴切，自然流畅，一气呵成，故数十年后记忆犹新。前不久，翻阅前辈谜集，见到一条很有创意的“成句”量词灯谜。作者摘取北宋真宗皇帝《励学篇》里的三句诗作为谜面，以“书中自有千钟粟，书中自有黄金屋，书中自有颜如玉”打六字俗语“三句不离本行”。将形容“一说话总是要讲到自己从事的行业”的俗语，别解为“谜面上的三句诗全是在说书本真行（xíng）”之义。该谜以“本行”二字巧行别解，生成“谜眼”，还以三个排比而列的诗句来隐合数量词“三句”。底面虚实映照，明暗结合，真可谓别具匠心。

此外，尚有一种延伸谜目的量词灯谜深受作者和猜者的青睐。因为谜目延伸灵活，或前或后，添枝加叶，开拓了谜材，给了制谜者以施展手法的空间，同时也让猜谜者得以领略形式新颖、趣味别致的新品。

在猜谜活动中，我们倘若见到谜目中有“冠量”二字的，就应该知道这是指谜底中的量词需要前置。如果发现谜目上标有“带量”二字时，这是在告诉猜者谜底中的量词必须后缀。我们先看一条前置量词的谜目延伸谜例。如以“互诉衷肠”打冠量计时用品“一块怀表”。谜底中前置的数量词“一块”，扣谜时应别解为“在一起”；“怀表”则别解为“将心迹来表露”之意。接下来，请看一条后缀量词的例子：“刘铭传左右心腹”打带量娱乐品“麻将两副”。刘铭传为晚清淮军名将，因幼时出过天花，留下一脸麻瘢，世称“麻子将军”，遂隐“麻将”二字。“两副”，别解为“两位副手”，故而相扣。明乎此，再见到下列两条灯谜就不难对付了。第一条，谜面借用山西地名“闻喜”，要求打冠量饮料名一，谜底为“一听可乐”（别解为“一听到这个，可就乐开了”），这显然是前置量词的例子。第二条，谜面为“儿童玩雪”，打带量戏剧称谓一，谜底为“小戏六出”。先以“儿童玩”扣合“小戏”（别解为“小孩在戏要”），然后再从“雪”上揆度。雪花古时别称“六出”，因古人将花分瓣叫“出”，雪花呈六角形，故得此称。谜底应别解为“小孩在戏要雪花”。这是一条活用物名古称别解为后缀的量词好谜。虽然复杂了一点，但知识含量增加了，因此谜趣也就随之提升了许多。同时也正与灯谜“寓教于乐”的宗旨相符合。

相声《打灯谜》中的灯谜

◎刘茂业

《打灯谜》是传统相声中的经典段子,侯宝林大师等都曾演出过。然而,其中出现的一些“灯谜”,大多是脑筋急转弯之类的智力游戏,并不符合灯谜的游戏规则。不久前,相声表演艺术家常宝华逝世,喜欢相声的朋友为志纪念,在微信群里上传了一段常宝华、赵世忠合说的《打灯谜》音频。我点开欣赏,发现里面有两条趣味灯谜,特作介绍。

如:“人有它大,天没它大”(打一字),谜底是“一”,谜面解释为“人”有了“一”就是“大”,“天”没有了“一”还是“大”。又如:“眼看来到五月中,佳人买纸糊窗棂,丈夫出外三年整,一封书信半字空”打四味中药“半夏、防风、当归、白芷(纸)”。第一句诗是因为过去的夏季是从农历四月到六月,“五月中”恰为夏天的一半,所以猜“半夏”;第二句“窗棂”是指旧式房屋的窗格,裱糊上纸可用作挡风,所以猜“防风”;第三句是说丈夫外出很长时间,应当回家了,所以猜“当归”;最后一句说书信上连半个字都没有,只是一张白纸,所以猜“白芷”,这里将“芷”作为“纸”的谐音字,按现在灯谜的规则,同音替代须标注谜格“粉底格”(即末尾一字为白字)。

每月二谜

1. 如同二月好时光(打核心价值观一)
2. 姥爷得五票(打核心价值观一)

上期答案

1. 秋后相逢维也纳(打体育盛事简称一)
   谜底:冬奥会(注:奥,奥地利)
2. 申诉期已过(打《水浒传》人名二)
   谜底:陈达,时迁

社会平均值对语法的影响

◎石毓智

读书

说一个人"有车",他有一辆车就可以;说一个人"有房子",那么他有一套房子就行。这里是从"零"算起的,只要大于"零"就可以叫作"有"。但是,"有"很多时候的计算,不是从"零"算起,而是从社会平均值算起。了解这一点很重要,让人明白有些话不能按照字面去死抠,否则会觉得很奇怪,甚至很荒唐。

比如说"章子怡有身材",谁没身材?高秀敏在小品《梅开二度》中称自己脂肪成堆,线条不美。按理说高秀敏也有身材呀!但是从来不会有人说"高秀敏有身材"。"有身材"的真正含义是身材比例比普通人优美,有线条。

说"这个人有头脑,那个人没头脑",也可以说成"这个人有脑袋,那个人没脑袋"。假如真"没头脑""没脑袋",那人还能活吗?其实,这里的"有头脑"说的是一个人的智慧超出普通人。

类似的说法还很多,诸如有地位、有知识、有文化、有学历、有财富、有人缘、有长相、有容貌等,都是说的有关方面的程度或数量超过了社会平均值。

那么为何会产生上述现象呢?

这跟人们交际中的一种规律有关。人们大脑每天都接受大量的信息,但是绝大多数信息都不会刺激大脑,因而人们也不会用语言表达出来。那些习以为常的、司空见惯的信息,没有人会把它们煞有介事地说出来。这是一种社会约定,违背了这种约定,别人就会觉得这个人不正常,认为他不是喝醉了,就是精神有问题。

侯宝林和郭启儒合说的传统相声《醉酒》,讲俩人都喝醉了,都看着对方可乐。一个指着对方呵呵地笑,说:"你这个人真逗,长了一个鼻子。"别人一听，这人是真的喝醉了。试想一下，你在大街上碰见一个熟人，他突然跟你说：“你长了五个手指头，还有两只眼睛。”你一定会感到害怕，心想这个人的神经是不是出问题了。

那么“有身材”这种用法的出现，就是上述交际规律的作用结果。“身材”自然是人人都有的物理特性，一个脑子正常的人如果煞有介事地把它说出来，让听者有一个期望，那它一定有不同寻常的地方，这就是优美程度高出一般人。久而久之，“有身材”“有文化”这类结构短语就获得了表达程度高的意思。

上述分析可以逻辑地导出，“有＋名词”这种短语结构，要具备高出社会平均值的含义，一个先决条件是名词所指的一定是人人都具备的东西，像身材、头脑、地位、线条等都是如此。然而，房子、汽车等这些显然不是所有人都具备的，所以它们用于“有”字结构都是从“零”算起，自然就没有高出社会平均值的意思。

数学家都是从“零”算起的。然而大众的思维往往是从社会平均值算起的。

（选自《汉语春秋》，江西教育出版社 2015 年 1 月出版）

恐怕是伦饼

◎周振鹤

Qiāng 饼是上海人喜爱的食物之一，特别是作为早点经济实惠。但是对于 qiāng 表示哪一个字，却从来不大清楚。偶见摊头上有写作羌饼的，觉得不大像，因为该饼不大会和羌人有关系。心存疑窦颇久，忽一日读到余嘉锡先生《释伧楚》一文，方悟到这 qiāng 饼原来就是伧饼。余先生的文章广征博引，考证“伧”字有六义，不必一一细说。就中最有关系的引文有两条，一条是慧琳《一切经音义》卷六十五引《晋阳秋》曰：“吴人谓中国人为伧人，又总谓江淮间杂楚为伧。”《晋阳秋》所说的中国人，实即中原人，对江南的吴人来说就是北方人。

中国南北文化差别较大，表现在生活上，以南船北马、南米北麦最为显著。南方种稻，自然多粒食，以吃饭为主；北方长麦，故多粉食，以吃面、吃饼为主。烧饭没有什么巧，能熟不煳就行；擀面做饼可就是一门技术，不是随便什么人都能干得好的。直到今天，北方人拉面烙饼依然是胜南方人一筹。这做饼的技术既是北方人的专利，饼自然与北方人的称呼有关。六朝时的吴人既称北方人为伧人，北方人所做的饼也自然是伧饼了。这在其他方言里也有旁证，譬如闽南人叫大饼作北仔饼，自然也因为此饼是“北仔”所擅长的缘故。当然“伧”不是好话，有看不起人的意思，犹如北方人叫南方人作蛮子一样，都是过去南北分裂时期留下的痕迹。这个“伧”字现在不大用了，查字典读作 cāng，但这是今音。古音又如何呢？余文另有一条引文，即《汉书·贾谊传》中“国制抢攘”注引晋灼曰：“抢音伧……伧攘，乱貌也。”可见“抢”与“伧”在汉晋时同音通假。“伧”既读作 qiāng，伧人又是北方人，则 qiāng 饼恐怕就是伧饼无疑。

（选自《逸言殊语》，上海人民出版社 2008 年 8 月出版）

作者按

上期本栏所刊《“啤”字何来》一文是我早年所作，现在看来其中某些观点有点偏颇，故做修正如次：晚清以来将译音词加口字边，主要还是为了表明该字只是读音如同不加“口”偏旁的原字，未必都有贬义。譬如嘆、咭、唎，是表明这三个字与英、吉、利的中文原意都无关，只是读音相同而已，以免国人误会。所以加口字边的字首先还是为了说明这是一个译词，以免不加口的译音字让读者望文生义。但这样加口字的办法十分烦琐，实行一段时间后就大都消失了，只有少数存留至今。——周振鹤

老铁匠

（文中有十处差错，你能找出来吗？答案在本期找）

◎梁北夕 设计

向你挑战

古镇的老街上，一位老铁匠几十年如一日地经营着一家铁匠铺。打铁生意一天比一天冷清，老铁匠只好在铺子里改卖铁锅、斧头和拴小狗的链子等物件。经过铁匠铺的门口，人们总会看到老铁匠躺在竹椅上，手里托着一把紫沙壶，时不时啜一口茶水，一边听着身旁的收音机，一边“慌腔走板”地哼着小调。老铁匠不在意生意的好坏，收入够他吃饭喝茶就行。

一天，一位文物商人从老街上经过，无意中瞥见了老铁匠手中的茶壶。经过仔细鉴玩，让文物商人认定它出自清代一位名家之手。商人喜出望外，欲以十万元的价格买下它。老铁匠一听，楞了一下，拒绝了。这把壶是祖上留下的，爷爷、父亲和自已，祖孙三代打铁都用它喝茶水，不能卖！老铁匠也认为，他消受不了那么多钱。

不过，商人走后，老铁匠失眠了。以前他喝完茶水，都是随手放置茶壶，从不担心把它碰着砸着；现在有一点响动，他就要起来看看它是否还在，毕竟是个值钱的宝贝。镇上的人得知老铁匠有一把古董茶壶后，纷纷上门讯问还有没有其他宝贝。甚至有人整天鬼鬼崇崇地在他铺子周围转悠，扰得他不得安宁。老铁匠的生活被彻底打乱了。

又一天，文物商人再次来到铁匠铺，要用二十万元购买老铁匠的茶壶。老铁匠再也坐不住了，他招来左临右舍，拿起铁锤，当着众人的面把那把壶砸了个粉碎。

接下来，日子渐渐恢复平静，老铁匠依旧每天躺在竹椅上，听着收音机，用新换的塘瓷杯喝着茶水。……据说，现在老铁匠已经超过一百多岁了，身体还硬朗的很。

火眼金睛

图中差错知多少？

李道山 龙启群 孙凯歌 邹正明 提供

（答案在本期找）

1

2 4

3

ISSN 1009-2390

2018年荣誉校对名录

田玉道	吴孝成	陈关春	侯新民	何立洲
石　勇	孙延宜	孙凯歌	辜良仲	阎德喜
陈福季	霍民起	张骏鹏	周建群	于光亮
戴金旺	厉国轩	刘曰建	余培英	屠林明
王晓晗	刘传厚	孙　寅	高良槐	叶才林
黄春杨	韩翕言	李延春	丁錢孙	陈臻一
盛祖杰	姜登榜	邹身坊	金　甲	宗德宝
胥尧叟	陈增来			